담마상가니

법의 갈무리

제1권

제1편 마음의 일어남 편

담마상가니

Dhammasaṅgaṇī

법의 갈무리

제1권

제1편 마음의 일어남 편

초기불전연구원

그분
부처님
공양 올려 마땅한 분
바르게 깨달으신 분께 귀의합니다.

Namo tassa Bhagavato Arahato Sammāsambuddhassa

제1권 목차

약어

A.	Aṅguttara Nikāya(앙굿따라 니까야, 증지부)
AA.	Aṅguttara Nikāya Aṭṭhakathā = Manorathapūraṇī(증지부 주석서)
AAṬ.	Aṅguttara Nikāya Aṭṭhakathā Ṭīkā(증지부 복주서)
Abhi-av.	Abhidhammāvatāra(아비담마아와따라, 아비담마 입문)
Abhi-av-nṭ.	Abhidhammāvatāra-abhinavaṭīkā(아비담마아와따라 아비나와띠까)
Abhi-av-pṭ.	Abhidhammāvatāra-purāṇaṭīkā(아비담마아와따라 뿌라나띠까)
Abhi-Sgh.	Abhidhammatthasaṅgaha(아비담맛타상가하 = 아비담마 길라잡이)
ApA.	Apadāna Aṭṭhakathā(아빠다나(譬喩經) 주석서)
As.	Aṭṭhasālinī(앗타살리니 = 담마상가니 주석서)
Be	Burmese-script edition(VRI 간행 미얀마 육차결집본)
BG.	Bhagavadgīta(바가왓 기따)
BHD	Buddhist Hybrid Sanskrit Dictionary
BHS	Buddhist Hybrid Sanskrit
BL	Buddhist Legends(Burlingame)
BPS	Buddhist Publication Society
Bv.	Buddhavaṁsa(佛種姓)
BvA.	Buddhavaṁsa Aṭṭhakathā
CBETA	CBETA Chinese Electronic Tripitaka Collection: CD-ROM
cf.	*confer(=compare,* 비교, 참조)
CMA	A Comprehensive Manual of Abhidhamma(아비담맛타 상가하 영역)
CPD	Critical Pāli Dictionary
C.Rh.D	C.A.F. Rhys Davids

D. Dīgha Nikāya(디가 니까야, 長部)
DA. Dīgha Nikāya Aṭṭhakathā = Sumaṅgalavilāsinī(디가 니까야 주석서)
DAṬ. Dīgha Nikāya Aṭṭhakathā Ṭīkā(디가 니까야 복주서)
DhkAAnuṬ Dhātukathā-anuṭīkā(다뚜까타 아누띠까)
Dhp. Dhammapada(담마빠다, 법구경)
DhpA. Dhammapada Aṭṭhakathā(담마빠다 주석서)
Dhs. Dhammasaṅgaṇi(담마상가니, 法集論)
DhsA. Dhammasaṅgaṇi Aṭṭhakathā = Aṭṭhasālinī(담마상가니 주석서)
DhsAAnuṬ Dhammasaṅgaṇī-anuṭīkā(담마상가니 아누띠까)
DhsAMṬ Dhammasaṅgaṇī-mūlaṭīkā(담마상가니 물라띠까)
DPL A Dictionary of the Pali Language(Childers)
DPPN. G. P. Malalasekera's *Dictionary of Pali Proper Names*
Dv. Dīpavaṁsa(島史), ed.ited by Oldenberg
DVR A Dictionary of the Vedic Rituals, Sen, C. Delhi, 1978.

Ee Roman-script edition(PTS본)
EV1 Elders' Verses I(테라가타 영역, Norman)
EV2 Elders' Verses II(테리가타 영역, Norman)

GD Group of Discourse(숫따니빠따 영역, Norman)

Ibid. *Ibidem*(전게서, 前揭書, 같은 책)
It. Itivuttaka(如是語)
ItA. Itivuttaka Aṭṭhakathā(여시어 경 주석서)

Jā. Jātaka(자따까, 本生譚)
JāA. Jātaka Aṭṭhakathā(자따까 주석서)

KhpA.	Khuddakapātha Aṭṭhakathā(쿳다까빠타 주석서)
KS	Kindred Sayings(상윳따 니까야 영역, Rhys Davids, Woodward)
Kv.	Kathāvatthu(까타왓투, 論事)
KvA.	Kathāvatthu Aṭṭhakathā(까타왓투 주석서)
LBD	Long Discourse of the Buddha(디가 니까야 영역, Walshe)
M.	Majjhima Nikāya(맛지마 니까야, 中部)
MA.	Majjhima Nikāya Aṭṭhakathā = Papañcasūdanī(맛지마 니까야 주석서)
MAṬ.	Majjhima Nikāya Aṭṭhakathā Ṭīkā(맛지마 니까야 복주서)
Mil.	Milindapañha(밀린다빤하, 밀린다왕문경)
MLBD	Middle Length Discourse of the Buddha(맛지마 니까야 영역, Ñāṇamoli)
Moh.	Mohavicchedanī(모하윗체다니)
Mvu.	Mahāvastu(북전 大事, Edited by Senart)
Mhv.	Mahāvaṁsa(마하왐사, 大史), edited by Geiger
MW	Monier-Williams' Sanskrit-English Dictionary
Nāmar-p.	Nāmarūpapariccheda(나마루빠빠릿체다)
Nd1.	Mahā Niddesa(마하닛데사, 大義釋)
Nd1A.	Mahā Niddesa Aṭṭhakathā(마하닛데사 주석서)
Nd2.	Cūla Niddesa(쭐라닛데사, 小義釋)
Netti.	Nettippakaraṇa(넷띠빠까라나, 指道論)
NetAṬ	Nettippakaraṇa-ṭīkā(넷띠빠까라나 복주서)
NMD	Ven. Ñāṇamoli's Pali-English Glossary of Buddhist Terms
Pvch	Paramattha-vinicchaya(빠라맛타위닛차야)
PdṬ.	Paramatthadīpani-ṭīkā(빠라맛타디빠니 띠까)
Pe.	Peṭakopadesa(뻬따꼬빠데사, 藏釋論)
PED	*Pāli-English Dictionary*(PTS)

Pm.	Paramatthamañjūsā = Visuddhimagga Mahāṭīkā(청정도론 복주서)
Ps.	Paṭisambhidāmagga(빠띠삼비다막가, 무애해도)
Ptn..	Paṭṭhāna(빳타나, 發趣論)
PTS	Pāli Text Society
Pug.	Puggalapaññatti(뿍갈라빤냣띠, 人施設論)
PugA.	Puggalapaññatti Aṭṭhakathā(뿍갈라빤냣띠 주석서)
Pv.	Petavatthu(뻬따왓투, 餓鬼事)
Pvch.	Paramatthavinicchaya(빠라맛타 위닛차야)
Rv.	Ṛgveda(리그베다)
S.	Saṁyutta Nikāya(상윳따 니까야, 相應部)
SA.	Saṁyutta Nikāya Aṭṭhakathā = Sāratthappakāsinī(상윳따니까야 주석서)
SAṬ.	Saṁyutta Nikāya Aṭṭhakathā Ṭīkā(상윳따 니까야 복주서)
Sadd.	Saddanīti(삿다니띠)
Se	Sinhala-script edition(스리랑카본)
Sk.	Sanskrit
Sn.	Suttanipāta(숫따니빠따, 經集)
SnA.	Suttanipāta Aṭṭhakathā(숫따니빠따 주석서)
SS	Ee에 언급된 S.의 싱할리어 필사본
Sv	Sāsanavaṁsa(사사나왐사, 교단의 역사)
s.v.	*sub verbō(under the word*, 표제어)
Te	Thai-script edition(태국본)
Thag.	Theragāthā(테라가타, 장로게)
ThagA.	Theragāthā Aṭṭhakathā(테라가타 주석서)
Thig.	Theragāthā(테리가타, 장로니게)
ThigA.	Theragāthā Aṭṭhakathā(테리가타 주석서)

Ud.	Udāna(우다나, 감흥어)
UdA.	Udāna Aṭṭhakathā(우다나 주석서)
Uv	Udānavarga(북전 출요경, 出曜經)

VĀT	Vanarata, Ānanda Thera
Vbh.	Vibhaṅga(위방가, 分別論)
VbhA.	Vibhaṅga Aṭṭhakathā = Sammohavinodanī(위방가 주석서)
VbhAAnuṬ	Vibhaṅga-anuṭīkā(위방가 아누띠까)
VbhAMṬ	Vibhaṅga-mūlaṭīkā(위방가 물라띠까)
Vin.	Vinaya Piṭaka(율장)
VinA.	Vinaya Piṭaka Aṭṭhakathā = Samantapāsādikā(율장 주석서)
VinAṬ	Vinaya Piṭaka Aṭṭhakathā Ṭīkā = Sāratthadīpanī-ṭīkā(율장 복주서)
Vin-Kaṅ-nṭ.	Kaṅkhāvitaraṇī-abhinavaṭīkā(깡카위따라니 아비나와띠까)
Vis.	Visuddhimagga(청정도론)
v.l.	*varia lectio*, variant reading(이문, 異文)
VRI	Vipassanā Research Institute(인도)
VṬ	Abhidhammaṭṭha Vibhavinī Ṭīkā(위바위니 띠까)
Vv.	Vimānavatthu(위마나왓투, 천궁사)
VvA.	Vimānavatthu Aṭṭhakathā(위마나왓투 주석서)

Yam.	Yamaka(야마까, 雙論)
YamA.	Yamaka Aṭṭhakathā = Pañcappakaraṇa(야마까 주석서)

디가 니까야	각묵 스님 옮김, 초기불전연구원, 2006, 3쇄 2010
맛지마 니까야	대림 스님 옮김, 초기불전연구원, 2012, 2쇄 2015
상윳따 니까야	각묵 스님 옮김, 초기불전연구원, 2009, 3쇄 2016
앙굿따라 니까야	대림 스님 옮김, 초기불전연구원, 2006~2007, 3쇄 2016
육차결집본	Vipassana Research Institute(인도) 간행 육차결집 본
아비담마 길라잡이	대림 스님/각묵 스님 옮김, 초기불전연구원, 2002, 12쇄 2016

청정도론	대림 스님 옮김, 초기불전연구원, 2004, 6쇄 2016
초기불교이해	각묵 스님 지음, 초기불전연구원, 2010, 5쇄 2015
초기불교입문	각묵 스님 지음, 이솔, 2014

노만 1992	The Group of Discourse(숫따니빠따 영역본, Norman)
리스 데이비즈	A Buddhist Manual of Psychological Ethics(담마상가니 영역본)
보디 스님	The Connected Discourses of the Buddha(상윳따 니까야 영역본)
뻬 마웅 틴	The Expositor(담마상가니 주석서 영역본)
월슈	Long Discourse of the Buddha(디가 니까야 영역본)
텃띨라 스님	The Book of Analysis(위방가 영역본)

일러두기

(1) 『담마상가니』(Dhs.)는 미얀마 육차결집본(VRI본, 인도 Vipassana Research Institute 간행, Be)을 저본으로 하였음.

(2) 『담마상가니』 PTS본(Ee)은 모두 1599개의 문단 번호를 매기고 있고, VRI본(Be)은 모두 1616개의 번호를 매기고 있는데, 본서에서 인용하는 문단 번호는 모두 VRI본(Be)을 따랐음. 두 본의 비교를 돕기 위해서 제1권 말미에 부록으로 〈VRI본과 PTS본의 문단 번호 대조표〉를 넣었고, 본문의 [ ] 안에 PTS본(Ee)의 쪽 번호를 넣었음.

(3) Dhs.123은 VRI(Be)본 123쪽이고, Dhs. §123은 VRI본(Be) 123번 문단임.

(4) '(ma2-80-a)' 등은 『담마상가니』 마띠까의 번호이고, '(Rma-2-80)' 등은 『담마상가니』 물질의 마띠까 번호임. '(ma2-80-a)'는 두 개 조 80번째 마띠까의 첫 번째 논의의 주제를, '(Rma-2-80)'은 두 개 조 물질의 마띠까의 80번째 논의의 주제를 나타냄.

(5) 『위방가』(Vbh.)는 VRI본(Be)이고 그 외 삼장(Tipitaka)과 주석서(Aṭṭhakathā)들은 별다른 언급이 없는 한 모두 PTS본(Ee)임. 『디가 니까야 복주서』(DAṬ)를 제외한 모든 복주서(Ṭīkā)들은 VRI본(Be)이고, 『디가 니까야 복주서』(DAṬ)는 PTS본(Ee)이며, 『청정도론』은 HOS본임. M89는 『맛지마 니까야』의 89번째 경을 뜻함.

(6) M.ii.123은 PTS본(Ee) 『맛지마 니까야』 제2권 123쪽을 뜻함.
M89/ii.123은 『맛지마 니까야』의 89번째 경으로 『맛지마 니까야』 제2권 123쪽에 나타남을 뜻함.

(7) [ ] 안의 숫자는 PTS본(Ee)의 쪽 번호임.

(8) { } 안의 숫자는 PTS본(Ee)의 게송 번호임.

(9) § 뒤의 숫자는 문단 번호임.

(10) 빠알리어와 산스끄리뜨어는 정체로, 영어는 이탤릭체로 표기하였음.

역자 서문

1. 들어가는 말

불교(佛教)는 부처님[佛, Buddha]의 가르침[敎, sāsana]이다. 그리고 부처님은 역사적으로 실존하셨던 석가모니 부처님이다. 그래서 한국불교를 대표하는 통합종단인 대한불교 조계종의 종헌 제1장 종명 및 종지 제2조는 "본종은 석가세존의 자각각타(自覺覺他) 각행원만(覺行圓滿)한 근본교리를 봉체하며, 직지인심(直指人心) 견성성불(見性成佛) 전법도생(傳法度生)함을 그 종지로 한다."라고 규정하여 교학과 수행과 전법이 조계종의 근본 종지임을 천명하고 있다. 그리고 제2장 본종, 기원 및 사법 제4조에 "본종은 석가모니불을 본존불로 한다."고 명시하고 있다.

우리는 지금 역사적으로 실존하셨던 그분 부처님이 계시지 않는 시대에 산다. 반열반에 드시면서 부처님께서는 마지막 유훈으로 "내가 가고 난 후에는 내가 그대들에게 가르치고 천명한 법(法, dhamma)과 율(律, vinaya)이 그대들의 스승이 될 것이다."(D16 §6.1)라고 말씀하셨다. 그러므로 석가모니 부처님이 계시지 않은 시대에 불교를 믿고 이해하고 행하고 실현하려는 사람들은 그분이 제정하신 율과 그분이 설하신 법, 즉 담마를 의지할 수밖에 없다. 특히 불교의 목적인 깨달음을 체득하고 궁극적 행복인 열반을 실현하기 위한 이론과 실천, 즉 교학과 수행을 담고 있는 법은 세존의 제자들이 반드시 의지해야 하는 것이다. 그러면 세존께서는 반열반하실 때에만 법을 의지하라고 유훈을 하셨는가? 아니다. 부처님께서는 경의 도처에서 법을 의지하라고 말씀하셨다. 먼저 초기불전에서 법을 강조하신 부처님 말씀을 살펴보자.

2. 부처님은 법을 강조하셨다

① 법을 의지하여 머물리라

"아무도 존중할 사람이 없고 의지할 사람이 없이 머문다는 것은 괴로움이다. 참으로 나는 어떤 사문이나 바라문을 존경하고 존중하고 의지하여 머물러야 하는가? … 참으로 나는 내가 바르게 깨달은 바로 이 법을 존경하고 존중하고 의지하여 머물리라."(A4:21)

이것은 세존께서 깨달음을 성취하신 뒤 아직 아무에게도 자신의 깨달음을 드러내지 않으신 다섯 번째 칠 일에 우루웰라의 네란자라 강둑에 있는 염소치기의 니그로다 나무 아래에 앉아서 내리신 결론이다.(AA.iii.24)

② 법은 사성제(교학)와 팔정도(수행)로 집약된다

부처님의 최초의 가르침을 담은 경은 「초전법륜 경」(S56:11)이다. 부처님의 최초의 가르침을 제자들은 처음으로 법의 바퀴를 굴리신 가르침이라고 존중하여 부르고 있다. 드디어 그분의 법체계가 처음으로 전개된 것이기 때문이다. 이 경에서 세존께서는 중도라는 말씀으로 성스러운 팔정도를 천명하시고 불교의 진리인 사성제를 천명하신다. 그러므로 부처님이 깨달으셨고 존중하고 의지하여 머무시는 법은 사성제(교학)와 팔정도(수행)로 집약이 된다.

③ 법을 설하라 — 전법의 당부

그리고 부처님께서 처음 법의 바퀴를 굴리신 지 오래지 않아 50여 명의 아라한이 존재하게 되었으며 그 아라한인 비구들에게 "법을 설하라(desetha dhammaṁ)."라고 다음과 같이 전법을 당부하신다.

"비구들이여, 나는 인간과 천상에 있는 모든 올가미에서 벗어났다. 그대들도 역시 인간과 천상에 있는 모든 올가미에서 벗어났다. 비구들이여, 많은 사람의 이익을 위하고 많은 사람의 행복을 위하고 세상을 연민하고 신과 인간의 이상과 이익과 행복을 위하여 유행(遊行)을 떠나라. 둘이서 같은 길로 가지 마라. 비구들이여, 법을 설하라. 시작도 훌륭하고 중간도 훌륭하고 끝도 훌륭한 [법을 설하고], 의미와 표현을 구족하여 [법을 설하여], 더할 나위 없이 완벽하고 지극히 청정한 범행(梵行)을 드러내어라."(『율장』『대품』(Vin.i.20), S4:5 등)

④ 법을 섬으로 삼고 법을 의지처로 삼아라

법을 존중하시는 부처님의 태도는 "법을 섬으로 삼고[法洲, 法燈明] 법을 귀의처로 삼아[法歸依] 머물라."(D16 §2.26 등)라는 가르침으로 이어지고 있음을 우리는 잘 알고 있다.

⑤ 법의 상속자가 되어야지 재물의 상속자가 되지 마라

「법의 상속자 경」(M3)에서 부처님께서는 비구들에게 "비구들이여, 그대들은 내 법의 상속자가 되어야지 재물의 상속자가 되지 마라."(M3 §3)라고 고구정녕하게 말씀하셨는데 특히 출가자들이 가슴에 사무쳐야 할 말씀이다.

⑥ 법을 보는 자는 나를 보고 나를 보는 자는 법을 본다

임종에 다다른 왁깔리 비구에게 세존께서는 "왁깔리여, 그만하여라. 그대가 썩어 문드러질 이 몸을 봐서 무엇을 하겠는가? 왁깔리여, 법을 보는 자는 나를 보고 나를 보는 자는 법을 본다. 왁깔리여, 법을 볼 때 나를 보고 나를 볼 때 법을 보기 때문이다."(S22:87)라고 말씀하셨으며 그런 뒤에 오온의 무상·고·무아를 설하시고 염오-이욕-해탈-구경해탈지를 설하셨다.

「왁깔리 경」(S22:87)의 이러한 말씀은 대한불교 조계종의 소의경전인 『금강경』에도 전승되어 나타나고 있다.

> "형색으로 나를 보거나(若以色見我)
> 음성으로 나를 찾으면(以音聲究我)
> 삿된 길을 걸을 뿐(是人行邪道)
> 여래 볼 수 없으리.(不能見如來)

법으로 부처님들을 보아야 한다.
(dharmato Buddhā draṣṭavyā)
참으로 스승들은 법을 몸으로 하기 때문이다."1)

몸으로 부처님을 본다면 부처님에게도 죽음이 있다. 몸으로 부처님을 보는 한 우리는 나고 죽음[生死]으로 대표되는 일대사(一大事)를 해결하지 못한다. 일대사를 해결하는 길은 법을 보는 방법 외에는 없으며 무위법인 열반을 실현하는 것밖에는 없다고 해야 할 것이다.

⑦ 법과 율이 그대들의 스승이 될 것이다

세존께서 반열반하시기 직전에 남기신 첫 번째 유훈도 바로 "법과 율이

---

1) 우리에게 『금강경』으로 잘 알려져 있는 Vajracchedikā Prajñāpāramitā Sūtra(金剛能斷般若波羅蜜經으로 직역할 수 있음)는 구마라집 스님이 『金剛般若波羅蜜經』(금강반야바라밀경)으로 옮기는 등 중국에서 여섯 스님들에 의해서 옮겨졌다. 여기 인용하는 제26품의 게송은 범본과 이역본들에 의하면 두 개로 구성되어 있는데 반해 우리나라에서 절대적으로 통용되고 있는 구마라집 스님 역본에는 한 개만 존재한다. 구마라집 스님이 옮기지 않은 뒤의 게송을 범본에서 옮겨보면 다음과 같다.

"법으로 부처님들을 보아야 한다.
참으로 스승들은 법을 몸으로 하기 때문이다.
법성은 알려지는 것이 아니다.
그것은 알 수 없는 것이다."
(dharmato Buddhā draṣṭavyā
dharmakāyā hi nāyakāḥ
dharmatā ca na vijñeyā
na sā śakyā vijānituṃ)

현장 스님은 다음과 같이 옮겼다.

"마땅히 부처님을 법성으로 보라.(應觀佛法性)
부처님은 법의 몸이다.(卽導師法身)
법성은 앎의 대상이 아니니(法性非所識)
그것은 능히 알 수 없는 것이다.(故彼不能了)"

이상 『금강경』의 게송은 『주석본 조계종 표준 금강반야바라밀경』 78~79쪽을 참조하였다.

그대들의 스승이 될 것이다."이다. 세존께서는 간곡하게 말씀하신다. "아난다여, 아마 그대들에게 '스승의 가르침은 이제 끝나버렸다. 이제 스승은 계시지 않는다.'라는 이런 생각이 들지도 모른다. 아난다여, 그러나 그렇게 생각해선 안 된다. 아난다여, 내가 가고 난 후에는 내가 그대들에게 가르치고 천명한 법과 율이 그대들의 스승이 될 것이다."(D16)

⑧ 우리는 법을 귀의처로 합니다

그래서 아난다 존자도 세존께서 반열반하신 지 얼마 뒤에 고빠까 목갈라나 바라문과 나눈 대화에서 "바라문이여, 우리들은 귀의처가 없는 것이 아닙니다. 바라문이여, 우리는 법을 귀의처로 합니다(dhamma-paṭisaraṇa)." (M108 §9)라고 바라문에게 분명하게 밝히고 있다. 아난다 존자의 이런 천명은 부처님이 반열반하신 뒤 2,500여 년이 지난 이 시대에 사는 우리가 가슴에 새겨야 할 지침이기도 하다.

또한 부처님께서 입멸하신 후 두 달 뒤에 열린 일차대합송(일차결집, Paṭhama-mahāsaṅgīti)에 참석한 500명의 아라한들은 율을 합송하여 율장(律藏, Vinaya-Pitaka)을 결집하였고 법을 합송하여 경장(經藏, Sutta-Piṭaka)을 결집하였다. 수승한 법[無比法, 勝法]을 표방하는 아비담마도 이때 논장(論藏, Abhidhamma-Pitaka)으로 결집이 되었다고 한다.[2]

이처럼 세존께서는 깨달음을 성취하신 직후에도 스스로 깨달은 법을 의지해서 머물리라고 하셨고, 45년간 제자들에게 설법하실 때에도 법을 강조하셨으며, 반열반의 마지막 자리에서도 법이 그대들의 스승이 될 것이라는 유훈을 하셨다. 그러므로 세존께서 계시지 않는 지금 시대에 사는 우리 불자들이 가슴에 새기고 존중하면서 배우고 궁구하고 이해하고 실천해야 할 것은 바로 이 법(dhamma)이다.

---

2) 『담마상가니』의 주석서인 『앗타살리니』는 이러한 결집을 네 가지 측면에서 설명한다. 일차합송에서 결집된 내용을 분류하는 상세한 내용에 대해서는 본서 제2권의 말미에 부록으로 싣고 있는 『담마상가니 주석서』 서문 §§42~71을 참조하기 바란다.

아비담마(abhidhamma)가 법(dhamma)에 대해서(abhi)를 그 기본 의미로 하기 때문에 역자는 먼저 니까야에서 부처님께서 강조하신 법의 중요성에 대해서 정리를 해보았다. 이제 주석서 문헌에서 밝히고 있는 법의 의미에 대한 전통적인 견해를 살펴보고자 한다.

3. 법(dhamma)이란 무엇인가

그러면 법이란 무엇인가? 중국에서 법(法)으로 번역되어 정착된 다르마(Sk. dharma) 혹은 담마(dhamma)[3]는 √dhṛ(*to hold*)에서 파생된 남성명사로 인도의 모든 사상과 종교에서 아주 중요하게 쓰이는 용어이며 또한 방대한 인도의 제 문헌들에 가장 많이 나타나는 용어 중의 하나라는 것은 아주 잘 알려져 있다. 그래서 현대의 여러 백과사전들도 다르마 혹은 담마를 간단하게 정의하기가 어렵다고 입을 모은다. 초기불전을 비롯한 모든 불교 문헌에서도 담마 혹은 다르마(dhamma, Sk. dharma)는 가장 많이 나타나는 용어 중의 하나이다.

초기불전에서도 담마[法, dhamma]는 다양한 문맥에서 다양한 의미로 쓰이고 있다. 여기서는 경장의 주석서에 의한 설명과 논장의 주석서에 의한 설명을 통해서 법의 의미를 살펴보고자 한다.

(1) 경장의 주석서에 의한 설명

경장에 해당하는 주석서인 『맛지마 니까야 주석서』에서 붓다고사 스님은 '모든 법[諸法, 一切法, sabba-dhammā, sabbe dhammā]'을 설명하면서 법(dhamma)의 용처를 열 가지 경우로 설명하고 있다. 이 주석서의 핵심이 되는 부분을 중심으로 요약해서 옮겨보면 다음과 같다.

---

3) 중국에서 法(법)으로 번역을 한 dharma 혹은 dhamma는 達摩(달마), 達磨(달마), 曇摩(담마), 曇磨(담마)로 음역이 되었다. 앞의 두 가지는 산스끄리뜨어 dharma를 음역한 것이고 뒤의 두 가지는 빠알리어 dhamma를 옮긴 것으로 여겨진다.

"'법'은 ① 성전을 배움(교학, pariyatti), ② 진리(sacca), ③ 삼매(samādhi), ④ 통찰지(paññā), ⑤ 자연의 법칙(pakati), ⑥ 고유성질(sabhāva), ⑦ 공성(suññatā), ⑧ 복덕(puñña), ⑨ 범계(犯戒, āpatti), ⑩ 알아야 할 것(ñeyya) 등을 나타낸다.

① "여기 비구는 경전과 게송의 법을 배운다."(A.iii.86)라는 등에서 [법은] 성전을 배움을 말한다. ② "여기 비구는 법을 보았고(diṭṭhadhamma), 법을 경험했다(viditadhamma)."(Vin.i.12)라는 등에서는 진리를 말한다. ③ "그분 세존들께서는 이러한 법을 가지셨다."(D.ii.54)라는 등에서는 삼매를 말한다. ④ "진실함과 법과 굳건함과 관대함의 네 가지 법을 갖춘 자는 적을 이긴다."(J.i.280)라는 등에서는 통찰지를 말한다. ⑤ "태어나기 마련인 법(jātidhammā), 죽기 마련인 법(jarādhammā)."(M.i.162)이라는 등에서는 자연의 법칙을 말한다.

⑥ "유익한 법들(kusalā dhammā)"(Dhs. ma3-1)이라는 등에서는 고유성질을 말한다. ⑦ "그때 법들이 있다."(Dhs. §121)라는 등에서는 공성을 말한다. ⑧ "훌륭한 법은 행복을 가져온다."(Sn.182)라는 등에서는 복덕을 말한다. ⑨ "두 가지 결정되지 않은 법(aniyatā dhammā)이 있다."(Vin.iii.187)라는 등에서는 범계(犯戒)를 말한다. ⑩ "모든 법들(sabbe dhammā)은 모든 측면에서 부처님·세존의 지혜의 영역에 들어온다."(Ps.ii.194)라는 등에서는 알아야 할 것을 말한다.

여기서는 고유성질(sabhāva)을 말한다. 그 뜻은 다음과 같다. '자신의 특징을 가지기 때문에 법들이라 한다(attano lakkhaṇaṁ dhārentīti dhammā).'" (MA.i.17)

아래에서 인용하는 『담마상가니 주석서』에서는 '자신의 특징을 가지기 때문에 법들이라 한다.' 대신에 '자신의 고유성질(sabhāva)을 가지기 때문에 법들이라 한다.'로 나타난다.

(2) 논장의 주석서에 의한 설명

한편 아비담마, 즉 논장의 주석서인 『담마상가니 주석서』는 다음과 같이 4가지로 법을 정의한다.

"'법(dhamma)'이란 단어는 ① 교학(pariyatti)과 ② 원인(hetu)과 ③ 공덕(guṇa)과 ④ 중생이 아님과 영혼이 아님(nissatta-nijjīvatā) 등으로 보아야 한다.

① "경(經, sutta)과 응송(應頌, geyya)과 … 교리문답[方等, vedalla]이라는 [아홉 가지] 법을 잘 알고 있다."(A4:102)라는 등에서 [법은] 교학을 뜻한다.

② "원인에 대한 지혜가 '법에 대한 무애해'이다."(Vbh. §720)라는 등에서 [법은] 원인을 뜻한다.

③ "법과 비법 두 가지는
같은 과보를 가져오지 않나니
비법은 지옥으로 인도하고
법은 선처에 이르게 한다."(Thag.128 {304})

라는 등에서 [법은] 공덕을 뜻한다.

④ "그런데 그때에 법들이 있고"(Dhs. §121)나 "법에서 법을 관찰하면서 머문다."(D22)라는 등에서 [법은] 중생이 아님과 영혼이 아님을 뜻한다. 중생이 아님과 영혼이 아님에 대한 것이 여기 본문에 해당한다."(DhsA.38)

즉 여기 『담마상가니』에서 법은 중생이니 영혼이니 하는 개념적인 것(paññatti)이 아니라 고유성질(sabhāva)[4]을 가진 것이라는 의미이다. 다시

---

4) '고유성질'은 sabhāva(Sk. svabhāva)를 옮긴 것이다. 이 단어는 자기 자신을 뜻하는 sa(Sk. sva, *one's own*)와 성질, 성품, 상태 등을 뜻하는 bhāva(√bhū, *to become*)의 합성어이다. 그래서 고유성질로 옮겼다. 이 용어는 중국에서 自性, 本性, 自相, 自有, 自然, 自體, 體性 등으로 옮겨진 것으로 조사된다. 이 용어는 『쿳다까 니까야』 가운데서도 시대적으로 후대인 것이 분명한 『붓다왐사』나 『자따까』나 『빠띠삼비다막가』에 몇 번 나타나는 것을 제외하고 경장과 율장에는 그 어디에도 나타나지 않으며 논장의 칠론에도 단 한 번도 나타나지 않는 것으로 검색이 되었다.

이 용어는 여기서처럼 주석서 문헌에서부터 법(dhamma)을 정의하는 전문 용어로 사용되기 시작하였는데 X라는 법과 Y라는 법이 서로 다른 이유를 각각의 법이 가진 고유성질이 다르기 때문이라고 지극히 상식적이고 합리적인 측면에서 설명하기 위해서 주석가들이 고안한 것이다.

『담마상가니 주석서』는 아비담마에서의 법을 이렇게 정의한다.

"① 자신의 고유성질을 가진다(dhārenti)고 해서 '법들(dhammā)'이라 한다. ② 혹은 조건(paccayā)에 의해서 호지된다(dhāriyanti). ③ 혹은 틀림없는 고유성질에 따라 호지된다고 해서 법들이라 한다."(DhsA.39)

이 가운데 첫 번째인 '자신의 고유성질을 가진다고 해서 법들이라 한다.'로 옮긴 'attano sabhāvaṁ dhārentīti dhammā'(DhsA.39)는 법을 정의하는 구문으로 잘 알려진 것이며, 위의 『맛지마 니까야 주석서』에서 '자신의 특징(lakkhaṇa)을 가지기 때문에 법들이라 한다.'(MA.i.17)는 설명과도 궤를 같이하고 있다.5)

한편 카터(J.R. Carter) 교수는 빠알리 삼장과 주석서 문헌들에 나타나는 법(dhamma)을 정의하는 용어 33가지를 열거하면서 초기불교와 상좌부 불교의 법의 용처를 설명하고 있다.(J.R. Carter, 『Dhamma』 156~159쪽 참조)

이상에서 살펴보았듯이 법 혹은 법들에 대한 경들과 여러 주석서들의 설명을 종합하면 법은 크게 둘로 나누어 볼 수 있다. 첫째는 부처님 가르침으

예를 들면 탐욕과 성냄은 서로 다른 법(dhamma)이다. 그러면 탐욕과 성냄이 왜 다른가? 탐욕은 대상을 거머쥐는 특징을 가지고(DhsA.248 = Vis. XIV.160) 성냄은 잔인한 특징을 가진다.(DhsA.257, *cf.* Vis.XIV. 171) 달리 말하면 탐욕은 대상을 끌어당기는 성질이 있고 성냄은 대상을 밀쳐내는 성질이 있다. 이처럼 탐욕과 성냄은 각각의 고유성질이 다르기 때문에 다르다. 이것은 상식적이고 합리적인 설명 방법이다.

그러면 이 고유성질[自性, sabhāva] 혹은 개별적 특징[自相, 자상, sabhāva-lakkhaṇa)이라는 표현은 아비담마/아비달마에만 나타나는가? 그렇지 않다. 『대반야바라밀다경』 등 반야 계열의 경에서도 나타나고 있다. 이처럼 모든 아비담마/아비달마, 나아가서 반야중관이나 유식 등과 같은 후대의 불교들도 법들을 구분하고 분류하는 기본 방법으로 이 고유성질[自性, sabhāva]이라는 전문 용어를 사용하고 있다. 이런 논의에 대해서는 본서 해제 §4-(3)-(c)의 해당 부분과 해당 주해를 참조하기 바란다.

5) 이런 설명은 세친(Vasubandhu) 스님이 짓고 현장 스님이 옮긴 『아비달마구사론』(阿毘達磨俱舍論, Abhidharmakośa) 등에서 능지자상(能持自相)이나 능지자성(能持自性), 혹은 임지자성(任持自性) 등으로 나타나 있다.

로서의 법이요, 둘째는 고유성질을 가진 것[能持自相, sabhāvaṁ dhārenti]으로서의 법이다. 니까야에서 전자는 부처님의 가르침[佛敎, Buddha-sāsana]으로 불리고 있고(M86 등)[6], 북방불교에서는 '불법(佛法)'으로 명명하고 있으며, 후자는 '일체법(一切法, 諸法, sabbe dhammā)'으로 정리된다. 이를 구분하기 위해서 요즘 서양학자들은 전자를 대문자 Dhamma로 후자를 소문자 dhamma로 표기한다. 초기불교에서 법은 전자의 의미로 많이 쓰이고 아비담마(아비달마)에서는 후자로 해석하여 존재하는 모든 것을 '고유성질을 가진 것'이라는 기준으로 분석하고 분류하여 법을 표준화하고 있다.

그런데 부처님 가르침[佛法]과 일체법(一切法)은 같은 내용을 담을 수밖에 없다. 그래서 『금강경』에서도 "일체법이 모두 부처님의 가르침(sarva-dharmā Buddhadharmā, 一切法 皆是佛法)"(제17품)이라고 강조하고 있다. 그러므로 불교에서는 부처님의 가르침[佛法]이 바로 법이요, 이것은 존재하는 모든 것[一切法]을 밝힌 것이다.

4. 아비담마란 무엇인가

아비담마(abhidhamma)라는 용어는 접두어 아비(abhi)와 명사 담마(dhamma)로 구성되어 있다. 『담마상가니 주석서』와 『맛지마 니까야 주석서』에서는 각각 네 가지와 열 가지로 담마[法, dhamma]의 뜻을 설명하고 있고 아비담마에서는 그 가운데 고유성질을 가진 것으로 담마를 이해하고 있음을 살펴보았다. 이제 접두어 아비(abhi)의 뜻을 중심으로 아비담마의 문자적인 의미를 살펴보자.

(1) 무비법[無比法]과 대법[對法]

PED 등에 의하면 문자적으로 접두어 abhi는 크게 두 가지 의미가 있다. 첫째는 '향하여, 대하여(*round about, around, towards, against*)'의 뜻이고

6) "buddhasāsaneti sikkhāttayasaṅgahe buddhassa bhagavato sāsane." (MAṬ.ii.157)

둘째는 '위에(*over, on top of, above*)'의 뜻이다. 『담마상가니 주석서』 등은 '위에'라는 후자의 뜻으로 abhi를 해석하고 있으며 남북방 아비담마/아비달마에서는 이것을 정설로 삼는다. 그래서 중국에서는 무비법(無比法, 勝法, 수승한 법, 빼어난 법)으로 해석하였다. 그런데 『아비달마 구사론』을 번역하면서 현장 스님은 이것을 대법(對法, 법에 대해서)으로 옮겼는데 이것은 abhi를 전자인 '향하여, 대하여'로 해석한 것이라 할 수 있다. 이 경우에 대법(對法)은 법과 대면함, 즉 법에 대한 연구라는 의미로 해석한 것이다.7)

아비담마 혹은 아비달마는 중국에서 대법(對法), 무비법(無比法), 승법(勝法), 논(論) 등으로 옮겨졌고 아비담(阿毘曇), 아비달마(阿毘達磨), 아비달마(阿鼻達磨), 아비달마장(阿毘達磨藏) 등으로 음역되었는데 아비담(阿毘曇)은 빠알리어 아비담마(abhidhamma)를, 아비달마(阿毘達磨)는 산스끄리뜨어 아비다르마(abhidharma)를 음역한 것이라 할 수 있다.

니까야에서도 접두어 abhi는 대부분이 '위에'의 의미에 해당하는 '능가하는, 수승한, 특별한'의 뜻으로 쓰인다. 접두어 abhi가 '향하여, 대하여'의 의미로 쓰이는 단어로는 purattha-*abhi*mukha([비구 승가를] 마주 보고, D2 §11)와 uttara-*abhi*mukha(북쪽을 향해, D14 §1.29) 등과 『청정도론』 등의 주석서 문헌에 나타나는 nimitta-*abhi*mukha(표상을 향하도록, Vis.IV.66) 등을 들 수 있다. 그 외에는 대부분 전자의 의미로 쓰이고 있다. 여기에 대해서는 아래 문단을 참조하기 바란다. 거듭 말하지만 아비담마(abhidhamma)라는 단어는 전자로 해석하면 무비법(無比法)이나 승법(勝法)이 되고 후자로 해석하면 대법(對法)이 된다.

(2) 아비담마에 대한 『담마상가니 주석서』의 설명

이제 『담마상가니 주석서』 즉 『앗타살리니』는 아비담마를 어떻게 설명하는지를 알아보자. 『앗타살리니』는 접두어 abhi의 의미를 다섯 가지로 설명을 하면서 아비담마(abhidhamma)의 의미에 대한 설명을 전개하고 있다. 이 부분을 옮겨보면 다음과 같다.

---

7) 平川 彰, 『인도불교의 역사』(상) 169쪽도 참조할 것.

"… 여기서 [아비담마의] '아비(abhi)'라는 단어는 ① 증장(vuḍḍhi)과 ② 특징을 가짐(lakkhaṇa)과 ③ 공경(pūjita)과 ④ 한정(paricchinna)과 ⑤ 수승함(adhika)을 보여준다. 이 가운데서

① "나에게는 극심한 괴로운 느낌들이 증가합니다(*abhi*kkamanti), 줄어들지 않습니다."(M97/ii.192)라는 등에서는 증장의 의미로 쓰였다.

② "밤들은 좋은 날로 특별히 인정되고(*abhi*ññāta) 특별히 알려져(*abhi*lakkhita) 있다."(M4/i.20)라는 등에서는 특징을 가짐의 의미로 쓰였다.

③ "왕 중의 왕(rājā*bhi*rāja)이요 인간의 우두머리"(Sn.109)라는 등에서는 공경의 의미로 쓰였다.

④ "아비담마(*abhi*dhamma)와 아비위나야(*abhi*vinaya)로 인도할 수 있다."(*cf.* Vin.i.64)라는 등에서는 한정의 의미로 쓰였는데 '서로서로 혼돈되지 않는 법과 율에 대해서'라고 [한정하고 구분하여] 말씀하신 것이다.

⑤ "경이롭다는(*abhi*kkantena) 칭송과 함께"(Vv.10)라는 등에서는 수승함의 의미로 쓰였다."(DhsA.46)

이처럼 주석서는 먼저 접두어 'abhi'의 의미를 다섯 가지로 살펴본 뒤에 abhi라는 접두어가 가지는 이 다섯 가지 의미가 아비담마와 아비담마 문헌, 특히 논장의 첫 번째인 본 『담마상가니』에 다 적용됨을 아래와 같이 설명하고 있다.

"다시 여기서

① "색계에 태어나는 도를 닦아서"(Dhs. §160)라거나 "자애[慈]가 함께한 마음으로 한 방향을 가득 채우면서 머문다."(Vbh. §642; *cf.* Dhs. §251)라는 등의 방법으로 증장을 가진 법들을 설하셨다.

② "형색을 대상으로 하거나 소리를 대상으로 하거나"(Dhs. §1)라는 등의 방법으로 대상 등을 특징지음에 의해서 특징을 가짐을 설하셨다.

③ "유학에 속하는 법들, 무학에 속하는 법들, 유학에도 무학에도 속하지 않는 법들"(ma-3-11)이라는 등의 방법으로 공경, 즉 공경할 만한 것들을 밝히셨다.

④ "그때에 감각접촉이 있고 느낌이 있고"(Dhs. §1)라는 등의 방법으로 고유성질을 한정하기 때문에 한정을 설하셨다.

⑤ "고귀한 법들, 무량한 법들"(ma3-12)이라는 등의 방법으로 수승한 법들을 설하셨다."(DhsA.19~20)

그리고 『담마상가니 주석서』는 칠론의 첫 번째인 『담마상가니』의 주석서답게 서시(序詩) 바로 다음에 제일 먼저 "여기서 무슨 뜻에서 아비담마인가?"(DhsA.2)라는 질문으로부터 시작한다. 그리고 바로 이어서 이렇게 결론을 내린다.

"① 법이 뛰어나다는 뜻과 ② 법이 특별하다는 뜻에서 그러하다. 여기서 뛰어남과 특별함의 뜻을 밝히는 것이 '아비(abhi-)'라는 접두어이다. 예를 들면 "괴로운 느낌은 더 심하기만 하고(abhikkamanti) 물러가지 않습니다."(S46:14 등)와 "아주 멋진 모습(abhikkantavaṇṇā)"(S1:1 등)이라는 등과 같다. … 와 같이 이 법도 ① 법이 뛰어나다는 뜻과 ② 법이 특별하다는 뜻에서 아비담마라 부른다."(DhsA.2)

이처럼 『담마상가니 주석서』(『앗타살리니』) 서문은 뛰어나다는 뜻과 특별하다는 뜻으로 abhi를 해석하고 있으며 그래서 아비담마는 뛰어난 법, 특별한 법, 수승한 법이라는 의미가 된다.

5. 왜 아비담마는 무비법(無比法, 수승한 법)인가

그렇다면 왜 주석서는 아비담마를 법을 연구함의 의미로 이해할 수 있는 '법에 대해서', 즉 대법(對法)으로 설명하지 않고 뛰어난 법이나 특별한 법, 즉 무비법(無比法)으로 이를 설명하는가? 그 이유는 무엇인가? 『담마상가니 주석서』를 통해서 몇 가지 이유를 살펴보자.

(1) 아비담마는 전체적으로 설하셨기 때문이다

『담마상가니 주석서』는 다음과 같이 말한다.

"경에서 다섯 가지 무더기[五蘊]는 부분적으로(ekadesena) 분석되었고 전체적으로(nippadesa, 남김없이 = 전체가 다 완성되어 — SA.iii.263) 분석되지 않았지만, 아비담마에 이르면 '경에 따른 분류 방법'과 '아비담마에 따른 분류 방법'과 '질문을 제기함'을 통해서 전체적으로 분석되었다. …"(DhsA.2~3)

예를 들면 『위방가』는 무더기[蘊]에 대한 분석(khandha-vibhaṅga) 등의 18장으로 구성되어 있는데 이러한 18개의 주제는 초기불교 교학의 토대가 되는 온·처·계·근·제·연의 여섯 가지 주제(1장부터 6장까지)와 초기불교 수행의 토대가 되는 37보리분법(7장부터 11장까지)이 중심이 되고 있다. 여기에다 초기불교의 중요한 주제인 4禪(12장)과 4무량(13장)과 계목(14장)과 4무애해(15장)와 지혜(16장)에 대한 가르침을 분류하고 분석하고 설명하고 있다. 그리고 17장과 18장에서는 200개에 달하는 초기불교의 중요한 주제들을 선택하여 이를 정의하고 설명해 내고 있다.

이러한 분석과 설명은 지금 『담마상가니 주석서』가 언급하고 있듯이 『위방가』의 각 장은 '① 경에 따른 분류 방법(Suttanta-bhājanīya)'과 '② 아비담마에 따른 분류 방법(Abhidhamma-bhājanīya)'과 '③ 질문을 제기함(Pañhā-pucchaka)'으로 나누어서 전개되는데, ① 경에 따른 분류 방법은 니까야의 정형구를 의지하여 설명을 하고 있고, ② 아비담마에 따른 분류 방법은 아비담마에서 정착시킨 정형구에 토대를 두고 논의를 전개하고 있다. 이러한 두 가지 분류 방법과 ③ 질문을 제기함은 『위방가』 14장, 16장, 17장, 18장을 제외한 나머지 14개 장에 공통적으로 적용되는 중요한 분류법이다.

이 가운데 ① 경에 따른 분류 방법은 경의 가르침에 따라 법을 해석하는 것인데 『맛지마 니까야』의 제14장 「분석 품」(M131~142)에 포함된 「요소의 분석 경」(M140) 등 12개의 분석 경들과 『상윳따 니까야』에 실려 있는 S12:2, S45: 8, S47:40, S48:9, S48:10, S48:36, S48:37, S51:20 등과 같은 여러 가지 「분석 경」에서도 나타나고 있다. ② 아비담마에 따른 분류 방법은 법들을 더 엄밀하게 분석하고 있으며 ③ 질문을 제기함은 법수(法數)를 『담마상가니』 첫머리에 나타나는 마띠까의 구조 안에서 대부분 설명하고 있다.

이처럼 경에는 경에 따른 분류 방법만 있기 때문에 부분적으로 분석되었지만 아비담마에는 경에 따른 분류 방법과 아비담마에 따른 분류 방법과 질문을 제기함의 셋을 다 갖추고 있기 때문에 전체적으로 분석되었다고 『담마상가니 물라띠까』는 설명하고 있다.(DhsAMṬ.13) 그래서 아비담마는 뛰어난 법의 체계이고 수승한 법의 체계라는 것이다.

(2) 아비담마는 심오하기 때문이다

왜 아비담마가 뛰어난 법이고 수승한 법인가에 대한 두 번째 이유로 들 수 있는 것은 아비담마는 심오하기(gambhīra) 때문이라는 점이다. 『담마상가니 주석서』는 아비담마의 심오함을 방법(naya)의 심오함으로 설명한다. 주석서는 "이제 이 아비담마의 심오한 상태를 알기 위해서는 ① 윤회의 바다(saṁsāra-sāgara), ② 물의 바다(jala-sāgara), ③ 방법의 바다(naya-sāgara), ④ 지혜의 바다(ñāṇa-sāgara)라는 네 가지 바다(sāgara)를 알아야 한다."(DhsA.10)라고 표제어를 드러낸 뒤에 이들을 하나하나 설명하면서, 이 가운데 ③ 방법의 바다(naya-sāgara)를 다음과 같이 설명한다.

"무엇이 ③ 방법의 바다인가? 삼장에 있는 부처님의 말씀이다. 두 가지 성전을 반조하는, 믿음을 구족하고 청정한 믿음을 갖추고 지혜가 뛰어난 부처님의 제자들에게는 끝없는 희열과 기쁨이 생긴다. 무엇이 두 가지인가? 율(vinaya)과 아비담마이다."(DhsA.11)라고 말한 뒤에 주석서는 이렇게 결론짓는다.

"이러한 네 가지 바다 가운데 방법의 바다가 여기 [아비담마]에서 의미하는 것이다. 오직 일체지를 갖추신 부처님들만이 이것을 꿰뚫으시기 때문이다."(DhsA.12)

(3) 무엇보다도 아비담마는 비방편설이기 때문이다

경장(經藏, Sutta Piṭaka)에서 전승되어 오는 부처님 말씀의 가장 큰 특징이 무엇일까? 논장의 주석서들은 주저하지 않고 경장에 전승되어 오는 부처님의 말씀은 대기설(對機說, 방편설, pariyāya-desanā)이라고 적고 있다. 이 대기설에 해당하는 빠알리어 pariyāya-desanā 가운데 pariyāya는 pari(둘레에, 원만히)+√i(*to go*)에서 파생된 명사로, 기본 의미는 '일이 경우에 맞게 원만히 잘 되어 가는 것'을 뜻하며, 그런 뜻에서 '방편, 방법, 순서, 차례, 습관' 등의 의미로 쓰인다.

4부 니까야의 여러 경들에서 보듯이 부처님께서는 처음부터 법을 잘 이해할 수 없는 사람들(주로 재가자들)에게는 보시와 지계와 천상에 나는 것[施·戒·生天]을 설하셨고, 법을 알아들을 수 있는 사람들에게도 그 사람의 성향이나 처한 환경이나 근기에 맞추어 다양하게 법을 설하셨다. 그리고 같은 내용도 상황에 따라서 사성제로 설하시기도 하고 팔정도로 설하시기도 하고 연기로 설하시기도 하셨다. 연기도 12연기뿐만 아니라 11지, 10지 … 2지 연기를 설하시기도 하였다. 수행에 관계된 말씀도 어떤 때는 오근·오력으로 설하시기도 하고 어떤 때는 칠각지를 강조해서 설하시기도 하고 사념처를 강조하시기도 하고 성스러운 팔정도를 말씀하시기도 하고 37보리분법 전체를 설하시기도 한다. 이처럼 부처님께서는 듣는 사람의 처한 상황이나 문제의식이나 이해 정도나 수행 정도나 기질이나 성향에 따라서 다양한 방법을 동원해서 설법을 하셨다. 이런 것을 우리는 대기설법이라 한다.

반면 논장(論藏, Abhidhamma Pitaka)에서는, 경장과 비교해서 논장의 가르침은 비대기설(非對機說, nippariyāya-desanā), 즉 비방편설(非方便說)이라고 강조하고 있다.

예를 들면 욕계의 첫 번째 유익한 마음의 (1) 법들을 정의하는 구문(§§1~57)의 네 번째인 도의 구성요소의 모음(§1)에서 도는 팔정도 가운데 바른 말[正語]과 바른 행위[正業]와 바른 생계[正命]의 셋을 제외한 바른 견해 등의 다섯 가지를 들고 있다. 세간적인 마음에서 정어와 정업과 정명은 함께 일어날 수가 없기 때문에 이 셋을 뺀 다섯 가지를 도의 구성요소로 들고 있다. 그런데 "비구여, 들어온 길이란 성스러운 팔정도를 두고 한 말이다." (S35:248)라는 『상윳따 니까야』 제4권 「낑수까 나무 비유 경」(S35:245)에서 들어온 길이라는 말로 예비단계의 도도 여덟 가지 구성요소로 되어 있는 것으로 해석할 소지가 있지만 주석서는 "그렇게 해서는 안 된다."(DhsA. 154)라고 단호하게 거부한다. 그런 뒤에 "이러한 경의 말씀은 참으로 방편적인 가르침이기 때문이다. … [그러나 아비담마의] 이것은 비방편적인 가르침이다. 세간적인 마음에서 세 가지 절제는 한 순간에 얻을 수 없다. 그래서 '다섯 가지 구성요소를 가진 것'이라고 설하셨다."(DhsA.154~155)라고 강조하고 있다.

그리고 첫 번째 해로운 마음의 개요(§365)의 도의 구성요소의 모음에는 그릇된 마음챙김이 빠지고 그릇된 견해, 그릇된 사유, 그릇된 정진, 그릇된 삼매의 네 가지 구성요소만이 나타난다. 그런데 경에서는 "그릇된 마음챙김"(D23; S45:1 등)이라는 표현이 나타난다. 왜 그런가? 여기에 대해서 주석서는 이렇게 설명하고 있다.

"그러면 왜 "그릇된 마음챙김"이라고 경에서는 말씀하셨는가? 해로운 무더기들은 마음챙김이 제외되어 있고 마음챙김과 반대가 되기 때문에 그릇된 도의 그릇됨을 충분히 설명하기 위해서 방편적으로 가르침을 베푸신 것이다. [해로운 마음들에 대한] 비방편적인 [이 아비담마의 가르침에는] 이것이 없다. 그래서 취하지 않으셨다."(DhsA.250)

역자가 『담마상가니』 제1편 마음의 일어남 편에 해당하는 『담마상가니 주석서』에서 확인한 비방편적인 가르침이라는 용어만 해도 예닐곱 번이 넘게 나온다. 빠알리 주석서 문헌 전체에서도 비방편적인 가르침(nippari-yāya-desanā)이라는 용어는 도처에서 등장하고 있다. 이처럼 주석서 문헌들은 아비담마의 가장 큰 특징을 비방편적인 가르침에서 찾고 있다.

그래서 붓다고사 스님은 위에서 언급했듯이 '뛰어난 법(dhamma-atireka)'과 '특별한 법(dhamma-visesa)'으로 아비담마를 정의하고 있고 중국에서도 무비법이나 승법으로 번역한 것이다. 이런 의미에서 아비담마는 부처님께서 깨달음을 증득하신 뒤 네 번째 칠 일과 다섯 번째 칠 일에 체계화하시고(vicinanta) 명상하신(sammasanta) 것이라고 주석서들은 강조하고 있다고 보여진다.

이처럼 아비담마는 비방편설이기 때문에 뛰어난 법이요 수승한 법으로 이해해야 한다.

(4) 아비담마를 지나치게 강조하면 법을 비하하는 것이 아닌가

그런데 이렇게 아비담마를 뛰어난 법과 수승한 법으로 이해하는 것은 자칫 부처님의 가르침인 담마를 비하하는 것이 되지 않는가? 그렇지 않다. 담마와 아비담마는 그 초점이 다르다고 해야 한다.

부처님께서 법, 즉 담마를 설하신 목적은 행복의 실현, 그것도 궁극적 행복으로 표현되는 열반의 실현이다. 아비담마도 부처님의 가르침인 이상 그 근본 목적은 열반의 실현일 수밖에 없겠지만(『담마상가니 주석서』 서문 §82 ⑪이하 참조) 아비담마는 법의 실상, 즉 제법실상(諸法實相, dhammānaṁ bhūta-lakkhaṇa)[8]을 있는 그대로 드러내는 것에 더 초점을 맞추고 있다고 할 수 있다. 이처럼 부처님께서 담마와 아비담마를 설하신 것은 그 초점이

---

8) 여기서 '제법실상(諸法實相)'은 '법들의 실제로 존재하는 특징'으로 직역할 수 있는 dhammānaṁ bhūta-lakkhaṇa를 옮긴 것으로 『디가 니까야 주석서』와 『상윳따 니까야 주석서』에서 아래 게송을 통해서 나타나고 있다.

> "말하는 자들 가운데 으뜸이신 정등각께서
> 두 가지 진리를 말씀하셨으니
> 인습적인 것과 궁극적인 것으로 그 외 세 번째란 없다.
> 관습에 따른 말씀으로서의 진리는 세상의 인습에 기인한 것이고
> 궁극적인 말씀으로서의 진리는 법들의 실상이다.
> "duve saccāni akkhāsi, sambuddho vadataṁ varo
> sammutiṁ paramatthañca, tatiyaṁ nūpalabbhati.
> saṅketavacanaṁ saccaṁ, lokasammutikāraṇaṁ
> paramatthavacanaṁ saccaṁ, dhammānaṁ bhūtalakkhaṇaṁ."
> (DA.ii.383; SA.ii.77)

이처럼 제법실상[諸法實相, dhammānaṁ bhūta-lakkhaṇa]은 아비담마에서 정의하는 구경법(paramattha)으로서의 법에 적용되는 표현이다. 한편 여기에 해당하는 산스끄리뜨 용어로는 sarvadharma-bhūta-lakṣaṇa가 있는데 『大般若波羅蜜多經』 등에 많이 나타나고 있다.

다르다고 해야 한다.

아비담마는 제법의 실상[諸法實相]을 그대로 드러내는 것이 주목적이다. 특히 『담마상가니』는 ① 법들을 정의하고 ② 법들의 항목을 드러내고 ③ 이런 법들의 공함을 밝히고 있을 뿐이다.[9] 어떻게 행복을 실현할 것인가, 어떻게 깨달을 것인가, 그리고 어떻게 세상을 이롭게 할 것인가에 더 관심을 두는 사람들은 경장을 봐야 한다. 다른 관점과 다른 관심을 가지고 괜히 아비담마를 비난하는 불선업을 지어서는 곤란하다. 『담마상가니 주석서』는 말한다.

"이 아비담마에서는 오직 법들이 가르쳐져야 하기 때문이다(dhammāva desetabbā). 그리고 그들은 유익함 등의 분류에 의해서 여러 가지 분류가 있다. 그러므로 여기서는 오직 법들이 가르쳐져야 한다. 이것은 인습적 표현의 가르침(vohāra-desanā)이 아니다."(DhsA.56)

6. 아비담마는 부처님의 직설이다

이처럼 법을 대면하여[對法] 수승한 법[無比法]으로 정리해 낸 것이 아비담마 체계이다. 이제 우리는 '그러면 아비담마는 부처님의 직설인가?'라는 중요한 질문을 하게 된다. 아비담마는 부처님의 제자들이 정리해 낸 체계가 아닌가? 부처님께 기원을 두지 않은 체계를 부처님의 가르침이라고 부를 수 있는가? 이러한 사유와 고민은 아비담마를 접하는 모든 시대의 불자들이 당연히 해왔을 것이고 당연히 빠알리 주석서 문헌에도 자주 등장하고 있다. 논장의 칠론 가운데 첫 번째인 본 『담마상가니』의 주석서에서 그것도 서문(nidāna)에서 붓다고사 스님은 직접 이 문제를 제기하면서 이에 대해서 분명한 입장을 밝히고 있다.

결론적으로 『담마상가니 주석서』(『앗타살리니』) 서문을 종합해서 말하면 – 부처님 가르침은 삼장으로도 분류되고 다섯 가지 니까야로도 분류되

---

9) 여기에 대해서는 본서 제1권 해제 <§4. 『담마상가니』 제1편의 구성>의 (3) 89가지 마음과 이와 관계된 마음부수법들을 분류하는 방법을 참조할 것.

고 구분교로도 분류되고 8만4천 법문으로도 분류되는데, 아비담마는 삼장에도 포함되고 다섯 가지 니까야에도 포함되고 구분교에도 포함되고 8만4천 법문에도 포함된다. 만일 아비담마가 없으면 초기불교의 이러한 체계가 무너지고 만다. 이런 등의 이유 때문에 아비담마는 부처님의 직설이라는 것이 『담마상가니』의 주석서인 『앗타살리니』의 초지일관한 태도이다. 그래서 『앗타살리니』 서문은 아비담마가 부처님의 직설이 아니라는 주장을 여러 곳에서 강하게 비판하면서 아비담마는 부처님의 직설임을 밝히는 데 초점을 맞추고 있다. 『담마상가니 주석서』 즉 『앗타살리니』 서문을 종합하면 아비담마는 부처님께서 네 번째의 칠 일 동안에 스스로 체계화하신 자내증(自內證)의 법이요 일곱 번째 안거에서 석 달 동안 신들에게 설하신 것이며 사리뿟따 존자가 이를 인간 세계에 전한 것이요 그래서 법의 정수, 즉 수승한 법이라는 결론에 도달하게 된다. 이처럼 『앗타살리니』를 통해서 붓다고사 스님은 아비담마를 제일 먼저 설한 분은 제자들이 아니라 바로 석가모니 부처님이라고 확고하게 말하고 있다.

니까야의 여러 경들에서 부처님의 제자인 사리뿟따 존자나 아난다 존자와 같은 여러 직계 제자들도 법을 설한다. 그렇다고 해서 법의 기원이 그분 직계 제자들이라고는 아무도 말하지 않는다. 법의 기원은 당연히 부처님이시다. 사리뿟따 존자는 분명히 아비담마를 설한 분이고 아비담마에서 중요한 역할을 한 분이지만 그렇다고 해서 사리뿟따 존자가 아비담마의 기원이라고 하면 안 된다. 아비담마도 부처님이 체계화하셨고 부처님께서 일곱 번째 안거에서 신들에게 설하신 것이다. 그러므로 아비담마도 부처님으로부터 기원한 것이고 그래서 부처님 말씀이라는 것이 주석서들의 일관된 입장이다.

『담마상가니 주석서』는 아비담마가 부처님의 직설임을 율장을 통한 증거와 경장을 통한 증거를 들어서 다음과 같이 설명하고 있다.

(1) 율장을 통한 증거

『담마상가니 주석서』는 "비방할 의도가 없이 '도반은 경이나 게송이나 아비담마를 [먼저] 배우고 나중에 율을 배우시오.'라고 하는 것은 범계가 아니다."(Vin.iv.144)라는 단타죄(單墮罪, 빠찟띠야, pācittiya) 편 §442에 나타나는 항목을 인용한다. 그리고 『비구니 경분별』에 속하는 단타죄 편 §1221에 나타나는 "[비구니가] 경에 관한 질문을 허락받은 뒤 아비담마나 율에 대해서 질문을 하거나, 아비담마에 관한 질문을 허락받은 뒤 경이나 율에 대해서 질문을 하거나, 율에 관한 질문을 허락받은 뒤 경이나 아비담마에 대해서 질문을 하면 단타죄(單墮罪)를 범한 것이다."(Vin.iv.344)라는 항목도 인용한다.

이렇게 아비담마가 언급되고 있는 율장의 두 항목을 인용한 뒤에 "이 정도만으로도 이설을 말하는 자는 논박되었다."(DhsA.28)라고 강조한다. 아비담마는 이렇게 이미 율장의 계목에 포함되어 나올 정도로 부처님 말씀으로 확정되어 있기 때문에 이것은 부처님의 가르침이라고 결론짓는다. 자세한 것은 본서 제2권의 말미에 싣고 있는 『담마상가니 주석서』 서문 §73를 참조하기 바란다.

(2) 경장을 통한 증거

계속해서 『담마상가니 주석서』는 아비담마가 경장에서도 언급이 되고 있음을 『맛지마 니까야』 제2권 「고싱가살라 긴 경」(M32) 가운데 "도반 사리뿟따여, 여기 두 비구가 있어 아비담마에 대해 논의를 하는데 그들은 서로에게 질문을 하고 각자 받은 질문에 대답하며 그칠 줄을 모르고 그들의 대화는 법에 근거하여 계속됩니다. 도반 사리뿟따여, 이런 비구가 고싱가살라 숲을 빛나게 합니다."(M32 §8)라고 마하목갈라나 장로가 한 말을 인용하고 여기에 대해서 세존께서 "장하구나, 장하구나. 목갈라나는 그것을 바르게 설명하면서 그가 실제 행했던 대로 말했을 것이다. 왜냐하면 사리뿟따여, 목갈라나는 참으로 법에 대한 논의를 잘하는 자이기 때문이다."(M32 §15)라고 말씀하신 사실을 인용한다.

그런 뒤에 이렇게 강조하고 있다.

"아비담마를 논하는(ābhidhammikā) 비구들이야말로 참으로 법을 논하는 자들(dhammakathikā)이라고 한다. 그 외에는 법을 논하여 설하더라도 법을 논하는 자들이 아니다. 왜 그런가? 그들은 법을 논하여 설하더라도 여러 종류의 업에 대해서 [혼동하고] 여러 종류의 과보에 대해서 [혼동하고] 물질과 비물질의 한계에 대해서 [혼동하고] 여러 종류의 법에 대해서 혼동하여 설하기 때문이다. 그러나 아비담마를 논하는 자들은 여러 종류의 업에 대해서 혼동하지 않는다. 그러므로 아비담마를 논하는 비구는 법을 설하든 설하지 않든, 질문을 받은 때에 그 질문에 [바르게] 대답을 할 것이다. 그러므로 그만이 전적으로 법을 설하는 자이다. 이것을 두고 스승께서는 장하다는 칭찬을 하신 뒤에 '목갈라나는 잘 설명하였다.'고 말씀하신 것이다."(DhsA.29)

이렇게 이미 경장에서 부처님께서 아비담마를 칭송하고 계시기 때문에 아비담마는 부처님 시대에 부처님께서 직접 말씀하신 것이라고 『담마상가니 주석서』는 설명한다. 사실 아비담마라는 용어는 니까야에서 이 「고싱가살라 긴 경」(M32) 이외에도 「합송경」(D33) §3.3과 「십상경」(D34) §2.3에서 아비담마와 아비위나야로 나타나며 「날라까빠나 경」(M68) §17과 「어떻게 생각하는가 경」(M103) §4와 『앙굿따라 니까야』 「망아지 경」(A3:137) 등 11개 정도의 경에 나타나고 있다.

『담마상가니 주석서』는 이처럼 「고싱가살라 긴 경」(M32)을 인용하여 아비담마가 부처님의 친설(親說)임을 설명한 뒤 다음과 같이 단호하게 결론짓는다.

"아비담마를 따돌리는 것은 이 승자의 [법의] 바퀴에 주먹을 날리는 것이고, 일체지의 지혜[一切智智]를 따돌리는 것이며, 스승의 무외(無畏)의 지혜를 거꾸로 되돌리는 것이고, [법을] 듣고자 하는 회중을 속이는 것이며, 성스러운 도에 장애로 작용하고, [승가를] 분열시키는 18가지 분파를 만드는 일[破事] 가운데 하나에 휘말려들어 승가로부터 분리하는 거죄갈마(擧罪羯磨)와 견책갈마(譴責羯磨)를 받게 된다. 이러한 업을 지은 뒤에는 '가시오. 먹다 남은 음식을 먹는 자로 살아가시오.'라고 하면서 축출될 것이다."(DhsA.29)

(3) 직설이라면 왜 경장과 논장은 전개가 다른가

계속해서 『담마상가니 주석서』는 다음과 같은 반대론자의 말을 제시하면서 논의를 계속한다.

"그러면 [이설을 말하는 자(반대론자)는] 이렇게 말할 것이다. '만일 아비담마가 부처님이 설하신 것(Buddhabhāsita)이라면 수천 개의 경들에서 "한때 세존께서는 라자가하에 머무셨다."(D16 §1.1 등)라는 등의 방법으로 [경의] 기원(nidāna)을 밝힌 것처럼 그와 같이 [아비담마를 설하게 된] 기원을 밝혔을 것이다.'라고."(DhsA.29)

여기에 대한 대답으로 주석서는 두 가지를 들고 있다. 첫 번째는 이러하다.

"저 『자따까』와 『숫따니빠따』와 『법구경』 등은 그런 형태의 [경을 설하게 된] 기원이 없는데 그렇다고 이 경들이 부처님이 설하신 것이 아닌 것은 아니다."(DhsA.29)라고 논박한다.

즉 『쿳다까 니까야』의 여러 경들에도 경을 설하게 된 기원이 나타나지 않는다. 그렇다고 그 경들을 부처님의 말씀이 아니라고 하는 것은 천부당만부당한 말이 된다는 뜻이다.

이렇게 간단명료하게 반대론자의 문제 제기를 논파한 뒤에 주석서는 부처님들의 위대하심을 찬탄하고 나서 아비담마는 부처님들의 영역이라고 이렇게 결론짓는다. "아비담마는 이러한 부처님들이 설하실 수 있는 가르침이며 … 이 아비담마는 일체지를 갖추신 부처님들의 영역이지 다른 자들의 영역이 아니다."(DhsA.230)

즉 아비담마의 기원을 밝히시지 않은 것은 부처님들의 마음이고 일체지를 갖추신 그분들의 영역이지, 제자들이나 다른 사람들의 영역이 아니라고 설명한다. 그리고 주석서는 "이러한 심오한 방법의 바다인 아비담마는 부처님이 설하셨다."(DhsA.12)라고 강조하고 있다.

7. 아비담마는 언제 체계화하셨는가

이처럼 아비담마는 부처님의 직설이라고 주석서는 강조하고 있다. 아비담마가 부처님의 직설이라면 부처님께서는 언제 아비담마를 체계화하셨는가 하는 것도 우리의 관심이다. 결론적으로 말하면 성도 후 네 번째 칠 일에 체계화하셨고, 일곱 번째 안거에서 석 달간 삼십삼천의 신들에게 직접 설하셨다.

(1) 아비담마는 성도 후 네 번째 칠 일에 명상하신 것이다

부처님의 성도 과정과 성도 후의 일화를 담고 있는 『맛지마 니까야』 「성스러운 구함 경」(M26)에 해당하는 주석서(MA.ii.181~186)에는 세존께서 깨달음을 증득하신 뒤 49일 동안에 하셨던 일을 자세하게 적고 있다. 그것을 간단하게 정리하면 다음과 같다.

① 세존께서는 깔라 용왕의 거처가 있는(Kālanāgarājassa bhavana) 만제리까(Mañjerika, ApA.77)라는 숲에서 깨달으셨는데 첫 번째 칠 일은 깨달은 바로 그 장소에서 가부좌한 하나의 자세로 좌정하고 계셨다.

② 두 번째 칠 일은 깨달음을 증득하신 바로 그 자리와 그 나무[菩提樹, bodhi-rukkha]를 눈을 깜빡이지 않고 쳐다보면서 보내셨다.

③ 세 번째 칠 일은 그곳 가까이에서 동에서 서로 길게 포행을 하시면서 보내셨다.

④ 네 번째 칠 일은 『논장』(論藏, Abhidhamma-piṭaka)을 체계화하셨다(vicinanta).

⑤ 다섯 번째 칠 일은 보리수 아래로부터 염소치기의 니그로다 나무로 가셔서 아비담마에 대한 조직적인 도(naya-magga)를 명상하셨다.

⑥ 여섯 번째 칠 일은 무짤린다(Mucalinda) 나무 아래에서 머무셨다.

⑦ 일곱 번째 칠 일은 왕의 처소(Rājāyatana)라 불리는 나무 아래에서 머무셨다.

이렇게 칠 일을 보내신 뒤에 다시 염소치기의 나무 아래로 가셔서 『상윳따 니까야』 제1권「권청(勸請) 경」(S6:1)에 나타나는 전법을 주저하는 사유를 하셨고 사함빠띠 범천은 세존께서 이 세상에 법을 설해 주시기를 간청하게 된다.

이렇게 하여 세존께서는 사함빠띠 범천의 권청을 받아들여 오비구에게 『상윳따 니까야』 제6권의「초전법륜 경」(S56:11)을 설하셨고 그들은 그 후에 『상윳따 니까야』 제3권「무아의 특징 경」(S22:59)을 듣고 모두 아라한이 되었다.

『담마상가니 주석서』는 이 가운데 아비담마를 체계화하신 네 번째 칠 일에 초점을 맞추어 자세하게 설명을 하고 있다. 여기에 인용을 하면 다음과 같다.

"세존께서는 … 네 번째 칠 일 동안에는 북동쪽 방향에 있는 보배창고(ratana-ghara)에 앉으셨다. 여기서 보배창고는 칠보로 된 집(geha)이 아니다. 칠론(七論, satta pakaraṇā)에 정통한 장소를 보배창고라고 알아야 한다. 거기서 『담마상가니』 논서를 명상했을(sammasanta) 때에도 몸에서 광명은 나오지 않았다. 『위방가』 논서와 『다뚜까타』와 『뿍갈라빤냣띠』와 『까타왓투』 논서와 『야마까』 논서를 명상했을 때에도 몸에서 광명은 나오지 않았다. 그러나 『마하빠까라나』(큰 논서 = 『빳타나』)[10]에 침잠하여 "원인의 조건, 대상의 조건 … 떠나버리지 않은 조건"이라고 명상하기 시작하여 24가지 전체 『빳타나』를 명상하셨을 때에 그분의 일체지의 지혜는 전적으로 『마하빠까라나』(큰 논서 = 『빳타나』)에서 그 어울리는 곳을 얻게 되었다. …

칠 일 낮과 밤 동안 명상한 법은 얼마나 많은 것이었는가? 끝없고 무량한 것이었다. 물론 이것은 마음으로 예측한 것만을 일컫는다. 그러나 스승께서 이와 같이 칠 일 동안 마음으로 사유한 법을 말로써 구분해서 설하신다면 백 년이든 천 년이든 십만 년이 지나더라도 그 끝에 도달하여 다 설하지 못하신

---

10) "『마하빠까라나』는 『빳타나』라고도 부른다(Mahāpakaraṇaṁ nāma, paṭṭhānantipi tasseva nāmaṁ)."(DhsA.9)

다고 말해서는 안 된다."(DhsA.12~15)

이처럼 아비담마는 성도 후 네 번째 칠 일에 명상하여 체계화하신 것이고, 세존께서 이렇게 칠론을 체계화하신 곳을 불교에서는 보배창고라고 부른다. 부처님께서 성도하신 인도 보드가야의 마하보디사에 가면 이 보배창고를 비롯한 여섯 곳이 표시되어 있어서 성지순례를 하는 불자들에게 큰 환희심을 주고 있다.

(2) 아비담마는 일곱 번째 안거 때 신들에게 설하신 것이다

주석서들에 의하면 부처님께서 이렇게 체계화하신 아비담마를 직접 설하신 것은 일곱 번째 안거 때[11] 석 달간 삼십삼천에서라고 한다. 『상윳따 니까야』 제1권 「깟사빠 경」 1(S2:1)을 주석하면서 『상윳따 니까야 주석서』는 세존께서 성도하신 후 7년째 되던 해에 쌍신변을 나투시어 삼십삼천에 안거를 나러 가셔서 아비담마를 설하신 것을 두고 이렇게 적고 있다.

"세존께서 성도하신 후 7년째 되던 해에 쌍신변을 나투시어 삼십삼천에 안거를 나러 가셔서 아비담마를 설하시면서 禪의 분석에서 '비구란 일반적으로 일컫는 비구와 이름만인 비구가 있다.'(Vbh.245~246)라고 비구에 대한 해설을 말씀하신 것을 이 신의 아들은 들었다."(SA.i.103)

『담마상가니 주석서』도 이렇게 적고 있다.

"나중에도 역시(일곱 번째 안거를 말함) 여래께서는 삼십삼천의 빠릿찻따까 나무 아래에 있는 붉은 대리석 위에서[12] 일만의 세계에 있는 신들 가운데

---

11) 세존께서 45년 동안 안거를 보내신 곳에 대해서는 본서 제2권 말미에 싣고 있는 『담마상가니 주석서』 서문 §31의 주해를 참조할 것.

12) 『맛지마 니까야』 「로마사깡기야 존자와 지복한 하룻밤 경」(M134)에서 짠다나 천신은 세존께서는 이곳에서 「지복한 하룻밤 경」(Bhaddekaratta Sutta, M132)에 대한 요약과 분석을 설하셨다고 로마사깡기야 존자에게 다음과 같이 언급하고 있다.
"비구여, 한 번은 세존께서 삼십삼천에서 빠릿찻따까 나무 아래에 있는 붉은 대리석 위에 머무셨습니다. 거기서 세존께서는 삼십삼천의 천신들에게 지복한 하룻밤에 대한 요약과 분석을 설하셨습니다."(M134 §2)
이처럼 주석서가 아니라 이미 니까야에서도 부처님께서는 삼십삼천에서 신

앉으셔서 어머니를 직접 대면하여 '유익한 법들과 해로운 법들과 결정할 수 없는[無記] 법들'(ma3-1)이라는 법을 가르치시면서 백으로 구분하고 천으로 구분하고 백천으로 구분하여 특별한 법으로부터 [다른] 특별한 법으로 자유자재로 옮기면서 가르치셨다. 석 달 동안 끊임없이 전개된 가르침은 폭포수처럼 혹은 거꾸로 놓은 물 항아리에서 흘러내리는 물의 흐름처럼 빠르게 전개되어 끝이 없고 무량하였다."[13](DhsA.15)

더 자세한 묘사는 본서 제2권 말미에 첨부하고 있는 『담마상가니 주석서』 서문 §31 이하를 참조하기 바란다.

8. 아비담마의 기원에 대한 전통적인 견해들

이제 『담마상가니 주석서』를 통해서 아비담마의 기원(nidāna)에 대한 전통적인 견해들을 살펴보자.

(1) 띳사부띠 장로의 설명

먼저 『담마상가니 주석서』는 띳사부띠 장로의 견해를 다음과 같이 소개한다.

"만달라 아라마(Maṇḍalārāma)에 머무는 띳사부띠 장로(Tissabhūti-tthera)는 이 아비담마는 [부처님이 성도하신] 대보리좌에서 기원한 것이라는 것을 보여주기 위해서 "비구들이여, 나는 [보리수 아래에서] 처음으로 완전한 깨달음을 증득한 뒤 [49일간][14] 머물던 것의 한 부분에 머물렀

들에게 설법을 하신 것을 밝히고 있다.

13) 이것이 저 유명한 '천상으로부터 하강하신 것(devorohaṇa)'이다. 이것은 『청정도론』 XII.72~79에서 설명되어 있다. 세존께서는 삼십삼천에 올라가셔서 어머니 마하마야 부인(Mahā-Māyā)과 신들을 위해서 석 달간 아비담마를 설하시고 상깟사(Saṅkassa)로 내려오셨는데 이 장면을 '천상으로부터 하강하신 것'이라고 부른다. 어디서 올라가셨는가는 분명치 않은데 부처님께서 천상에 가셔서 석 달간 안거를 하시면서 아비담마를 설하시는 이 장면을 묘사하고 있는 『앙굿따라 니까야 주석서』(AA.i.125 이하)에는 "스승께서 제따와나의 대승원에 머무시면서(Jetavanamahāvihāre viharanto)"(AA.i.125)라고 언급하고 있다.

다."(S45:11; S45:12)라는 「머묾 경」 1/2(S45:11~12)을 인용하여 설하였다. … 이와 같이 장로는 「머묾 경」 1/2(S45:11~12)를 통해서 아비담마가 [설해진] 기원을 설명하였다."(DhsA.30~31)

이것은 『상윳따 니까야』 제5권 「머묾 경」 2(S45:12)에서 세존께서는 "비구들이여, 나는 석 달 동안 홀로 앉고자 한다. 하루 한 끼 탁발음식을 가져다주는 사람을 제외하고는 아무도 가까이 와서는 안 된다."라고 말씀하셨고, 석 달 뒤에 "비구들이여, 나는 [보리수 아래에서] 처음으로 완전한 깨달음을 증득한 뒤 [49일간] 머물던 것의 한 부분에 머물렀다."라고 말씀하신 것을 일컫는 것이다. 여기에 대해서는 「머묾 경」 1(S45:11)의 해당 주해를 참조하기 바란다.

이처럼 『담마상가니 주석서』는 띳사부띠 장로의 이러한 주장을 가져와서 『상윳따 니까야』 제5권 「머묾 경」 1/2(S45:11~12) 등의 니까야에 분명하게 나타나는 이러한 부처님의 일화가 부처님께서 아비담마를 사유하시고 체계화하신 것의 기원이라고 밝히고 있다.

(2) 수마나데와 장로의 설명

계속해서 주석서는 수마나데와 장로의 견해를 다음과 같이 소개한다.

"마을에 머무는 수마나데와 장로(Sumanadevatthera)는 낮은 부분의 청동 궁전에서 법을 전하면서, '[아비담마가 부처님의 직설이 아니라고] 이설을 말하는 자는 두 손을 들고 숲에서 우는 자와 같고 증인 없이 소송을 하는 것과 같아서 아비담마를 [설하시게 된] 기원이 있는데도 불구하고 알지 못한다.'라고 말한 뒤에 그 기원을 설명하면서 이렇게 말했다. — '한때에 세존께서는 신들 가운데 삼십삼천에 있는 빠릿찻따까 나무 아래에 있는 붉은 대리석 위에서 머무셨다. 거기서 세존께서는 삼십삼천의 신들에게 '유익한 법들, 해로운 법들, 결정할 수 없는[無記] 법들'(ma-3)이라고 아비담마의 가

14) 이것은 부처님께서 처음으로 완전한 깨달음을 성취하신 뒤에 49일 동안 머무시던 것을 말한다고 주석서는 설명하고 있다.(SA.iii.128) 여기에 대해서는 앞의 7-(1)을 참조할 것.

르침을 말씀하셨다.'라고."(DhsA.31)

이처럼 수마나데와 장로는 고주석서 등에서 전승되어 오는 여러 자료를 종합하여 아비담마는 일곱 번째 안거 때 부처님께서 삼십삼천에서 석 달 동안 설하신 것이라고 아비담마의 기원을 설명하였다.

⑶ 아비담마의 기원에 대한 17가지 질문과 답변

계속해서 『앗타살리니』는 다음과 같이 아비담마의 기원에 대해서 17가지의 질문을 제기하고 여기에 간결한 대답을 하면서 아비담마의 기원을 정리하고 있다.

"다른 경들에서는 [설하게 된] 기원이 하나이지만 아비담마에서는 두 가지의 기원이 있으니 ① 증득에 대한 기원(adhigama-nidāna)과 ② 가르침에 대한 기원(desanā-nidāna)이다. 이 가운데 ① 증득에 대한 기원이라는 것은 디빵까라[燃燈] 부처님(Dīpaṅkara-dasabala)으로부터 시작하여 대보리좌에 이르기까지라고 알아야 한다. ② 가르침에 대한 기원이라는 것은 법의 바퀴를 굴리신 것[轉法輪]까지라고 알아야 한다. 이와 같이 두 가지 기원을 구족한 이 아비담마의 기원에 대해 능숙하기 위해서 다음의 질문에 대한 항목을 알아야 한다."

이렇게 하여 『담마상가니 주석서』는 '① 이 아비담마는 무엇에 의해서 시작되었는가? … ⑯ 누구의 말씀인가? ⑰ 누가 전승해 왔는가?'라는 17가지 항목을 제시하고 여기에 대해서 이렇게 대답한다.

"① 아비담마는 무엇에 의해서 시작되었는가? — [디빵까라 부처님 앞에서 일으킨] 깨달음으로 마음을 기울이는 염원을 통한 믿음으로부터 생겼다. ② 어디서 성숙되었는가? — 550개의 『자따까』(본생담)에서이다. ③ 어디서 증득되었는가? — 깨달음의 나무 아래에서이다. ④ 언제 증득되었는가? — 위사카 달의 보름이다. ⑤ 누구에 의해서 증득되었는가? — 일체지를 갖추신 부처님에 의해서이다. ⑥ 어디서 체계화되었는가? — 깨달음을 얻으신 장소에서이다. ⑦ 언제 체계화되었는가? — 보배창고에 머무신 칠 일 동안이다. ⑧ 누구에 의해서 체계화되었는가? — 일체지를 갖추신 부처님에 의해서이다. ⑨ 어디서 설해졌는가? — 삼십삼천의 신들 사이에서이다. ⑩ 누구를 위해서 설해졌는가? — 신들을 위해서이다. ⑪ 무엇을 위해서 설해졌는가? — 네 가지 폭류를 건너기 위해서이다. ⑫ 누구에 의해서 받아들여졌는가? — 신들에 의해서이다. ⑬ 누가 공부하는가? — 유학들과 선한 범부들이다. ⑭ 누가 공부를 성취한 자들인가? — 번뇌 다한 아라한들이다. ⑮ 누가 수지하는가? — [아비담마에 능숙한] 자들이 수지한다. ⑯ 누구의 말씀인가? — 아라한이요 정등각자이신 세존의 말씀이다. ⑰ 누가 전승해 왔는가? — 스승들의 계보[師資相承, 사자상승]에 의해서이다."(DhsA.31~32)

(4) 또 다른 방법에 의한 아비담마의 기원

주석서는 또 다른 방법으로 아비담마의 기원을 제시하면서 『담마상가니 주석서』의 서문을 마무리하고 있다. 그것은 ① 먼 기원(dūrenidāna)과 ② 멀지 않은 기원(avidūrenidāna)과 ③ 가까운 기원(santikenidāna)이다. 주석서의 설명을 살펴보자.

"이와 같이 증득에 대한 기원과 가르침에 대한 기원을 구족한 이 아비담마는 다시 ① 먼 기원과 ② 멀지 않은 기원과 ③ 가까운 기원이라는 또 다른 세 가지 기원으로 [나눌 수 있다.]

① 이 가운데 연등 부처님의 발아래로부터 시작하여 도솔천궁에 이르기까지가 먼 기원이다. ② 도솔천궁으로부터 시작하여 보리좌에 이르기까지가 멀지 않은 기원이다. ③ '한때에 세존께서는 신들 가운데 삼십삼천에 있는 빠릿찻따까 나무 아래에서 붉은 대리석 위에 머무셨다. 거기서 세존께서는 삼십삼천의 신들에게 '유익한 법들, 해로운 법들, 결정할 수 없는[無記] 법들'(ma-3)이라고 아비담마의 교설을 말씀하셨다.'라는 이것이 가까운 기원이다. 이것이 기원에 관한 설명이다."

9. 아비담마는 누가 인간들에게 전하였는가

이처럼 아비담마는 부처님으로부터 비롯된 것이라는 데에 주석서들은 확고한 입장을 가지고 있다. 모든 부처님 가르침은 법을 들은 분들이 있다. 니까야의 경들에서는 이러한 법을 들은 자들을 분명하게 밝히고 있고 게송으로 전승되어 오는 몇몇 경들이나 가르침들은 주석서에서 그 게송이나 가르침을 들은 자들을 분명하게 밝히고 있다. 아비담마가 부처님께서 신들에게 설하신 것이라면 이 아비담마는 누가 인간인 우리들에게 전승하였는가? 주석서는 여기에 대해서 다음과 같이 분명하게 밝히고 있다.

(1) 사리뿟따 존자가 인간들에게 전하였다

『담마상가니 주석서』는 세존께서 석 달 동안 신들에게 설하신 아비담마의 가르침을 법의 대장군 사리뿟따 장로가 이것을 듣고 인간에 전하였다고 다음과 같이 적고 있다.

"법의 대장군 사리뿟따 장로도 거기에 가서 정등각자께 시중을 들고 한 곁에 앉았다. 스승께서는 '사리뿟따여, 이만큼의 법을 나는 설했다.'라고 말씀해주시면서 그에게 방법(naya)을 [말씀해]주셨다. 이와 같이 정등각자께서 무애해를 증득한 상수제자에게 방법을 [말씀해]주실 때에 마치 기슭에 서서 손을 뻗어서 바다를 가리키시는 것처럼 방법을 [말씀해]주셨다. 세존께서 장로에게 백의 방법과 천의 방법과 백천의 방법으로 [설해]주신 법은 분명하게 확립되었다."

여기서 주석서는 세존께서 사리뿟따 존자에게 법을 설하셨다고 하지 않고 방법을 [말씀해]주셨다고 표현하고 있다. 이것을 복주서들은 가르침의 순서(vācanāmagga, Pm.ii.24 = vacanappabandha, Abhi-av-pṭ.137)를 [설해]주셨다고 설명하고 있다. 여기서 가르침의 순서는 칠론의 차례를 뜻하고 마띠까의 순서나 선·불선·무기의 순서나 89가지 마음의 순서 등을 뜻하는 것으로 이해할 수 있을 것이다. 계속해서 주석서는 이렇게 말한다.

"사리뿟따 존자도 스승께서 가르치고 가르치신 법을 가져와서 자신과 함께 머무는 오백의 비구들에게 설하였다. … 장로는 스승께서 가르치고 가르치신 법을 수지하여 그들에게 설한 것이었다. 정등각자께서 아비담마의 가

르침을 마무리하신 것과 그 비구들이 칠론을 수지한 것은 함께 이루어졌다."(DhsA.16~17)

이처럼 아비담마는 부처님께서 성도하신 뒤 네 번째 칠 일 동안에 체계화하셨고, 삼십삼천에서 일곱 번째 안거를 하실 때에 어머니 마야 왕비를 비롯한 신들에게 설하신 것이고, 이것을 사리뿟따 존자가 듣고 와서 자신의 제자 500명의 비구들에게 전승한 것이다. 주석서의 여러 곳에서 이런 사실들이 기록이 되어 있고 부처님께서 삼십삼천에서 설법을 하셨다는 것은 『맛지마 니까야』 「로마사깡기야 존자와 지복한 하룻밤 경」(M134)에도 언급되어 있다.

『담마상가니 주석서』 즉 『앗타살리니』는 다시 이렇게 말한다.

"아비담마에서 가르침의 순서(즉 칠논의 차례)는 사리뿟따 장로로부터 기원한다. 그리고 『마하빠까라나』(Mahāpakaraṇa, 큰 논서 = 『빳타나』)에서 숫자의 전개과정도 장로가 확정한 것이다. 장로는 이러한 방법으로 특별한 법을 망가뜨리지 않고 쉽게 배우고 호지하고 이해하고 설할 수 있게 하기 위해서 숫자의 전개과정을 확립하였다. 이와 같다면 장로가 첫 번째로 아비담마를 논하신 분인가? 그렇지 않다. 정등각자께서 첫 번째로 아비담마를 논하신 분이시다. 부처님께서 대보리좌에 앉으셔서 꿰뚫으셨기 때문이다."(DhsA.17)

그리고 『담마상가니 주석서』는 본서 제4편 주석 편도 사리뿟따 존자가 전승한 것이라고 다음과 같이 밝히고 있다.

"그러면 이것은 누구로부터 비롯된 것인가? 사리뿟따 장로로부터 기원하는 것이다. 사리뿟따 장로는 자신과 함께 머무는 어떤 [비구]가 [본서 제3편] 간결한 설명 편의 의미를 드러냄에 대해서 주도면밀하지 못하자 이 주석 편을 가르쳐서 드러내어 주었기 때문이다."(DhsA.409~410)

그러나 고주석서는 이것도 부처님의 직설이라고 주장한다고 『담마상가니 주석서』 즉 『앗타살리니』는 다음과 같이 적고 있다.

"그러나 대주석서(mahā-aṭṭhakathā = 고주석서)는 이런 견해를 거부한 뒤 이렇게 말했다. 아비담마란 제자들의 분야가 아니고 제자들의 영역이 아니다. 이것은 부처님의 분야이고 부처님의 영역이다.

법의 대장군(사리뿟따 존자)은 함께 머무는 [비구]로부터 질문을 받고 그를 데리고 스승의 곁에 직접 가서 정등각자께 말씀을 드렸다. 정등각자께서는 그 비구에게 주석 편을 설명하신 뒤에 드러내어 주셨다."(DhsA.410)

이처럼 아비담마는 사리뿟따 존자와 관계가 깊다. 신들이 아닌 우리 인간들에게 아비담마를 전승시켜 준 사람은 바로 사리뿟따 존자가 된다. 그렇더라도 부처님이 바로 첫 번째로 아비담마를 논하신 분이라고 주석서는 강조하고 있다. 이처럼 논장, 즉 아비담마의 칠론도 모두 부처님의 친설을 담고 있다는 것이 상좌부 불교의 확고한 주장이다. 모든 가르침의 기원을 부처님께 두는 것은 직계 제자들(sāvaka)과 그 적통임을 자부하는 상좌부 불교 구성원들의 당연한 태도라고 해야 할 것이다.

이런 주석서의 설명이 아니더라도 사리뿟따 존자는 아비담마와 가장 밀접한 분임에는 틀림없다. 그리고 니까야 가운데 가장 아비담마적인 경이라 할 수 있는 『디가 니까야』 제3권 「합송경」(D33)과 「십상경」(D34)도 사리뿟따 존자의 가르침이다. 실제로 본서의 두 개 조 마띠까에 포함되어 있는 경장의 두 개 조 가운데 정신과 물질의 두 개 조(ma2-109, §1316)부터 마지막인 멸진에 대한 지혜의 두 개 조(ma2-142, §1383)까지의 33가지 두 개 조는 「합송경」(D33) §1.9의 두 가지로 구성된 법들의 (1)부터 (33)까지와 거의 같다.

(2) 신들은 있는가

아비담마는 부처님께서 일곱 번째 안거에서 신들에게 설하신 가르침이라는 것이 여러 주석서 문헌에서 언급이 되고 부처님께서 삼십삼천에서 설법을 하셨다는 것은 『맛지마 니까야』 「로마사깡기야 존자와 지복한 하룻밤 경」(M134)에도 언급이 되고 있다.

아비담마가 아니더라도 니까야에서는 신들이 많이 등장한다. 『상윳따 니까야』 첫 번째 상윳따와 두 번째 상윳따인 「천신 상윳따」(Devatā-saṁ-yutta, S1)와 「신의 아들 상윳따」(Devaputta-saṁyutta, S2)는 신들에게 설하신 부처님 말씀을 모은 것이고, 언어학적으로 이 두 상윳따에 포함된 가르침들은 다른 어떤 니까야보다 더 초기적인 형태를 간직한 경들이라고 한다. 5부 니까야 전체에서 신들과 관계된 부처님의 말씀은 아주 많다.

여러 말이 무슨 필요가 있는가. 우리의 스승 부처님께서는 그냥 인간들의 스승이 아니라 니까야의 도처에서 신들과 인간들의 스승, 즉 천인사(天人師, Satthā devamanussānaṁ)라 불리고 계신다. 『맛지마 니까야』 제3권 「상가라와 경」(M100) §42에서도 상가라와 바라문은 부처님께 이 문제를 질문하였고 부처님은 신들의 존재를 당연한 것으로 이렇게 대화를 통해서 말씀하셨다.

"고따마 존자시여, 그런데 신들이라는 것이 있습니까?"

"바라드와자여, 신들이라는 것을 나는 원인에 따라 안다."

"고따마 존자시여, [제가] '신들이라는 것이 있습니까?'라고 여쭈었는데 어떻게 고따마 존자께서는 '바라드와자여, 신들이라는 것을 나는 원인에 따라 안다.'고 대답하십니까? 고따마 존자시여, 그렇다면 [존자의 대답은] 공허한 것이고 거짓이 아닙니까?"

"바라드와자여, '신들이라는 것이 있습니까?'라는 질문에 '신들이 있다.' 라고 말하거나 '신들이라는 것을 나는 원인에 따라 안다.'라고 말하더라도 지혜로운 사람은 '신들이 있다.'라는 확정적인 결론에 도달한다."

"그러면 왜 고따마 존자께서는 첫 번째 방법으로 제게 설명해주시지 않으셨습니까?"

"바라드와자여, '신들이 있다.'라는 것은 세상에서 널리 통용되고 있는 [당연한 것이기] 때문이다."

주석서는 그 바라문은 사려 깊지 못한 사람이라서 세존께서 설명해주셔

도 모를 것이기 때문에 부처님께서 이렇게 말씀하신 것이라고 설명하고 있다.(MA.iii.454) 사려 깊지 못한 자들이 모를 뿐이지 신들의 존재는 당연한 것으로 부처님께서는 말씀하셨다는 것이다.

『담마상가니 주석서』 서문의 여러 곳에서 아비담마는 신들을 위한 가르침이라고 강조하고 있다. 신들이 있고 그들이 부처님을 스승으로 존경하면서 법을 설해주시기를 청한다면 부처님은 어떻게 하셔야 하나? 법왕이신 세존은 그들에게 당연히 법을 설하셔야 한다. 그들에게 법을 설하신다면 그들에게는 지리적으로나 시간적으로나 인습적으로 제한이 되고 제약이 따르는 방편적인 가르침이 아니라, 좀 더 본질적인 가르침을 설하실 수밖에 없을 것이다. 그것이 아비담마이고 그 시작이 『담마상가니』 이고 『빳타나』 로 귀결된다.

그러면 신들에게 설하신 이런 아비담마의 가르침과 인간들에게 설하신 경들의 가르침이 내용이 다른가? 같다고 할 수밖에 없을 것이다. 그 내용을 요약하면 여기 『담마상가니』 특히 『담마상가니』 제1편 마음의 일어남 편을 통해서 드러내셨듯이 개념적 존재들을 해체하면 여러 법들이 드러나고 그 법들은 현장성을 가지며 그래서 무상한 것이요, 그 법들은 조건발생하는 연기적인 것이라는 말씀이 될 것이다. 이러한 가르침은 경장의 니까야 도처에서 부처님이 말씀하신 것이기도 하다.

물론 불교는 유일신이나 창조주를 인정하지 않는다. 이런 것이야말로 인간이 만들어낸 허구적인 개념일 뿐이다. 인간들 가운데 위력이 더 있는 인간들이 있듯이 신들 가운데도 위력이 더 있는 신들은 있겠지만, 유일신은 없고 세상이나 인간을 창조한 신이란 결코 있을 수 없다는 것이 부처님의 말씀이다.[15] 그리고 신들은 성자가 아니다. 신들도 네 가지 성스러운 진리

---

15) 이것은 『디가 니까야』 제1권 「범망경」 (D1)을 통해서 분명하게 알 수 있다. 만일 어떤 신이 자신이 창조자라고 주장한다면 그는 특정 세상에 태어나기 이전의 사실에 대해서는 무지하기 때문에 가지게 되는 견해일 뿐이라고 「범망경」 은 강조한다. 「범망경」 (D1) §§2.1～2.6 등을 참조할 것.

를 통찰하지 못하면 단지 범부일 뿐이고 윤회하는 존재일 뿐이다. 그래서 「라훌라를 교계한 짧은 경」(M147)에서 수천 명의 천신들이 세존과 라훌라 존자를 따라가서 세존께서 라훌라 존자에게 설하신 오온으로 해체해서 보기 - 무상 · 고 · 무아 - 염오 - 이욕 - 해탈 - 구경해탈지의 가르침을 듣고 '생긴 것은 무엇이건 모두 멸하기 마련이다[集法卽滅法].'라는 티끌 없고 때 없는 법의 눈이 생겨서(M147 §10) 어떤 천신은 예류자가 되었고, 또 어떤 천신은 일래자, 불환자, 아라한이 되었다고 한다.(MA.v.99)

사실 신들이 없다고 해도 그것은 아비담마의 가르침과는 아무런 상관이 없다. 논장의 칠론 가운데 첫 번째인 본서만 하더라도 본서 안에 신들에 대한 언급은 전혀 없다. 신은 인간이나 중생이나 축생 등과 같이 개념적 존재(paññatti)일 뿐이라서 그것은 아비담마의 주제가 아니다. 오히려 역자가 역자 서문에서 이렇게 신들을 언급하는 자체가 아비담마의 관심이나 입장을 호도하는 것이 될 수도 있을 것이다.

10. 부처님의 일대시교(一代時敎)와 논장의 칠론

(1) 부처님의 일대시교 - 삼장

『담마상가니 주석서』는 부처님의 일대시교를 정리하는 방법으로 다음의 네 가지를 언급하고 있다.

(a) 경장 · 율장 · 논장의 삼장(띠삐따까)을 통해서 부처님의 가르침을 정리하는 방법(DhsA.21~24)

(b) 『디가 니까야』 · 『맛지마 니까야』 · 『상윳따 니까야』 · 『앙굿따라 니까야』 · 『쿳다까 니까야』의 다섯 가지 니까야를 통해서 부처님의 가르침을 정리하는 방법(DhsA.25)

(c) ① 경(經, sutta) ② 응송(應頌, geyya) ③ 상세한 설명[記別, 授記, veyyākaraṇa] ④ 게송(偈頌, gāthā) ⑤ 감흥어(感興語, udāna) ⑥ 여시어(如是語, itivuttaka) ⑦ 본생담(本生譚, jātaka) ⑧ 미증유법(未曾有法, abbhūta-dhamma) ⑨ 문답[方等, vedalla]의 구분교(九分敎)를 통해서 부처님의 가르

침을 정리하는 방법(DhsA.26)

(d) 팔만사천 법의 무더기를 통해서 부처님의 가르침을 정리하는 방법(DhsA.26~27)

이렇게 자세하게 설명한 뒤 아비담마는 이 네 가지 방법에 다 적용되는 부처님의 말씀임을 설명한다. 그리고 이렇게 결론짓는다.

"이와 같이 합송된 것(saṅgīta) 가운데서 이 아비담마는 ① 삐따까로는 아비담마 삐따까(논장)이고 ② 니까야로는 『쿳다까 니까야』 이며 ③ 구성요소[分]로는 상세한 설명[記別, 授記]이고 ④ 법의 무더기로는 몇 천 정도(이삼천)의 법의 무더기이다."(DhsA.27~28)

(2) 아비담마 삐따까(논장)16)는 칠론으로 구성되어 있다

『담마상가니 주석서』 는 논장을 이렇게 소개하고 있다.

"논서를 분류하면 이 [아비담마]는 『담마상가니』 [法集論, 법집론, Dhamma-saṅgaṇī]와 『위방가』 [分別論, 분별론, Vibhaṅga]와 『다뚜까타』 [界論, 계론, Dhātukathā]와 『뿍갈라빤냣띠』 [人施設論, 인시설론, Puggalapaññatti]와 『까타왓투』 [論事, 논사, Kathāvatthu]와 『야마까』 [雙論, 쌍론, Yamaka]와 『빳타나』 [發趣論, 발취론, Paṭṭhāna]의 일곱 가지 논서들로 확정되어 있다. 이것이 스승들의 공통된 말씀이다."(DhsA.3)

계속해서 『담마상가니 주석서』 는 이 칠론의 주요 내용을 간략하게 요약하고 있는데 전문은 본서 제2권의 말미에 부록으로 실은 『담마상가니 주석

16) '아비담마(abhidhamma)'라는 용어는 문맥에 따라 두 가지로 이해가 된다. 하나는 넓은 의미의 아비담마요 다른 하나는 좁은 의미의 아비담마이다.
아비담마라는 용어가 넓은 의미로 쓰이면 아비담마에 관계된 모든 것을 뜻한다. 이런 용도로 쓰이면 논장의 칠론 뿐만 아니라 논장에 대한 주석서와 복주서와 복복주서 등과 이들과 관련된 모든 가르침이나 체계를 아비담마라 한다.
아비담마라는 용어가 좁은 의미로 쓰이면 논장의 칠론(七論, sattappakaraṇa)만을 아비담마라 부른다. 이때의 아비담마는 아비담마 삐따까(Abhidhamma Piṭaka), 즉 논장과 동의어이다. 이 경우에 역자는 본서에서 '논장의 칠론' 혹은 '아비담마 칠론'으로 표현하고 있다.

서』 서문 §§11~21을 참조하기 바란다.

(3) 『까타왓투』(논사)는 부처님 직설이 아니지 않은가

부처님 가르침을 모든 불교에서 사장(四藏)이나 이장(二藏)이 아닌 삼장(三藏)으로 분류하듯이 아비담마도 초기부터 칠론(七論)이었던 것이 분명하다. 상좌부의 논장만이 칠론으로 구성되어 있는 것이 아니라 북방불교 교학의 토대가 되는 설일체유부에서도 논장을 칠론으로 정리하고 있다. 사실 상좌부의 칠론 가운데 『까타왓투』(논사, Kathāvatthu)는 부처님 가르침이 아니라 목갈리뿟따 띳사 존자의 가르침으로 상좌부에서도 인정한다. 설일체유부의 논장도 칠론으로 구성되어 있으며[17] 이 가운데 마지막인 『발지론』은 까따야니뿌뜨라[迦多衍尼子, 가다연니자, Katyayaniputra]가 상좌부에서 설일체유부를 독립시키면서 지은 저작으로 알려졌다. 상좌부에서 BC 1세기 경에 분파한 설일체유부도 우연의 일치인지 의도된 것인지는 모르겠으나 이처럼 후대의 저작을 하나 넣어서 논장을 칠론으로 구성하였는데 이것은 빠알리 칠론의 구성과 같은 입장이라 할 수 있다.

아무튼 논장도 부처님의 가르침이라고 주장하려면 상좌부에서는 이 『깟타왓투』(논사)를 빼버리고 논장은 육론이라고 정리하면 되는데 굳이 칠론이라고 한 것은 늦어도 삼차결집에서는 논장이 이미 칠론으로 결집이 되었기 때문일 것이라는 것이 자연스럽게 추론된다.

그러면 아비담마가 부처님의 직설이라고 주장하면서 왜 『깟타왓투』(논사)는 부처님의 직설이 아닌 것으로 전승이 되고 있는가? 빠알리 논장의 칠

17) 북방으로 전해진 설일체유부(說一切有部)의 논장(論藏)은 『품류족론』(品類足論, Prakaraṇapāda-śāstra), 『법온족론』(法蘊足論, Dharmaskandha-pāda-śāstra), 『시설족론』(施設足論, Prajñaptipada-śāstra), 『집이문족론』(集異門足論, Saṅgītīparyāyapāda-śāstra), 『계신족론』(界身足論, Dhātukāyapāda-śāstra), 『식신족론』(識身足論, Vijñānakāya-pāda-śāstra,), 『발지론』(發智論, Jñānaprasthāna-śāstra)의 일곱으로 구성되어 있다. 『구사론기』(俱舍論記)는 이것을 '육족발지(六足發智)'로 부르고 있다.

론 가운데 첫 번째인 『담마상가니』의 주석서인 『앗타살리니』는 이 문제를 제기하고 답을 주고 있다. 결론적으로 말하면 부처님께서는 『까타왓투』의 마띠까(pāḷiyā mātika)를 확정하셨고 여기에 대해서 목갈리뿟따 띳사 스님이 삼차결집에서 상세한 설명을 붙여서 현존하는 『까타왓투』가 완성되었다는 것이다. 그리고 『앗타살리니』는 이렇게 결론을 짓고 있다.

"이러한 마띠까를 확정하시면서 이렇게 예견하신 뒤에 확정하셨다. '내가 반열반한 지 218년이 지난 뒤에 목갈리뿟따 띳사 장로라는 비구가 1,000명의 비구들 가운데 앉아서 정설 가운데 500개의 가르침과 이설 가운데 5,000개의 가르침을 함께 가져와서 『디가 니까야』에 해당하는 분량으로 『깟타왓투』라는 논서를 상세하게 분석할 것이다.'라고."(DhsA.4)

좀 더 자세한 논의는 본서 제2권 말미에 싣고 있는 『담마상가니 주석서』 서문 §10을 참조하기 바란다.

한편 주석서는 이러한 전례는 경에서도 나타난다고 강조하면서 『맛지마 니까야』 제1권 「꿀 덩어리 경」(M18)을 상세하게 그 실례로 든다. 『담마상가니 주석서』 서문 §§8~9를 참조하기 바란다.

(4) 아비담마 칠론의 주석서는 세 가지로 구성된다

먼저 『담마상가니』에 대한 주석서인 『앗타살리니』가 있고 두 번째인 『위방가』에 대한 주석서인 『삼모하위노다니』(Sammohavinodanī)가 있고 나머지 5론에 대한 주석서인 『빤짜빠까라나 앗타까타』(Pañcapakaraṇa-aṭṭhakathā)가 있다. 이 주석서들에 대한 간단한 소개는 『청정도론』 제1권의 해제 41쪽을 참조하기 바란다.

논장의 주석서들 가운데 으뜸은 본 『담마상가니』의 주석서인 『앗타살리니』이다. 『청정도론』이 4부 니까야에 대한 종합적인 주석서이듯이 『앗타살리니』도 아비담마 혹은 논장에 대한 종합적인 주석서라 할 수 있기 때문이다. 두 주석서의 설명의 토대가 되는 것은 상좌부 불교의 교학 체계 혹은 아비담마 체계이다. 이것을 『청정도론』은 니까야의 입장에서 전개하고 『앗타살리니』는 논장의 입장에서 정리한 것이라 할 수 있다.

놀랍게도 『앗타살리니』는 PTS에서는 이미 1920~1921년에 뻬 마웅 틴이 "*The Expositor*"로 영역을 하여 출간하였다. 이것은 역시 뻬 마웅 틴이 번역하여 제1권을 1922년에 출간한 『청정도론』보다 1년 먼저 출간이 완료되었다. 이렇게 일찍 『앗타살리니』를 번역한 것은 이 주석서의 도움 없이 상좌부 아비담마 체계 혹은 상좌부 불교 체계를 이해한다는 것은 쉽지 않다는 것을 PTS에서도 절감하였기 때문이었을 것이다.

그런데 여기서 분명히 하고 싶은 것은 아비담마 주석서와 아비담마 칠론(논장의 칠론)을 혼돈하거나 섞어서 이해하는 것은 피해야 한다는 점이다. 칠론은 부처님의 말씀으로 인정되는 성전(pāli)이고 현존하는 아비담마 주석서(aṭṭhakathā)는 여기에 대한 후대의 주석을 담은 문헌이다. 이 둘은 계층이 엄연히 다르다. 특히 주석서 문헌들은 이 둘을 엄격히 구분하여 부르고 있다. 빠알리는 부처님의 금구성언을 지칭하는 것이고 앗타까타는 여기에 대한 후대의 주석서이다.[18]

11. 『담마상가니』란 무엇인가

(1) '담마상가니(dhammasaṅgaṇi)'의 문자적인 뜻

먼저 밝히고 싶은 것은 의외로 주석서 문헌에서 '담마상가니'라는 타이틀

---

18) 주석서 문헌, 특히 논장(아비담마 삐따까)에 대한 주석서인 『앗타살리니』는 논장의 칠론을 빠알리(pāli)라고 부르고 있다. 본서에서 역자는 이것을 '성전' 혹은 '성전(pāli)'으로 옮기고 있다. 주석서 문헌을 두고 결코 성전(pāli)이라고 부르지 않는다. 주석서는 앗타까타(aṭṭhakathā)이다.
그리고 『앗타살리니』 즉 『담마상가니 주석서』 등의 주석서 문헌에서 자주 등장하는 앗타까타(Aṭṭhakathā) 혹은 마하앗타까타(Mahāṭṭhakathā, 대주석서) 혹은 전승되어 온 가르침의 주석서들(Āgamaṭṭhakathā)은 현존하는 빠알리어 주석서가 아니라 붓다고사 스님이 빠알리어 주석서를 완성하기 이전에 존재하고 있던 싱할리어로 된 주석서이며 역자는 본서에서 이것을 고주석서로 칭하고 있음을 밝힌다.
역자는 본서에서 '빠알리어'와 '빠알리'는 구분해서 사용한다. 전자는 상좌부 불교의 언어를 뜻하는 용어로, 후자는 빠알리 삼장이나 논장의 칠론을 지칭하는 용어로 사용하고 있다.

을 문자적으로 설명하고 정의하는 것을 제대로 찾을 수가 없다는 점이다. DPPN도 『담마상가니』를 소개하고 중요성을 설명만 하고 있을 뿐이다. 『담마상가니』의 주석서인 『앗타살리니』에도 문자적인 설명은 나타나지 않는 것으로 보인다.19)

문자적으로 dhammasaṅgaṇi는 dhamma와 saṅgaṇi로 분석이 된다. 그런데 saṅgaṇi라는 단어는 PED 등에 표제어로 나타나지 않는다. DPL은 *s.v.* saṅgaṇi에서 dhammasaṅgaṇi를 설명하는 뜻만을 담고 있다. 대신에 saṅgaṇikā라는 용어가 PTS와 DPL에 표제어로 나타나는데 PED는 이 용어를 saṁ+gaṇa+ikā로 분석하고 있다. 초기불전연구원에서는 saṅgaṇi-kā를 '무리 지어 삶'(A6:68 §1)으로 옮겼다. saṅgaṇikā는 PED에서 *communication, association, society*로 설명한다. 그러므로 saṅgani도 이렇게 이해하면 될 것이다.

한편 saṅgaṇi 혹은 saṅgaṇikā의 중심이 되는 gaṇa라는 단어는 √gaṇ(*to count*)에서 파생된 명사로 숫자, 모임, 회합, 대중 등을 뜻한다. 초기불전연구원에서는 '무리'로 옮겼다. 이 단어는 자이나교에서 그들의 출가자

---

19) 역자가 여러 사전과 VRI CD-ROM으로 검색하여서 확인한 '담마상가니(dhammasaṅgaṇī)'라는 문자적인 설명에 대한 것은 서양 최초의 빠알리-영어 사전인 칠더스 교수(R. C. Chilers, 1838~1876)의 사전(DPL)이 전부이다. 의외로 다른 자료는 발견할 수가 없었다. 칠더스 교수는 그의 사전에서 'dhammasaṅgaṇī'의 문자적인 뜻을 빠알리어로 다음과 같이 적고 있다.

"Kāmāvacararūpāvacarādidhamme saṅgayha saṅkhipitvā vā gaṇayati saṅkhyāti etthāti dhammasaṇgani"(Subh.)
직역을 하면 "이것을 통해서 욕계에 속하거나 색계에 속하는 등의 법들을 안내하고(saṅgayha) 응축시켜서(saṅkhipitvā) 헤아리고(gaṇayati) 설명한다(saṅkhyāti)고 해서 『담마상가니』 즉 법의 갈무리라 한다."(DPL *s.v* dhammasaṇgani)
역자는 역자가 가지고 있는 VRI CD-ROM 버전으로 여러 키워드로 검색을 해봤지만 이 설명의 출처를 발견하지 못했다. DPL에서 Subh.로 밝히고 있는 출처는 VRI CD-ROM에 수록하고 있는 삼장-주석서-복주서-복복주서의 계통에 속하지 않는 서적에 나타나는 설명이 아닌가 생각한다.

집단을 뜻하는 단어로 정착이 되었으며 불교에서도 이 단어를 *saṁgha*(승가)와 동의어로 쓰고 있기도 하다. 그래서 빠알리 문법서인 『삿다니띠』는 이렇게 적고 있다. "가나는 비구의 무리나 다른 특정한 무리를 말한다(gaṇo ti bhikkhusamūho, yesaṁ vā kesañci samūho)."(Sadd.302)

이러한 뜻을 가진 gaṇa에다 접두어 saṁ-을 붙여서 saṅgaṇa가 되고 소유를 뜻하는 -in 어미를 붙여서 saṅgaṇi가 되어 모아진 것, 무리 지어진 것이라는 뜻이 된다. 역자는 '갈무리'로 옮겼다. 그래서 dhammasaṅgani는 법을 모은 것이라는 뜻이고 역자는 '법의 갈무리'로 옮겼다. 갈무리의 사전적 의미는 ① 잘 챙겨서 간수함과 ② 쌓아서 간직하여 둠이다.(① 물건 따위를 잘 정리하거나 간수함 ② 일을 처리하여 마무리함) 그러므로 『담마상가니』는 법(dhamma)을 — 그것이 부처님의 가르침이든 고유성질을 가진 것이든 수승한 법이든 — 잘 정리하여 모은 것이라는 문자적인 의미를 가진다고 하겠다.

(2) 상가니(갈무리)는 상가하(길라잡이)이다

그런데 주석서의 여러 곳에서는 이 『담마상가니』를 담마상가하(Dhamma-saṅgaha, 법의 안내, 법의 길라잡이)로 표기하기도 한다.[20] 그리고 『담마상가니 주석서』의 각 편(kaṇṇda)의 말미에서도 『담마상가니 주석서』(Dhammasaṅgaṇī-aṭṭhakathā)라는 표현 대신에 "담마상가하의 주석서인 『앗타살리니』의 욕계에 속하는 유익한 마음의 해설이 끝났다(Aṭṭha-sāliniyā dhammasaṅgahaṭṭhakathāya cittuppādakaṇḍakathā niṭṭhitā)."(DhsA.296 등)라는 등의 방법으로 '담마상가하 주석서(Dhammasaṅgahaṭṭha-

20) "dhammasaṅgaho, vibhaṅgo, dhātukathā, puggalapaññatti, kathāvatthu, yamakaṁ, paṭṭhānanti — idaṁ abhidhammapiṭakaṁ nāma." (DA.i.17; VinA.i.18)
그 외 DA.i.15; ii.899; AA.i.88; SnA.i.120; ApA.194 등 적지 않은 곳에서 『담마상가니』는 담마상가하로 『담마상가니 주석서』는 담마상가하 주석서(dhammasaṅgahaṭṭhakathā)로 표기되어 나타난다.

kathā)'로 표기하고 있다. 그리고 『위방가 주석서』의 여러 곳에서도 『담마상가니 주석서』를 이처럼 담마상가하 주석서(Dhammasaṅgahaṭṭhakathā)로 언급하고 있고(VbhA.43 등) 그 외 여러 주석서에서도 『담마상가니 주석서』는 담마상가하 주석서(Dhammasaṅgahaṭṭhakathā)로 언급되는 경우가 더 많은 것이 분명하다. 이처럼 주석서 문헌에서 상가니는 상가하와 동의어로 쓰였다.

우리에게 상가하는 『아비담맛타상가하』를 통해서 잘 알려져 있다. 레디 사야도는 『아비담맛타상가하』의 복주서인 『빠라맛타디빠니 띠까』에서 "아비담마에서 설해진 주제(혹은 의미)들을 아비담맛타라 한다. 본서에서 혹은 본서를 통해서 [아누룻다] 스님이 이것들을 요약해서 파악하고 설명했기 때문에 『아비담맛타상가하』라 한다."(PdṬ.14)라고 상가하를 풀이하고 있다.

산스끄리뜨어 상그라하(saṅgraha)의 빠알리식 표기인 상가하(saṅgaha)는 saṁ(함께)+√grah(*to take*)에서 파생된 명사로서 문자적으로는 '함께 모은 것'이란 의미이다. 이 상그라하(빠알리. 상가하)는 인도 대륙에서 8세기쯤부터 등장하기 시작한 특정 형태의 문헌의 한 장르이다. 문헌의 장르로서의 상그라하에 대해서는 『아비담마 길라잡이』 서문 §2. 책의 제목을 참조하기 바란다.

그리고 아비담마 주석서 문헌들에서 상가하는 삼빠요가(sampayoga)라는 용어와 짝으로 쓰인다. 89/121가지로 분류되는 마음이 어떤 마음부수법들과 연결되어 있는가를 고찰하는 방법을 상가하(saṅgaha)라고 부르고, 마음부수법들에 초점을 맞추어 이들이 89/121가지로 분류되는 마음 중에서 어떤 마음들과 연결되는가를 고찰하는 방법을 일러 삼빠요가(sampayoga)라고 부른다. 이 둘을 구분하기 위해서 초기불전연구원에서는 전자를 '조합', 후자를 '결합'으로 옮기고 있다.[21]

---

21) 『아비담마 길라잡이』 제2장 §10의 해설을 참조할 것.

(3) 어떻게 법을 갈무리하였나

법들을 그냥 잡동사니 모으듯이 모은 것을 『담마상가니』 혹은 담마상가하라 하지 않는다. 그래서 『담마상가니 주석서』는 본서 제1편 마음의 일어남 편에서 욕계 첫 번째 유익한 마음과 함께 일어나는 65가지 법들의 모음을 종합적으로 설명하면서 이렇게 강조하고 있다.

"그런데 만일 어떤 사람이 말하기를 '여기서 새로운 것이란 전혀 없다. 앞에서 취한 것을 취하여서 이런저런 곳에서 용어를 채워 넣었을 뿐이다. 서로 연관이라고는 없는 이런 가르침은 아무런 순서도 없이 마치 도둑들에 의해서 [제멋대로] 밧줄에 묶인 것과 같고 소 떼가 지나간 길에 [아무렇게나] 흩어진 풀처럼 알지 못하고 설하신 것이다.'라고 한다면 그에게는 '그렇게 말하지 마라.'라고 제지를 한 뒤 이렇게 말해야 한다. — '부처님들의 가르침이 서로 연관이 없다는 것은 있을 수가 없다. 서로 분명한 연관이 있다. 알지 못하고 설하신 것도 역시 없다. 모든 것은 아시고 나서 말씀하신 것이다.'라고."(DhsA.135)

법을 갈무리하는 데는 규칙이 있다. 이것을 주석서는 '방법(naya)'이라 부른다.[22] 『담마상가니』를 비롯한 논장의 칠론은 규칙을 정하여 법들을 모아서 엄정하게 설명해 나가고 있다. 그래서 『담마상가니 주석서』를 비롯한 주석서 문헌을 읽다 보면 방법을 뜻하는 naya라는 용어와 아주 많이 마주치게 된다.[23]

법을 모으는 가장 중요한 방법은 논의의 주제인 '마띠까(mātikā)'를 설정하는 것이다. 먼저 마띠까를 설정하고 이 마띠까에 준해서 법을 모은 것이 법의 갈무리, 즉 『담마상가니』이다. 『담마상가니』 마띠까는 당연히 부처님이 설정하신 것이다.

『담마상가니』에는 두 가지 마띠까가 있다. 본서 제1권의 첫머리에 나

22) "aviditaṁ viditaṁ viya neti ñāpetīti nayo."(VbhAAnuṬ204)

23) 여기에 대해서는 본 역자 서문 §5-(2)와 §9-(1)도 참조할 것.

타나는 164개의 마띠까(세 개 조의 마띠까 22개와 두 개 조의 마띠까 142개)는 『담마상가니』 전체에 대한 마띠까일 뿐만 아니라 논장의 칠론 전체에 대한 마띠까라 할 수 있다. 특히 『위방가』의 여러 장에 나타나는 '아비담마에 따른 분류 방법(Abhidhamma-bhājanīya)'은 온·처·계·근·제·연(蘊·處·界·根·諦·緣)과 37보리분법 등으로 대표되는 초기불교의 주요 법수들을 본 『담마상가니』의 이 122개의 아비담마 마띠까(세 개 조의 마띠까 22개와 두 개 조의 마띠까 100개)로 상세하게 설명하고 있고, 『빳타나』의 전개도 이 마띠까를 토대로 하고 있기 때문이다.

그리고 『담마상가니』 제2편 물질 편에는 다시 279개의 물질의 마띠까를 제2편의 첫머리에 설정하고 이 마띠까에 의해서 물질에 관계된 법들을 모으고 설명을 전개하고 있다. 전자와 구분하기 위해서 역자는 이 후자를 물질의 마띠까라 부르고 있다. 10세기에 출현한 『아비담맛타상가하』는 이 마띠까를 따르지 않고 아비담마를 9개 주제로 나누어서 설명한다.

법을 모으는 두 번째 중요한 방법은 '마음(citta)'을 중심에 두는 것이다. 마음은 대상, 그것도 현장성을 가진 대상을 식별하는 것(ārammaṇaṁ vijānāti/ cinteti)이기 때문에 특정한 마음이 일어날 때 함께 일어나는 정신 현상들 혹은 심소법(마음부수법)들을 함께 모아서 살펴보는 방법으로 법들을 고찰하고 있다. 위에서도 밝혔지만 아비담마에서는 이처럼 마음의 측면에서 함께 일어나는 심소법들을 고찰해 보는 것을 상가하(saṅgaha, 조합)라고 한다. 반대로 심소법들의 입장에서 이들이 일어나는 마음을 살펴보는 것을 삼빠요가(sampayoga, 결합)라 한다.(『아비담마 길라잡이』 제2장 §10의 해설을 참조할 것.) 이런 의미에서 주석가들이 본서를 담마상가하라고 부르는 것도 충분히 일리가 있다고 여겨진다. 본서, 특히 본서 제1편은 마음의 입장에서 함께 일어나는 마음부수법들을 열거하면서 법들을 정의하는 부문(dhamma-vavatthāna-vāra)과 항목의 부문(koṭṭhāsa-vāra)과 공함의 부문(suññata-vārā)으로 살펴보고 있는데 이것은 상가하, 즉 조합의 방법이기 때문이다. 이처럼 『담마상가니』는 법들을 정해진 규칙에 따라서 모으고 무리짓고 분류하고 설명해 내고 있다.

(4) 『담마상가니』의 구성

『담마상가니 주석서』는 『담마상가니』의 구성을 이렇게 요약한다.

“여기서 『담마상가니』 논서는 네 가지로 분류되는데 그것은 ① 마음의 분류(citta-vibhatti) ② 물질의 분류(rūpa-vibhatti) ③ 간결한 설명의 모음(간결한 설명 편, nikkhepa-rāsi) ④ 의미를 드러냄(atthuddhāra = 주석 편)이다.

① 여기서 욕계에 속하는 유익한 것 8가지, 해로운 것 12가지, 유익한 과보로 나타난 것 16가지, 해로운 과보로 나타난 것 7가지, 작용만 하는 것 11가지, 색계에 속하는 유익한 것 5가지, 과보로 나타난 것 5가지, 작용만 하는 것 5가지, 무색계에 속하는 유익한 것 4가지, 과보로 나타난 것 4가지, 작용만 하는 것 4가지, 출세간의 유익한 것 4가지, 과보로 나타난 것 4가지가 되어 89가지 마음이 마음의 분류(citta-vibhatti)가 된다. ‘마음의 일어남 편(Cittuppāda-kaṇḍa)’이라는 것도 이것의 이름이다. 이것은 가르침의 순서에 의하면 여섯 바나와라 분량이 넘고 확장하면 끝이 없고 무량한 것이 된다.

② 이것의 바로 다음은 한 가지와 두 가지 등의 방법으로 마띠까를 확정하여 상세하게 분류하여 보여주는 물질의 분류이다. ‘물질 편(Rūpa-kaṇḍa)’이라는 것도 이것의 이름이다. 이것은 문장의 길이에 의하면 두 바나와라 분량이 넘고 확장하면 끝이 없고 무량한 것이 된다.

③ 이것의 바로 다음에는 ‘뿌리(mūla)를 통해서, 무더기(khandha)를 통해서, 문(dvāra)을 통해서, 경지(bhūmi)를 통해서, 뜻(attha)을 통해서, 법(dhamma)을 통해서, 이름(nāma)을 통해서, 성(liṅga)을 통해서’라고 이와 같이 뿌리 등을 통해서 간결하게 한 뒤에 가르친 간결한 설명의 모음(nikkhepa-rāsi)이 있다. 이것은 —

① 뿌리를 통해서 ② 무더기를 통해서
③ 문을 통해서 ④ 경지를 통해서

⑤ 뜻을 통해서 ⑥ 법을 통해서
⑦ 이름을 통해서 ⑧ 성을 통해서
간결하게 설하셨기 때문에
간결한 설명이라고 일컬어진다.

'간결한 설명 편(Nikkhepa-kaṇḍa)'이라는 것도 이것의 이름이다. 이것은 문장의 길이에 의하면 세 바나와라 정도이고 확장하면 끝이 없고 무량한 것이 된다.

④ 이것의 바로 다음에는 삼장에 담겨있는 부처님 가르침의 의미를 드러내면서(atthuddhāra-bhūta) 다툼의 두 개 조(§1301)까지 설명한 것을 '주석 편(Aṭṭhakathā-kaṇḍa)'[24]이라 한다. 『마하빠까라나』(『빳타나』)에 나타나는 숫자의 전개에 대해서 주도면밀하지 못한 비구도 이것을 통해서 숫자의 전개를 잘 배우게 된다. 이것은 문장의 길이에 의하면 두 바나와라 정도이고 확장하면 끝이 없고 무량한 것이 된다.

이렇게 하여 전체 『담마상가니』 논서는 문장의 길이에 의하면 13바나와라 분량이 넘고 확장하면 끝이 없고 무량한 것이 된다. 이와 같이,

① 마음의 분류와 ② 물질의 [분류와]
③ 간결한 설명과 ④ 뜻을 밝힘(atthajotanā)이라는
이 심오하고 미묘한 주제를
부처님께서는 말씀하셨다."(DhsA.6~7 §§11~12)

(5) 『담마상가니』는 마띠까의 설명이다

이처럼 『담마상가니』는 전체 4편으로 구성되어 있다. 그리고 본서의 첫머리에는 논의의 주제인 마띠까가 포함되어 있다. 이 마띠까는 『담마상가니』 뿐만 아니라 논장의 칠론 전체에 대한 마띠까라 할 수 있다. 특히 칠론

24) 주석서 문헌들에서는 본편을 의미를 드러냄 편(atthuddhāra-kaṇḍa)으로 부르고 있다. 여기에 대해서는 본서 제2권 해제 <§2. 『담마상가니』 제2권의 구성>과 <§5. 주석 편>의 (3)을 참조할 것.

가운데 으뜸이라고 해서 『마하빠까라나』(큰 논서)라 칭하는 『빳타나』의 마띠까이기도 하다. 제2편 물질 편의 첫머리에도 물질에 관한 논의의 주제인 물질의 마띠까가 포함되어 있다. 이 물질의 마띠까들은 모두 『위방가』의 제1장 무더기[蘊]에 대한 분석 가운데 아비담마에 따른 분류 방법(Abhidhamma-bhājanīya)에 속하는 §33에서 물질의 무더기[色蘊]를 정의하는 것과 똑같이 나타나고 있기도 하다.

『담마상가니』 마띠까에는 아비담마에 관계된 세 개 조로 된 것 22개와 두 개 조로 된 것 100개뿐만 아니라 경장의 마띠까 42개도 포함되어 있는데 이 가운데 33개는 사리뿟따 존자가 설한 「합송경」(D33) §1.9의 두 가지로 구성된 법들(dukaṁ)의 (1)부터 (33)까지와 같다. 그래서 주석서도 이 마띠까는 사리뿟따 존자가 설한 마띠까라고 설명하고 있다.(DhsA.9 §20)

『담마상가니』 전체 4편 가운데 가장 분량도 많고 『담마상가니』의 핵심이요 백미라 할 수 있는 제1편과 제2편은 이 164개의 마띠까 가운데 첫 번째 마띠까(ma3-1)에 속하는 논의의 주제인 '유익한 법들'(ma3-1-a), '해로운 법들'(ma3-1-b), '결정할 수 없는[無記] 법들'(ma3-1-c)에 대한 설명이다. 제1편에서는 유익한 법들을 욕계에 속하는 것, 색계에 속하는 것, 무색계에 속하는 것, 출세간에 속하는 것의 순서로 설명을 하고 이어서 해로운 법들을 설명하고, 계속해서 결정할 수 없는[無記] 법들을 욕계와 색계와 무색계의 과보로 나타난 법들과 욕계와 색계와 무색계와 출세간의 작용만 하는 법들로 나누어서 설명한다. 제2편 물질 편에서는 '결정할 수 없는[無記] 법들'(ma3-1-c) 가운데 남은 법들인 물질들을 설명하고 있다.

그리고 제3편은 164개의 마띠까에 담겨있는 22×3+142×2=350개의 논의의 주제에 대한 간결한 설명으로 구성되어 있고, 제4편은 경장의 마띠까를 제외한 논장의 마띠까 122개에 담겨있는 22×3+100×2=266개의 논의의 주제에 대한 간략한 주석을 달고 있다. 이것이 전체 『담마상가니』의 내용이다.

마띠까에 대한 설명과 각 편들에 대한 개관은 제1권과 제2권의 해제를 참조하기 바란다.

12. 『담마상가니』를 통해서 본 아비담마의 특징

이제 마지막으로 『담마상가니』를 통해서 본 아비담마의 특징을 몇 가지 서술하는 것으로 『담마상가니』 역자 서문을 마무리하고자 한다.

(1) 아비담마의 관심은 개념적 존재(paññatti)가 아니라 오직 법이다

먼저 말하고 싶은 것은 『담마상가니』를 비롯한 아비담마의 관심은 인간이나 중생이나 세상이나 집이나 자동차 등과 같은 개념적인 것(paññatti)이 아니라는 점이다. 아비담마의 관심은 오직 법(dhamma)이다. 그래서 아비담마라는 용어의 문자적인 뜻도 법(dhamma)에 대해서(abhi), 즉 대법(對法)이다. 아비담마의 관심은 인간이나 중생이나 세상이나 집이나 자동차를 해체했을 때 드러나는, 바로 그 법이다. 인간이니 중생이니 하는 개념적인 용어는 아비담마의 고유성질을 가진 법에 포함되지 않는다. 혹자는 말할 것이다. '중생에 관심이 없다는 것은 삶의 현장에 관심이 없다는 것이고 그렇다면 아비담마는 완전한 관념론이 아닌가. 그런 관념론이 인간에게 무슨 이익이 있는가.'라고. 아비담마는 말한다. 중생이야말로 개념(paññatti)일 뿐이고 관념 중의 관념일 뿐이라고.

중생의 세상은 늪과 같고 신기루와 같고 요술과 같다. 가까이하면 할수록 중생의 문제가 해결이 되는 것이 아니라 중생과 함께하고 중생을 제도하고 중생을 이롭게 한다고 하면서 자신도 모르는 사이에 더 깊은 개념의 수렁으로 빠지는 것이 아닌가. 중생에 관심을 가진다고 해서 중생의 문제가 해결되지는 않는다. 오히려 중생을 해체해서 중생이 없음을 봐야 중생의 문제는 근원적으로 해결이 되된다는 것이 초기불교의 입장이라 해야 한다.

이미 「와지라 경」(S5:10)에서 아라한과를 증득한 와지라 비구니는 이렇게 읊었다.

> "왜 그대는 '중생'이라고 상상하는가?
> 마라여, 그대는 견해에 빠졌는가?

단지 형성된 것들의 더미일 뿐
여기서 중생이라고 할 만한 것을 찾을 수 없도다.

마치 부품들을 조립한 것이 있을 때
'마차'라는 명칭이 있는 것처럼
무더기들[蘊]이 있을 때 '중생'이라는
인습적 표현이 있을 뿐이로다."(S5:10 {553}~{555})

무엇보다도 중생의 문제는 세상의 정치나 경제나 학문이나 예술이나 의술이면 족하다고 생각한다. 불교까지 중생의 문제에 천착할 필요가 있을까. 불교가 중생에 관심을 가지면 가질수록 정치화되고 권력화되고 금권화되는 것을 우리는 한국불교의 모습을 통해서 보지는 않는가. 불교만이라도 중생을 해체해서 봐야 하는 것이 아닌가. 중생이 해체되어 법이 드러나야 진정으로 중생의 문제가 해결되는 것이 아닌가. 『담마상가니 주석서』는 말한다.

"욕계에 속하는 첫 번째 유익한 큰마음이 일어날 때 그때에 마음의 구성요소(cittaṅga)로 일어나는 50개가 넘는 법들을 모아보면 이들은 고유성질이라는 뜻(sabhāvaṭṭha)에 의해서 법들이다. 다른 어떠한 중생(satta)이라거나 존재(bhāva)라거나 사람(posa)이라거나 인간(puggala)이라는 것은 없다."(DhsA.155)

(2) 법(dhamma)은 해체했을 때 드러난다

여기서 해체로 옮기고 있는 용어는 위밧자(vibhajja)인데 이것은 vi(분리하여)+√bhaj(*to divide*)에서 파생된 명사로서 '분리하다, 나누다, 분석하다, 해체하다'라는 뜻이다. 이 용어는 빠알리 삼장을 2,600년 동안 고스란히 전승해 온 상좌부 불교를 특징짓는 말이기도 하다. 그들은 스스로를 '위밧자와딘(Vibhajja-vādin, 해체를 설하는 자들)'이라고 불렀다. 이 용어는 이미 『맛지마 니까야』 제3권 「수바경」(M99) §4와 『앙굿따라 니까야』 제6권 「왓지야마히따 경」(A10:94) §3에서 "나는 분석해서 말하지(vibhajja-vāda) 한쪽으로 치우쳐서 말하지 않는다."라는 부처님의 말씀으로 나타난다. 분석해서 말함(vibhajja-vāda)에서 분석해서 말하는 자들(Vibhajja-vādin)이 유래된 것이다. 해체 혹은 해체해서 보기에 대해서는 졸저 『초기불교이해』 26쪽 이하 등을 참조하기 바란다.

세상을 해체해서 보려는 노력이 없다면 아비담마는 허무맹랑한 이론에 지나지 않을지도 모른다. 아비담마가 우리에게 재촉하는 것은 개념적 존재를 법으로 해체해서 보라는 것이다. 이러한 노력 없이 아비담마의 법수를 외우고 이해하는 것은 삶의 현장에서 아무 도움이 되지 않는다. 그러면 어떻게 해체해서 보는가. 여기서 위빳사나(vipassanā)가 등장한다. 위+빳사나(vi+passanā)는 바로 해체해서(vi) 보기(passanā)이다. 구체적으로 해체해서 보는 행위, 그런 노력, 그런 수행이 해체해서 보기이다. 수행의 핵심인 바른 정진의 내용이 유익함과 해로움[善·不善, kusala·akusala]의 판단이고[25] 선·불선·무기의 판단은 바로 『담마상가니』의 첫 번째 마띠까(ma3-1)이고 그 내용이 제1편 전체를 구성하고 있다.

아비담마가 의미가 있는 것은 바로 이러한 위빳사나의 이론적 토대가 되기 때문이다. 그러므로 위빳사나 수행이 뒷받침되지 않는 아비담마는 죽은 이론이요, 학문을 위한 학문에 지나지 않게 될 것이다. 그래서 미얀마에서는 지금도 아비담마가 위빳사나요, 위빳사나가 아비담마라고 강조하는 것이다. 이론 없는 실천은 신비주의로 치달리고 실천 없는 이론은 냉소주의로 내닫는다.

(3) 법(dhamma)이야말로 진정한 현장성이다

혹자들은 말할 것이다. 중생이야말로 현장이고, 법은 그 중생이라는 현장을 설명하는 개념적인 것이라고. 그러나 그렇지 않다. 오히려 중생이라는 관념을 해체해야만 법을 볼 수 있고 해체했을 때 드러나는 이 법이야말로 바로 지금·여기 이 현실, 이 현장에 있다.

---

25) 여기에 대해서는 졸저 『초기불교이해』 제20장 네 가지 바른 노력[四正勤]과 선법·불선법(299쪽 이하)을 참조할 것.

중생은 개념일 뿐이다. 중생이 사는 세상도 개념일 뿐이다. 여기에 사무치지 못하면 불교의 본질에 한 발짝도 다가설 수 없다고 생각한다. 중생이 사는 개념적인 세상을 현장으로 보고 그 현장을 개선하고자 하는 것이 세상의 정치요 경제요 예술이요 의술일 것이다. 그러므로 불교가 중생이라는 관념이나 세상이라는 개념을 해체하지 않으면 불교는 세속의 정치의 논리가 되고 경제의 논리가 되고 예술의 논리가 되고 의술의 논리가 되고 말 것이다. 실제로 한국불교의 많은 출가자들이 이런 세상의 논리로만 부처님 법을 대하는 것 같아서 두렵다.

그러면 불교는 중생의 문제에 대해서 무관심해야 하는가? 그렇지 않다. 중생(satta)으로 하여금 성자(ariya)가 되게끔 하는 체계가 불교이기 때문에 불교의 빼놓을 수 없는 또 하나의 관심은 중생이라고 해야 한다. 중생에 대한 불교의 관심은 전법도생(傳法度生)이라고 대한불교 조계종의 종헌은 밝히고 있다. 우리의 스승 부처님께서 위없는 깨달음을 체득하신 뒤에 보여주신 45년간의 여정이 이를 잘 드러내고 있다. 설령 그렇다 할지라도 중생에 대한 불교적 관심은 반드시 법(dhamma)을 통해서라고 역자는 받아들인다. 법으로 세상을 이롭게 하는 것이 불교의 관심이지 정치 등을 통해서가 아니다. 정치나 경제나 예술이나 의술 등을 통해서 중생을 이롭게 하는 것은 정치인이나 경제인이나 예술가나 의료인 등에 맡겨두면 된다.

초기불전의 도처에서 법의 현장성을 강조하는 용어에는 '보인 법'으로 직역할 수 있는 딧타담마(diṭṭha-dhamma, D19, M4, S12:16, A3:99 등)가 있다. 중국에서는 現法(현법)으로 직역하였으며 영어로는 *here and now*로 정착이 되고 있고 역자는 '지금·여기'로 옮긴다. 『담마상가니』도 불교의 禪을 "지금·여기에서 행복하게 머묾인 색계의 禪"(§577 등)이라고 묘사하고 있다.

주석서들은 diṭṭhadhamma를 "지금·여기[現法, diṭṭha-dhamma]란 눈앞에(paccakkha) [직접 보이는] 법을 말한다."(DA.i.121)라고 설명하기도 하

고 "지금 · 여기란 바로 이 자신의 존재 안에서(imasmiṁ attabhāve)라는 뜻이다."(DhsAMṬ.36 등)라고도 설명한다.

초기불전에서 법은 "이 법은 스스로 보아 알 수 있고, 시간이 걸리지 않고, 와서 보라는 것이고, 향상으로 인도하고, 지자들이 각자 스스로 알아야 하는 것이다."(D18, M7, S4:21, A3:40 등)로 정형화되어 있다. 이 가운데 '와서 보라는 것'으로 옮겨지는 에히빳시까(ehi-passika)도 법의 현장성을 나타내는 용어이다. 『청정도론』은 이 단어를 이렇게 설명한다.

"'와서 이 법을 보라(ehi passa imaṁ dhammaṁ).'고 이와 같이 검사하기 위해 초대를 할 만하기 때문에 와서 보라는 것(ehi-passika)이다. 무슨 이유로 초대할 만한가? 있기 때문이고 청정하기 때문이다.

빈주먹에 금화나 황금이 있다고 말을 할 수는 있지만 '와서 이것을 보라.' 고 말할 수는 없다. 무슨 이유인가? 있지 않기 때문이다. 그것이 소변이나 대변이라면 실제로 있다 하더라도 아름다움을 드러내 보이면서 마음을 흡족케 하기 위해서는 '와서 이것을 보라'고 말할 수 없다. 오히려 풀이나 나뭇잎으로 가려야만 할 것이다. 왜 그런가? 더럽기 때문이다. 그러나 이 아홉 가지 출세간법은 그 고유성질로 존재하는 것이고 구름 없는 하늘에 있는 둥근 보름달처럼, 황금색 돌 위에 놓인 보석처럼 청정하다. 그러므로 있기 때문이고 청정하기 때문에 와서 보라고 초대할 만하다. 그래서 와서 보라는 것(ehi-passika)이다."(Vis.VII.82)

『담마상가니』와 『위방가』 같은 논장의 칠론에서 현장성을 나타내는 단어로는 사마야(samaya, 때, 시점, 시기)를 들고 싶다.[26] 『담마상가니』는 이렇게 시작한다.

"형색을 대상으로 하거나 … 그 어떤 것을 대상으로 하여 욕계의 유익한 마음이 일어날 때(yasmiṁ samaye), 그때에(tasmiṁ samaye) 감각접촉이 있고 … 분발이 있고 산란하지 않음이 있다. 그 밖에 그때에(ye vā pana tasmiṁ samaye) 조건 따라 일어난[緣而生], 비물질인 다른 법들도 있으니

26) samaya의 다양한 의미에 대해서는 본서 §1의 해당 주해를 참조할 것.

이것이 유익한 법들이다."(Dhs. §1 등)

여기서 ( ) 안에 원어로 표기하였듯이 법들은 마음이 일어나는 바로 그 '현장에서(samaye)' 함께 일어나는 것으로 설명이 된다. 마음의 일어남이라는 현장을 떠나서 법들은 존재할 수 없다는 것이다. 놀라운 점은 『담마상가니』 제1편 마음의 일어남 편을 구성하고 있는 §1부터 §582까지 582개의 문단 가운데 때나 시점이나 시기나 시간으로 옮겨지고 현장성을 뜻하는 이 'tasmiṁ samaye(그때, 그 시점에)'가 들어가지 않은 문단이 한 군데도 없다는 사실이다.

여기서 현장이라 한다고 해서 우리 눈에 보이는 이 물질적인 세계만을 현장이라 해서는 곤란하다. 오히려 아비담마는 물질이 아닌 것(arūpa), 즉 정신[名, nāma]의 현장성을 더 강조한다. 그래서 본서 제1편에서 89가지 또는 이십만 가지가 넘는 마음의 일어남을 설명할 때 "마음이 일어날 때(마음이 일어나는 그 시점에서, yasmiṁ samaye cittaṁ uppannaṁ hoti)"(§1 등)라고 강조하고 있으며 이러한 마음들이 일어날 때 여러 가지 법들이 함께 일어남을 거듭해서 밝힐 때에도 "그때에 있는"을 성과 수에 따라 'yo tasmiṁ samaye'(§2 등), 'yaṁ tasmiṁ samaye'(§3 등), 'yā tasmiṁ samaye'(§4 등)로 언급하고 있고, 예외빠나까로 "그 밖에 그때에(ye vā pana tasmiṁ samaye)"(§1, §57 등)를 덧붙이고 있으며, 결론을 지을 때도 "이것이 그때에 있는 X이다(ayaṁ tasmiṁ samaye X hoti)."(§2 등)로, 마음이 일어나는 그 현장에서 이러한 여러 법들이 함께 일어남을 강조해서 설명하면서 89가지 혹은 212,021가지 마음 각각에 대한 마음 · 마음부수(심 · 심소)의 구조를 밝히고 있다. 이런 어법은 논장의 칠론 가운데 두 번째인 『위방가』에서도 도처에 나타나고 있다. 이처럼 지금 · 여기 마음이 일어나는 시점, 그 현장성을 통해서 법들을 드러내고 설명하고 있는 것이 아비담마, 특히 아비담마 칠론(논장의 칠론)의 첫 번째와 두 번째인 『담마상가니』와 『위방가』의 세계이다. 현장성을 벗어나면 그것은 곧 관념(paññatti)이 되고 만다.

(4) 아비담마는 방법(naya)이다

앞에서도 살펴보았듯이 주석서는 아비담마를 나야(naya), 즉 방법이라고 강조하고 있다. 주석서는 부처님께서 신들에게 가르치신 아비담마를 사리뿟따 존자에게도 전해 주셨는데, 그것을 '방법을 [말씀해]주셨다(nayaṁ deti).'(DhsA.16 §3)로 표현하고 있다. 『청정도론』 복주서인 『빠라맛타만주사』는 "'방법을 [설명해]주셨다.'는 것은 그 방법을 기억하여(anusāra) 가르침의 길(vācanā-magga)을 확정 지었다는 뜻이다."(Pm.ii.24)라고 설명하고 있다.

주석서는 더 이상 자세한 설명을 하지 않고 있다. 역자는 이것을 마띠까의 순서와 칠론의 순서와 『담마상가니』에서 법을 설하는 순서와 89가지 마음을 설하는 순서 등을 확정해주신 것으로 이해한다. 왜 법들을 분류하는 방법을 단지 22가지 세 개 조와 100가지 두 개 조로만 확정을 지으셨으며, 왜 마띠까의 순서를 이렇게 정했으며, 왜 122가지 마띠까 가운데 선·불선·무기로 분류하는 것을 제일 처음에 두었으며, 왜 유익한 마음들을 오직 8가지로만 정했으며, 왜 불선법은 12가지로만 정했으며, 왜 색계의 마음은 이렇게 복잡다단하게 정했으며, 왜 출세간 마음들을 이렇게 세분하였는가? … 하는 의문들은 모두 부처님께서 그렇게 정하고 체계화해서 전승해주셨기 때문이라는 말로밖에는 해소가 되지 않는다. 이런 것을 역자는 부처님께서 사리뿟따 존자에게 '방법을 [말씀해]주신 것'(DhsA.16)이라고 주석서는 표현하고 있다고 생각한다.

(5) 논장의 칠론은 법의 고유성질[自性, sabhāva]을 논하지 않는다

주석서 문헌들은 한결같이 법은 고유성질(sabhāva)[27]을 가진 것으로 정의하고 있다. 그러나 정작 『담마상가니』를 비롯한 논장의 칠론에는 법에 대한 이러한 정의가 나타나지 않는다. VRI CD-ROM으로 sabhāva[28]라

---

27) 고유성질[自性, sabhāva]에 대한 논의는 본 역자 서문 <§3. 법(dhamma)이란 무엇인가>의 해당 주해를 참조할 것.

28) sabhāva로 검색을 하면 예를 들어서 sabhāvena 등의 단어는 포함이 되지

는 키워드를 검색을 해보면 놀랍게도 『담마상가니』를 비롯한 빠알리 논장의 칠론 그 어디에도 sabhāva라는 단어는 나타나지 않는다. 그리고 경장의 4부 니까야에도 전혀 나타나지 않으며 『쿳다까 니까야』의 『붓다왐사』나 『자따까』의 한두 군데 정도만 나타나는데 이것도 법의 고유성질을 뜻하는 것은 아니다.

이처럼 주석서 문헌에서 고유성질을 가진 것을 법이라 한다고 정의하는 (DhsA.39 등) 불교의 전문 용어인 sabhāva는 경장과 논장의 성전에는 나타나지 않는다. 그 대신에 논장의 칠론 가운데 특히 『담마상가니』는 법의 연기 혹은 연이생, 즉 조건발생을 강조하고 있으며 『빳타나』는 제법(諸法)의 연기적 관계를 극명하게 밝히고 있다. 법들이 가지는 고유한 성질을 밝히고 설명하는 것은 모두 주석서 문헌에서 비롯된다. 논장 『담마상가니』의 주석서인 『앗타살리니』가 그러하고 경장 4부 니까야의 종합적인 주석서인 『청정도론』이 그러하다. 정작 아비담마를 표방하는 칠론은 고유성질을 밝히고 정의하는 것에는 관심이 없다.

그러므로 본서 제1편 마음의 일어남 편은 (1) 법들을 정의하는 부문과 (2) 항목의 부문과 (3) 공함의 부문에서 여러 가지 법들을 정의할 때에도 항상 이 용어에 대한 동의어를 나열하는 방식으로 법들을 설명하지, 주석서처럼 특징과 역할과 일어남과 가까운 원인으로 법들의 고유성질을 설명하지 않는다.

예를 들면 '성냄 없음(adosa)'은 §33 등에서 "그때에 있는 성냄 없음, 성내지 않음, 성내지 않는 상태, 악의 없음, 화내지 않음, 성냄 없음이라는 유익함의 뿌리"로 정의가 되는데 비하여 주석서 문헌에서는 "'성냄 없음'은 잔악함이 없는 것이 그 특징이다. 혹은 수순함이 특징이다. 마치 다정한 친구처럼. 성가심을 버리는 것이 그 역할이다. 혹은 열을 버리는 것이 그 역할이다. 마치 전단향처럼. 차가움으로 나타난다. 마치 보름달처럼."(DhsA.127; Vis.XIV. 143 참조)으로 그 고유성질을 밝히고 있다.

않는다. 그래서 역자는 역자가 구축한 VRI본 검색기를 통해서 맨 마지막 모음인 a를 뺀 sabhāv 등으로 다양하게 검색을 했음을 밝힌다.

다시 한 번 강조하고 싶다. 『담마상가니』는 상좌부 아비담마의 4위 82법의 고유성질을 논하거나 밝히는 논서가 아니다. 『담마상가니』를 비롯한 빠알리 논장의 칠론 그 어디에도 고유성질(sabhāva)이라는 전문 용어는 나타나지 않는다. 고유성질을 밝히는 것은 『담마상가니』를 비롯한 칠론의 관심이 아니기 때문이다. 82법의 고유성질을 밝히는 것은 주석서들의 역할이다. 그러므로 경장의 종합적 주석서인 『청정도론』과 『담마상가니』의 주석서이면서 칠론에 대한 종합적 주석서라 할 수 있는 『앗타살리니』도 82법의 고유성질을 자세히 설명하고 있다. 『담마상가니』를 비롯한 칠론의 관심은 고유성질을 설명하는 것이 아님을 먼저 유념할 필요가 있어서 이 점을 다시 강조하고자 한다.

(6) 『담마상가니』는 전문가들을 위한 것이다

『담마상가니』의 관심이 법들의 고유성질을 설명하는 것이 아니라면 『담마상가니』의 주된 관심은 무엇인가? 『담마상가니』는 마띠까라는 부처님이 제정하신 논의의 주제를 통해서 제법실상(諸法實相, dhammānaṁ bhūta-lakkhaṇa)[29]을 드러내는 데 초점을 맞추고 있다.

물론 『담마상가니』는 바른 정진의 전제가 되는 선법·불선법의 판단을 제일 먼저 드러내어 첫 번째 마띠까(논의의 주제)에서 법들을 선·불선·무기로 분류한 뒤(ma3-1) 이를 제1편에서 상세하게 설명하고 있다. 그리고 『담마상가니』 제1편은 색계의 유익한 마음들을 실참수행의 중요한 키워드인 I. 여덟 가지 까시나(§§160~203)와 II. 여덟 가지 지배의 경지(§§204~247)와 III. 세 가지 해탈(§§248~250)과 IV. 네 가지 거룩한 마음가짐의 禪(§§251~262)과 V. 열 가지 부정(不淨)의 禪(§§263~264)의 다섯으로 분류하고 있다. 나아가 출세간의 마음들도 출세간의 도를 체득하는 방법을 토대로 20가지로 분류한 뒤 이 가운데 첫 번째인 출세간禪을 닦음에 초점을 맞추어서 설명하고 있다.(예를 들면 §§277~361). 그러나 어떻게 해서 이러한

---

29) 제법실상에 대해서는 역자 서문 §5-(4)의 해당 주해를 참조할 것.

색계의 유익한 경지들과 출세간의 도의 마음들을 체득하는지에 대한 구체적인 언급은 『담마상가니』에 나타나지 않는다. 그러므로 어떻게 깨달을 것인가나 어떻게 세상을 이롭게 할 것인가라는 상구보리(上求菩提)와 하화중생(下化衆生)은 『담마상가니』의 주된 관심이 아니다. 깨달음의 눈으로 존재일반을 해체해서 볼 때 여실히 드러나는 법들의 실상을 방편을 빌리지 않고 설명해 내는 것이 『담마상가니』의 주된 관심이라고 역자는 말하고 싶다.

이처럼 『담마상가니』는 어떻게 법을 구현하고 어떻게 그것을 활용할 것인가에는 큰 관심을 기울이지 않는다. 그것은 인간의 문제이고 중생의 문제이고 존재의 문제이고 삶의 문제이지 법의 문제는 아니며 법을 갈무리하는 『담마상가니』의 주된 관심은 아니기 때문일 것이다. 『담마상가니』의 관심은 오직 법(담마) 혹은 구경법(究竟法, 빠라맛타담마)이다. 거듭 강조하지만 어떻게 깨달을 것인가나 어떻게 세상을 이롭게 할 것인가에 더 관심을 두는 분들은 경장을 봐야 한다. 다른 관점과 다른 관심을 가지고 아비담마를 비난하는 불선업을 짓지 말 것을 당부하고 싶다.

그러므로 『담마상가니』는 깨닫지 못한 우리 범부에게는 자칫 혼란을 줄 수 있고 이것을 보고 조금 이해가 되고 감동을 받으면 자칫 자신이 깨달은 양 착각을 하는 불행한 경우도 생긴다고 여겨진다. 이런 착각을 피할 수 있는 자와 아비담마를 전적으로 신뢰하는 법의 마니아들, 저 법의 전문가들이 봐야 감명을 받거나 감동을 할 수 있는 체계가 아비담마요 『담마상가니』일 것이다.

아비담마는 일반적인 사람들을 위한 것이 아니다. 전적으로 법을 사유하고 법에 의미 부여를 하는 법의 전문가들을 위한 것이다. 법을 대면하는 것[對法]이 바로 아비담마이기 때문이다. 본 역자 서문 §8-(3)에서 언급했듯이 아비담마는 신들에게 설해진 가르침이요 유학들과 선한 범부들[30]이 공부

30) 주석서는 범부(puthujjana)를 다시 눈먼 범부(andha-puthujjana, 혹은 배우지 못한 범부, assutavā puthujjana)와 선한 범부(kalyāṇa-puthujjana)

하는 것이라고 『담마상가니 주석서』는 강조하고 있다.(DhsA.31~32) 그러므로 아비담마는 적어도 신들과 같은 심성을 가진 자들이 이해하고 기뻐할 수 있는 체계요, 선한 범부와 유학들이라는 전문가들이 공부하는 것이다. 아비담마의 전문가들은 개념적 존재들을 즐거워하지 않고 개념적인 세상을 즐기지 않는다.

용어에 대한 정확한 이해와 적용이 있어야 전문가이다. 특히 엄밀하고 정교한 아비담마 체계를 정확하게 이해하고 바르게 전승하기 위해서는 용어의 엄정한 사용이 절대적으로 중요하다. 그러다 보니 아비담마는 어려워질 수밖에 없다. 그러므로 아비담마는 대중을 위한 가르침이 아니다. 아비담마가 대중을 위한 가르침이 되어서도 안 되고 그렇게 될 필요도 없다. 오히려 그렇게 되는 것을 경계하는 것이 아비담마일 것이라고 역자는 생각한다.

아비담마는 특히 출가자가 할 일이요 출가자의 의무라고 여겨진다. 출가자는 법의 전문가가 되어야 한다. 출가자가 법(法, dhamma)을 대면해서[對, abhi] 진정한 전문가가 되는 것은 대법(對法)으로 번역되는 아비담마에 능통했을 때이다. 세상을 위하고 세상을 연민하고 세상을 구휼한다는 명분으로 출가자가 정치나 권력이나 이재나 문학이나 예술이나 의술이나 관상이나 사주나 점성학에 프로가 되면 곤란하다. 불교의 출가자는 아비담마를 통해서 법의 전문가가 되어야 한다. 법의 전문가인 출가자들이 즐거워해야 하는 것은 개념적 존재(paññatti)를 해체한 법이고, 이러한 뛰어난 법[無比法]을 대면하는 것이 바로 대법(對法)이요, 아비담마요, 『담마상가니』이다. 역자는 아비담마, 특히 『담마상가니』를 이렇게 받아들이려 한다.

로 나누고 있다. 이 둘은 아직 유학의 첫 번째인 예류도에 도달하지 못했기 때문에 범부이다. 이 둘 가운데 무더기[蘊], 장소[處], 요소[界] 등을 파악하고 질문하고 배우고 호지하고 반조하지 못하는 자를 눈먼 범부라 하고, 그렇지 않은 자를 선한 범부라고 한다고 주석서들은 설명하고 있다.(DA.i.59; SA.ii.200 등) 다시 말하면, 개념적인 존재(paññatti)를 온·처·계 등의 법(dhamma)들로 해체해서 보려하지 않는 범부는 눈먼 범부이고 이러한 법들로 해체해서 보려는 노력을 하는 자는 선한 범부라 할 수 있다.

13. 맺는말

역자는 고전음악에는 문외한이다. 그렇지만 감히 『담마상가니』를 고전음악에 비유해 보면서 『담마상가니』 역자 서문을 마무리하고자 한다.

먼저 『담마상가니』 제1편 마음의 일어남 편은 합창 교향곡에 비유해보고 싶다. 89가지 마음은 소프라노, 알토, 테너, 베이스로 구성된 합창단에, 이들 마음과 함께 일어나는 52가지 심소법들은 52종류의 관악기, 현악기, 타악기로 구성된 관현악단에 비유해보고 싶다. 교향곡은 기본적으로 네 가지 악장으로 이루어져 있다고 한다. 구성은 보통 제1악장(소나타 형식의 빠른 악장. 이 앞에 장중한 서곡이 오는 경우도 많다), 제2악장(리트 형식의 완만한 악장), 제3악장(미뉴엣 또는 스케르초), 제4악장(론도 또는 소나타 형식의 매우 빠른 악장)으로 되어 있다고 한다.(네이버 두산백과에서 인용) 이 4악장은 『담마상가니』 제1편의 유익한 마음의 일어남, 해로운 마음의 일어남, 과보로 나타난 결정할 수 없는[無記] 마음의 일어남, 작용만 하는 결정할 수 없는[無記] 마음의 일어남이라는 네 가지 품과 비교할 수 있을 것이다.

『담마상가니』 제2편 물질 편은 발레에 비유해 볼 수 있지 않을까 생각한다. 물질[色, rūpa]은 정신[名, nāma]이 아니기 때문에 물질을 음악이 아닌 발레에 비유해 본 것이다. 발레는 '대사 대신에 춤에 의하여 진행되는 무용극 예술'로 설명되는데 『담마상가니』 제2편 물질 편은 27명 혹은 28명의 발레단이 열한 개 조로 구성된 대본(물질의 마띠까)에 따라 펼치는 발레와 비교해보면 물질 편이 드러내 보이는 현장성을 이해할 수 있지 않을까 생각해 본다.

『담마상가니』 제3편 간결한 설명 편과 제4편 주석 편은 오페라와 비교해보고 싶다. 오페라는 대사에 음악을 붙인 것이 특징이라 한다. 오페라의 음악은 독창과 합창, 관현악단으로 구성되고 당연히 오페라에는 발레단도 포함된다. 여기서 음악은 정신[名, nāma], 즉 심·심소법에, 발레는 물질[色,

rūpa]에 비유해 볼 수 있을 것이다. 그래서 독창이나 합창단은 89가지 마음에, 관현악단은 52가지 심소법에, 발레단은 28가지 물질에 비유해 볼 수 있을 것이다.

특히 막, 장, 경 등으로 나누어져 있는 오페라의 대본은 세 개 조와 두 개 조와 여러 모둠들로 구성되어 있는 『담마상가니』 마띠까에 비유해 볼 수 있을 것이다. 『담마상가니』 제3편 간결한 설명 편과 제4편 주석 편을 이러한 대본에 따라 합창단과 관현악단과 발레단이 펼치는 오페라에 비유해보면 『담마상가니』의 전개를 이해하는 데 조금은 도움이 되지 않을까 생각해본다.

이때 리듬이 무엇이고 화성이 무엇이고 가락이 무엇이고 발성은 어떻게 하고 하는 음악의 기본이론은 음악 이론가들의 관심이지 합창이나 오페라를 공연하는 현장의 관심은 아니다. 바이올린과 같은 현악기의 음색이나 트럼펫과 같은 관악기의 음색이나 드럼과 같은 타악기의 음색 등을 밝히는 것은 연주 이론가들의 관심이지 교향곡을 공연하는 현장의 관심은 아니다. 춤 동작에 관한 이론도 발레 이론가들의 관심이지 발레를 공연하는 현장의 관심은 아니다.

그와 같이 마음이 무엇이고 52가지 심소법들의 고유성질이 무엇이고 28가지 물질의 본성이 무엇인지를 따지는 것은 『담마상가니』의 관심이 아니다. 이런 것은 주석서들의 관심이고 『아비담맛타상가하』(『아비담마 길라잡이』)의 관심이라 해야 한다. 『담마상가니』의 관심은 욕계, 색계, 무색계, 삼계, 출세간의 경지(bhūmi)와 유익한 것, 해로운 것, 과보로 나타난 것, 작용만 하는 것이라는 마음의 종류(jāti)로 이루어진 삶의 현장(samaya)에서 일어나고 사라지는 법들에 대한 종합적인 관심이라고 강조하고 싶다.

그래서 『담마상가니』는 교향곡 공연(제1편)이요, 발레 공연(제2편)이요, 오페라 공연(제3편 및 제4편)인 것이다. 물론 이러한 고전예술의 공연을 제대로 감상하기 위해서는 합창과 연주와 무용에 대한 기본적인 이해를 갖추고 있어야 하는 것처럼 『담마상가니』를 제대로 이해하기 위해서는 『아비담마 길라잡이』나 『앗타살리니』나 『청정도론』 등을 통해서 아비담마에 대한 기본적인 이해를 갖추고 있어야 할 것이다.

때로는 무반주로 부르는 독창과 독주도 멋이 있기는 하다. 그러나 『담마상가니』가 전하는 깨달음의 경지, 저 조화로운 법의 경지는 그 스케일이 벌써 다르다. 『담마상가니』의 수백, 수천, 수만의 연주자들과 합창단과 발레단이 내는 화음과 노래와 무용은 그 격이 다르지 않은가. 적어도 이 정도로는 묘사를 해야 그게 법이고 깨달음이 아닐까. 혹자는 화엄의 도리를 말할 것이다. 화엄의 언어는 한마디로 법의 언어가 아니라 개념적 언어요 중생의 언어라고 말하고 싶다. 그러므로 화엄은 법의 언어를 통한 깨달음의 묘사가 아니라 중생의 언어로 깨달음을 중생에게 호소하고 중생에게 어필하는 것이라고 역자는 말하고 싶다.

역자는 역자 서문을 적으면서 너무 이론으로 치우치기보다는 『담마상가니』를 내 삶과 적용시켜 이해하는 데 초점을 맞추려고 애를 써봤다. 부디 『담마상가니』를 읽으시는 분들이 법의 교향곡과 법의 발레와 법의 오페라의 합창과 연주와 무용의 비유를 통해 비견할 데 없는 법의 즐거움[無比法樂]을 누리시기를 기원하면서 역자 서문을 접는다.

『담마상가니』 제1권 해제

1. 들어가는 말

법(dhamma)의 갈무리(saṅgaṇī)로 옮길 수 있는 『담마상가니』는 빠알리 삼장의 논장에 속하는 일곱 가지 논서[七論, satta pakaraṇāni] 가운데 첫 번째 문헌이다.

『담마상가니』는 크게 다섯 부분으로 구성되어 있다. 그것은 ① 세 개조 마띠까 22개와 두 개 조 마띠까 142개로 분류하여 『담마상가니』의 논의의 주제를 총괄적으로 밝히고 있는 마띠까(mātikā), ② 정신[名, nāma]을 구성하는 법들을 다양한 마음을 중심으로 분류하고 분석하여 드러내고 있는 제1편 마음의 일어남 편, ③ 물질을 한 개 조부터 열한 개 조까지의 279개의 마띠까를 토대로 설명하고 있는 제2편 물질 편, ④ 세 개 조 마띠까 22개와 두 개 조 마띠까 142개로 구성된 『담마상가니』 마띠까 164개 전체를 간략하고 간결하게 설명하고 있는 제3편 간결한 설명 편, ⑤ 164개 마띠까 가운데 경장의 마띠까 42개를 제외한 122개 논장의 마띠까의 의미를 주석의 방법으로 밝히고 있는 제4편 주석 편이다.

마띠까의 측면에서 보자면 『담마상가니』 제1편과 제2편은 164개 마띠까 가운데 '유익한 법들, 해로운 법들, 결정할 수 없는[無記] 법들'(ma3-1)이라는 『담마상가니』의 첫 번째 마띠까에 대한 설명이다.

초기불전연구원에서 번역하여 출간하는 우리말 『담마상가니』 제1권은 마띠까와 제1편 마음의 일어남 편을 담고 있고 제2권은 제2편 물질 편과 제3편 간결한 설명 편과 제4편 주석 편의 세 편과 『담마상가니 주석서』 서문을 담고 있다. 반복되는 부분(peyyāla)을 생략하는 방법으로 편집되어 있는 현존하는 VRI본이나 PTS본 『담마상가니』는 원문만으로는 그렇게 많은 분량이 아니지만, 역자가 우리말로 옮기면서 특히 제1편 마음의 일어남 편에서 주석서의 설명을 주해로 많이 인용하다 보니 분량이 늘어나서 이렇게 두 권으로 출판을 하게 되었다.

2. 『담마상가니』 제1권의 구성

초기불전연구원에서 번역하여 출간하는 우리말 『담마상가니』 제1권에는 『담마상가니』의 논의의 주제를 총괄적으로 밝히고 있는 마띠까(mātikā)와, 정신[名, nāma]을 구성하는 법들을 다양한 마음을 중심으로 분류하고 분석하여 드러내고 있는 제1편 마음의 일어남 편(Cittuppāda-kaṇḍa)을 담고 있다. 먼저 마띠까와 제1편 마음의 일어남 편을 간략하게 살펴본 뒤에 이들에 대한 해제를 붙이고자 한다.

마띠까는 어머니[母]를 뜻하는 mātā에서 파생된 추상명사로 논의의 주제로 풀이할 수 있다. 중국에서는 본모(本母), 행모(行母), 모경(母經) 등으로 뜻번역이 되었다. 『담마상가니』 마띠까는 모두 164개로 구성되어 있다. 이 164개는 세 개 조 마띠까 22개와 두 개 조 마띠까 142개로 구성되어 있다. 세 개 조 마띠까는 '유익한 법들, 해로운 법들, 결정할 수 없는[無記] 법들'(ma3-1)부터 '볼 수도 있고 부딪힘도 있는 법들, 볼 수는 없지만 부딪힘은 있는 법들, 볼 수도 없고 부딪힘도 없는 법들'(ma3-22)까지 22개의 마띠까를 담고 있고, 두 개 조 마띠까는 '원인인 법들, 원인이 아닌 법들'(ma2-1)부터 '멸진에 대한 지혜, 일어나지 않음에 대한 지혜'(ma2-142)까지 142개의 마띠까를 포함하고 있다. 이렇게 하여 『담마상가니』의 마띠까는 모두 164개가 된다. 이 가운데 앞의 122개는 아비담마에 적용되는 마띠까이기 때문에 아비담마의 마띠까(abhidhamma-mātikā)라 부르고 뒤의 42개는 경장의 가르침에 토대한 마띠까이기 때문에 경장의 마띠까(suttanta-mātikā)라 부른다.(DhsAAnuṬ.55)

『담마상가니』 제1편 마음의 일어남 편은 『담마상가니 주석서』에서 잘 요약하고 있다. 주석서는 『담마상가니』 제1편을 이렇게 요약한다.

"여기서 『담마상가니』 논서(dhammasaṅgaṇī-pakaraṇa)는 네 가지로 분류되는데 그것은 ① 마음의 분류(citta-vibhatti), ② 물질의 분류(rūpa-vibhatti), ③ 간결한 설명의 더미(nikkhepa-rāsi = 간결한 설명 편), ④ 의미를 드러냄(atthuddhāra = 주석 편)이다.

여기서 [제1편] '마음의 분류'는 89가지 마음으로 구성되어 있다. 그것은 욕계에 속하는 유익한 것 8가지, 해로운 것 12가지, 유익한 과보로 나타난 것 16가지, 해로운 과보로 나타난 것 7가지, 작용만 하는 것 11가지, 색계에 속하는 유익한 것 5가지, 과보로 나타난 것 5가지, 작용만 하는 것 5가지, 무색계에 속하는 유익한 것 4가지, 과보로 나타난 것 4가지, 작용만 하는 것 4가지, 출세간의 유익한 것 4가지, 과보로 나타난 것 4가지로 모두 89가지 마음으로 분류가 된다.

'마음의 일어남 편(Cittuppāda-kaṇḍa)'이라는 것도 이것의 이름이다. 이것은 가르침의 순서에 의하면 여섯 바나와라 분량이 넘고 확장하면 끝이 없고 무량한 것이 된다."(DhsA.6 §11)

이처럼 주석서는 제1편을 마음의 분류(citta-vibhatti)라고 명명하지만 전통적으로는 '마음의 일어남 편(Cittuppāda-kaṇḍa)'으로 부르고 있다. 역자도 후자를 제1편의 제목으로 택했다. PTS에서 리스 데이비즈 여사(Caroline Augusta Foley Rhys Davids, 1857~1942)가 번역하여 출간한 『담마상가니』 영역본(*A Buddhist Manual of Psychological Ethics*)과 뻬 마웅 띤(Pe Maung Tin, 1888~1973)이 번역한 『담마상가니 주석서』 영역본(*The Expositor*)에도 모두 후자를 제1편의 제목으로 택하고 있다.

이제 본서 『담마상가니』 제1권에 담고 있는 『담마상가니』 마띠까와 『담마상가니』 제1편 마음의 일어남 편에 대해서 조금 자세히 살펴보기로 하자.

3. 『담마상가니』 마띠까

(1) 마띠까란 무엇인가

부처님의 말년에 이를수록 부처님께서 말씀하신 가르침의 양과 부처님이 제정하신 승단의 규범은 당연히 많아졌을 것이다. 이처럼 방대해진 부처님의 말씀과 승단의 규범을 어떻게 모아서 정리하여 호지하고, 특히 다음 세대로 전승할 것인가 하는 것은 부처님 직계 제자들의 가장 큰 관심이 되었을 것이다. 이런 관심은 특히 부처님의 세랍(世臘)이 환갑을 넘기신 후부터는 구체적인 방안을 강구하는 것으로 발전하였을 것이다. 부처님의 상수제자요 지혜제일인 사리뿟따 존자가 이 중차대한 작업을 진두지휘하였을 것임은 재론할 필요가 없을 것이다. 『디가 니까야』 제3권 「합송경」(D33)과 「십상경」(D34)은 사리뿟따 존자가 가르침의 숫자에 초점을 맞추어 부처님 가르침의 중요한 주제들을 하나부터 열까지 숫자별로 나누어서 각각 230개와 550개의 주제로 모아서 설한 것인데 이런 전례가 부처님의 가르침을 다양한 방법으로 결집하는 데 큰 도움이 되었을 것이다. 특히 「합송경」(D33)은 자이나교의 교조인 니간타 나따뿟따가 임종하자 니간타들이 분열되는 모습을 보고 비구대중에게 부처님의 가르침을 법수별로 정리하여 설한 것이기 때문에 더 의미가 크다 하겠다. 이런 이유 때문에 그는 법의 대장군(dhamma-senāpati-sāriputtatthera, DA.i.15; MA.iii.10; DhsA.9 등)으로 불리게 되었을 것이다.[31)]

---

31) 실제로 『디가 니까야』 제3권에 사리뿟따 존자의 가르침으로 전승되어 오는 「합송경」(D33)과 「십상경」(D34)은 전체가 법들을 숫자별로 모은 마띠까적인 성격을 가진다. 실제로 본서의 두 개 조 마띠까에 있는 경장의 마띠까 42개 가운데 정신과 물질의 두 개 조(ma2-109, §1316)부터 마지막인 멸진에 대한 지혜의 두 개 조(ma2-142, §1383)까지의 33개 두 개 조는 한두 군데를 제외하면 「합송경」(D33) §1.9의 두 가지로 구성된 법들(dukaṁ)의 (1)부터 (33)까지와 같다. 이처럼 부처님의 가르침은 마띠까로 요약이 되고 자연스럽게 이러한 마띠까를 설명하는 형식으로 아비담마 체계로 발전되었을 것이다. 마띠까에 대해서는 백도수 교수의 「팔리 논장의 논모(Mātikā)에 대한 연구」(2009, 『불교학보』 pp.9~32)와 후미나로 와타나

사리뿟따 존자는 세존께서 반열반하시기 몇 달 전에 먼저 입적을 하였지만 이런 선례가 있었기 때문에, 부처님께서 반열반하신 지 두 달 뒤부터 칠 개월에 걸쳐서 깟사빠 존자를 상수로 한 500명의 아라한들이 거행한 일차 합송에서 부처님의 가르침은 법(담마와 아비담마)과 율로 결집이 되었다. 문자를 중시하지 않던 인도에서는 합송을 통해서 음의 고저장단이 있는 운율을 갖춘 노래의 형식으로 삼장을 확정 지었다.

이러한 부처님의 가르침을 결집하고 전승하는 방법은 길이에 따른 결집과 주제별 결집과 숫자, 즉 법수별 결집이 대표적인 것이었다. 4부 니까야 가운데 첫 번째와 두 번째는 길이에 초점을 맞춘 결집이다. 그래서 『디가 니까야』는 길이가 긴(디가) 가르침 34개를 모은 것이고 『맛지마 니까야』는 중간 길이(맛지마)가 되는 경들 152개를 모은 것이다. 세 번째인 『상윳따 니까야』는 주제에 초점을 맞추어 56개의 주제별(상윳따)로 부처님과 직계 제자들의 가르침 2,900개 정도를 모은 것이다. 네 번째인 『앙굿따라 니까야』는 가르침의 숫자, 즉 법수에 초점을 맞추어 하나부터 열하나까지, 숫자가 증가하는 순서로(앙굿따라) 부처님과 직계 제자들의 가르침 2,200개 정도를 결집한 것이다.

그리고 다양하고 많은 주제와 분야를 가진 부처님의 가르침과 부처님이 제정하신 승가의 규범을 체계적으로 분류하여 이해하고 설명하고 전승하기 위해서 논장과 율장에서 채택된 방법을 마띠까(mātikā)라 부른다. 마띠까는 논의의 주제나 논의의 목록을 뜻한다.

'마띠까(mātikā, Sk. mātṛkā)'는 인도-유럽어족에 속하는 *matrix*(자궁, 모

베(Fuminaro Watanabe) 교수의 *Philosophy and its Development in the Nikāyas and Abhidhamma,* 42~45쪽도 참조할 것.
이렇게 해서 지금과 같은 빠알리 논장의 칠론(七論, sattappakaraṇa)이 자연스럽게 정착이 된 것이다. 지금의 빠알리 논장의 칠론이 최초로 완성된 형태로 언급되는 곳은 남방 소전의 『밀린다빤하』(밀린다왕문경)의 서문 부분이다.(Miln.12) 『밀린다빤하』가 성립된 것을 대략 BC 1세기 전후로 본다면 칠론은 그 이전에 이미 지금 형태로 전승되고 있었다고 해야 할 것이다.

체)란 단어와 같은 어원을 가진 단어인데 어머니[母]를 뜻하는 mātā(Sk. mātṛ)에 -ikā 어미를 붙여서 만들어진 것으로 문자적인 뜻 그대로 '어머니에 속하는 것'을 의미하는 여성명사이다. 『모하윗체다니』(Mohavicchedanī)는 마띠까를 이렇게 설명한다.(Moh.3)

"무슨 뜻에서 마띠까라 하는가? 어머니가 가진 가능성이라는 뜻(mātu-samaṭṭha)에서 그러하다. 어머니처럼 마띠까는 연꽃의 핵심과도 같기 때문이다. 마치 어머니가 여러 아들들을 낳고 보호하고 양육하듯이 이 마띠까도 여러 법들(dhammā)과 의미들을 낳고 그 법들이 사라지지 않는 한 그들을 보호하고 양육하기 때문이다. 그래서 마띠까라 부른다. 마띠까를 의지하여 『담마상가니』 등의 일곱 가지 논서[七論]는 법들을 끝이 없이 상세하게 설명한다. 그리고 마띠까를 의지하여 그 의미를 낳고 보호하고 양육한다."32)

마띠까는 '논의의 주제'를 담고 있는 것이면서 문자적으로는 '어머니에 속하는 것'이란 뜻이기 때문에 이 두 가지 의미를 합성하여 '논모(論母)'로 옮기기도 한다. 북방불교에서도 마띠까는 mātṛkā(마뜨리까)로 불교 산스끄리뜨 문헌에 나타나고 있지만 베다 문헌이나 육파철학 문헌 같은 힌두 문헌에서는 나타나지 않는 듯하다. 중국에서도 마띠까의 산스끄리뜨어인 마뜨리까(mātṛkā)는 摩咥里迦, 摩多羅迦, 摩夷, 摩得勒伽, 摩拏理迦, 摩憺履迦, 摩憺理迦, 摩憺里迦(마질리가, 마다라가, 마이, 마득륵가, 마나리가, 마담리가, 마담리가, 마담리가) 등으로 음역되기도 하였고 本母, 母經, 行母, 論藏(본모, 모경, 행모, 논장) 등으로 뜻 번역이 되기도 하였다.

마띠까는 특정한 조목이나 가르침의 주제를 지칭하는 율장과 논장의 전

---

32) "kenaṭṭhena mātikā? mātusamaṭṭhena. mātā viyāti hi mātikā yathā padumikaṁ mukhanti. yathā hi mātā nānāvidhe putte pasavati, te pāleti, poseti ca, evamayampi nānāvidhe dhamme, atthe ca pasavati, te ca avinassamāne pāleti, poseti ca, tasmā mātikāti vuccati. mātikaṁ hi nissāya dhammasaṅgaṇīādisattappakaraṇa-vasena vitthāriyamānā anantāparimāṇā dhammā, atthā ca tāya pasutā, pālitā, positā viya ca honti."(Moh.3)

문 용어이고 경장에서는 채용하지 않은 것으로 보인다. 경장에서는 상윳따[相應, 주제별 모음]라는 이름과 앙굿따라[增支, 오름차순의 숫자별 모음]라는 이름으로 주제별 결집과 법수별 결집을 하였기 때문일 것이다. 율장에서 논의의 주제로 삼은 것을 위나야마띠까(율장의 논모, vinaya-mātikā)라 하고 아비담마의 주제에 초점을 맞추거나 숫자별로 분류한 논의의 주제를 아비담마마띠까(논장의 논모, abhidhamma-mātikā)라 한다.

(2) 마띠까의 용례

① 마띠까를 호지하는 자(mātikādhara)

그러면 마띠까라는 용어의 용례에 대해서 살펴보자. 먼저 경장의 니까야에서는 마띠까가 물길[水路]을 뜻하는 외에 전문 용어로 단독으로 쓰인 경우는 없는 것으로 여겨진다. 여기에 대해서는 아래에서 살펴보겠다.

니까야에서 마띠까는 니까야의 9개 경에서 '마띠까다라(mātikādhara)', 즉 '마띠까를 호지하는 자'로만 나타나고 있다. 그것도 이 아홉 개 경에서 예외 없이 모두 "많이 배우고 전승된 가르침[阿含, āgama]에 능통하고 법을 호지하고 율을 호지하고 마띠까[論母]를 호지하는 비구들"33)이란 문맥으로만 나타난다. 주석서는 이 용어들을 이렇게 설명한다.

"'많이 배운 자들(bahussutā)'이란 하나의 니까야(nikāya) 등을 통해서 부처님의 가르침을 많이 배운 자들이다.

'전승된 가르침에 능통한 자들(āgatāgamā)'이라고 하셨다. 하나의 니까야가 하나의 전승된 가르침이다. 둘의 … 셋의 … 넷의 … 다섯의 니까야가 다섯의 전승된 가르침이다. 이러한 전승된 가르침들 가운데 단 하나의 전승된 가르침일지라도 전승받고 능통하고 전개하는 자들을 '전승된 가르침에 능통한 자들'이라 한다.34)

---

33) "bhikkhū bahussutā āgatāgamā dhammadharā vinayadharā mātikā-dharā"(「거처 경」(A10:11))
이 구절은 단수나 복수로 D16 §4.10; M33 §9; A3:20; A4:160; A4:180; A5:156; A6:51; A11:18에도 나타나고 있으며 A10:11의 해당 부분은 『청정도론』 IV.19에도 인용이 되고 있다.

'법을 호지하는 자들(dhammadharā)'이란 경장을 호지하는 자들(suttanta-piṭaka-dharā)이다.

'율을 호지하는 자들(vinayadharā)'이란 율장을 호지하는 자들(vinaya-piṭaka-dharā)이다.

'마띠까를 호지하는 자들(mātikādharā)'이란 두 가지 마띠까를 호지하는 자들(dvemātikādharā)이다."(AA.ii.189)

이 주석서에 대한 복주서에서는 이 가운데 '두 가지 마띠까를 호지하는 자들'을 이렇게 설명하고 있다.

"'두 가지 마띠까를 호지하는 자들'이란 비구와 비구니 마띠까(bhikkhu-bhikkhuni-mātikā)의 두 가지 마띠까를 호지하는 자들을 말한다. [그러나 여기서는] 율장의 마띠까와 논장의 마띠까를 호지하는 자들(vinayābhidhamma-mātikā-dharā)이 적절하다."(AAṬ.ii.83)

즉 율장에서 두 가지 마띠까는 비구 마띠까와 비구니 마띠까를 뜻하지만(Vin-Kaṅ-nṭ.126) 여기서는 문맥상 율장의 마띠까와 논장의 마띠까를 호지하는 자로 보는 것이 더 타당하다는 것이 복주서의 견해이다.

여기서 호지한다(dhāreti)는 것은 가슴에 놓는 것(hadaye ṭhapenti — DAṬ.ii.194), 즉 외우는 것이 기본적인 의미이다. PED에서도 호지하다(dhāreti)를 '*to know by heart, to bear in mind*'로 설명하고 있다. 초기 교단에서는 문자로 된 경전이 없었고 모두 외워서 호지하였기 때문이다.

그리고 다른 복주서에서도 "이러한 법과 율의 마띠까를 호지하기 때문에 마띠까를 호지하는 자들이라 한다."(AAṬ.iii.16; 285)[35]라고 설명하고 있고 『청정도론 복주서』(Pm.i.141)도 이 『앙굿따라 니까야 복주서』와 똑같이 설명을 하고 있다. 위에서 인용한 복주서(AAṬ.ii.83)와 여기서 인용한 복주서(AAṬ.iii.16; 285)의 이 두 가지 설명을 종합하면 법의 마띠까(dhamma-

34) 이처럼 주석서 문헌들은 니까야와 아함(阿含, āgama)을 동의어로 사용하고 있다.(DA.i.2 등)

35) "tesaṁyeva dhammavinayānaṁ mātikāya dhāraṇena mātikādharā" (AAṬ.iii.16; 285)

mātikā)는 논장의 마띠까(abhidhamma-mātikā)와 동의어로 봐야 할 것이다.

이처럼 주석서 문헌은 두 가지 마띠까를 문맥에 따라서 비구 마띠까와 비구니 마띠까의 두 가지로 설명하기도 하고 율장의 마띠까와 논장의 마띠까(vinaya-abhidhamma-mātikādharā — AAṬ.ii.83)로 이해하기도 한다. 『담마상가니 아누띠까』에서는 본서에 나타나는 164개 마띠까들 가운데 아비담마에 관계된 앞의 122개 마띠까를 논장의 마띠까(abhidhamma-mātikā, 혹은 아비담마의 마띠까)라 부르고 뒤의 42개는 경장에 관계된 마띠까이기 때문에 경장의 마띠까(suttantamātikā, 혹은 경의 마띠까)라 부른다.(DhsAAnuṬ.55)

② 마띠까는 물길[水路]이다

한편 마띠까가 니까야에서 보통명사로 쓰이면 물을 인도하는 것, 즉 '물길[水路]'을 뜻한다.(A8:34) 『앙굿따라 니까야』 「들판 경」(A8:34)에서 세존께서는 이렇게 말씀하신다.

"비구들이여, 여기 들판은 울퉁불퉁하지 않고, 돌덩이가 없고, 염분이 없고, 너무 깊지 않아서 쟁기질을 할 수 있고, [물이] 제대로 들어오고, [나중에 물이] 빠질 배수로가 있고, [크고 작은] 물길이 있고, 둑이 있다. 비구들이여, 이러한 여덟 가지 구성요소를 갖춘 들판에 뿌린 씨앗은 많은 결실이 있고, 많은 영양분이 있고, 잘 자란다."(A8:34)

그리고 세존께서는 이 여덟 가지 구성요소를 성스러운 팔정도에 비유하신다. 여기서 물길[水路]로 옮긴 것이 mātikā이다. 들판에는 물길[36]이 있어야 이것을 따라 물이 잘 흘러들고 잘 배수가 되어서 농사가 풍작이 되어 많은 결실을 가져온다. 이런 뜻으로 사용되던 단어를 부처님께서는 논의의 주제를 지칭하는 전문 용어로 채용하신 것이다.

이것을 부처님의 말씀에 적용시키면 율장은 율장의 마띠까를 물길로 하

---

36) 들판에 대한 이 여덟 가지 비유가 팔정도에 적용되고 있기 때문에 여덟 가지 비유의 순서를 팔정도에 적용해보면 물길은 바른 마음챙김에 비유된다.

여 설명과 논의가 전개되고 있고, 논장도 『담마상가니』의 첫머리에 나타나는 이 논장의 마띠까 등을 물길로 삼아서 도도하게 흘러간다는 뜻이 된다. 이처럼 마띠까는 율장과 논장에 대한 논의의 주제가 되고 설명을 전개하는 말의 길, 즉 언로(言路) 혹은 논의의 길, 즉 논로(論路)가 되는 것으로 이해할 수 있다.

마띠까를 논모(論母)로 옮기면 논모는 논장의 마띠까만을 뜻하는 의미로 받아들여질 수 있기 때문에 역자는 '논모'로 옮기기도 하지만 대부분은 그냥 '마띠까'로 음역을 하고 있다. 그리고 각 마띠까에 포함되어 있는 개별적인 주제는 '논의의 주제'로 부르고 있다. 예를 들면 『담마상가니』 두 개 조 마띠까의 첫 번째 마띠까는 '원인인 법들'(ma2-1-a)과 '원인이 아닌 법들'(ma2-1-b)인데 이 '원인인 법들'이나 '원인이 아닌 법들'을 각각 논의의 주제라 부르고 있다.

논장의 칠론 가운데 여섯 번째인 『야마까』(Yamaka)를 제외한[37] 여섯 개의 논장에는 모두 마띠까가 나타나는데 특히 칠론 가운데 첫 번째인 『담마상가니』는 본서의 맨 처음에 정리한 164개의 마띠까들을 상세하게 설명하는 형식으로 전개되고 있다. 그리고 칠론의 마지막인 『빳타나』[發趣論, Paṭṭhāna]는 아비담마 전통에서 가장 중요한 논서로 여겨지기 때문에 『마

37) 아비담마 마띠까에 대한 종합적인 주석서로는 깟사빠 스님이 AD 1,200년경에 지은(Hinüber, 163~164쪽) 『모하윗체다니』(Mohavicchedanī)가 있다. 이것은 『아비담마 마띠까 앗타완나나』(아비담마 마띠까의 의미에 대한 설명, Abhidhammamātikatthavaṇṇana)라고도 불리는데서 알 수 있듯이 (Moh.488) 칠론의 마띠까를 이해하는 데 도움이 되는 문헌으로 잘 알려져 있고 PTS에서 1961년에 교정본을 출간하였다.(Hinüber, 164쪽)

이 『모하윗체다니』의 첫머리에는 아비담마 마띠까 빠알리(abhidhamma-mātikā-pāḷi)라는 제목으로 논장 칠론에 들어있는 마띠까들이 모두 수록되어 있다. 이곳의 '야마까 편'에는 『야마까』의 원문이 모두 마띠까로 길게 수록되어 있는데 『모하윗체다니』는 『야마까』 전체를 『야마까』의 마띠까로 간주하고 있는 것이다. 역자는 VRI본과 PTS본 『야마까』에서 마띠까라는 문단 제목을 사용하지 않기 때문에 본 논의에서는 제외하였음을 밝힌다.

하빠까라나』(Mahāpakaraṇa, 큰 논서)라고 부르기도 하는데(DhsA.9) 총 5권의 2,500쪽에 이르는 방대한 분량이다. 『빳타나』는 『담마상가니』에 나타나는 이 세 개 조(tika)로 된 22개의 목록과 두 개 조(duka)로 된 100개의 마띠까 전체에 대해서 24가지 조건(paccaya)을 적용시키고 있는 난해한 책으로 알려져 있다.

이렇게 본다면 경장의 다섯 번째 니까야인 『쿳다까 니까야』에 포함되어 있으면서도, 책의 첫머리에 "① 듣는 것에 관심을 기울임에 대한 통찰지가 들음으로 이루어진 지혜이다(sotāvadhāne paññā sutamaye ñāṇaṁ)."부터 ⑬ "덮이지 않은 지혜(anāvaraṇañāṇaṁ)"(Ps.i.1~3)까지의 73개의 마띠까를 제시하고 이를 토대로 하여 전형적인 아비담마의 방법으로 법에 대한 논의를 전개해 나가고 있는 『빠띠삼비다막가』가 논장이 아니라 경장에 포함된 것은 이해하기가 쉽지 않은 편성이라 생각된다. 이미 논장은 칠론으로 확정이 되었기 때문에 이것을 경장의 『쿳다까 니까야』의 마지막으로 포함시킨 것으로 여겨지지만 이것은 백도수 교수(2009)의 지적처럼 초기불교 불교학자들이 진지하게 살펴봐야 할 문제 가운데 하나이다.

주석서에서는 '마띠까를 호지하는 자들'을 "두 가지 마띠까를 호지하는 자들"(AA.ii.189)로 설명하고 이 두 가지 마띠까를 비구 마띠까와 비구니 마띠까로 정의한다.(VinAPṬ.126) 그리고 "포살건도(布薩犍度, uposathakkhan-dhaka)를 율장의 마띠까라 한다."(VinAṬ.i.109) 그러므로 비구 계목과 비구니 계목을 율장의 마띠까로 봐야 할 것이다.

③ 논의의 주제는 모두 마띠까라 부른다

그리고 율장과 논장, 특히 논장에서는 어떤 주제든 논의의 주제가 되는 것은 모두 마띠까에 포함시키고 있다. 예를 들면 『위방가』 제16장 지혜에 대한 분석(ñāṇa-vibhaṅga)과 제17장 작은 토대에 대한 분석(khuddakavatthu-vibhaṅga)에서는 한 개 조의 마띠까부터 열 개 조의 마띠까까지를 설정하고 이 마띠까라는 이름 아래 초기불전에 나타나는 대부분의 용어들을 마띠까로 정리하고 있다. 초기불교의 교학과 수행의 주제가 되는 온・처・계・근・제・연과 37보리분법의 일곱 가지 주제를 비롯한 대부분의 초기불교의 주제나 용어가 아비담마에서는 모두 마띠까, 즉 논의의 주제가 될 수밖에 없을 것이고 실제로 논장의 『위방가』 등에서는 이렇게 마띠까로 제시가 되고 있다.

그리고 마띠까는 주석서 문헌들에서도 어떤 것이든 논의의 주제가 되면 모두 마띠까라 부르기도 한다. 예를 들면 어떤 과보로 나타난 마음이 어떤 경우에 과보로 나타나는지를 밝히기 위해서(DhsAMṬ), 특히 삶의 과정과 인식과정에서 전개되고 있는 과보의 마음들을 자세히 설명하기 위해서 『앗타살리니』 는 '과보의 도출에 대한 설명(vipākuddhāra-kathā)'이라는 소제목으로 먼저 이 논의를 위한 논의의 주제, 즉 마띠까를 밝힌 뒤에 인식과정에서 일어나는 욕계의 유익한 과보의 마음들을 상세하게 논하고 있다.(DhsA.267~288)

다른 예를 들면 『앗타살리니』 는 「꿀 덩어리 경」 (M18)에서 세존께서 "비구여, 어떤 것을 원인으로 사람에게 사량 분별이 함께한 인식의 더미가 일어나는데, 그것에 대해 즐거움과 환영과 집착이 없으면 그것이 바로 갈망의 잠재성향들의 끝이요 …"(M18 §8)라고 말씀하신 것을 '마띠까를 확립함(mātikā-ṭhapana)'이라고 부르고 있다.(DhsA.5)

그리고 문(門, dvāra)과 업(kamma)에 대한 설명에서 ① 세 가지 업 ② 세 가지 업의 문 ③ 다섯 가지 알음알이 ④ 다섯 가지 알음알이의 문 ⑤ 여섯 가지 감각접촉 ⑥ 여섯 가지 감각접촉의 문 ⑦ 여덟 가지 단속하지 못함 ⑧ 여덟 가지 단속하지 못함의 문 ⑨ 여덟 가지 단속 ⑩ 여덟 가지 단속의 문 ⑪ 열 가지 유익한 업의 길 ⑫ 열 가지 해로운 업의 길을 문의 설명을 위한 마띠까의 확립(mātikāṭhapana)으로 든 뒤에 이를 하나하나 설명하고 있다.(DhsA.82~95)

『청정도론』 에서도 "① 깔라빠(kalāpa)로써 ② 쌍으로써 ③ 순간으로써 ④ 차제로써 ⑤ 사견을 버림으로써 ⑥ 자만을 제거함으로써 ⑦ 집착을 종식시킴으로써"를 정신의 칠 개 조를 통한 명상(arūpasattaka-sammasana)의 마띠까로 칭하기도 하며(Vis.XX.76) "① 안을 천착한 뒤 안으로부터 출현한다. ② 안을 천착한 뒤 밖으로부터 출현한다. ③ 밖을 천착한 뒤 밖으로부터 출현한다."는 등을 천착과 출현(abhinivesa-vuṭṭhāna)의 설명을 위한 마띠까(mātika)라 부르기도 한다.(Vis.XXI.84)

백도수 교수는 「팔리 논장의 논모(Mātikā)에 대한 연구」(2009)를 통해서 마띠까의 개념, 명칭과 종류, 법, 형식, 수의 구분 방법 등에 대해서 논하고 있으므로 일독을 권한다.

(3) 『담마상가니』 마띠까의 구성

① 『담마상가니』 마띠까의 개관

『담마상가니』에는 마띠까가 두 곳에 나타난다. 하나는 『담마상가니』 전체의 논의의 주제가 되는 마띠까로 『담마상가니』 첫머리에 열거하여 제시되고 있다. 여기에는 세 개 조 마띠까 22개와 두 개 조 마띠까 142개가 있어 모두 164개의 마띠까가 포함되어 있다. 그리고 다른 하나는 제2편 물질 편 §§584~593에 정리되어 있는 물질의 마띠까로 한 개 조의 마띠까부터 열한 개 조의 마띠까까지 모두 279개의 마띠까가 그것이다. 역자는 전자를 『담마상가니』 마띠까로 칭하고 후자는 『담마상가니』 물질의 마띠까 혹은 줄여서 물질의 마띠까라고 부른다. 이 물질의 마띠까에 대해서는 본서 제2권 해제를 참조하기 바란다.

『담마상가니』 마띠까는 세 개 조 마띠까(ma3)와 두 개 조 마띠까(ma2)로 구성되어 있다. 세 개 조 마띠까는 '유익한 법들, 해로운 법들, 결정할 수 없는[無記] 법들'(ma3-1)부터 '볼 수도 있고 부딪힘도 있는 법들, 볼 수는 없지만 부딪힘은 있는 법들, 볼 수도 없고 부딪힘도 없는 법들'(ma3-22)까지 22개의 마띠까를 담고 있고 두 개 조 마띠까는 '원인인 법들, 원인이 아닌 법들'(ma2-1)부터 '멸진에 대한 지혜, 일어나지 않음에 대한 지혜'(ma2-142)까지의 142개의 마띠까를 포함하고 있다. 이렇게 하여 『담마상가니』의 마띠까는 모두 164개가 된다. 이 가운데 앞의 122개는 여기 아비담마, 즉 논장에 적용되는 마띠까이기 때문에 아비담마의 마띠까(abhidhamma-mātikā)라 부르고 뒤의 42개는 경장에 관계된 마띠까이기 때문에 경장의 마띠까(suttanta-mātikā)라 부른다.(DhsAAnuṬ.55)

주석서는 이 42가지 경장의 두 개 조는 "법의 대장군 사리뿟따 장로로부터 기원한 것이고 그가 확정한 것이며 그가 설한 것이다."(DhsA.9)라고 설명하고 있다. 실제로 이 42가지 경장의 마띠까 가운데 정신과 물질의 두 개 조(ma2-109, §1316)부터 본 마띠까의 마지막인 멸진에 대한 지혜의 두 개 조(ma2-142, §1383)까지의 33가지 두 개 조는 사리뿟따 존자가 설한『디가 니까야』제3권「합송경」(D33) §1.9의 (1)부터 (33)까지의 두 가지로 구성된 법들(duka)과 거의 같다.

본서『담마상가니』는 제1편 마음의 일어남 편부터 제4편 주석 편까지 네 개의 편으로 구성되어 있는데 이 전체는 이 164개 마띠까에 대한 설명을 담고 있는 것이다. 이 가운데 본서 제1편 마음의 일어남 편(§§1~582)과 제2편 물질 편(§§583~984)은 세 개 조 마띠까의 제일 첫 번째인 '유익한 법들, 해로운 법들, 결정할 수 없는[無記] 법들'(ma3-1)에 대한 설명이다. 제3편 간결한 설명 편(§§985~1383)은 세 개 조 마띠까 22개와 두 개 조 마띠까 142개로 구성된 이들 164개의 마띠까 전체에 대한 간결한 설명을 담고 있다. 제4편 주석 편(§§1384~1616)은 이들 164개의 마띠까 가운데 경장의 마띠까 42개를 제외한 아비담마의 마띠까 122개에 대한 뜻을 밝히는 것[義要]이다.

그러므로 마띠까의 입장에서 보면『담마상가니』는『담마상가니』마띠까에 대한 설명일 뿐이다. 마띠까에 대한 상세한 설명이 제1편과 제2편이고 간결한 설명이 제3편이고 주석의 형태로 설명하고 있는 것이 제4편이다. 이처럼 논장에서 마띠까는 아주 중요한 위치를 차지하고 마띠까 없는 논장이란 생각조차 할 수 없다.

② 『담마상가니』 마띠까에 대한 주석서의 설명

그러면 『담마상가니』에 대한 상좌부의 전통적인 견해를 담고 있는 『담마상가니 주석서』는 아비담마의 마띠까를 어떻게 설명하고 있는지 살펴보자.

“유익함의 세 개 조(ma3-1) 등의 세 개 조 마띠까 22개와 원인인 법들과 원인이 아닌 법들(ma2-1)부터 다툼인 법들과 다툼이 없는 법들(ma2-100)까지의 두 개 조 마띠까 100개가 있고 또 다른 것들로는 명지의 일부가 되는 법들, 무명의 일부가 되는 법들(ma2-101)부터 멸진에 대한 지혜와 일어나지 않음에 대한 지혜(ma2-142)까지의 경장의 두 개 조 마띠까 42개가 있다. 이 가운데 세 개 조 마띠까 22개와 두 개 조 마띠까 100개는 일체지를 갖추신 부처님이 가르치신 것으로 직접 설하신 것들이요 승자의 말씀이 되고 일곱 가지 논서들의 마띠까가 된다.

그러면 경장의 두 개 조 마띠까 42개는 어디에서 기원한 것이고 누가 확정한 것이며 누가 설한 것인가? 법의 대장군 사리뿟따 장로로부터 기원한 것이고 그가 확정한 것이며 그가 설한 것이다. 그러나 사리뿟따 장로는 이것을 확립하면서 자신이 직접 얻은(sāmukkaṁsika) 지혜로 확립한 것이 아니다. 한 개 조로부터 시작해서 이것은 [『앙굿따라 니까야』 제1권의] 「하나의 모음」(A1)과 「둘의 모음」(A2)과 [『디가 니까야』 제3권의] 「합송경」(D33)과 「십상경」(D34)으로부터 함께 모아서 아비담마를 논하는 장로들(ābhidhammika-tthera)이 경을 언급할 때 피로하지 않게 하기 위해서 제정하였다. 그런데 이들은 [『담마상가니』 제3편] 간결한 설명 편 한 곳에서만 포함되어서 분석되었다. [22개의 세 개 조와 다툼의 두 개 조(saraṇa-duka)까지 100개의 두 개 조로 구성된] 아비담마 마띠까는 나머지 편들에서 분석되었다.”(DhsA.9)

이러한 『담마상가니』 마띠까 164개 가운데 ‘유익한 법들, 해로운 법들, 결정할 수 없는[無記] 법들’(ma3-1)을 22개의 세 개 조 마띠까의 첫 번째뿐만 아니라 논장 칠론의 첫 번째인 『담마상가니』의 첫 번째 마띠까로 설정한 것은 큰 의미가 있다고 여겨진다. 실제로 『담마상가니』 본문의 3분의 2가 넘는 제1편 마음의 일어남 편과 제2편 물질 편은 이 첫 번째 마띠까에 대한 설명에 해당한다. 그리고 법은 다양한 관점에서 분류가 되겠지만 법을 갈무리하는 출발점을 유익함[善]과 해로움[不善]으로 삼았다는 것은 의미가 크다고 하겠다. 선·불선의 판단이야말로 부처님이 제시하신 궁극적 행복인 열반을 실현하기 위한 바른 노력[正勤]과 바른 정진[正精進]의 토대가 되기 때문이다.(「분석 경」(S45:8) §9, 「동쪽으로 흐름 경」(S49:1) §3 등) 유익한 법과 해로운 법, 즉 선법과 불선법의 중요성에 대해서는 졸저 『초기불교이해』 제20장 네 가지 바른 노력[四正勤]과 선법·불선법(299쪽 이하)을 참조하기 바란다.

『담마상가니 주석서』는 142개의 마띠까를 담고 있는 두 개 조 마띠까의 구조에 대해서 다음과 같이 설명하고 있다.

"① '원인인 법들, 원인이 아닌 법들'(ma2-1)로 시작하는 여섯 개의 두 개 조는 구성(gantha)과 뜻(attha)에 있어서 서로서로 연결되어서 버섯이나 항아리처럼 [모아]져서 놓여있기 때문에 '원인의 모둠(hetu-gocchaka)'이라 부른다.

② '조건을 가진 법들, 조건을 가지지 않은 법들'(ma2-7)로 시작하는 일곱 개의 두 개 조는 서로서로 연결되어 있지 않고 단지 두 개 조를 공통점으로 하여 뽑아내고 뽑아내어서 따로따로 모둠들의 사이에(gocchakantara) 놓여있고 다른 긴 두 개 조들보다는 짧기 때문에(cūḷakattā) '틈새에 있는 짧은 두 개 조(cūḷantara-dukā)'라고 알아야 한다.

③ 그다음에 번뇌의 두 개 조로 시작하는 여섯 개는 [그 주제에] 따라 '번뇌의 모둠(āsava-gocchaka)'이다.

④ 그다음에 족쇄의 두 개 조 등은 [그 주제에] 따라 '족쇄의 모둠(saṁyojana-gocchaka)'이다.

⑤~⑧ 매듭/폭류/속박/장애의 두 개 조로 시작하는 것은 [그 주제에] 따라 '매듭/폭류/속박/장애의 모둠(gantha-ogha-yoga-nīvaraṇa-gocchakā)'

이다.

⑨ 집착[固守]의 두 개 조로 시작하는 다섯 개는 [그 주제에] 따라 '집착[固守]의 모둠(parāmāsa-gocchaka)'이다. [번뇌의 모둠부터 집착의 모둠까지는] 모두 일곱 개의 모둠이라고 알아야 한다.

⑩ 그다음에 대상을 가진 법들(ma2-55-a) 등의 열네 가지 두 개 조는 '틈새에 있는 긴 두 개 조(mahantara-dukā)'라 한다.

⑪ 그다음에 취착의 두 개 조로 시작하는 여섯 가지 두 개 조는 '취착의 모둠(upādāna-gocchaka)'이라 한다.

⑫ 그다음에 오염원의 두 개 조로 시작하는 여덟 가지 두 개 조는 '오염원의 모둠(kilesa-gocchaka)'이라 한다.

⑬ 그 뒤에 봄[見]으로써 버려야 하는 법들(ma2-83-a)로 시작하는 열여덟 개 두 개 조는 아비담마 마띠까의 마지막에 놓아진 것이라 하여 '마지막 두 개 조(piṭṭhi-dukā)'라 한다.

⑭ '명지의 일부가 되는 법들, 무명의 일부가 되는 법들'(ma2-101)로 시작하는 42개의 두 개 조는 '경장의 두 개 조(suttantika-dukā)'라 한다.

이와 같이 [세 개 조는 한 개의 범주가 되고 두 개 조는 14개의 범주가 되어] 마띠까는 모두 열다섯 가지 범주들로 구분되어 있다고 알아야 한다." (DhsA.36~37)

이처럼 『앗타살리니』는 142개의 두 개 조 마띠까를 그 주제에 따라 크게 14가지 범주로 구분하고 있다.

③ 『담마상가니』 두 개 조 마띠까에 대한 개관

두 개 조 마띠까의 14가지 범주들 가운데 ③ 번뇌의 모둠 ④ 족쇄의 모둠 ⑤ 매듭의 모둠 ⑥ 폭류의 모둠 ⑦ 속박의 모둠 ⑧ 장애의 모둠 ⑨ 집착[固守]의 모둠 ⑪ 취착의 모둠 ⑫ 오염원의 모둠이라는 9가지 모둠(곳차까, gocchaka)은 불선법들의 모둠이다. 이 9가지 불선법들의 모둠은 『아비담맛타상가하』 제7장의 첫 번째인 해로운 범주의 내용으로 채택이 되었다. 『아비담마 길라잡이』 제7장 §§3~12에는 『담마상가니』 마띠까에 나타나는 이러한 불선법들의 모둠과 니까야에 나타나는 불선법들에 대한 가르침을 모두 10개의 모음으로 정리하고 있다. 그 10가지 모음은 ① 네 가지 번뇌, ② 네 가지 폭류, ③ 네 가지 속박, ④ 네 가지 매듭, ⑤ 네 가지 취착, ⑥ 다섯 가지 장애, ⑦ 일곱 가지 잠재성향, ⑧ 열 가지 족쇄(경의 방법에 따라), ⑨ 열 가지 족쇄(아비담마의 방법에 따라), ⑩ 열 가지 오염원이다. 이처럼 족쇄를 경의 방법과 아비담마의 방법에 따라 둘로 나누어서 모두 10개의 모둠으로 분류한 것이다. 그리고 각 모둠에 포함된 불선법들의 개수에 따라 이 열 가지를 오름차순으로 배열한 것으로 보인다.

이처럼 100개의 아비담마 마띠까 가운데 ② 일곱 개로 구성된 틈새에 있는 짧은 두 개 조와 ⑩ 열네 개로 구성된 틈새에 있는 긴 두 개 조와 ⑬ 열여덟 개로 구성된 마지막 두 개 조의 39개의 두 개 조를 제외한 61개의 두 개 조는 불선법들과 관계가 있다. 물론 ① 원인의 모둠에는 선법에 속하는 불탐 · 부진 · 불치가 포함되어 있지만 이 경우는 예외로 한다. 이처럼 『담마상가니』의 두 개 조 아비담마 마띠까 100개 가운데 3분의 2에 가까운 61개의 두 개 조는 불선법들을 중심으로 전개하고 있다. 이것은 『담마상가니』 제3편과 제4편은 불선법들을 중심으로 법들을 설명하고 있다는 뜻이기도 하다. 니까야의 여러 군데에서 "아직 일어나지 않은 사악하고 해로운 법[不善法]들을 일어나지 못하게 하기 위해서 열의를 생기게 하고 정진하고 힘을 내고 마음을 다잡고 애를 쓴다."라고 강조하고 있고, "이미 일어난 사악하고 해로운 법들을 제거하기 위해서 열의를 생기게 하고 정진하고 힘을 내고 마음을 다잡고 애를 쓴다."라고 강조하고 있다.(S49:1 등) 이것이 바로 네 가지 바른 노력, 즉 바른 정진의 정형구 가운데 불선법에 해당하는 정형구이다. 그러므로 아비담마에서도 우리가 제거해야 하고 일어나지 못하도록 해야 하는 불선법들을 이렇게 자세하게 분석하고 분류해서 드러내는 것일 것이다.

④ 두 개 조 마띠까에 담긴 10가지 모둠의 특징

주제별로 구성되어 있는 이 두 개 조 마띠까의 10가지 모둠들 가운데 ①

원인의 모둠 ③ 번뇌의 모둠 ④ 족쇄의 모둠 ⑤ 매듭의 모둠 ⑥ 폭류의 모둠 ⑦ 속박의 모둠 ⑧ 장애의 모둠 ⑪ 취착의 모둠은 각각 여섯 개의 두 개 조 마띠까로 구성되어 있으며 ⑨ 집착[固守]의 모둠은 다섯 개의 마띠까로 ⑫ 오염원의 모둠은 여덟 개의 두 개 조 마띠까로 구성되어 있다. 이 가운데 원인 등의 여덟 가지 모둠을 구성하고 있는 여섯 개의 마띠까는 예외도 있지만 다음과 같은 여섯 가지 형식으로 구성되어 있다.

1. X인 법들
   X가 아닌 법들
2. X의 대상인 법들
   X의 대상이 아닌 법들[38]
3. X와 결합된 법들
   X와 결합되지 않은 법들
4. X이면서 X의 대상인 법들
   X의 대상이지만 X가 아닌 법들
5. X이면서 X와 결합된 법들
   X와 결합되었지만 X가 아닌 법들
6. X와 결합되지 않았지만 X의 대상인 법들
   [X와 결합되지 않았으면서] X의 대상이 아닌 법들

이것을 빠알리어로 적어보면 다음과 같다.

1. X dhammā
   no X dhammā
2. Xniyā dhammā

38) 'X의 대상인 법들'은 Xniyā를 옮긴 것이다. 이것은 'X해야 하는'으로 직역할 수 있는데 주석서의 설명을 참조해서 이렇게 의역을 하였다. 간결한 설명 편과 주석 편의 해당 부분에 대한 설명을 살펴보면 이 번역이 타당함을 알 수 있다. 아래 주해도 참조할 것.

aXniyā dhammā[39)]

3. X-sampayuttā dhammā
   X-vipayuttā dhammā
4. X c'eva dhammā Xniyā ca
   Xniyā c'eva dhammā no ca X
5. X c'eva dhammā X-sampayuttā ca
   X-sampayuttā c'eva dhammā no ca X
6. X-vipayuttā kho pana dhammā Xniyā-pi
   [X-vipayuttā kho pana dhammā] aXniyā-pi

여기서 보듯이 이 여섯 가지 마띠까 가운데 처음의 셋은 1. X인가, 아닌가 2. X의 대상인가, 아닌가 3. X와 결합되었는가, 아닌가 — 즉 X와 그 대상과 그것과 결합된 것의 셋을 밝히고 있다. 뒤의 셋은 4. X와 대상과의 관계 5. X와 결합된 것과의 관계 6. X와 결합된 것과 대상과의 관계를 밝히는 것으로 구성이 되어있다. 원인의 모둠에서 세 가지 유익한 원인인 불탐・부진・불치를 제외하고 모든 모둠에서 X라는 불선법에 대해서 이러한 여섯 가지 관점에서 일체법을 분류하는 것이 두 개 조 마띠까의 두드러진 특징이다.

그리고 ⑨ 집착[固守]의 모둠은 이 가운데 '5. X이면서 X와 결합된 법들/X와 결합되었지만 X가 아닌 법들'이 빠져서 전체가 다섯 개의 마띠까로 이루어져 있다. 반면에 ⑫ 오염원의 모둠에는 '오염된 법들, 오염되지 않은 법들'(ma2-77)이 세 번째에 첨가가 되고 '오염원이면서 오염된 법들, 오염되

39) 이 가운데 ① 원인(hetu)의 모둠과 ③ 번뇌(āsava)의 모둠과 ⑫ 오염원(kilesa)의 모둠에서는 Xniyā와 aXniyā 대신에 sa(ṁ)-X와 a(n)-X로 나타나고 있고 ⑨ 취착(parāmāsa)의 모둠에서는 parāmaṭṭhā와 aparāmaṭṭhā로 나타난다. 이 가운데 ③ 번뇌의 모둠과 ⑨ 취착의 모둠과 ⑫ 오염원의 모둠에서 이 구문의 뜻은 'X의 대상인 법들'과 'X의 대상이 아닌 법들'로 다른 모둠들의 해당 구문과 같지만 1.원인의 모둠의 경우는 문맥상 'X를 가진'과 'X를 가지지 않은'이라는 문자적인 뜻 그대로 해석해야 한다. 본서 마띠까의 해당 주해들을 참조할 것.

었지만 오염원이 아닌 법들'(ma2-80)이 여섯 번째로 더 들어가서 모두 8개의 마띠까로 나타나고 있다.

⑤ 대립구조로 구성된 두 개 조 마띠까

두 개 조 마띠까에 포함되어 있는 100개의 아비담마 마띠까 가운데 무려 77개 정도의 마띠까는 '원인인 법들'(ma2-1-a)과 '원인이 아닌 법들'(ma2-1-b)처럼 서로 대립구조를 이루는 논의의 주제들로 구성되어 있다. 위의 구문의 정리에서 보듯이 1, 2, 3은 각각 X - no X, Xniyā - aXniyā, X-samyuttā - X-vipayuttā(번뇌의 경우는 saX - aX임)로 되어 있고 6은 첫 번째 논의의 주제와 두 번째 논의의 주제에 동일하게 포함되어 있는 X-vipayuttā kho pana dhammā를 제외하면 Xniyā-pi와 aXniyā-pi가 된다. 그러므로 이것을 정리해보면 모두 A - no A, A - aA, A-sampayuttā - A-vipayuttā, saA - aA의 네 가지가 된다. Xniyā-pi와 aXniyā-pi는 A - aA에 포함되기 때문이다. 이러한 구조를 10가지 모둠 전체에 적용하면 모두 4×10=40가지 마띠까가 이러한 대립구조로 되어 있다.

그리고 ② 틈새에 있는 짧은 두 개 조에 포함된 7개의 마띠까 가운데 여섯 개는 saA - aA, A - aA, A - na A의 대립구조를 포함하고 있다. ⑩ 틈새에 있는 긴 두 개 조에 포함된 14개의 마띠까 가운데 12개도 saA - aA, A - aA, A - no A의 대립구조를 포함하고 있다. 이 가운데 여덟 개는 A - no A의 대립구조이다. ⑬ 마지막 두 개 조에 포함된 18개의 마띠까는 모두 saA - aA, A - aA, A - na A의 대립구조를 포함하고 있다. 이 가운데 열 개는 A - na A의 대립구조이다. 이렇게 하여 이들 세 가지 두 개 조에 포함된 6+12+18=36개도 대립구조에 포함되어 지금까지 모두 76개가 된다. 그리고 ⑫ 오염원(kilesa)의 모둠에서 추가된 ma2-77의 saṁkiliṭṭhā와 a-saṁkiliṭṭhā를 더하면 이런 대립구조로 된 두 개 조 아비담마 마띠까는 모두 77개가 된다.

여기에다 ma2-12의 lokiyā - lokuttara와 ma2-59의 saṁsaṭṭha -

visaṁsaṭṭha와 ma2-66의 ajjhattikā - bāhirā처럼 반의어로 구성된 두 개 조 마띠까 세 개까지 넣으면 이 숫자는 모두 80개로 늘어난다.

그리고 엄밀히 말하면 4. X c'eva dhammā Xniyā ca - Xniyā c'eva dhammā no ca X와 5. X c'eva dhammā Xsampayuttā ca - Xsampayuttā c'eva dhammā no ca X, 즉 4. X이면서 X의 대상인 법들 - X의 대상이지만 X가 아닌 법들과 5. X이면서 X와 결합된 법들 - X와 결합되었지만 X가 아닌 법들도 넓은 의미에서 모두 대립구조에 포함된다고 할 수 있다. 이렇게 하면 열 개의 모둠 전체에서 20개가 더 포함되어[40] 100개의 두 개 조 아비담마 마띠까는 모두 넓은 의미에서 대립구조로 된 논의의 주제로 구성되어 있다고 할 수 있다.

부처님의 경지와 아라한의 경지는 갈애와 무명으로 대표되는 모든 오염원이 제거되어야 실현된다. 이처럼 모든 불선법들이 극복된 분들이 부처님이시고 아라한들이다. 그리고 마음이 일어나는 특정한 찰나에 해로운 법과 유익한 법은 공존할 수가 없다. 이것은 불교 특히 아비담마의 상식이다. 그러므로 『담마상가니』 마띠까 가운데 두 개 조의 아비담마 마띠까는 이러한 대립구조를 통해서 특히 유익한 법들과 해로운 법들을 엄정하게 구분하고 있는 것일 것이다.[41] 선악이 둘이 아니라거나 번뇌와 보리는 둘이 아니라거나 생사와 열반은 둘이 아니라는, 들으면 가슴을 요동치게 하나 허황돼 보이는 구호는 이처럼 초기불교와 아비담마에서는 설 자리가 없다. 이것이 『담마상가니』 두 개 조 아비담마 마띠까가 강조하고 있는 것이라고 역자는 받아들인다.

물론 이것은 니까야의 여러 군데에서 강조하고 있는 네 가지 바른 노력

---

40) ⑨ 집착의 모둠에서 하나가 빠지고 ⑫ 오염원의 모둠에서 ma2-80이 추가되어서 10가지 모둠 전체에서는 20개가 된다.

41) 물론 대립구조로 되어 있는 마띠까들이 모두 선·불선의 기준만으로 구분되는 것은 아니다. 그러나 예를 들면 '번뇌인 법들'과 '번뇌가 아닌 법들'(ma2-14)처럼 특히 아홉 가지 불선법들의 모둠에 포함된 마띠까들은 선·불선을 판단의 기준으로 삼고 있는 것은 분명하다.

[四正勤] 혹은 바른 정진[正精進]의 정형구가 선법・불선법에 대한 판단을 토대로 하고 있는 것과도 깊은 연관이 있을 것이다. 아비담마는 우리가 제거해야 하고 일어나지 못하도록 해야 하는 불선법들과 증장시켜야 하고 일어나게 해야 하는 선법들의 대립구조로 마띠까를 만들어서 이렇게 자세하게 분석하고 분류해서 드러내는 것이다.

그리고 경장의 두 개 조 마띠까 42개 가운데는 A - aA의 대립구조로 된 ma2-101, ma2-105, ma2-113, ma2-123의 네 개가 있고 반의어로 된 것으로는 ma2-111, ma2-112의 둘을 들 수 있다.

이런 측면에서 세 개 조 마띠까 22개 가운데 B - ~B - ~(B and ~B)의 구조로 된 마띠까들 가운데 B - ~B는 대립구조로 된 것이다. 예를 들면 ma3-1의 '유익한 법들'과 '해로운 법들'과 '결정할 수 없는 법들' 가운데 첫 번째와 두 번째는 대립구조로 되어 있다. 이런 구조로 되어 있는 것은 ma3-1, ma3-2, ma3-8, ma3-9, ma3-10, ma3-11, ma3-15의 일곱 개를 들 수 있다. 그리고 ma3-20, ma3-21도 넓은 의미에서는 이 범주에 포함 시킬 수 있고 더 넓게 보면 ma3-4, ma3-5, ma3-6, ma3-17, ma3-18, ma3-19도 이 범주에 넣을 수 있다고 생각된다. 이렇게 보면 22개 가운데 15개가 이처럼 대립구조를 포함하고 있다고 할 수 있겠다.

이 모든 164개의 마띠까들은 본서 제2권에 싣고 있는 제3편 간결한 설명 편에서 설명이 되어 있고 이 가운데 경장의 마띠까 42개를 제외한 세 개 조 마띠까 22개와 두 개 조 아비담마 마띠까 100개는 제4편 주석 편에서 설명되어 있으므로 이 마띠까들에 대한 구체적인 내용과 설명은 제2권의 해제에서 살펴보고자 한다. 이상으로 『담마상가니』 마띠까에 대해서 살펴보았다.

(4) 『담마상가니』 마띠까 요약

이상의 설명을 바탕으로 『담마상가니』 마띠까를 간략하게 요약하면 다음과 같다.

① 『담마상가니』 마띠까는 세 개 조와 두 개 조로 구성되어 있다.

② 『담마상가니』 마띠까는 칠론의 마지막인 『빳타나』의 마띠까 역할도 한다.

③ 세 개 조 마띠까 22개의 순서에는 특별한 이유가 없는 듯하지만 '유익한 법들, 해로운 법들, 결정할 수 없는[無記] 법들'(ma3-1)을 논장 칠론의 첫 번째인 『담마상가니』의 첫 번째 마띠까로 설정한 것은 큰 의미가 있다고 여겨진다.

④ 두 개 조 마띠까 142개는 아비담마 마띠까와 경장의 마띠까로 구성된다.

⑤ 이들은 크게 15가지 범주로 구분된다.

⑥ 이 가운데 10개의 모둠은 원인의 모둠의 불탐·부진·불치를 제외하면 모두 불선법들의 모둠이다.

⑦ 이 10가지 모둠들은 기본적으로 여섯 가지 공통되는 유형의 마띠까들로 구성되어 있다.

⑧ 집착의 모둠은 한 가지 유형의 마띠까가 빠져 다섯 가지 마띠까로 구성되어 있고 반면에 오염원의 모둠은 두 가지 유형의 마띠까가 더해져서 모두 여덟 가지 마띠까로 구성되어 있다.

⑨ 아비담마 마띠까, 특히 두 개 조 아비담마 마띠까는 대립구조로 되어 있다. 대립구조로 된 두 개 조 아비담마 마띠까는 모두 77개가 되고 확장하면 100개의 두 개 조 아비담마 마띠까 전부가 이런 대립구조로 되어 있다고 할 수 있다.

⑩ 『담마상가니』 마띠까가 이처럼 불선법들의 모둠을 강조하고 특히 선·불선의 대립구조를 다양하게 드러내며 첫 번째 마띠까도 선·불선·무기의 법들을 담고 있는 것은 바른 정진과 관계가 있는 것으로 여겨진다. 바른 정진의 정형구는 선법과 불선법들에 대한 판단이 전제가 되기 때문이다.

⑪ 이런 마띠까의 배열을 통해서 『담마상가니』는 제1편에서, 특히 색계 마음과 출세간 마음 편에서는 선법을 강조하고 있고 제3편과 제4편에서는 불선법들을 바르게 아는 것을 강조하고 있다고 할 수 있다.

⑫ 이처럼 『담마상가니』는 간접적으로 괴로움의 원인인 불선법들을 나열하고 궁극적 행복의 원인인 禪수행과 출세간 경지의 체득을 세밀하게 열거하여 마침내 불교의 근본 목적인 이고득락(離苦得樂)을 실현하는 것을 강조하고 있다고 여겨진다.

⑬ 『담마상가니』는 『담마상가니』 마띠까에 대한 설명이다.

4. 『담마상가니』 제1편의 구성

이상으로 『담마상가니』 마띠까를 살펴보았다. 이러한 마띠까의 이해를 토대로 이제 『담마상가니』 제1편 마음의 일어남 편을 개관해 보자.

(1) 마음이란 무엇인가

불교는 마음의 종교라 한다. 한국의 불자들은 '마음 깨쳐 성불한다.'거나 '모든 것은 마음이 만들었다(일체유심조).'라는 말에 익숙하다. 그리고 중국에서는 불교를 심학(心學)이라 부르기도 하였다. 이러한 태도는 현대의 심리학과도 그 궤를 같이한다고 할 수 있다. 초기불교에서도 마음은 중요한 용어로 쓰이고 있다. 그래서 빠알리 논장의 칠론 가운데 첫 번째인 이 『담마상가니』의 첫 번째 편도 마음의 일어남이라는 제목으로 이 마음을 다루고 있다.

먼저 염두에 두어야 할 점은 부처님 가르침은 무아(無我, anatta, 실체 없음)를 근본으로 한다는 점이다. 무아는 불교를 특징짓는 말로서 초기불교와 아비담마/아비달마와 반야/중관과 유식을 망라한 모든 불교의 핵심 가르침이다. 그래서 불교에서는 아뜨만이니 자아니 대아니 진아니 하는 무언가 변하지 않고 영원한 실체가 나라는 존재나 세계의 안에 혹은 배후에 깃들어 있는 것으로 여기는 것을 단지 개념(산냐, 相)일 뿐이라 하여 인정하지 않는다. 그러므로 당연히 만일 우리가 마음을 영원한 그 무엇으로 생각해 버린다면 그것은 불교가 아니게 된다.

① 심 · 의 · 식은 동의어이다

우리가 사용하는 마음이라는 단어에 해당하는 불교 용어는 심(心)과 의(意)와 식(識)으로 정리할 수 있다. 중국에서 한자로 심 · 의 · 식으로 옮긴 범어 원어를 살펴보면, 심(心)은 citta(Sk. citta)이고, 의(意)는 mano(Sk. manas)이며, 식(識)은 viññāṇa(Sk. vijñāṇa)이다.

초기불전과 『청정도론』 등의 주석서 문헌뿐만 아니라 북방 아비달마와 유식에서도 심 · 의 · 식은 동의어라고 한결같이 설명되어 있다. 이미 초기불전의 몇 군데에서 "마음[心]이라고도 마노[意]라고도 알음알이[識]라고도 부르는 것"42)이라고 나타난다. 그리고 『청정도론』에서도 "마음과 마노와 알음알이[心 · 意 · 識]는 뜻에서는 하나이다."(Vis.XIV.82)라고 설명하고 있듯이 주석서 문헌들은 한결같이 이 셋을 동의어로 간주하고 있다.

그렇지만 이 세 용어가 쓰이는 용도는 분명히 차이가 난다. 우리의 마음을 나타내는 용어라는 점에서는 동일하지만 그 역할이나 문맥에 따라서 엄격히 구분되고 있다.

② 마음은 대상을 아는 것이다

주석서 문헌에서는 마음(citta)을 "대상을 사량(思量)한다고 해서 마음이라 한다. [대상을] 안다는 뜻이다."43)라는 등으로 정의하고 있다. 마음은 단지 대상을 아는 것이다. 그러면 마음은 어떻게 대상을 아는가? 아비담마는 이를 정밀하게 설명해 낸다. 아비담마의 설명을 종합하면 마음은 여러 마음부수법들[心所法, cetasikā]의 도움을 받아서 대상을 안다. 마음이 대상을 알기 위해서는 여러 가지 마음부수법들 혹은 심리현상들의 도움이 반드시 있어야 하는데 상좌부 아비담마에서는 마음이 일어날 때 반드시 함께 일어나는 마음부수 7가지와 때때로 일어나는 6가지와 해로운 마음부수 14가지와 유익한 마음부수 25가지의 총 52가지 마음부수법[心所法]들을 들고 있다.

---

42) "yam kho vuccati cittam iti pi mano, iti pi viññāṇaṁ."(『상윳따 니까야』 제2권 「배우지 못한 자 경」 1(S12:61) §4와 주해 참조)

43) "cittan ti ārammaṇaṁ cintetīti cittaṁ; vijānātīti attho."(DhsA.63.)

(『아비담마 길라잡이』 제2장 마음부수의 길라잡이를 참조할 것.)

③ 마음은 오온 가운데 하나일 뿐이다

초기불교에서는 나라는 존재를 다섯 가지 무더기[五蘊]로 이해하고 있다. 나라는 존재는 어떠한 독립 불변하는 실체가 있는 것이 아니라 물질[色, rūpa]의 무더기[蘊, khandha]와 느낌[受, vedanā, 정서적이고 감정적인 심리현상의 단초가 되는 것]의 무더기와 인식[想, saññā, 이지적인 심리현상의 단초가 되는 것]의 무더기와 심리현상들[行, saṅkhāra, 오온의 문맥에서는 항상 복수로 나타나며 느낌과 인식을 제외한 모든 정신작용을 뜻함]의 무더기와 알음알이[識, viññāṇa, 느낌과 인식과 심리현상들의 도움으로 대상을 아는 기능을 하는 것]의 무더기가 함께 뭉쳐진 것일 뿐이라는 것이다. 이 가운데서 알음알이의 무더기[識蘊]가 바로 불교에서 말하는 마음이다. 그러므로 마음은 오온 가운데 하나일 뿐이다. 그러므로 마음을 절대화하면 안 된다. 마음을 절대화하면 즉시 외도의 자아이론[我相, ātma-saṁjñā]이나 개아이론[人相, pudgala-saṁjñā]이나 영혼이론[壽者相, ājiva-saṁjñā]이나 진인이론[士夫想, puruśa-saṁjñā]으로 떨어지고 만다.44)

초기불교는 마음(citta/viññāṇa)과 정신[名, nāma]을 정확하게 구분해서 사용하고 있다. 정신은 수온, 상온, 행온, 식온, 즉 느낌의 무더기, 인식의 무더기, 심리현상들의 무더기, 알음알이의 무더기의 네 가지 무더기들인데 정신 가운데서 대상을 식별하는 작용을 하는 것을 우리는 알음알이[識]라 하고 마음[心]이라 한다. 마음(알음알이)은 느낌[受]과 인식[想]과 심리현상들[行]로 표현되는 여러 가지 정신적인 법들의 도움으로 대상을 식별하는 것이다. 이처럼 마음은 우리의 정신적 영역 가운데서 단지 대상을 아는 것을 뜻할 뿐이지 마음이 우리의 정신 영역 모두를 뜻하는 것은 결코 아니다.

④ 마음은 무상하다

본품을 설명하기 위해서 반드시 유념해야 하고 강조해야 하는 것은 무상

---

44) 여기에 대해서는 졸역 『금강경역해』 제3품 76쪽 이하의 설명들을 참조할 것.

(無常, anicca)이다. 마음은 무상하다. 그리고 실체가 없는 것(무아)이다. 특히 『상윳따 니까야』 「무더기 상윳따」 (S22) 도처에서 알음알이를 비롯한 오온의 무상은 강조되고 있다. 여기에 투철하고 사무쳐야 염오-이욕-소멸 혹은 염오-이욕-해탈-구경해탈지가 일어나서 깨달음을 성취하고 해탈·열반을 성취하고 성자가 된다. 그렇지 않고 마음을 절대화해 버리면 결코 깨달음을 실현할 수 없다. 알음알이[識], 즉 마음을 비롯한 오온을 절대화하는 것을 부처님께서는 유신견[45]이라 하셨고, 이것은 중생을 중생이게끔 얽어매는 열 가지 족쇄 가운데 첫 번째로 초기경의 도처에서 나타나며, 이러한 유신견이 있는 한 그는 성자가 될 수 없다.

⑤ 마음은 찰나와 상속으로 파악해야 한다

그리고 마음은 찰나생·찰나멸이다. 부처님께서는 "비구들이여, 이것과 다른 어떤 단 하나의 법도 이렇듯 빨리 변하는 것을 나는 보지 못하나니, 그것은 바로 마음(citta)이다. 비구들이여, 마음이 얼마나 빨리 변하는지 그 비유를 드는 것도 쉽지 않다."(『앙굿따라 니까야』 「하나의 모음」, A.i.9)라고 강조하셨다. 이러한 가르침은 주석서와 아비담마에서 카나(khaṇa, 刹那, 찰나, 순간)로 정착이 된다. 찰나의 구명은 주석서 문헌을 통해서 이루어낸 아비담마 불교의 핵심이라 해도 과언이 아니다. 마음을 비롯한 법들은 찰나생·찰나멸하는 일어나고 사라짐[起滅]의 문제이지, 있다·없다[有無]의 문제가 아니다. 그리고 주석서는 더 나아가서 이 찰나도 다시 일어나고 머물고 무너지는(uppāda-ṭṭhiti-bhaṅga) 세 아찰나(亞刹那, *sub-moment*)로 구성된다고 설명하여 자칫 빠질지도 모르는 찰나의 실재성마저 거부하고 있다.

그리고 마음은 상속(相續, santati)한다. 흘러간다는 뜻이다. 마음이 찰나

---

45) '유신견(有身見, sakkāya-diṭṭhi)'에 대해서는 『초기불교이해』 제8장 (2)-①과 제30장 (1)의 주해와 제31장 (1)-① 등과 『상윳따 니까야』 제3권 「나꿀라삐따 경」(S22:1) §§10~14 및 주해와 『아비담마 길라잡이』 제7장 §7의 해설을 참조할 것.

생・찰나멸이라면 지금・여기에서 생생히 유지되어 가는 우리의 이 마음은 무엇인가? 이렇게 명명백백한데 어떻게 없다 할 수 있는가? 초기불교와 주석서에서는 지금・여기에서 생생히 전개되는 이 마음을 흐름으로 설명한다. 이를 주석서에서는 심상속(心相續, citta-dhāra, Sk. citta-srota)이나[46] 바왕가의 흐름(bhavaṅga-sota) 등으로 표현하고 있으며 남・북방 불교에서 공히 강조하고 있다. 마음은 마음을 일어나게 하는 근본 원인인 갈애와 무명으로 대표되는 탐욕・성냄・어리석음(탐・진・치)이 다할 때까지 흐르는 것[相續]이다.

『담마상가니』 제1편 마음의 일어남 편도 당연히 이 마음의 일어나고 사라짐, 생멸, 즉 찰나생・찰나멸이 전제되고 있다. 『대비바사론』이나 『아비달마 구사론』 등에 나타나는 시간 단위들을 현대의 시간 관념으로 환산해 보면 1찰나는 대략 75분의 1초에 해당된다고 한다.(『불교사전』 운허용하 저, *s.v.* 찰나(刹那)) 상좌부 아비담마에서 마음은 물질보다 16배가 더 빠르게 생멸한다고 한다.(『청정도론』 XX.24, 『아비담마 길라잡이』 제4장 제목의 해설과 §6의 해설 참조) 즉 1물질찰나는 16마음찰나[心刹那]에 해당한다는 뜻이다. 이렇게 본다면 마음은 1초에 1,200번 정도 일어나고 사라진다고 거칠게 말할 수 있다.

이렇게 계산한다면 백 세 시대에 사는 현대인들에게 평생에 걸쳐서 1,200번×60초×60분×24시간×365일×100년=3,784,320,000,000번, 즉 3조 7,843억 번 이상의 마음이 일어나고 사라진다고 할 수 있을 것이다. 아무튼 3조 7,843억 번을 70억 인구에 대입하거나 수많은 동물 등에 대입하거나 지옥이나 아귀나 아수라나 천상에 사는 존재들에게까지 대입한다면 말로는 다 표현할 수 없는 헤아릴 수 없이 많은, 문자 그대로 불가설・불가설(不可

46) '마음의 흐름'이나 '심상속(心相續)'으로 옮긴 citta-dhāra는 『금강경』 18품에도 나타나는데 구마라집 스님은 그냥 心으로 옮겼지만 현장 스님은 심유주(心流注)로 직역을 하였다. 저자가 옮긴 『금강경 역해』 343쪽을 참조하기 바란다.

說·不可說)의 마음들이 일어나고 사라졌고, 일어나고 사라지고 있고, 일어나고 사라지게 될 것이다.

⑥ 마음을 분류하는 기준

이처럼 불가설·불가설로 많이 존재하고 생멸하고 흘러가는 이 마음을 분류해서 설명할 수는 없는가? 불교 2,600년의 흐름 가운데 상좌부 아비담마는 여기에 대한 깊은 관심과 분류를 해왔다. 이러한 것이 빠알리 삼장의 논장 가운데 첫 번째인 『담마상가니』의 첫 번째 장인 마음의 일어남 편에서 적나라하고 심도 있게 전개되고 있다.

상좌부 아비담마의 주석서에서는 찰나생·찰나멸하는 이 엄청나게 많은 마음들을 89가지로 분명하게 분류하고 있다. 그 기준은 크게 두 가지인데 하나는 첫 번째 마띠까(ma3-1)에서 제시한 유익한 것[善]과 해로운 것[不善]과 결정할 수 없는[無記] 것(과보로 나타난 것과 작용만 하는 것)이고, 다른 하나는 마음이 일어나는 경지로 욕계에 속하는 것과 색계에 속하는 것과 무색계에 속하는 것과[47] 출세간에 속하는 것이다. 이 두 가지 기준을 적용하여 89가지로 분류하거나 121가지로 분류하거나[48] 본품에서처럼 212,021가지로 분류한다. 212,021개의 마음에 대해서는 본 해제의 아래 §5를 참조하기 바란다.

---

47) 본서 제1품 제1편의 제3장 무색계에 속하는 마음(§§265~268) 다음에는 제4장 삼계의 유익한 마음(§§269~276)이 나타나고 있다. 여기서는 앞에서 언급되었던 욕계의 유익한 마음이 §§269~270에서 다시 20가지로 분류되어 나타나고, 색계의 유익한 마음은 §§271~272에서 다시 19가지로, 무색계의 유익한 마음도 §§273~276에서 다시 19가지로 분류되어서 언급이 되고 있다. 그런데 이러한 방법의 분류는 『청정도론』에도 나타나지 않고 『아비담맛타상가하』, 즉 『아비담마 길라잡이』에도 언급되지 않는다.(본서 §269의 해당 주해를 참조할 것.) 그래서 역자도 여기서는 삼계의 유익한 마음을 언급을 하지 않고 있음을 밝힌다.

48) 『아비담마 길라잡이』 제1장 §30과 『청정도론』 XIV.127과 XV.14를 참조할 것.

(2) 89가지 마음 전체에 대한 개관

본서 제1편 마음의 일어남 편은 『담마상가니』 마띠까 가운데 첫 번째인 '유익한 법들, 해로운 법들, 결정할 수 없는[無記] 법들'(ma3-1)에 대한 설명을 담고 있다. 주석서는 제1편을 다음과 같이 정리하고 있다.

"여기서 [제1편] '마음의 분류(citta-vibhatti)'는 89가지 마음으로 [구성되어 있다.] 그것은 욕계에 속하는 유익한 것 8가지, 해로운 것 12가지, 유익한 과보로 나타난 것 16가지, 해로운 과보로 나타난 것 7가지, 작용만 하는 것 11가지, 색계에 속하는 유익한 것 5가지, 과보로 나타난 것 5가지, 작용만 하는 것 5가지, 무색계에 속하는 유익한 것 4가지, 과보로 나타난 것 4가지, 작용만 하는 것 4가지, 출세간의 유익한 것 4가지, 과보로 나타난 것 4가지로 모두 89가지 마음으로 분류가 된다. '마음의 일어남 편(Cittuppāda-kaṇḍa)'이라는 것도 이것의 이름이다. 이것은 문장의 길이에 의하면 여섯 바나와라 분량이 넘고 확장하면 끝이 없고 무량한 것이 된다."(DhsA.6 §11)

주석서의 이러한 설명을 도표로 그려보면 다음과 같다.

<표1.1> 89가지 마음

	유익한 마음	해로운 마음	과보의 마음	작용만 하는 마음	합계
욕계	8	12	23	11	54
색계	5	–	5	5	15
무색계	4	–	4	4	12
출세간	4	–	4	–	8
합계	21	12	36	20	89

이처럼 본서 제1편은 '마음의 분류' 혹은 '마음의 일어남'이라는 편의 명칭이 말해주듯이 상좌부 아비담마에서 분류하는 89가지 마음[49]을 중심으

49) 『청정도론』을 비롯한 주석서들에서 마음은 89가지로 분류된다. 그리고 출

로 이들과 함께 일어나는 물질이 아닌(arūpa) 정신적인 법들을 분류해서 제시하고 있다. 이처럼 마음을 욕계, 색계, 무색계, 출세간이라는 네 가지 일어나는 경지(bhūmi)와 유익한 마음, 해로운 마음, 과보로 나타난 결정할 수 없는[無記] 마음, 작용만 하는 결정할 수 없는[無記] 마음이라는 네 가지 종류(jāti)를 기준으로 89가지로 상세하게 분류해서 제시하는 부파(kāya)는 불교의 적통을 자부하는 상좌부밖에 남아있지 않다. 그런 만큼 상좌부 논장의 칠론 가운데도 첫 번째 논서인 이 『담마상가니』에서, 그것도 제일 첫 번째 편에서 불교의 적통을 자부하는 상좌부 아비담마 체계의 가장 두드러진 특징인 이 89가지 마음의 분류를 심도 있게 설명하면서 드러내고 있다는 것은 『담마상가니』가 가장 크게 평가받아야 할 점이라고 역자는 파악한다.

이러한 본서 제1편 마음의 일어남 편은 전체가 3품으로 구성되어 있는데 그것은 제1품 유익한 마음(kusala-citta) 품(§§1～364)과 제2품 해로운 마음(akusala-citta) 품(§§365～430)과 제3품 결정할 수 없는[無記] 법들(avyākata-dhammā) 품(§§431～582)이다.

거듭 강조하지만 『담마상가니』 제1편이 이렇게 세 품으로 구성된 것은 제1편이 갈무리(saṅganī)하려는 법(dhamma)의 체계가 본서의 첫머리에 모아둔 164개 마띠까들 가운데 제일 첫 번째 마띠까인 '유익한 법들, 해로운 법들, 결정할 수 없는[無記] 법들'(ma3-1)과 관련이 있기 때문이다. 제1품 유익한 마음 품은 이 첫 번째 마띠까의 첫 번째 논의의 주제인 '유익한 법들'(ma3-1-a)을 설명하는 품이고 제2품 해로운 마음 품은 두 번째 논의의 주제인 '해로운 법들'(ma3-1-b)을, 제3품 결정할 수 없는[無記] 법들 품은 세 번째 논의의 주제인 '결정할 수 없는[無記] 법들'(ma3-1-c)을 설명하는 품이다.

이러한 본서 제1편의 제1품 유익한 마음 품은 다시 제1장 욕계에 속하는 유익한 마음(§§1～159), 제2장 색계에 속하는 유익한 마음(§§160～264), 제3

세간의 마음을 8가지가 아닌 40가지로 분류하여 마음을 모두 121가지로 분류하기도 한다.(『아비담마 길라잡이』 제1장 §30과 『청정도론』 XV.14 참조)

장 무색계에 속하는 유익한 마음(§§265~268), 제4장 삼계에 속하는 유익한 마음(§§269~276), 제5장 출세간의 유익한 마음(§§277~364)의 다섯 가지 장으로 세분이 된다. 제2품은 12가지 해로운 마음들을 설명하고 있으며(§§365~430) 제3품 결정할 수 없는 법들 품은 다시 제1장 과보로 나타난 결정할 수 없는[無記] 마음(§§431~565)과 제2장 작용만 하는 결정할 수 없는[無記] 마음(§§566~582)으로 구성되어 있다. 이렇게 하여 『담마상가니』 제1편은 존재들에게서 일어나는 마음을 ① 유익한 업을 짓는 마음과 ② 해로운 업을 짓는 마음, 그리고 이 둘의 ③ 과보로 나타난 마음과 ④ 업과 과보와는 관계없이 단지 작용만 하는 마음으로 해체하여 '유익하거나[善, kusala] 해롭거나[不善, akusala] 이 둘로 결정할 수 없는[無記, avyākata] 법들'(ma3-1)을 장대한 스케일로 설명해 나가고 있다.

불교 2,600년의 흐름에서 마음을 이처럼 ① 유익한 것, 해로운 것, 과보로 나타난 설명할 수 없는 것, 작용만하는 설명할 수 없는 것과 ② 욕계, 색계, 무색계, 출세간이라는 경지 혹은 일어나는 곳을 중심으로 하여 89가지로 분류하는 것은 불교 적통을 자부하는 상좌부 불교가 유일하다. 그런데 이러한 상세한 분류는 후대의 주석서 문헌에서부터 비롯된 것이 아니라 본서에서 보듯이 이미 상좌부 논장의 칠론 가운데 첫 번째인 『담마상가니』에서, 그것도 첫 번째 품에서, 그것도 아주 정교하게 완성된 형태로 나타나고 있다. 이런 분류법은 경장의 종합적인 주석서인 『청정도론』에서 알음알이의 무더기[識蘊]를 설명하는 방법론으로 채용되고 있으며 10세기에 정리된 상좌부 아비담마의 입문서이면서 필독서인 『아비담맛타 상가하』(아비담마 길라잡이)에도 계승되었다. 그런데 이 『아비담맛타 상가하』는 마띠까를 중심에 두지 않고 먼저 마음을 욕계・색계・무색계・출세간이라는 네 가지 경지로 분류한 뒤 그다음에 이들을 해로운 것, 유익한 것, 과보로 나타난 것, 작용만하는 것이라는 관점에서 89가지로 정리하고 있다. 『담마상가니』와 『청정도론』과 『아비담맛타 상가하』에 나타나는 89가지 마음의 순서에 대한 비교는 다음 쪽의 <표 1.2>를 참조하기 바란다.

<표1.2> 상좌부 불교 89가지 마음 번호 비교

분류		담마상가니	청정도론	아비담마 길라잡이
유익한 마음	욕계	(1) 기쁨,지혜○,자극× (2) 기쁨,지혜○,자극○ (3) 기쁨,지혜×,자극× (4) 기쁨,지혜×,자극○ (5) 평온,지혜○,자극× (6) 평온,지혜○,자극○ (7) 평온,지혜×,자극× (8) 평온,지혜×,자극○	좌동	31~38
	색계	(9) 초선 (10) 제2선 (11) 제3선 (12) 제4선 (13) 제5선	좌동	55~59
	무색계	(14) 공무변처 (15) 식무변처 (16) 무소유처 (17) 비상비비상처	좌동	70~73
	출세간	(18) 예류도 (19) 일래도 (20) 불환도 (21) 아라한도	좌동	82~85
해로운 마음	욕계	(22) 기쁨,사견○,자극× (23) 기쁨,사견○,자극○ (24) 기쁨,사견×,자극× (25) 기쁨,사견×,자극○ (26) 평온,사견○,자극× (27) 평온,사견○,자극○ (28) 평온,사견×,자극× (29) 평온,사견×,자극○ (30) 불만족,적의,자극× (31) 불만족,적의,자극○ (32) 평온,의심 (33) 평온,들뜸	좌동	1~12

결정할 수 없는 【無記】 마음	과보로 나타난 마음	유익한 과보	욕계	(34) 평온,안식 (35) 평온,이식 (36) 평온,비식 (37) 평온,설식 (38) 즐거움,신식 (39) 평온,받아들이는 (40) 기쁨,조사하는 (41) 평온,조사하는	좌동	20~27
				(42) 기쁨,지혜○,자극× (43) 기쁨,지혜○,자극○ (44) 기쁨,지혜×,자극× (45) 기쁨,지혜×,자극○ (46) 평온,지혜○,자극× (47) 평온,지혜○,자극○ (48) 평온,지혜×,자극× (49) 평온,지혜×,자극○	좌동	39~46
			색계	(50) 초선 (51) 제2선 (52) 제3선 (53) 제4선 (54) 제5선	57~61	60~64
			무색계	(55) 공무변처 (56) 식무변처 (57) 무소유처 (58) 비상비비상처	62~65	74~77
			출세간	(59) 예류과 (60) 일래과 (61) 불환과 (62) 아라한과	66~69	86~89
		해로운 과보	욕계	(63) 평온,안식 (64) 평온,이식 (65) 평온,비식 (66) 평온,설식 (67) 고통,신식 (68) 평온,받아들이는 (69) 평온,조사하는	50~56	13~19
	작용만 하는 마음	욕계		(70) 평온,오문전향 (71) 평온,의문전향/결정 (72) 기쁨,미소짓는	70 72 71	28 30 29
				(73) 기쁨,지혜○,자극× (74) 기쁨,지혜○,자극○ (75) 기쁨,지혜×,자극× (76) 기쁨,지혜×,자극○ (77) 평온,지혜○,자극× (78) 평온,지혜○,자극○ (79) 평온,지혜×,자극× (80) 평온,지혜×,자극○	좌동	47~54
		색계		(81) 초선 (82) 제2선 (83) 제3선 (84) 제4선 (85) 제5선	좌동	65~69
		무색계		(86) 공무변처 (87) 식무변처 (88) 무소유처 (89) 비상비비상처	좌동	78~81

그리고 본서 제2권의 제2편 물질 편은 계속해서 '결정할 수 없는[無記] 법들'(ma3-1-c)에 속하는 물질들을 279개의 마띠까를 설정하여 설명하고 있다. 이렇게 하여 『담마상가니』의 제1편과 제2편은 본서의 논의의 주제로 책의 첫머리에서 설정한 164개 마띠까들 가운데 단지 첫 번째 마띠까 하나를 설명하는 체계로 구성되어 있다. 선법(善法, kusala-dhamma)과 불선법(不善法, akusala-dhamma)과 선·불선으로 결정할 수 없는 법[無記法, avyākata-dhamma]의 판단은 니까야에서도, 특히 수행에 있어서 중요한 주제이었듯이 이처럼 아비담마에서도 가장 중요한 주제가 된다.

(3) 업(kamma)은 89가지 마음을 이해하는 키워드가 된다

① 유익한 마음과 해로운 마음은 업을 짓는 마음이다.

본서 §431부터 §565까지에 나타나는 욕계/색계/무색계의 유익한 과보로 나타난 결정할 수 없는 마음과 해로운 과보로 나타난 결정할 수 없는 마음(vipākābyākata)을 설명하는 구절 가운데 "욕계의 유익한/색계의 유익한/무색계의 유익한/해로운 업을 지었고 쌓았기 때문에(kammassa katattā upacitattā)"(§431, §499, §501, §556 등)라는 구문이 15번 정도 강조되어 나타나고 있다. 『담마상가니』의 이러한 구절들을 토대로 우리는 '유익한 마음'(§§1~364)은 유익한 업을 짓는 마음이고, '해로운 마음'(§§365~430)은 해로운 업을 짓는 마음으로 결론지을 수 있다. 그리고 출세간 마음을 설명하는 §§505~553의 모든 문단에는 "이러한 출세간의 유익한 禪을 지었고 수행하였기 때문에(tasseva lokuttarassa kusalassa jhānassa katattā bhāvitattā)"라는 구절이 강조되어 나타난다. 여기서 출세간의 유익한 禪은 당연히 유익한 업에 속한다. 이처럼 유익한 마음과 해로운 마음은 업을 짓는 마음이다.

그리고 중요한 것은 업은 반드시 과보(vipāka)를 가져온다[50]는 사실이다.

---

50) 업과 과보를 이해하는 키워드 가운데 하나는 '지었음(katatta)'이다. 업 혹은 [업] 형성[行]은 존재함(vijamānatā) 때문이 아니라 지었음(katatta) 때문에 과보를 가져온다는 설명에 대해서는 본서 §431의 주해와 『청정도론』 XVII.174~175를 참조할 것.

이러한 과보는 금생이나 내생의 삶의 과정(pavatti) 중에서 과보로 나타나기도 하고 한생의 최초의 알음알이인 재생연결식(paṭisandhi-viññāṇa)으로도 나타난다. 이것이 과보로 나타난 결정할 수 없는[無記] 법들(ma3-1)이고 이것은 본서 §§431～565에서 설명되고 있다. 이러한 업과 과보와의 관계와 관련이 없는 것들이 작용만하는 결정할 수 없는[無記] 법들(ma3-1)이고 이것은 본서 §§566～582에서 설명되고 있다.

② 업은 89가지 마음을 이해하는 키워드가 된다

그러므로 업(kamma)은 본서의 첫 번째 마띠까인 '유익한 법들, 해로운 법들, 결정할 수 없는[無記] 법들'(ma3-1)을 이해하는 핵심이요, 여기 본서 제1편의 유익한 마음과 해로운 마음을 이해하는 키워드가 된다. 그래서 담마상가니 주석서도 업에 대한 설명을 따로 모아 '문(門)에 대한 설명(dvāra-kathā)'이라는 부제목을 달아서 업을 짓는 문(門, dvāra)을 중심으로 업에 대해서 상세하게 설명을 하고 있다. 주석서는 먼저 ① 세 가지 업(kammāni) ② 세 가지 업의 문(kamma-dvārāni) ③ 다섯 가지 알음알이(viññāṇāni) ④ 다섯 가지 알음알이의 문(viññāṇa-dvārāni) ⑤ 여섯 가지 감각접촉(phassā) ⑥ 여섯 가지 감각접촉의 문(phassa-dvārāni) ⑦ 여덟 가지 단속하지 못함(asaṁvarā) ⑧ 여덟 가지 단속하지 못함의 문(asaṁvara-dvārāni) ⑨ 여덟 가지 단속(saṁvarā) ⑩ 여덟 가지 단속의 문(saṁvara-dvārāni) ⑪ 열 가지 유익한 업의 길(kusala-kammapathā)[51] ⑫ 열 가지 해로운 업의 길(akusala-kammapathā)이라는 12가지 논의의 주제를 확립(mātikā-ṭhapana)한 뒤에(DhsA.82) 이를 토대로 업을 하나하나 자세하게 설명을 하고 있다.(DhsA.82～95) 역자는 업의 설명에 대한 이 부분을 본서의 부록으로 실을 요량으로 모두 번역하였다. 그러나 이것은 신국판으로 50쪽에 달하는 많은 분량이라서 다 실을 수가 없어서 편집과정에서 빼기로 결정하였다.

---

51) 업의 길(kamma-patha)에 대한 주석서의 정의와 업과 업의 길의 구분에 대해서는 본서 제2권 §1066의 주해를 참조할 것.

③ 업이란 무엇인가

『담마상가니 주석서』는 "그러면 무엇이 업(kamma)인가?"라고 질문을 한 뒤 "㉠ 의도(cetanā)와 ㉡ 의도와 결합된 어떤 법들(ekacce ca cetanā-sampayuttakā dhammā)"(DhsA.88)이라고 업을 정의한다. 그런 뒤에 ㉠의 보기로 "비구들이여, 의도가 업이라고 나는 말하노니 의도하고(cetayitvā) 몸과 말과 마음으로 업을 짓는다."(「꿰뚫음 경」(A6:63))라는 우리에게도 잘 알려진 부처님 말씀과 「부미자 경」(S12:25)과 『까타왓투』(論事, Kv.393)와 「업 분석의 긴 경」(M136)의 가르침을 예로 들고 있다.(DhsA.88)

그리고 ㉡의 보기로는 「간략하게 경」(A4:231)과 「깨달음의 구성요소[覺支] 경」(A4:236)과 「성스러운 도 경」(A4:235)을 든 뒤 "간탐(慳貪, abhijjhā), 악의(vyāpāda), 그릇된 견해(micchādiṭṭhi), 간탐 없음, 악의 없음, 바른 견해라는 이 여섯과 더불어서 의도와 결합된 법들을 알아야 한다."라고 설명하고 있다.(DhsA.89)

그런데 의도(cetanā)라는 마음부수법은 마음이 일어날 때 반드시 함께 일어나는 반드시들[遍行心所, 변행심소, sādhārana]에 속한다. 상좌부 아비담마뿐만 아니라 북방의 아비달마와 대승의 아비달마라 일컬어지는 유식에서도 의도는 반드시들에 포함된다. 그러므로 의도는 유익한 마음과 해로운 마음에만 일어나는 것이 아니라 과보로 나타난 마음과 작용만하는 마음에도 반드시 함께 일어난다. 그러나 이 두 가지 경우에 일어나는 의도는 업이라고 부를 수 없다. 과보로 나타난 마음은 업의 과보로 나타난 마음이고 작용만 하는 마음은 말 그대로 업과 과보와 관계가 없는 단지 작용만 하는 마음이기 때문이다. 그래서 주석서들은 의도도 유익한 의도, 해로운 의도, 과보로 나타난 의도, 작용만 하는 의도의 넷으로 구분을 하고(yepime kusalacetanā akusalacetanā vipākacetanā kiriyacetanāti cattāro cetanārāsayo vuttā, AA.ii.274) 이 가운데 유익한 의도와 해로운 의도만을 업이라고 설명한다. 인식과정에서 보면 이 두 가지 의도는 속행(速行, javana)에서만 일어난다.

업에 대한 이러한 설명은 12연기의 두 번째 구성요소인 [업] 형성(상카라)의 설명에서 더욱 분명하게 된다. 『청정도론』은 "삼계의 유익하거나 해로운 의도를 '업형성의 상카라[行]'라 부른다(tebhuumika-kusala-akusala-cetanā pana abhisaṅkharaṇaka-saṅkhāro ti vuccati)."(Vis.XVII.46)라고 12연기의 두 번째 구성요소인 상카라(행)를 업형성의 상카라(abhisaṅkharaṇaka-saṅkhāra)라고 규정하고 이것을 '삼계의 유익하거나 해로운 의도'로 정의하고 있다. 이처럼 12연기의 행(行, saṅkhāra)은 업과 전적으로 동의어이다. 초기불전연구원에서는 12연기의 상카라(행)를 어떻게 한글로 정착시킬 것인가를 두고 고심을 많이 하였다. 주석서들과 *volitional activities, volitional formations, karmic formations*와 같은 영역을 참조하여 의도적 행위로 옮기느냐 [업] 형성으로 옮기느냐를 두고 고심하다가 의도적 행위로 옮겼는데 이렇게 되니 의도(cetanā)와 겹치는 번역이 되었고 모든 의도(cetanā)가 업이 아니기 때문에 자칫 오해의 소지도 있을 수 있다. 그래서 본서에서는 12연기의 상카라(행)를 '[업] 형성'으로 옮기고 있다. 초기불전연구원에서는 유위법(有爲法, saṅkhata-dhamma)으로서의 상카라를 일반적으로 '형성된 것'으로 옮기고 있기 때문에 12연기의 상카라도 [업] 형성으로 옮기면 일관성이 있기도 하다. 상카라의 다양한 의미에 대해서는 졸저 『초기불교이해』 제7장 오온 가운데 심리현상들 편의 해당 부분을 참조하기 바란다.

이상을 통해서 업(kamma)을 종합적으로 정의해보면 업은 12연기의 상카라(saṅkhāra, 行, 업 형성) 즉 업형성의 상카라(abhisaṅkharaṇaka-saṅkhāra)와 동의어이고 이것은 유익한 의도(kusala-cetanā)나 해로운 의도(akusala-cetanā), 그리고 이러한 유익하거나 해로운 의도와 결합된 [마음부수]법들(cetanāsampayutta-dhammā)이라고 정의할 수 있다. 상좌부 아비담마에서는 업을 16가지로 분류하여 설명하는데 불교의 업설(業說, kammakathā)을 이해하는 가장 중요한 설명이다. 자세한 것은 『아비담마 길라잡이』 제5장 §18이하 III. 네 가지 업을 참조하기 바란다.

(4) 89가지 마음과 이와 관계된 마음부수법들을 분류하는 방법

이제 『담마상가니』 제1편을 통해서 이들 89가지 마음의 각각에서 함께 일어나는 법들을 하나하나 설명하는 방법에 대해서 살펴보자. 제1편에서 89가지 마음을 설명하는 방법은 이들 가운데 제일 처음에 언급되는 욕계의 첫 번째 유익한 마음이 일어날 때 함께 일어나는 법들에 대한 설명 방법이 기본이 된다. 제1편은 여기서 확정된 방법을 나머지 88가지 마음의 일어남에도 똑같이 적용시키고 있기 때문이다.

이 첫 번째 마음이 일어날 때 함께 일어나는 법들은 다음과 같이 세 가지 부문(vāra)으로 갈무리(saṅganī)가 되어 있다.(DhsA.54~55) 그것은 (a) 법들을 정의하는 부문(dhamma-vavatthāna-vāra, §§1~57)과 (b) 항목의 부문(koṭṭhāsa-vāra, §§58~120)과 (c) 공함의 부문(suññatā-vāra, §§121~145)이다. 그리고 이 셋은 각각 ① 개요(uddesa)와 ② 해설(niddesa)과 필요에 따라 ③ 재해설(paṭiniddesa)로 나누어진다. 이들을 좀 더 자세히 살펴보면 다음과 같다.

(a) 법들을 정의하는 부문(dhamma-vavatthāna-vāra, §§1~57)

이 가운데 첫 번째인 '법들을 정의하는 부문'(§§1~57)은 먼저 ① 개요(§1)에서 모두 56가지 법들과 예와빠나까(그밖에들, yevāpanaka)를 열거한 뒤 ② 해설(niddesa)과 ③ 재해설(paṭiniddesa)에 해당되는 §2부터 §57까지에서 이 56가지 법들을 하나하나 동의어를 나열하는 방법으로 정의하고 있으며 §57에서 예와빠나까(그밖에들)를 언급하는 것으로 법의 개요에서 나열된 법들을 모두 정의하고 있다.[52)]

---

52) 이 56가지 법들은 다음과 같다.
(1) 감각접촉을 다섯 번째로 하는 모음(§§2~6): 감각접촉, 느낌, 인식, 의도, 마음의 5가지.
(2) 禪의 구성요소의 모음(§§7~11): 일으킨 생각, 지속적 고찰, 희열, 행복, 마음이 한 끝으로 [집중]됨의 5가지.
(3) 기능의 모음(§§12~19): 믿음의 기능, 정진의 기능, 마음챙김의 기능, 삼매의 기능, 통찰지의 기능, 마노의 기능, 기쁨의 기능, 생명기능의 8가지.

이렇게 하여 욕계의 첫 번째 유익한 마음이 일어날 때 함께 일어나는 정신의 법들을 여러 가지 모음을 통해서 분류해 보면 모두 56개가 된다. 그리고 그밖에들(예와빠나까, §57)이 마지막으로 언급된다. 주석서는 여기에 상응하는 그밖에들(예와빠나까)의 법들로 열의[欲], 결심[勝慧], 마음에 잡도리함[作意], 중립, 연민[悲], 함께 기뻐함[喜], 몸의 나쁜 행위를 절제함[正業], 말의 나쁜 행위를 절제함[正語], 그릇된 생계를 절제함[正命]의 9가지를 들고 있다.

이렇게 하여 모두 56가지 법들이 욕계의 첫 번째 유익한 마음이 일어날 때 함께 일어나는 것으로 계산이 된다. 이처럼 이 부문에서는 56가지 법들의 항목을 하나씩 하나씩 정의하고 있기 때문에 이 첫 번째를 법들을 정의하는 부문(dhamma-vavatthāna-vāra)이라고 주석서는 이름을 붙이고 있다.

그런데 이 56가지는 여러 가지 모음을 통해서 분류한 것이다. 그러므로 중복되는 부분이 많다. 예를 들면 마음챙김은 기능과 도와 힘의 모음과 편안함 등의 쌍에 각각 한 번씩 나타나서 모두 네 번이 언급되고 있다. 그래서 주석서는 이들 가운데 마음, 생각, 믿음, 양심, 수치심, 탐욕 없음, 성냄 없음의 7가지 법들은 두 군데에서 분류되어 나타나고, 느낌 한 가지는 세 곳에

---

(4) 도의 구성요소의 모음(§§20~24): 바른 견해, 바른 사유, 바른 정진, 바른 마음챙김, 바른 삼매의 5가지.
(5) 힘의 모음(§§25~31): 믿음의 힘, 정진의 힘, 마음챙김의 힘, 삼매의 힘, 통찰지의 힘, 양심의 힘, 수치심의 힘의 7가지.
(6) 뿌리의 모음(§§32~34): 탐욕 없음, 성냄 없음, 어리석음 없음의 3가지.
(7) 업의 길의 모음(§§35~37): 간탐(慳貪) 없음, 악의 없음, 바른 견해의 3가지.
(8) 세상을 보호하는 두 개 조(§§38~39): 양심, 수치심의 2가지.
(9) 편안함[輕安] 등의 [9가지] 쌍(§§40~57): 몸의 편안함, 마음의 편안함, 몸의 가벼움, 마음의 가벼움, 몸의 부드러움, 마음의 부드러움, 몸의 적합함, 마음의 적합함, 몸의 능숙함, 마음의 능숙함, 몸의 올곧음, 마음의 올곧음, 마음챙김, 알아차림, 사마타, 위빳사나, 분발, 산란하지 않음의 18가지.
이들에다 열의, 결심, 마음에 잡도리함[作意], 중립, 연민, 함께 기뻐함, 몸으로 짓는 나쁜 행위를 절제함, 말로 짓는 나쁜 행위를 절제함, 그릇된 생계를 절제함이라는 예와빠나까(그밖에들) 9가지를 포함시키면 모두 65가지가 된다.

서, 정진과 마음챙김 두 가지는 네 곳에서, 삼매 한 가지는 여섯 곳에서, 통찰지 한 가지는 일곱 곳에서 분류되어 나타난다고 설명하고 있다.(DhsA. 134, 본서 §57의 마지막 주해를 참조할 것.) 계속해서 주석서는 이렇게 설명한다.

"여기서 그밖에들을 제외하고 성전에서 언급하고 있는 그대로 취하면 56개가 된다. 그런데 중복된 것을 제외시킴으로써 여기서는 감각접촉을 다섯 번째로 하는 것, 일으킨 생각, 지속적 고찰, 희열, 마음이 한 끝으로 [집중]됨, 다섯 가지 기능, 양심의 힘, 수치심의 힘이라는 두 가지 힘, 탐욕 없음, 성냄 없음의 두 가지 뿌리에다 몸의 편안함과 마음의 편안함 등의 12가지 법들을 [더하면] 정확히 30가지 법들이 된다."(DhsA.134)

이렇게 하여 법들을 정의하는 부문에서는 모두 30가지 법들이 나타나고 있다. 여기에다 9가지 예와빠나까(그밖에들)을 더하면 30+9=39개가 된다. 그리고 여기에다 해로운 마음과 상응하여 일어나는 14가지 해로운 심소법들(본서 §421의 마지막 주해 참조)을 더하면 모두 53가지가 된다. 이 53가지는 『아비담맛타상가하』에서 분류하는 한 가지 마음[心]과 52가지 마음부수법들[心所法]과 정확하게 일치한다.

(b) 항목의 부문(koṭṭhāsa-vāra, §§58~120)

『담마상가니 물라띠까』가 "'항목들'이란 부분들(aṁsā), 구성성분들(avayavā)이라는 뜻이다."(DhsAMṬ.140)라고 설명하고 있듯이 이 항목의 부문은 법들을 여러 가지 항목들로 분류해서 드러내는 부문이다. 그래서 여기 욕계의 첫 번째 유익한 큰마음에 속하는 '항목의 부문'(§§58~120)에서는 앞의 '법들을 정의하는 부문'(§§2~57)에서 정의된 56가지 법들을 먼저 개요(§58)를 통해서 ① 네 가지 무더기가 있고부터 ㉓ 한 가지 법의 요소가 있다까지 23가지 항목과 예와빠나까(그밖에들)로 정리한다.(§58) 그래서 주석서는 이 항목의 부문을 이렇게 설명한다.

"욕계의 첫 번째 유익한 큰마음이 일어날 때, 그때에 그밖에들(예와빠나까)은 제외하고 마음을 구성하는 요소로 일어나는 50개가 넘는 법들을 모아 보면 이러하다.

모음(더미)의 뜻에 의하면 오직 네 가지 무더기가 있다. 앞에서 언급한 감각장소의 뜻에 의하면 두 가지 감각장소가 있다. 고유성질이라는 뜻과 공하다는 뜻과 중생이 없다는 뜻에 의하면 단지 두 가지 요소가 있다. …"(DhsA.152~153)

이처럼 §58에서 개요(uddesa)로 23가지 항목들을 제시한 뒤 §59부터 §120까지의 해설(niddesa, §§59~120)에서는 개요로 정리된 이 51가지들[53]을 하나하나 설명한 뒤에 §120에서 예와빠나까(그밖에들)로 마무리를 짓고 있다.

여기 항목의 부문에서 정리하고 있는 23가지 항목은 ① 네 가지 무더기 ② 두 가지 감각장소 ③ 두 가지 요소 ④ 세 가지 음식 ⑤ 여덟 가지 기능 ⑥ 다섯 가지 구성요소를 가진 禪 ⑦ 다섯 가지 구성요소를 가진 도 ⑧ 일곱 가지 힘 ⑨ 세 가지 원인 ⑩ 한 가지 감각접촉 ⑪ 한 가지 느낌 ⑫ 한 가지 인식 ⑬ 한 가지 의도 ⑭ 한 가지 마음 ⑮ 한 가지 느낌의 무더기 ⑯ 한 가지 인식의 무더기 ⑰ 한 가지 심리현상들의 무더기 ⑱ 한 가지 알음알이의 무더기 ⑲ 한 가지 마노의 감각장소 ⑳ 한 가지 마노의 기능 ㉑ 한 가지 마노의 알음알이의 요소 ㉒ 한 가지 법의 감각장소 ㉓ 한 가지 법의 요소이다.

이 23가지는 온·처·계·근(蘊·處·界·根, khandha·āyatana·dhātu·indriya) 등의 초기불교의 중요한 항목들이다. 이를 조금 더 구체적으로 살펴보자. 욕계에 속하는 첫 번째 유익한 마음이 일어날 때 예와빠나까(그밖에들) 9가지를 제외한 정신[名, nāma]에 속하는 법들 56가지가 함께 일어난다. 이 56가지 정신에 속하는 법들 가운데는 5온 가운데 물질의 무더기(색온)를 제외한 느낌의 무더기에 포함되는 것도 있고, 인식의 무더기나 심리현상들의 무더기나 알음알이의 무더기에 포함되는 것도 있다. 즉 이들 56가지 법들은 네 가지 무더기(4온)의 항목에도 포함된다. 그래서 이 항목

53) 아래에서 열거하고 있는 23가지 항목들의 개수를 4+2+2+3+…로 모두 합하면 51가지가 된다.

의 부문에서는 먼저 '네 가지 무더기가 있고'라고 언급하고 있다.

그리고 이들 56가지 법들 가운데는 12가지 감각장소(12처) 가운데 물질로 된 감각장소인 앞의 10가지 감각장소들(안·이·비·설·신과 색·성·향·미·촉)을 제외한 마노의 감각장소에 포함되는 것도 있고 법의 감각장소에 포함되는 것도 있다. 그래서 '두 가지 감각장소가 있고'라고 두 번째로 항목의 부문에서 드러내고 있다. 같이 하여 56가지 법들 가운데는 18가지 요소(18계) 가운데 마노의 알음알이의 요소와 법의 요소라는 두 가지 요소의 항목에 포함되는 것도 있고, 네 가지 음식 가운데 덩어리진 먹는 음식을 제외한 감각접촉[觸]의 음식, 마음의 의도의 음식, 알음알이의 음식인 세 가지 음식의 항목에 포함되는 것도 있으며 … 12가지 감각장소 가운데 법의 감각장소라는 한 가지 항목에 포함되는 것도 있고, 18가지 요소 가운데 법의 요소인 한 가지 항목에 포함되는 것도 있다. 이처럼 23가지 항목을 설정하고 여기에 속하는 법들을 정리하여 관찰하는 것이 이 항목의 부문이다.

그러면 (a) 법들을 정의하는 부문(§§1~57)에서 39가지 법들을 여러 가지 모음을 통해서 65가지로 드러낸 뒤에 왜 다시 (b) 항목의 부문(§§58~120)을 설정하여 이 법들을 다른 측면에서 모아서 드러내고 있을까? 『담마상가니 주석서』는 그 이유에 대해서는 언급을 하지 않는 듯하다. 역자는 이 (b) 항목의 부문(§§58~120)은 (a) 법들을 정의하는 부문(§§1~57)을 다음의 (c) 공함의 부문(§§121~145)과 연결시키는 가교의 역할을 하고 있다고 보고 싶다. 이 56가지 법들을 여기 항목의 부문에서 23가지 항목으로 정리를 한 뒤에 이것을 그대로 다음의 공함의 부문에 가져가서 23가지 항목으로 정리되는 이러한 법들만이 실상이고 그 외의 개념적인 것들은 모두 실체가 없고 공하다고 천명을 하고 있기 때문이다. 이렇게 하여 존재에는 23가지 항목으로 분류되는 법들만이 있지(dhamma-mattā), 자아니 인간이니 중생이니 개니 돼지니 컴퓨터니 자동차니 하는 등의 개념적인 것은 실재하지 않는다는 것을 밝히기 위해서[54] 이 항목의 부문을 넣었다고 이해한다.

(c) 공함의 부문(suññatā-vāra, §§121～145)

세 번째인 '공함의 부문'(§§121～145)도 ① 개요와 ② 해설로 구성되어 있다. 이 공함의 부문은 두 번째인 항목의 부문에서 분류한 23가지 항목들을 그대로 가져와서 이 23가지 항목의 앞에 '법들이 있고(dhammā honti)'라는 하나의 항목을 더 추가하여 모두 24가지 항목들을 나열하고 있다. 이렇게 하여 여기서는 먼저 §121에서 ① 개요를 통해서 '법들이 있고'부터 '법의 요소가 있다.'까지 24가지와 예와빠나까(그밖에들)를 밝힌 뒤 §§122～145에서 이들 24가지를 간략하게 정의하는 ② 해설을 전개해 나가고 있다.

앞의 항목의 부문과 이 공함의 부문의 다른 점은 두 가지이다.

첫째, 앞의 항목의 부문에서 "네 가지 무더기가 있고 두 가지 감각장소가 있고 …"로 언급되었던 항목들이 여기 공함의 부문에서는 "무더기가 있고 두 가지 감각장소가 있고 …"로 숫자의 언급이 없이 항목들만 나열되고 있다. 공함의 부문에서 숫자의 언급이 없는 이유는 앞의 항목의 부문에서 이미 숫자로 제한되었기 때문이고 거기서 숫자로 제한된 법들(paricchinna-dhammā)이 여기서도 그대로 설해지기 때문이라고 주석서는 설명하고 있다.(DhsA.155)

둘째, 여기 공함의 부문에서 주목할 것은 앞의 항목의 부문에는 없는 "법들이 있고(dhammā honti)"(§121)라는 구절이 제일 앞에 첨가가 되고 그다음에 항목의 부문에 나타난 23가지 항목들을 열거하여 모두 24가지 조목으로 구성되어 있다는 점이다. 이처럼 본 부문은 공함[空性, suññatā]을 밝히는 부문이면서도 오히려 법들이 있음을 강조하는 '법들이 있고(dhammā honti)'라는 구절이 제일 앞에 첨가되는 구조로 되어 있다. 그 이유가 무엇일까? 결론적으로 말하면, 오직 법들만이 있고 개념적 존재(paññatti)들은 실체가 없고 공한 것을 밝히기 위해서 '법들이 있고(dhammā honti)'라는 구절을 맨 먼저 언급한 것으로 이해해야 한다. 공함의 구문을 다음과 같이 설명

54) 아래 (c) 공함의 부문에서 인용하는 DhsA.155를 참조할 것.

하고 있는 『담마상가니 주석서』를 보면 이것은 분명하게 드러난다.

"여기서 중생(satta)이라거나 존재(bhāva)라거나 자아(atta)라는 것은 얻어지지 않는다. 이들은 오직 법들이고(dhammāva ete) 단지 법들일 뿐(dhamma-mattā)이고 실체가 없고(asārā) 인도자가 아니다(apariṇāyakā). 그래서 이러한 공함[空性, suññatā]을 밝히기 위해서 [공함의 부문을] 설하셨다."(DhsA.155)

그리고 '법들이 있고(dhammā honti)'라는 『담마상가니』의 이 구절은 주석서 문헌들의 여러 곳에서도 인용이 되어서 다음과 같이 설명이 되고 있다.

"'그런데 그때에 법들이 있고, 무더기들이 있고'(Dhs. §121)라는 등에서 [법들은] 중생이 아님(nissattā)을 뜻한다."(DA.i.99)

"여기서 '그런데 그때에 법들이 있고'(Dhs. §121)라는 말씀처럼 중생이 아니라는 뜻(nissattaṭṭha)에 의해서 법이 알아져야 한다."(AA.i.29)

"'법들이 있고(dhammā honti)'(Dhs. §121)라고 하셨다. 공한 법이기 때문에 고유성질만이 있다는 뜻이다(suññadhammattā sabhāvamattā hontīti attho)."(DhsAMṬ.28)

"'법들이 있고(dhammā honti)'(Dhs. §121)라는 것은 [개념적 존재가] 공한 법들만이 있다는 뜻이다(suññā dhammamattā hontīti attho)."(DAṬ.i.172)

나아가 주석서 문헌들 특히 아비담마에 관계된 주석서 문헌들에서 법은 '중생이 아님과 영혼이 아님(nissatta-nijjīvatā)'(DhsA.38; MAṬ.i.122; Moh.8 등)으로 정의된다. 이러한 주석서들의 설명을 종합해 보면 여기 공함의 부문에서는 자아[我, atta]나 중생(satta)이나 영혼[壽者, jīva] 등의 개념적 존재를 배제시키고 '법들만이 있음(dhammamattā honti)'(DhsA.155; DAṬ.i.172)을 강조하기 위해서 이 '법들이 있고'라는 항목을 제일 먼저 넣고 있다고 이해해야 한다. 그러므로 여기서 공함[空性, suññatā]은 자아나 인간이나 중생이나 영혼이라는 개념적 존재가 공하고 오직 법들만이 존재함(dhammamattā honti)을 뜻한다고 결론지을 수 있다.

이처럼 주석서는 '법들은 단지 법들일 뿐(dhammāva dhamma-mattā)'이어서 거기에는 중생도 존재도 자아도 실체도 지배자도 없다고 강조하면서 공함[空性, suññatā]을 밝히고 있다. 그러므로 여기서 공함은 단지 법들만이 있을 뿐, 개념적 존재라는 것은 존재하지 않음을 말한다. 여기서 분명히 할 점은, 이처럼 주석서는 중생이나 자아나 영혼 등으로 부르는 개념적 존재가 공하기 때문에 공이라고 설명하고 있지 법들 자체가 공이라고는 설명하지 않는다는 것이다. 주석서 문헌들을 검색해보면 아공(我空)으로 직역되는 atta[我]-suñña[空]라는 용어는 아주 많이 나타나지만 법공(法空)으로 직역할 수 있는 dhamma-suññatā라는 용어는 단 한 번만, 그것도 법공은 인정되지 않는다는 문맥에서만 나타나고 있다.55)

이런 고찰을 통해서 우리는 상좌부 주석서 문헌은 아공은 강조하고 있지만 법공이라는 용어는 사용하고 있지 않음을 알 수 있다. 그러므로 이 공함의 부문에 나타나는 공함을 대승불교에서 즐겨 사용하는 법공(法空, Sk. dharma-śūnyatā, Pāli. dhamma-suññatā)과 배대하는 것은 무리라고 생각한다. 이 공함의 부문은 개념적 존재가 실재하지 않음을 강조하는 아공을

---

55) VRI CD-ROM을 토대로 역자가 만든 데이터로 아공(我空)으로 직역되는 atta-suñña를 ' attasuññ'라는 키워드로 검색을 해보면 상좌부 주석서 문헌들에서 54번 정도나 나타나는 것으로 검색이 되었다.('ajjhattasuñña' 등을 배제하기 위해서 이처럼 ' attasuññ'로 검색을 하였다.) 여기에다 인공(人空)으로 옮길 수 있는 puggalasuññatā(AA.ii.310 등)나 중생 없음(nissatta, DA.i.99 등)과 영혼 없음(nijjīvata, DA.ii.493 등)이라는 표현까지 더 하면 아공을 강조하는 용어는 주석서 문헌의 도처에 나타나고 있다.

그러나 빠알리 문헌에서 법공(法空)에 해당하는 dhammasuñña(tā)는 『아비담마아와따라 아비나와띠까』(Abhidhammāvatāra-abhinavaṭīkā)에 단 한번만 나타나는 것으로 검색이 되었다. 이것도 공한 해탈(suññata vimokkha)과 표상 없는 해탈(animitta vimokkha)과 원함 없는 해탈(appaṇihita vimokkha)이라는 세 가지 해탈을 설명하는 문맥에서 "개아가 공함[人空]을 취하지만 법이 공함[法空]을 취하지 않는다(puggalasuññataṁ gaṇhāti dhammasuññataṁ pana na gaṇhāti)."(Abhi-av-nṭ.i.236.)라고 나타나고 있다. 이처럼 상좌부 전통에서는 법공이라는 표현을 인정하지 않는 것이 분명하다.

드러내는 것으로 이해하는 것이 타당하다.

이렇게 말한다고 해서 아비담마는 법의 실유[法有]를 강조한다고 억측을 하는 것은 곤란하다. 아비담마에서는 법에 관한한 가유(假有)라거나 실유(實有)라는 관점 자체를 가지지 않는다. 여기 본서 제1편의 도처에서 법들은 조건 따라 일어난 것임[緣而生]을 강조하고 있듯이 아비담마는 법들이 조건발생 즉 연기요 연이생임을 거듭해서 천명한다. 이처럼 『담마상가니』 제1편이야말로 법들은 인연소생법(因緣所生法, paṭiccasamuppannā dhammā) 임을 강조하고 있다. 이러한 인연소생인 법을 대승의 반야중관 계열에 속하는 용수스님은 『중론송』에서 공이라고 정의하고 있지만 『담마상가니』에서는 이렇게 비약하지 않는다. 보는 관점에 따라 다를 수 있겠지만 역자는 오히려 이러한 인연소생인 법들을 『중론송』 등에서 공이라고 강조하다 보니 후대로 오면서 공에 대한 자의적인 해석이 난무하여 법들에 대한 혼동과 오해가 더욱 깊어지게 되었다고 보는 입장이다.

그리고 상좌부 주석서 문헌들의 도처에서 법들은 두 가지 특징을 가진 것으로 강조가 되는데 그것은 개별적 특징[自相, sabhāva-lakkhaṇa]과 보편적 특징[共相, sāmañña-lakkhaṇa]이다. VRI CD-ROM으로 검색을 해보면 주석서 문헌에서 개별적 특징으로 옮겨지는 sabhāva-lakkhaṇa는 45번 정도가 검색이 되고 보편적 특징으로 옮겨지는 sāmañña-lakkhṇā는 114번 정도가 나타나는 것으로 검색이 된다. 이 가운데 전자는 자상(自相)으로 중국에서 번역이 되었으며 후자는 공상(共相)으로 번역이 되었다. CBETA로 한문불전 자료들을 검색을 해보면 자상(自相)은 12,404번, 공상(共相)은 10,815번이나 나타나는 것으로 조사가 된다.[56] 이처럼 이미 상좌

56) 예를 들면 『대반야바라밀다경』에는 다음과 같이 나타나고 있는데 이것은 상좌부 주석서 문헌의 입장과도 같다.
"自相謂一切法自相。如變礙是色自相。領納是受自相。取像是想自相。造作是行自相。了別是識自相。如是等。若有爲法自相。若無爲法自相。是爲自相。共相謂一切法共相。如苦是有漏法共相。無常是有爲法共相。空無我是一切法共相。"(『대반야바라밀다경』)

부 주석서 문헌들에서부터 법은 무상·고·무아라는 보편적 특징으로 설명이 되고 있지 가유(假有)라거나 실유(實有)라는 관점에서 고찰되지 않는다. 법의 자상(自相, sabhāva-lakkhaṇa)과 공상(共相, sāmañña-lakkhaṇa) 등에 대한 논의는 졸저 『초기불교이해』 제14장 어떻게 해탈·열반을 실현할 것인가의 (2) 이하(210쪽 이하)와 113쪽 이하 등에 나타나고 있으니 그 부분을 참조하기 바란다.

이 공함(suññatā)은 다시 본편의 제5장 출세간의 유익한 마음(lokuttara-kusala)에서도 나타나고(§343 등) 출세간의 과보의 마음(lokuttara-vipāka)에서도 많이 나타나고 있는데(§505 등) 출세간 마음에서의 공함은 도와 과를 실현하는 해탈의 관문[57]으로서 강조되고 있다.[58] 출세간 마음에서의 공함에 대해서는 본서 §343의 주해를 참조하기 바란다. 법이 공하다는 비약적인 언어를 구사하기보다는 이처럼 도와 과를 체득하고 깨달음을 실현하는 해탈의 관문으로 공을 파악하는 상좌부의 절제된 태도를 역자는 존중하고 싶다. 굳이 법공(法空)을 상좌부 불교에서 찾고 싶다면 법의 보편적 특징[共相]에 속하는 무아(無我)와 이 해탈의 관문으로 강조되고 있는 공성(共性)에서 찾아야 할 것으로 여겨진다.

(5) 유위법은 모두[有爲諸法] 조건 따라 일어난 것[緣而生]이다

이상에서 『담마상가니』 제1편의 전개 방법을 (a) 법들을 정의하는 부문과 (b) 항목의 부문과 (c) 공함의 부문에 초점을 맞추어서 살펴보았다. 여기서 하나 더 주목해야 할 중요한 사실이 있다. 그것은 바로 '조건 따라 일어남'으로 옮기고 있는 연이생(緣而生, paṭiccasamuppanna)이다. 이 세 가지 부문에는 모두 예와빠나까(yevāpanaka, 그밖에들)가 나타나고 있는데, 이 예와빠나까에서 눈여겨봐야 할 점은 이 예와빠나까 구문에는 예외 없이 모두

57) 세 가지 해탈의 관문(vimokkha-mukha)에 대해서는 『초기불교이해』 426쪽 이하를 참조할 것.

58) 주석서는 "[제5장에서] '공함[空性, suññatā]'이라는 것은 출세간도의 이름이다."(DhsA.220)라고 설명하고 있다.

‘조건 따라 일어난[緣而生] 법들(paṭiccasamuppannā dhammā)’이란 용어가 포함되어 있다는 사실이다. 본서 제1편에는 42군데 정도의 예와빠나까 구문이 있는데 그 구문은 모두 “그 밖에 그때에 조건 따라 일어난[緣而生], 비물질인 다른 법들도 있다. — 이것이 유익한/해로운/결정할 수 없는[無記] 법들이다.”(§1, §365, §431 등)라는 정형구로 되어 있다.

그리고 모든 항목의 부문에서 심리현상들의 무더기는 “감각접촉, 의도 … 그 밖에 그때에 조건 따라 일어난[緣而生], 느낌의 무더기를 제외하고 … 비물질인 다른 법들 — 이것이 그때에 있는 심리현상들의 무더기이다.”(§62 등)라는 정형구로 해설이 되고 있다. 이 정형구는 31번 정도 언급이 되고 있다. 이처럼 ‘조건 따라 일어난[緣而生], 비물질인 다른 법들(paṭiccasamuppannā arūpino dhammā)’은 이러한 정형구들을 통해서 제1편의 모든 법들을 정의하는 부문과 모든 항목의 부문과 모든 공함의 부문에 계속해서 나타나서 제1편 마음의 일어남 편에만 §1부터 §575 사이에 73번 정도나 나타나고 있다.

여기서 보듯이 ‘조건 따라 일어난[緣而生], 비물질인 다른 법들’이라는 구문 속에 포함된 ‘비물질인(arūpino)’이라는 용어가 예와빠나까뿐만 아니라 모든 마음[心]과 마음부수법[心所]에 적용되는 것처럼 이 ‘조건 따라 일어난[緣而生, paṭiccasamuppannā]’ 혹은 ‘조건 따라 일어난 법들[緣而生法, paṭiccasamuppannā … dhammā]’은 이 예와빠나까(그밖에들)에 속하는 법들뿐만 아니라 『담마상가니』에서 정리되고 있는 형성된 법들[有爲法]이 모두 조건발생임을 밝히는 것으로 이해해야 한다. 그리고 이것은 모든 불교의 기본이 되는 가르침이기도 하다. 이처럼 연이생(緣而生, paṭiccasamuppannā) 혹은 연이생법(緣而生法, paṭiccasamuppannā dhammā)은 본서 제1편 마음의 일어남 편에서 거듭해서 강조되고 있다.

그리고 이 ‘조건 따라 일어난 법들[緣而生法, paṭiccasamuppannā dhammā]이란 용어는 (a) 법들을 정의하는 부문과 (b) 항목의 부문과 (c) 공함의 부문에 모두 다 포함되어 있다. 달리 말하면 (a) 법들을 하나하나 정의하는 법의 개요의 입장에서 봐도 유위제법은 연이생이요 (b) 법들을 23가지 항목으로 분류하는 입장에서 봐도 유위제법은 연이생이며 (c) 이렇게 분류하여 법들만(dhammamattā)이 존재하지 개념적 존재들[施設, paññatti]은 모두 실체가 없음을 강조하는 공함의 측면에서 봐도 유위제법은 당연히 연이생임을 본서의 마음의 일어남 편은 거듭해서 강조하고 있는 것이다. 이처럼 『담마상가니』는 모든 유위법들이 연이생이요 조건발생임을 강조한다. 본서에서 '조건 따라 일어난[緣而生]'으로 옮기고 있는 paṭiccasamuppanna를 비롯한 연기(緣起, paṭiccasamuppāda)와 조건[緣, paccaya]에 대해서는 본서 제1권 §57의 해당 주해와 제2권 §1008의 해당 주해를 참조하기 바란다.

그리고 이 연이생(緣而生), 즉 '조건 따라 일어난'으로 옮긴 과거분사 paṭiccasamuppannā는 북방불교의 논서인 용수(Nāgārjuna) 스님의 『중론송』(Madhyamaka Kārikā)의 핵심이 되며 '중론송 삼제게(中論頌 三諦偈)'로 우리에게 알려진 『중론송』 제24품 「관사제품」의 18번째 게송에서도 강조하고 있는 pratītyasamutpāda(Pāli. paṭiccasamuppāda), 즉 연기(緣起)라는 용어와 비교해 볼 수 있다. 이 삼제게의 첫 구절인 'yaḥ pratītya-samutpādaḥ'를 현장 스님은 '重因緣生法(중인연생법)'으로 장수 스님은 '因緣所生法(인연소생법)'으로 '법(法)'이라는 용어를 넣어서 옮겼다. 『중론송』이 강조하는 인연소생법이야말로 『담마상가니』 제1편에서 한결같이 강조하는 '조건 따라 일어난 법들[緣而生法, paṭiccasamuppannā dhammā]'과 상통하는 용어이다.[59]

---

59) 『중론송』「관사제품」의 18번째 게송은 이렇게 읊고 있다.

"yaḥ pratītyasamutpādaḥ śūnyatāṁ tāṁ pracakṣmahe.
sā prajñaptirupādāya pratipatsaiva madhyamā."

(『중론송』 24.18, 觀四諦品)

이것을 구마라집 스님은 그가 번역한 『중론』(中論)에서

"重因緣生法 我說卽是無
亦爲是假名 亦是中道義"

로 옮겼고, 장수 스님(長水沙門)의 『금강경찬요간정기』(金剛經纂要刊定

記)에는

"因緣所生法 我說卽是空
亦爲是假名 亦名中道義"

로 나타나고 있다. 장수 스님의 한역이 우리에게 더 잘 알려진 한문 게송이다. 범어 원문을 대역해 보면 다음과 같다.

yaḥ[관계 대명사] pratītya-samutpādaḥ(연기인 것)
śūnyatāṁ(공성인) tāṁ(그것을) pracakṣmahe(우리는 말한다).
sā(그것은) prajñaptir(개념이며) upādāya(의지한 뒤에)
pratipat(도) sā(그것은) eva(참으로) madhyamā(중).

그리고 다음과 같이 직역할 수 있다.

"조건발생[緣起]인 것 그것을
우리는 공성(空性)이라고 말한다.
아울러 그것은 언어적 개념[假名]이고
그것은 참으로 중도(中道)이다."

여기서 '언어적 개념[假名]'은 산스끄리뜨어 prajñapti를 옮긴 것이다. 이 prajñapti에 해당하는 빠알리어는 초기불전연구원에서 '개념' 혹은 '개념적 존재'로 옮기는 paññatti이다. 『아비담맛타상가하』 등의 빠알리 아비담마 문헌들은 이 개념(paññatti)을 '뜻으로서의 개념(attha-paññatti)'과 존재하는 것들을 언어로 표현하는 '이름으로서의 개념(nāma-paññatti)'의 둘로 나누고 있다. 전자는 다시 형태의 개념(saṇṭhāna-paññatti) 등의 여섯으로 분류가 되고 후자는 진실한 개념(vijjamāna-paññatti) 등 여섯으로 분류가 된다. 후자 가운데 법들을 지칭하는 색・수・상・행・식 등으로 일컬어지는 명칭을 '진실한 개념(vijjamāna-paññatti)'이라 하고, 궁극적인 법으로 존재하지 않는 사람, 땅, 산, 자동차 등으로 불리는 명칭을 '진실하지 않은 개념(avijjamāna-paññatti)'이라 한다.(『아비담마 길라잡이』 제8장 §§29~31과 해설을 참조할 것.)

예를 들면 인간이니 동물이니 하는 것은 개념 혹은 개념적 존재(paññatti)이고 이 paññatti를 구성하고 있는 색・수・상・행・식 등은 법(dhamma) 혹은 구경법(paramattha-dhamma)이다. 전자는 '뜻으로서의 개념'이고 이것이 언어로 표현되면 '진실하지 않은 개념'이라는 '이름으로서의 개념'이 된다. 색・수・상・행・식은 법이지만 이들이 언어로 표현되면 '진실한 개념'이라는 '이름으로서의 개념'이 된다.

여기 『중론송』 삼제게에서는 법을 prajñapti라고 지칭하고 있기 때문에 이것은 '이름으로서의 개념'에 속하는 '진실한 개념'과 동의어라 할 수 있다. 그래서 평천창(平川彰) 교수도 삼제게의 이 prajñapti를 '언어로 표현되는 진리'라고 부르고 있으며(平川彰, 『인도불교의 역사』(하) 52쪽 참조), 역자도 여기서 이것을 '언어적 개념'이라고 옮기고 있다.

『중론송』 삼제게의 공-가-중과 본 『담마상가니』 제1편의 (a) 법들을 정의하는 부문과 (b) 항목의 부문과 (c) 공함의 부문은 모두 해체해서 드러나는 법(dhamma) 혹은 법들(dhammā)을 논의의 대상으로 한다. 그러나 이러한 법들이 언어로 표현되면 그것은 '이름으로서의 개념(paññatti, prajñapti)'이 되고 '진실한 개념'이 된다. 그러나 이러한 언어적 표현이 지칭하는 법 혹은 법들은 연기적 존재요 연이생이기 때문에 공(suñña, śūnya)이요 공함(suññatā, śūnyatā)이다.

장수 스님(長水沙門子璿)이 『금강경찬요간정기』(金剛經纂要刊定記)에서 "중(中, 바름)이라는 것은 언어적 개념[假名]이기 때문에 공이 아니요, 공이기 때문에 언어적 개념이 아니다. [그래서] 공이 아니요 언어적 개념이 아니면서 공에 즉하고 언어적 개념에 즉한다. [그래서] 중의 이치(中義, 바른 이치, 실상)라고 하는 것이다(中者 以假故非空 空故非假 非空非假 卽空卽假 名爲中義.)."라고 설명하고 있듯이 공함[空]은 언어로 표현되는 진리(平川彰, 『인도불교의 역사』(하) 52쪽 참조)인 개념[假]과 짝이 되어 중(中, majjhima, Sk. madhyamā)으로 표방되는 법의 참모습, 즉 제법의 실상[諸法實相, dhammānaṁ bhūta-lakkhaṇa]을 바르게 드러내기 때문이다.(제법실상에 대해서는 본서 역자 서문 §5-(4)의 해당 주해를 참조할 것.)

이상의 설명에서 보듯이 『중론송』 삼제게 가운데 첫 번째 구는 연기 혹은 연이생(緣而生)을 천명한 것이고, 두 번째 구는 이것의 공성을 밝힌 것이며[空], 세 번째는 이것이 언어적 개념[假名, 施設, paññatti]임을 설한 것이고[假], 네 번째는 이것이 중도임을 천명하여 법의 실상을 밝힌 것이다[中]. 둘째와 셋째와 넷째 구절은 각각 空 - 假 - 中을 천명한 것이며 그래서 삼제게(三諦偈)라고 불린다.

끝으로 한 번 더 강조하고 싶은 것이 있으니 그것은 『중론송』 삼제게에서 언급되고 있는 공함[空性, śūnyatā]과 본서 공함의 부문에서 말하는 공함[空性, suññatā]은 공함이라는 용어는 같지만 그 뜻하는 바는 다르다는 점이다. 『중론송』 삼제게에서는 법이 공함, 즉 법공(法空, dharma-suññatā)을 강조하지만, 본서 공함의 부문에서 말하는 공함은 개념적 존재[施設, 假名, paññatti]의 공함이고 굳이 말하자면 아공(我空, atta-suñña[tā])을 의미한다.
유위법은 모두 인연소생법이라고 『담마상가니』도 제1편의 도처에서 강조하고 있고 삼제게도 그러하다. 그러나 같이 인연소생법임을 강조하면서도 『담마상가니』는 이러한 인연소생인 법들이 공하다고는 하지 않지만 삼제

빠알리 논장의 칠론 가운데 첫 번째인 『담마상가니』에서 유위제법이 조건 따라 일어난 것임(조건발생)을 강조하고 있는 '조건 따라 일어난 법들[緣而生法]'이라는 이런 용례가 자연스럽게 발전하여 『중론송』 삼제게의 첫 구절인 '조건발생인 법들[因緣所生法, yaḥ pratītyasamutpādaḥ dharmaḥ]'로 발전하여 반야중관에서도 유위제법이 조건발생임[因緣所生法]을 드러내는 용어로 정착이 되었을 것이다.60)

(6) 제1편 마음의 일어남 편의 요약

이제 이러한 이해를 토대로 『담마상가니』 제1편에서 89가지 혹은 212,021가지 마음과 이와 관계된 마음부수법들을 분류하는 방법을 간략하게 정리해 보자.

① 마음의 일어남 편은 먼저 욕계 첫 번째 유익한 마음에 초점을 맞춘다.(§1)

② 그리고 이 마음이 일어날 때 함께 일어나는 법들을 설명해 나간다. (§§1~145)

③ 이것은 세 가지 방법으로 전개되는데 그것은 (a) 법들을 정의하는 부문(§§1~57)과 (b) 항목의 부문(§§58~120)과 (c) 공함의 부문(§§121~145)이다.

④ 이 세 가지 부문은 유위제법은 연이생(緣而生)임을 강조한다.

⑤ 여기 공함의 부문에서는 '법들은 단지 법들일 뿐'임을 강조한다. 주석서는 중생이나 자아나 영혼 등으로 부르는 개념적 존재가 공하기 때문에 공

게는 인연소생이기 때문에 법은 공하다고 주장한다. 삼제게가 너무 논리적인 비약을 하는 것인지, 아닌지는 독자들이 판단할 문제이겠지만 법에 대한 상좌부와 반야중관의 입장은 이렇게 다르다는 점을 밝히고 싶다.

60) '조건 따라 일어난[緣而生]'으로 옮기고 있는 paṭiccasamuppanna와 '연기(緣起)' 혹은 '조건발생'으로 옮기는 paṭiccasamuppāda는 엄밀히 말하면 다르다. 전자는 조건 따라 생긴 것을 말하고 후자는 조건 짓는 것을 뜻한다. 예를 들면 무명연행(無明緣行)에서 무명은 조건 짓는 것이고 행은 조건 따라 일어난 것이다.(본서 제2권 §1008의 해당 주해 참조) 그러나 『담마상가니』의 paṭiccasamuppanna와 『중론송』의 pratītyasamutpāda(Pāli: paṭiccasamuppāda)를 비교하면서 이런 차이점까지는 고려하지 않아도 된다고 여겨진다.

이라고 설명하고 있지 법들 자체가 공이라고는 설명하지 않는다.

⑥ 이 방법은 나머지 88가지 혹은 212,020가지 마음들에도 모두 그대로 적용된다.

⑦ 이렇게 전개하면서, 예를 들면 '구경의 지혜를 가지려는 기능[未知當知根, anaññātaññassāmītindriya)'을 정의하는 §296처럼, 각 마음들에서 특별히 일어나는 마음부수법들[心所法]을 설명한다.

⑧ 그 외의 부문들은 전통적으로 전부 반복되는 부분(뻬얄라, peyyala)의 생략으로 편집되었다.

⑨ PTS본은 이 반복되는 부분의 정리가 잘못된 곳이 적지 않고 리스 데이비즈 여사가 지적하고 있듯이 편집이 잘못된 곳도 적지 않다. 이런 부분들은 본서 제2권 해제 §8을 참조하기 바란다.

⑩ 제1편은 이렇게 하여 212,021개의 마음을 통해서 법의 갈무리를 진행한다.

⑪ 만일 반복되는 부분(peyyala)을 생략하지 않는다면 『담마상가니』는 엄청나게 긴 분량이 되어 제1편만 해도 이론상으로는 212,000배 이상의 분량이 된다. 그리고 이런 방법을 남은 『담마상가니』 아비담마 마띠까 121개에 적용하여 설명을 하게 되면 그 분량은 실로 불가설 · 불가설에 해당할 것이다. 그래서 주석서도 본편은 "문장의 길이에 의하면 여섯 바나와라 분량이 넘고 확장하면 끝이 없고 무량한 것이 된다."(DhsA.6 §11)고 적고 있다.

⑫ 그러므로 『담마상가니』, 특히 제1편은 상좌부 불교의 반복되는 부분의 생략에 대한 정수를 보여준다 할 수 있다.

5. 『담마상가니』 제1편(§§1~582)에 나타나는 마음은 몇 개인가

『담마상가니』 제1편에는 몇 개의 마음이 거론되고 있는가는 역자가 『담마상가니』를 옮기기 시작할 때부터 가졌던 관심이다. 번역을 하고 주해를 달고 역자 서문을 작성하고 각 권의 해제를 만들고 본문을 다듬을수록 『담마상가니』에 나타나는 마음의 개수를 정확하게 살펴보는 것은 『담마상가니』의 구조를 바르게 이해하고 상좌부에서 설하는 마음의 구조를 제대로 이해하는 중요한 수단이 된다는 생각을 지울 수가 없었다. 그래서 이제 이것을 구체적으로 살펴보고자 한다. 역자가 헤아려 본 것을 토대로 결론적으로 말하면 『담마상가니』 제1편 마음의 일어남 편에는 모두 212,021개의 마음이 나타나고 있다. 이제 이들을 각 품별로 하나하나 구체적으로 헤아려 보자.61)

(1) 제1품 유익한 마음(§§1～364)

① 제1장 욕계의 유익한 마음(§§1～159)

본서에서 욕계의 유익한 마음은 모두 8가지로 분류되어 설해져 있다. 이러한 여덟 가지 마음이 일어날 때 함께 일어나는 법들을 본 장은 하나하나 열거하면서 설명해 나가고 있다. 욕계의 유익한 마음을 8가지로 분류하는 기준은 기쁨(samanassa)의 유무와 지혜(ñāṇa)의 유무와 자극(saṅkhāra)의 유무이다.(2×2×2=8) 이 분류의 기준은 후대까지 고스란히 전승이 되어서 『아비담맛타상가하』에서도 욕계의 원인이 있는 마음을 분류하는 기준으로 채용되고 있다. 여기에 대해서는 『아비담마 길라잡이』 제1장 §13을 참조하기 바란다.

---

61) 여기서 밝히고 싶은 점은 역자가 『담마상가니』 제1편 마음의 일어남 편에는 모두 212,021개의 마음이 나타나고 있다고 한다 해서 이것이 『담마상가니』가 마음을 212,021가지로 '분류'하고 있다는 의미는 결코 아니라는 것이다. 여기서 살펴보는 것은 『담마상가니』에서 언급되고 있는 마음의 '개수'이다. 아비담마 주석서 문헌들에서는 마음을 일어나는 경지(욕계・색계・무색계・출세간)와 종류(해로운 업을 짓는 것・유익한 업을 짓는 것・과보로 나타난 것・작용만 하는 것)를 토대로 하여 89가지로 분류하거나 출세간을 더 세분하면 121가지로 분류하는데 이러한 분류는 여기서 다루고 있는 『담마상가니』의 제1편 마음의 일어남 편에서 기원한다.
그러나 본서 제1편에는 이 기준 외에도 다른 여러 가지 기준으로 마음을 설명하고 있는데 이러한 기준들을 다 적용시켜서 모아보면 212,021개 정도가 된다. 사실 이런 기준은 동일한 내용의 마음을 보는 관점에 따라서 더 세분한 경우가 대부분이다. 그러므로 『담마상가니』는 마음을 212,021가지로 '분류'하는 것이 아니다. 『담마상가니』에서 언급하고 있는 마음의 '개수'가 212,021개라는 뜻이다.

② 제2장 색계의 유익한 마음(§§160~264)

색계의 유익한 마음은 Ⓘ 여덟 가지 까시나(§§160~203) Ⓘ 여덟 가지 지배의 경지(§§204~247) Ⓘ 세 가지 해탈(§§248~250) Ⓘ 네 가지 거룩한 마음가짐의 禪(§§251~262) Ⓥ 열 가지 부정(不淨)의 禪(§§263~264)의 다섯으로 분류가 되어 있다.

Ⓘ 색계의 유익한 마음을 분류하는 첫 번째 기준은 여덟 가지 까시나이다. 이 중에서 첫 번째인 여덟 가지 까시나 가운데 첫 번째 까시나인 땅의 까시나를 통해서 일어나는 색계의 유익한 마음을 §§160~202에서 자세하게 분류하여 설명하는데 이것은 나머지 색계 마음들을 설명하는 토대가 된다. 먼저 색계 마음들은 모두 4종禪과 5종禪의 9가지로 분류가 되고 이것은 모든 색계 마음과 출세간 마음에 기본적으로 적용이 되고 있다.

그리고 이러한 색계 마음은 네 가지 도닦음[62]과 네 가지 대상[63]이라는 전제 조건이 붙지 않은 ① 순수한 9가지 禪과 ② 네 가지 도닦음에 의해서 분류되는 네 가지와 ③ 네 가지 대상에 의해서 분류되는 네 가지와 ④ 이러한 네 가지 도닦음과 네 가지 대상이 결합된 4×4=16가지로 확장이 된다. 이렇게 하여 이 9가지 禪은 순수한 禪 한 가지 + 도닦음 네 가지 + 대상 네 가지 + 도닦음과 대상의 결합 16가지로 모두 1+4+4+16=25가지로 적용이 된다. 이렇게 하여 땅의 까시나 하나에 대해서 모두 25가지×9禪=225가지의 마음이 분류가 되어 나타난다. 주석서도 이렇게 계산하고 있다.(DhsA. 185~186, §202의 마지막 주해를 참조할 것.) 이것이 색계 마음들을 분류하는 기본적인 방법이다. 물론 여기에는 예외도 있다. 이렇게 하여 여덟 가지 까시

62) 네 가지 도닦음은 ① 도닦음도 어렵고 초월지도 느림, ② 도닦음은 쉬우나 초월지는 빠름, ③ 도닦음은 쉬우나 초월지는 느림, ④ 도닦음도 쉽고 초월지도 빠름의 넷을 말한다.

63) 네 가지 대상은 ① 제한되었고 제한된 대상을 가짐, ② 제한되었지만 무량한 대상을 가짐, ③ 무량하지만 제한된 대상을 가짐, ④ 무량하고 무량한 대상을 가짐을 말한다.

나에는 모두 225×8=1,800개의 마음이 드러나고 있다.

Ⅱ 색계의 유익한 마음을 분류하는 두 번째 기준은 여덟 가지 지배의 경지이다. 여덟 가지 지배의 경지(§§204~247)에도 여덟 가지 까시나를 통한 색계 마음의 분류 방법이 그대로 적용이 된다. 그러나 여덟 가지 지배의 경지에는 네 가지 대상 가운데 오직 두 가지 대상만이 적용되는 것이 가장 큰 차이점이다. ㉠ 제한되었고 제한된 대상을 가진 禪 ㉡ 제한되었지만 무량한 대상을 가진 禪 ㉢ 무량하지만 제한된 대상을 가진 禪 ㉣ 무량하고 무량한 대상을 가진 禪의 네 가지 가운데 여기서는 ㉠ 제한되었고 제한된 대상을 가진 禪과 ㉢ 무량하지만 제한된 대상을 가진 禪의 두 가지만이 적용되기 때문이다.

이렇게 하여 순수한 禪 한 가지 + 도닦음 네 가지 + 대상 두 가지 + 도닦음과 대상의 결합 8가지로 모두 1+4+2+8=15가지가 적용이 된다. 그러므로 여덟 가지 지배의 경지들 가운데 첫 번째인 제한된 물질들의 경우에는 모두 15가지×9禪=135가지의 마음이 분류가 되어 나타난다. 이렇게 하여 여덟 가지 지배의 경지 가운데 처음의 넷에는 모두 135×4=540개의 마음이 일어나고 청·황·적·백의 색깔을 가진 물질들에 대한 지배의 경지에는 네 가지 대상이 다 적용이 되어 이들 각각에는 까시나의 경우처럼 1+4+4+16=25×9禪=225가지가 되어 청·황·적·백 모두에는 225×4=900개의 마음이 일어난다. 그래서 여덟 가지 지배의 경지에는 모두 540+900=1,440개의 마음이 적용이 된다.

Ⅲ 색계의 유익한 마음을 분류하는 세 번째 기준은 세 가지 해탈이다. 경에 나타나는 여덟 가지 해탈[八解脫] 가운데 '① 색계禪을 가진 자가 색깔들을 본다. ② 안으로 색계禪에 대한 인식이 없이 밖으로 색깔들을 본다. ③ 청정하다고 확신한다.'라는 처음의 세 가지가 색계의 유익한 마음을 분류하는 이 세 번째 기준으로 적용된다. 여덟 가지 해탈 가운데 4번째부터 7번째까지의 네 가지는 무색계에 속하고 8번째는 상수멸이라서 색계의 마음에는

적용이 되지 않는다.64) 그래서 본서에서는 이 가운데 첫 번째 세 가지가 '세 가지 해탈(tīni vimokkhāni)'(§§248~250)이라는 주제로 색계의 경지로 나타나고 있다. 이 세 가지 해탈도 각각 까시나의 경우처럼 25가지×9禪=225가지가 되어서 모두 25가지×9禪×3해탈=675개의 마음이 나타나고 있다. 여기에 대해서는 본서 §250의 마지막 주해를 참조하기 바란다.

Ⓘⓥ 색계의 유익한 마음을 분류하는 네 번째 기준은 네 가지 거룩한 마음가짐 혹은 사무량심이다. 네 가지 거룩한 마음가짐인 자애, 연민, 함께 기뻐함, 평온의 네 가지 주제 가운데 처음의 셋으로는 4종선의 세 번째 禪과 5종선의 네 번째 禪까지 증득을 할 수 있다. 그래서 이 세 가지에는 9가지 禪 가운데 이 두 가지 禪을 제외한 7가지가 적용이 된다. 그래서 각각 25가지×7禪=175가지 색계의 마음이 이 셋을 통해서 일어날 수 있다.

한편 평온은 4종선의 제4선과 5종선의 제5선만이 적용이 된다. 이러한 禪의 경지에서만 평온이 드러나기 때문이다. 그런데 VRI본과 PTS본에 모두 5종선의 제5선은 언급이 되지 않고 오직 4종선의 제4선만이 나타나고 있다. 그래서 이 경우에는 25가지×1=25가지의 색계 마음이 적용이 된다. 이렇게 하여 네 가지 거룩한 마음가짐에 토대한 색계의 유익한 마음에는 모두 자・비・희・사 — 175+175+175+25=550가지가 나타나고 있다.

Ⓥ 색계 유익한 마음을 분류하는 다섯 번째 기준은 열 가지 부정(不淨)의 禪이다. 열 가지 부정을 통해서 도달할 수 있는 것은 초선뿐이다. 여기에 대해서는 본서 §264의 해당 주해(DhsA.199)와 『청정도론』(Vis.VI.86)을 참조하기 바란다. 그래서 이 경우에 일어날 수 있는 마음은 모두 25가지×1禪×10부정=250가지의 마음이 된다.

③ 제3장 무색계의 유익한 마음(§§265~268)

무색계 마음은 공무변처와 식무변처와 무소유처와 비상비비상처의 마음

---

64) 본서 §248의 제목인 III. 세 가지 해탈에 대한 주해를 참조할 것.

이다. 그리고 무색계는 그 경지로는 모두 색계 제4선과 같다. 여기에 대해서는 본서 §265의 해당 주해와(DhsA.209) 『청정도론』(Vis.X.5; 58)을 참조하기 바란다. 그러므로 무색계의 유익한 마음은 25가지×1(제4선)×4처=100가지가 된다.

④ 제4장 삼계의 유익한 마음(§§269~276)

본서에는 네 번째 유익한 마음으로 삼계의 유익한 마음을 나열하고 있다. 여기서는 유익한 마음들을 ① 저열한 것 ② 중간인 것 ③ 수승한 것 등부터 시작해서 ⑱ 저열한 검증의 지배를 가진 것 ⑲ 중간인 검증의 지배를 가진 것 ⑳ 수승한 검증의 지배를 가진 것 등으로 모두 20가지로 분류하고 있다.

그런데 이러한 20가지 방법의 분류는 『청정도론』에도 나타나지 않고 『아비담맛타상가하』 즉 『아비담마 길라잡이』에도 언급하지 않는다. 주석서의 설명처럼 이것은 『빳타나』에서 나타난다고 한다.(본서 §269의 마지막 주해 참조)

이 분류법을 적용하면 1. 욕계의 유익한 마음(§§269~270) 여덟 가지 가운데 네 가지는 지혜와 결합되지 않은 마음인데 이 경우에는 열의, 정진, 마음, 검증의 네 가지 지배 가운데 검증의 지배를 가진 마음은 빼야 한다. 그래서 욕계의 유익한 마음으로는 4×4×20=320개와 4×3(검증은 뺌)×20=240개가 되어 모두 560개의 마음이 일어나게 된다. 여기에 대해서는 §269의 마지막 주해와 §270의 주해를 참조하기 바란다. 그리고 색계의 유익한 마음(§§271~272)으로는 9禪×20=180개의 마음이, 무색계의 유익한 마음(§§273~276)으로는 1(제4선)×4×20=80개의 마음이 일어나게 된다. 이렇게 하여 삼계의 유익한 마음에서는 모두 560+180+80=820개의 마음이 일어날 수 있다.

⑤ 제5장 출세간의 유익한 마음(§§277~364)

본서 §§277~364에서 설명하고 있는 제5장 출세간의 유익한 마음도 복잡하고 많은 경우의 수를 가진 마음이다. "'출세간 마음(lokuttaracittāni)'이란 열반을 대상으로 가지는 것(nibbānārammaṇāni)이다."(『아비담맛타상가하』(Abhi-Sgh.21) = 『아비담마 길라잡이』 제3장 §18)라고 정의되듯이 출세간 마음은 열반을 대상으로 한 예류도, 일래도, 불환도, 아라한도의 네 가지 도와 예류과, 일래과, 불환과, 아라한과의 네 가지 과의 마음을 뜻하고, 이 가운데 예류도부터 아라한도까지의 네 가지는 출세간의 유익한 마음에 해당하고, 예류과부터 아라한과까지의 네 가지는 출세간의 과보로 나타난 마음에 속한다. 그래서 본서도 출세간의 유익한 마음을 첫 번째 도부터 네 번째 도까지, 즉 예류도부터 아라한도까지의 넷으로 분류하여 설명하고 있다. 이 가운데 첫 번째 도를 자세하게 분류하여 설명하고 이것을 생략 구문으로 두 번째와 세 번째와 네 번째 도에 적용시키고 있다.

그런데 성자들에게서 일어나는 마음들은 모두 출세간의 마음이라고 잘못 이해하는 분들이 있다. 그렇지 않다. 열반을 대상으로 하여 일어나는 마음만을 출세간 마음이라 한다. 예류자부터 불환자까지의 성자들에게서 일어나는 유익한 마음은 유익한 마음일 뿐이다. 이것을 출세간 마음이라고 결코 부르지 않는다. 그리고 이 유학에게서 일어날 수 있는 해로운 마음은 해로운 마음일 뿐이다. 유학에게서 일어나는 유익하거나 해로운 마음들은 모두 과보를 가져온다. 물론 이러한 마음들은 악도에 태어나게 하는 재생연결식의 과보는 가져올 수 없다. 이것들은 결코 출세간의 마음이 아니다. 열반을 대상으로 한 마음만이 출세간 마음이다.

아라한들에게는 아무리 좋은 마음이 일어나도 이것은 과보를 가져오지 못한다. 이처럼 아라한들에게 일어나는 좋은 마음은 유익한 마음이라 하지 않고 작용만 하는 마음이라 한다. 즉 아라한에게 열반을 대상으로 한 마음이 일어나면 그것은 출세간의 마음이고 아라한에게 그 외의 대상을 대상으로 하여 일어나는 좋은 마음들은 작용만 하는 마음들이다. 과보로 나타난 마음은 아라한에게도 과보로 나타난 마음이다. 그러므로 당연히 아라한도 삶의 과정에서 해로운 과보로 나타난 마음들이 일어날 수 있다. 그러나 아라한에게 해로운 마음들은 일어나지 않는다.

이제 출세간의 마음들의 개수에 대해서 살펴보자. 출세간도는 Ⓘ 첫 번째 도(예류도, §§277~360), Ⓘ 두 번째 도(일래도, §361), Ⓘ 세 번째 도(불환도, §362), Ⓘ 네 번째 도(아라한도, §§363~364)로 나누어진다. 본서는 이 가운데 Ⓘ 첫 번째 도를 §§277~360에 걸쳐서 상세하게 설명하고 이것을 두 번째부터 네 번째 도에 적용시키고 있다.

먼저 본서는 출세간의 도를 체득하는 방법을 다음의 20가지로 분류하고[65] 이 가운데 첫 번째인 ① 출세간禪을 닦음에 초점을 맞추어서 출세간의 유익한 마음, 즉 출세간의 도의 마음을 설명하고 있다. 그래서 『아비담맛타상가하』에서도 출세간의 마음을 5종선에 배대해서 (5禪×4도)+(5禪×4과)=40가지로 설명해내고 있다.[66]

이렇게 하여 본서는 출세간의 유익한 마음도 색계 유익한 마음에서처럼 먼저 禪을 4종선과 5종선의 아홉 가지로 분류하고 있다. 출세간의 유익한 마음은 당연히 도를 닦아서 실현된다. 그래서 순수한 도닦음으로 4종선과 5종선을 네 가지 도닦음과 배대해서 분류하고 있다. 출세간의 경지는 위빳사나에 토대한 반야 통찰지를 통해서 실현된다. 통찰지는 무상·고·무아의 삼특상을 통찰하는 것이 기본이다. 여기에 대해서는 §343과 §350의 첫 번째 주해를 참조하기 바란다. 그래서 이러한 무상·고·무아는 각각 무상해탈(無相解脫)과 무원해탈(無願解脫)과 공해탈(空解脫)과 연결이 된다.

그러나 아비담마에서는 이 가운데 무상해탈을 언급하지 않는다. 왜냐하면 무상은 믿음과 연결되어 있고 성스러운 팔정도에 믿음 혹은 바른 믿음은

---

65) 20가지 분류는 ① 출세간禪, ② 출세간의 도[八支聖道 = 八正道], ③ 출세간의 마음챙김의 확립[四念處], ④ 출세간의 바른 노력[四正勤], ⑤ 출세간의 성취수단[四如意足], ⑥ 출세간의 기능[五根], ⑦ 출세간의 힘[五力], ⑧ 출세간의 깨달음의 구성요소[七覺支], ⑨ 출세간의 진리[諦], ⑩ 출세간의 사마타[止], ⑪ 출세간의 법(法, dhamma), ⑫ 출세간의 무더기[蘊], ⑬ 출세간의 감각장소[處], ⑭ 출세간의 요소[界], ⑮ 출세간의 음식[食], ⑯ 출세간의 감각접촉[觸], ⑰ 출세간의 느낌[受], ⑱ 출세간의 인식[想], ⑲ 출세간의 의도[思], ⑳ 출세간의 마음[心]이다.(본서 §357 참조)

66) 『아비담마 길라잡이』 제1장 §31과 <도표 1.10>을 참조할 것.

나타나지 않기 때문이다. 그래서 공함과 원함 없음에 관한 출세간의 유익한 마음만 언급하고 있다. 여기에 대해서는 §351의 마지막 주해를 참조하기 바란다.

이렇게 하여 본서는 네 가지 순수한 도닦음으로 4×9禪=36개의 마음을 배대하고 공함(§§343~344)으로 1×9禪=9개, 공함에 뿌리박은 도닦음(§§345~349)으로 4×9禪=36개, 원함 없음(§§350~351)으로 1×9禪=9개, 원함 없음에 뿌리박은 도닦음(§§352~356)으로 4×9禪=36개를 배대하여 모두 36+9+36+9+36=126개의 마음을 분류해 낸다.

이들을 다시 남은 19가지에도 적용시키면 된다.

그러면 모두 126×20=2,520개의 출세간의 유익한 마음이 된다.

이들은 다시 네 가지 지배를 가짐에 적용이 된다. 먼저 분명히 해야 할 점은 여기서 '지배를 가짐'은 앞의 §204 이하에 나타난 여덟 가지 지배의 경지[勝處, abhibhāyatana]가 아니라, 앞의 제4장 삼계의 유익한 마음(§§269~276)에서 언급된 열의 · 정진 · 마음 · 검증의 네 가지 지배(adhipati)를 뜻한다는 것이다. §358의 첫 번째 주해에서 인용한 주석서의 설명에서 보듯이 엄격히 분류하면 앞의 §§278~357은 순수한 것(suddhika)이고 여기서는 이 순수한 것 전체가 열의 · 정진 · 마음 · 검증의 네 가지 지배(adhipati)의 각각에 적용이 된다. 그러면 지배를 가짐(§§358~360)은 모두 2,520×4지배=10,080개가 된다. 이렇게 하여 첫 번째 도에는 모두 2,520+10,080=12,600개가 된다. 즉 예류과를 얻을 수 있는 경우의 수는 모두 12,600가지가 된다는 의미로 파악하면 되겠다.

그런데 §358의 첫 번째 주해에서 인용하였듯이 주석서는 스무 가지 큰 방법의 경우를 모두 200가지라고 하고 지배를 가짐에 200×4=800개가 되어서 첫 번째 도의 경우에 모두 1,000개가 되고 같이 하여 두 번째부터 네 번째도 각각 1,000개로 하여 모두 4,000개로 언급하고 있는데 그 근거를 정확하게 파악하지 못하겠다. 역자는 언급되고 있는 마음을 모두 다 계산하여 첫 번째 도를 통해서 12,600개의 출세간의 유익한 마음이 일어날 수 있고

같이 하여 남은 세 가지 도에도 각각 12,600개가 적용이 되는 것으로 계산하였다. 이렇게 하면,

Ⓘ 두 번째 도(§361)에도 2,520+10,080=12,600개의 마음이,

Ⓘ 세 번째 도(§362)에도 2,520+10,080=12,600개의 마음이,

Ⓘ 네 번째 도(§§363~364)에도 2,520+10,080=12,600개의 마음이 적용이 되어 출세간의 유익한 마음에는 모두 12,600×4=50,400개의 마음이 일어날 수 있다.

(2) 제2품 열두 가지 해로운 마음(§§365~430)

본서 제2품 열두 가지 해로운 마음은 첫 번째 세 개 조 마띠까(ma3-1)의 두 번째인 해로운 법들(ma3-1-b)에 대한 설명을 담고 있다. 여기서는 모두 12개의 해로운 마음이 일어나는 것으로 설명을 하고 있다. 그리하여 본서는 해로운 마음을 I. 첫 번째 해로운 마음(§§365~398)부터 XII. 열두 번째 해로운 마음(§§427~430)까지로 배대하여 이러한 마음이 일어날 때 함께 일어나는 법들을 하나하나 설명해 나가고 있다. 그리고 이것은 『아비담맛타상가하』로 그대로 전승이 되었다. 여기에 대해서는 『아비담마 길라잡이』 제1장 I.1 해로운 마음 §§4~7를 참조하기 바란다.

(3) 제3품 결정할 수 없는[無記] 법들(§§431~582)

본서는 제3품에서 결정할 수 없는[無記] 법들(§§431~582)을 설명하고 있다. 이것은 첫 번째 세 개 조 마띠까(ma3-1)의 세 번째 논의의 주제인 결정할 수 없는[無記] 법들(ma3-1-c)에 대한 설명을 담고 있다. 이것은 다시 제1장 과보로 나타난 결정할 수 없는[無記] 마음(§§431~565)과 제2장 작용만 하는 결정할 수 없는[無記] 마음(§§566~582)의 둘로 구성이 되는데 줄여서 과보의 마음과 작용의 마음, 즉 과보로 나타난 마음과 작용만 하는 마음이 된다.

(a) 제1장 과보로 나타난 결정할 수 없는[無記] 마음(§§431~565)

제1장 과보로 나타난 결정할 수 없는[無記] 마음은 다시 Ⓘ 유익한 과보로 나타난 결정할 수 없는 마음(§§431~555)과 Ⓘ 해로운 과보로 나타난 결

정할 수 없는 마음(§§556~565)으로 나누어진다.

① 유익한 과보로 나타난 결정할 수 없는 마음(§§431~555)

유익한 과보로 나타난 결정할 수 없는 마음에는 다시 ① 욕계의 과보로 나타난 마음 16가지(원인 없는 마음 8가지(§§431~497)와 원인 있는 마음 8가지(§498))와 ② 색계의 과보로 나타난 마음 9가지(4종선 + 5종선, §§499~500)와 ③ 무색계 과보로 나타난 마음 4가지(§§501~504)와 ④ 출세간의 과보의 마음(§§505~555)이 배대된다. 이것은 『아비담맛타상가하』에도 그대로 전승이 되었다. 물론 색계 4종선은 5종선에 포함되기 때문에 『아비담맛타 상가하』에는 5종선만이 색계 마음으로 언급이 되고 있다.

업을 짓는 마음인 유익한 마음과 해로운 마음은 반드시 과보를 가져온다. 과보의 마음[異熟識, vipāka-citta]은 풀어서 옮기면 과보로 나타난 마음이다. 과보의 마음은, 한 생의 최초의 알음알이이며 그 생에서 바왕가(존재지속심)의 역할을 하는 재생연결식(paṭisandhi-viññāṇa)으로도 나타날 수도 있고, 삶의 과정(pavatti)에서 대상과 조우하는 마음으로도 나타날 수 있다.

주석서 문헌들은 재생연결식의 역할을 하는 마음을 모두 19가지로 정리하고 있으며 삶의 과정에서 대상과 조우하는 역할을 하는 마음은 눈의 알음알이부터 몸의 알음알이까지의 전오식과 마노[意]와 마노의 알음알이[意識]의 역할을 한다. 유익한 과보로 나타난 원인 없는 마음은 여덟 가지이고 해로운 과보로 나타난 원인 없는 마음은 일곱 가지이다. 유익한 과보로 나타난 것에는 열렬히 원하는(ati-iṭṭha) 대상에 대하여 일어난 기쁨이 함께하는 마음이 하나 더 있다.

이전에 지었던 유익한 업은 윤회의 과정에서는 유익한 재생연결식이라는 과보의 마음을 생기게 할 것이고 삶의 과정에서는 유익한 원인 없는 마음들을 일어나게 할 것이다. 해로운 업은 당연히 해로운 재생연결식과 해로운 원인 없는 마음들을 일어나게 할 것이다.

그러면 해로운 재생연결식의 역할을 하는 마음은 무엇인가? 평온이 함께하는 원인 없는 해로운 마노의 알음알이가 악도(지옥, 축생, 아귀, 아수라)에 태어나는 재생연결식의 역할을 한다. 그리고 인간이라는 선처에 태어났더라도 불구로 태어나고 천상이라는 선처에 태어났더라도 나무의 신이나 물의 신처럼 저열한 신으로 태어나는 경우는 평온이 함께하는 원인 없는 유익한 마노의 알음알이가 이러한 곳에 태어나는 재생연결식의 역할을 한다. 여기에 대해서는 『아비담마 길라잡이』 제3장 §9와 해설을 참조하기 바란다.

과보로 나타난 결정할 수 없는[無記] 마음들에서도 출세간의 과보의 마음은 I. 첫 번째 도의 과보로 나타난 마음(§§505~552)부터 IV. 네 번째 도의 과보로 나타난 마음(§555)의 넷으로 나누어지는데 각각 예류과, 일래과, 불환과, 아라한과에 해당한다.

여기서도 첫 번째 도의 과보로 나타난 마음을 상세하게 분류하여 설명하고 이를 나머지 과보로 나타난 마음에 적용시키고 있다. 이들은 본서 제1품의 제5장 출세간의 유익한 마음을 분류한 방법을 그대로 적용하고 있다. 그런데 출세간의 유익한 마음, 즉 도의 마음에서는 모두 36+9+36+9+36=126개의 마음을 분류해 내었지만 출세간의 과보의 마음에서는 다르다. 여기 출세간의 과보의 마음에는 이들 다섯 가지 경우에 각각 공과 무상과 무원의 세 가지가 배대가 된다. 그리하여 출세간의 과보의 마음은 출세간의 도의 마음의 세 배가 된다. 즉 출세간의 유익한 마음(도의 마음)으로는 모두 50,400개가 적용이 되었는데 출세간의 과보의 마음은 이것의 세 배인 151,200개가 된다.

이것을 적어보면, ① [네 가지] 순수한 도닦음(§§505~509)에 3(공·무상·무원)×9禪×4도닦음=108개의 마음이, ② 순수한 공함(§§510~513)에 공1×3(공·무상·무원)×9선=27개의 마음이, ③ 공함과 도닦음(§§514~518)에 공1×3(공·무상·무원)×9선×4도닦음=108개의 마음이, ④ 순수한 원함없음(§§519~522)에 무원1×3(공·무상·무원)×9선=27개의 마음이, ⑤ 원함없음과 도닦음(§§523~527)에 무원1×3(공·무상·무원)×9선×4도닦음=108개의 마음이 배대되어 모두 108+27+108+27+108=378개의 마음이 배대된다. 이것은 출세간의 도의 마음에서 36+9+36+9+36=126개의 마음이 적용된 것에 3배가 된다. 이것은 지배를 가짐(§§529~552)에도 그대로 적용이 된다. 이렇게 계산하면 출세간의 과보로 나타난 마음에는 151,200개의 마음이 적용되어 이것은 출세간의 유익한 마음 50,400개의 세 배가 된다. 이처럼 『담마상가니』는 출세간의 경지를 체득하는 것을 무상 · 고 · 무아를 통찰하여 이를 통해서 각각 무상해탈과 무원해탈과 공해탈을 얻는 것으로 설명하고 있다.

⑪ 해로운 과보로 나타난 결정할 수 없는 마음(§§556~565)

해로운 과보로 나타난 결정할 수 없는 마음에는 ① 해로운 과보로 나타난 다섯 가지 알음알이[前五識](§§556~561)와 ② 해로운 과보로 나타난 마노의 요소(§§562~563)와 ③ 해로운 과보로 나타난 마노의 알음알이의 요소(§§564~565)가 있어서 5+1+1=7개가 된다.

(b) 제2장 작용만 하는 결정할 수 없는[無記] 마음(§§566~582)

제2장 작용만 하는 결정할 수 없는[無記] 마음도 1. 욕계의 작용만 하는 마음(§§566~576)과 2. 색계의 작용만 하는 마음(§§577~578)과 3. 무색계의 작용만 하는 마음(§§579~582)의 셋으로 구성되어 있다.

이 가운데 욕계의 작용만 하는 마음은 (1) 원인 없는 작용만 하는 마음(§§566~575)과 (2) 원인을 가진 작용만 하는 마음(§576)으로 구성된다. 원인 없는 작용만 하는 마음 가운데 ① 작용만 하는 마노의 요소(§§566~567)와 ③ 평온이 함께한 작용만 하는 마노의 알음알이의 요소(§§574~575) 두 가지를 제외한 나머지는 아라한에게만 일어나는 마음이다. 특히 ② 기쁨이 함께하는 작용만 하는 마노의 알음알이의 요소(§§568~573)는 후대 주석서 문헌에서는 미소 짓는 마음으로 불리고 있다.

아라한에게서 일어나는 좋은 마음은 과보를 가져오지 않는다. 그러므로 이러한 마음들을 유익한 마음이라 부를 수 없다. 그래서 작용만 하는 마음이라 부르면서 유익한 마음과 구분하고 있다. 그러므로 아라한에게 일어나는 작용만 하는 마음의 개수는 유익한 마음과 일치한다. 그래서 원인을 가

<표1.3> 제1편 마음의 일어남 편에 나타나는 마음의 개수

품	마음 분류	문단 번호	개수
제1품 유익한 마음	1. 욕계의 유익한 마음	§§1~159	*8*
	2. 색계의 유익한 마음	§§160~264	4,715
	(1) 8가지 까시나	§§160~203	*1,800*
	(2) 8가지 지배의 경지[勝處]	§§204~247	*1,440*
	(3) 3가지 해탈	§§248~250	*675*
	(4) 4가지 거룩한 마음가짐의 禪	§§251~262	*550*
	(5) 10가지 부정(不淨)의 禪	§§263~264	*250*
	3. 무색계의 유익한 마음	§§265~268	*100*
	4. 삼계의 유익한 마음	§§269~276	820
	(1) 욕계의 유익한 마음	§§269~270	*560*
	(2) 색계의 유익한 마음	§§271~272	*180*
	(3) 무색계의 유익한 마음	§§273~276	*80*
	5. 출세간의 유익한 마음	§§277~364	50,400
	(1) 첫 번째 도	§§277~360	*12,600*
	(2) 두 번째 도	§361	*12,600*
	(3) 세 번째 도	§362	*12,600*
	(4) 네 번째 도	§§363~364	*12,600*
제2품 해로운 마음	해로운 마음(ma3-1-b)	§§365~430	*12*

제3품 결정할 수 없는 [無記] 마음	**과보로 나타난 결정할 수 없는 마음**	§§431~565	**151,236**
	유익한 과보로 나타난 결정할 수 없는 마음	§§431~555	**151,229**
	1. 욕계의 과보로 나타난 마음	§§431~498	16
	(1) 원인 없는 과보로 나타난 마음	§§431~497	*8*
	(2) 욕계 큰 과보로 나타난 마음	§498	*8*
	2. 색계의 과보로 나타난 마음	§§499~500	*9*
	3. 무색계의 과보로 나타난 마음	§§501~504	*4*
	4. 출세간의 과보로 나타난 마음	§§505~555	151,200
	(1) 첫 번째 과	§§505~552	*37,800*
	(2) 두 번째 과	§553	*37,800*
	(3) 세 번째 과	§553	*37,800*
	(4) 네 번째 과	§553	*37,800*
	해로운 과보로 나타난 결정할 수 없는 마음	§§556~565	*7*
	작용만 하는 결정할 수 없는 마음	§§566~582	**4,730**
	1. 욕계의 작용만 하는 마음	§§566~576	11
	(1) 원인 없는 욕계 작용만 하는 마음	§§566~575	*3*
	(2) 원인을 가진 욕계 작용만 하는 마음	§576	*8*
	2. 색계의 작용만 하는 마음	§§577~578	*4,715*
	3. 무색계의 작용만 하는 마음	§§579~582	*4*
합계	56,043 + 12 + 155,966 =		212,021

진 욕계의 작용만 하는 마음(§567)에도 8가지가 있고 색계의 작용만 하는 마음(§§577~578)에도 색계 유익한 마음처럼 4,715개의 마음이 일어날 수 있다. 무색계 작용만 하는 마음(§§579~582)은 무색계의 유익한 마음과 같이 네 개의 마음이 된다.

이렇게 하여 작용만 하는 결정할 수 없는 마음에는 모두 3+8+4,715+4=4,730개가 일어날 수 있다.

이렇게 하여 『담마상가니』 제1편 마음의 일어남 편에는 유익한 것 56,043가지 + 해로운 것 12가지 + 과보로 나타난 것 151,236가지 + 작용만 하는 것 4,730가지 = 212,021가지의 마음이 나타나고 있다. 이를 도표로 정리해 보면 다음 페이지와 같다.

한편 이들과 함께 일어나는 마음부수(심소)법들을 고유성질별로 정리하면 모두 52가지가 된다. 이러한 마음과 마음부수법들은 『아비담맛타상가하』에서 89/121가지 마음과 52가지 심소법들로 정리가 되었다. 지면 관계상 212,021개의 마음과 함께 일어나는 심소법들을 살펴보는 것은 생략하겠다. 89/121가지 마음과 52가지 심소법들의 결합과 조합에 대한 도표는 『아비담마 길라잡이』 제2장의 말미에 실려 있는 **<도표 2.4>** 마음-마음부수의 자세한 도표>를 참조하기 바란다.

이상에서 보았듯이 『담마상가니』 제1편은 색계 마음과 출세간 마음을 아주 자세히 분류하고 열거하고 나열하고 있다. 역자는 이것이 『담마상가니』 제1편의 특징 가운데 하나라고 생각한다. 이런 측면만 봐도 『담마상가니』는 4종선과 5종선으로 분류되는 본삼매를 증득하고 네 가지 도와 네 가지 과를 체득하여 출세간의 경지를 성취한 성자들을 위한 가르침이라고 할 수 있다. 아니면 적어도 이러한 경지를 체득하기 위해서 수행하는 이들을 위한 것이라 할 수 있을 것이다.

이를 토대로 역자는 『담마상가니』는 禪을 체득한 분들이나 깨달은 분들 혹은 성자의 경지를 체득한 분들, 특히 아라한들이 법을 체득한 기쁨과 법을 체득한 즐거움을 누리고 만끽하는 방법을 드러낸 것이라고 생각한다. 망망대해와도 같은, 광대무변이라는 말도 붙일 수 없는 법의 바다에서 뒤 파도가 앞 파도에 연이어 출렁대며 일어나고 사라지는 것을 거듭하듯이 법들의 갈무리와 법들의 교향곡과 법들의 오페라도 이렇게 끊임없이 조건생・조건멸하며 흘러가고 있다. 그것이 『담마상가니』요 법들의 갈무리요 법의 교향곡이요 법의 오페라인 것이다.

『담마상가니』는 깨달음의 경지에서 드러난 제법의 실상을 조화롭고 우아하게 표현하고 있는 것이다. 거기에는 중생이 없다. 깨달은 자도 성자도 없다. 단지 법들만이 있다. 광활한 바다와 같이 단지 법들의 조화로운 흐름만 있을 뿐이다. 『담마상가니』는 이것을 법의 언어로 반복되는 부분(뻬얄라, peyyala)의 생략의 기법을 총동원하여 묘사하고 있다.

6. 맺는말

이상으로 『담마상가니』 제1권을 구성하고 있는 『담마상가니』 마띠까와 제1편 마음의 일어남 편에 대해서 살펴보았다. 『담마상가니』는 마띠까에 대한 설명이고 이 마띠까를 마음의 일어남에 초점을 맞추어서 설명하려 한다. 본서 제3편 간결한 설명 편의 주석에서 『담마상가니 주석서』는 본서 제1편에서 『담마상가니』의 첫 번째 마띠까를 마음의 일어남에 초점을 맞추어 설명하는 이 방법이 나머지 마띠까들에도 다 적용될 수 있다고 밝히고 있다.(DhsA.343, §985의 해당 주해 참조)

역자는 본서 역자 서문 §12-(3)에서 법은 현장성을 가진다고 강조하였다. 특히 본서 제1편 마음의 일어남 편은 법의 현장성을 역설하고 있다고 역자는 파악한다. 마음이 일어나는 시점이 바로 현장이기 때문이다. 이처럼 매 순간 마음이 일어나는 지금・여기를 떠나서 현장은 있을 수 없고, 이런 마음의 일어남을 떠나서 법들(dhammā)은 존재하지 않는다는 것이 제1편의 강조점이라고 역자는 파악한다.

『담마상가니』 제1편에서 현장성을 나타내는 단어는 사마야(samaya, 때, 시점, 시기)이다. 놀라운 것은 『담마상가니』 제1편 마음의 일어남 편을 구성하고 있는 582개의 문단 가운데 때나 시점이나 시기나 시간으로 옮겨지고 현장성을 뜻하는 이 tasmiṁ samaya(그때, 그 시점에)가 들어가지 않은 문단이 한 군데도 없다는 사실이다. 이처럼 제1편 마음의 일어남 편을 통해서 법은 마음이 일어나는 바로 그 시점, 바로 그 현장에서 함께 일어나는 것으로 설명이 된다. 마음의 일어남이라는 현장을 떠나서 법들은 존재할 수 없다는 것이다.

법이 일어나는 지금·여기, 특히 나의 삶의 현장인 내 안에서, 더 구체적으로 나의 마음이 일어나는 지금·여기에서 함께 일어나는 법들은 조건발생임을 본서 제1편 마음의 일어남 편은 강조하고 있다.

그러면 어떻게 해서 현장성을 가진 법들의 연기(緣起) 혹은 조건발생을 파악할 것인가? 현장성을 가진 법들을 파악하는 방법으로 초기불전이 강조하는 것은 마음챙김·삼매·통찰지, 즉 사띠·사마디·빤냐[念·定·慧, 염·정·혜, sati-samādhi-paññā]이다. 몸·느낌·마음·법[身·受·心·法]의 21가지 명상주제로 나누어지는 법들 가운데 하나를 대상으로 마음을 챙기고[念, 마음챙김, sati] 이 대상에 마음을 하나로 모아서[心一境, 삼매, cittassa ekaggatā] 이들의 무상이나 고나 무아를 통찰하는 것[般若, 통찰지, paññā]이 바로 염·정·혜이다. 그리고 마음챙김을 토대로 하여[念處] 구체화된 수행 방법이 사마타와 위빳사나이며, 사마타는 집중을 중히 여기고 위빳사나는 통찰지를 중히 여긴다.

본서를 읽는 독자들께서 부디 지금·여기 나의 삶의 현장에서, 나의 마음이 일어나는 지금·여기에서 함께 일어나는 법들을 통찰하여 이들이 조건발생임을 체득하기를 기원하며 제1권의 해제를 마무리한다.

담마상가니

마띠까[論母]

mātikā

namo tassa bhagavato arahato sammāsambuddhassa
그분 부처님 · 아라한 · 정등각자께 귀의합니다.

담마상가니

마띠까[論母][67]

mātikā

I. 세 개 조 마띠까

tika-mātikā[68]

---

67) 어머니를 뜻하는 마따(mātā, Sk.mātṛ)에서 파생된 불교 전문용어인 '마띠까(mātikā)'는 중국에서 本母(본모)와 行母(행모) 등으로 옮겼고 요즘은 논모(論母)로 정착이 되어가고 있다. 마띠까에 대한 자세한 논의는 본서 해제 <§3. 담마상가니 마띠까>를 참조하기 바란다.
그런데 『담마상가니 주석서』 즉 『앗타살라니』(Atthasālinī)는 이 『담마상가니』 마띠까가 본서 제1편 마음의 일어남 편에 포함된 것으로 설명하고 있다. 그래서 주석서는 "마음의 일어남 편도 마띠까(mātikā)와 용어의 분류(padabhājaniya)를 통해서 두 가지로 구성되어 있다."(DhsA.36)라고 적고 있다.
그러나 내용으로 봐도 마띠까는 본서 제1편부터 제4편 전체의 논의의 주제이기 때문에 제1편에 포함되기는 어려워 보인다. 실제로 VRI본과 PTS본은 이 마띠까를 제1편 앞에, 즉 책의 첫머리[冒頭]에 분리해서 편집하여 싣고 있다. 역자도 마띠까를 제1장에 포함시키지 않고 독립된 것으로 편집하였다.

한편 주석서는 "이 모든 [마띠까]는 열다섯 가지 범주로 구분된다. 세 개 조는 하나로 구분이 되고 두 개 조는 열네 가지로 구분이 된다."(DhsA.36)라고 하여 이 마띠까를 열다섯 가지 범주로 구분하고 있다. 열다섯 가지 범주에 대해서는 아래 II. 두 개 조 마띠까의 주해를 참조할 것.

68) 여기 세 개 조 마띠까에는 모두 22개의 마띠까가 포함되어 있다. 『위방가 주석서』에서 "두 개 조들로 두 개 조 마띠까가 정리되어 있다. … 세 개 조들로 세 개 조 마띠까가 정리되어 있다."(VbhA.396)라고 설명하고 있어서 본

1.[69] 유익한[70] 법들[71](ma3-1-a)[72]

서에서는 tika-mātikā를 '세 개 조 마띠까'로, duka-mātikā를 '두 개 조 마띠까'로 옮기고 있다.

69) kusalā dhammā/
akusalā dhammā/
abyākatā dhammā/

70) 주석서는 '유익함(kusala)'이라는 단어는 병 없음(ārogya), 비난받지 않음(anavajja), 능숙함(cheka), 즐거운 과보(sukhavipāka)의 네 가지 뜻이 있다고 예문을 들어서 설명한 뒤에 병 없음과 비난받지 않음과 즐거운 과보의 세 가지가 여기에 적용된다고 주석하고 있다.(DhsA.38)

유익함으로 옮기는 '꾸살라(kusala)'의 문자적인 의미는 다음과 같다.
"① 나쁘고(kucchita) 삿된(pāpaka) 법들을 흔들어버리고 동요하게 만들고 떨게 만들고 쓸어버린다고 해서 꾸살라라 한다.
② 혹은, 나쁜(kucchita) 형태로 누워있는 것(sayanti)이 꾸사 풀(kusa)이다. 이런 해로움[不善]이라 불리는 꾸사 풀들을 꺾는다(lunanti), 벤다(chindanti)고 해서 꾸살라이다.
③ 혹은, 나쁜 것(kucchita)들을 약하게 만들고(sāna) 얇게 만들고(tanu-karaṇa) 없애 버리기(osānakaraṇa) 때문에 지혜(ñāṇa)를 꾸사라 한다. 이런 꾸사로 꺾어져야 한다(lātabbāti), 얻어져야 한다(gahetabbā), 생겨야 한다(pavatte-tabbā)고 해서 꾸살라이다.
④ 혹은, 꾸사 풀이 [자신을 거머쥐는] 손의 양면을 베어버리듯이 그와 같이 이미 생겼거나 아직 생기지 않은 오염원(kilesa) 둘 다를 베어버린다. 그러므로 꾸사 풀처럼 베어버린다(lunanti)고 해서 꾸살라이다."(DhsA.39)

주석서의 설명에서 보듯이 꾸살라(kusala, Sk. kuśala)라는 단어는 인도의 전통에서는 kusa+la로 분석하고 있는데 여기서 꾸사는 꾸사라는 풀을 의미한다. √la는 자르다, 베다(*to cut*)는 의미가 있다. 그래서 꾸살라는 꾸사 풀을 꺾는 것을 뜻한다. 꾸사 풀은 우리나라의 억새풀과 비슷하다 할 수 있는데 인도의 전통적 제사에 반드시 있어야 하는 중요한 풀이다. 그런데 이 풀이 아주 억세고 날카로워서 주의를 기울이지 않고 잘못 꺾게 되면 손을 베이게 된다. 그래서 이 풀을 베려면 아주 마음을 기울여서 조심해서 꺾어야 한다. 이와 마찬가지로 어떤 것이 유익하기[善] 위해서는 이치에 맞게 마음에 잡도리함[如理作意, yoniso manasikāra]이 필요하다는 뜻에서 이 말이 유래되었다고 보는 것이다.

71) 여기서 '법(法)'은 담마(dhamma)를 옮긴 것이다. 『담마상가니 주석서』는 담마의 의미를 아래의 넷으로 설명하고 있다.

해로운[73] 법들(ma3-1-b)

"'법(dhamma)'이란 단어는 ① 교학(pariyatti)과 ② 원인(hetu)과 ③ 공덕(guṇa)과 ④ 중생이 아님과 영혼이 아님(nissatta-nijjīvatā) 등으로 보아야 한다.
① "경(經, sutta)과 응송(應頌, geyya)과 … 문답[方等, vedalla]이라는 [아홉 가지] 법을 잘 알고 있다."(A4:102)라는 등에서는 교학을 말씀하셨다.
② "원인에 대한 지혜가 '법에 대한 무애해'이다."(Vbh. §720)라는 등에서는 원인에 대해서 말씀하셨다.
③ "법과 비법 두 가지는
같은 과보를 가져오지 않나니

비법은 지옥으로 인도하고
법은 선처에 이르게 한다."(Thag.128 {304})

라는 등에서는 공덕에 대해서 말씀하셨다.
④ "그런데 그때에 법들이 있고"(Dhs. §121)나 "법에서 법을 관찰하면서 머문다."(D22)라는 등에서는 중생이 아님과 영혼이 아님에 대해서 말씀하셨다. 중생과 영혼이 아님이 여기 본문에 해당한다."(DhsA.38)
즉 여기 『담마상가니』에서 법은 중생이니 영혼이니 하는 개념적인 것(paññatti)이 아니라 고유성질(sabhāva)을 가진 것이라는 의미이다.

다시 주석서는 법을 이렇게 정의한다. 본문에서는 dhammā(법들)로 복수로 나타나지만 역자는 단수로 옮겼다.
"① 자신의 고유성질(sabhāva)을 가진다(호지한다, dhārenti)고 해서 '법'이다. ② 혹은 조건들(paccayā)에 의해서 호지된다(dhāriyanti), ③ 혹은 틀림없는 고유성질에 따라(yathāsabhāvato) 호지된다고 해서 '법'이라 한다."(DhsA.39)

이 가운데 첫 번째인 '자신의 고유성질을 가진다고 해서 법이다.'로 옮긴 'attano pana sabhāvaṁ dhārentīti dhammā'는 법을 정의하는 구문으로 잘 알려진 것이다. 경장의 주석서에 나타나는 법에 대한 설명에 대해서는 본서 역자 서문 §3의 (1)을 참조하기 바란다.

72) 본서에서 '(ma3-1-a)' 등으로 ( ) 안에 넣고 있는 것은 마띠까의 번호인데 독자들의 이해를 돕기 위해서 역자가 임의로 만들어 넣은 것이다. 여기서처럼 세 가지 마띠까는 ma3로, 두 가지 마띠까는 ma2로, 제2권의 물질의 마띠까는 Rma로 표기하였다. 예를 들면 ma3-15-b는 세 가지 마띠까 가운데 15번째 마띠까의 두 번째를 뜻한다. 본서 제2편에 나타나는 물질의 마띠까는 '(Rma-2-1-a)' 등으로 표기하고 있는데 이 경우의 'R'은 물질을 뜻하는 rūpa를 염두에 두고 역자가 임의로 만들었음을 밝힌다.

73) "유익하지 않은 것이 '해로운 것(akusalā)'이다. 친구의 반대가 되는 것이 적

결정할 수 없는[無記][74] 법들(ma3-1-c)[75]

2.[76] 즐거운[77] 느낌[78]과 결합된 법들(ma3-2-a)

(amittā)인 것과 같고 탐욕 등의 반대가 되는 것이 탐욕 없음 등(alobhādi)인 것과 같다. 유익함의 반대가 되는 것이라는 뜻이다."(DhsA.39)

74) "결정하지 못한다(na byākatā)고 해서 '결정할 수 없는 것[無記, abyākatā/avyākatā]'이다. 유익함과 해로움의 성질에 의해서 설명되지 않음의 뜻이다.

그러므로 비난받지 않고 즐거운 과보를 가져오는 것을 특징으로 하는 것(anavajja-sukha-vipāka-lakkhaṇā)이 '유익함(kusalā)'이고, 비난받고 괴로운 과보를 가져오는 것을 특징으로 하는 것이 '해로움(akusala)'이고, 과보를 가져오지 않는 것을 특징으로 하는 것이 '결정할 수 없는 것[無記, abyākatā]'이다."(DhsA.39)

75) "'유익한 법들, 해로운 법들, 결정할 수 없는[無記] 법들'(ma3-1)이라는 이 [논의의 주제는] 첫 번째 단어에 따라 유익함의 세 개 조(kusalattika)라는 이름을 붙였다. '즐거운 느낌과 결합된 법들, 괴로운 느낌과 결합된 법들, 괴롭지도 즐겁지도 않은 느낌과 결합된 법들'(ma3-2)이라는 이 [논의의 주제는] 이 세 가지 용어 전부에 [다 포함되어 있는 느낌이라는] 단어를 취하여 느낌의 세 개 조(vedanāttika)라는 이름을 붙였다. 이와 같이 첫 번째 단어나 전부에 [다 포함되어 있는] 단어에 따라 세 개 조(tika)와 두 개 조(duka)의 모든 이름(명칭)을 알아야 한다."(DhsA.36)
이하 주석서는 특정 마띠까를 지칭할 때는 항상 이처럼 유익함의 세 개 조 등의 어법을 사용하고 있다.

76) sukhāya vedanāya sampayuttā dhammā/
dukkhāya vedanāya sampayuttā dhammā/
adukkhamasukhāya vedanāya sampayuttā dhammā/

77) 주석서는 경을 예문으로 인용하면서 '즐거움(sukha)' 혹은 '행복'의 뜻으로 ① 즐거운 느낌(sukha-vedanā) ② 즐거운 뿌리(sukha-mūla) ③ 즐거운 대상(sukhārammaṇa) ④ 즐거운 원인(sukha-hetu) ⑤ 즐거운 조건의 토대(sukha-paccayaṭṭhāna) ⑥ 고통에서 벗어남(abyābajjha) ⑦ 열반(nibbāna)의 7가지를 든 뒤에 여기서는 ① 즐거운 느낌(sukha-vedanā)을 뜻한다고 밝히고 있다.(DhsA.40~41)
'⑥ 고통에서 벗어남'으로 옮긴 abyābajjha에 대해서는 『맛지마 니까야』 제3권 「깐나깟탈라 경」(M90) §13의 주해를 참조할 것.

여기서 보듯이 '즐거움'으로 옮긴 용어는 sukha이다. 역자는 sukha가 여기서처럼 sukha-vedanā(즐거운 느낌)의 문맥에서 나타날 때는 '즐거움'으로 옮기고 있으며 그 외에 특히 禪의 구성요소 가운데 하나로 나타날 때는 '행

괴로운[79] 느낌과 결합된 법들(ma3-2-b)

괴롭지도 즐겁지도 않은 느낌과 결합된[80] 법들(ma3-2-c)

복'으로 옮기고 있다. 여기에 대해서는 아래 두 개 조 마띠까 가운데 '행복이 함께하는 법들'(ma2-91-a)의 주해와 §3, §10, §87, §374 등의 해당 주해도 참조할 것.

78) "모든 대상의 맛을 느낀다(vedayati), 즉 경험한다(anubhavati)고 해서 '느낌(vedanā)'이라 한다. 원하는 것을 경험하는 특징을 가진 것이 '즐거움'이고 원하지 않는 것을 경험하는 특징을 가진 것이 '괴로움'이고 이 둘과 다른 것을 경험하는 것이 '괴롭지도 즐겁지도 않은 것'이다."(DhsA.41)

79) 같은 방법으로 주석서는 '괴로움(dukkha)'의 뜻으로 ① 괴로운 느낌(dukkha-vedanā) ② 괴로운 토대(dukkha-vatthu) ③ 괴로운 대상(dukkha-ārammaṇa) ④ 괴로운 조건(dukkha-paccaya) ⑤ 괴로운 조건의 토대(dukkha-paccayaṭṭhāna)의 5가지를 경의 예문으로 든 후 여기서는 ① 괴로운 느낌(dukkha-vedanā)을 뜻한다고 밝히고 있다.(DhsA.41)

80) "이 세 구절에서 '결합된(sampayutta)'이라는 단어가 있는데 이것은 동등한 방법들로 결합되었다는 뜻이다. 어떤 방법들로 결합되었는가? [마음과] 함께 일어남 등의 방법들을 말한다."(DhsA.41)
계속해서 주석서는 '동등한 방법들로 결합되었다.'는 의미를 『까타왓투』(論事, Kv)를 인용하면서 다음과 같이 설명한다.

"[『까타왓투』에서는] "어떤 법들과도 결합되지 않는 그런 법들이 없는가?"라는 이런 질문에 대해서 "없다."라고 부정하면서 "참으로 어떤 법들이 함께하고(sahagatā) 함께 생기고(sahajātā) 함께 결속하고(saṁsaṭṭhā) 함께 일어나고(ekuppādā) 함께 멸하고(ekanirodhā) 동일한 토대를 가지고(ekavatthukā) 동일한 대상을 가지는(ekārammaṇā) 그런 법들이 있지 않은가?"(Kv.337)라고 하였다. 이와 같이 함께 일어남 등에 의해서 결합됨의 뜻이 설해졌다. 이처럼 이러한 함께 일어남 등을 통해서 '동등한 방법들로 결합되었다.'라고 해서 '결합됨'이라 한다."(DhsA.42)

『까타왓투』(論事)에 대해서는 본서 제2권 말미에 부록으로 싣고 있는 『담마상가니 주석서』 서문 §17을 참조하기 바란다. 한편 『아비담맛타상가하』(『아비담마 길라잡이』 제2장 §1참조)에서는

"[마음과] 함께 일어나고 함께 멸하며
동일한 대상을 가지고 동일한 토대를 가지는
마음과 결합된 52가지 법을 마음부수들이라 한다."(Abhi-Sgh.7)

라고 결합의 방법을 설명하고 있다.

3.[81] 과보로 나타난 법들(ma3-3-a)[82]
과보를 생기게 하는 법들(ma3-3-b)[83]
과보로 나타난 것도 아니고 과보를 생기게 하는 것도 아닌 법들 (ma3-3-c)[84]

4.[85] 취착되었고 취착의 대상인 법들(ma3-4-a)[86]

---

81) vipākā dhammā/
vipākadhammadhammā/
nevavipākanavipākadhammadhammā/

82) "과보로 나타난 것의 세 개 조(ma3-3)에서, 서로 다른(유익함과 해로움의 익음(pākā)이라고 해서 '과보로 나타난 것[異熟, vipāka]'이다. 이것은 과보의 상태에 이른 비물질인 법들의 동의어이기도 하다."(DhsA.42)

83) '과보를 생기게 하는 법들'은 vipāka-dhamma-dhammā를 옮긴 것이다. "'과보를 생기게 하는 법들'이란 과보를 [가져오는] 고유성질을 가진 법들(vipāka-sabhāva-dhammā)이다. 예를 들면 태어남과 늙음이라는 고유성질을 가졌고 태어나고 늙는 성질을 가진 중생들은 태어나는 법을 가졌고(jāti-dhammā) 늙는 법을 가졌다(jarā-dhammā)고 말하는 것처럼, 과보를 생기게 한다는 뜻(vipāka-janakaṭṭha)에서 과보를 [가져오는] 고유성질을 가졌고 과보를 [가져오는] 성질을 가진 법들이라는 뜻이다."(DhsA.42)

84) "여기서 [과보로 나타난 것도 아니고 과보를 생기게 하는 것도 아닌 법들]이라는 세 번째 구절은 [앞의] 두 가지 고유성질과 반대되는 것을 통해서 말씀하셨다."(DhsA.42)

85) upādiṇṇupādāniyā dhammā/
anupādiṇṇupādāniyā dhammā/
anupādiṇṇānupādāniyā dhammā/

86) "취착되었고 취착의 대상인 것의 세 개 조(ma3-4)에서, 대상을 통해 갈애와 사견을 동반한 업에 의해 취착되었다, 결과의 상태로 붙잡혔다고 해서 '취착되었다(upādiṇṇā)'고 한다.
대상이 되어 취착과 결합됨으로써 취착에 놓여있다. 그러므로 '취착의 대상(upādāniya)'이다. 이것은 취착의 대상인 조건(ārammaṇa-paccaya)이 됨과 동의어이다.
취착되었으면서 그 취착의 대상들이라고(upādiṇṇā ca te upādāniyā ca) 해서 '취착되었고 취착의 대상인 것들(upādiṇṇupādāniyā)'이다. 이것은 번뇌의 대상이면서 업에서 생긴 물질과 비물질인 법들의 동의어이다."(DhsA.42)
'취착된 것(upādiṇṇā)'에 대해서는 본서 제2편 §652의 첫 번째 주해를 참조

취착되지 않았지만 취착의 대상인 법들(ma3-4-b)
취착되지 않았고 취착의 대상도 아닌 법들(ma3-4-c)

5.[87] 오염되었고 오염의 대상인 법들(ma3-5-a)[88]
오염되지 않았지만 오염의 대상인 법들(ma3-5-b)
오염되지 않았고 오염의 대상도 아닌 법들(ma3-5-c)

6.[89] 일으킨 생각이 있고 지속적 고찰이 있는 법들(ma3-6-a)
일으킨 생각은 없고 지속적 고찰만 있는 법들(ma3-6-b)
일으킨 생각도 없고 지속적 고찰도 없는 법들(ma3-6-c)[90]

할 것.

87) saṁkiliṭṭhasaṁkilesikā dhammā/
asaṁkiliṭṭhasaṁkilesikā dhammā/
asaṁkiliṭṭhāsaṁkilesikā dhammā/

88) "오염되었고 오염의 대상인 것의 세 개 조(ma3-5)에서, 오염시킨다(saṁkileseti)고 해서 오염원(saṁkilesa)이다. 억누른다, 들볶는다는 뜻이다. 이러한 오염원이 갖추어져 있다(samannāgatā)고 해서 '오염되었다(saṁkiliṭṭhā)'고 한다.
자신들을 대상으로 삼아서 생겨나면서 오염원을 [생기게 할] 수 있거나, 혹은 오염원에 빠져 있어서 그 대상의 상태를 넘어서지 않기 때문에 '오염의 대상인 것들(saṁkilesikā)'이다. 이것은 오염원의 대상인 조건(ārammaṇa-paccaya)이 됨과 동의어이다.
오염되었으면서 그 오염의 대상들이라고(saṁkiliṭṭhā ca te saṁkilesikā ca) 해서 '오염되었고 오염의 대상인 것들(saṁkiliṭṭha-saṁkilesikā)'이다. 나머지 두 개의 구문은 이전의 세 개 조에서 설명한 방법대로 알아야 한다." (DhsA.42)

89) savitakkasavicārā dhammā/
avitakkavicāramattā dhammā/
avitakkāvicārā dhammā/

90) "일으킨 생각의 세 개 조(ma3-6)에서, [마음과 마음부수법들의] 결합(sampayoga)에 의해서 존재하는 일으킨 생각이 있는 것이 '일으킨 생각을 가진 것들(savitakkā)'이다. 지속적 고찰이 있는 것이 '지속적 고찰을 가진 것들(savicārā)'이다.
일으킨 생각이 함께하고 지속적 고찰이 함께한다고 해서 '일으킨 생각이 있고 지속적 고찰이 있는 것들(savitakka-savicārā)'이다. 둘 다가 없는 것이

7.[91] 희열이 함께하는 법들(ma3-7-a)
행복이 함께하는 법들(ma3-7-b)
평온이 함께하는 법들(ma3-7-c)[92]

8.[93] 봄[見]으로써 버려야 하는 법들(ma3-8-a)[94]

'일으킨 생각도 없고 지속적 고찰도 없는 것들(avitakk-āvicārā)'이다. 일으킨 생각과 지속적 고찰 가운데서 오직 지속적 고찰만(vicārova mattā) 그 정도의 양만큼만 있는 것이 '지속적 고찰만 있는 것들(vicāra-mattā)'이다. 지속적 고찰을 넘어 일으킨 생각과 함께 결합하지 않는다는 뜻이다. 일으킨 생각은 없고 그들 지속적 고찰만이 있다(avitakkā ca te vicāra-mattā ca)고 해서 '일으킨 생각은 없고 지속적 고찰만 있는 것들(avitakka-vicāramattā)'이다."(DhsA.43)

91) pītisahagatā dhammā/
sukhasahagatā dhammā/
upekkhāsahagatā dhammā/

92) "희열의 세 개 조(ma3-7)에서 희열이 함께 일어나는 등의 상태로 된 것이 '희열이 함께하는 것들(pīti-sahagatā)'이다. 희열과 결합됨(pīti-sampayutta)을 뜻한다. 나머지 두 구문에도 이 방법이 적용된다.
여기서 '평온(upekkhā)'은 괴롭지도 즐겁지도 않은 느낌(adukkhamasukhā vedanā)을 말한다. 그것은 참으로 즐거움과 괴로움이 일어나는 것을 관망하고 중립의 상태에 잘 머물게 한다. 그런 상태로 일어나기 때문에 '평온'이다.
이처럼 느낌의 세 개 조(ma3-2)에 의해서 두 개의 구문을 들어 희열이 함께하는 행복과 희열이 없는 행복의 차이점을 보여주기 위해서 이 세 개 조를 설하셨다."(DhsA.43)

93) dassanena pahātabbā dhammā/
bhāvanāya pahātabbā dhammā/
neva dassanena na bhāvanāya pahātabbā dhammā/

94) "봄의 세 개 조(ma3-8)에서 '봄[見, dassana]'이라는 것은 예류도(sotāpatti-magga)를 말한다. 이것은 처음으로 열반을 보기 때문에 '봄'이라고 하셨다.

종성(種姓, gotrabhū)이 이보다 먼저 [열반을] 보기는 하지만 이것은 마치 어떤 용무가 있어서 왕의 가까이로 온 사람이 멀리서 어떤 행로를 따라 움직이면서 코끼리의 등에 앉아서 가는 왕(rāja)을 보았지만 '당신은 왕을 보았습니까?'라고 질문을 받으면 비록 왕을 보았지만 그가 해야 할 의무를 아직 행하지 않았기 때문에 '보지 못했습니다.'라고 대답하는 것과 같다. 그와 같이 [종성은] 열반을 보았지만 버려야 할 오염원을 버리지 못했기 때문에(kilesappahānassābhāvā) 보지 못했다고 말한다. 그 [종성의] 지혜는 도

닦음으로써 버려야 하는 법들(ma3-8-b)[95]

봄[見]이나 닦음으로 버려야 하지 않는 법들(ma3-8-c)

9.[96] 봄[見]으로써 버려야 하는 원인을 가진 법들(ma3-9-a)[97]

닦음으로써 버려야 하는 원인을 가진 법들(ma3-9-b)

(道)로 전향하는 곳에 있기 때문이다."(DhsA.43)
종성(種姓, gotrabhū)에 대해서는 『아비담마 길라잡이』 제9장 §34의 해설과 『청정도론』 XXII.5 등을 참조할 것.

95) "'닦음[修, bhāvanā]'이라는 것은 나머지 세 가지 도(일래도, 불환도, 아라한도)를 말한다. 나머지 세 가지 도는 첫 번째 도(예류도)에 의해서 보아진 법(diṭṭha dhamma)을 닦아서 생긴 것이기 때문에 전에 보지 못한 것은 어떤 것도 보지 못한다. 그래서 닦음이라고 말씀하셨다.
세 번째 구문은 이 둘과 반대되는 것으로 말씀하셨다."(DhsA.43)

96) dassanena pahātabbahetukā dhammā/
bhāvanāya pahātabbahetukā dhammā/
neva dassanena na bhāvanāya pahātabbahetukā dhammā/

97) "봄으로써 버려야 하는 원인이 이들에게 있다고 해서(dassanena pahātabbo hetu etesanti) '봄으로써 버려야 하는 원인을 가진 것들(dassanena pahātabba-hetukā)'이다. 두 번째 구문에도 이 방법이 적용된다.
세 번째 구문 [즉 '봄이나 닦음으로 버려야 하는 원인을 가지지 않은 법들']에는 이들의 원인은 봄이나 닦음으로 버려야 하는 것이 아니다(neva dassanena na bhāvanāya pahātabbo hetu etesaṁ)라고 뜻을 취하지 말고, 봄이나 닦음으로 버려야 하는 원인이 이들에게 없다(neva dassanena na bhāvanāya pahātabbo hetu etesaṁ atthi)고 이렇게 그 뜻을 취해야 한다. 그렇지 않으면 원인이 없는 법들(ahetukā, *cf.* ma2-2-b)을 포함할 수 없게 된다. [원인이 없는 법들은] 봄이나 닦음으로 버릴 원인 자체가 없기 때문이다.

그리고 원인을 가진 법들(sahetukā, *cf.* ma2-2-a)의 경우에도 원인들을 버리는 것이 아니라 원인이 아닌 것을 버리는 것이 된다. '봄이나 닦음으로 버려야 하는 원인을 가지지 않은 법들'이라는 것은 원인 그 자체를 두고 설하신 것이지 원인이 아닌 법들을 두고 하신 말씀이 아니다.
그러므로 이 두 가지 [해석은] 어느 것도 여기서 뜻하는 것이 아니다. 그러므로 봄이나 닦음으로 버려야 하는 원인이 이들에게 없다고 해서 '봄이나 닦음으로 버려야 하는 원인을 가지지 않은 법들(nevadassanena nabhāvanāya pahātabbahetukā)'이라는 이 뜻을 여기서는 취해야 한다."(DhsA.43~44)

봄[見]이나 닦음으로 버려야 하는 원인을 가지지 않은 법들(ma3-9-c)

10.[98] [윤회를] 축적하게 하는 법들(ma3-10-a)[99] [2]
[윤회를] 감소시키는 법들(ma3-10-b)
[윤회를] 축적하게 하는 것도 [윤회를] 감소시키는 것도 아닌 법들(ma3-10-c)

11.[100] 유학에 속하는 법들(ma3-11-a)
무학에 속하는 법들(ma3-11-b)
유학에도 무학에도 속하지 않는 법들(ma3-11-c)[101]

---

98) ācayagāmino dhammā/
apacayagāmino dhammā/
nevācayagāmināpacayagāmino dhammā/

99) "축적의 세 개 조(ma3-10)에서, 업과 오염원들에 의해서 축적된다(āciyati)고 해서 '축적(ācaya)'이다. 이것은 재생연결과 죽음과 태어날 곳(paṭisandhi-cuti-gati)을 일으킨다는 말이다. 이 [윤회를 축적하게 하는 법들]은 ① 이러한 [축적을] 성취함에 의해서[축적]의 원인이 되어 축적을 해가도록 하기도 하고 ② [이러한 윤회를 축적하게 하는 법들이] 진행되고 있는 사람으로 하여금 앞에서 말한 [윤회의] 축적을 하도록 한다고 해서 '[윤회를] 축적하게 하는 법들(ācayagāmino)'이라 한다. 이것은 번뇌의 대상이 되는 유익하거나 해로운 법들의 동의어이다.
이러한 축적이라 불리는 쌓음(cayā)이 없기 때문에 열반이 바로 쌓음이 없다고 해서 '감소(apacaya)'이다. 이러한 [열반]을 대상으로 하여 지속되기 때문에 감소를 해가도록 한다고 해서 '[윤회를] 감소시키는 법들(apacaya-gāmino)'이다. 이것은 성스러운 도들(ariya-maggā = lokuttara-magga, DhsA.358,; SA.i.36)의 동의어이다.
그리고 성벽의 벽들처럼 지속적으로 축적한다고 해서 '[윤회의 과정에서] 축적되는 법들'이고 이렇게 축적되고 축적된 벽돌을 제거시키는 사람처럼 이러한 지속을 모으지 않는다고 해서 '[윤회를] 감소시키는 법들'이다.
세 번째 구문은 이 둘과 반대되는 것으로 말씀하셨다."(DhsA.44)

100) sekkhā dhammā/
asekkhā dhammā/
nevasekkhanāsekkhā dhammā/

101) "유학[에 속하는] 세 개 조(ma3-11)에서, ① 세 가지 공부지음[三學, ti

12.[102] 제한된 법들(ma3-12-a)[103]

고귀한 법들(ma3-12-b)

무량한 법들(ma3-12-c)

13.[104] 제한된 대상을 가진 법들(ma3-13-a)[105]

고귀한 대상을 가진 법들(ma3-13-b)

---

sikkhā]에서 생겼다고 해서 '유학[에 속하는] 법들(sekkhā)'이다. ② 일곱 가지 유학들에게 있다고 해서 역시 '유학[에 속하는] 법들'이다. ③ 그리고 공부지음의 상태가 완결되지 않았기 때문에(apariyosita-sikkhattā) 스스로 공부짓는다고 해서도 '유학[에 속하는] 법들'이다.
① 공부지음의 상태를 넘어서서 유학[에 속하지] 않는 것이 '무학[에 속하는] 법들(asekkhā)'이다. ② 유학[에 속하는 법들]이 향상에 도달했기 때문에 역시 '무학[에 속하는] 법들'이다. 이것은 아라한과의 법들과 동의어이다.
세 번째 구문은 이 둘에 속하지 않는 것으로 말씀하셨다."(DhsA.44)

102) parittā dhammā/
mahaggatā dhammā/
appamāṇā dhammā/

103) "제한된 것의 세 개 조(ma3-12)에서, 전체로부터 떨어져 나왔기 때문에 작은 것(appamattaka)을 '제한된 것(paritta)'이라 부른다. 작은 소똥 덩어리(S22:96)와 같다. 이들은 위력이 적기 때문에 제한된 것과 같다고 해서 역시 '제한된 것'이다. 이것은 욕계에 속하는 법들과 동의어이다.
오염원을 억압하는 능력을 가졌고 광대한 과보를 가져오고 긴 흐름을 가졌기 때문에 고귀한 경지에 이르렀거나 혹은 고귀하고 고결한 열의와 정진과 마음과 통찰지를 통해서 고귀한 경지에 이르렀고 도를 닦았다고 해서 '고귀한 법들(mahaggatā)'이다.
한정된 형태의 갈망(rāga) 등의 법들은 한정된 것(pamāṇa)이라 한다. 대상으로나 결합으로도 한정된 것이 없고 한정된 것과 반대되기 때문에 '무량한 법들(appamāṇā)'이다.(DhsA.44~45)
§1419에 의하면 열반도 무량한 것에 속하는 것으로 설명한다.

104) parittārammaṇā dhammā/
mahaggatārammaṇā dhammā/
appamāṇārammaṇā dhammā/

105) "제한된 대상을 가진 세 개 조(ma3-13)에서, 이들의 대상이 제한되어 있다고 해서 '제한된 대상을 가진 법들(parittārammaṇā)'이다. 나머지 두 구문에도 같은 방법이 적용된다."(DhsA.45)

무량한 대상을 가진 법들(ma3-13-c)

14.[106] 저열한 법들(ma3-14-a)[107]

중간인 법들(ma3-14-b)

수승한 법들(ma3-14-c)

15.[108] 그릇된 것으로 확정된 법들(ma3-15-a)[109]

바른 것으로 확정된 법들(ma3-15-b)

확정되지 않은 법들(ma3-15-c)

---

106) hīnā dhammā/
majjhimā dhammā/
paṇītā dhammā/

107) "저열한 것의 세 개 조(ma3-14)에서, '저열한 것들(hīnā)'이란 형편없는(lāmakā) 해로운 법들[不善法, akusalā dhammā]이다. 저열한 것과 수승한 것들의 중간에 있다고 해서 '중간인 법들(majjhimā)'이다. 최상(uttama)이라는 뜻과 태움이 없다[無熱, atappaka]는 뜻에서 '수승한 법들(paṇītā)'이며 출세간에 속하는 법들이다."(DhsA.45)

108) micchattaniyatā dhammā/
sammattaniyatā dhammā/
aniyatā dhammā/

109) "그릇된 것으로 확정된 것의 세 개 조(ma3-15)에서, '나에게 이익과 행복이 있기를.'이라는 바람을 가지고 있지만 그렇게 되지 않고, 또한 부정한 것 등에 대해서 깨끗하다는 등의 전도를 생기게 하기 때문에 그릇된 고유성질을 가졌다고 해서 '그릇된 상태(micchattā)'이다. 과보를 줄 때 오온이 무너지자마자 즉시에 과보를 주기 때문에 '확정된 법들(niyatā)'이다. 그릇된 상태와 그 확정된 것들(micchattā ca te niyatā ca)이 '그릇된 것으로 확정된 법들(micchattaniyatā)'이다.
[앞에서] 말한 것과 반대되는 뜻에서 바른 것의 고유성질을 가졌다고 해서 '바른 법들(sammattā)'이다. 바른 것들이면서 확정된 것들이 즉시에 결실을 준다고 해서 '바른 것으로 확정된 법들(sammatta-niyatā)'이다. 이 두 가지가 확정되지 않았다고 해서 '확정되지 않은 법들(aniyatā)'이다."(DhsA.45)

한편 『디가 니까야』 제3권 「합송경」(D33 §1.10 (28))에는 "그릇된 것으로 확정된 더미(micchattaniyata rāsi), 바른 것으로 확정된 더미(sammattaniyata rāsi), 확정되지 않은 더미(aniyata rāsi)"가 언급되고 있다.

16.[110] 도를 대상으로 가진 법들(ma3-16-a)[111]
도를 원인으로 가진 법들(ma3-16-b)[112]
도를 지배의 [요소]로 가진 법들(ma3-16-c)[113]

17.[114] 일어난 법들(ma3-17-a)[115]
일어나지 않은 법들(ma3-17-b)
일어나게 될 법들(ma3-17-c)

18.[116] 과거의 법들(ma3-18-a)[117]

---

110) maggārammaṇā dhammā/
maggahetukā dhammā/
maggādhipatino dhammā/

111) "도를 대상으로 가진 것들의 세 개 조(ma3-16)에서, 열반을 추구한다(maggati), 찾는다(gavesati), 혹은 오염원들을 죽이면서 간다(kilese mārento gacchati)고 해서 '도(magga)'이다. 도가 이들의 대상이라고 해서 '도를 대상으로 가진 법들(maggārammaṇā)'이다."(DhsA.45)

112) "['도를 원인으로 가진 법들(maggahetukā)'이라 하였다.] ① 여덟 가지 구성요소를 가진 도[八正道]는 조건의 뜻에서 이들의 원인이라고 해서 '도를 원인으로 가진 법들(magga-hetukā)'이다. ② 도와 결합된 원인들이거나 도에 있는 원인들이라고 해서 도의 원인인 것들(maggahetū)이다. 이들은 이들의 원인이라고 해서 '도를 원인으로 가진 법들(maggahetukā)'이라고 한다. ③ 그리고 바른 견해[正見, sammā-diṭṭhi]는 스스로가 도이면서 원인이다. 이처럼 이들에게는 도라고 하는 원인이 있다고 해서 '도를 원인으로 가진 법들'이다."(DhsA.45)

113) "지배한 뒤 지속된다는 뜻에서 도가 이들을 지배한다. 그러므로 '도를 지배의 [요소]로 가진 법들(maggādhipatino)'이다."(DhsA.45)

114) uppannā dhammā/
anuppannā dhammā/
uppādino dhammā/

115) "일어난 것의 세 개 조(ma3-17)에서, 일어나서부터 시작하여 부서질 때까지 일어나고 가고 지속된다고 해서 '일어난 법들(uppannā)'이다. 일어난 것이 아닌 것들이 '일어나지 않은 법들(anuppannā)'이다. 이미 성취된(일어난) 상태와 같은 영역에 속하기 때문에 불가항력적으로 일어날 것이라고 해서 '일어나게 될 법들(uppādino)'이다."(DhsA.45)

116) atītā dhammā/

미래의 법들(ma3-18-b)

현재의 법들(ma3-18-c)

19.[118] 과거의 대상을 가진 법들(ma3-19-a)[119]

미래의 대상을 가진 법들(ma3-19-b)

현재의 대상을 가진 법들(ma3-19-c)

20.[120] 안의 법들(ma3-20-a)

밖의 법들(ma3-20-b)

안과 밖의 법들(ma3-20-c)[121]

---

anāgatā dhammā/
paccuppannā dhammā/

117) "과거의 세 개 조(ma3-18)에서, 자신의 고유성질이나 일어남 등의 순간을 얻은 뒤에 지나간 것이 '과거의 법들(atītā)'이다. 이 두 가지가 아직 오지 않은 것이 '미래의 법들(anāgatā)'이다. 이런저런 이유를 조건하여 일어나는 것이 '현재의 법들(paccuppannā)'이다."(DhsA.45)

118) atītārammaṇā dhammā/
anāgatārammaṇā dhammā/
paccuppannārammaṇā dhammā/

119) "과거의 대상을 가진 것의 세 개 조(ma3-19)에서, 이들의 대상이 과거의 것이라고 해서 '과거의 대상을 가진 법들(atītārammaṇā)'이다. 나머지 두 구문에도 이 방법이 적용된다."(DhsA.45)

120) ajjhattā dhammā/
bahiddhā dhammā/
ajjhattabahiddhā dhammā/

121) "안의 세 개 조(ma3-20)에서, '우리 자신은 이와 같이 존재한다.'라고 취하거나 '우리는 갈 것이다.'라는 이러한 취지로 자신들의 상황을 만들면서 일어나는 것이 '안의 법들(ajjhattā)'이다.
여기서 안[內, ajjhatta]이라는 단어는 ① 영역으로서의 안(gocarajjhatta)과 ② 자기 것으로서의 안(niyakajjhatta)과 ③ 안에 있는 것으로서의 안(ajjhattajjhatta)과 ④ 대상으로서의 안(visayajjhatta)이라는 네 가지 의미가 있다."(DhsA.46)
계속해서 주석서는 이 넷을 경의 예문을 들어서 설명한 뒤 여기서는 두 번째인 자기 것으로서의 안(niyakajjhatta)을 뜻한다고 설명하고 있다.(*Ibid.*)

21.[122] 안의 대상을 가진 법들(ma3-21-a)
밖의 대상을 가진 법들(ma3-21-b)
안과 밖의 대상을 가진 법들(ma3-21-c)

22.[123] 볼 수도 있고 부딪힘도 있는 법들(ma3-22-a)[124]
볼 수는 없지만 부딪힘은 있는 법들(ma3-22-b)
볼 수도 없고 부딪힘도 없는 법들(ma3-22-c)

세 개 조 마띠까가 [끝났다.]

계속해서 주석서는 이렇게 설명한다.
"그러므로 자신의 흐름 안에서 전개되는 개개인에 속하는 법들이 '안의 법들'이라고 알아야 한다. 그 밖의 것은, 기능에 묶여있건 기능에 묶여있지 않건 '밖의 법들(bahiddhā)'이다.(본서 제2권 §1435의 주해 참조)
세 번째 구문은 이 두 가지를 통해서 말씀하셨다."(DhsA.46)

122) ajjhattārammaṇā dhammā/
bahiddhārammaṇā dhammā/
ajjhattabahiddhārammaṇā dhammā/

123) sanidassanasappaṭighā dhammā/
anidassanasappaṭighā dhammā/
anidassanāppaṭighā dhammā/

124) "볼 수 있음의 세 개 조(ma3-22)에서, 보아지는 상태라 불리는 볼 수 있는 것과 함께 함이 볼 수 있는 것들(sanidassanā)이다. 부딪히는 상태라 불리는 부딪힘과 함께 함이 부딪힘이 있는 것들(sappaṭighā)이다. 볼 수도 있고 부딪힘도 있다고 해서 '볼 수도 있고 부딪힘도 있는 법들(sanidassana-sappaṭighā)'이다.
보아지는 상태라 불리는 볼 수 있는 것이 없다고 해서 볼 수 없는 것들이다. 볼 수 없는 것들과 앞에서 설명한 방법대로 부딪힘이 있는 것들이라 해서 '볼 수는 없지만 부딪힘은 있는 법들(anidassana-sappaṭighā)'이다. 세 번째 구문은 이 둘이 아닌 것으로 설하였다.
이것이 세 개 조 마띠까에서 순서대로 구문을 설명한 것이다."(DhsA.46)

II. 두 개 조 마띠까

duka-mātikā[125)]

125) "① '원인인 법들, 원인이 아닌 법들'(ma2-1)로 시작하는 여섯 개의 두 개 조는 구성과 뜻에 있어서 서로서로 연결되어 있어서 버섯이나 항아리처럼 모여 있기 때문에 '원인의 모둠(hetu-gocchaka)'이라 부른다.
② '조건을 가진 법들, 조건을 가지지 않은 법들'(ma2-7)로 시작하는 일곱 개의 두 개 조는 서로서로 연결되어 있지 않고 단지 두 개 조를 공통점으로 하여 뽑아내어서 따로따로 모둠들 사이에 놓여있고 다른 긴 두 개 조들보다는 짧기 때문에 '틈새에 있는 짧은 두 개 조(cūḷantara-dukā)'라고 알아야 한다.
③ 그다음에 번뇌의 두 개 조로 시작하는 여섯 개는 [그 주제에] 따라 '번뇌의 모둠(āsava-gocchaka)'이다.
④ 그다음에 족쇄의 두 개 조 등은 [그 주제에] 따라 '족쇄의 모둠(saṁyojana-gocchaka)'이다.
⑤~⑧ 매듭 · 폭류 · 속박 · 장애의 두 개 조로 시작하는 것은 [그 주제에] 따라 '매듭 · 폭류 · 속박 · 장애의 모둠(gantha-ogha-yoga-nīvaraṇa-gocchakā)'이다.
⑨ 집착[固守]의 두 개 조로 시작하는 다섯 개는 [그 주제에] 따라 '집착[固守]의 모둠(parāmāsa-gocchaka)'이다. 이 모두는 일곱 개의 모둠이라고 알아야 한다.
⑩ 그다음에는 대상을 가진 법들(ma2-55-a) 등의 열네 가지 두 개 조는 '틈새에 있는 긴 두 개 조(mahantara-dukā)'라 한다.
⑪ 그다음에 취착의 두 개 조로 시작하는 여섯 가지 두 개 조는 '취착의 모둠(upādāna-gocchaka)'이라 한다.
⑫ 그다음에 오염원의 두 개 조로 시작하는 여덟 가지 두 개 조는 '오염원의 모둠(kilesa-gocchaka)'이라 한다.
⑬ 그 뒤에 봄[見]으로써 버려야 하는 법들(ma2-83-a)로 시작하는 열여덟 개 두 개 조는 아비담마 마띠까의 마지막에 놓아진 것이라 하여 '마지막 두 개 조(piṭṭhi-dukā)'라 한다.
⑭ '명지의 일부가 되는 법들, 무명의 일부가 되는 법들'(ma2-101)로 시작하는 42개의 두 개 조는 '경장의 두 개 조(suttantika-dukā)'라 한다.
이와 같이 [세 개 조는 하나의 범주가 되고 두 개 조는 14개의 범주가 되어] 마띠까는 모두 열다섯 가지 범주들(paricchedā)로 구분되어 있다고 알아야 한다."(DhsA.36~37)

『담마상가니』 마띠까의 열다섯 가지 범주들과 특히 두 개 조 마띠까의 열 가지 모둠들의 특징에 대해서는 본서 해제 §3의 <(3) 『담마상가니』 마띠까의 구성> 가운데 특히 <④ 두 개 조 마띠까에 담긴 10가지 모둠의 특징>을

(1) 원인의 모둠(hetu-gocchaka)[126]

1.[127] 원인인 법들(ma2-1-a)[128]
원인이 아닌 법들(ma2-1-b)

2.[129] 원인을 가진 법들(ma2-2-a)[130]
원인을 가지지 않은 법들(ma2-2-b)

3.[131] 원인과 결합된 법들(ma2-3-a)[132]

참조하기 바란다.

126) '원인의 모둠(hetu-gocchaka)'에 대한 문자적인 설명은 바로 앞의 주해를 참조할 것.

127) hetū dhammā/
na hetū dhammā/

128) "'원인의 모둠(hetu-gocchaka)'에서 '원인인 법들(hetū dhammā, ma2-1-a)'은 뿌리(mūla)라는 뜻에서 원인이라 불리는 법들이다. '원인이 아닌 법들(na hetū, ma2-1-b)'은 이들과 반대되는 말이다."(DhsA.46)

129) sahetukā dhammā/
ahetukā dhammā/

130) "결합(sampayoga)하여 있기 때문에 존재하고 있는 원인과 더불어 있는 것이 '원인을 가진 법들(sahetukā, ma2-2-a)'이다. 이것들의 존재하고 있는 원인이 없다고 해서 '원인을 가지지 않은 법들(ahetukā, ma2-2-b)'이다."(DhsA.46)

131) hetusampayuttā dhammā/
hetuvippayuttā dhammā/

132) "함께 일어남 등의 원인과 결합되었다고 해서 '원인과 결합된 법들(hetu-sampayuttā, ma2-3-a)'이다. 원인과 결합되지 않은 것이 '원인과 결합되지 않은 법들(hetu-vippayuttā, ma2-3-b)'이다.
여기 두 개 조들을 구성하고 있는 이 두 가지는(ma2-2와 ma2-3) 뜻으로는 다른 것이 없으며 가르침을 장엄하는 것(desanā-vilāsa)과 깨달은 분들의 성향(ajjhāsaya)에 따라서 [다르게] 말씀하신 것이다."(DhsA.46~47)

이것은 『청정도론』 XVII.100에서 '떠나가 버린 조건[離去緣, vigata-paccaya]'과 '떠나가 버리지 않은 조건[不離去緣, avigata-paccaya]'의 관계를 설명하면서 "이 두 개 조는 설법의 능숙함에 의해서, 혹은 교화 받을 중생의 근기에 따라서 [각각] 설하셨다. 마치 『담마상가니』의 마띠까(논모)에 원인을 갖지 않음[과 원인을 가진 것]의 두 개 조를 설하시고 다시 [원인

원인과 결합되지 않은 법들(ma2-3-b)

4.[133] 원인이면서 원인을 가진 법들[134](ma2-4-a)

원인을 가졌지만 원인이 아닌 법들(ma2-4-b)

5.[135] 원인이면서 원인과 결합된 법들(ma2-5-a)

원인과 결합되었지만 원인이 아닌 법들(ma2-5-b)

6.[136] 원인이 아니지만 원인을 가진 법들(ma2-6-a)[137]

과 결합된 것과] 원인과 결합되지 않은 것을 설하신 것처럼."이라고 언급되고 있다.

133) hetū ceva dhammā sahetukā ca/
sahetukā ceva dhammā na ca hetū/

134) "그다음에 첫 번째 두 개 조를 두 번째와 세 번째와 더불어 적용하여 '원인인 법들, 원인이 아닌 법들'(ma2-1) 등의 구문들을 통해서 그 근원을 따라 다른 세 가지의 두 개 조(ma2-4~ma2-6)를 말씀하셨다. 그래서 '원인이면서 원인을 가진 법들(hetū ceva dhammā sahetukā ca)'(ma2-4-a)이라는 구문이 생겼고, 같이 하여 '원인이면서 원인을 가지지 않은 법들(hetū ceva dhammā ahetukā ca)'도 성립된다.
마치 '원인을 가졌지만 원인이 아닌 법들(sahetukā ceva dhammā na ca hetū)'(ma2-4-b)이 생겼듯이 '원인을 가지지 않았고 원인이 아닌 법들(ahetukā ceva dhammā na ca hetū)'이라는 것도 역시 성립된다. 원인과 결합된 두 개 조(ma2-5)와 더불어서도 같은 방법이 적용된다."(DhsA.47)

135) hetū ceva dhammā hetusampayuttā ca/
hetusampayuttā ceva dhammā na ca hetū/

136) na hetū kho pana dhammā sahetukāpi/
ahetukāpi/

137) "여기 [ma2-6]에서는 '원인이 아니고 원인을 가진 법들, 원인을 가지지 않은 법들(na hetū dhammā sahetukāpi ahetukāpi)'이라고 하여 ['원인이 아니고(na hetū)라고 표현해도 마찬가지로] 성립이 되는데 '원인이 아니지만(na hetū kho pana)'이라고 여기에 'kho pana(하지만)'라는 구절을 더 첨가하여 말씀하셨다.
이 구절을 넣음으로 해서 더 많은 뜻(atirekattha)을 취하셨다고 알아야 한다. 어떻게? 즉 원인이 아닌 법들(na hetū dhammā)만 [원인을 가지고, 가지지 않는 등의 종류가 있는 것이] 아니다. 사실은 다른 것에도, 즉 원인인 법들(hetū dhammā)에도 원인을 가지고, 가지지 않는 등의 종류가 있다. 마치 '원인이 아니면서 원인을 가지고, 원인을 가지지 않은 법들'처럼 같은 방법으

[원인이 아니면서] 원인을 가지지 않은 법들(ma2-6-b)

원인의 모둠이 [끝났다.]

(2) 틈새에 있는 짧은 두 개 조(cūḷantara-duka)[138]

7.[139] 조건을 가진 법들(ma2-7-a)[140]

조건을 가지지 않은 법들(ma2-7-b)

8.[141] 형성된 법들[有爲法](ma2-8-a)[142]

형성되지 않은 법들[無爲法](ma2-8-b)

9.[143] 볼 수 있는 법들(ma2-9-a) [3]

볼 수 없는 법들(ma2-9-b)

10.[144] 부딪힘이 있는 법들(ma2-10-a)

로 '원인이 아니지만 원인과 결합된 법들, 원인과 결합되지 않은 법들(na hetū dhammā hetusampayuttāpi, hetuvippayuttāpi)'이 있다는 것을 말씀하신 것이다."(DhsA.47)

138) "'조건을 가진 법들, 조건을 가지지 않은 법들'(ma2-7)로 시작하는 일곱 개의 두 개 조는 서로서로 연결되어 있지 않고 단지 두 개 조를 공통점으로 하여 뽑아내어서 따로따로 모둠들 사이에 놓여있고 다른 긴 두 개 조들보다는 짧기 때문에 '틈새에 있는 짧은 두 개 조(cūḷantara-dukā)'라고 알아야 한다."(DhsA.36~37)

139) sappaccayā dhammā/
appaccayā dhammā/

140) "자신을 생기게 하는 조건이 함께하는 것이라고 해서 '조건을 가진 법들(sappaccayā)'이다. 이들의 일어남과 머묾에 조건이 없다고 해서 '조건을 가지지 않은 법들(appaccayā)'이다."(DhsA.47)

141) saṅkhatā dhammā/
asaṅkhatā dhammā/

142) "조건들이 함께하여 된 것(samāgantvā katā)이라고 해서 '형성된 법들[有爲, saṅkhatā]'이다. 형성되지 않았다고 해서 '형성되지 않은 법들[無爲, asaṅkhatā]'이다."(DhsA.47)

143) sanidassanā dhammā/
anidassanā dhammā/

부딪힘이 없는 법들(ma2-10-b)

11.[145] 물질인 법들(ma2-11-a)[146]

비물질인 법들(ma2-11-b)

12.[147] 세간적인 법들(ma2-12-a)[148]

---

144) sappaṭighā dhammā/
appaṭighā dhammā/

145) rūpino dhammā/
arūpino dhammā/

146) "분리할 수 없는 것을 통해서 이들에게는 물질이 있다고 해서 '물질인 법들(rūpino)'이다. 같은 방법으로, 이들에게는 이러한 물질이 없다고 해서 '비물질인 법들(arūpino)'이다. 혹은, 변형되는 특징을 가진 것(ruppana-lakkhaṇa)이 물질이다. 이들에게는 이러한 [특징]이 있다고 해서 '물질인 법들'이다. 물질이 아닌 것이 '비물질인 법들'이다."(DhsA.47)

『아비담맛타상가하』는 분리할 수 없는 물질(avinibbhoga-rūpa)을 다음과 같이 정의한다.
"형색[色], 냄새, 맛, 영양분, 네 가지 근본물질 — 이 여덟 가지는 분리할 수 없는 물질이다. 나머지는 분리할 수 있다."(『아비담마 길라잡이』 제6장 §7.27)

아비담마에 의하면 이들 여덟 가지 물질은 모든 물질의 무리(깔라빠, kalāpa)를 이루는 최소의 구성요소이다. 모든 물질적 현상은 이들 여덟 가지가 기본적으로 항상 서로 묶여서 가장 단순한 형태에서부터 아주 복잡한 것에 이르기까지 모든 물질적 대상을 구성한다고 한다. 그래서 이 여덟 가지로만 구성된 깔라빠를 순수한 팔원소(suddhaṭṭhaka)라고 표현하고 있다. 모든 깔라빠는 이들 여덟 가지를 기본으로 하고 그 깔라빠의 특성에 따라 다른 물질을 더 가지고 있다. 그래서 여기에다 다른 하나가 더 붙으면 구원소(navaka)가 되고 다시 하나가 더 붙으면 십원소(dasaka)가 되고 하는 것이다. 여기서 고유성질을 가진 물질의 최소단위인 법은 원자에 해당하는 개념으로 깔라빠는 분자에 해당하는 개념으로 이해하면 수월하다. 분리할 수 없는 물질에 대한 설명은 『아비담마 길라잡이』 제6장 §7 [해설] 10을 참조하고 본서 제2편 §984의 주해 뒷부분과 본서 제2권 해제 §3의 <(8) 『담마상가니』 물질 편에서 다루지 않는 내용들>도 참조할 것.

147) lokiyā dhammā
lokuttarā dhammā/

148) "'세간적인 법들(lokiyā dhammā)'이라고 했다. 여기서 '세간(loka)'은 무너지고 파괴된다는 뜻에서 윤회(vaṭṭa)를 말한다. 거기에 포함된 상태에 의해

출세간의 법들(ma2-12-b)

13.[149] 어떤 것으로 식별(識別)되는 법들(ma2-13-a)[150]

어떤 것으로 식별되지 않는 법들(ma2-13-b)

틈새에 있는 짧은 두 개 조가 [끝났다.]

(3) 번뇌의 모둠(āsava-gocchaka)

14.[151] 번뇌인 법들(ma2-14-a)[152]

서 세간에 빠져 있다고 해서 '세간적인 법들'이다.
거기서 나왔다고 해서 더 높은 것들(uttarā)이다. 세간에 포함되지 않은 상태에 의해서 세간보다 더 높은 것이라고 해서 '출세간의 법들(lokuttarā)'이다."(DhsA.47~48)

149) kenaci viññeyyā dhammā/
kenaci na viññeyyā dhammā/

150) "'어떤 것으로 식별되는 법들(kenaci viññeyyā)'이라는 것은 눈의 알음알이 등 가운데서 어떤 하나인 눈의 알음알이나 귀의 알음알이에 의해 식별되는 것들이다. '어떤 것으로 식별되지 않는 법들(kenaci na viññeyyā)'이라는 것은 이러한 눈의 알음알이나 귀의 알음알이에 의해 식별되지 않는 법들이다.
이와 같이 [눈의 알음알이로 식별되는 형색의 감각장소와 이것으로 식별되지 않는 소리의 감각장소 등이 다양하기 때문에 — DhsAMṬ] 이 두 개 조는 이 두 개의 구문의 뜻의 다양함을 통해서 이루어져 있다."(DhsA.48)

151) āsavā dhammā/
no āsavā dhammā/

152) "흘러나오기(āsavanti) 때문에 '번뇌(āsavā)'라 한다. 눈으로부터 나오고 … 마노로부터 나온다, 생긴다는 말이다. 혹은 법(dhamma)으로는 고뜨라부[種姓, gotrabhū, 『아비담마 길라잡이』 제4장 §14의 3번 해설과 9장 §34 참조]의 영역에까지 흐르고, 장소로는 존재의 정점(bhavagga = 비상비비상처천의 거주처까지 흐르기 때문에 '번뇌'라 한다. 이러한 법들은 이러한 장소를 채우면서 전개된다는 뜻이다. 여기서 [āsava의 접두어인] 'ā'는 채운다는 뜻이기 때문이다.
오랫동안 삭았다는 뜻에서 술 등과 같은 것이 '번뇌'이다. 취하게 하는 것이라고 해서도 역시 '번뇌'라 한다. 세간에서는 오래 삭은 술 등을 아사와(āsavā)라고 부르기 때문이다.

번뇌가 아닌 법들(ma2-14-b)

15.[153] 번뇌의 대상인 법들(ma2-15-a)[154]

번뇌의 대상이 아닌 법들(ma2-15-b)

16.[155] 번뇌와 결합된 법들(ma2-16-a)

번뇌와 결합되지 않은 법들(ma2-16-b)

17.[156] 번뇌이면서 번뇌의 대상인 법들(ma2-17-a)

번뇌의 대상이지만 번뇌가 아닌 법들(ma2-17-b)

18.[157] 번뇌이면서 번뇌와 결합된 법들(ma2-18-a)

오랫동안 삭았다는 뜻에서 아사와라 한다면 이러한 법들을 두고 그렇게 부르기에 충분하다. "비구들이여, '이 이전에는 무명이 없었고, 이 이후에 생겼다.'라는 무명의 시작점은 꿰뚫어 알아지지 않는다고 말해진다."(A10:61)라는 등으로 말씀하셨기 때문이다.
혹은 기나긴 윤회의 괴로움(saṁsāra-dukkha)을 흐르게 하고 흘러내리게 한다고 해서 '번뇌인 법들(āsavā, ma2-14-a)'이다. 이것과 다른 것이 '번뇌가 아닌 법들(no āsavā)'이다."(DhsA.48)

주석서의 설명에서 보듯이 '번뇌'로 옮긴 āsavā(ā + √sru, *to flow*, Sk. āśrava/āsrava)는 흐르는 것(savanti)이라는 문자적인 뜻에서 원래는 종기에서 흘러나오는 고름이나 오랫동안 삭은 술(madirā) 등을 뜻했다. 이것이 우리 마음의 해로운 상태를 나타내는 말로 정착된 것이며 중국에서는 煩惱(번뇌), 漏(루), 有漏(유루) 등으로 옮겼다. 이런 마음 상태들을 아사와(āsava, ā + √sru, *to flow*, 생기는 것, 흐르는 것)라고 부르는 이유는 이것도 흘러나오는 고름이나 악취 나는 술과 같기 때문이다.

153) sāsavā dhammā/
anāsavā dhammā/

154) "자신의 대상이 되어서 전개되는 번뇌와 함께하는 것이 '번뇌의 대상인 법들(sāsavā)'이다. 이들에게는 이와 같이 전개되는 번뇌라는 것이 없다고 해서 '번뇌의 대상이 아닌 법들(anāsavā)'이다."(DhsA.48)

155) āsavasampayuttā dhammā/
āsavavippayuttā dhammā/

156) āsavā ceva dhammā sāsavā ca/
sāsavā ceva dhammā no ca āsavā/

157) āsavā ceva dhammā āsavasampayuttā ca/

번뇌와 결합되었지만 번뇌가 아닌 법들(ma2-18-b)

19.[158] 번뇌와 결합되지 않았지만 번뇌의 대상인 법들(ma2-19-a)
[번뇌와 결합되지 않았으면서] 번뇌의 대상이 아닌 법들(ma2-19-b)[159]

번뇌의 모둠이 [끝났다.]

(4) 족쇄의 모둠(saṁyojana-gocchaka)

20.[160] 족쇄인 법들(ma2-20-a)[161]
족쇄가 아닌 법들(ma2-20-b)

21.[162] 족쇄의 대상인 법들(ma2-21-a)[163]

āsavasampayuttā ceva dhammā no ca āsavā/

158) āsavavippayuttā kho pana dhammā sāsavāpi/
anāsavāpi/

159) "나머지(ma2-16~ma2-19)는 원인의 모둠(hetu-gocchaka)에서 설명한 방법대로 알아야 한다.
그러나 이것이 특별한 점이다. 앞의 [원인의 모둠의] 맨 마지막의 두 개 조인 '원인이 아니지만 원인을 가진 법들, 원인을 가지지 않은 법들(na hetū kho pana dhammā sahetukāpi ahetukāpi)'(ma2-6)은 첫 번째 두 개 조(ma2-1)의 두 번째 구문을 앞에 놓고 설한 것이다. 그러나 여기 [번뇌의 모둠]에서는 '번뇌가 아니지만 번뇌의 대상인 법들, 번뇌의 대상이 아닌 법들(no āsavā kho pana dhammā sāsavāpi anāsavāpi)'이라고 설하지 않았다. 같은 방법으로 설하지는 않았지만 이것(ma2-19) 외에는 거기 [원인의 모둠]에서 설한 방법대로 알아야 한다."(DhsA.48)

160) saṁyojanā dhammā/
no saṁyojanā dhammā/

161) "족쇄의 모둠에서, 이것이 그에게 있으면 그를 윤회에 얽어매고(saṁyojenti) 묶는다고 해서 '족쇄인 법들(saṁyojanā)'(ma2-20)이다. 이것과 다른 것이 '족쇄가 아닌 법들(no saṁyojanā)'이다."(DhsA.48)

162) saṁyojaniyā dhammā/
asaṁyojaniyā dhammā/

163) "대상이 된 상태가 되어서 족쇄들에 묶여 족쇄들을 이롭게 하는 것이 '족쇄의 대상인 법들(saṁyojaniyā)'(ma2-21)이다. 이것은 족쇄의 대상이라는

족쇄의 대상이 아닌 법들(ma2-21-b)

22.[164] 족쇄와 결합된 법들(ma2-22-a)
족쇄와 결합되지 않은 법들(ma2-22-b)

23.[165] 족쇄이면서 족쇄의 대상인 법들(ma2-23-a)
족쇄의 대상이지만 족쇄가 아닌 법들(ma2-23-b)

24.[166] 족쇄이면서 족쇄와 결합된 법들(ma2-24-a)
족쇄와 결합되었지만 족쇄가 아닌 법들(ma2-24-b)

25.[167] 족쇄와 결합되지 않았지만 족쇄의 대상인 법들(ma2-25-a)
[족쇄와 결합되지 않았으면서] 족쇄의 대상이 아닌 법들(ma2-25-b)

족쇄의 모둠이 [끝났다.]

(5) 매듭의 모둠(gantha-gocchaka)

26.[168] 매듭인 법들(ma2-26-a)[169]

조건이 됨과 동의어이다. 족쇄의 대상이 아닌 것이 '족쇄의 대상이 아닌 법들(asaṁyojaniyā)'이다. 나머지는 원인의 모둠에서 설한 방법을 적용해야 한다."(DhsA.48~49)

164) saṁyojanasampayuttā dhammā/
saṁyojanavippayuttā dhammā/

165) saṁyojanā ceva dhammā saṁyojaniyā ca/
saṁyojaniyā ceva dhammā no ca saṁyojanā/

166) saṁyojanā ceva dhammā saṁyojanasampayuttā ca/
saṁyojanasampayuttā ceva dhammā no ca saṁyojanā/

167) saṁyojanavippayuttā kho pana dhammā saṁyojaniyāpi/
asaṁyojaniyāpi/

168) ganthā dhammā/
no ganthā dhammā/

169) "매듭의 모둠에서, 이것이 그에게 있으면 그를 죽음과 재생연결을 통해서 윤회에 얽어매고(ganthenti) 묶는다(ghaṭenti)고 해서 '매듭인 법들(ganthā)'

매듭이 아닌 법들(ma2-26-b)

27.[170] 매듭의 대상인 법들(ma2-27-a)[171]
매듭의 대상이 아닌 법들(ma2-27-b)

28.[172] 매듭과 결합된 법들(ma2-28-a)
매듭과 결합되지 않은 법들(ma2-28-b)

29.[173] 매듭이면서 매듭의 대상인 법들(ma2-29-a)
매듭의 대상이지만 매듭이 아닌 법들(ma2-29-b)

30.[174] 매듭이면서 매듭과 결합된 법들(ma2-30-a)
매듭과 결합되었지만 매듭이 아닌 법들(ma2-30-b)

31.[175] 매듭과 결합되지 않았지만 매듭의 대상인 법들(ma2-31-a)
[매듭과 결합되지 않았으면서] [4] 매듭의 대상이 아닌 법들(ma2-31-b)

매듭의 모둠이 [끝났다.]

이다. 이것과 다른 것이 '매듭이 아닌 법들(no ganthā)'이다."(DhsA.49)

170) ganthaniyā dhammā/
aganthaniyā dhammā/

171) "대상이 되어서 매듭들로 묶어지는 것이 '매듭의 대상인 법들(ganthaniyā)'이다. 나머지는 원인의 모둠에서 설명한 방법대로 알아야 한다.
여기서처럼 아래에 나타나는 [모둠]들도 여기서 설한 방법대로 알아야 한다."(DhsA.49)

172) ganthasampayuttā dhammā/
ganthavippayuttā dhammā/

173) ganthā ceva dhammā ganthaniyā ca/
ganthaniyā ceva dhammā no ca ganthā/

174) ganthā ceva dhammā ganthasampayuttā ca/
ganthasampayuttā ceva dhammā no ca ganthā/

175) ganthavippayuttā kho pana dhammā ganthaniyāpi/
aganthaniyāpi/

(6) 폭류의 모둠(ogha-gocchaka)

32.[176] 폭류인 법들(ma2-32-a)[177]
폭류가 아닌 법들(ma2-32-b)

33.[178] 폭류의 대상인 법들(ma2-33-a)[179]
폭류의 대상이 아닌 법들(ma2-33-b)

34.[180] 폭류와 결합된 법들(ma2-34-a)
폭류와 결합되지 않은 법들(ma2-34-b)

35.[181] 폭류이면서 폭류의 대상인 법들(ma2-35-a)
폭류의 대상이지만 폭류가 아닌 법들(ma2-35-b)

36.[182] 폭류이면서 폭류와 결합된 법들(ma2-36-a)
폭류와 결합되었지만 폭류가 아닌 법들(ma2-36-b)

37.[183] 폭류와 결합되지 않았지만 폭류의 대상인 법들(ma2-37-a)

---

176) oghā dhammā/
no oghā dhammā/

177) "폭류의 모둠에서, 이것이 그에게 있으면 그를 윤회에 휩쓸려들게 한다(ohananti), 가라앉게 한다(osīdāpenti)고 해서 '폭류인 법들(oghā)'이다." (DhsA.49)

178) oghaniyā dhammā/
anoghaniyā dhammā/

179) "대상으로 삼아서 건너야 하기 때문에 폭류로부터 건너야 한다고 해서 '폭류의 대상인 법들(oghaniyā)'이다. 폭류의 대상이 되는 법들(ārammaṇa-dhammā)이라고 알아야 한다."(DhsA.49)

180) oghasampayuttā dhammā/
oghavippayuttā dhammā/

181) oghā ceva dhammā oghaniyā ca/
oghaniyā ceva dhammā no ca oghā/

182) oghā ceva dhammā oghasampayuttā ca/
oghasampayuttā ceva dhammā no ca oghā/

183) oghavippayuttā kho pana dhammā oghaniyāpi/
anoghaniyāpi/

[폭류와 결합되지 않았으면서] 폭류의 대상이 아닌 법들(ma2-37-b)

폭류의 모둠이 [끝났다.]

(7) 속박의 모둠(yoga-gocchaka)

38.[184] 속박인 법들(ma2-38-a)[185]
속박이 아닌 법들(ma2-38-b)

39.[186] 속박의 대상인 법들(ma2-39-a)
속박의 대상이 아닌 법들(ma2-39-b)

40.[187] 속박과 결합된 법들(ma2-40-a)
속박과 결합되지 않은 법들(ma2-40-b)

41.[188] 속박이면서 속박의 대상인 법들(ma2-41-a)
속박의 대상이지만 속박이 아닌 법들(ma2-41-b)

42.[189] 속박이면서 속박과 결합된 법들(ma2-42-a)
속박과 결합되었지만 속박이 아닌 법들(ma2-42-b)

43.[190] 속박과 결합되지 않았지만 속박의 대상인 법들(ma2-43-a)

---

184) yogā dhammā/
no yogā dhammā/

185) "속박의 모둠에서, 윤회에 속박시킨다(yojenti)고 해서 '속박인 법들(yogā)'이다. '속박의 대상인 법들(yoganiyā)'은 앞의 '폭류의 대상인 법들(oghaniyā)'의 경우처럼 알아야 한다."(Dhs.A.49)

186) yoganiyā dhammā/
ayoganiyā dhammā/

187) yogasampayuttā dhammā/
yogavippayuttā dhammā/

188) yogā ceva dhammā yoganiyā ca/
yoganiyā ceva dhammā no ca yogā/

189) yogā ceva dhammā yogasampayuttā ca/
yogasampayuttā ceva dhammā no ca yogā/

[속박과 결합되지 않았으면서] 속박의 대상이 아닌 법들(ma2-43-b)

속박의 모둠이 [끝났다.]

(8) 장애의 모둠(nīvaraṇa-gocchaka)

44.[191] 장애인 법들(ma2-44-a)[192]
장애가 아닌 법들(ma2-44-b)

45.[193] 장애의 대상인 법들(ma2-45-a)
장애의 대상이 아닌 법들(ma2-45-b)

46.[194] 장애와 결합된 법들(ma2-46-a)
장애와 결합되지 않은 법들(ma2-46-b)

47.[195] 장애이면서 장애의 대상인 법들(ma2-47-a)
장애의 대상이지만 장애가 아닌 법들(ma2-47-b)

48.[196] 장애이면서 장애와 결합된 법들(ma2-48-a)

---

190) yogavippayuttā kho pana dhammā yoganiyāpi/
ayoganiyāpi/

191) nīvaraṇā dhammā/
no nīvaraṇā dhammā/

192) "장애의 모둠에서, 마음을 막는다, 덮어버린다고 해서 '장애인 법들(nīvaraṇa)'이다. '장애의 대상인 법들(nīvaraṇiyā)'은 앞의 '족쇄의 대상인 법들(saṁyojaniyā)'(ma2-21-a)의 경우처럼 알아야 한다."(DhsA.49)

193) nīvaraṇiyā dhammā/
anīvaraṇiyā dhammā/

194) nīvaraṇasampayuttā dhammā/
nīvaraṇavippayuttā dhammā/

195) nīvaraṇā ceva dhammā nīvaraṇiyā ca/
nīvaraṇiyā ceva dhammā no ca nīvaraṇā/

196) nīvaraṇā ceva dhammā nīvaraṇasampayuttā ca/
nīvaraṇasampayuttā ceva dhammā no ca nīvaraṇā/

장애와 결합되었지만 장애가 아닌 법들(ma2-48-b)

49.[197] 장애와 결합되지 않았지만 장애의 대상인 법들(ma2-49-a)

[장애와 결합되지 않았으면서] 장애의 대상이 아닌 법들(ma2-49-b)

장애의 모둠이 [끝났다.]

(9) 집착[固守]의 모둠(parāmāsa-gocchaka)[198]

50.[199] 집착[固守]인 법들(ma2-50-a)[200] [5]

---

197) nīvaraṇavippayuttā kho pana dhammā nīvaraṇiyāpi/
anīvaraṇiyāpi/

198) 번뇌의 모둠부터 장애의 모둠까지는 각각에 여섯 개의 마띠까가 포함되어 있다. 그런데 여기 집착의 모둠에는 다섯 가지만 포함되어 있다. 모둠들 가운데 다섯 번째인 'X이면서 X와 결합된 법들(X ceva dhammā X-sampayuttā ca)'(*cf.* ma2-18-a)과 'X와 결합되었지만 X가 아닌 법들(X-sampayuttā ceva dhammā no ca X)'(*cf.* ma2-18-b)은 여기에 나타나지 않는다. '집착이면서 집착과 결합된 법들'과 '집착과 결합되었지만 집착이 아닌 법들'은 상정할 수 없기 때문이다.

199) parāmāsā dhammā/
no parāmāsā dhammā/

200) "집착[固守]의 모둠에서, 법들의 있는 그대로의 모습인 무상 등의 상태를 벗어나서 항상하다는 등으로 전개하면서 다르게 만진다(parato āmasanti)고 해서 '집착인 법들(parāmāsā)'이다."(DhsA.49)

여기서 '집착'으로 옮기고 있는 이 parāmāsa(Sk. parāmarśa, parā + √mṛś, *to touch*)를 중국에서는 取, 取著, 執, 能取(취, 취착, 집, 능취) 등으로 옮겼다.

이것은 문맥에 따라서 고수(固守)로 옮기기도 하였다.(D25 §12; Vis.XXII.47 등) 취착으로 옮기고 있는 upādāna(upa + ā + √dā, *to give*)와 구분하기 위한 것이 큰 이유 중의 하나이다. upādāna는 중국에서 取, 取著, 執, 執取, 執受, 能取, 所取, 攝取, 攝受, 依, 受, 因, 盛, 稱, 諸受, 身(취, 취착, 집, 집취, 집수, 능취, 소취, 섭취, 섭수, 의, 수, 인, 성, 칭, 제수, 신) 등으로 다양하게 옮긴 것으로 나타난다.

이처럼 중국에서도 parāmāsa와 upādāna는 取, 取著, 執(취, 취착, 집)으로 같은 한자로 옮기기도 하였다. 본서에서는 parāmāsa를 '집착[固守]'으로

집착이 아닌 법들(ma2-50-b)

51.[201] 집착의 대상인 법들(ma2-51-a)[202]

집착의 대상이 아닌 법들(ma2-51-b)

52.[203] 집착과 결합된 법들(ma2-52-a)

집착과 결합되지 않은 법들(ma2-52-b)

53.[204] 집착이면서 집착의 대상인 법들(ma2-53-a)

집착의 대상이지만 집착이 아닌 법들(ma2-53-b)

54.[205] 집착과 결합되지 않았지만 집착의 대상인 법들(ma2-54-a)

[집착과 결합되지 않았으면서] 집착의 대상이 아닌 법들(ma2-54-b)

집착의 모둠이 [끝났다.]

(10) 틈새에 있는 긴 두 개 조(mahantara-duka)

55.[206] 대상을 가진 법들(ma2-55-a)[207]

---

upādāna는 '취착'으로 구분해서 옮기고 있다.

201) parāmaṭṭhā dhammā/
aparāmaṭṭhā dhammā/

202) '집착의 대상'은 parāmaṭṭhā를 옮긴 것이다. '집착된'으로 직역하면 뜻이 명확하지 않기 때문에 주석서의 아래 설명을 참조하여 의미를 분명하게 하기 위해서 이렇게 옮겼다.
"집착의 대상이 되어서 집착된 것들이 '집착의 대상인 법들(parāmaṭṭhā)'(ma2-51)이다."(DhsA.49)

203) parāmāsasampayuttā dhammā/
parāmāsavippayuttā dhammā/

204) parāmāsā ceva dhammā parāmaṭṭhā ca/
parāmaṭṭhā ceva dhammā no ca parāmāsā/

205) parāmāsavippayuttā kho pana dhammā parāmaṭṭhāpi/
aparāmaṭṭhāpi/

206) sārammaṇā dhammā/

대상이 없는 법들(ma2-55-b)

56.[208] 마음인 법들(ma2-56-a)[209]

마음이 아닌 법들(ma2-56-b)

57.[210] 마음부수인 법들(ma2-57-a)[211]

마음부수가 아닌 법들(ma2-57-b)

58.[212] 마음과 결합된 법들(ma2-58-a)

마음과 결합되지 않은 법들(ma2-58-b)

59.[213] 마음과 결속된 법들(ma2-59-a)[214]

마음과 결속되지 않은 법들(ma2-59-b)

60.[215] 마음에서 생긴 법들(ma2-60-a)[216]

---

anārammaṇā dhammā/

207) "대상을 취하지 않고서는 생기지 않기 때문에 대상과 더불어 있다고 해서 '대상을 가진 법들(sārammaṇā)'이다. 대상이 없는 것들이 '대상이 없는 법들(anārammaṇā)'이다."(DhsA.49)

208) cittā dhammā/
no cittā dhammā/

209) "생각한다는 뜻에서 '마음인 법들(cittā)'이다. 혹은 다양하다는 뜻(vicitta-ṭṭha)에서 '마음인 법들'이다."(DhsA.49)

210) cetasikā dhammā/
acetasikā dhammā/

211) "분리되지 않음을 통해서 마음에 결합되어 있는 것이 '마음부수인 법들(cetasikā)'이다."(DhsA.49)

212) cittasampayuttā dhammā/
cittavippayuttā dhammā/

213) cittasaṁsaṭṭhā dhammā/
cittavisaṁsaṭṭhā dhammā/

214) "일어나서 부수어질 때까지 끊어짐이 없는 상태가 되었기 때문에 마음과 결속되어 있다고 해서 '마음과 결속된 법들(cittasaṁsaṭṭhā)'이다. 마음과 하나가 되어 있지만 틈이 없는 상태(nirantara-bhāva)가 되지 않았기 때문에 마음과 결속되지 않았다고 해서 '마음과 결속되지 않은 법들(citta-visaṁ-saṭṭhā)'이다."(DhsA.49)

마음에서 생기지 않은 법들(ma2-60-b)

61.[217] 마음과 함께 존재하는 법들(ma2-61-a)[218]

마음과 함께 존재하지 않는 법들(ma2-61-b)

62.[219] 마음을 따르는 법들(ma2-62-a)[220]

마음을 따르지 않는 법들(ma2-62-b)

63.[221] 마음과 결속되어 있고 마음에서 생긴 법들(ma2-63-a)

마음과 결속되어 있거나 마음에서 생긴 것이 아닌 법들 (ma2-63-b)[222]

---

215) cittasamuṭṭhānā dhammā/
no cittasamuṭṭhānā dhammā/

216) "이것에 의해서 생긴다고 해서 생기는 것(samuṭṭhāna)이다. 마음이 이들의 생긴 곳이라고 해서 '마음에서 생긴 법들(citta-samuṭṭhānā)'(ma2-60)이다."(DhsA.49)

217) cittasahabhuno dhammā/
no cittasahabhuno dhammā/

218) "함께 존재한다(saha bhavanti)고 해서 함께 존재하는 것들이다. 마음과 함께 존재한다고 해서 '마음과 함께 존재하는 법들(citta-sahabhuno)'(ma2-61)이다."(DhsA.49)

219) cittānuparivattino dhammā/
no cittānuparivattino dhammā/

220) "따른다(anuparivattanti)고 해서 따르는 것들이다. 무엇을 따르는가? 마음이다. 마음을 따르는 것들이 '마음을 따르는 법들(cittānuparivattino)'이다."(DhsA.49)

221) cittasaṁsaṭṭhasamuṭṭhānā dhammā/
no cittasaṁsaṭṭhasamuṭṭhānā dhammā/

222) 여기서 ma2-60부터 ma2-65까지의 여섯 개의 마띠까는 'X dhammā, no X dhammā', 즉 'X인 법들, X가 아닌 법들'의 구조로 되어있다. 여기서 'no X'는 X가 아닌 것(*not* X)을 의미한다. 그러므로 여기 '마음과 결속되어 있거나 마음에서 생긴 것이 아닌 법들'(ma2-63-b)은 '마음과 결속되어 있고 마음에서 생긴 법들'(ma2-63-a)을 제외한 나머지 모든 법들을 의미한다.
이것은 아래 ma2-64, ma2-65에도 그대로 적용되어 '마음과 결속되어 있거나 마음에서 생겼거나 마음과 함께 존재하는 것이 아닌 법들'(ma2-64-b)은

64.[223] 마음과 결속되어 있고 마음에서 생겼고 마음과 함께 존재하는 법들(ma2-64-a)[224]
마음과 결속되어 있거나 마음에서 생겼거나 마음과 함께 존재하는 것이 아닌 법들(ma2-64-b)

65.[225] 마음과 결속되어 있고 마음에서 생겼고 마음을 따르는 법들(ma2-65-a)
마음과 결속되어 있거나 마음에서 생겼거나 마음을 따르는 것이 아닌 법들(ma2-65-b)

66.[226] 안에 있는 법들(ma2-66-a)[227]
밖에 있는 법들(ma2-66-b)

'마음과 결속되어 있고 마음에서 생겼고 마음과 함께 존재하는 법들'(ma2-64-a)을 제외한 나머지 모든 법들을 의미하고, '마음과 결속되어 있거나 마음에서 생겼거나 마음을 따르는 것이 아닌 법들'(ma2-65-b)은 '마음과 결속되어 있고 마음에서 생겼고 마음을 따르는 법들'(ma2-65-a)을 제외한 모든 법들을 의미한다. 이것은 본서 제2권의 제3편 간결한 설명 편에 속하는 §1208 등과 제4편 주석 편에 속하는 §1542 등을 참조해 보면 분명하다.

223) cittasaṁsaṭṭhasamuṭṭhānasahabhuno dhammā/
no cittasaṁsaṭṭhasamuṭṭhānasahabhuno dhammā/

224) "마음과 결속되어 있고 그들이 마음에서 생겼고 반드시 마음과 함께 존재하는 것들이라고 해서 '마음과 결속되어 있고 마음에서 생겼고 마음과 함께 존재하는 법들(citta-saṁsaṭṭha-samuṭṭhāna-sahabhuno)'이라 한다."(DhsA.50)

225) cittasaṁsaṭṭhasamuṭṭhānānuparivattino dhammā/
no cittasaṁsaṭṭhasamuṭṭhānānuparivattino dhammā/

226) ajjhattikā dhammā/
bāhirā dhammā/

227) "[육내외처 가운데] 안에 있는 것으로서의 안에 대해서 안의 세 개 조(ma3-20)에서 설명한 대로 안의 것이 '안에 있는 법들'이다."(DhsA.50)

여기서 '안에 있는'과 '밖에 있는'은 각각 ajjhattikā와 bāhirā를 옮긴 것이다. 이들은 각각 앞의 세 개 조 마띠까의 안의 세 개 조(ma3-20)에서 '안의'와 '밖의'로 옮긴 ajjhattā와 bahiddhā와 상응한다. 안과 밖의 의미에 대해서는 안의 세 개 조(ma3-20)의 해당 주해를 참조할 것.

67.[228] 파생된 법들(ma2-67-a)[229]
파생되지 않은 법들(ma2-67-b)

68.[230] 취착된[231] 법들(ma2-68-a)
취착되지 않은 법들(ma2-68-b)

틈새에 있는 긴 두 개 조가 [끝났다.]

(11) 취착의 모둠(upādāna-gocchaka)

69.[232] 취착인 법들(ma2-69-a)[233]

---

228) upādā dhammā/
no upādā dhammā/

229) "이들은 근본물질들(bhūtāni)을 취착하지만(upādiyanteva) 근본물질들은 [이들을] 취착하지 않는다고 해서 [근본물질들로부터] '파생된 법들(upādā)'이다. 취착하지 않는다고 해서 '파생되지 않은 법들(no upādā)'이다."(DhsA.50)

아난다 스님이 지은 『담마상가니』의 복주서인 『담마상가니 물라띠까』는 주석서의 이 설명을 이렇게 부연하고 있다.
"'취착한다(upādiyanti)'는 것은 근본물질들을 붙잡는다(gaṇhanti), 의지한다(nissayanti)는 뜻이다. [그러나] 근본물질들을 취착하고 붙잡고 의지한다고 해서 이 [근본물질들]이 붙잡아지고 의지되는 것은 아니다. 그래서 [근본물질들로부터] '파생된 [물질들]'이다. 혹은 근본물질들을 벗어나지 않고 그들의 빛나는 색깔 등의 상태를 붙잡기 때문에 '파생된 [물질들]'이다." (DhsAMṬ.54)

본서 제2권에 싣고 있는 제3편 간결한 설명 편 §1215와 제4편 주석 편 §1549의 설명에서 보듯이 눈의 감각장소 … 덩어리진 [먹는] 음식의 23가지 혹은 심장 토대를 넣으면 24가지 파생된 물질(upādā-rūpa)이 파생된 법들로 정의되고 있다.

230) upādiṇṇā dhammā/
anupādiṇṇā dhammā/

231) '취착된'으로 옮긴 upādiṇṇa의 의미에 대해서는 본서 제2편 §652의 해당 주해와 §1217와 §1551을 참조할 것.

232) upādānā dhammā/
no upādānā dhammā/

취착이 아닌 법들(ma2-69-b)

70.[234] 취착의 대상인 법들(ma2-70-a)
취착의 대상이 아닌 법들(ma2-70-b)

71.[235] 취착과 결합된 법들(ma2-71-a)
취착과 결합되지 않은 법들(ma2-71-b)

72.[236] 취착이면서 취착의 대상인 법들(ma2-72-a)
취착의 대상이지만 취착이 아닌 법들(ma2-72-b)

73.[237] 취착이면서 취착과 결합된 법들(ma2-73-a)
취착과 결합되었지만 취착이 아닌 법들(ma2-73-b)

74.[238] 취착과 [6] 결합되지 않았지만 취착의 대상인 법들(ma2-74-a)
[취착과 결합되지 않았으면서] 취착의 대상이 아닌 법들(ma2-74-b)

취착의 모둠이 [끝났다.]

---

233) "취착의 모둠에서, 아주 세게 잡는다고 해서 '취착인 법들(upādānā)'(ma2-69)이다. 강하게 거머쥔다는 뜻이다. 이것과 다른 것이 '취착이 아닌 법들(no upādānā)'이다."(DhsA.50)

234) upādāniyā dhammā/
anupādāniyā dhammā/

235) upādānasampayuttā dhammā/
upādānavippayuttā dhammā/

236) upādānā ceva dhammā upādāniyā ca/
upādāniyā ceva dhammā no ca upādānā/

237) upādānā ceva dhammā upādānasampayuttā ca/
upādānasampayuttā ceva dhammā no ca upādānā/

238) upādānavippayuttā kho pana dhammā upādāniyāpi/
anupādāniyāpi/

⑿ 오염원의 모둠(kilesa-gocchaka)[239]

75.[240] 오염원인 법들(ma2-75-a)
오염원이 아닌 법들(ma2-75-b)

76.[241] 오염원의 대상인 법들(ma2-76-a)
오염원의 대상이 아닌 법들(ma2-76-b)

77.[242] 오염된 법들(ma2-77-a)
오염되지 않은 법들(ma2-77-b)

78.[243] 오염원과 결합된 법들(ma2-78-a)
오염원과 결합되지 않은 법들(ma2-78-b)

79.[244] 오염원이면서 오염원의 대상인 법들(ma2-79-a)
오염원의 대상이지만 오염원이 아닌 법들(ma2-79-b)

80.[245] 오염원이면서 오염된 법들(ma2-80-a)

---

239) "오염원의 모둠은 오염되고 오염의 대상인 것의 세 개 조(ma3-5)에서 설명한 방법대로 그 뜻을 알아야 한다."(DhsA.50)

이 오염원의 모둠에는 이 모둠의 세 번째에 나타나는 '오염된 법들, 오염되지 않은 법들'(ma2-77)과 여섯 번째에 나타나는 '오염원이면서 오염된 법들, 오염되었지만 오염원이 아닌 법들'(ma2-80)이 더 들어가서 모두 8개의 마띠까로 나타나고 있다.

240) kilesā dhammā/
no kilesā dhammā/

241) saṁkilesikā dhammā/
asaṁkilesikā dhammā/

242) saṁkiliṭṭhā dhammā/
asaṁkiliṭṭhā dhammā/

243) kilesasampayuttā dhammā/
kilesavippayuttā dhammā/

244) kilesā ceva dhammā saṁkilesikā ca/
saṁkilesikā ceva dhammā no ca kilesā/

245) kilesā ceva dhammā saṁkiliṭṭhā ca/
saṁkiliṭṭhā ceva dhammā no ca kilesā/

오염되었지만 오염원이 아닌 법들(ma2-80-b)

81.[246] 오염원이면서 오염원과 결합된 법들(ma2-81-a)
오염원과 결합되었지만 오염원이 아닌 법들(ma2-81-b)

82.[247] 오염원과 결합되지 않았지만 오염원의 대상인 법들(ma2-82-a)
[오염원과 결합되지 않았으면서] 오염원의 대상이 아닌 법들(ma2-82-b)

오염원의 모둠이 [끝났다.]

⒀ 마지막 두 개 조[248]

83.[249] 봄[見]으로써 버려야 하는 법들(ma2-83-a)
봄[見]으로써 버려야 하는 것이 아닌 법들(ma2-83-b)

84.[250] 닦음[修]으로써 버려야 하는 법들(ma2-84-a)
닦음[修]으로써 버려야 하는 것이 아닌 법들(ma2-84-b)

85.[251] 봄으로써 버려야 하는 원인을 가진 법들(ma2-85-a)
봄으로써 버려야 하는 원인을 가지지 않은 법들(ma2-85-b)

86.[252] 닦음으로써 버려야 하는 원인을 가진 법들(ma2-86-a)

---

246) kilesā ceva dhammā kilesasampayuttā ca/
kilesasampayuttā ceva dhammā no ca kilesā/

247) kilesavippayuttā kho pana dhammā saṁkilesikāpi/
asaṁkilesikāpi/

248) "'봄[見]으로써 버려야 하는 법들'(ma2-83-a)로 시작하는 열여덟 개 두 개 조는 아비담마 마띠까의 마지막에 놓아진 것이기 때문에 '마지막 두 개 조(piṭṭhi-dukā)'라 한다."(DhsA.37)

249) dassanena pahātabbā dhammā/
na dassanena pahātabbā dhammā/

250) bhāvanāya pahātabbā dhammā/
na bhāvanāya pahātabbā dhammā/

251) dassanena pahātabbahetukā dhammā/
na dassanena pahātabbahetukā dhammā/

닦음으로써 버려야 하는 원인을 가지지 않은 법들(ma2-86-b)

87.[253] 일으킨 생각이 있는 법들(ma2-87-a)
일으킨 생각이 없는 법들(ma2-87-b)

88.[254] 지속적 고찰이 있는 법들(ma2-88-a)
지속적 고찰이 없는 법들(ma2-88-b)

89.[255] 희열이 있는 법들(ma2-89-a)
희열이 없는 법들(ma2-89-b)

90.[256] 희열이 함께하는 법들(ma2-90-a)
희열이 함께하지 않는 법들(ma2-90-b)

91.[257] 행복[258]이 함께하는 법들(ma2-91-a)
행복이 함께하지 않는 법들(ma2-91-b)

92.[259] 평온이 함께하는 법들(ma2-92-a)

---

252) bhāvanāya pahātabbahetukā dhammā/
na bhāvanāya pahātabbahetukā dhammā/

253) savitakkā dhammā/
avitakkā dhammā/

254) savicārā dhammā/
avicārā dhammā/

255) sappītikā dhammā/
appītikā dhammā/

256) pītisahagatā dhammā/
na pītisahagatā dhammā/

257) sukhasahagatā dhammā/
na sukhasahagatā dhammā/

258) 여기서 '행복'으로 옮긴 용어는 sukha이다. sukha는 느낌의 문맥에서 나타날 때는 즐거운 느낌(sukha-vedanā)을 뜻한다. 역자는 본서에서 sukha가 이러한 느낌의 문맥이 아닌, 특히 여기서처럼 다섯 가지 禪의 구성요소 가운데 하나로 나타날 때는 행복으로 옮기고 있다. 본서 §3, §10, §87, §374 등의 해당 주해를 참조할 것.

259) upekkhāsahagatā dhammā/

평온이 함께하지 않는 법들(ma2-92-b)

93.[260] 욕계에 속하는 법들(ma2-93-a)[261]

욕계에 속하지 않는 법들(ma2-93-b)

94.[262] 색계에 속하는 법들(ma2-94-a)

색계에 속하지 않는 법들(ma2-94-b)

95.[263] 무색계에 속하는 법들(ma2-95-a)

무색계에 속하지 않는 법들(ma2-95-b)

96.[264] [세간에] 포함된 법들(ma2-96-a)[265]

---

na upekkhāsahagatā dhammā/

260) kāmāvacarā dhammā/
na kāmāvacarā dhammā/

261) "욕계에서 자주 일어난다(kāme avacaranti)라고 해서 '욕계에 속하는 법들(kāmāvacarā)'이다. 색계에서 자주 일어난다고 해서 '색계에 속하는 법들(rūpāvacarā)'이다. 무색계에서 자주 일어난다고 해서 '무색계에 속하는 법들(arūpāvacarā)'이다. 여기서 이것은 간략하게 설명한 것이다. 자세한 것은 다른 곳에서 분명하게 될 것이다."(DhsA.50)
여기서 언급하는 다른 곳으로는 본서 제1편 제1장의 제목인 '욕계의 마음'에 대한 주해와 본서 제2권 §1287의 해당 주해를 참조하기 바란다.

한편 레디 사야도는 『아비담맛타상가하』의 복주서인 『빠라맛타디빠니 띠까』(PdṬ)에서 '감각적 쾌락에서 자주 일어난다.' 등으로 옮긴 kāme avacarati 등의 'avacarati'를 생긴다(uppajjati)로 이해하면 안 된다고 강하게 주장하면서 "욕계에서 자주 일어난다, 즉 포함된 상태에 의해서 그곳에 들어가서 다닌다, 존재한다고 해서 욕계에 속하는 것이라 한다(kāme avacarati pariyāpannabhāvena tasmiṁ ajjhogāhetvā carati pavattatīti kāmāvacaranti."(PdṬ.26)라고 이해해야 한다고 설명하고 있다. 뻬 마웅 틴(Pe Maung Tin)도 『앗타살리니』 영역본에서 *frequent*로 옮기고 있다.

262) rūpāvacarā dhammā/
na rūpāvacarā dhammā/

263) arūpāvacarā dhammā/
na arūpāvacarā dhammā/

264) pariyāpannā dhammā/
apariyāpannā dhammā/

[세간에] 포함되지 않는[出世間] 법들(ma2-96-b)

97.[266] 출리(出離)로 인도하는 법들(ma2-97-a)[267]

출리로 인도하지 못하는 법들(ma2-97-b)

98.[268] 확정된 법들(ma2-98-a)[269] [7]

확정되지 않은 법들(ma2-98-b)

99.[270] 위가 있는 법들(ma2-99-a)[271]

위가 없는 법들(ma2-99-b)

100.[272] 다툼을 가진 법들(ma2-100-a)[273]

---

265) "삼계의 윤회(tebhūmaka-vaṭṭa)에 포함되어(pariyāpannā) 그 안에 있다(antogadhā)고 해서 '[세간에] 포함된 법들(pariyāpannā)'이다. 그것에 포함되지 않았다고 해서 '[세간에] 포함되지 않는[出世間, apariyāpannā] 법들'이다."(DhsA.50)

266) niyyānikā dhammā/
aniyyānikā dhammā/

267) "윤회의 뿌리(vaṭṭa-mūla)를 잘랐기 때문에(chindantā) 열반을 대상으로 하여 윤회로부터 벗어난다(vaṭṭato niyyanti)고 해서 '출리로 인도하는 법들(niyyānikā)'이다. 이러한 특징에 의해서 벗어나지 못한다고 해서 '출리로 인도하지 못하는 법들(aniyyānikā)'이다."(DhsA.50)

268) niyatā dhammā/
aniyatā dhammā/

269) "자신의 죽음이나 태어남에 대해서 즉시에 그 과보를 주는 것이 확정되었기 때문에(niyatattā) '확정된 법들(niyatā)'이다. 여기에 대해서 확정되지 않았기 때문에 '확정되지 않은 법들(aniyatā)'이다."(DhsA.50)

270) sauttarā dhammā/
anuttarā dhammā/

271) "다른 법들을 넘어서고 버려버린다(uttaranti pajahanti)고 해서 높은 것들(uttarā)이다. 자신을 넘어설 수 있는 높은 것과 더불어 있는 것이 '위가 있는 법들(sauttarā)'이다. 이들보다 더 높은 것이 없다고 해서 '위가 없는 법들(anuttarā)'이다."(DhsA.50)

272) saraṇā dhammā/
araṇā dhammā/

273) "이것들을 통해서 다툰다고 해서 다툼(raṇā)이다. 이들의 지배를 받는 중생

다툼이 없는[無爭] 법들(ma2-100-b)

마지막 두 개 조가 [끝났다.]

아비담마의 두 개 조 마띠까가 [끝났다.]

⒁ 경장의 두 개 조 마띠까(suttantika-duka-mātikā)[274)]

101.[275)] 명지의 일부가 되는 법들(ma2-101-a)[276)]

무명의 일부가 되는 법들(ma2-101-b)[277)]

들은 다양한 모습으로 울부짖고 슬퍼하나니 그들에게 이것은 갈망(rāga) 등과 동의어이다. 결합되어 있기 때문에, 그리고 제거될 때 같이 작용하기 때문에 다툼과 더불어 있는 것(saha raṇehi)이라고 해서 '다툼을 가진 법들(saraṇā)'이다. 같이 하여 이것들에게 다툼이 없기 때문에 '다툼이 없는[無爭] 법들(araṇā)'이다."(DhsA.50)

274) ""명지의 일부가 되는 법들, 무명의 일부가 되는 법들"(ma2-101)로 시작하는 42개의 두 개 조는 경장의 두 개 조(suttantika-dukā)라고 한다. 이와 같이 [『담마상가니』의 마띠까는 세 개 조의 22개의 마띠까들을 하나의 범주로 간주하여] 모두 열다섯 가지 범주로 구분하고 있다고 알아야 한다." (DhsA.37)

275) vijjābhāgino dhammā/
avijjābhāgino dhammā/

276) "① 결합에 의해서 명지(vijjā)를 나누어 가진다(bhajanti)고 해서 '명지의 일부가 되는 법들(vijjā-bhāgino)'(ma2-101-a)이다. ② 그리고 명지의 일부에 있고 명지의 편에 있다고 해서도 '명지의 일부가 되는 법들'이라 한다. 여기서 위빳사나의 지혜(vipassanā-ñāṇa, D2 §83 참조)와 마노로 만들어진 신통(manomay-iddhi, D2 §85 참조)과 여섯 가지 초월지(cha abhiññā, D2 §§87~98 참조)라는 여덟 가지 명지(aṭṭha vijjā)가 있다.
첫 번째 방법에 의하면 결합된 법들도 역시 '명지의 일부가 되는 법들'이다. 뒤의 방법에 의하면 여덟 가지 가운데 어떤 하나의 명지가 명지이고, 나머지는 '명지의 일부가 되는 법들'이다. 이와 같이 명지도 그러하고, 명지와 결합된 법들도 '명지의 일부가 되는 법들'이라고 알아야 한다. 그러나 여기서는 결합된 법들을 두고 말한 것이다."(DhsA.50~51)
명지의 일부가 되는 법은 S55:3와 A6:35 등에도 나타나고 있다.

277) "① 결합에 의해서 무명을 나누어 가진다(bhajanti)고 해서 '무명의 일부가 되는 법들(avijjābhāgino)'(ma2-101-b)이다. ② 그리고 무명의 일부에 있

102.[278] 번갯불의 비유를 가진 법들(ma2-102-a)[279]
벼락의 비유를 가진 법들(ma2-102-b)

103.[280] 어리석은 자들에게 있는 법들(ma2-103-a)[281]
현자들에게 있는 법들(ma2-103-b)

104.[282] 어두운 법들(ma2-104-a)[283]

고 무명의 편에 있다고 해서도 '무명의 일부가 되는 법들'이라고 한다. 여기서 괴로움[苦]을 가려버리고 일어남[集] 등을 가려버리는 암흑인 네 가지 무명이 있다.
첫 번째 방법에 의하면 결합된 법들도 역시 '무명의 일부가 되는 법들'이다. 이들 가운데 어떤 하나의 무명이 무명인 법이고 나머지는 '무명의 일부가 되는 법들'이다. 이와 같이 무명도 그러하고 무명과 결합된 법들도 '무명의 일부가 되는 법들'이라고 알아야 한다. 그러나 여기서는 결합된 법들을 두고 말한 것이다."(DhsA.51)
초기경에서도 무명은 사성제에 대한 무지로 정의되어 나타난다.(M9 §66 등)

278) vijjūpamā dhammā/
vajirūpamā dhammā/

279) "압도하지 못하므로 오염원의 어둠을 흩어버릴 수 없기 때문에 이들은 번갯불의 비유를 가졌다고 해서 '번갯불의 비유를 가진 법들(vijjūpamā)'이라 한다. 남김없이 부수어버릴 수 있기 때문에 이들은 벼락의 비유를 가졌다고 해서 '벼락의 비유를 가진 법들(vajirūpamā)'이다."(DhsA.51)

280) bālā dhammā/
paṇḍitā dhammā/

281) "어리석은 자들에게 확고하기 때문에 그 확고함에 대한 관습적인 표현에 의해서 '어리석은 자들에게 있는 법들(bālā)'이다. 현자들에게 확고하기 때문에 '현자들에게 있는 법들(paṇḍitā)'이다.
혹은 어리석음을 만들기 때문에 '어리석은 자들에게 있는 법들'이고 현명함을 만들기 때문에 '현자들에게 있는 법들'이다."(DhsA.51)

282) kaṇhā dhammā/
sukkā dhammā/

283) "'어두운 법들(kaṇhā)'은 검은색이고 마음을 빛이 나지 않는 상태로 만드는 것이다. '밝은 법들(sukkā)'은 흰 색이고 마음을 빛나는 상태로 만드는 것이다. 혹은 어두운 태생의 원인이 되기 때문에 '어두운 법들'이고 밝은 태생의 원인이 되기 때문에 '밝은 법들'이다."(DhsA.51)

밝은 법들(ma2-104-b)

105.[284] 고통을 주는 법들(ma2-105-a)[285]

고통을 주지 않는 법들(ma2-105-b)

106.[286] 이름 붙임인 법들(ma2-106-a)[287](S22:62; D15:22)

이름 붙이는 길인 법들(ma2-106-b)[288]

---

284) tapanīyā dhammā/
atapanīyā dhammā/

285) "여기 [금생]에서와 내생에서 고통을 준다(tapenti)고 해서 '고통을 주는 법들(tapanīyā)'이다. 고통을 주지 않는다고 해서 '고통을 주지 않는 법들(atapanīyā)'이다."(DhsA.51)
이 마띠까의 보기로는 『앙굿따라 니까야』 제1권 「태움 경」(A2:1:3)과 제6권 「후회 경」(A10:141)을 들 수 있다. 이 두 경에서는 tapanīya를 각각 '태움'과 '고통'으로 옮겼다.

286) adhivacanā dhammā/
adhivacanapathā dhammā/

287) "이름 붙임의 두 개 조 등의 세 가지(ma2-106~108)는 뜻으로는 다른 형태가 아니다. 여기서는 단지 문자만 다르다. 번영을 증장시키는 것과 재물을 증장시키는 것 등은 단지 어휘일 뿐이기 때문에 이런 주제를 만들어서 전개된다고 해서 '이름 붙임인 법들(adhivacanā)'이라 부른다. 이름 붙임의 길이 '이름 붙이는 길인 법들(adhivacana-pathā)'이다."(DhsA.51)

288) 한편 『상윳따 니까야』 제3권 「언어 표현의 길 경」(S22:62)에 나타나는 '언어 표현의 길(nirutti-patha)'과 '이름 붙이는 길(adhivacana-patha)'과 '개념의 길(paññatti-patha)'을 주석하면서 『상윳따 니까야 주석서』는 이렇게 설명한다.

"언어 표현이 바로 '언어 표현의 길(nirutti-patha)'이다. 혹은 언어 표현과 그 언어 표현을 통해서 알게 하려는 뜻(attha)의 길이 되기 때문에 길(patha)이다. 그래서 '언어 표현의 길'이라 한다. 나머지 두 단어에도 이 방법이 적용된다. 이 셋은 서로서로 동의어라고 알아야 한다."(SA.ii.279)

본서 제3편 간결한 설명 편 §§1306~1308에서도 언어 표현과 이름 붙임과 개념은 동의어이고, 이들의 길(patha)은 일체법[諸法, sabbeva dhammā]이라고 설명하고 있다.
『디가 니까야』 「대인연경」(D15/ii.63~64) §22에는 알음알이를 포함한 정신·물질[名色, nāma-rūpa]이 '언어 표현의 길'이요 '이름 붙이는 길'이요 '개념의 길'이라고 나타나고 있다.(「대인연경」에서는 이 셋을 각각 언어

107.[289] 언어 표현인 법들(ma2-107-a)[290]
언어 표현의 길인 법들(ma2-107-b)

108.[291] 개념인 법들(ma2-108-a)[292]
개념의 길인 법들(ma2-108-b)

109.[293] 정신[名]과 물질[色][294](ma2-109)

표현을 얻는 길, 이름을 얻는 길, 개념을 얻는 길로 옮겼다.)

289) nirutti dhammā/
niruttipathā dhammā/

290) ""형성된 것들을 계속해서 형성한다(abhisaṅkharonti)고 해서 심리현상들[行, saṅkhārā]이라 한다."(S22:79)라고 이처럼 구체적으로 말씀하시고 원인을 밝히면서 말씀하시는 표현이 '언어 표현인 법들(nirutti)'이다. 언어 표현의 길(niruttīnaṁ pathā)이 '언어 표현의 길인 법들(nirutti-pathā)'이다."(DhsA.51)

291) paññatti dhammā/
paññattipathā dhammā/

292) "'생각, 일으킨 생각, 사유'(§7)라고 이와 같은 방법(pakāra)으로 알게 하기 때문에(ñāpanato) '개념인 법들(paññatti)'이라 한다. 개념들의 길이 '개념의 길인 법들(paññatti-pathā)'이다.
여기서 이 두 개 조(ma2-108)에서 설명한 것은 나머지 말씀(ma2-106과 ma2-107)에도 적용되는데 이것은 앞의 원인의 모둠(ma2-1~6)에서 설명한 방법대로 알아야 한다."(DhsA.51)

293) nāmañca/
rūpañca/
여기 정신과 물질의 두 개 조(ma2-109)부터 본 마띠까의 마지막인 멸진에 대한 지혜의 두 개 조(ma2-142)까지의 33가지 두 개 조는 『디가 니까야』 제3권 「합송경」(D33) §1.9의 (1)부터 (33)까지의 두 가지로 구성된 법들과 거의 같다. 본서에는 ma2-109부터 ma2-142까지 34가지 두 개 조들이 나타나지만 D33 §1.9에는 33가지가 나타난다. 본서에는 ma2-112~ma2-114의 셋이 더 첨가되어 있고 D33 §1.9의 (16)과 (22)가 본 마띠까에는 나타나지 않는다. 그래서 본 마띠끼에는 모두 33-2+3=34개의 두 개 조가 나타나고 있다.

294) "정신과 물질의 두 개 조에서, 이름을 부여한다는 뜻(nāma-karaṇaṭṭha)에서, [대상으로] 기운다는 뜻(namana-ṭṭha)에서, [마음을 자신들에게] 기울게 한다는 뜻(nāmana-ṭṭha)에서 '정신[名, nāma]'이다. 변형된다는 뜻

110.[295] 무명(無明)과 존재에 대한 갈애[296](ma2-110)

111.[297] 존재에 대한 견해와 비존재에 대한 견해[298](ma2-111)

112.[299] 영원하다는 견해[常見]와 단멸한다는 견해[斷見][300](ma2-112)

(ruppana-ṭṭha)에서 '물질[色, rūpa]'이다. 이것은 간략하게 설명한 것이다. 자세한 것은 [본서 제2권의 제3편] 간결한 설명 편에서 설명될 것이다."(DhsA.51~52)
한편 후대의 아비담마 복주서(anuṭīka)에 해당하는 『모하위체다니』(Moha-vicchedanī)는 본 마띠까의 '정신'을 주석하면서 이렇게 부연하고 있다.
"이름을 부여한다는 뜻(nāmakaraṇaṭṭha)과 [대상으로] 기운다는 뜻(namanaṭṭha)과 [마음을 자신들에게] 기울게 한다는 뜻(nāmanaṭṭha)에서 '정신(nāma)'이라 한다고 하였다. 여기서 '정신'은 비물질의 무더기들과 열반이다.
① 이들 느낌과 인식과 심리현상들과 알음알이와 열반은 달과 태양 등과 같이 어디서든 드러나는 이름을 통해서 자신의 이름을 만들면서 전개되기 때문이다. 이와 같이 '이름을 부여한다는 뜻'을 통해서 정신을 알아야 한다.
② 대상을 대면하여(ārammaṇābhimukha) '기운다는 뜻'에서 정신이다.
③ [수・상・행・식의] 네 가지 비물질의 무더기들은 서로가 서로에게 '기울게 한다는 뜻'에서 정신이다. 그러나 열반은 대상으로서 지배하는 조건(ārammaṇādhipatipaccayatā)에 의해서 비난받지 않는 법들을 [열반] 자신에게 '기울게 한다는 뜻'에서 정신이라고 알아야 한다."(Moh.157)

295) avijjā ca/
bhavataṇhā ca/

296) "'무명(無明, avijjā)'은 괴로움 등에 대해서 알지 못하는 것이다. '존재에 대한 갈애'가 존재에 대한 갈망이다."(DhsA.52)

297) bhavadiṭṭhi ca/
vibhavadiṭṭhi ca/

298) "'존재에 대한 견해(bhava-diṭṭhi)'에서 존재란 영원함(sassata)을 말한다. [그래서 이것은] 영원함을 통해서 생겨난 견해이다. '비존재에 대한 견해(vibhava-diṭṭhi)'에서 비존재란 단멸(uccheda)을 말한다. [그래서 이것은] 단멸을 통해서 생겨난 견해이다."(DhsA.52)
그래서 『디가 니까야 주석서』는 이렇게 설명한다.
"'존재에 대한 견해'란 상견(常見, sassata-diṭṭhi)이고 … '비존재에 대한 견해'란 단견(斷見, uccheda-diṭṭhi)이다."(DA.iii.978)

299) sassatadiṭṭhi ca/
ucchedadiṭṭhi ca/

113.[301] 유한하다는 견해와 무한하다는 견해(ma2-113)

114.[302] 과거를 모색하는 견해와 미래를 모색하는 견해(ma2-114)

115.[303] 양심 없음과 수치심 없음(ma2-115)

116.[304] 양심과 수치심(ma2-116)

117.[305] 거칠게 말함과 나쁜 친구를 사귐(ma2-117)

118.[306] 부드럽게 말함과 좋은 친구[善友]를 사귐(ma2-118)

119.[307] 범계(犯戒)에 능숙함과 범계에서 벗어남에 능숙함[308](ma2-119)

120.[309] 증득[等至]에 능숙함과 증득으로부터의 출정(出定)에 능숙함[310]

---

300) "'자아와 세상은 영원하다.'라고 전개되는 견해가 '영원하다는 견해[常見, sassata-diṭṭhi]'이다. '단멸할 것이다.'라고 전개되는 견해가 '단멸한다는 견해[斷見, uccheda-diṭṭhi]'이다."(DhsA.52)

301) antavā diṭṭhi ca/
anantavā diṭṭhi ca/

302) pubbantānudiṭṭhi ca/
aparantānudiṭṭhi ca/

303) ahirikañca/
anottappañca/

304) hirī ca/
ottappañca/

305) dovacassatā ca/
pāpamittatā ca/

306) sovacassatā ca/
kalyāṇamittatā ca/

307) āpattikusalatā ca/
āpattivuṭṭhānakusalatā ca/

308) '범계(犯戒)에 능숙함(āpatti-kusalatā)'은 본서 제3편 간결한 설명 편 §1336을 참조하고 '범계에서 벗어남에 능숙함(āpatti-vuṭṭhāna-kusalatā)'은 본서 §1337을 참조할 것.
『디가 니까야 주석서』는 여기서 능숙함은 바로 통찰지를 의미한다고 설명하고 있다.(DA.iii.979)

309) samāpattikusalatā ca/

(ma2-120)

121.[311] 요소[界]에 능숙함[312]과 마음에 잡도리함[作意]에 능숙함 (ma2-121)

122.[313] 감각장소[處]에 능숙함과 연기(緣起)에 능숙함(ma2-122)

123.[314] [바른] 경우에 능숙함과 [바른] 경우가 아닌 것에 능숙함[315]

---

samāpattivuṭṭhānakusalatā ca/

310) "증득에 대해서 능숙함이 '증득[等至]에 능숙함(samāpatti-kusalatā)'이다. 이것은 증득의 본삼매의 한계를 정하는 통찰지(appanā-paricchedapaññā)와 동의어이다. 증득으로부터의 출정(出定)에 능숙함이 '증득으로부터의 출정에 능숙함(samāpatti-vuṭṭhāna-kusalatā)'이다."(DhsA.52~53)

여기서 '증득'으로 옮긴 사마빳띠(samāpatti)는 saṁ(함께)+ā(이리로)+√pad(*to go*)에서 파생된 여성명사로 문자적으로는 '함께 받아들임'이며 '증득, 얻음, 획득'의 뜻이다. 상좌부뿐만 아니라 대승불교에서도 사마빳띠는 구차제멸(九次第滅, anupubba-nirodha)로 표현되는 4선-4처-상수멸의 경지 가운데 하나를 증득한 것을 뜻하는 전문용어이다. 중국에서는 saṁ의 의미를 살려 等至(등지)로 옮겼다. 그리고 도와 과의 성취도 증득[等至]으로 부르고 있다. 상세한 것은 『아비담마 길라잡이』 제4장 §22~23의 해설과 제9장 §§42~44와 해설을 참조할 것.

311) dhātukusalatā ca/
manasikārakusalatā ca/

312) "18가지 요소[界, dhātu]들에 대해서 능숙함이 '요소에 능숙함(dhātu-kusalatā)'이다. 이들 요소들에 마음에 잡도리함[作意, manasikāra]에 대해서 능숙함이 '마음에 잡도리함에 능숙함(manasikārakusalatā)'이다." (DhsA.53)
"'요소에 능숙함'이란 듣고 호지하고 명상하고 꿰뚫어서 18가지 요소들의 고유성질을 구분해서 정의하는 통찰지(paññā)를 말한다. '마음에 잡도리함에 능숙함'이란 이런 요소들을 명상하고 꿰뚫고 반조해서 생긴 통찰지이다." (DA.iii.979)

313) āyatanakusalatā ca/
paṭiccasamuppādakusalatā ca/

314) ṭhānakusalatā ca/
aṭṭhānakusalatā ca/

315) "이런저런 경우에 대해서 능숙함이 '[바른] 경우에 능숙함(ṭhāna-kusalatā)'

(ma2-123)

124.[316] 반듯함[317]과 유연함[318](ma2-124)

125.[319] 인욕과 온화함[320](ma2-125)

126.[321] 싹싹한 말씨와 호의를 베풂[322](ma2-126)

이다. 여기서 경우는 이유(kāraṇa)를 말한다. 그것을 의지하여 머물기 때문에, 결과를 확립하기 때문에 [바른] 경우라고 한다. [바른] 경우가 아닌 것에 대해서 능숙함이 '[바른] 경우가 아닌 것에 능숙함(aṭṭhāna-kusalatā)'이다."(DhsA.53)

예를 들면 눈-형색-눈의 알음알이[眼-色-眼識]는 [바른] 경우에 해당하고 눈-형색-귀의 알음알이는 바른 경우가 아닌 것에 속한다. [바른] 경우와 [바른] 경우가 아닌 것에 대한 보기는 본서 제2권에 실린 제3편 간결한 설명 편 §1344의 주해를 참조하기 바란다.

316) ajjavo ca/
maddavo ca/

317) "'반듯함(ajjava)'이라고 하셨다. 반듯하지 못함에는 세 가지가 있다. ① 소 오줌처럼 휜 것과 ② 달처럼 휜 것과 ③ 쟁기처럼 휜 것이다.
① 여기 어떤 비구는 처음에는 21가지 추구하지 않아야 할 것을 추구하고 여섯 가지 가지 않아야 할 곳을 다닌다. 중간과 마지막에는 부끄러워하고 후회하여 공부짓고자 한다. 이것이 소 오줌처럼 휜 것이다.
② 어떤 자는 처음과 마지막에는 네 가지 청정한 계를 구족하고 부끄러워하고 후회하여 공부짓고자 한다. 그러나 중간은 첫 번째와 같다. 이것을 달처럼 휜 것이라 한다.
③ 어떤 자는 처음과 중간에는 네 가지 청정한 계를 구족하고 부끄러워하고 후회하여 공부짓고자 한다. 그러나 마지막은 첫 번째와 같다. 이것을 쟁기처럼 휜 것이라 한다.
그러나 어떤 자는 이 모든 휜 것을 버리고 처음 · 중간 · 마지막에 바르게 행동하고 부끄러워하고 후회하여 공부짓고자 한다. 이런 그의 올곧은 상태가 바로 반듯함(ajjava)이다."(DA.iii.980)

318) 『디가 니까야』 제3권 「합송경」(D33) §1.9에는 '부끄러워함(lajjava)'으로 나타나지만 여기서는 '유연함(maddava)'으로 나타난다. '유연함'은 본서 §44 등에서 '부드러움(mudutā)'의 동의어로 언급되고 있다.

319) khanti ca/
soraccañca/

320) "계를 통한 단속이 '온화함'이다(sīla-saṁvaro soraccaṁ)."(DA.iii.981)

127.[323] 감각기능들의 문을 잘 보호하지 못함과 음식에서 적당함을 알지 못함(ma2-127)

128.[324] 감각기능들의 문을 잘 보호함과 음식에서 적당함을 앎[325] (ma2-128)

129.[326] 마음챙김을 놓아버림[327]과 알아차림이 없음(ma2-129)

130.[328] 마음챙김과 알아차림(ma2-130)

131.[329] 숙고의 힘과 수행의 힘(ma2-131)

132.[330] 사마타와 위빳사나[331](ma2-132) [8]

---

321) sākhalyañca/
paṭisanthāro ca

322) "'호의를 베풂(paṭisanthāra)'이란 세상과 함께하는 것인데 세속적인 방법과 법을 통한 것으로 두 가지이다."(DA.iii.981)

323) indriyesu aguttadvāratā ca/
bhojane amattaññutā ca/

324) indriyesu guttadvāratā ca/
bhojane mattaññutā ca/

325) 이 둘은 각각 『디가 니까야』 제1권 「사문과경」(D2) §64와 §66에 견주어 볼 수 있다.

326) muṭṭhasaccañca/
asampajaññañca/

327) '마음챙김을 놓아버림'은 muṭṭhasacca를 옮긴 것이다. 주석서에서 sati-vippavāsa(마음챙김이 머물지 않음)라고 설명하고 있어서(DA.iii.982) '마음챙김을 놓아버림'으로 옮겼다.

328) sati ca/
sampajaññañca/

329) paṭisaṅkhānabalañca/
bhāvanābalañca/

330) samatho ca/
vipassanā ca/

331) "'사마타'는 삼매이고 '위빳사나'는 통찰지이다(samatho samādhi, vipassanā paññā)."(DA.iii.983)

133.[332] 사마타의 표상과 분발[333]의 표상(ma2-133)

134.[334] 분발과 산란하지 않음[335](ma2-134)

135.[336] 계를 파함[337]과 견해를 파함[338](ma2-135)

136.[339] 계의 구족과 견해의 구족[340](ma2-136)

137.[341] 계의 청정과 견해의 청정(ma2-137)

138.[342] 견해의 청정뿐만 아니라 그러한 견해에 따른 노력(ma2-138)

139.[343] 절박함을 일으키는 원인들에 대한[344] 절박함과 절박함을 가진 자의 지혜로운 노력(ma2-139)

---

332) samathanimittañca/
paggāhanimittañca/

333) "'분발(paggāha)'은 정진(vīriya)을 뜻한다."(DA.iii.983)

334) paggāho ca/
avikkhepo ca/

335) "'산란하지 않음(avikkhepa)'은 한끝으로 [집중] 됨[一境性, ekaggatā]이다."(DA.iii.983)

336) sīlavipatti ca/
diṭṭhivipatti ca/

337) "'계를 파함(sīla-vināsaka)'은 단속하지 않음(asaṁvaro)이다."(DA.iii.983)

338) "'견해를 파함(diṭṭhi-vipatti)'이란 … 바른 견해[正見]를 파한 그릇된 견해이다."(DA.iii.983)

339) sīlasampadā ca/
diṭṭhisampadā ca/

340) "'견해의 구족(diṭṭhi-pāripūribhūta)'은 지혜(ñāṇa)를 말한다."(DA.iii.983)

341) sīlavisuddhi ca/
diṭṭhivisuddhi ca/

342) diṭṭhivisuddhi kho pana/
yathādiṭṭhissa ca padhānaṁ/

343) saṁvego ca saṁvejaniyesu ṭhānesu/
saṁviggassa ca yoniso padhānaṁ/

344) 생·노·병·사 등의 여덟 가지 괴로움[八苦]을 '절박함을 일으키는 원인(saṁvejaniyā ṭhānā)'이라고 한다.(ItA.i.115 참조)

140.[345] 유익한 법들만으로 만족하지 못함[346]과 노력에서 물러서지 않음(ma2-140)

141.[347] 명지(明知)[348]와 해탈[349](ma2-141)

142.[350] 멸진에 대한 지혜[351]와 일어나지 않음에 대한 지혜[352](ma2-142)

---

345) asantuṭṭhitā ca kusalesu dhammesu/
appaṭivānitā ca padhānasmiṁ/

346) "'유익한 법들만으로 만족하지 못함(asantuṭṭhitā)'이란 유익한 법들을 닦음만으로 만족하지 못하는 자가 더욱더 수행하고자 함이다. 이러한 것을 구족한 사람은 계를 구족한 뒤 禪을 증득한다. 禪을 얻은 뒤 위빳사나를 시작한다. 위빳사나를 시작한 자는 아라한과를 얻지 못하고서는 도중에 포기하지 않는다."(DA.iii.983)

347) vijjā ca/
vimutti ca/

348) "'명지(vijjā)'란 세 가지 명지[三明, te-vijjā]도 있고 여덟 가지 명지[八明, aṭṭha vijjā]도 있다. 세 가지 명지는 『맛지마 니까야』 제1권 「두려움과 공포 경」(M4)에서 설한 방법대로 알아야 하고, 여덟 가지는 『디가 니까야』 제1권 「암밧타 경」(D3/i.100 이하 = D2 §§83~98)에서 설한 대로 알아야 한다. 이처럼 위빳사나의 지혜(vipassanā-ñāṇa, D2 §83)와 마음으로 [만드는 몸의] 신통(manomay-iddhi, D2 §85)과 함께 여섯 가지 신통지[六神通]를 더하여 여덟 가지의 명지[八明]를 설하셨다."(Vis.VII.30)
이처럼 명지(明知, 明, vijjā)는 숙명통, 타심통, 누진통의 세 가지 명지, 즉 삼명(三明, te-vijjā)을 뜻하기도 하고 「암밧타 경」(D3) §2.2에서처럼 「사문과경」(D2)에서 정리한 8가지 지혜를 통틀어서 명지라 부르기도 한다.

349) "'해탈(vimutti)'에는 마음의 확신(adhimutti)과 열반의 두 가지가 있다. 이 가운데서 여덟 가지 증득[等至]은 장애[五蓋] 등으로부터 잘 벗어났기 때문에(muttattā) 확신이라 한다. 열반은 모든 형성된 것들(saṅkhata, 有爲)로부터 벗어났기 때문에 해탈(vimutti)이라 한다고 알아야 한다."(DA.iii.985)

350) khaye ñāṇaṁ/
anuppāde ñāṇanti/

351) "'멸진에 대한 지혜(khaye ñāṇa)'란 오염원을 멸진시키는 성스러운 도(ariya-magga)의 지혜이다."(DA.iii.985)

352) "'일어나지 않음에 대한 지혜(anuppāde ñāṇa)'란 성스러운 과(ariya-phala)의 지혜이다."(DA.iii.985)

경장의 두 개 조 마띠까가 [끝났다.]

마띠까가 [끝났다.][353)]

353) "이와 같이 결정된 이들은 부분적인 것(sappadesa)과 포괄적인 것(nippadesa)의 두 가지 항목들이 있다. 이들 가운데 아홉 개의 세 개 조와 71개의 두 개 조는 부분적인 물질이나 비물질인 법들로 이루어져 있기 때문에 부분적인 것(sappadesa)이라 부른다. 나머지 13개의 세 개 조와 71개의 두 개 조는 포괄적인 것이라 부른다.
여기서 세 개 조들 가운데서는 느낌의 세 개 조와 일으킨 생각의 세 개 조와 희열의 세 개 조와 일어난 것의 세 개 조와 과거의 세 개 조와 네 가지 대상의 세 개 조라는 이 아홉 가지 세 개 조들은 부분적인 것이다. 두 개 조들 가운데서는 ① 원인의 모둠으로부터 시작하여 취착의 모둠까지의 아홉 가지 모둠들의 후반부의 세 개씩의 두 개 조들과 ② 오염원의 모둠의 후반부의 네 가지의 두 개 조들과 ③ '마음과 결합된 법들, 마음과 결합되지 않은 법들', '마음과 결속된 법들, 마음과 결속되지 않은 법들' 등의 두 가지 틈새에 있는 긴 두 개 조와 ④ 경장의 [42가지] 두 개 조에서 이름 붙임의 두 개 조(ma2-106)와 언어 표현의 두 개 조(ma2-107)와 개념의 두 개 조(ma2-108)와 정신과 물질의 두 개 조(ma2-109)라는 이 네 가지 두 개 조를 제외하고 남은 이들 38가지 두 개 조가 부분적인 것이라 한다.
이를 제외한 나머지 [13개의] 세 개 조와 [71개(142-71)의] 두 개 조는 모두 포괄적인 것(nippadesa)이라고 알아야 한다."(DhsA.37~38)

담마상가니

제1편
마음의 일어남 편

cittuppāda-kaṇḍa

namo tassa bhagavato arahato sammāsambuddhassa

그분 부처님 · 아라한 · 정등각자께 귀의합니다.

담마상가니

제1편

마음의 일어남 편

cittuppāda-kaṇḍa

제1품 유익한354) 마음355)(kusala)

---

354) "'유익함(kusala)'이라고 하였다. 비난받아 마땅한 상태들(kucchitā)을 흔들어버린다(salanā)는 등의 뜻에 의해서 '유익함'이라 한다. 그리고 ① 건강함의 뜻(ārogyaṭṭha)과 ② 비난받지 않음의 뜻(anavajjaṭṭha)과 ③ 능숙함에서 생겼음의 뜻(kosalla-sambhūtaṭṭha)에 의해서도 '유익함'이다.

① "당신은 편안(kusala)하십니까?"(J.iv.427)라고 육체적인 몸이 아프지 않고 병들지 않고 성가시지 않아서 '건강함의 뜻'에서 유익함이라고 말했다. 그와 같이 비물질인 법들에서도 오염원(kilesa)에 의한 아픔(āturatā)과 오염원의 질병(gelañña)과 오염원의 성가심(byādhi)이 없기 때문에 '건강함의 뜻'에서 유익함이라고 알아야 한다. ② 오염원의 허물(vajja)과 오염원의 결점(dosa)과 오염원의 근심(daratha)이 없기 때문에 '비난받지 않음의 뜻'에서 유익함이라 한다. ③ 통찰지(paññā)는 능숙함(kosalla)이라 불린다. 능숙함으로부터 생겼기 때문에 '능숙함에서 생겼음의 뜻'에서 유익함이다." (DhsA.62~63)

계속해서 주석서는 이렇게 설명한다.
"[욕계의 여덟 가지 큰마음 가운데] 지혜와 결합된(ñāṇa-sampayutta) [네 가지는] 이렇다고 하자. 그러면 지혜와 결합되지 않은(ñāṇa-vippayutta) [네 가지는] 어떠한가? 이것도 인습적인 표현(ruḷhī-sadda)에 의해서 유익한 것이다. 마치 야자수 잎으로 만들지 않은 돗자리 등에 대해서도 그것과 닮았기 때문에 인습적인 표현으로 야자수로 만든 것이라고 말하는 것처럼 그와 같이 지혜와 결합되지 않은 것도 유익한 것이라고 알아야 한다. 방편을 빌리지 않고 [말하면] 지혜와 결합된 것은 ① 건강함의 뜻과 ② 비난받지 않음의 뜻과 ③ 능숙함에서 생겼음의 뜻에 의해서 세 가지로 유익함이라는 이름을 얻는다. 그러나 지혜와 결합되지 않은 것은 [①과 ②] 두 가지에 의해서 그러하다.
이처럼 『자따까』의 방편과 「외투 경」(M88)의 방편과 아비담마의 방편으로 유익함이 설명된 것은(DhsA.38) 모두 세 가지 뜻에 의해서 이 [욕계 유익한] 마음에 포함된다.

그런 이것은 ㉠ 비난받지 않는 즐거운 과보를 가져오는 특징을 가졌고 ㉡ 해로움을 쓸어버리는 것을 역할로 하고 ㉢ 깨끗함으로 나타나고 ㉣ 이치에 맞게 마음에 잡도리함[如理作意]을 가까운 원인으로 한다. 혹은 ㉠ 비난과 반대되기 때문에 비난받지 않는 특징을 가진 것이 유익함이며 ㉡ 깨끗한 상태를 역할로 하고 ㉢ 원하는 과보로 나타나고 ㉣ 앞에서 말한 것(여리작의)을 가까운 원인으로 한다.

특징 등에 대해서, 이런저런 법들의 고유성질이나 보편적인 것을 ㉠ 특징(lakkhaṇa)이라 한다. 작용이나 성취를 ㉡ 역할(rasa)이라 한다. 일어나는 모습이나 결과를 ㉢ 나타남(paccupaṭṭhāna)이라 한다. 가까이 있는 원인을 ㉣ 가까운 원인(padaṭṭhāna)이라 한다. 이처럼 역할 등을 말하는 곳은 어느 곳이든지 이러한 방법으로 그들의 다양함을 알아야 한다."(DhsA.63)

이하 『담마상가니 주석서』는 본서에 나타나는 중요한 용어들을 이러한 네 가지 방법으로 정의하고 있는데 본 주석서뿐만 아니라 『청정도론』을 비롯한 여러 주석서 문헌들의 공통된 특징이기도 하다. 마음, 마음부수, 물질, 열반으로 구분되는 상좌부 82법을 비롯한 중요한 불교 용어에 대한 정의는 특히 본 주석서와 『청정도론』에서 거의 같이 나타나고 있다.

355) 주석서는 다음의 다섯 가지로 마음을 정의하고 있다.
"'마음(citta)'이라고 하였다. ① 대상을 생각한다고 해서 마음이다(ārammaṇaṁ cintetīti cittaṁ). 식별(識別)한다(vijānāti)는 뜻이다. ② 마음이라는 이 단어에 관한 한 이것은 모든 마음에 공통되는 것이다. 그러므로 여기서 세간적인 유익하거나 해롭거나 작용만 하는 마음은 자와나의 인식과정을 통해서 자신의 흐름을 모은다(cinoti)고 해서 마음(citta)이다. ③ 그리고 업의 오염원들로 과보를 쌓는다(citanti)고 해서 마음(citta)이다. ④ 나아가서 모든 존재도 역시 [환경에 따라] 적절하게 다양함을 가졌기(cittatā) 때문에 마음(citta)이다. ⑤ 다양한 [결과를] 만들어내기(citta-karaṇatā) 때문에 마음(citta)이라 한다는 이것도 여기서 그 뜻이라고 알아야 한다.(DhsA.63)"

한편 빠알리 문법서인 『삿다니띠』(Saddanīti)는 ⑤ 다양한 [결과를] 만들어내기(citta-karaṇatā) 때문에 마음(citta)이라 한다는 이 다섯 번째를 이렇게 풀어서 설명하고 있다.

"마음에 의해서 만들어내기 때문에(citteneva karaṇato) 이것에 의해서 다양하게 되고 아주 다양하게 되고 다양하게 만들어진다고 해서 마음(citta)이다. 다양한 [결과를] 만들어내기 때문에 마음이라고 말한 것이다."(Sadd.305~306)

이렇게 마음을 다섯 가지로 정의한 뒤에 주석서는 이 가운데 네 번째와 다섯 번째에 초점을 맞추어서 다음과 같이 마음을 상세하게 설명하고 있다. 길지만 마음에 대한 상좌부의 전통적인 설명이기 때문에 전문을 옮겨 싣는다.

""여기서 어떤 것은 갈망과 함께한 마음이고 어떤 것은 성냄과 함께한 것이고 어떤 것은 어리석음과 함께한 것이다. 어떤 것은 욕계에 속하는 것이고 어떤 것은 색계에 속하는 것 등으로 구분된다. 어떤 것은 형색을 대상으로 한 것이고 어떤 것은 소리 등을 대상으로 한 것이다. 형색을 대상으로 하는 것들 가운데서도 어떤 것은 푸른 것을 대상으로 한 것이고 어떤 것은 노란 것 등을 대상으로 한 것이다. 소리 등을 대상으로 하는 것들 가운데서도 이 방법이 적용된다.

이 모든 것들 가운데 어떤 것은 저열하고 어떤 것은 중간이고 어떤 것은 수승하다. 저열한 것들 가운데서도 어떤 것은 열의의 지배를 가진 것이고 어떤 것은 정진의 지배를 가진 것이고 어떤 것은 마음의 지배를 가진 것이고 어떤 것은 검증의 지배를 가진 것이다. 그러므로 이러한 결합됨과 경지와 대상과 저열함과 중간임과 수승함과 지배(sampayutta-bhūmi-ārammaṇa-hīna-majjhima-paṇīta-adhipati)를 통해서 이 [마음의] 다양함을 알아야 한다. 물론 여기서 이들 가운데 하나의 다양함만이 있는 것은 없지만 다양함들이 포함되어 있기 때문에 이들 가운데 어떤 하나라 할지라도 '다양함을 가지기 때문에 마음'이다. 이와 같이 ④ 다양함을 가졌기 때문에 마음이라 한다.

어떻게 해서 ⑤ 다양한 [결과를] 만들어내기 때문에 마음인가? 이 세상에서 그림을 그리는 것(citta-kamma)을 능가하는 다른 다양함(citta)은 없다. 그 가운데서도 행실도(行實圖, caraṇa)라는 그림(아래 주해 참조)이 으뜸가는 그림(aticitta)이다. 이것을 만드는 화가들(citta-kārā)에게는 '이러한 방법으로 여기에다 여러 형색들을 그리리라.'라는 그림에 대한 인식(citta-saññā)이 일어난다. 이러한 그림에 대한 인식을 통해서 윤곽을 스케치하고 물감을 칠하고 마감 손질을 하고 윤색을 하는 등의 그림을 그리는 행위(마음을 쓰는 행위, citta-kiriyā)가 일어난다. 이렇게 하여 행실도라 불리는 그림에서 다양한 모습을 가진 어떤 것이 완성된다.

그러면 그는 '이것 위에는 저것을 놓고 아래에는 저것을 놓고 양쪽에는 저것을 놓아야지.'라고 생각한 뒤에 그 생각의 순서대로 나머지 그림의 모습을 완성한다. 이와 같이 세상에서 다양한 모든 예술은 그림(citta, 혹은 마음)에 의

해서 만들어진다. 이와 같이 행위의 다양함 때문에 이런저런 그림이 완성되는데 마음도 이 그림과 같다. 그러나 [화가가 그림을 그릴 때 그가] 생각한 모든 것을 남김없이 표현하여 완성시키지 못하기 때문에 마음은 그러한 [그림보다] 훨씬 다양하다.

그래서 세존께서는 말씀하셨다. ― "비구들이여, 그대들은 '행실도(行實圖)'라는 그림을 본 적이 있는가?" "그렇습니다, 세존이시여." "비구들이여, 그 행실도라는 그림도 마음으로 생각하여 [그린 것]이다. 그렇지만 행실도라는 그림보다 마음은 더 다양하다."(「가죽끈 경」2(S22:100))"(DhsA.63~64)

이처럼 주석서는 citta라는 단어가 '마음'과 '그림'과 '다양함'의 세 가지 의미로 쓰이는 것을 가져와서 이렇게 동음이의(同音異義)의 기법(*pun*)으로 마음을 설명하고 있다.
그리고 '비구들이여, 그 행실도라는 그림도 마음으로 생각하여 [그린 것]이다. 그렇지만 행실도라는 그림보다 마음은 더 다양하다.'로 옮긴 원문은 caranaṁ nāma cittaṁ citteneva cittitaṁ tena pi kho bhikkhave caraṇena cittena cittaññeva cittataraṁ이다. 여기서 citta는 '그림'도 뜻하고 '마음'도 뜻하는 동음이의어(同音異義語)이다.
여기서 '행실도(行實圖)라는 그림'으로 옮긴 원문은 caranaṁ nāma cittaṁ이다. carana는 일반적으로 '행위, 행실'을 뜻한다. 그래서 역자는 아래 주석서를 참조해서 '행실도(行實圖)'로 옮겼다. 『상윳따 니까야 주석서』는 이 부분을 이렇게 설명한다.
"행실도(行實圖)라는 그림은 가지고 다니는 그림(vicaraṇa-citta)을 말한다.[그들은 이 그림을 가지고 다니기 때문이다. SAṬ.ii.225] 상카(Saṅkhā)라는 바라문 외도들이 있다. 그들은 화포(畵布)에다 여러 가지 선처와 악처를 통해서 번영과 파멸에 대한 [그림을] 그린 뒤에 '이런 업을 지으면 이런 과보를 받고 저런 업을 지으면 저런 과보를 받는다.'라고 보여주면서 그 그림(citta)을 가지고 다닌다(vicaranti)."(SA.ii.327)

여기서 보듯이 '마음'으로 옮기는 citta와 '그림'이나 '다양함'으로 옮기는 citta는 동음이의어(同音異義語)이다. 그러나 빠알리어로는 같지만 산스끄리뜨어로 보면 전혀 다르다. 마음으로 옮기는 citta는 산스끄리뜨어로도 citta이지만 그림과 다양함으로 옮기는 citta는 산스끄리뜨어로는 citra이다. citra는 형용사로는 다양한과 아름다운을 뜻하고 중성명사로는 그림을 뜻한다. 산스끄리뜨어의 -tr-라는 표기는 빠알리어에서 대부분 -tt-로 변환된다. 예를 들면 오직을 뜻하는 mātra는 matta가 되고 거기를 뜻하는 tatra는 tatta가 된다. 그러므로 여기서 citta는 다양함으로도 그림으로도 마음으로도 적용할 수 있다. 계속해서 주석서는 설명을 이어간다.

"여기서 태어날 곳[行處, gati]은 천상과 인간과 지옥과 축생으로 분류된다.

이러한 태어날 곳에 있는 ① 업과 ② 신체적 특징과 ③ 인식과 ④ 인습적 표현 등으로 구분되는 개별적 존재의 다양함(ajjhattika citta)도 역시 마음이 만든 것(citta-kata)이다.

① 몸으로 짓는 업 등으로 분류되는 보시와 계행이나 잔인함과 사기 등의 방법으로 전개되는 유익하거나 해로운 업은 마음에 의해서 이루어진다. 이것이 업의 다양함(kamma-nānatta)이다.
② 그리고 이러한 업의 다양함에 의해서 이런저런 태어날 곳에서 손과 발과 귀와 내장과 목과 얼굴 등의 모습이구분된다. 이것이 신체적 특징의 다양함(liṅga-nānatta)이다.
③ 신체적 특징의 다양함 때문에 그대로 받은 모습을 통해서 '이 사람은 여자고 이 사람은 남자이다.'라고 하면서 일어나는 인식에 의해서 인식의 다양함(saññā-nānatta)이 있다.
④ 인식의 다양함을 통해서 그 인식에 상응하는 여자라거나 남자라는 인습적 표현이 있게 된다. 이것이 인습적 표현의 다양함(vohāra-nānatta)이다.
인습적 표현의 다양함을 통해서 '여자가 되었으면, 남자가 되었으면, 끄샤뜨리야가 되었으면, 바라문이 되었으면'이라는 이런저런 자기 존재에 해당하는 생산업을 짓는다. 그래서 인습적 표현의 다양함 때문에 [다시] 업의 다양함이 있다.

그런데 이 업의 다양함은 원하는 것과 같은 존재로 태어나게 한다. 태어날 곳을 통해서 태어나면 업의 다양함 때문에 태어날 곳의 다양함이 있다. 업의 다양함 때문에 이런저런 태어날 곳(gati)에 의해서 이런저런 중생들에게는 발이 없거나 두 발을 가졌거나 하는 등이 있게 되고, 이런저런 태어남에 의해서 높고 낮음 등이 있으며, 이런저런 자기 존재에서 잘생기거나 못생기는 등이 있고, 세속의 이치에 따라 이익과 손해 등이 알려진다.

그러므로 천상과 인간과 지옥과 축생으로 분류되는 태어날 곳[行處]에 있는 ① 업(kamma)과 ② 신체적 특징(liṅga)과 ③ 인식(saññā)과 ④ 인습적 표현(vohāra) 등으로 구분되는 이러한 개인에 속하는 다양함도 역시 마음이 만든 것이라고 알아야 한다. 이러한 뜻은 '합송에서 명시되지 않은 경(saṅgīti-anāruḷha sutta)'을 통해서 알 수 있다. 이렇게 말씀하셨기 때문이다.

"업의 다양하고 다른 성질에 대한 구분과 정의를 통해서 신체적 특징의 다양함과 다른 성질에 대한 구분과 분석이 있고, 신체적 특징의 다양하고 다른 성질에 대한 구분과 분석을 통해서 인식의 다양하고 다른 성질에 대한 구분과 분석이 있으며, 인식의 다양하고 다른 성질에 대한 구분과 분석을 통해서 인습적 표현의 다양하고 다른 성질에 대한 구분과 분석이 있고, 인습적 표현의 다양하고 다른 성질에 대한 구분과 분석을 통해서 업의 다양하고 다른 성질에 대한 구분과 분석이 있다.

업의 다양함(차이점)을 조건으로 발이 없거나 두 발을 가졌거나 네 발을 가졌거나 많은 발을 가졌거나 물질을 가졌거나 물질을 가지지 않았거나 인식이 있거나 인식이 없거나 인식이 있는 것도 아니고 없는 것도 아닌 것과 같은 중생들의 태어날 곳의 다양함이 알려졌다. 업의 다양함을 조건으로 높거나 낮음, 저열하거나 수승함, 선처에 태어나거나 악처에 태어남과 같은 중생들의 태어남의 다양함이 알려졌다.

업의 다양함을 조건으로 잘생기거나 못생김, 좋은 태생이거나 나쁜 태생임, 온전하거나 불구임과 같은 중생들의 자기 존재에 따른 다양함(attabhāve nānākaraṇa)이 알려졌다. 업의 다양함을 조건으로 이익이나 손해, 명성이나 악명, 칭찬이나 비난, 즐거움이나 괴로움과 같은 중생들의 세속의 이치에 따른 다양함(lokadhamme nānākaraṇa)이 알려졌다."
다시 이렇게 말씀하셨다.

"업과 신체적 특징으로부터
신체적 특징에 대한 인식이 생기고
인식으로부터 여자와 남자라는 차이가 생긴다."

"업에 의해서 세상은 전개되고
업에 의해서 사람들은 전개되며
업에 묶인 중생들은 굴러가나니
수레가 비녀장에 의지하여 굴러가듯이."(Sn.123 {654}; Kv.546)

"업에 의해서 명성과 칭송을 얻고
업에 의해서 속박과 몰락과 구속이 있다.
이러한 업의 다양함을 알면서
왜 그대는 세상에 업이란 없다고 말하는가?"(Kv.546)

"바라문 학도여, 중생들은 업이 바로 그들의 주인(kammassakā)이고, 업의 상속자(kamma-dāyādā)이고, 업에서 태어났고(kamma-yonī), 업이 그들의 권속이고(kamma-bandhū), 업이 그들의 의지처(kamma-paṭisaraṇā)이다. 업이 중생들을 구분 지어서 천박하고 고귀하게 만든다."(M135 §4)

이와 같이 다양한 [결과를] 만들어내기 때문에 마음의 다양함(cittassa citta-tā)이 알아져야 한다. 이들 모든 다양함은 오직 마음이 지은 것이기 때문이다. 그렇지만 [과보를 생산할] 기회를 얻지 못했거나 혹은 [시기나 태어날 곳 등의] 다른 조건을 만나지 못한 마음은 마음으로 지은 개인에 속하는 다양함이라 부르는 그러한 전적으로 다양한 [결과를] 만들어내는 것이 없지만 마음은 그러한 다양함보다도 훨씬 더 다양하다.

"비구들이여, 나는 축생으로 태어난 생명들보다 더 다양한 어떤 하나의 무리도 보지 못한다. 비구들이여, 축생으로 태어난 생명들도 마음에 의해서 다양

제1장 욕계의356) 유익한 마음357)(kāmāvacara-kusala)

하게 [태어난] 것이다. 그렇지만 축생으로 태어난 중생들보다 마음은 더 다양하다."(S22:100)"(DhsA.64~66)

이처럼 『담마상가니 주석서』는 경의 말씀들을 인용하여 마음의 다양함을 설명하고 있다. 한편 주석서에서 인용한 『상윳따 니까야』 제3권 「가죽끈 경」 2(S22:100)의 이 부처님 말씀에 대해서 『상윳따 니까야 주석서』는 이렇게 주석을 하고 있다.

"꿩이나 메추리 등은 '우리는 이렇게 다양하게 될 것이다.'라고 하면서 업을 쌓지 않는다. 그러나 업이 [그들로 하여금 그러한] 종(種, 모태, yoni)에 태어나게 한 것이다. 그들의 다양함은 종(種)을 근원으로 한다. 왜냐하면 특정 종으로 태어난 중생들은 그런 종과 유사한 다양성을 가졌기 때문이다. 이처럼 종(種)에 따라 다양성이 있다. 물론 종(種)이란 업에 의해서 성취된 것이라고 알아야 한다."(SA.ii.327~328)

356) "'욕계의(kāmāvacara)'라고 하셨다. "무엇이 '욕계에 속하는 법들'(ma2-93-a)인가? 아래로는 무간지옥을 경계로 하고 위로는 타화자재천의 신들을 끝으로 하여 이 안에 있고 이것을 경지로 하며 여기에 포함된 무더기와 요소와 감각장소와 물질과 느낌과 인식과 심리현상들과 알음알이 — 이것이 욕계에 속하는 법들이다."(§1287, Vbh. §182)라는 등의 방법으로 설해진 욕계의 법들에 포함된 것이 바로 욕계의 [것들]이다.

먼저 문자적인 뜻은 다음과 같다. —

표제어(uddāna)로 나누면 두 가지 감각적 쾌락이 있으니 ① 대상으로서의 감각적 쾌락(vatthu-kāma)과 ② 오염원인 감각적 쾌락(kilesa-kāma)이다. 여기서 뜻으로는 오염원인 감각적 쾌락은 욕탐이고 대상으로서의 감각적 쾌락은 삼계의 윤회이다. 오염원인 감각적 쾌락이 여기서 뜻하는 '감각적 쾌락'이고 나머지는 욕망된다는 뜻에서 '감각적 쾌락'이다.

이 영역에는 이런 두 가지의 감각적 쾌락이 삶의 과정을 통해서 자주 생기는데 그것은 네 가지 악처, 인간, 여섯 가지 천상 세계로 모두 11가지 영역이다."(DhsA.61~62)

계속해서 주석서는 다음의 세 가지 의미로 욕계의 혹은 욕계에 속하는 것을 설명하고 있다.

"① 감각적 쾌락이 여기서 자주 일어난다고 해서 욕계이다. 칼을 차고 다니는 곳과 같다. 어떤 지역에 칼을 찬 사람들이 다닌다면 그곳에는 다른 두 발과 네 발을 가진 존재들이 다니고 있지만 그들의 특징을 취해서 칼 차고 다니는 곳이라고 불리는 것과 같다. 그와 같이 색계에 속하는 것들 등도 거기서 자주 일어나지만 [감각적 쾌락이] 그들의 특징을 이루기 때문에 그 영역을 욕계라고 부른다.
마치 색계의 존재(rūpa-bhava)를 색계(rūpa)라 하듯이 뒤의 단어(즉 bhava)를 생략하여 [kāma-bhava(욕계의 존재)를] kāma(욕계)라고 부른다. 이와 같이 이 마음은 이 11가지 영역이라 불리는 욕계에서 자주 일어난다고 해서 욕계(혹은 욕계에 속하는 것)이다.
그런데 이것은 색계와 무색계에서도 일어나지만 마치 코끼리가 전쟁터에서 다니면서 전쟁터에서 어슬렁거리는 놈이라는 이름을 얻게 되면 비록 그가 도시에서 거닐더라도 전쟁터에서 어슬렁거리는 놈이라고 불리는 것과 같고 땅이나 물에서 사는 생명체가 땅이 아니고 물이 아닌 곳에 서 있더라도 물에 사는 동물이나 땅에 사는 동물이라고 불리는 것과 같이 이것은 다른 곳에서 일어나더라도 욕계에만 속하는 것이라고 알아야 한다.

② 혹은 대상이 되는 것(ārammaṇa-karaṇa)을 통해서 [설명이 되는데], 여기서 감각적 쾌락이 자주 일어난다고 해서도 역시 욕계(혹은 욕계에 속하는 것, kāmāvacara)이다. 물론 이 감각적 쾌락은 색계와 무색계에서도 자주 일어나지만 마치 송아지를 두고 소리 낸다고 해서 송아지라 하고 물소를 두고 마히(mahi, 땅)에 누워있다고 해서 마힘사(mahiṁsa)라 하지만 소리를 내거나 땅에 누워있다고 해서 모든 동물들을 이렇게 부르지는 않는 것처럼 이것의 의미도 이와 같다고 알아야 한다.

③ 그리고 욕계의 존재라 불리는 욕계에 재생연결을 자주 일어나게 한다고 해서도 욕계(혹은 욕계에 속하는 것)이다."(DhsA.62)

일반적으로 '욕계'로 옮기는 kāmāvacara는 kāma+avacara로 분석된다. 여기서 kāma는 감각적 쾌락을 뜻하고 avacara는 ava + √car(*to move*)에서 파생된 것으로 명사로도 쓰이고 형용사로도 쓰인다. 형용사로는 '거주하는, 다니는'을 뜻하고 명사로는 '영역, 다니는 곳'을 의미한다. 중국에서는 계(界)나 섭(攝) 등으로 옮겼다. 그래서 kāmāvacara는 욕계로 정착이 되었다.
특히 형용사로 쓰이면 '욕계에 속하는'의 의미가 강하다. 그래서 냐나몰리 스님도 NMD에서 kāmāvacara를 '(1) *belonging to sensual-desire becoming* (adj.) : (2) *the sensual-desire sphere* (n.) (11-loka)'라고 정의하고 있다. 즉 (1)처럼 형용사로 쓰인 경우에는 '욕계에 속하는'으로 풀이하고 있고 (2)처럼 명사로 쓰인 경우에는 '욕계'로 옮겼다.
역자도 명사로 쓰이면 '욕계'로 옮겼고 형용사로 쓰일 때는 문맥에 따라 '욕계의'나 '욕계에 속하는'으로 옮겼다. 같은 방법으로 형용사로 쓰일 때에 rūpāvacara는 문맥에 따라 '색계의'나 '색계에 속하는'으로 옮겼고 arūpāva-cara는 '무색계의'나 '무색계에 속하는'으로 옮겼다.

Ⅰ. 첫 번째 마음

(1) 법들을 정의하는 부문358) – 용어의 분류359) [9]

---

357) 주석서들에서는 이 욕계의 여덟 가지 유익한 마음들을 '큰마음들(mahā-cittāni)'이라고 부르고 있다.(본서 §1의 여러 주해들과 §576의 주해 등을 참조할 것.) 『디가 니까야 복주서』는 이들을 큰마음이라고 부르는 이유를 "헤아릴 수 없이 많은 삶의 기간에 걸쳐서 생산해 내는 등의 큰 경험을 하기 때문(mahānubhāvatāya)"(DAṬ.iii.262)이라고 설명하고 있다.

358) 먼저 밝힐 점은 VRI본과 PTS본에는 이 문단의 제목이 '용어의 분류(pada-bhājanīya)'로 나타난다는 것이다. 그리고 주석서에서도 "앞에서 확정된 마띠까에 의해서 조합된 법들을 구분하여 가르치기 위해서 이제 '무엇이 유익한 법들인가?'로 [시작하는] 이 '용어의 분류'를 시작하셨다."(DhsA.54)라고 적고 있다.

그러나 아래 인용에서 보듯이 주석서에 의하면 이것은 '법들을 정의하는 부문'과 동의어이다. 역자는 내용을 파악하는 데는 '법들을 정의함'이 더 좋다고 판단하여 이것을 문단의 제목으로 하고 '용어의 분류'를 그 아래 넣었음을 밝힌다.
여기서 '법들을 정의하는 부문'은 dhamma-vavatthāna-vāra를 옮긴 것이다. 복주서들은 dhamma-vavatthāna를 "유익함 등의 법들을 정확하게 판별하는 것(kusalādi-dhammānaṁ yāthāva-vinicchaya)"(DAṬ.i.133 등)으로 설명하고 있어서 이렇게 옮겼다.

359) "여기서는 먼저 '욕계의 유익한 마음이 일어날 때'라는 이 첫 번째 욕계의 유익함을 드러내셨다. 이것을 해설하는 데는 (1) 법들을 정의하는 부문(dhamma-vavatthāna-vāra, 예를 들면 §§1~57)과 (2) 항목의 부문(koṭṭhāsa-vāra = saṅgaha-vāra, 예를 들면 §§58~120)과 (3) 공함의 부문(suññata-vāra, 예를 들면 §§121~145)의 세 가지 큰 부문(mahā-vārā)이 있다.
이들 가운데 (1) 법들을 정의하는 부문(§§1~57)은 (a) 개요(uddesa, §1)와 (b) 해설(niddesa, §§2~57)을 통해서 두 가지로 확립된다. 이들 가운데 (a) 개요는 ① 질문(pucchā)과 ② 때(시기)의 해설(samaya-niddesa)과 ③ 법의 개요(dhammuddesa)와 ④ 후기(appanā)라는 네 가지 문단으로 되어 있다.

이들 가운데서 '무엇이 유익한 법들인가?'라는 이것은 ① 질문이라 한다. '욕계의 유익한 마음이 일어날 때, 그때에 …'라는 것은 ② 때(시기)의 해설이라 한다. '그때에 감각접촉이 있고 … pe … 산란하지 않음이 있다.'라는 이것은 ③ 법의 개요라 한다. '그 밖에 그때에 조건 따라 일어난[緣而生], 비물질인 다른 법들도 있다. — 이것이 유익한 법들이다.'라는 이것은 ④ 후기라 한

1. 무엇이[360] '유익한 법들'(ma3-1-a)[361] 인가?[362] [363]

다."(DhsA.54~55)

360) 역자가 옮긴 §1에는 주해가 많다. 주해를 빼고 원문만 적으면 다음과 같다.

"무엇이 '유익한 법들'(ma3-1-a)인가?
형색을 대상으로 하거나 소리를 대상으로 하거나 냄새를 대상으로 하거나 맛을 대상으로 하거나 감촉을 대상으로 하거나 법을 대상으로 하거나 그 어떤 것을 대상으로 하여 기쁨이 함께하고 지혜와 결합되고 [자극을 받지 않은] 욕계의 유익한 마음이 일어날 때,

① 감각접촉을 다섯 번째로 하는 모음(phassapañcamaka-rāsi)
그때에 감각접촉이 있고 느낌이 있고 인식이 있고 의도가 있고 마음이 있다.

② 禪의 구성요소의 모음(jhānaṅga-rāsi)
일으킨 생각이 있고 지속적 고찰이 있고 희열이 있고 행복이 있고 마음이 한끝으로 [집중]됨이 있다.

③ 기능의 모음(indriya-rāsi)
믿음의 기능이 있고 정진의 기능이 있고 마음챙김의 기능이 있고 삼매의 기능이 있고 통찰지의 기능이 있고 마노의 기능이 있고 기쁨의 기능이 있고 생명기능이 있다.

④ 도의 구성요소의 모음(maggaṅga-rāsi)
바른 견해가 있고 바른 사유가 있고 바른 정진이 있고 바른 마음챙김이 있고 바른 삼매가 있다.

⑤ 힘의 모음(bala-rāsi)
믿음의 힘이 있고 정진의 힘이 있고 마음챙김의 힘이 있고 삼매의 힘이 있고 통찰지의 힘이 있고 양심의 힘이 있고 수치심의 힘이 있다.

⑥ 뿌리의 모음(mūla-rāsi)
탐욕 없음이 있고 성냄 없음이 있고 어리석음 없음이 있다.

⑦ 업의 길의 모음(kammapatha-rāsi)
간탐(慳貪) 없음이 있고 악의 없음이 있고 바른 견해가 있다.

⑧ 세상을 보호하는 두 개 조(lokapāla-duka)
양심이 있고 수치심이 있다.

⑨ 편안함[輕安] 등의 [9가지] 쌍(passaddhādi-yugala)
몸의 편안함이 있고 마음의 편안함이 있고 몸의 가벼움이 있고 마음의 가벼움이 있고 몸의 부드러움이 있고 마음의 부드러움이 있고 몸의 적합

함이 있고 마음의 적합함이 있고 몸의 능숙함이 있고 마음의 능숙함이 있고 몸의 올곧음이 있고 마음의 올곧음이 있고 마음챙김이 있고 알아차림이 있고 사마타가 있고 위빳사나가 있고 분발이 있고 산란하지 않음이 있다.

⑩ 그밖에들(예와빠나까, yevāpanaka)
그 밖에 그때에 조건 따라 일어난[緣而生], 비물질인 다른 법들도 있다.
— 이것이 유익한 법들이다.

361) "이와 같이 네 가지 장으로 확립되어 있는 개요에 관한 부문(uddesa-vāra, §1)에서 이것은 첫 번째인 질문의 문단이다. 여기서 '무엇이 유익한 법들인가?'라는 이것은 설명하기 위해서 던지는 질문이다.
다섯 종류의 질문이 있으니 ① 보지 못한 것을 밝히는 질문 ② 본 것과 대조하는 질문 ③ 의심을 자르는 질문 ④ 공감하고 찬성하는 질문 ⑤ 설명하기 위해서 던지는 질문이다."(DhsA.55)

계속해서 주석서는 경들 가운데서 이 다섯 가지 질문의 용례들을 인용한 뒤에 "부처님들께는 이 가운데 처음의 세 가지 질문은 없다."(DhsA.56)라고 밝히고 그 이유를 설명한 뒤에 "세존께는 나머지 두 가지 질문이 있다. 이 둘 가운데 [본문에 나타나는] 이것은 ⑤ 설명하기 위해서 던지는 질문이다." (*Ibid.*)라고 결론을 내리고 있다. 계속해서 주석서는 이렇게 설명하고 있다.

"여기서 '무엇이(katame)'라는 단어로는 가르치시고자 하는 법들을 질문하신다. '유익한 법들'이라는 단정적인 말씀에 의해서 '무엇을 했는가(kiṁ katā)?'라거나 '무엇을 하느냐(kiṁ karonti)?'라는 것을 알게 할 수가 없기 때문이다. 그러나 '무엇이(katame)'라고 말씀하시면 그들의 질문되어진 상태를 알게 한다. 그래서 '무엇이'라는 단어로 가르치시고자 하는 법들을 질문하신다고 말했다. '유익한 법들(dhammā kusalā)'이라는 두 개의 단어로 질문에서 질문된 법들을 보여준다. 이 뜻은 앞에서 분명해졌다."(DhsA.56)

362) "그런데 여기서는 [유익한 법들을 말씀하시면서] 왜 마띠까에서처럼 '꾸살라 담마(kusalā dhammā)'로 말씀하시지 않고 '담마 꾸살라(dhammā kusalā)'라고 단어의 순서를 만드셨는가? [마띠까를 통해서 먼저] 분류를 통한 법들의 가르침을 밝히신 뒤에 [여기서는] 분류를 가진 [그 법들]을 보여주시기 위해서이다. 이 아비담마에서는 오직 법들이 가르쳐져야 하기 때문이다. 그리고 그들은 유익함 등의 분류에 의해서 여러 가지 분류가 있다. 그러므로 여기서는 오직 법들이 가르쳐져야 한다. 이것은 인습적 표현의 가르침이 아니다."(DhsA.56)

주석서의 이 중요한 설명에 대해서 복주서는 이렇게 덧붙인다.
"'분류를 통한 법들의 가르침'이라는 것은 마띠까의 가르침을 말한다. 거기 [마띠까]에서는 먼저 유익함 등의 분류를 말씀하시고 뒤에 법들을 말씀하셨

기 때문이다."(DhsAMṬ. 59)

계속해서 주석서는 이렇게 설명하고 있다.
"그리고 그 법들은 여러 가지 분류를 통해서 가르쳐져야 하지 단지 법만을 통해서가 아니다. 분류를 통해서 [설해진] 가르침은 덩어리를 해체하는 무애해의 지혜(paṭisambhidāñāṇā)를 가져오기 때문이다.
그래서 [마띠까에서] '유익한 법들(kusalā dhammā)'(ma3-1-a)이라고 분류를 통해서 법들의 가르침을 밝히신 뒤에 여기서는 그러한 분류에 의해서 가르쳐야 하는 바로 그 법들을 보여주시기 위해서 이처럼 '무엇이 유익한 법들인가(katame dhammā kusalā)?'로 단어의 순서를 만드셨다고 알아야 한다. 분류를 가진 [법들]을 보여줄 때에는 [마띠까의] 분류가 [뒤에서] 보아지게 하는 것이 합리적이기도 하고 알기 쉽기도 하기 때문이다."(DhsA.56~57)

즉 마띠까는 분류(pabheda)에 초점을 맞추고 있기 때문에 유익함이나 해로움 등으로 분류되는 내용을 먼저 드러내시어 'kusalā dhammā' 등으로 표현하였고 여기서는 그렇게 분류된 법들을 보여주는 것에 초점을 맞추고 계시기 때문에 'dhammā kusalā' 등으로 dhammā라는 용어를 먼저 말씀하시는 어법을 사용하셨다는 뜻이다.

363) "[이제 아래에서] '욕계의 유익한 마음이 일어날 때'라고 설명하시면서 세존께서는 [특정한] 때(시기)에 [일어나는] 마음을 해설하셨다. 무슨 이유 때문인가? 비록 다양한 때가 있지만 [세존께서는] 그 때(시기)가 확정된(samaya-niyamita) 바로 그 마음에 의해서 마지막 부분에서 '그때에(tasmiṁ samaye)'라고 이처럼 때(시기)를 확정하신 뒤에 그런 특정한 때(시기)에 마음이 일어날 때 '그때에 감각접촉이 있고 느낌이 있고' 라고 말씀하셨다. 이와 같이 그 마음이 확정된 때에 흐름과 적집과 역할과 대상이 견고하다는(santati-samūha-kicc-ārammaṇa-ghana) [인식, ghana-saññā, Pm.ii.417; 509]으로는 깨닫기 어려운 [마띠까의] 분류에 대해서 감각접촉과 느낌 등의 법들을 깨닫게 하시기 위해서 [이렇게 설명하셨다는] 뜻이다.

이제 '때에(시기에, yasmiṁ samaye)' 등에 대해서 순서대로 단어를 설명하면 이러하다. [처소격 관계대명사] '야스민(yasmiṁ)'이라는 것은 부정 관계대명사이다. '때에(samaye)'라는 것은 확정되지 않은 것을 설명하고 밝히는 것이다. 이렇게 해서 확정되지 않은 때(시기)가 설명되었다. 여기서 때(시기)라는 단어에는 —

> 여건, 찰나, 시간, 모임, 원인, 견해
> 획득, 버림, 꿰뚫음의 [아홉 가지] 뜻이 있다."(DhsA.57~58)

계속해서 주석서는 삼장 가운데서 이 아홉 가지 사마야(samaya)의 용례들

① 형색을 대상으로 하거나[364] 소리를 대상으로 하거나 냄새를 대상

을 인용한 뒤에 이렇게 결론짓는다.
"① 여건, ② 찰나, ③ 시간, ④ 모임, ⑤ 원인이라는 이 다섯 가지 사마야(samaya)에 대해서 지자는 알아야 한다.
'욕계의 유익한 마음이 일어날 때'라는 이 유익함의 주제에 대해서는 앞의 9가지 사마야 가운데서 이들 여건 등의 다섯 가지 사마야가 현자에 의해서 알아졌다."(DhsA.58)

계속해서 주석서는 그 이유를 자세히 설명한 뒤에 여기서는 이 다섯 가지 의미가 다 적용된다고 결론을 지은 뒤(DhsA.58~61) 다시 이렇게 적용시키고 있다.
"여기서 '[유익한 마음이 일어날] 때(yasmiṁ samaye)'라는 것은 시간이라 불리는 때(samaya)를 통해서는 '③ [마음이 일어날] 시간에(yasmiṁ kāle)'라는 뜻이다.
모임이라 불리는 것을 통해서는 '④ [유익한 마음이 일어나는] 모임에서(yasmiṁ samūhe)'가 된다.
찰나나 여건이나 원인이라 불리는 것을 통해서는 '② [유익한 마음이 일어나는] 찰나가 되었고(yasmiṁ khaṇe sati), ① [일어나는] 여건이 되었을 때(yāya sāmaggiyā sati), ⑤ [일어나는] 원인이 있으면(yamhi hetumhi sati) 그때에 감각접촉이 있고 …'라는 등으로 그 뜻을 알아야 한다.

[여기서는 문법적으로는] 처소격을 뜻하여 ③ 시간이라 불리고 ④ 모임이라 불리는 '[일어날] 때(samaya)'이다. 여기 [아비담마에서는] 이러한 처소격을 통해서 [감각접촉과 느낌 등으로] 설하신 법들의 토대가 됨(현장성, bhumma)을 나타낸다. 그리고 여기서 설해진 [감각접촉 등의 법들이] ② 찰나나 ① 여건이나 ⑤ 원인이라 불리는 '때'의 성질에 의해서 그들의 성질이 특징지어진다고 해서 이러한 의미를 밝히기 위해서 여기서는 토대가 됨(현장성)이라는 용어로 설명을 하고 있다."(DhsA.61)

여기서 보듯이 아비담마는 사마야(때, 시기, 시간)를 중시한다. 이 사마야야말로 법의 현장성을 강조하는 용어이다. 법의 현장성에 대해서는 본서 역자서문 §12의 (3)을 참조하기 바란다.

364) "이제 그 마음을 대상에 의해서 보이시기 위해서 '형색을 대상으로 하거나'라는 등을 말씀하셨다. 세존께서는 비물질인 법을 보여주시면서 ① 토대를 통해서 드러내시거나 ② 대상을 통해서 드러내시거나 ③ 토대와 대상을 통해서 드러내시거나 ④ 역할을 가짐을 통해서 드러내신다."(DhsA.71)

계속해서 주석서는 이 네 가지의 용례들을 인용한 뒤에 여기서는 대상을 통해서라고 설명한다. 그리고 주석서는 다음과 같이 강조한다.
"이 마음은 대상에 매여 있나니 대상이 없이는 일어나지 않기 때문이다. 그

으로 하거나 맛을 대상으로 하거나 감촉을 대상으로 하거나 법을 대상으로 하거나[365] 그 어떤 것을 대상으로 하여[366] 기쁨이 함께하고[367]

러나 문에는 매여 있지 않다. 왜 그런가? 업이 [문에] 매여 있지 않기 때문이다. 업이 [문에] 매여 있지 않으면 문도 [업에] 매여 있지 않다."(DhsA.81)

그리고 주석서는 형색 등에 대해서 다음과 같이 설명하고 있다.
"여기서 [업과 마음과 온도와 음식의] 네 가지 [원인에서] 생긴 과거와 미래와 현재의 형색[色, rūpa]이 '형색이라는 대상(rūpārammaṇa)'이다. [마음과 온도의] 두 가지 [원인에서] 생긴 과거와 미래와 현재의 소리가 '소리라는 대상'이다. 네 가지 [원인에서] 생긴 과거와 미래와 현재의 냄새가 '냄새라는 대상'이다. 네 가지 [원인에서] 생긴 과거와 미래와 현재의 맛이 '맛이라는 대상'이다. 네 가지 [원인에서] 생긴 과거와 미래와 현재의 감촉이 '감촉이라는 대상'이다."(DhsA.71)

365) "'법을 대상으로 하거나'라고 하셨다. 앞에서 말한 [다섯 가지 대상을] 제외하고 ① 한 가지 [원인에서] 생긴 것들과 두 가지 [원인에서] 생긴 것들과 세 가지 [원인에서] 생긴 것들과 네 가지 [원인에서] 생긴 것들과 어떤 것으로부터도 생기지 않은 것들과 ② 과거나 미래나 현재의 마음과 마음부수들과 ③ 여기서 [이 둘로] 말해서는 안 되는 것들이 마음의 대상이라 불리는 법들인데 이것이 '법이라는 대상(dhammārammaṇa)'이다."(DhsA.71)

"여기서 한 가지 [원인에서] 생긴 것들 등은 물질의 법들에만 적용이 되어야 한다."(DhsAMṬ.69)

『아비담맛타상가하』는 "업(kamma), 마음(citta), 온도(utu), 음식(āhāra) — 이 네 가지가 물질을 생기게 하는 원인이다."(『아비담마 길라잡이』 제6장 §9)라고 물질이 생기는 원인을 네 가지로 정리하고 있다. 그리고 한 가지 원인에서 생긴 물질 등에는 어떤 것들이 있는가는 『아비담마 길라잡이』 제6장 §§14~15를 참조하기 바란다.

계속해서 주석서는 다음의 설명을 덧붙이고 있다.
"[인식과정의] 길에 들어오지 않은 형색 등도 역시 법이라는 대상이라고 주장하는 자들은 다음 경으로 부정되어야 한다. — "도반이시여, 이들 다섯 가지 감각기능이 서로 다른 대상(visayā)과 다른 영역(gocarā)을 갖고 있어, 서로 다른 영역과 대상을 경험하지 않지만 마음[意]이 그들 각자의 의지처(paṭisaraṇa)이고, 마음이 그들 각자의 영역과 대상을 경험합니다."(M43 §21)

형색이라는 대상 등은 이들 [눈의 알음알이 등]에게 영역에 들어온 대상(gocara-visaya)이기 때문이다. 이들은 마노[意]에 의해서 경험되는 것이지만 형색 등의 대상이라는 이 뜻은 확정되었다. 그리고 형색 등은 신성한 눈의 지혜(천안통) 등(dibba-cakkhu-ñāṇādi)에게 대상이 되기 때문에 역시 이 뜻은 확정되었다. [인식과정의] 길에 들어오지 않은 형색이라는 대상 등은 신성한 눈의 지혜(천안통) 등의 대상이지 이들이 법이라는 대상이 되지는 않기 때문이다. 이러한 설명 방법을 통해서 대상을 정의하는 것을 알아야 한다.

여기서 각각의 대상은 두 개의 문들에서 영역에 들어온다. 형색이라는 대상은 눈의 감성(cakkhu-pasāda)을 친 뒤 바로 그 찰나에 마노의 문의 영역에 들어온다. 바왕가의 동요(bhavaṅga-calana)의 조건(paccaya)이 된다는 뜻이다. 소리와 냄새와 맛과 감촉의 대상에 대해서 같은 방법이 적용된다."(DhsA.72)

계속해서 주석서는 이렇게 설명을 한다.
"예를 들면 새가 허공으로부터 내려와서 나무 위에 내려앉으면서 나뭇가지를 치고 그것의 그늘이 땅에 부딪히는데, 나뭇가지를 치고 그늘이 땅에 부딪히는 것은 선후가 없이 한 찰나에(ekakkhaṇeyeva) 생기는 것과 같다. 그와 같이 현재의 형색 등은 눈의 감성 등을 치는 것과 바왕가의 동요를 가능하게 하여 마노의 문에 들어오는 것은 선후가 없이 한 찰나에 생긴다.
그다음에 바왕가를 끊은 뒤에 눈의 문 등에서 일어나는 전향(āvajjan)에서 시작하여 결정(votthabbana)으로 끝나는 [과정] 바로 다음에 이러한 대상들 가운데 하나에 대해서 [지금 논의하는 주제인] 이 [첫 번째] 큰마음이 일어난다.

그러나 순수한 마노의 문[純意門, suddha-manodvāra]에서는 감성을 치는 역할(pasāda-ghaṭṭana-kicca)은 없다. 자연적인 보고 듣고 냄새 맡고 맛보고 감촉한 것을 통해서 이 대상들은 영역에 들어온다. 어떻게?
여기 어떤 사람은 여러 가지로 잘 장엄된 대탑을 오른쪽으로 돌아 [경의를 표하고] 16개의 단(壇)에서 다섯 가지로 확립된(pañca-patiṭṭhita) 절을 올린 뒤에 합장을 하고 우러러보면서 부처님을 대상으로 하여 희열을 가지고 서 있다.
그가 이와 같이 탑을 보고 부처님을 대상으로 희열을 일으킨 뒤 나중에 어디를 갔을 때 낮이나 밤에 앉을 수 있도록 만들어진 자리에 앉아서 [그 탑으로] 전향을 하여 멋지게 장엄이 된 대탑이 눈의 문의 영역에 나타나는 것처럼 되고 오른쪽으로 돌아 [경의를 표하고] 탑에 절을 올릴 때처럼 된다. 이와 같이 본 것을 통해서 형색이라는 대상은 영역에 들어오게 된다."(DhsA.72~73)

주석서는 같은 방법으로 들은 것(suta)과 냄새를 맡은 것(ghāyita)과 맛본 것(sāyita)과 닿은 것(phuṭṭha)을 통해서 대상이 각각의 영역에 들어오는 것을 설명한 뒤 순수한 마노의 문[純意門]에 대해서 "이와 같이 순수한 마노의 문(순의문)에서는 감성을 치는 역할은 없다. 자연적인 보고 듣고 냄새 맡고 맛보고 감촉하는 것을 통해서 이 대상들은 영역에 들어온다."(DhsA.

73)라고 한 번 더 강조를 한다. 그리고 계속해서 다음과 같이 설명한다.

"여기서 자연적으로 본 것 등을 통해서 영역에 들어오는 것에 대해서 [고]주석서에 언급되지 않은(aṭṭhakathā-muttaka) 다른 방법이 있다. ① 본 것(diṭṭha)과 ② 들은 것(suta)과 ③ 이 둘이 결합된 것(ubhaya-sambandha)이라는 이것이 본 것 등이라고 알아야 한다. 여기서 ① 본 것은 다섯 가지 문을 통해서 이전에 취한 것이다. ② 들은 것은 직접 보지 않고 전해들은 것을 통해서 취한 형색 등이다. ③ 이러한 두 가지가 결합된 것이 이 둘이 결합된 것이다. 이처럼 이러한 본 것 등을 통해서 이들이 마노의 문의 영역에 들어온다고 알아야 한다.

① 여기서 본 것을 통해서 영역에 들어온 것은 앞에서 다섯 가지 방법으로 설명한 것이다.
② 그런데 어떤 자는 '부처님의 존상(rūpa)은 으뜸가는 복덕에 의해서 생긴(puññātisaya-nibbatta) 그런 [뛰어난 것이고], [그분의] 음성은 아주 달콤하며(atimadhura), 아무개 지역의 아무개 꽃은 아주 좋은 향기를 가지고 있고, 아무개 과일은 아주 달콤한 맛을 가지고 있으며, 아무개 외투 등은 아주 즐거운 감촉을 가진다.'라고 듣는다. 이런 것들은 눈의 감성에 부딪힘이 없이 듣는 것만으로도 바로 그의 마노의 문의 영역에 들어온다. 그러면 그 마음은 그 형색이나 소리에 대해서는 믿음(pasāda)을 통해서, 냄새 등에 대해서는 성자들에게 보시하고자 함(dātukāmatā)을 통해서, 혹은 다른 사람들이 보시한 것들(dinnā)에 대해서 함께 기뻐함(anumodanā)을 통해서 일어난다. 이와 같이 ② 들음을 통해서 이러한 것들은 마노의 문의 영역에 들어온다.
③ 어떤 자는 앞에서 말한 이러한 형색 등을 보거나 듣거나 한다. 그에게는 '이러한 모습을 한 분은 미래에 태어날 부처님(uppajjanaka-buddha)이 되실 것이다.'라는 등의 방법으로 눈의 감성에 부딪히지 않고 본 것과 들은 것이 결합되어 마노의 문의 영역에 들어온다. 그러면 앞에서 설명한 방법대로 그들 가운데 어떤 것을 대상으로 하여 이 [첫 번째] 큰마음이 일어난다. 이와 같이 ③ 두 가지가 결합된 것을 통해서 이들은 마노의 문의 영역에 들어온다. 이것은 오직 입구에 지나지 않는다.
그런데 믿음(saddhā)과 찬성(ruci)과 이론적인 추론(ākāra-parivitakka)과 사색하여 얻은 견해(diṭṭhi-nijjhāna-kkhanti) 등을 통해서 이들이 마노의 문의 영역에 들어오는 것을 상세하게 알아야 한다. 그러나 이와 같이 영역에 들어온 것들은 사실이기도 하고 사실이 아니기도 하다. 그래서 이 방법은 주석서에서는 채택되지 않았다.
이와 같이 각각의 대상을 가진 자와나는 두 가지씩의 문에서 일어난다고 알아야 한다. 형색이라는 대상을 가진 속행은 눈의 문에서도 일어나고 마노의 문에서도 일어나기 때문이다. 소리 등의 대상에 대해서도 이 방법은 적용된다."(DhsA.73~74)

계속해서 주석서는 말한다.
"여기서 마노의 문에서 일어나는 형색이라는 대상을 가진 자와나는 ① 보시로 이루어진 것(dānamaya)과 ② 계행으로 이루어진 것(sīlamaya)과 ③ 수행으로 이루어진 것(bhāvanāmaya)이다. 이들 각각은 ㉠ 몸으로 짓는 업(kāyakamma)과 ㉡ 말로 짓는 업(vacīkamma)과 ㉢ 마노로 짓는 업(manokamma)이라는 세 가지가 있다. 소리와 냄새와 맛과 감촉과 법이라는 대상들에도 이 방법은 적용된다."(DhsA.74~75)

주석서는 먼저 이렇게 요약을 한 뒤 계속해서 형색·소리·냄새·맛·감촉·법이라는 이 여섯 가지 대상을 다시 보시로 이루어진 것과 계행으로 이루어진 것과 수행으로 이루어진 것으로 구분하고, 다시 이것을 몸으로 짓는 업과 말로 짓는 업과 마노로 짓는 업과 배대하면서 아주 자세하게 설명을 전개 해나가고 있다.

그런데 이런 설명을 진행하기 전에 주석서는 다음과 같이 먼저 이런 원하는 대상은 '탐욕의 토대가 아닌가? 어떻게 이런 마음이 유익한 것이 되겠는가?'라는 문제를 제기하고 여기에 대한 설명을 달고 있다.

"이 가운데 형색(rūpa)을 대상으로 하여 일어난 이 [첫 번째] 유익한 큰마음은 푸르고 노랗고 붉고 흰 색깔을 가진 꽃이나 옷이나 금속 가운데 어떤 아름다운 표상(subha-nimitta)이라 불리는 원하고 바라고 마음에 들고 매혹적인 색깔(vaṇṇa)을 대상으로 하여 일어난다. 그런데 참으로 이런 원하는 대상은 탐욕의 토대가 아닌가? 어떻게 이런 마음이 유익한 것이 되겠는가?
[답한다.] 이것은 ① 확고함(niyamita)을 통해서 ② 향함(pariṇāmita)을 통해서 ③ 드러남(samudācāra)을 통해서 ④ 성찰함(ābhujita, ābhogo ābhujitaṁ — DhsAMṬ)을 통해서 [유익한 것이다.]
① '나는 유익함을 지으리라.'라고 유익한 행위에 마음을 확고하게 하고, ② 해로움이 일어나는 것을 물리치고 유익한 행위로 향하고, ③ 거듭해서 행하여 유익함이 드러나게 함을 통해서 드러나게 하고, ④ 적당한 지역에 사는 것, 참된 사람을 의지하는 것, 정법을 배우는 것, 전생에 지은 복덕 등을 의지하여(*cf* A4:31) 지혜로운 성찰(yoniso ābhoga)이 생긴다.
이처럼 이러한 ① 확고함을 통해서 ② 향함을 통해서 ③ 드러남을 통해서 ④ 성찰함을 통해서 그에게 유익함이 생기게 된다."(DhsA.75)

366) "'그 어떤 것을 대상으로 하여(yaṁ yaṁ vā panārabbha)'라는 것은 앞에서 말씀하신 형색 등을 대상으로 한 것 가운데서 형색을 대상으로 하여, 즉 대상을 만들어서라는 뜻이다. [같은 방법으로] 소리를 대상으로 하여 … 법을 대상으로 하여 일어난다는 말이다. 이렇게 해서 이러한 마음은 이러한 대상들 가운데서 단 하나의 대상을 허락하는 것과 같다.
이처럼 모든 것을 대상으로 하지만 순서는 정해져 있지 않으며 순서가 정해

지혜와 결합되고368) [자극을 받지 않은]369) 370) 욕계의371) 유익한 마음

져 있지 않기 때문에 푸르고 노란 등에 대해서 정해진 것이 없음을 가르치시기 위해서 '그 어떤 것을 대상으로 하여'라고 말씀하셨다."(DhsA.106)

367) "'기쁨이 함께하고(somanassa-sahagata)'라는 것은 좋고 달콤하게 느껴짐이라 불리는 기쁨과 더불어, 함께 일어나는 등의 상태가 된 것이다. 이 '함께함(sahagata)'이라는 단어는 어떤 것(tabbhāva), 섞임(vokiṇṇa), 의지함(nissaya), 대상(ārammaṇa), 결속(saṁsaṭṭha)의 다섯 가지 뜻으로 쓰인다."(DhsA.69)

계속해서 주석서는 삼장에서 다섯 가지 함께함(sahagata)의 용례들을 인용하면서 ""이러한 행복은 이러한 희열이 함께하고(sahagata) 함께 생기고(sahajāta) 결속되고(saṁsaṭṭha) 결합된다(sampayutta)."(Vbh. §567)에서는 결속의 뜻이다. 여기 [본서의 본 문장]에서도 이 결속(saṁsaṭṭha)의 뜻이 적용된다."(DhsA.69~70)라고 밝히고 있다. 계속해서 주석서는 이러한 기쁨이 일어나는 이유를 다음과 같은 세 가지로 밝히고 있다.

"그런데 대상을 통해서 여기서 기쁨이 함께하는 상태를 알아야 한다. 원하는 대상(iṭṭhārammaṇa)에 대해서 일어나기 때문에 이러한 기쁨이 함께하는 것이 생긴다. 믿음이 돈독함 등이 여기서 그 이유이다. 믿음이 없는 자들과 그릇된 견해를 가진 자들은 전적으로 원하는 대상이 되는 여래의 모습을 보고도 기쁨이 생기지 않기 때문이다. 그리고 유익함이 진행되는 것에 대한 이익을 보지 못하는 자들은 남들로부터 자극을 받아서(ussāhitāna) 유익함을 행하는 자들에 대해서도 기쁨이 일어나지 않는다. 그러므로 여기서 믿음이 돈독함과 청정한 견해를 가짐과 [유익함의] 이익을 봄이라는 이러한 것들이 기쁨이 함께하는 [요인임을] 알아야 한다.

나아가서 열한 가지 법이 희열의 깨달음의 구성요소(pītisambojjhaṅga)를 일어나게 한다. ① 부처님을 계속해서 생각함[隨念] ② 법을 계속해서 생각함 ③ 승가를 계속해서 생각함 ④ 계를 계속해서 생각함 ⑤ 관대함을 계속해서 생각함 ⑥ 천신을 계속해서 생각함 ⑦ 고요함을 계속해서 생각함 ⑧ 거친 자를 멀리함 ⑨ 인자한 자를 섬김 ⑩ 신심을 일으키는 경전들을 반조함 ⑪ 이것을 확신함이다.(Vis.IV.56) 이러한 이유를 통해서도 여기서 기쁨이 함께함을 알아야 한다. 이들에 대해서는 [『위방가』 제10장] 깨달음의 구성요소에 대한 분석(bojjhaṅga-vibhaṅga)에서 분명하게 될 것이다.(Vbh. §§468~469)"(DhsA.75~76)

368) "'지혜와 결합되고(ñāṇasampayutta)'라는 것은 지혜와 결합되었다, 공평하게 함께 일어나는 등의 방법으로 매여 있다는 뜻이다. 이것은 마띠까의 세 개 조의 설명에서 느낌의 세 개 조(ma3-2)에서 설한 방법과 같다고 알아야 한다. 그러므로 '함께 일어나고 함께 멸하고 같은 토대를 가지고 같은 대상을

가진다(ekuppādā ekanirodhā ekavatthukā ekārammaṇā, 『아비담마 길라잡이』 제2장 §1의 해설 참조).'라는 이러한 특징으로 이것은 결합되었다고 알아야 한다. 이것은 최대치로 해설한 것이다. 그러나 무색계에서는 같은 토대를 가지는 상태가 없이도 결합됨을 얻는다."(DhsA.70)

계속해서 주석서는 아래와 같이 지혜와 결합되는 네 가지 이유를 밝히고 있다.

"① 업(kamma)에 의해서, ② 태어남(upapatti)에 의해서, ③ 기능의 성숙함(indriya-paripāka)에 의해서, ④ 오염원을 멀리함(kilesa-dūrībhāva)에 의해서라는 이러한 이유들에 의해서 지혜와 결합됨을 알아야 한다.

① 남들에게 법을 설하고, 비난받지 않는 기술 분야와 직업 분야와 여러 가지 학문을 공부하고, 법을 설하는 것을 존중하여 법을 설하며 '미래에 통찰지를 갖춘 자가 되리라.'라는 서원을 확고하게 하여 여러 가지 보시를 하는 사람은 이와 같은 업을 의지하여 생긴 지혜와 결합된 유익한 [마음이] 일어난다.

② 혹은 악의가 없는 세상에 태어나서 "거기서 행복한 그에게 법문의 구절들이 분명하게 드러난다. 비구들이여, 그에게 마음챙김이 일어나는 것은 느리다. 그러나 그 중생은 재빨리 특별함으로 인도된다."(A4:191) 이러한 방법으로 이와 같은 태어남을 의지하여 생긴 지혜와 결합된 유익한 [마음이] 일어난다.

③ 이 가운데 기능의 성숙함에 의지하여 통찰지가 생기는 십 년의 나이가 된 자들(40세에서 50세 사이, Vis.XX.50)에게 기능의 성숙함 의지하여 생긴 지혜와 결합된 유익한 [마음이] 일어난다.

④ 그런데 오염원들을 억압한 자들에게는 오염원을 멀리함을 의지하여 생긴 지혜와 결합된 유익한 [마음이] 일어난다. 그래서 이렇게 말씀하셨다. —

> "노력으로부터 광대한 지혜가 생기고
> 노력하지 않으면 광대한 지혜가 사라진다."(Dhp {282})

이와 같이 ① 업에 의해서, ② 태어남에 의해서, ③ 기능의 성숙함에 의해서, ④ 오염원을 멀리함에 의해서라는 이러한 이유들에 의해서 지혜와 결합됨을 알아야 한다.

나아가서 일곱 가지 법들이 있어 법을 간택하는 깨달음의 구성요소(dhamma-vicaya-sambojjhaṅga)를 일어나게 한다. 그것은 ① 탐구함 ② 토대를 깨끗하게 함 ③ 기능[五根]을 조화롭게 닦음 ④ 지혜 없는 사람을 피함 ⑤ 지혜로운 사람을 친근함 ⑥ 심오한 지혜로 행해야 할 것에 대해 반조함 ⑦ 이것을 확신함이다.(Vis.IV.54) 이러한 이유를 통해서도 여기서 지혜와 결합됨을 알아야 한다. 이들에 대해서는 깨달음의 구성요소에 대한 분석(Vbh. §§468~469)에서 분명하게 될 것이다."(DhsA.76)

369) '자극을 받지 않은'은 asaṅkhārikaṁ을 옮긴 것이다. 원문에는 나타나지 않

이 일어날372) 때,373)

기 때문에 [ ] 안에 넣어서 옮겼다. 주석서는 이렇게 설명하고 있다.
"자극을 받지 않은 상태는 여기서 언급되지 않았기 때문에 취하지 않았다. 그런데 여기서 취하지 않았지만 뒤에서 '자극을 받은(sasaṅkhārena)'(§146 등)이라고 나타나기 때문에 여기서는 '자극을 받지 않은(asaṅkhārena)'이라고 말하지 않았더라도 자극을 받지 않은 상태라고 알아야 한다. 정등각자께서는 제일 처음에 이 큰마음을 분류하여 보여주고자 하시어 이 가르침을 시작하시는 것으로 여기서 결정을 하셨다고 알아야 한다."(DhsA.71)

역자는 주석서의 이러한 설명을 참조하여 [ ] 안에 '[자극을 받지 않은]'이라고 넣어서 옮겼다. 다시 주석서는 이렇게 설명한다.
"이와 같이 지혜와 결합되어서 일어난 이 [첫 번째 마음]은 자극이 없고 노력과 함께하지 않고 수단과 함께하지 않으면서 일어나기 때문에 자극이 없이 생긴 것이다."(DhsA.76~77)

『청정도론』은 "자극(saṅkhāra)이란 스스로나 또는 타인에 의해서 생긴 이전의 노력(pubba-payoga)에 대한 동의어"(Vis.XIV.84)라고 '자극'을 설명하고 있다.

370) "이 [문장]으로 무엇을 설하였는가? 욕계의 유익한 것들 가운데에서 기쁨이 함께하고 세 가지 원인을 가졌으며 지혜와 결합되고 자극을 받지 않은 큰마음을 설하였다. "무엇이 유익한 법들인가?"라는 확정되지 않은 질문을 통해서 네 가지 경지의 유익함을 취하였다. '욕계의 유익한 마음이 일어난다.'라는 말에 의하면 세 가지 경지의 유익한 마음으로 제한하여 욕계의 유익함 여덟 가지만을 취하였다.
'기쁨이 함께하고(somanassa-sahagata)'라는 말로 그다음의 평온이 함께하는 네 가지를 제외하여서 기쁨이 함께하는 네 가지만을 취하였다. '지혜와 결합되고(ñāṇa-sampayutta)'라는 말로는 그다음의 지혜와 결합되지 않은 두 가지를 제외하여서 지혜와 결합된 두 가지만을 취하였다. … 정등각자께서는 제일 처음에 이 큰마음을 분류하여 보여주고자 하시어 이 가르침을 시작하시는 것으로 여기서 결정을 하셨다고 알아야 한다."(DhsA.70~71)

371) "'욕계의(kāmāvacara)'라고 하였다. "무엇이 욕계에 속하는 법들인가? 아래로는 무간지옥을 경계로 하고 위로는 타화자재천의 신들을 끝으로 하여 이 안에 있고 이것을 경지로 하며 여기에 포함된 무더기와 요소와 감각장소와 물질과 느낌과 인식과 심리현상들과 알음알이 — 이것이 욕계에 속하는 법들이다."(§1287, Vbh. §182)라는 등의 방법으로 설해진 욕계의 법들에 포함된 것이다."(DhsA.61)

372) 주석서는 '일어남(uppanna)'의 뜻을 ① 존재함으로서의 일어남(vattamāna-uppanna), ② 존재했다가 사라진 것으로서의 일어남(bhūtāpagat-

uppanna), ③ [과보(vipāka)를 낳는] 기회를 준 것으로서의 일어남(okāsa-katuppanna), ④ [미래에] 일어날 토대(삼계의 오온)를 얻은 것으로서의 일어남(bhūmiladdh-uppanna)의 네 가지로 설명한 뒤 여기서는 ① 존재함으로서의 일어남이라고 밝히고 있다.(DhsA.66~67) 계속해서 주석서는 이렇게 설명한다.

"이것이 문자적인 뜻이다. — 이전의 다음에 일어나고 쇠퇴하고 사라짐(uppāda-jarā-bhaṅga)을 대면하여 얻은 것이 '일어남(uppanna)'이다. 이 일어남은 과거(atīta)의 경우와 얻은(paṭiladdha) 경우와 생긴(samuṭṭhita) 경우와 버려지지 않은(avikkhambhita) 경우와 뿌리 뽑히지 않은(asamucchinna) 경우와 세 [아]찰나에 속하는(khaṇattayagata) 경우와 같은 여러 가지 경우에 나타나고 있다."(DhsA.67)

계속해서 주석서는 '마음이 일어날 때'를 다음과 같이 설명하고 있다.
"'마음이 일어난다(cittaṁ uppannaṁ hoti).'는 것은 가르침의 표제(desanā-sīsa)이다. 그런데 마음은 혼자서 일어나지 않는다. 그러므로 마치 왕이 왔다고 말하면 수행원들을 버리고 오직 혼자서 오는 것이 아니라 왕의 수행원들과 더불어 오는 것이 알려져 있는 것처럼 [이 첫 번째 유익한] 마음은 50개가 넘는 유익한 법들과 더불어 일어난다고 알아야 한다. 그러나 앞서 간다는 뜻에서 '마음이 일어난다.'고 말한 것이다.
세간적인 법(lokiya-dhamma)을 만나면 마음이 으뜸가는 것(jeṭṭhaka)이 되고 마음이 앞에서 인도하는 것이 되고[先導, dhura] 마음이 앞서는 것[先行, pubbaṅgama]이 되지만 출세간의 법(lokuttara-dhamma)을 만나면 통찰지(paññā)가 으뜸가는 것이 되고 통찰지가 앞에서 인도하는 것이 되고 통찰지가 앞서가는 것이 된다.
그래서 세존께서는 율에 대한 방편(vinaya-pariyāya)을 만나서 질문하시면서 '비구들이여, 그대는 어떤 감촉, 어떤 느낌, 어떤 인식, 어떤 의도를 가졌는가?'라고 묻지 않으신다. '비구들이여, 그대는 어떤 마음을 가졌는가?'라고 오직 마음을 가지고 질문하신다. …
그러나 출세간의 법에 대해 질문하실 때에는 '비구들이여, 그대는 어떤 감촉, 어떤 느낌, 어떤 인식, 어떤 의도를 가졌는가?'라고 묻지 않으시고, '비구들이여, 그대는 어떤 통찰지를 얻었는가? 첫 번째 도의 통찰지인가? 혹은 두 번째, 세 번째, 네 번째 도의 통찰지인가?'라고 이와 같이 통찰지를 으뜸가는 것으로 하고 통찰지를 앞에서 인도하는 것으로 하고 통찰지를 앞서가는 것으로 하여 질문하신다."(DhsA.67~68)

373) "[이 첫 번째 유익한 마음은] 이러한 마음에 드는 색깔을 가진 것을 대상으로 하여 일어나는데 세 가지 확정된 방법으로 일어난다. 그것은 ① 보시로 이루어졌거나(dānamaya) ② 계행으로 이루어졌거나(sīlamaya) ③ 수행으로 이루어졌다(bhāvanāmaya). 어떻게?

① 푸르고 노랗고 붉고 흰 색깔의 꽃 등 가운데 어떤 것을 얻어서 색깔(vaṇṇa)을 통해서 관심을 기울인 뒤 '색깔의 보시로 공양 올립니다.'라고 불보(佛寶) 등에 공양을 할 때 그것은 보시로 이루어진 것이다.
이것이 그 일화이다. — [둣타가마니(Duṭṭhagāmani) 왕의] 회계사 상가밋따(Saṅghamitta)는 금으로 수를 놓은 옷을 얻어서 '이 옷도 황금색이고 정등각자도 황금색이십니다. 황금색의 옷은 황금색을 가지신 분께 어울리니 이것은 저희들의 색깔의 보시가 될 것입니다.'라고 하면서 대탑에 공양을 올렸다고 한다. 이때에 [일어난 마음이] 보시로 이루어진 것이라고 알아야 한다.
② 그러나 이러한 형태의 보시해야 할 것을 얻은 뒤 '이러한 [보시는] 우리 가문의 관행이요 가문의 전통이요 가문의 관습이니 [내가 하는 이 보시는] 우리 가문의 서계(誓戒)이다.'라고 하면서 불보 등에 공양하면 그때는 계행으로 이루어진 것이다.
③ 그러나 이러한 옷으로 삼보에 공양한 뒤 '이 색깔도 부수어질 것이고 사라질 것이다.'라고 부수어짐과 사라짐(khaya-vaya)에 확립될 때에는 수행으로 이루어진 것이다.
이런 보시로 이루어진 [지혜와 결합된 유익한 마음이] 일어나서 삼보에 자신의 손으로 공양을 올리면 그것은 ㉠ 몸으로 짓는 업이다. 삼보에 공양을 올리면서 아들이나 아내나 하인이나 일꾼 등에게 명을 하여 공양을 올리게 하면 그것은 ㉡ 말로 짓는 업이다. 앞에서 설명한 형태로 실제로 존재하는 물건을 대상으로 '나는 색깔의 보시를 할 것이다.'라고 생각하면 그것은 ㉢ 마노로 짓는 업이다.

① 율장의 방편에 의하면 '나는 보시할 것이다. 나는 행할 것이다.'라는 말을 내뱉으면 이런 특징에 의해서 보시가 된다. 그러나 아비담마의 방편에 의하면 실제로 존재하는 물건을 대상으로 '나는 보시를 할 것이다.'라고 마음으로 생각할 때부터 시작하여 유익한 것이 된다. [대주석서에 의하면] 나중에 몸이나 말로 행해야 할 바를 [실제로] 행할 것이다라고 말하는 것이다. 이와 같이 보시로 이루어진 것은 몸과 말과 마노로 짓는 업을 통해서 세 가지가 된다.
② 그런데 앞에서 설명한 물건을 얻은 뒤 가문의 관행 등을 통해서 자기 손으로 직접 삼보에 공양을 올리면 이것은 계행으로 이루어진 ㉠ 몸으로 짓는 업이다. 가문의 관행 등을 통해서 아들이나 아내 등에게 명을 하여 공양 올리게 하면 ㉡ 말로 짓는 업이다. '이러한 [보시는] 우리 가문의 관행이요 가문의 전통이요 가문의 관습이니 [내가 하는 이 보시는] 가문의 서계이다.'라고 하면서 실제로 존재하는 물건을 대상으로 '나는 색깔의 보시를 할 것이다.'라고 생각하면 그것은 ㉢ 마노로 짓는 업이다. 이와 같이 계행으로 이루어진 것은 몸과 말과 마노로 짓는 업을 통해서 세 가지가 된다.
③ 그런데 앞에서 설명한 물건을 얻은 뒤 삼보에 공양을 올린 뒤에 포행을

하면서 부수어짐과 사라짐에 확립될 때에는 수행으로 이루어진 ㉠ 몸으로 짓는 업이다. 말을 통해서 명상을 확립한 자에게는 ㉡ 말로 짓는 업이 된다. 몸의 구성요소와 말의 구성요소를 움직이지 않고 마음으로 명상을 확립한 자에게는 ㉢ 마노로 짓는 업이 된다. 이와 같이 수행으로 이루어진 것은 몸과 말과 마노로 짓는 업을 통해서 세 가지가 된다.

법왕께서는 이와 같이 세 가지 공덕이 되는 행위의 토대(공덕행의 토대, puñña-kiriya-vatthu)를 통해서 이 형색을 대상으로 가진 유익한 [마음을] 아홉 가지 업의 문(kamma-dvārā)으로 분류한 뒤 보여주셨다. 소리라는 대상 등에 대해서도 같은 방법이 적용된다."(DhsA.77~78)

이하 주석서는 긴 분량을 할애하여 소리라는 대상과 냄새(향기)라는 대상과 맛이라는 대상과 감촉이라는 대상과 법이라는 대상에 대해서도 이와 같은 방법으로 아홉 가지 업의 문으로 분류하고 있다.(DhsA.78~81) 주석서는 이러한 대상들 가운데 여기 첫 번째 유익한 마음에 적용되는 법이라는 대상을 아래와 같이 설명하고 있다.

"법이라는 대상에는 여섯 가지 안의 감각장소와 세 가지 특징과 세 가지 비물질(정신)의 무더기와 15가지 미세한 물질(sukhuma-rūpāni)과 열반과 개념(nibbāna-paññatti)이라는 이러한 법들이 법의 감각장소에 포함되었거나 포함되지 않았거나 간에 법이라는 대상이다. 그러나 이 [첫 번째 유익한 마음의] 경우에는 이들을 통해서 적용시키지 않고 음식 보시와 물 보시와 생명 보시를 통해서 적용시켜야 한다. 음식 등에서 마음에 드는 법이라는 대상을 대상으로 하여 앞에서 설명한 방법대로 세 가지 확정된 법칙에 의해서 유익함이 일어나기 때문이다."(DhsA.81)

이처럼 첫 번째 유익한 마음의 대상인 색·성·향·미·촉·법의 여섯 가지를 ① 보시로 이루어졌거나 ② 계행으로 이루어졌거나 ③ 수행으로 이루어진 것으로 나누고 이를 다시 ㉠ 몸으로 짓는 업과 ㉡ 말로 짓는 업과 ㉢ 마노로 짓는 업으로 나누어서 그 보기를 들어가며 긴 설명을 마친 뒤 (DhsA.78~81) 주석서는 다시 이렇게 적고 있다.

"이와 같이 이 [첫 번째 유익한] 마음은 여러 가지 [물질적인] 토대에 대해서 여러 가지 대상을 통해서 설명되었다. 그런데 이것은 하나의 토대에 대해서도 여러 가지 대상을 통해서 얻어진다. 어떻게? 네 가지 필수품 가운데 옷에 대해서 여섯 가지 대상(즉 눈의 대상부터 마노의 대상까지)이 얻어진다.
예를 들면 새로 염색한 가사의 색깔은 마음에 들고 아름다운데 이것은 색깔이라는 대상(vaṇṇārammaṇa)이다. 입을 때는 바싹바싹 소리를 내는데 이것은 소리라는 대상(saddārammaṇa)이다. 거기서 나는 전단향 등의 냄새는 냄새라는 대상(gandhārammaṇa)이다. 맛이라는 대상(rasārammaṇa)은 누리는 맛을 통해서 설명된다. 즐거운 감촉이 생기는 것은 감촉이라는 대

(a) 법의 개요에 관한 부문[374)]

① 감각접촉을 다섯 번째로 하는[375)] 모음

상(phoṭṭhabbārammaṇa)이다. 가사를 조건으로 생기는 즐거운 느낌은 법이라는 대상(dhammārammaṇa)이다. 탁발할 때에 맛이라는 대상은 방편을 빌리지 않고 얻어진다. 이와 같이 네 가지 필수품 가운데 여러 가지 대상을 통해서 적용을 하여 보시로 이루어진 것 등의 구분을 알아야 한다.
그러나 이 마음은 대상에 매여 있나니 대상이 없이는 일어나지 않기 때문이다. 그러나 문에는 매여 있지 않다. 왜 그런가? 업이 [문에] 매여 있지 않기 때문이다. 업이 [문에] 매여 있지 않기 때문에 문도 [업에] 매여 있지 않다."(DhsA.81)

이렇게 대상에 대해서 설명을 한 뒤 마음이 대상을 식별하는 (1) 문에 대한 설명(dvāra-kathā, DhsA.82~88)과 이 문을 통해서 일어나는 (2) 업에 대한 설명(kamma-kathā, DhsA.88~95)에 주석서는 많은 분량을 할애하고 있다.(DhsA.82~95)

374) '법의 개요에 관한 부문'은 dhammuddesa-vāra를 옮긴 것이다. 거듭 밝히지만 본 『담마상가니 주석서』 뿐만 아니라 여러 주석서에는 '웃데사(uddesa)'와 '닛데사(niddesa)'라는 용어가 자주 등장한다. 'uddesa'는 개요나 요점을 나타내고 'niddesa'는 세부적인 설명이나 해설을 뜻한다. 예를 들면 경이나 주석서에서 먼저 그 경의 요점을 간략하게 정리한 것은 '웃데사'이고 그 후 하나하나 상세하게 설명하여 나가는 것은 '닛데사'이다. 초기불전연구원에서는 전자를 '개요'로 후자를 '해설'로 옮기고 있다.
그리고 '부문'은 vāra를 옮긴 것인데 문맥상 표현이 어색할 때는 이를 빼고 옮긴 경우도 있다. 실제로 주석서에서는 vāra를 넣어서 표기하기도 하고 빼고 표기하기도 한다. 예를 들면 uddesa-vāra(개요에 관한 부문)나 niddesa-vāra(해설에 관한 부문)로 표기하기도 하고 uddesa(개요)와 niddesa(해설)로 표기하기도 한다. 아래 §58 등의 제목을 참조할 것.

375) '감각접촉을 다섯 번째로 하는'은 phassa-pañcamaka를 phassa(감각접촉)-pañcamaka(다섯 번째)로 직역한 것이다. 여기서 보듯이 감각접촉을 다섯 번째로 한 것은 감각접촉, 느낌, 인식, 의도, 마음의 다섯 가지이다. 그리고 이 다섯은 「마음챙김의 확립 경」(M10)에 해당하는 『맛지마 니까야 주석서』 등에서도 마음(citta) 대신에 마음과 동의어인 알음알이[識, viññāṇa]가 나타나는 것만 다르고 똑같이 나타나고 있다.(MA.i.276)
그런데 이처럼 마음이나 알음알이가 다섯 번째에 나타나고 있으므로 엄밀히 말하면 이 다섯은 마음 혹은 알음알이를 다섯 번째로 하는 것이라 불러야 할 듯하다. 감각접촉을 표제어로 삼으면 '감각접촉의 다섯 가지'가 되어야 할 듯하다. 실제로 이들 다섯은 주석서에서 드물게 phassa-pañcaka(감각접촉의 그때에 감각접촉376)이 있고 느낌이 있고 인식이 있고 의도가 있고 마음이 있다.

② 禪의 구성요소의 모음

일으킨 생각이 있고 지속적 고찰이 있고 희열이 있고 행복이 있고 마음이 한끝으로 [집중]됨이 있다.

③ 기능의 모음

믿음의 기능이 있고 정진의 기능이 있고 마음챙김의 기능이 있고 삼매의 기능이 있고 통찰지의 기능이 있고 마노의 기능이 있고 기쁨의 기능이 있고 생명기능이 있다.

④ 도의 구성요소의 모음

바른 견해가 있고 바른 사유가 있고 바른 정진이 있고 바른 마음챙김이 있고 바른 삼매가 있다.

⑤ 힘의 모음

믿음의 힘이 있고 정진의 힘이 있고 마음챙김의 힘이 있고 삼매의 힘이 있고 통찰지의 힘이 있고 양심의 힘이 있고 수치심의 힘이 있다.

⑥ 뿌리의 모음

탐욕 없음이 있고 성냄 없음이 있고 어리석음 없음이 있다.

다섯 가지)로 나타나는 경우도 있다.(DhsA.134; 178 등)

376) 여기 (a) 법의 개요에 관한 부문(dhammuddesa-vāra)에 나타나는 감각접촉을 비롯한 56개의 용어들은 바로 아래 (b) 법의 해설에 관한 부문(niddesa-vāra, §§2~57)의 주해들에서 주석서를 인용하여 설명하고 있으므로 참조하기 바란다.

⑦ 업의 길[377])의 모음

간탐(慳貪) 없음이 있고 악의 없음이 있고 바른 견해가 있다.

⑧ 세상을 보호하는 두 개 조

양심이 있고 수치심이 있다.

⑨ 편안함[輕安] 등의 [9가지] 쌍

몸의 편안함이 있고 마음의 편안함이 있고 몸의 가벼움이 있고 마음의 가벼움이 있고 몸의 부드러움이 있고 마음의 부드러움이 있고 몸의 적합함이 있고 마음의 적합함이 있고 몸의 능숙함이 있고 마음의 능숙함이 있고 몸의 올곧음이 있고 마음의 올곧음이 있고 마음챙김이 있고 알아차림이 있고 사마타가 있고 위빳사나가 있고 분발이 있고 산란하지 않음이 있다.

⑩ 그밖에들(예와빠나까)

그 밖에 그때에 조건 따라 일어난[緣而生], 비물질인 다른 법들도 있다. — 이것이 유익한 법들이다.

법의 개요에 관한 부문의 설명이 [끝났다.]

(b) 법의 해설에 관한 부문(§§2~57)[378])

---

377) '업(kamma)'에 대해서는 본서 해제 §4-(3)(124~127쪽)을 참조하고 업과 업의 길(kammapatha)의 구분에 대해서는 본서 제2권 §1066의 주해와 『아비담마 길라잡이』 제5장 §18과 §§22~23의 해설을 참조할 것.

378) "앞의 (a) 법의 개요에 관한 부문(dhammuddesa-vāra)에서 성전(본서)에 명시된 56개의 용어들을 분류하여 보여주시기 위해서 '무엇이 그때에 있는 감각접촉인가?'라는 등의 방법으로 이제 (b) 법의 해설에 관한 부문(niddesa-vāra)을 시작하셨다.

여기서 이 질문의 뜻은 이러하다. — 욕계의 기쁨이 함께하는 세 가지 원인을 가진 자극을 받지 않은 유익한 큰마음이 일어날 때 감각접촉(phassa)이

① 감각접촉을 다섯 번째로 하는 모음[379]

2. 무엇이 그때에[380] 있는 '감각접촉'[381]인가?

있다고 설하시고 그 감각접촉이 무엇인가라는 이러한 방법으로 모든 질문에서 그 뜻을 알아야 한다."(DhsA.136)

379) "그러면 왜 이 '감각접촉(phassa)'이 첫 번째로 언급이 되는가? 마음과 첫 번째로 연결되는 것이기 때문(paṭhamābhinipātattā)이다. 감각접촉은 대상에 대해서 마음의 첫 번째 연결이 되어서 대상에 닿으면서 일어난다. 그래서 첫 번째로 언급이 되었다. 그리고 감각접촉에 의해서 닿아서 느낌으로 느끼고(vedanāya vedayati) 인식으로 인식하고(saññāya sañjānāti) 의도로 의도한다(cetanāya ceteti). 그래서 말씀하시기를 "비구들이여, 닿아서 느끼고 닿아서 인식하고 닿아서 의도한다."(S35:93)라고 하셨다.
그리고 이 감각접촉은 궁전에 있는 기둥과 같아서 나머지 목재 더미들에게 강한 조건이 되어서 들보를 얽어매고 벽을 지탱하고 서까래를 지탱하는 등을 하는 것처럼 함께 생긴 결합된 법들의 강한 조건이 된다. 참으로 이것은 기둥과 같고 다른 것들은 목재 더미들과 같기 때문이다. 그래서 이것을 처음에 말씀하셨다.
그러나 이것이 이유가 되는 것은 아니다. 하나의 마음에서 일어난 법들에게 이것이 처음에 일어났다거나 이것이 나중에 일어났다고 말하는 것은 얻을 수 없기 때문이다.
강한 조건이 되는 것에 있어서도 감각접촉은 그 이유가 되는 것이 아니다. 단지 가르침의 순서에 의해서 감각접촉이 처음에 설해진 것일 뿐이다. 느낌이 있고 감각접촉이 있다고 해도 되고, 인식이 있고 감각접촉이 있다고 해도 되고, 의도가 있고 감각접촉이 있다고 해도 되고, 마음이 있고 감각접촉이 있다고 해도 되고, 느낌이 있고 인식이 있다고 해도 되고, 의도가 있고 일으킨 생각이 있다고 해도 되기 때문이다. 그러므로 가르침의 순서에 의해서 감각접촉을 처음에 말씀하신 것이라고 알아야 한다. 여기서처럼 나머지 법들의 경우에도 처음과 뒤의 순서를 찾아서는 안 된다. [그 대신에] 용어의 뜻과 특징과 역할 등에 의해서 법들을 살펴봐야 한다."(DhsA.107~108)

380) "'그때에(tasmiṁ samaye)'라는 것은 정해져 있지 않고 보아지지 않는(aniyama-niddiṭṭha) 때(시기, samaya)를 두고 정해진 것으로 재해석하는 말이다."(DhsA.107)

381) "닿는다(phusati)고 해서 '감각접촉(phassa)'이다. 이것은 ㉠ 닿는 특징을 가지고 ㉡ 부딪히는 역할을 하며 ㉢ 동시발생으로 나타나고 ㉣ 영역에 들어온 대상이 가까운 원인이다.
비록 이것은 비물질인 법이지만 대상에 닿는 형태로 생긴다고 해서 닿는 특

그때에 있는 감각접촉,[382] 접촉함,[383] 맞닿음, 맞닿은 상태[384] — 이

징을 가진다. 비록 이것은 어느 한쪽에 들러붙지 않지만 마치 형색이 눈에 부딪히고, 소리가 귀에 부딪히듯 마음과 대상을 부딪히게 한다고 해서 부딪히는 역할을 한다. 혹은 토대와 대상과 부딪쳐서 일어나기 때문에 증득한다는 뜻을 가진 역할에 의해서도 부딪히는 역할을 한다고 알아야 한다."(DhsA.108)
비슷한 설명이 『청정도론』 XIV.134에도 나타난다.

382) '그때에 있는 감각접촉(yo tasmiṁ samaye phasso)'이라고 하셨다. 여기서 그때에 접촉을 통해서 일어난 감각접촉이 '감각접촉'이다. 여기서는 감각접촉의 고유성질을 밝히는 것이기 때문에 고유성질의 구문(sabhāva-pada)이라 한다.

383) "'접촉함(phusana)'이란 접촉을 행하는 것(phusanākāra)이다. '맞닿음(samphusana)'도 접촉을 행하는 것인데 접두어 [saṁ을 넣어서] 문자를 늘여서 말한 것이다. '맞닿은 상태(samphusitatta)'란 맞닿는 성질(samphusita-bhāva)이다."(DhsA.136)

여기서 보듯이 『담마상가니』의 해설에 관한 부문에서는 여러 용어들을 나열하면서 접미어 '-na'와 추상명사 어미 '-tta'를 붙여서 동의어로 만들어서 나열하는데 '-na'는 '형태(모습, ākāra)'를 '-tta'는 '상태'나 '성질(bhāva)'을 뜻한다고 주석서는 설명하고 있다. 계속해서 주석서는 설명한다.

"여기서 [문장의] 구성은 [다음의 두 가지로 해석할 수 있다.] ① '그때에 있는 접촉을 통한 감각접촉, 그때에 있는 접촉함, 그때에 있는 맞닿음, 그때에 있는 맞닿은 상태 — [이것이 그때에 있는 감각접촉이다.]' ② 혹은 '그때에 있는 접촉함을 통한 감각접촉, 다른 방편(pariyāya)으로 말하면 접촉함과 맞닿음과 맞닿은 상태 — 이것이 그때에 있는 감각접촉이다.'
느낌 등의 해설에서도 이 방법으로 문장의 구성(pada-yojanā)을 알아야 한다."(DhsA.136)

384) "이제 여기 [본서에 나타나는 용어들] 첫머리에 공통되는 분류방법(vibhatti)을 고찰해보면 다음과 같다. 세존께서는 첫 번째로 욕계의 유익한 큰마음을 나누신 뒤에 이것을 드러내시면서 50개가 넘는 용어들을 마띠까를 통해서 확립하신 뒤에 다시 각각의 용어를 취하여 분류하셨다. 이렇게 분류된 것들은 (1) 세 가지 이유(kāraṇa)에 의해서 분류가 되었고 (2) 다양한 것들은 네 가지 이유에 의해서 다양하게 되었으며 (3) 다른 방법으로 두 가지 경우(ṭhāna)가 있다. 어떻게?"(DhsA.136~137)

이처럼 본서에서 용어들을 해설하는 일반적인 방법을 크게 세 가지로 밝힌 뒤에 주석서는 이들에 대해서 하나하나 자세하게 설명하고 있다. 중요한 설명이기 때문에 좀 길지만 여기에 다 인용해 본다. 먼저 첫 번째 방법은 다시

세 가지로 나누어진다.

"(1) 이들은 ① 문자(byañjana)를 통해서, ② 접두어(upasagga)를 통해서, ③ 의미(attha)를 통해서라는 세 가지 이유에 의해서 분류가 되었다.
① 이 가운데 "화, 화를 냄, 화가 난 상태(kodho, kujjhanā, kujjhitattaṁ)"(§1066)와 "성냄, 성마름, 성이 난 상태(doso, dussanā, dussitattaṁ)"(§418, §1066)는 문자에 의해서 분류된 것(vibhatti-gamana)이라고 알아야 한다. 여기서는 화(kodha)라는 하나가 문자를 통해서 이와 같이 분류되기 때문이다.
② 그러나 "고찰, 지속적 고찰, 탐구, 추구(cāro, vicāro, anuvicāro, upavicāro)"(§8)는 접두어를 통해서 이와 같이 분류된 것이라고 알아야 한다.
③ "영민함, 능숙함, 숙달됨, 분석함, 사색, 자세히 관찰함(paṇḍiccaṁ, kosallaṁ, nepuññaṁ, vebhabyā, cintā, upaparikkhā)"(§16)은 뜻을 통해서 분류된 것이라고 알아야 한다.
그런데 ["감각접촉, 접촉함, 맞닿음, 맞닿은 상태(phasso, phusanā, samphusanā, samphusitattaṁ)"(§2)로 나타나는] 여기 이 감각접촉의 용어의 해설에서는 이 세 가지 분류가 다 적용된다. 이 가운데 ① '감각접촉, 접촉함(phasso, phusanā)'은 문자를 통해서 분류된 것이고 ② '맞닿음(samphusanā)'은 접두어를 통한 것이고 ③ '맞닿은 상태(samphusitattaṁ)'는 뜻을 통한 것이다. 모든 용어의 해설들에서도 이러한 방법으로 분류가 된다고 알아야 한다."(DhsA.137)

계속해서 주석서는 용어들을 해석하는 두 번째 방법으로 제시한 다양함에 대해서는 다음의 넷으로 분류하여 설명하고 있다.
"(2) 그런데 다양한 것들(nānā hontāni)은 ① 이름의 다양함(nāma-nānatta)과 ② 특징의 다양함(lakkhaṇa-nānatta)과 ③ 역할의 다양함(kicca-nānatta)과 ④ 반대되는 것의 다양함(paṭikkhepanānatta)의 네 가지 이유에 의해서 다양함이 있다.
① 여기서 "무엇이 그때에 있는 악의인가? 그때에 있는 성냄, 성마름 … 이다."(§419)에서 악의(byāpāda)와 성냄(dosa)이라는 이 둘은 화(kodha)인데 이름으로 다양함을 얻는다. 이와 같이 이름의 다양함을 통한 다양함을 알아야 한다.
② 모음이라는 뜻(rāsaṭṭha)에서 다섯 가지 무더기[五蘊]는 오직 하나의 무더기이다. 그러나 여기서 물질은 변형되는 특징을 가지고, 느낌은 느끼는 특징을 가지고, 인식은 인식하는 특징을 가지고, 의도는 의도하는 특징을 가지고, 알음알이는 식별(識別)하는 특징을 가진다라고 이러한 특징의 다양함을 통해서 다섯 가지 무더기가 있다. 이와 같이 특징의 다양함을 통한 다양함을 알아야 한다.
③ 네 가지 바른 노력[四正勤]은 "여기 비구는 아직 일어나지 않은 사악하

고 해로운 법[不善法]들을 일어나지 못하게 하기 위해서 … 마음을 다잡고 애를 쓴다."(D22 등; §1377)인데 여기서 하나인 정진(vīriya)이 역할의 다양함에 의해서 네 가지 경우에 적용된다. 이와 같이 역할의 다양함을 통해서 다양함을 알아야 한다.
④ "네 가지 바르지 못한 법(asaddhammā)이 있다. 분노를 중시하지만 정법을 중시하지 않고, 위선을 중시하지만 정법을 중시하지 않고, 이득을 중시하지만 정법을 중시하지 않고, 존경을 중시하지만 정법을 중시하지 않는다."(A4:44)라는 등에서 반대가 되는 것의 다양함을 통해서 다양함을 알아야 한다.

이러한 네 가지 다양함은 감각접촉에서는 얻어지지 않고 감각접촉을 다섯 번째로 하는 것 등 전체에서 얻어진다. ① 감각접촉에는 감각접촉이라는 이름이 있고 … 마음에는 마음이라는 이름이 있다. ② 감각접촉은 닿는 특징을, 느낌은 느끼는 특징을, 인식은 인식하는 특징을, 의도는 의도하는 특징을, 알음알이는 식별하는 특징을 가진다. ③ 여기서 감각접촉은 닿는 역할을, 느낌은 경험하는 역할을, 인식은 인식하는 역할을, 의도는 의도하는 역할을, 알음알이는 식별하는 역할을 한다. 이처럼 역할의 다양함을 통해서 다양함을 알아야 한다. ④ 반대되는 것의 다양함은 감각접촉을 다섯 번째로 하는 것에는 없다. 그러나 탐욕 없음의 용어의 해설에서는 "탐욕 없음, 탐하지 않음, 탐하지 않는 상태"(§32)라는 등의 방법으로 나타나고 있는데 이처럼 반대가 되는 것의 다양함을 통해서 다양함을 알아야 한다.
이와 같이 모든 용어의 해설에서 나타나는 것을 통해서 네 가지 다양함을 알아야 한다."(DhsA.137~138)

계속해서 주석서는 세 번째로 제시한 다른 방법을 아래와 같은 두 가지로 나누어서 설명하고 있다.
"(3) 그런데 여기서 다른 방법으로는 ① 용어의 윤색(padatthuti)과 ② 강화(daḷhīkamma)라는 이러한 두 가지 경우(ṭhāna)가 있다.
① 마치 지팡이의 끝으로 내리누르는 것처럼 '감각접촉'이라고 단 한 번만 언급하면 이 용어는 장식과 치장과 장엄(phullita-maṇḍita-vibhūsita)이 되지 않는다. 거듭거듭 ⓐ 문자(byañjana)를 통해서, ⓑ 접두어(upasagga)를 통해서, ⓒ 의미(attha)를 통해서 "감각접촉, 접촉함, 맞닿음, 맞닿은 상태(phasso, phusanā, samphusanā, samphusitattaṁ)"(§2)라고 언급될 때 장식과 치장과 장엄이 된다.
어린아이를 목욕시키고 매력적인 옷을 입히고 꽃들로 장식을 하고 눈가에 안료를 바르고 아름다운 주홍색 점을 이마에 찍더라도 이런 것만으로는 이마에 점을 찍는 장식(이라고 하지 않는다. 다양한 색깔로 에워싼 뒤에 이마에 문양들을 찍을 때 그것을 이마에 점을 찍는 장식이라고 한다. 이것도 그와 같은 이치라고 알아야 한다. 이런 것을 용어의 윤색이라 한다.

것이 그때에 있는 감각접촉이다.385)

3. 무엇이 그때에 있는 '느낌'386)인가?

그때에 있는 그것에 적합한387) 마노의 알음알이의 요소의 감각접촉

---

② 문자를 통하고 접두어를 통하고 의미를 통해서 계속해서 반복하는 것을 강화라 한다. 단지 '도반이여.'라거나 '존자시여.'라거나 '약카'라거나 '뱀'이라고 언급하면 이것을 가지고 강화라고는 하지 않는다. '도반이여, 도반이여!' 라거나 '존자시여, 존자시여!'라거나 '약카, 약카'라거나 '뱀, 뱀'이라고 언급할 때 강화라고 한다. 그와 같이 단 한 번만 지팡이의 끝으로 내리누르는 것처럼 '감각접촉'이라고 언급하면 용어를 강화하는 것이 아니다. 계속해서 문자를 통하고, 접두어를 통하고, 의미를 통해서 "감각접촉, 접촉함, 맞닿음, 맞닿은 상태(phasso, phusanā, samphusanā, samphusitattaṁ)"(§2)라고 언급할 때 강화하는 것이 된다.

이와 같이 다른 방법으로는 두 가지 경우가 있다. 이러한 것을 통해서도 용어의 해설은 얻어지나니 이렇게 해서 모든 곳에서 그 의미를 알아야 한다." (DhsA.138~139)

385) "'이것이 그때에 있는 감각접촉이다(ayaṁ tasmiṁ samaye phasso hoti).' 라는 것은 첫 번째 욕계의 유익한 큰마음이 머물 때, 그때에 이러한 감각접촉이라는 것이 있다는 뜻이다. 이것은 감각접촉이라는 용어의 해설에 대한 설명이다. 이다음에 나타나는 느낌 등의 용어의 해설에서는 특별한 점만(visesa-matta) 설명할 것이다. 나머지는 여기서 언급한 방법대로 알아야 한다."(Dhs A.139)

386) "느낀다(vedayati)라고 해서 '느낌(vedanā)'이다. 이것은 ㉠ 느껴진 것을 특징으로 하고 ㉡ 경험하는 역할을 하거나 원하는 측면을 향유하는 역할을 하고 ㉢ 정신적인 만족으로 나타나고 ㉣ 편안함[輕安]이 가까운 원인이다. 네 가지 경지에 속하는 느낌이 느껴진 것을 특징으로 하지 않는 경우란 없다."(DhsA.109)

본서의 여기 이 문맥이 욕계에 속하는 유익한 마음이기 때문에 여기서의 느낌은 즐거운 느낌(sukha-vedanā)이다. 그래서 주석서는 이와 같이 느낌을 정의하고 있다. 아비담마에서 느낌은 다섯 가지로 분류되는데 이 다섯 가지 느낌의 특징 등은 『청정도론』 XIV.128에서 정의되어 있으므로 참조하기 바란다.

387) 여기서 '그것에 적합한'은 tajjā(그것에서 생긴)을 옮긴 것인데 주석서에서 "그것에 적합한(tassa anucchavikā sāruppā)"(DhsA.139)으로 설명하고 있어서 이렇게 옮겼다.

에서 생긴[388] 정신적인[389] 만족감, 정신적인 즐거움,[390] 정신의 감각접촉에서 생긴 [10] 만족하고 즐겁게 느껴지는 것, 정신의 감각접촉에서 생긴 만족하고 즐거운 느낌[391] — 이것이 그때에 있는 느낌이다.

4. 무엇이 그때에 있는 '인식'[392] 인가?

---

388) "'그것에 적합한 마노의 알음알이의 요소의 감각접촉에서 생긴(tajjāmano-viññāṇadhātu-samphassaja)'이라고 했다. 여기서 '그것에 적합한(tajjā)'이란 그 정신적인 즐거움에 적합하고 어울리는 것이다. [문자적으로는 그것(tad)에서 생긴 것(ja)을 뜻하는] 'tajjā'라는 용어는 적합함(anucchavika)이라는 뜻도 가지고 있기 때문이다. "어떤 적합한 일련의 주제로 대화를 나누고 있다."(M129 §3)라는 말씀처럼 이 행복의 조건인 형색 등이라는 대상들에 의해서 생겼다고 해서도 '그것에 적합한(tajjā)'이다.
마노의 알음알이[意識]는 중생이 없다[無衆生, nissatta]는 뜻에서 요소[界, dhātu]라고 해서 '마노의 알음알이의 요소[意識界, manoviññāṇa-dhātu]'이다.
감각접촉으로부터 생겼다(samphassato jāta)고 해서 혹은 감각접촉에서 생겼다(samphasse vā jāta)고 해서 '감각접촉에서 생긴(samphassaja)'이다."(DhsA.139)

389) "마음에 의지한다(citta-nissitattā)고 해서 '정신적인 것(cetasika)'이다."(DhsA.139)
여기서 '정신적인 것'으로 옮긴 cetasika는 전문용어로 쓰이면 주로 복수로 쓰여서 마음부수들[心所, cetasikā]을 뜻한다. 여기서는 전문용어로 쓰이지 않았기 때문에 이렇게 옮겼다. 마음부수로서의 cetasika는 『아비담마 길라잡이』 제2장 §1에서 "[마음과] 함께 일어나고 함께 멸하며 동일한 대상을 가지고 동일한 토대를 가지는, 마음과 결합된 52가지 법을 마음부수들이라 한다."라고 정의되고 있다.

390) "여기서 '정신적인 즐거움(cetasikaṁ sukhaṁ)'에서 '정신적(cetasika)'이라는 단어에 의해서는 육체적인 즐거움(kāyika-sukha)을 제외하고, '즐거움(sukha)'이라는 단어에 의해서는 정신적인 괴로움(cetasika dukkha)을 제외한다."(DhsA.139)

391) 여기서 설명하는 '느낌(vedanā)'은 욕계의 첫 번째 유익한 마음에 속하는 것이기 때문에 즐거운 느낌만으로 느낌을 정의하고 있다.

392) "푸름 등으로 구분되는 대상을 인식한다(sañjānāti)고 해서 '인식(saññā)'이다. ㉠ 이것은 인식하는 특징을 가진다. ㉡ 나중에 다시 인지하는 역할을 한다. 네 가지 경지에 속하는 인식은 인식하는 특징이 없는 경우란 있지 않다. 모

그때에 있는 그것에 적합한 마노의 알음알이의 요소의 감각접촉에서 생긴[393] 인식, 인식함, 인식된 상태 — 이것이 그때에 있는 인식이다.

5. 무엇이 그때에 있는 '의도'[394] 인가?

그때에 있는 그것에 적합한 마노의 알음알이의 요소의 감각접촉에서 생긴 의도, 의도함, 의도된 상태 — 이것이 그때에 있는 의도이다.

6. 무엇이 그때에 있는 '마음'[395] 인가?

든 [인식은] 참으로 인식하는 특징을 가진다. 그런데 여기서 표식(abhiññāṇa)에 의해서 인식한다고 해서 나중에 다시 인지하는 역할이라고 한다." (DhsA.110)

복주서는 다음과 같은 설명을 덧붙이고 있다.
"표상(nimitta)을 통해서 다시 인식하는 기능(puna-sañjānana-kiccā)을 나중에 다시 인지하는 역할이라 한다."(DhsAMṬ.87)
비슷한 설명이 『청정도론』 XIV.130에도 나타나므로 참조할 것.

393) "'그것에 적합한 마노의 알음알이의 요소의 감각접촉에서 생긴(tajjāmano-viññāṇadhātu-samphassaja)'이라는 것은 그 유익한 인식에 어울리는 마노의 알음알이의 요소의 감각접촉으로부터 생겼다는 것이다. '인식(saññā)'이라는 것은 고유성질의 이름(sabhāva-nāma)이다. '인식함(sañjānana)'이란 인식을 행하는 것(sañjānanākāra)이고 '인식된 상태(sañjānitatta)'란 인식된 성질(sañjānita-bhāva)이다."(DhsA.140)

394) "의도한다(cetayati)고 해서 '의도(cetanā)'라 한다. 자신과 결합된 법들을 대상에 묶는다(abhisandahati)는 뜻이다. ㉠ 이것은 의도하는 것(cetayita)을 특징으로 하는데 의도하는 성질(cetanā-bhāva)을 특징으로 한다는 뜻이다. ㉡ 쌓는(āyūhana) 역할을 한다. 네 가지 경지에 속하는 의도는 의도하는 특징이 없는 경우란 있지 않기 때문이다. 모든 [의도는] 참으로 의도하는 특징을 가진다. 쌓는 역할은 유익함과 해로움에만 있다."(DhsA.111)
비슷한 설명이 『청정도론』 XIV.135에도 나타난다. '의도(cetanā)'와 '업(kamma)'의 관계에 대해서는 본서 해제 §4-(3)(124~127쪽)을 참조할 것.

395) "대상을 생각한다(ārammaṇaṁ cinteti)고 해서 '마음(citta)'이다. ㉠ 마음은 식별(識別)하는 특징을 가졌고 ㉡ 앞서가는 역할을 하고 ㉢ 연결로 나타나고 ㉣ 정신·물질이 가까운 원인이다.
네 가지 경지에 속하는 마음은 식별하는 특징이 없는 경우란 있지 않다. 모든 [마음은] 참으로 식별하는 특징을 가진다."(DhsA.112)

그때에 있는 마음, 마노[意],[396] 정신작용,[397] 심장,[398] 깨끗한 것,[399] 마노,[400] 마노의 감각장소,[401] 마노의 기능, 알음알이, 알음알이

---

396) "아주 다양한 성질을 가졌기(citta-vicittatā) 때문에 '마음(citta)'이라 한다. 대상을 재어서 안다(ārammaṇaṁ minamānaṁ jānāti)고 해서 '마노[意, mano]'라 한다."(DhsA.140)

397) "여기서 '정신작용(mānasa)'은 단지 마노[意, mano]이다. "허공에서 움직이는 올가미(갈애의 올가미)가 있나니 움직이는 그것은 정신작용이로다."(S4:15)라는 말씀에서는 [마음과] 결합된 법을 '정신작용(mānasa)'이라 하셨다.

> "당신의 교법에서 기뻐하는 당신 제자는
> 정신작용을 얻지 못한 유학인데
> 어떻게 자결을 합니까, 명성이 자자한 분이시여?"(S4:23 {492})

라는 [마라(Māra)의 게송에서] '정신작용(mānasa)'은 아라한됨(arahatta)을 말한다. 그러나 여기서는 단지 마노가 '정신작용'이다."(DhsA.140)

398) "여기서 '심장(hadaya)'은 마음(citta)이다. "그대의 마음을 돌게 만들거나 그대의 심장을 찢어버리거나"(S10:3)에서는 가슴(ura)을 '심장(hadaya)'이라고 하였다. "참으로 그는 그의 심장으로 내 심장을 훤히 아는 듯이 그것을 바로잡았다."(M5 §31)에서는 마음이다. [「대념처경」(D22)의 몸의 32가지 부위에 대한 혐오에 나타나는] "콩팥·심장 … "(D22 §5; M10 §10)에서는 심장토대(hadaya-vatthu)이다. 그러나 여기 [본서]에서는 마음이 내면에 있다는 뜻에서 '심장(hadaya)'이라고 말씀하셨다."(DhsA.140)

399) "청정하다는 뜻(parisuddhaṭṭha)에서 '깨끗한 것(paṇḍara)'이라 한다. 바왕가(존재지속심, bhavaṅga)를 두고 한 말이다."(DhsA.140)

400) "'마노, 마노의 감각장소(mano, manāyatana)'라고 하셨다. 여기서 '마노[意, mano]'를 [한 번 더] 취한 것은 마노의 감각장소로서의 상태를 밝히기 위해서(āyatana-bhāva-dīpanattha)이다. 그래서 '이것은 신들이 [머무는] 장소(devāyatana)처럼 마노가 [머무는] 장소가 된다고 해서 마노의 감각장소가 아니다. 마노가 바로 감각장소(mano eva āyatanaṁ)라고 해서 마노의 감각장소이다.'라고 밝히고 있다."(DhsA.140)

주석서는 여기서 마노가 한 번 더 나타나는 이유를 이렇게 설명하고 있다. 마노뿐만 아니라 본서 전체에서 믿음, 마음챙김, 통찰지 등의 정형구에서도 표제어인 믿음, 마음챙김, 통찰지 등은 이처럼 합성어의 앞에서는 한 번 더 언급이 되고 있다. 마음챙김의 경우에는 세 번이 언급된다. 여기에 대해서는 아래 §12의 해당 주해를 참조할 것.

401) "여기서 [다섯 가지]로 '장소(āyatana)'의 뜻을 알아야 한다. 그것은 ① 머

의 무더기,402) 그것에 적합한 마노의 알음알이의 요소403) — 이것이 그

무는 장소(nivāsaṭṭhāna)의 뜻으로 ② 광산(ākara)의 뜻으로 ③ 만나는 장소(samosaraṇa)의 뜻으로 ④ 출산지(sañjāti-desa)의 뜻으로 ⑤ 원인(kāraṇa)의 뜻이다. …

여기서는 ④ 출산지의 뜻과 ③ 만나는 장소의 뜻과 ⑤ 원인의 뜻 세 가지가 적용된다.

감각접촉 등의 법들이 여기서 탄생한다(sañjāyanti)고 ④ 출산지라는 뜻에 의해서 이것은 '감각장소'이다. 밖에 있는 형색 … 감촉은 대상이 됨에 의해서 여기서 만난다(osaranti)고 ③ 만나는 장소의 뜻에 의해서도 '감각장소'이다. 그런데 감각접촉 등은 함께 생긴 등의 조건이라는 뜻에서 원인이 되기 때문에 ⑤ 원인이라는 뜻에 의해서 '감각장소'라고 알아야 한다."(DhsA.140~141)

감각장소에 대한 설명은 『청정도론』 XV.7 이하에도 나타나고 있으니 참조하기 바란다.

402) "식별한다(vijānāti)고 해서 '알음알이(viññāṇa)'이고 알음알이가 바로 무더기라고 해서 '알음알이의 무더기(viññāṇakkhandha)'이다. 알음알이는 모음(더미, 적집, rāsi) 등의 뜻으로 알아야 한다.

① "크나큰 물의 무더기라는 명칭을 얻을 뿐이다."(S55:41)라는 말씀에서는 모음(더미, 적집, rāsi)의 뜻으로 무더기를 말씀하셨다. ② "계의 무더기와 삼매의 무더기"(D33 §1.11 (25) 등)라는 등에서는 공덕(guṇa)의 뜻으로 말씀하셨다. ③ "큰 나무 무더기가 강가(Gaṅga) 강물의 흐름을 따라 떠내려가는 것을 보셨다."(S35:241)에서는 단지 개념(paṇṇattimatta)의 뜻으로 말씀하셨다. ④ 그러나 여기서는 [무더기라는] 일반적인 의미에서 무더기를 말씀하셨다."(DhsA.141)

403) "'그것에 적합한 마노의 알음알이의 요소(tajjā-manoviññāṇadhātu)'라는 것은 감각접촉 등의 법들에 어울리는 마노의 알음알이의 요소라는 뜻이다. 이 구절에서는 하나인 마음(citta)을 ① 잰다는 뜻(minanaṭṭha)에서 마노(mano)라 하고 ② 식별한다는 뜻(vijānanaṭṭha)에서 알음알이(viññāṇa)라 하고 ③ 고유성질의 뜻(sabhāvaṭṭha)이나 중생이 아니라는 뜻(nissatta-ṭṭha)에서 요소(dhātu)라고 하는 이러한 세 가지 이름으로 불렀다.

이처럼 이 감각접촉을 다섯 번째로 하는 것에서 감각접촉은 감각접촉이기 때문에 '그것에 적합한 마노의 알음알이의 요소의 감각접촉에서 생긴(tajjā-manoviññāṇadhātu-samphassaja)'이라는 것은 없고, 마음은 마음 자체가 '그것에 적합한 마노의 알음알이의 요소'이기 때문에 이 두 용어에는 '그것에 적합한 마노의 알음알이의 요소의 감각접촉에서 생긴'이라는 개념(paññatti)이 상정되지 않았다. 그러나 [禪의 구성요소의 모음 등에 나타나는] 일으킨 생각의 구절 등에서는 존재하지만 여기서는 생략되어 드러나

때에 있는 마음이다.

② 禪의 구성요소의 모음

7. 무엇이 그때에 있는 '일으킨 생각'404) 인가?

그때에 있는 생각405), 일으킨 생각, 사유, 전념406), 몰입, 마음을 [대상에] 겨냥하게 함,407) 바른 사유 — 이것이 그때에 있는 일으킨 생각이다.

지 않았다."(DhsA.141~142)

404) "생각을 일으킨다(vitakketi)고 해서 '일으킨 생각(vitakka)'이다. 혹은 생각을 일으킴(vitakkana)이 '일으킨 생각'이다. 치는 것(ūhana)이라고 설했다. 이것은 마음으로 하여금 대상을 겨냥하도록 하게 하는 특징을 가진다. 이것은 대상에 마음을 올라서게 한다. 마치 왕이 좋아하는 친척이나 친구를 의지하여 왕의 궁전에 올라서는 것처럼 일으킨 생각을 의지하여 마음은 대상에 올라선다. 그래서 이것은 마음을 대상을 향하여 기울이는 특징을 가진다고 설했다. 그런데 나가세나(Nāgasena) 장로는 [『밀린다빤하』에서] 두드리는 특징을 가진 것(ākoṭana-lakkhaṇa)이 일으킨 생각이라고 했다."(DhsA.114) 『청정도론』 XIV.88 이하도 참조할 것.

405) "생각함(takkana)이라고 해서 '생각(takka)'이라 한다. … 이것은 [일으킨 생각의] 고유성질을 [드러내는] 단어이다. 생각을 일으키는 것(vitakkana)이 '일으킨 생각(vitakka)'이다. 이것은 더 강한 생각을 뜻하는 이름이다. 잘 생각한다(suṭṭhu kappana)고 해서 '사유(saṅkappa)'이다."(DhsA.142)

406) 여기서 '전념'으로 옮기고 있는 용어는 appanā이다. 『청정도론』 등의 주석서 문헌에서 appanā는 주로 '본삼매'를 뜻한다.(『청정도론』 IV.66, 74, 『아비담마 길라잡이』 제4장 §14 등 참조) 그러나 본서에서 appanā는 여기서처럼 일으킨 생각(vitakka)의 동의어로 쓰이고 있어서 주석서를 참조하여 '전념'으로 옮겼다. 주석서는 다음과 같이 설명하고 있다.

"하나의 끝으로 [집중] 된 마음을 대상에 맞춘다고 해서 '전념(appanā)'이라 한다. '몰입(byappanā)'은 여기에 접두어 [vi-]를 붙인 것이다. 혹은 더 강한 집중이 '몰입(byappanā)'이다."(DhsA.142~143)

407) "대상에 마음을 겨냥하고 확립시킨다고 해서 '마음을 [대상에] 겨냥하게 함(cetaso abhiniropanā)'이다. 정확하고 출리로 인도하기 때문에 유익한 상태를 증득하여 칭송받는 사유가 '바른 사유(sammā-saṅkappa)'이다."(DhsA.143)

8. 무엇이 그때에 있는 '지속적 고찰'408) 인가?

그때에 있는 고찰, 지속적 고찰, 탐구, 추구, 마음을 매어둠, 숙고함409) — 이것이 그때에 있는 지속적 고찰이다.

---

408) "이것에 의해서 마음이 대상에 대해서 고찰한다(vicarati)고 해서 '지속적 고찰(vicāra)'이다. 혹은 지속적으로 고찰함(vicaraṇa)이 '지속적 고찰'이다. 계속 따라 움직이는 것(anusañcaraṇa)이라고 설했다. 이것은 ㉠ 대상을 계속해서 문지르는(anumajjana) 특징을 가진다. ㉡ 함께 생긴 [법들을 대상에] 묶는 역할을 한다. ㉢ 마음이 [대상에] 계속해서 묶여있는 것으로 나타난다."(DhsA.144)

『청정도론』 XIV.88도 참조할 것. 『담마상가니 주석서』는 계속해서 일으킨 생각과 지속적 고찰의 차이를 이렇게 설명하고 있다.
"비록 어떤 마음에는 이 둘은 분리되지 않지만 [초선의 경우와 욕계에 속하는 마음과 마음부수가 일어나는 경우에 이 둘은 분리되지 않는다. — Pm.71] [지속적 고찰보다] 거칠다는 뜻(oḷārikaṭṭha)에서, 또 [지속적 고찰에] 앞선다는 뜻(pubbaṅgamaṭṭha)에서 마치 종을 치는 것처럼 처음으로 마음이 [대상을 향하여] 돌진함(paṭhama-abhinipāta)이 '일으킨 생각'이다. 미세하다는 뜻에서, 또 고찰하는 고유성질을 가졌다는 뜻에서 마치 종의 울림처럼 계속해서 일어남이 '지속적 고찰'이다.

여기서 일으킨 생각은 움직임을 가진다(vipphāravā). [특정 대상을 향해서] 처음 마음이 일어날 때에 마음이 진동하는 상태(paripphanda-bhūta)이다. 이것은 마치 허공에 날기를 원하는 새가 날개를 치는 것과 같고, 마음으로 향기를 따라간 벌이 연꽃을 향하여 내려오는 것과 같다. 지속적 고찰은 고요한 상태(santavutti)이다. 마음의 심한 움직임은 갖지 않는다. 이것은 마치 허공에 나는 새가 날개를 펴는 것과 같고, 연꽃을 향하여 내려 온 벌이 연꽃 위에 윙윙거리며 나는 것과 같다."(DhsA.114~115; Vis.XIV.89와 같음.)

409) "대상에 대해서 고찰하는 것이라고 해서 '고찰(cāra)'이다. 이것이 [지속적 고찰의] 고유성질을 [드러내는] 단어이다. 지속적으로 고찰함이 '지속적 고찰(vicāra)'이다. 따라가서 지속적으로 고찰함(anugantvā vicaraṇa)이 '탐구(anuvicāra)'이다. 가까이 가서 지속적으로 고찰함(upagantvā vicaraṇa)이 '추구(upavicāra)'이다. 혹은 이 둘은 접두어를 통해서 증가시킨 것이다. 마치 궁수가 화살을 활시위에 놓는 것처럼 대상에 마음을 매어두는 것이 '마음을 매어둠(cittassa anusandhānatā)'이고, 대상을 숙고하면서 머문다(anu+pekkhamāno viya tiṭṭhati)고 해서 '숙고함(anupekkhanatā)'이다. [혹은 지속적으로 고찰함을 통해서 평온하지 못하다고(an+upekkhamāno) 해서 '숙고함'이다.]"(DhsA.143)

9. 무엇이 그때에 있는 '희열'410)인가?

그때에 있는 희열,411) 환희, 기뻐함, 기꺼워함, 미소, 함박웃음, 경사로움,412) 의기양양함,413) 마음이 흡족함414) — 이것이 그때에 있는 희열이다.

---

410) "유쾌하게 한다(pīṇayati)고 해서 '희열(pīti)'이다. ㉠ 충분히 유쾌함이 그 특징이다. ㉡ 몸과 마음을 유쾌하게 하는 역할을 한다. 혹은 [수승한 형색 등으로 몸을] 충만하게 하는 역할을 한다. ㉢ 의기양양함으로 나타난다.
희열은 다섯 가지이다. 그것은 ① 작은 희열(khuddikāpīti) ② 순간적인 희열(khaṇikāpīti) ③ 되풀이해서 일어나는 희열(okkantikāpīti) ④ 용약하는 희열(ubbegāpīti) ⑤ 충만한 희열(pharaṇāpīti)이다.
여기서 ① 작은 희열은 몸의 털을 곤두서게 할 수 있다. ② 순간적인 희열은 순간순간 번갯불처럼 일어나는 것이다. ③ 되풀이해서 일어나는 희열은 해안의 물결처럼 자주자주 몸에 나타났다가 부서진다. ④ 용약하는 희열은 강하다. 몸을 들어 올려서 공중에 뛰어오르도록 한다. ⑤ 충만한 희열이 일어날 때 온몸을 두루 적신다. 마치 가득 찬 물집처럼, 극심한 홍수가 침입한 산의 동굴처럼."(DhsA.115~116; Vis.XIV.94 이하와 같음.)

411) "여기서 '희열(pīti)'은 고유성질을 [드러내는] 단어이다."(DhsA.143)

412) "'경사로움(vitti)'은 경사로운 것이다. 이것은 재물(dhana)을 두고 하는 말이다. 이것은 기쁨을 조건으로 한 것이기 때문에 경사로운 것(vitti)을 닮았다고 해서 경사로움이라 한다. 재물을 가진 사람에게 재물을 반연하여 기쁨이 생기듯이 희열을 가진 사람에게는 희열을 반연하여 기쁨이 생긴다. 그래서 '경사로움'이라 한다. 이것은 만족하는 고유성질이 확고한 희열의 이름이다."(DhsA.143)

413) "희열을 가진 사람은 몸과 마음이 돋워지고 북돋워지기 때문에 의기양양하게 된다(udagga)고 한다. 의기양양해진 상태가 '의기양양함(odagya)'이다."(DhsA.143)

414) "자신의 마음[意]이 됨(manatā)이 '흡족함(attamanatā)'이다. 만족하지 못하는 자의 마음[意]은 괴로움의 가까운 원인이 되기 때문에 자신의 마음이 [된다]는 것이 없다. 그러나 만족하는 자에게는 즐거움의 가까운 원인이 되는 자신의 마음이 [된다]는 것이 있다. 이처럼 자신의 마음이 됨이 '흡족함'이다. 자기의 마음이 된 상태(sakamanassa bhāva)라는 뜻이다. 이것은 다른 어떤 것의 자신의 마음이 됨이 아니라 마음의 상태이고 정신적인 법이기 때문에 '마음이 흡족한 상태(attamanatā cittassa)'라 부른다."(DhsA.143)

10. 무엇이 그때에 있는 '행복'415) 인가?

그때에 있는 정신적인 만족감, 정신적인 즐거움, 정신의 감각접촉에서 생긴 만족하고 즐겁게 느껴지는 것, 정신의 감각접촉에서 생긴 만족하고 즐거운 느낌 — 이것이 그때에 있는 행복이다.

11. 무엇이 그때에 있는 '마음이 한끝으로 [집중]됨'416) 인가?

---

415) "행복하게 한다(sukhayati)고 해서 '행복(sukha, 즐거움)'이다. 이것이 일어난 자를 즐겁게 만든다는 뜻이다. 육체적이고 정신적인 아픔을 몽땅(suṭṭhu) 먹어버리고(khādati) 뿌리째 뽑아버리기(khaṇati) 때문에 '행복(sukha)'이라 한다. 이것은 정신적인 즐거운 느낌(somanassa-vedanā)과 동의어이다. 이것의 특징 등은 느낌의 편에서 설한 방법대로(§3의 주해 참조) 알아야 한다.

다른 방법이다. — ㉠ 행복은 만족함(sāta)을 특징으로 한다. ㉡ 함께하는 법들을 증장시키는 역할을 한다. ㉢ 도움으로 나타난다. 비록 어떤 마음에서 [초선에서 이 둘은 분리되지 않는다(Pm.73).] 희열과 행복(pīti-sukha)은 분리되지 않지만 원하는 대상을 얻음에 대한 만족이 희열이고, 얻은 것의 맛을 즐기는 것이 행복이다. 희열이 있는 곳에는 행복이 있다. 그러나 행복이 있는 곳에 희열이 반드시 있는 것은 아니다. 희열은 심리현상들의 무더기[行蘊]에 포함되고, 행복은 느낌의 무더기[受蘊]에 포함된다. 희열은 사막에서 목말라 기진맥진한 사람이 숲 속의 물을 보거나 혹은 들을 때와 같고, 행복은 숲 속의 그늘에 들어가 물을 마실 때와 같다."(DhsA.117; Vis.XIV.100도 참조할 것.)

여기서 '행복'으로 옮긴 용어는 sukha이다. sukha는 느낌의 하나로 '즐거운 느낌(sukha-vedanā, 위의 §3의 해당 주해 참조)'을 뜻한다. 초기불전연구원에서는 sukha가 니까야에서 여기서처럼 禪의 구성요소로 나타날 때는 주로 '행복'으로 옮겼다. 여기에 대해서는 본서 세 개 조 마띠까의 두 번째 마띠까(ma3-2-a)의 해당 주해와 §87의 주해도 참조할 것.
그러나 아비담마에서는 이 禪의 구성요소가 해로운 마음에서도 나타나고 있기 때문에(예를 들면 본서 §365와 §374 등 참조) 이것을 행복이라 옮기면 어색해진다. 그런 경우의 sukha는 '즐거움'으로 옮겼다.(§374 참조)

416) "'마음이 한끝으로 [집중]됨(cittassekaggatā)'이란 마음의 한끝이 된 상태(cittassa ekaggabhāvo)이다. 이것은 삼매(samādhi)의 동의어이다. [고]주석서에는 특징 등에 대해서 "삼매는 우두머리가 되는 특징을 가지고 산란하지 않는 특징을 가진다."라고 설명하였다. 마치 뾰족지붕의 틀(금형)이 나

그때에 있는 마음의 머묾,417) 잘 머묾, 확고함,418) 산만하지 않음,419)

머지 목재 더미들을 묶고 있기 때문에 우두머리이듯이 그와 같이 모든 유익한 법들은 삼매의 마음에 의해서 번창하기 때문에 그들 모든 법들에게 삼매는 우두머리가 된다. …

그리고 왕이 군대를 얻어서 어디든 군대가 주둔하는 장소에 가고 그가 가는 장소에서 군대는 성취가 되고 적의 군대를 쳐부수고 왕을 따르는 것처럼 그와 같이 함께 생긴 법들이 흔들리고 흩어지는 것을 막기 때문에 삼매는 산란하지 않음을 특징으로 한다고 한다.

또 다른 방법으로 설명한다. — '마음이 한끝으로 [집중]됨(cittassekaggatā)'이라 불리는 삼매는 ㉠ 방황하지 않는 특징을 가지거나 혹은 산란하지 않는 특징을 가진다. ㉡ 동시에 태어난 법들을 뭉치는 역할을 한다. 마치 물이 목욕 가루를 뭉치듯이. ㉢ 고요함으로 나타나거나 지혜로 나타난다. ㉣ 대부분의 경우 행복(즐거움)이 가까운 원인이다. 바람이 없을 때 흔들림 없는 등불처럼 마음의 안정됨이라고 알아야 한다."(DhsA.118; 『청정도론』 XIV.139도 참조할 것.)

본서에서 '마음이 한끝으로 [집중]됨'으로 옮기는 원어는 cittassekaggatā인데 니까야의 경들에서는 여기처럼 cittassekaggatā로 나타나는 곳도 있고(D18 §27 등) cittekaggatā로 나타나는 곳도 있다.(M43 §19 등) 주석서 문헌들에서는 본서 §11, §57, §166 등의 해당 주해에서처럼 대부분 후자로 쓰이고 있다. 이 둘 가운데 전자는 cittassa ekaggatā를 연음으로 표기한 것이고 후자는 citta+ekaggatā의 합성어 표기일 뿐 그 뜻은 같다.

417) "동요하지 않는 상태(acala-bhāva)로 대상에 머문다고 해서 '머묾(ṭhiti)'이다."(DhsA.143)

418) "대상에 몰입하고 들어가서 확립된다고 해서 '확고함(avaṭṭhiti)'이다. 여기 유익한 마음의 편에서는 네 가지 법들이 대상에 몰입하는데 그것은 믿음(saddhā), 마음챙김(sati), 삼매(samādhi), 통찰지(paññā)이다. 그래서 믿음은 신뢰(okappana)라 부르고 마음챙김은 떠다니지 않음(apilāpanatā)이라 하고 삼매는 확고함(avaṭṭhiti)이라 하고 통찰지는 깊이 들어감(pariyogāhanā)이라 한다.

해로움의 편에서는 세 가지 법들이 대상에 몰입하는데 그것은 갈애(taṇhā)와 사견(diṭṭhi)과 무명(avijjā)이다.

그러나 이 [해로운 마음의 편에서](§375 등 참조) 마음이 한끝으로 [집중]됨은 힘이 없다. 마치 먼지가 일어나는 장소에 물을 뿌리면 청소가 된 곳에서는 잠깐 동안은 먼지가 가라앉지만 아주 메마른 곳에서는 자연스럽게 곧 증가한다. 그와 같이 해로움의 편에서 마음이 한끝으로 [집중]됨은 힘이 없다. 그러나 그곳에 항아리로 물을 뿌리고 삽으로 파고 두들기고 문지르고 모아서 산란하지 않음,420) 산만하지 않은 마음 상태,421) 사마타,422) 삼매의 기능,423) 삼매의 힘, 바른 삼매 — 이것이 그때에 있는 마음이 한끝으로

때가 잔뜩 묻은 거울처럼 그늘을 만들면 백 년이 지나가는 것도 잠깐인 것처럼 [먼지가 쉽게 일어나지 않는다.] 이와 같이 유익한 편에서 마음이 한끝으로 [집중]됨은 힘이 있다."(DhsA.144)
본서 §375와 주해도 참조할 것.

419) "들뜸과 의심(uddhacca-vicikicchā)을 통해서 일어난 산만함과 반대된다고 해서 '산만하지 않음(avisāhāra)'이다."(DhsA.144)

420) "들뜸과 의심을 통해서 진행되고 있는 마음은 동요한다(vikkhipati). 그러나 이 마음은 그러한 동요가 없다고 해서 '산란하지 않음(avikkhepa)'이다." (DhsA.144)

421) "들뜸과 의심을 통해서 마음은 산만함(visāhaṭa)이라는 것이 있는데 여기저기로 끌려 다니는 것이다. 그러나 이 마음은 산만함이 없는 마음의 상태라고 해서 '산만하지 않은 마음 상태(avisāhaṭa-mānasatā)'이다."(DhsA.144)

422) "'사마타(samatha)'에서 세 가지 사마타가 있으니 ① 마음의 사마타(citta-samatha), ② 대중공사를 가라앉힘(adhikaraṇa-samatha), ③ 모든 형성된 것들이 가라앉음(sabba-saṅkhāra-samatha)이다.
① 여기서 여덟 가지 증득(samāpatti)에서 마음이 한끝으로 [집중]됨이 마음의 사마타이다. 이것이 드러나면 마음의 움직임과 마음의 떨림이 고요하게 되고(sammati) 가라앉게 된다(vūpasammati). 그래서 마음의 사마타라 부른다.
② 직접 대면하는 율 등의 일곱 가지 방법을 가진 사마타를 대중공사를 가라앉힘이라 한다. 이것이 드러나면 이런저런 대중공사가 고요하게 되고 가라앉게 되기 때문에 대중공사를 가라앉힘이라 한다.
③ 모든 형성된 것들[諸行, sabbe saṅkhārā]은 열반이 드러나면 고요하게 되고 가라앉게 된다. 그래서 이것을 모든 형성된 것들이 가라앉음이라 부른다.
여기서는 ① 마음의 사마타를 의미한다."(DhsA.144)

423) "삼매의 특징에 대해서 지배를 한다고 해서 '삼매의 기능(samādhindriya)'이다. 들뜸(uddhacca)에 흔들리지 않는다고 해서 '삼매의 힘(samādhi-bala)'이다. 정확한 삼매(yāthāva-samādhi), 해탈의 출구가 되는 삼매(niyyānikatā-samādhi), 유익한 삼매(kusala-samādhi)가 '바른 삼매(sammā-samādhi)'이다."(DhsA.144)

지배를 한다는 indaṭṭhaṁ karoti를 옮긴 것인데 『위방가 물라띠까』는 이렇게 설명하고 있다.

[집중]됨이다.

③ 기능의 모음

12. 무엇이 그때에 있는 '믿음의 기능'424)인가?

그때에 있는 믿음,425) 믿는 것, 신뢰, 깨끗한 믿음, [11] 믿음,426) 믿음

"자신이 가진 지배하는 성질(inda-bhāva)을 통치자가 가진 궁극적인 것이 되게 만든다는 뜻이다."(VbhAMṬ.78)

424) "이것 때문에 믿고(saddahati), 혹은 이것은 그 스스로 믿고, 혹은 단지 믿기 때문에 '믿음(saddhā)'이라 한다. 이것은 믿지 못하는 것을 지배(abhibhavana)하기 때문에 다스린다는 뜻(adhipatiyaṭṭha)에서 '기능(indriya)'이다. 혹은 결심하는 특징(adhimokkha-lakkhaṇa)에 대해서 지배를 한다(indaṭṭhaṁ kāreti)고 해서 '기능'이다. 믿음이 바로 기능이라고(saddhāva indriyaṁ) 해서 '믿음의 기능(saddhindriya)'이다. 이러한 믿음은 [믿어야 할 대상을] 청정하게 믿는 특징을 가지고 [믿어야 할 대상에] 깊이 들어가는 특징을 가진다. …

다른 방법의 [설명이] 있다. — ㉠ 믿는 특징을 가진 것이 믿음(saddhā)이다. 혹은 신뢰(okappana)하는 특징을 가진다. ㉡ 깨끗하게 하는 역할을 한다. 마치 물을 정화하는 보석처럼. 혹은 [믿음으로 대상에] 들어가는 역할을 한다. 마치 홍수를 건너는 것처럼. ㉢ 더럽지 않음으로 나타난다. 혹은 결심으로 나타난다. ㉣ 믿을 만한 대상이 가까운 원인이다. 혹은 [정법을 듣는 등] 예류과의 조건이 가까운 원인이다. 이것은 손과 재산과 씨앗처럼 보아야 한다."(DhsA.119; 『청정도론』 XIV.140 참조)

425) "부처님 등의 공덕(Buddhādi-guṇa)을 믿는 것(saddahana)을 '믿음(saddhā)'이라 한다. 혹은 부처님 등의 보배(ratana)를 믿고 의지한다고 해서 '믿음'이라 한다."(DhsA.145)

426) 본 정형구의 첫 번째에 믿음(saddhā)이 언급되었는데 여기서 다시 믿음이 언급되는 이유를 주석서는 두 가지로 설명한다.
첫째, 믿음의 기능 등의 합성어(samāsapada)에 나타나는 믿음을 강조하기 위함이라는 것이다. 이것은 아비담마에서는 법다운 것이라고 주석서는 말한다.(DhsA.145)
둘째, '믿음'과 '기능'이 문법적으로 동격(samānādhikaraṇa)임을 알게 하기 위한 것이다. 예를 들면 여자가 가진 기능을 여자의 기능[女根, itthindriya]으로 해석하듯이 믿음의 기능은 믿음이 가진 기능으로 해석하는 것이 아니라, 믿음이 바로 기능임(saddhāva indriya, 즉 믿음이라는 기능)을 알아야

의 기능, 믿음의 힘 — 이것이 그때에 있는 믿음의 기능이다.

13. 무엇이 그때에 있는 '정진의 기능'427) 인가?

그때에 있는 정신적인428) 정진을 시작함,429) 부지런함, 노력, 애씀,

한다고 해서 믿음을 한 번 더 넣은 것이라고 설명하고 있다.(*Ibid.*)
한편 주석서는 "[여기서 뿐만 아니라] 이와 같이 모든 용어의 해설들에서도 첫 번째 용어를 다시 [한 번 더 다음] 단어에 적용시키는 것을 알아야 한다."(*Ibid.*)라고 하면서 다른 용어들의 경우도 같은 방법으로 해석해야 된다고 강조하고 있다.

427) "활기찬 자의 상태(vīrassa bhāva)가 '정진(vīriya)'이다. 혹은 활기찬 자들의 업이 정진이다. 혹은 방법(vidhi)과 방식(naya)과 수단(upāya)으로 움직여야 하고 일어나게 해야 한다고 해서 정진이다. 이것은 게으름(kosajja)을 지배하기 때문에 다스린다는 뜻에서 기능이다. 혹은 분발하는(paggāhaṇa) 특징에 대해서 지배를 한다고 해서 정진의 기능이다. 정진이 바로 기능이라고 해서 정진의 기능이다. …

다른 방법의 [설명이] 있다. — ㉠ 노력하는 특징을 가진 것이 정진이다. ㉡ 동시에 생긴 [법들을] 지탱하는 역할을 한다. ㉢ 무너지지 않는 상태로 나타난다. ㉣ "절박함을 가진 자는 지혜롭게(노력한다."(A.ii.115)라는 말씀이 있기 때문에 이것의 가까운 원인은 절박함(saṁvega)이다. 또는 정진을 쏟을 동기(이와 반대되는 8가지 'kusīta-vatthu(게으름의 동기)'에 대해서는 「채찍 경」(A4:113)을 참조할 것.)가 가까운 원인이다. 바르게 시작되었을 때 이것은 모든 성공의 근원(mūla)이라고 알아야 한다."(DhsA.120~121; 『청정도론』 XIV.137 참조)

428) "여기서 '정신적인(cetasika)'이라고 한 것은 이것은 정진의 정해진 법칙에 의해서 정신적인 것임을 밝히기 위해서 말씀하셨다. 정진은 "비구들이여, 육체적인 정진도 무엇이든지 정진의 깨달음의 구성요소이고 정신적인 정진도 무엇이든지 정진의 깨달음의 구성요소이다. 그러므로 정진의 깨달음의 구성요소라는 이러한 개요로 표현된 것은 이런 방법에 의해서 두 가지가 된다."(「방법 경」(S46:52))라는 등의 경들에서 포행 등을 행하는 것을 두고 육체적인 것(kāyika)이라고 말씀하셨지만 [여기서는] 몸의 알음알이의 [용법과] 같은 육체적인 것이란 없다. 정신적인 것만을 여기서 보여주시기 위해서 '정신적인'이라고 말씀하셨다."(DhsA.145)

429) "'정진을 시작함(vīriyārambha)'이란 정진이라 불리는 것을 시작하는 것이다. 이것은 [정진을 제외한] 나머지 경우의 '시작함'을 제외한다. 이 시작함이라는 말은 업(kamma)과 범계(āpatti)와 작용(kiriya)과 정진(vīriya)과 해침(hiṁsā)과 분노(vikopana)의 여러 경우에 나타나기 때문이다."(DhsA.

힘씀, 전력, 분발, 강인함, 강건함, 해이하지 않고 애씀, 열의를 내려놓지 않음, 용감함을 내려놓지 않음, 용감함을 움켜쥠, 정진,[430] 정진의 기능,[431] 정진의 힘, 바른 정진 — 이것이 그때에 있는 정진의 기능이다.

14. 무엇이 그때에 있는 '마음챙김의 기능'[432]인가?

그때에 있는 마음챙김, 계속해서 마음챙김[隨念], 거듭해서 마음챙김,[433] 마음챙김, 챙겨있음,[434] 간직함,[435] 떠다니지 않음, 잊어버리지

---

145)

430) '정진'이 한 번 더 언급되는 이유에 대해서는 §6의 여섯 번째 주해와 §12의 세 번째 주해 등을 참조할 것.

431) "분발하는 역할(paggāha-lakkhaṇa)에 대한 지배를 한다고 해서 '정진의 기능(vīriyindriya)'이다. 게으름(kosajja)에 동요하지 않는다고 해서 '정진의 힘(vīriyabala)'이다. 정확하게(올바르게) 출리로 인도하는 것을 위해서 유익한 정진을 하기 때문에 '바른 정진(sammā-vāyāma)'이다."(DhsA.146~147)

432) "이것으로 챙긴다(기억한다, saranti etāya) 혹은 스스로 챙긴다(sayaṁ vā sarati) 혹은 이것은 단지 챙기는 것(saraṇamattameva vā esā)이라고 해서 '마음챙김(sati)'이다. 이것은 마음챙김을 놓아버림(muṭṭhassacca)을 지배하기 때문에 다스린다는 뜻에서 '기능'이다. 혹은 확립하는 특징(upaṭṭhāna-lakkhaṇa)에 대해서 지배를 한다고 해서 기능이다. 마음챙김이 바로 기능이라고 해서 '마음챙김의 기능(satindriya)'이다. 이런 마음챙김은 [대상에] 깊이 들어감(떠다니지 않음, apilāpana)을 특징으로 하고 굳게 거머쥐는 것(upaggaṇhana)을 특징으로 한다. …

다른 방법의 [설명이] 있다. — ㉠ 마음챙김은 [대상에] 깊이 들어감(떠다니지 않음)을 특징으로 한다. ㉡ 잊지 않는 것을 역할로 한다. ㉢ 보호하는 것으로 나타난다. 혹은 대상과 직면함으로 나타난다. ㉣ 강한 인식이 가까운 원인이다. 혹은 몸 등에 대한 마음챙김의 확립이 가까운 원인이다. 이것은 기둥처럼 대상에 든든하게 서 있기 때문에, 혹은 눈 등의 문을 지키기 때문에 문지기처럼 보아야 한다."(DhsA.121~122; 『청정도론』 XIV.141 참조)

433) "계속적으로 챙기기(억념하기) 때문에 계속해서 [대상에 대해서 마음을] 챙긴다고 해서 '계속해서 마음챙김(anussati)'이다.
직접 대면해 있는 것처럼 챙긴 것에 대해서 다시 챙긴다고 해서 '거듭해서 마음챙김(paṭissati)'이다. 이것은 접두어에 의해서 [문자가] 확장된 것에 지나지 않는다."(DhsA.147)

않음, 마음챙김,[436] 마음챙김의 기능,[437] 마음챙김의 힘, 바른 마음챙김[正念] — 이것이 그때에 있는 마음챙김의 기능이다.[438]

434) "마음챙김을 행하는 것(saraṇākāra)이 '챙겨있음(saraṇatā)'이다. 그런데 '챙겨있음'이란 삼귀의(ti saraṇa)를 지칭하기도 한다. 그래서 이런 [용례를] 막기 위해서 다시 한 번 마음챙김을 취하여 ['마음챙김, 챙겨있음'이라고] 한 것이다. 마음챙김이라 칭하는 챙겨있음(sati-saṅkhātā saraṇatā)이라는 것이 여기서의 뜻이다."(DhsA.147)

435) "듣고 공부한 것을 간직하는 상태이기 때문에 '간직함(dhāraṇatā)'이라 한다. 들어감이라 부르는 깊이 들어감의 뜻(ogāhanaṭṭha)에 의해서 떠다니지 않는 상태가 '떠다니지 않음(apilāpanatā)'이다. 예를 들면 바가지와 항아리 등은 물에 떠다니고 물 안으로 들어가지 못하지만 마음챙김은 대상에 대해서 그렇지 않다. 이것은 대상에 들어가기 때문에 떠다니지 않음이라 부른다. 오래전에 행하고 오래전에 말한 것을 잊어버리지 않는 상태이기 때문에 '잊어버리지 않음(asammussanatā)'이다."(DhsA.147)

436) 여기서 '마음챙김'이 한 번 더 언급되는 이유에 대해서는 §6의 여섯 번째 주해와 §12의 세 번째 주해 등을 참조할 것.

437) "확립하는 특징과 밝게 하는 특징에 대해서 지배를 한다고 해서 '마음챙김의 기능(satindriya)'이다. 방일(pamāda)에 흔들리지 않는다고 해서 '마음챙김의 힘(sati-bala)'이다. 정확한 마음챙김, 출리로 인도하는 마음챙김, 유익한 마음챙김이라고 해서 '바른 마음챙김[正念, sammā-sati]'이다."(DhsA.147)

438) 초기불전연구원뿐만 아니라 한국에서 사띠(sati)는 '마음챙김'으로 정착이 되어간다. 이 마음챙김이라는 용어는 1988년에 고요한 소리의 활성 스님께서 정착시키신 것이다. 곁에서 스님께서 고심하시는 것을 생생하게 지켜봤다. 너무 좋은 번역이라서 초기불전연구원에서도 이 용어를 그대로 가져와서 사용하면서 정착시키는 역할을 하고 있다.
그러면 왜 초기불전연구원에서는 sati를 마음챙김으로 옮겨서 사용하는가? 거기에는 분명한 경전적 근거와 용례가 있다. 역자는 그 이유를 다음의 여덟 가지로 정리해서 밝혀본다.

① 사띠(sati)를 마음챙김으로 옮긴 데는 몇 가지 근거를 들 수 있지만 가장 확실한 근거는 부처님의 말씀이다. 가장 대표적인 보기로는 「여섯 동물 비유 경」(S35:247)을 들 수 있다. 『상윳따 니까야』 제4권 「여섯 동물 비유 경」(S35:247)은 여섯 동물의 비유를 들어서 이렇게 설명하고 있다.

"비구들이여, 예를 들면 어떤 사람이 각각 다른 삶의 분야와 각각 다른 먹이의 영역을 가진 여섯 마리의 동물을 튼튼한 밧줄로 묶은 뒤 이 밧줄들을 모두 튼튼한 말뚝이나 기둥에 묶어 두었다 하자. 각각 다른 삶의 분야와 각각 다른 먹이의 영역을 가진 여섯 마리의 동물들은 모두 자기 자신의 먹이의 영역과 삶의 분야로 가려고 할 것이다. … 그러다가 이들 여섯 동물들이 지치고 피곤해지면 그들은 그 말뚝이나 기둥 가까이에 설 것이고 거기에 앉을 것이고 거기에 누울 것이다. …

비구들이여, 여기서 튼튼한 말뚝이나 기둥이라는 것은 몸에 대한 마음챙김을 두고 한 말이다. 비구들이여, 그러므로 그대들은 참으로 이와 같이 공부지어야 한다. '우리는 몸에 대한 마음챙김을 닦고 많이 [공부]짓고 수레로 삼고 기초로 삼고 확립하고 굳건히 하고 부지런히 정진하리라.'라고 그대들은 이와 같이 공부지어야 한다."(S35:247)

이처럼 여섯 가지 알음알이로 세분되는 마음은 여섯 동물에 비유되고 사띠(sati)는 밧줄에 비유되고 말뚝이나 기둥은 사띠의 대상인 몸 혹은 몸·느낌·마음·법[身·受·心·法]으로 정리되는 21가지 혹은 44가지 사띠의 대상 가운데 하나를 뜻한다. 그래서 사띠라는 밧줄로 마음이라는 동물들을 말뚝이라는 대상에 묶는 것이 사띠의 역할이다. 그러므로 사띠는 마음을 챙겨서 대상에 묶는 것이다. 그래서 마음챙김으로 옮기면 대상에 마음을 챙기는 것이 되어서 「여섯 동물 비유 경」(S35:247)에서 말씀하신 부처님의 가르침의 뜻이 정확하게 드러난다. 사띠를 마음챙김으로 옮기는 것은 이러한 분명한 경전적 근거가 있다.

② 이러한 비유가 있기 때문에 『디가 니까야』 제2권 「대념처경」(D22)에 해당하는 『디가 니까야 주석서』와 들숨날숨에 대한 마음챙김을 설명하는 『청정도론』 VIII.153~154도 이렇게 강조한다.

"예를 들면, 소치는 이가 사나운 암소의 젖을 마음껏 마시면서 자란 사나운 송아지를 길들이려 할 때 그 암소로부터 송아지를 떼어내어 한 곁에 큰 기둥을 박고서 그곳에 고삐를 매어 묶어 놓을 것이다. 그때 그 송아지는 이리저리 날뛰어도 도망갈 수 없게 되자 그 기둥을 의지하여 앉거나 누울 것이다. …

여기서 마치 송아지 길들이는 자가
송아지를 기둥에 묶는 것처럼
자신의 마음을 마음챙김으로써
대상에 굳게 묶어야 한다."(DA.iii.763; 『청정도론』 VIII.154)

여기서는 마음이라는 송아지를 사띠라는 밧줄로 기둥이라는 대상에 묶는 것으로 설명한다. 이처럼 마음챙김이라는 밧줄을 마음챙김의 대상인 기둥에 튼튼하게 묶어 마음이 불선법을 일으키는 대상으로 향하지 못하게 하는 것이 마음챙김의 확립이다. 이러한 마음챙김의 대상을 신·수·심·법(身·受·心·法), 즉 몸·느낌·마음·법의 넷으로 정리하였기 때문에 '네 가지 마음챙김의 확립[四念處]'이라 부른다.

③ 다시 『상윳따 니까야』 제5권 「운나바 바라문 경」(S48:42)에는 이렇게 나타난다.
"고따마 존자시여, 그러면 마노[意]는 무엇을 의지합니까?"
"바라문이여, 마노[意]는 마음챙김을 의지한다."
"고따마 존자시여, 그러면 마음챙김은 무엇을 의지합니까?"
"바라문이여, 마음챙김은 해탈을 의지한다."
"고따마 존자시여, 그러면 해탈은 무엇을 의지합니까?"
"바라문이여, 해탈은 열반을 의지한다."(S48:42)
이처럼 「운나바 바라문 경」(S48:42)에서 세존께서는 마음챙김(sati)이 마음, 즉 마노[意, mano]를 해탈과 열반으로 연결해 주는 중요한 기능을 하는 것으로 말씀하고 계신다.

④ 2세기(후한 시대)에 안세고(安世高) 스님이 옮긴 「불설대안반수의경」(佛說大安般守意經)이라는 경의 제목을 주의해 볼 필요가 있다. 여기서 스님은 아나빠나(ānāpāna, 出入息, 들숨날숨)를 안반(安般)으로 음사하고 있으며, 사띠를 '수의(守意)', 즉 마음[意, mano]을 지키고 보호[守]하는 것으로 의역하고 있다. 이것은 마음이 대상을 챙겨서 그 마음이 해탈·열반을 향하도록 하는 기능을 하는 것으로 사띠(sati)를 설명하는 위의 「운나바 바라문 경」(S48:42)이나 「여섯 동물 비유 경」(S35:247)과 같은 가르침을 경전적인 근거로 하고 있음이 분명하다.

⑤ 그리고 『청정도론』도 "그의 마음이 수승한 마음챙김으로 보호될 때(anuttarāya satiyā saṁrakkhiyamāna-cittassa)"(Vis.XVI.83)라고 표현하고 있는데 이것도 안세고 스님이 사띠를 수의(守意)로 해석한 것과 같은 입장이라 할 수 있다.

⑥ 「불설대안반수의경」 외에도 CBETA로 검색을 해보면 『별역잡아함경』이나 『법구경』이나 『출요경』 등 중국에서 안반수의(安般守意)나 수의(守意)로 번역한 경우가 백 군데가 넘는 것을 알 수 있다. 이처럼 이미 불교가 중국에 전래되던 초기부터 sati는 '마음을 보호하는 것[守意]'으로 이해되었으며 이것은 위에서 인용한 「운나바 바라문 경」(S48:42)과 『청정도론』(Vis.XVI.83)의 설명과도 일치하는 해석이라 보아진다. 그러므로 이러한 번역도 사띠를 마음챙김으로 옮긴 좋은 근거가 된다.

⑦ 그리고 중국에서는 일반적으로 사띠(sati)를 염(念)으로 옮기고 있는데 이 念자는 '이제 今'자와 '마음 心'자로 파자(破字) 된다. 한자를 설명하면서 파자를 하여 단어를 설명하는 것은 좋은 태도라고는 할 수 없지만 이것도 지금·여기에서 마음을 지키고 보호하는 것으로 사띠를 이해한 것으로 볼 수 있지 않을까 생각된다.

15. 무엇이 그때에 있는 '삼매의 기능'439) 인가?

그때에 있는 마음의 머묾, 잘 머묾, 확고함, 산만하지 않음, 산란하지 않음, 산만하지 않은 마음 상태, 사마타, 삼매의 기능, 삼매의 힘, 바른 삼매 — 이것이 그때에 있는 삼매의 기능이다.

16. 무엇이 그때에 있는 '통찰지의 기능'440) 인가?

---

⑧ 어디 이뿐인가. sati는 영어로도 거의 예외 없이 *mindfulness*로 정착이 되고 있는데 이것도 사띠를 '마음(*mind*)에 두는 것'으로 이해한 것이라고 할 수 있다.

요즘 몇몇 분들이 사띠를 알아차림으로 옮기는 것을 본다. 용어를 어떻게 우리말로 정착시키는가 하는 것은 옮기고 그 용어를 사용하는 사람의 성향이라서 존중해야 하겠지만 역자는 사띠를 알아차림으로 옮기는 것에는 동의하기가 힘들다. 차라리 '정신 차림'이라 한다면 이해는 하겠지만 앎이라는 표현이 들어가면 이것은 통찰지(paññā)나 지혜(ñāṇa)와 관계된 용어가 되어 혼란이 오게 된다. 초기불전연구원에서는 sampajāna를 '알아차림'이나 '분명한 알아차림'으로 옮기고 있다. sampajāna는 saṁ+pra+√jñā(*to know*)에서 파생된 명사로 앎을 기본 의미로 하고 있다. 그리고 sampajāna는 sati와 짝이 되어 많이 나타나는 용어인데(예를 들면 본서 ma2-130) 본서 등과 주석서에서는 이것을 위빳사나와 통찰지 등과 동의어로 설명한다.(§16 참조) 왜 초기불전연구원에서는 사띠를 마음챙김으로 옮기는지에 대해서 몇 가지 근거를 적어보았다.

439) "대상에 마음을 바르게 놓는다, 서게 한다고 해서 '삼매'라 한다. 이것은 산란함에 대해서 지배하기 때문에 다스린다는 뜻에서 '기능'이다. 혹은 산란하지 않는 특징에 대해서 지배를 한다고 해서 기능이다. 삼매가 바로 기능이라고 해서 '삼매의 기능'이다. 특징 등에 대해서는 앞의 [§10. 마음이 한끝으로 [집중]됨]에서 설명한 방법대로 알아야 한다."(DhsA.122)

리스 데이비즈 여사는 본 주석서에서 "대상에 마음을 바르게 놓는다, 서게 한다(cittaṁ sammā adhiyati ṭhapeti)고 해서 '삼매(samādhi)'라 한다."는 이러한 설명은 잘못된 정의라고 지적하고 있다.(리스 데이비즈, 17쪽 주1) 문자적으로 samādhi는 sam+ā+√dhā(*to put*)에서 파생된 것인데 여기서는 sammā+√dhā로 설명하고 있기 때문이다.

440) "꿰뚫어 안다(pajānāti)고 해서 '통찰지(paññā)'이다. 무엇을 꿰뚫어 아는가? '이것이 괴로움이다.'라는 등의 방법으로 성스러운 진리들을 꿰뚫어 안다. 그러나 주석서에서는 '꿰뚫어 알게 한다(paññāpeti)고 해서 통찰지라 한

그때에 있는 통찰지,[441] 통찰함,[442] 간택, 꿰뚫어 간택함, 법의 간택[擇法],[443] 주시함,[444] 응시함, 차별화함, 영민함,[445] 능숙함, 숙달됨, 분석함, 사색, 자세히 관찰함, 광대함,[446] 현명함,[447] 주도면밀함, 위빳사

다.'라고 말한다. 무엇을 꿰뚫어 알게 하는가? 무상(anicca)과 고(dukkha)와 무아(anatta)를 꿰뚫어 알게 한다. 이것은 무명(avijjā)을 지배하기 때문에 다스린다는 뜻에서 '기능'이다. 혹은 보는 특징에 대해서 지배를 한다고 해서 기능이다. 통찰지가 바로 기능이라고 해서 '통찰지의 기능'이다. 이런 통찰지는 광명을 특징으로 하고 꿰뚫어 아는 것을 특징으로 한다. …

다른 방법의 [설명이] 있다. — ㉠ 고유성질 그대로 통찰하는 특징을 가진 것이 통찰지이다. 혹은 실패 없이 [적중해서] 꿰뚫는 특징을 가진다. 마치 숙련된 궁수가 쏜 화살이 관통하는 것처럼. ㉡ 대상을 밝히는 역할을 한다. 마치 등불처럼. ㉢ 미혹하지 않음으로 나타난다. 마치 숲 속에서의 좋은 안내자처럼."(DhsA.122～123; 『청정도론』 XIV.143 참조)

441) "'통찰지(paññā)'는 여러 가지 의미를 명백하게 하는 것(pākaṭakaraṇa)이라 일컬어지며 통찰을 하게 하는 것(paññāpana)이라는 뜻을 가진다. 혹은 무상 등의 여러 가지 방법으로 법들을 안다고 해서 '통찰지'라 한다. 이것은 고유성질을 [드러내는] 용어이다."(DhsA.147)

442) "통찰을 행하는 것이 '통찰함(pajānanā)'이다. 무상 등으로 간택한다고 해서 '간택(vicaya)'이라 한다. '꿰뚫어 간택함(pavicaya)'이라 한 것은 접두어 ['pa-']로 문자를 증가시킨 것이다."(DhsA.147)

443) "네 가지 진리의 법(catu-sacca-dhamma)에 대해서 간택한다고 해서 '법의 간택[擇法, dhamma-vicaya]'이다."(DhsA.147)

444) "무상 등을 주시하기 때문에 '주시함(sallakkhaṇā)'이다. 이것도 다시 접두어 ['upa-'와 'paccupa-']로 다양하게 하여 각각 '응시함(upalakkhaṇā)'과 '차별화함(paccupalakkhaṇā)'이라고 설하셨다."(DhsA.147)

445) "현자의 상태가 '영민함(paṇḍicca)'이다. 능숙한 상태가 '능숙함(kosalla)'이다. 숙달된 상태가 '숙달됨(nepuñña)'이다. 무상 등의 분석을 통한 것이 '분석함(vebhabya)'이다. 무상 등에 대해서 사색함을 통한 것이 '사색(cintā)'이다. 혹은 일어난 것을 무상 등으로 사색하게 한다고 해서 '사색'이다. 무상 등을 자세히 관찰한다고 해서 '자세히 관찰함(upaparikkhā)'이다."(DhsA.147)

446) "'광대함(bhūri)'이란 땅의 이름이다. 이것도 부드럽다는 뜻과 넓다는 뜻에 의해서 대지와 같다고 해서 '광대함'이라 한다. 그래서 말씀하시기를 "광대함이란 땅을 말한다. 저 땅과 같이 넓고 광활한 통찰지를 구족한다고 해서 광대

나,[448] 알아차림, 몰이 막대,[449] 통찰지,[450] 통찰지의 기능,[451] 통찰지의 힘, 통찰지의 칼, 통찰지의 궁전, 통찰지의 광명,[452] 통찰지의 빛, 통

한 통찰지이다. 그리고 이 광대함은 통찰지와 동의어이다."라고 하셨다. 존재하는 것(bhūta attha)에 대해서 노닌다(ramati)고 해서도 '광대함'이다." (DhsA.147~148)

447) "바윗덩이 같은 오염원들을 벼락처럼 내리친다(medhati), 죽인다고 해서 '현명함(medhā)'이다. 자신의 이익과 도닦음에 대해서 그리고 결합된 법들에 대해서 정확하게 특징을 꿰뚫는 것(yāthāva-lakkhaṇa-paṭivedha)에 면밀하다(parineti)고 해서 '주도면밀함(pariṇāyikā)'이다."(DhsA.148)

448) "무상 등을 통해서 법들을 해체해서 본다(vipassati)고 해서 '위빳사나(vipassanā)'이다. 방법들을 통해서 바르게(sammā) 무상 등을 안다(jānāti)고 해서 '알아차림(sampajañña)'이다.(DhsA.148)"

449) "잘못된 길에 들어선 신두의 말들(Sindhava)을 바른 길에 들어서게 하기 위한 몰이 막대와 같이, 잘못된 길에서 달리는 비뚤어진 마음을 바른 길에 들어서게 하기 위해서 재촉한다고 해서 '몰이 막대(patoda)'이다."(DhsA.148)

450) 여기서 '통찰지'가 한 번 더 언급되는 이유에 대해서는 §6의 여섯 번째 주해와 §12의 세 번째 주해 등을 참조할 것.

451) "보는 특징에 대해서 지배를 한다고 해서 '통찰지의 기능(paññindriya)'이다. 무명에 동요하지 않는다고 해서 '통찰지의 힘(paññā-bala)'이다.
오염원을 잘라버린다는 뜻에서, 통찰지가 바로 칼이라고 해서 '통찰지의 칼(paññā-sattha)'이다.
매우 높다는 뜻에서, 통찰지가 바로 궁전이라고 해서 '통찰지의 궁전(paññā-pāsāda)'이다."(DhsA.148)

452) "광명이라는 뜻에서, 통찰지가 바로 광명이라고 해서 '통찰지의 광명(paññā-āloka)'이다. 빛이라는 뜻에서, 통찰지가 빛이라고 해서 '통찰지의 빛(paññā-obhāsa)'이다. 광휘롭다는 뜻에서, 통찰지가 광휘롭다고 해서 '통찰지의 광휘로움(paññā-pajjota)'이다.
통찰지를 가진 자가 한 자리에 가부좌하고 앉으면 일만의 세계는 하나의 광명을 가진 것이요 하나의 빛을 가진 것이요 하나의 광휘로움을 가진 것이다. 그래서 이렇게 말씀하셨다.
그런데 이 세 가지 용어는 [통찰지의 광명이라는] 하나의 용어에 의해서 하나의 뜻으로 성취된다. 그래서 말씀하시기를 "비구들이여, 네 가지 광명(āloka)이 있다. 무엇이 넷인가? 달의 광명, 태양의 광명, 불의 광명, 통찰지의 광명이다. 비구들이여, 이러한 네 가지 광명이 있다. 비구들이여, 이러한 네 가지 가운데 통찰지의 광명이 최상이다."(A4:143)라고 하셨다."(DhsA.148)

찰지의 광휘로움, 통찰지의 보배,453) 어리석음 없음, 법의 간택,454) 바른 견해455) — 이것이 그때에 있는 통찰지의 기능이다.

17. 무엇이 그때에 있는 '마노의 기능'456)인가?

그때에 있는 마음, 마노[意], 정신작용, 심장, 깨끗한 것, 마노, 마노의 감각장소, 마노의 기능, 알음알이, 알음알이의 무더기, 그것에 적합한 마노의 알음알이의 요소 — 이것이 그때에 있는 마노의 기능이다.

18. 무엇이 그때에 있는 '기쁨의 기능'457)인가?

---

453) "기쁨(rati)을 만든다는 뜻과 기쁨을 준다는 뜻과 기쁨을 산출한다는 뜻과 공경한다는 뜻과 얻기 어려운 것을 드러낸다는 뜻과 비견할 것이 없다는 뜻과 뛰어난 유정들이 향유하는 것이라는 뜻에 의해서 통찰지는 참으로 보배라고 해서 '통찰지의 보배(paññā-ratana)'이다."(DhsA.148)

454) "'법의 간택[擇法]'이라는 용어는 앞에서 설명한 것과 같은 뜻이다.(여기 §16의 네 번째 주해를 참조할 것.) 그러면 왜 여기서 다시 이것을 설하는가? 어리석음 없음(amoha)은 어리석음과 반대되는 성질임을 밝히기 위해서이다. 그래서 이렇게 밝힌다. — 어리석음 없음은 어리석음과 다른 법일 뿐만이 아니라 어리석음과 상반되는 것이라서 법의 간택[擇法]이라 불리는 어리석음 없음이라는 것이 여기서 의미하는 것이다."(DhsA.148~149)

455) "'바른 견해(sammā-diṭṭhi)'는 정확하게(올바르게) 출리로 인도하는 유익한 견해이다."(DhsA.149)

456) "사량(思量)한다(manati)고 해서 '마노[意, mano]'이다. 식별한다는 뜻이다. 주석가들은 말한다. — 마치 저울로 재고 큰 저울로 무게를 다는 것처럼 대상을 잰다(mināti), 꿰뚫어 안다(pajānāti)고 해서 '마노'이다. 이것은 사량하는 특징에 대해서 지배를 한다고 해서 '기능'이다. 마노가 바로 기능이라고 해서 '마노의 기능(manindriya)'이다. 이것은 앞에서 설명한 마음(citta)의 동의어이다."(DhsA.123)

457) "희열과 기쁨과 결합되었기 때문에 아름다운 마음이 있다고 해서 좋은 마음(sumano)이고, 좋은 마음의 상태가 '기쁨(somanassa)'이다. 만족하게 하는 특징에 대해서 지배를 한다고 해서 '기능'이다. 기쁨이 바로 기능이라고 해서 '기쁨의 기능(somanassindriya)'이다. 이것은 위에서 설명한 느낌의 동의어이다."(DhsA.123)

경에서 느낌은 주로 괴로운 느낌(dukkha-vedanā)과 즐거운 느낌(sukha-

그때에 있는 정신적인 만족감,458) 정신적인 즐거움, 정신의 감각접촉에서 생긴 만족하고 즐겁게 느껴지는 것, 정신의 감각접촉에서 생긴 만족하고 즐거운 느낌 — 이것이 그때에 있는 기쁨의 기능이다.

19. 무엇이 그때에 있는 '생명기능[命根]'459) 인가?

그때에 있는 비물질인 법들의 수명,460) 머묾, 지속, 유지, [12] 나아감, 계속됨, 보존, 생명, 생명기능461) — 이것이 그때에 있는 생명기능이다.462)

---

vedanā)과 괴롭지도 즐겁지도 않은 느낌(adukkhamasukha-vedanā)의 셋으로 분류되는데(S36:1 등) 아비담마에서 느낌은 즐거움(sukha), 괴로움(dukkha), 기쁨(somanassa), 불만족(domanassa), 평온(upekkhā)의 다섯으로 분류된다. 『아비담마 길라잡이』 제3장 §2를 참조할 것.

458) 본서 §3에서는 '정신적인 만족감' 앞에 "그것에 적합한 마노의 알음알이의 요소의 감각접촉에서 생긴"이 나타났지만 여기에는 없다.

459) "이것 때문에 이것과 관련된 법들이 산다(jīvanti)고 해서 '생명(jīvita)'이다. 이것은 지탱하는(anupālana) 특징에 대해서 지배를 한다고 해서 '기능'이다. 생명이 바로 기능이라고 해서 '생명기능(jīvitindriya)'이다. 이것은 생성과 상속을 다스린다. 특징 등에 대해서 [살펴보면], 자신으로부터 분리할 수 없는 법들을 지탱하는 특징을 가진 것이 생명기능이다. 이것은 그들을 생성하는 역할을 가진다. 그들을 머물게 하는 것으로 나타난다. 지속되어야 할 법들이 가까운 원인이다."(DhsA.123; 『청정도론』 XIV.59; 138 참조)

460) "'그때에 있는 비물질인 법들의 수명(yo tesaṁ arūpīnaṁ dhammānaṁ āyu)'이라고 하셨다. 그들과 결합된 비물질인 법들을 오게 한다는 뜻(āyāpanaṭṭha)에서 '수명(āyu)'이라 한다. 이것이 있을 때 비물질인 법들이 일어나고(ayanti) 계속되고(gacchanti) 전개된다(pavattanti)고 해서 '수명(āyu)'이라 부른다. 이것은 [생명기능의] 고유성질을 [드러내는] 단어이다. 그런데 이러한 법들은 수명이 있을 때 머문다(tiṭṭhanti), 지속된다(yapenti), 유지된다(yāpenti), 움직인다(iriyanti), 있다(vattanti), 보호된다(pālayan-ti)고 해서 '머묾(ṭhiti)' 등을 말씀하셨다."(DhsA.149)

461) "[함께 생긴 법들을(Moh.18)] 지탱하는 특징에 대해서 지배를 한다고 해서 '생명기능(jīvitindriya)'이다."(DhsA.149)

462) 아비담마에는 두 가지 '생명기능[命根, jīvitindriya]'을 인정한다. 하나는 여기서처럼 정신의 생명기능이고 다른 하나는 물질의 생명기능이다. 정신의 생

④ 도의 구성요소의 모음463)

20. 무엇이 그때에 있는 '바른 견해'인가?

그때에 있는 통찰지, 통찰함, 간택, 꿰뚫어 간택함, 법의 간택[擇法], 주시함, 응시함, 차별화함, 영민함, 능숙함, 숙달됨, 분석함, 사색, 자세히 관찰함, 광대함, 현명함, 주도면밀함, 위빳사나, 알아차림, 몰이 막대, 통찰지, 통찰지의 기능, 통찰지의 힘, 통찰지의 칼, 통찰지의 궁전, 통찰지의 광명, 통찰지의 빛, 통찰지의 광휘로움, 통찰지의 보배, 어리석음 없음, 법의 간택, 바른 견해 — 이것이 그때에 있는 바른 견해이다.

21. 무엇이 그때에 있는 '바른 사유'인가?

그때에 있는 생각, 일으킨 생각, 사유, 전념, 몰입, 마음을 [대상에] 겨냥하게 함, 바른 사유 — 이것이 그때에 있는 바른 사유이다.

22. 무엇이 그때에 있는 '바른 정진'인가?

그때에 있는 정신적인 정진을 시작함, 부지런함, 노력, 애씀, 힘씀, 전력, 분발, 강인함, 강건함, 해이하지 않고 애씀, 열의를 내려놓지 않음, 용감함을 내려놓지 않음, 용감함을 움켜쥠, 정진, 정진의 기능, 정진의 힘, 바른 정진 — 이것이 그때에 있는 바른 정진이다.

명기능에 대해서는 §1 ③ 기능의 모음에 나타나는 생명기능의 주해를, 물질의 생명기능에 대해서는 §634와 주해를 참조하기 바란다.(이 둘에 대해서는 『청정도론』 XIV.59와 XIV.138과 『아비담마 길라잡이』 제2장 §2의 해설과 제6장 §3의 해설 10도 참조할 것.)

463) "본다는 뜻(dassanaṭṭha)에서 '바른 견해(sammā-diṭṭhi)'이다. 주의를 기울인다는 뜻(abhiniropanaṭṭha)에서 '바른 사유(sammā-saṅkappa)'이다. 노력한다는 뜻(paggahanaṭṭha)에서 '바른 정진(sammā-vāyāma)'이다. 확립한다는 뜻(upaṭṭhānaṭṭha)에서 '바른 마음챙김(sammā-sati)'이다. 산란하지 않다는 뜻(avikkhepanaṭṭha)에서 '바른 삼매(sammā-samādhi)'이다."(DhsA.124)

23. 무엇이 그때에 있는 '바른 마음챙김'인가?

그때에 있는 마음챙김, 계속해서 마음챙김[隨念], 거듭해서 마음챙김, 마음챙김, 챙겨있음, 간직함, 떠다니지 않음, 잊어버리지 않음, 마음챙김, 마음챙김의 기능, 마음챙김의 힘, 바른 마음챙김[正念] — 이것이 그때에 있는 바른 마음챙김이다.

24. 무엇이 그때에 있는 '바른 삼매'인가?

그때에 있는 마음의 머묾, 잘 머묾, 확고함, 산만하지 않음, 산란하지 않음, 산만하지 않은 마음 상태, 사마타, 삼매의 기능, 삼매의 힘, 바른 삼매 — 이것이 그때에 있는 바른 삼매이다.

⑤ **힘의 모음**464)

25. 무엇이 그때에 있는 '믿음의 힘'인가?465)

그때에 있는 믿음, 믿는 것, 신뢰, 깨끗한 믿음, 믿음, 믿음의 기능, 믿음의 힘 — 이것이 그때에 있는 믿음의 힘이다.

26. 무엇이 그때에 있는 '정진의 힘'인가?

---

464) "흔들림 없음의 뜻(akampiyaṭṭha)에서 '힘(bala)'이라고 알아야 한다."(DhsA.124)

465) "믿지 못함(assaddhiya)에 의해서 흔들리지 않는다(na kampati)고 해서 '믿음의 힘(saddhā-bala)'이다.
게으름(kosajja)에 흔들리지 않는다고 해서 '정진의 힘(vīriya-bala)'이다.
마음챙김을 놓아버림(muṭṭhassacca)에 흔들리지 않는다고 해서 '마음챙김의 힘(sati-bala)'이다.
들뜸(uddhacca)에 흔들리지 않는다고 해서 '삼매의 힘(samādhi-bala)'이다.
무명(avijjā)에 흔들리지 않는다고 해서 '통찰지의 힘(paññā-bala)'이다.
양심 없음(ahirika)에 흔들리지 않는다고 해서 '양심의 힘(hiri-bala)'이다.
수치심 없음(anottappa)에 흔들리지 않는다고 해서 '수치심의 힘(ottappa-bala)'이다.
이것은 [상반되는] 두 단어를 통해서 뜻을 설명한 것이다."(DhsA.124)

그때에 있는 정신적인 정진을 시작함, 부지런함, 노력, 애씀, 힘씀, 전력, 분발, 강인함, 강건함, 해이하지 않고 애씀, 열의를 내려놓지 않음, 용감함을 내려놓지 않음, 용감함을 움켜쥠, [13] 정진, 정진의 기능, 정진의 힘, 바른 정진 — 이것이 그때에 있는 정진의 힘이다.

27. 무엇이 그때에 있는 '마음챙김의 힘'인가?

그때에 있는 마음챙김, 계속해서 마음챙김[隨念], 거듭해서 마음챙김, 마음챙김, 챙겨있음, 간직함, 떠다니지 않음, 잊어버리지 않음, 마음챙김, 마음챙김의 기능, 마음챙김의 힘, 바른 마음챙김[正念] — 이것이 그때에 있는 마음챙김의 힘이다.

28. 무엇이 그때에 있는 '삼매의 힘'인가?

그때에 있는 마음의 머묾, 잘 머묾, 확고함, 산만하지 않음, 산란하지 않음, 산만하지 않은 마음 상태, 사마타, 삼매의 기능, 삼매의 힘, 바른 삼매 — 이것이 그때에 있는 삼매의 힘이다.

29. 무엇이 그때에 있는 '통찰지의 힘'인가?

그때에 있는 통찰지, 통찰함, 간택, 꿰뚫어 간택함, 법의 간택[擇法], 주시함, 응시함, 차별화함, 영민함, 능숙함, 숙달됨, 분석함, 사색, 자세히 관찰함, 광대함, 현명함, 주도면밀함, 위빳사나, 알아차림, 몰이 막대, 통찰지, 통찰지의 기능, 통찰지의 힘, 통찰지의 칼, 통찰지의 궁전, 통찰지의 광명, 통찰지의 빛, 통찰지의 광휘로움, 통찰지의 보배, 어리석음 없음, 법의 간택, 바른 견해 — 이것이 그때에 있는 통찰지의 힘이다.

30. 무엇이 그때에 있는 '양심의 힘'인가?466)

---

466) "여기서 앞의 다섯 가지는 앞에서 특징 등을 통해서 밝혔다. 뒤의 두 가지인 [양심과 수치심]에서, 몸으로 짓는 나쁜 행위 등에 대해 부끄러워한다고 해서 '양심(hirī)'이라 한다. 이것은 부끄러움(lajjā)의 동의어이다. 오직 그것에

그때에 있는 부끄러워해야 하는 것에 대해서 부끄러워하고 삿되고 해로운 법들을 성취한 것에 대해서 부끄러워하는 것 — 이것이 그때에 있는 양심의 힘이다.

31. 무엇이 그때에 있는 '수치심의 힘'인가?

그때에 있는 두려워해야 하는 것에 대해서 두려워하고 삿되고 해로운 법들을 성취한 것에 대해서 두려워하는 것 — 이것이 그때에 있는 수치심의 힘이다.

⑥ 뿌리의 모음

32. 무엇이 그때에 있는 '탐욕 없음'467) 인가?

대해 두려워한다고 해서 '수치심(ottappa)'이라 한다. 이것은 악행에 대한 불안(ubbega)의 동의어이다. …

안에 [대해서] 생긴 것을 '양심'이라 하고 밖에 [대해서] 생긴 것을 '수치심'이라 한다. 자신을 다스리는 것(attādhipati)이 양심이고 세상을 다스리는 것(lokādhipati)이 수치심이다. 부끄러움을 고유성질로 하여 머무는 것이 양심이고 두려움(bhaya)을 고유성질로 하여 머무는 것이 수치심이다. 순응하는 특징을 가진 것(sappatissava-lakkhaṇa)이 양심이고 허물과 겁이 많음에 대해 두려움을 보는 특징을 가진 것(vajja-bhīruka-bhaya-dassāvi-lakkhaṇa)이 수치심이다.(DhsA.124~125)

『청정도론』은 이렇게 설명한다.
"이 가운데서 ㉠ 양심은 악행(pāpa)에 대해 진저리를 내는 것이 특징이다(jigucchana-lakkhaṇā). 수치심은 두려워함이 특징(uttāsana-lakkhaṇa)이다. ㉡ 양심은 부끄러움 때문에 악행을 짓지 않는 역할을 하고, 수치심은 두려움 때문에 악행을 짓지 않는 역할을 한다. ㉢ 이들은 이미 말한 방법대로 악행을 피하는 것으로 나타난다(pāpato saṅkocana-paccupaṭṭhānā). ㉣ 가까운 원인은 각각 자기를 중히 여김(gārava)과 타인을 중히 여김이다(attagārava-paragārava-padaṭṭhānā). 자신을 중히 여겨 양심상 악행을 버린다. 마치 좋은 가문의 규수처럼. 타인을 중히 여겨 수치심으로 악행을 버린다. 마치 궁녀처럼. 이 두 가지 법은 세상의 보호자라고 알아야 한다."(Vis.XIV.142)

467) "이것 때문에 탐하지 않고, 혹은 이것은 그 스스로 탐하지 않고, 혹은 단지

그때에 있는 탐욕 없음, 탐하지 않음, 탐하지 않는 상태, 탐닉 없음, 탐닉하지 않음, 탐닉하지 않는 상태, 간탐 없음, 탐욕 없음이라는 유익함의 뿌리468) — 이것이 그때에 있는 탐욕 없음이다.

33. 무엇이 그때에 있는 '성냄 없음'469) 인가?

그때에 있는 성냄 없음, 성내지 않음, 성내지 않는 상태, 악의 없음, 악의를 가지지 않음, 성냄 없음이라는 유익함의 뿌리 — 이것이 그때에 있는 성냄 없음이다.

34. 무엇이 그때에 있는 '어리석음 없음'470) 인가?

그때에 있는 통찰지, 통찰함, 간택, 꿰뚫어 간택함, 법의 간택[擇法], [14] 주시함, 응시함, 차별화함, 영민함, 능숙함, 숙달됨, 분석함, 사색, 자세히 관찰함, 광대함, 현명함, 주도면밀함, 위빳사나, 알아차림, 몰이 막대, 통찰지, 통찰지의 기능, 통찰지의 힘, 통찰지의 칼, 통찰지의 궁전,

---

탐하지 않는다고 해서 '탐욕 없음(alobha)'이라 한다. 성냄 없음(adosa)과 어리석음 없음(amoha)에도 이 방법이 적용된다.
이 가운데서 ㉠ 탐욕 없음은 대상에 대해 마음으로 욕심이 없음이 그 특징이다. 혹은 집착하지 않음이 그 특징이다. 마치 연잎의 물방울처럼. ㉡ 움켜쥐지 않음이 그 역할이다. 마치 해탈한 비구처럼. ㉢ 집착하지 않음으로 나타난다. 마치 오물통에 빠진 사람처럼."(DhsA.127; Vis.XIV.143 참조)

468) "'탐욕 없음이라는 유익함의 뿌리(alobho kusalamūlaṁ)'는 탐욕 없음이라 불리는 유익함의 뿌리이다. 탐욕 없음은 유익한 법들의 뿌리, 즉 조건이라는 뜻에서 유익함의 뿌리이기 때문이다. 그리고 유익함과 조건이라는 뜻에 의한 그 뿌리라고 해서도 유익함의 뿌리이다."(DhsA.150)

469) "'㉠ 성냄 없음(adosa)'은 잔악함이 없는 것이 그 특징이다. 혹은 수순함이 특징이다. 마치 다정한 친구처럼. ㉡ 성가심을 버리는 것이 그 역할이다. 혹은 열을 버리는 것이 그 역할이다. 마치 전단향처럼. ㉢ 차가움으로 나타난다. 마치 보름달처럼."(DhsA.127; Vis.XIV.143 참조)

470) "'어리석음 없음(amoha)'은 특징 등으로 앞의 통찰지의 기능의 용어에서 분석하였다."(DhsA.127)
여기에 대해서는 §16의 주해들을 참조할 것.

통찰지의 광명, 통찰지의 빛, 통찰지의 광휘로움, 통찰지의 보배, 어리석음 없음, 법의 간택, 바른 견해, 어리석음 없음이라는 유익함의 뿌리471) — 이것이 그때에 있는 어리석음 없음이다.

⑦ 업의 길의 모음

35. 무엇이 그때에 있는 '간탐(慳貪) 없음'472) 인가?

그때에 있는 탐욕 없음, 탐하지 않음, 탐하지 않는 상태, 탐닉 없음, 탐닉하지 않음, 탐닉하지 않는 상태, 간탐 없음, 탐욕 없음이라는 유익함의 뿌리 — 이것이 그때에 있는 간탐 없음이다.

36. 무엇이 그때에 있는 '악의 없음'인가?

그때에 있는 성냄 없음, 성내지 않음, 성내지 않는 상태, 악의 없음, 악의를 가지지 않음, 성냄 없음이라는 유익함의 뿌리 — 이것이 그때에 있는 악의 없음이다.

37. 무엇이 그때에 있는 '바른 견해'인가?

---

471) 여기서 보듯이 '어리석음 없음(amoha)'은 통찰지와 동의어이다. 그래서 여기 나열된 다른 용어들은 통찰지에 관계된 곳에서 나타난다. 그러나 '어리석음 없음이라는 유익함의 뿌리(amoho kusala-mūlaṁ)'는 어리석음 없음을 주제로 하는 여기만 나타나고 있다. 어리석음 없음만이 유익함의 뿌리(mūla) 혹은 원인(hetu)이기 때문이다. 세 가지 원인 혹은 뿌리에 대해서는 §103을 참조하고 본서 제2권의 제3편 §1079의 해설과 『아비담마 길라잡이』 제3장 §5의 해설도 참조할 것.

472) "[남의 것에 대해] 간탐을 하지 않는다고 해서 '간탐 없음(anabhijjhā)'이다. [나와 남의] 육체적이고 정신적인 즐거움과 이세상과 저세상의 이익과 공덕을 누리는 것을 얻음과 명성에 대해서 악의를 가지지 않는다고 해서 '악의 없음(abyāpāda)'이다. 바르게 본다고 해서혹은 아름다운 견해라 해서 '바른 견해(sammā-diṭṭhi)'이다.
[처음의 두 가지는] 탐욕 없음과 성냄 없음의 [다른] 이름이다. 앞에서는 뿌리(mūla)를 통해서 취했고 여기서는 업의 길(kamma-patha)을 통해서라고 알아야 한다."(DhsA.129)

그때에 있는 통찰지, 통찰함, 간택, 꿰뚫어 간택함, 법의 간택[擇法], 주시함, 응시함, 차별화함, 영민함, 능숙함, 숙달됨, 분석함, 사색, 자세히 관찰함, 광대함, 현명함, 주도면밀함, 위빳사나, 알아차림, 몰이 막대, 통찰지, 통찰지의 기능, 통찰지의 힘, 통찰지의 칼, 통찰지의 궁전, 통찰지의 광명, 통찰지의 빛, 통찰지의 광휘로움, 통찰지의 보배, 어리석음 없음, 법의 간택, 바른 견해 — 이것이 그때에 있는 바른 견해이다.

⑧ 세상을 보호하는 두 개 조

38. 무엇이 그때에 있는 '양심'473) 인가?

그때에 있는 부끄러워해야 하는 것에 대해서 부끄러워하고 삿되고 해로운 법들을 성취한 것에 대해서 부끄러워하는 것 — 이것이 그때에 있는 양심이다.

39. 무엇이 그때에 있는 '수치심' 인가?

그때에 있는 두려워해야 하는 것에 대해서 두려워하고 삿되고 해로운 법들을 성취한 것에 대해서 두려워하는 것 — 이것이 그때에 있는 수치심이다.

---

473) "'양심'과 '수치심'은 앞에서는 힘(bala)을 통해서 취했고 여기서는 세상을 보호함(lokapāla)을 통해서이다. 이 두 가지 법이 세상을 보호하기 때문이다. 이렇게 말씀하셨다. —
"비구들이여, 두 가지 밝은 법이 있으니, 그것은 세상을 보호한다. 무엇이 둘인가?
양심과 수치심이다. 비구들이여, 만약 이러한 두 가지 밝은 법이 세상을 보호하지 않았더라면 [나의] 어머니라고 혹은 이모, 외숙모, 스승의 부인, 존경하는 분의 부인이라고 [존경심으로 대하는 것을] 보지 못했을 것이다. 세상이 뒤범벅이 되었을 것이다. 마치 염소, 양, 닭, 돼지, 개, 자칼처럼. [이런 중생들은 '이분이 나의 어머니이다.'라고 존경심으로 대하지 않는다. — AA.ii.96]
비구들이여, 이러한 두 가지 밝은 법이 세상을 보호하기 때문에 [나의] 어머니라고 혹은 이모, 외숙모, 스승의 부인, 존경하는 분의 부인이라고 [존경심으로 대하는 것을] 본다."(「부인 경」(A2:1:9))"(DhsA.129)

⑨ 편안함[輕安] 등의 [9가지] 쌍

40. 무엇이 그때에 있는 '몸474)의 편안함[輕安]'475) 인가?476)

그때에 있는 느낌의 무더기와 인식의 무더기와 심리현상들의 무더기의 편안함, 아주 편안함, 안정됨, 아주 안정됨, 아주 안정된 상태 — 이것이 그때에 있는 몸의 편안함이다.

41. 무엇이 그때에 있는 '마음의 편안함' 인가?

그때에 있는 [15] 알음알이의 무더기의 편안함, 아주 편안함, 안정됨, 아주 안정됨, 아주 안정된 상태 — 이것이 그때에 있는 마음의 편안함이다.

42. 무엇이 그때에 있는 '몸의 가벼움'477) 인가?

---

474) "여기서 '몸(kāya)'이란 세 가지 무더기(tayo khandhā)를 지칭한다. 그래서 느낌의 무더기 등을 말씀하셨다."(DhsA.150)

여기서 보듯이 아비담마의 이 문맥에서의 몸(kāya)은 육체적인 몸을 뜻하는 것이 아니라 느낌의 무더기·인식의 무더기·심리현상들의 무더기(수온·상온·행온), 즉 마음부수법들을 뜻한다. 『청정도론』 등에서도 이렇게 설명하고 있다. 육체적인 몸에 대해서는 §612의 주해를 참조할 것.

475) "이것에 의해서 그 법들이 편안해지고(passambhanti) 불안함(darathā)이 없어지고 상쾌함(samassāsa)을 얻게 된다고 해서 '편안함[輕安, passaddhi]'이다."(DhsA.150)

476) "[마음부수인] 몸을 안정시키는 것(passambhana)이 '몸의 편안함(kāya-passaddhi)'이다. 마음을 안정시키는 것이 '마음의 편안함(citta-passaddhi)'이다. 여기서 몸(kāya)이란 것은 느낌 등의 세 가지 무더기[蘊]들이다.
㉠ 몸(마음부수)과 마음의 편안함 둘 모두 몸과 마음의 불안을 가라앉히는 것이 그 특징이다. ㉡ 몸(마음부수)과 마음의 불안을 완화하는 역할을 한다. ㉢ 동요하지 않음과 청량함으로 나타난다. ㉣ 몸(마음부수)과 마음이 가까운 원인이다. 이들은 몸(마음부수)과 마음을 가라앉지 못하게 하는 들뜸 등의 오염원과 반대된다고 알아야 한다."(DhsA.130 = Vis.XIV.144)

477) "[마음부수인] 몸의 가벼운 상태가 '몸의 가벼움(kāya-lahutā)'이다. 마음의 가벼운 상태가 마음의 가벼움이다. ㉠ 이들은 몸(마음부수)과 마음의 무거움을 가라앉히는 것이 그 특징이다. ㉡ 몸(마음부수)과 마음의 무거움을

그때에 있는 느낌의 무더기와 인식의 무더기와 심리현상들의 무더기의 가벼움, 가볍게 변함, 굼뜨지 않음, 무기력하지 않음[478] — 이것이 그때에 있는 몸의 가벼움이다.

43. 무엇이 그때에 있는 '마음의 가벼움'인가?

그때에 있는 알음알이의 무더기의 가벼움, 가볍게 변함, 굼뜨지 않음, 무기력하지 않음 — 이것이 그때에 있는 마음의 가벼움이다.

44. 무엇이 그때에 있는 '몸의 부드러움'[479]인가?

그때에 있는 느낌의 무더기와 인식의 무더기와 심리현상들의 무더기의 부드러움, 유연한 상태, 단단하지 않음, 견고하지 않음 — 이것이 그때에 있는 몸의 부드러움이다.

45. 무엇이 그때에 있는 '마음의 부드러움'인가?

그때에 있는 알음알이의 무더기의 부드러움, 유연한 상태, 단단하지 않음, 견고하지 않음 — 이것이 그때에 있는 마음의 부드러움이다.

46. 무엇이 그때에 있는 '몸의 적합함'[480]인가?

덜어버리는 역할을 한다. ㉢ 몸(마음부수)과 마음의 느리지 않음으로 나타난다. ㉣ 몸(마음부수)과 마음이 가까운 원인이다. 이들은 몸(마음부수)과 마음의 무거움을 초래할 해태와 혼침 등의 오염원과 반대된다고 알아야 한다."(DhsA.130 = Vis.XIV.145)

478) "'무기력하지 않음(avitthanatā)'이란 자만 등의 오염원의 짐이 없기 때문에 뻣뻣하지 않음(athaddhatā)이다."(DhsA.150)

479) "[마음부수인] 몸의 유연한 상태가 '몸의 부드러움(kāya-mudutā)'이다. 마음의 유연한 상태가 '마음의 부드러움'이다. 이들은 ㉠ 몸(마음부수)과 마음의 뻣뻣함을 완화하는 특징을 가진다. ㉡ 몸(마음부수)과 마음의 경직된 상태를 풀어주는 역할을 한다. ㉢ 저항하지 않음으로 나타난다. ㉣ 몸(마음부수)과 마음이 가까운 원인이다. 이들은 몸(마음부수)과 마음의 경직된 상태를 초래할 사견과 자만 등의 오염원과 반대된다고 알아야 한다."(DhsA.130 = Vis.XIV.146)

그때에 있는 느낌의 무더기와 인식의 무더기와 심리현상들의 무더기의 적합함, 적합한 상태, 적합한 성질 — 이것이 그때에 있는 몸의 적합함이다.

47. 무엇이 그때에 있는 '마음의 적합함'인가?

그때에 있는 알음알이의 무더기의 적합함, 적합한 상태, 적합한 성질 — 이것이 그때에 있는 마음의 적합함이다.

48. 무엇이 그때에 있는 '몸의 능숙함'481) 인가?

그때에 있는 느낌의 무더기와 인식의 무더기와 심리현상들의 무더기의 능숙함, 능숙한 상태, 능숙한 성질 — 이것이 그때에 있는 몸의 능숙함이다.

49. 무엇이 그때에 있는 '마음의 능숙함'인가?

그때에 있는 알음알이의 무더기의 능숙함, 능숙한 상태, 능숙한 성질 — 이것이 그때에 있는 마음의 능숙함이다.

---

480) "[마음부수인] 몸이 일에 적합한 상태가 '몸의 적합함(kāya-kammaññatā)'이다. 마음이 일에 적합한 상태가 '마음의 적합함'이다. 그들은 ㉠ 몸(마음부수)과 마음이 일에 부적합한 상태를 가라앉히는 특징을 가진다. ㉡ 몸(마음부수)과 마음이 일에 부적합한 상태를 부수는 역할을 한다. ㉢ 어떤 것을 몸(마음부수)과 마음의 대상으로 만드는 것을 성취함으로 나타난다. ㉣ 몸(마음부수)과 마음이 가까운 원인이다. 몸(마음부수)과 마음이 일에 적합하지 못한 상태를 초래할 나머지 장애들과 반대되고, 신뢰할 대상에 신뢰를 가져오며, 이로운 행위에 쉽게 적응함이 마치 잘 정제된 금과 같다고 알아야 한다."(DhsA.130～131 = Vis.XIV.147)

481) "[마음부수인] 몸의 능숙한 상태를 '몸의 능숙함(kāya-pāguññatā)'이라 한다. 마음의 능숙한 상태를 '마음의 능숙함'이라 한다. 그들의 ㉠ 특징은 몸(마음부수)과 마음이 건강함이다. ㉡ 몸(마음부수)과 마음의 병을 덜어버리는 역할을 한다. ㉢ 실수하지 않음으로 나타난다. ㉣ 몸(마음부수)과 마음이 가까운 원인이다. 몸(마음부수)과 마음의 병을 초래할 불신 등의 오염원과 반대된다고 알아야 한다."(DhsA.131 = Vis.XIV.148)

50. 무엇이 그때에 있는 '몸의 올곧음'482) 인가?

그때에 있는 느낌의 무더기와 인식의 무더기와 심리현상들의 무더기의 [16] 곧음, 올곧음, 뒤틀리지 않음, 꼬부라지지 않음, 비뚤어지지 않음 — 이것이 그때에 있는 몸의 올곧음이다.

51. 무엇이 그때에 있는 '마음의 올곧음'인가?

그때에 있는 알음알이의 무더기의 곧음, 올곧음, 뒤틀리지 않음, 꼬부라지지 않음, 비뚤어지지 않음 — 이것이 그때에 있는 마음의 올곧음이다.

52. 무엇이 그때에 있는 '마음챙김'인가?

그때에 있는 마음챙김, 계속해서 마음챙김[隨念], 거듭해서 마음챙김, 마음챙김, 챙겨있음, 간직함, 떠다니지 않음, 잊어버리지 않음, 마음챙김, 마음챙김의 기능, 마음챙김의 힘, 바른 마음챙김[正念] — 이것이 그때에 있는 마음챙김이다.

53. 무엇이 그때에 있는 '알아차림'483) 인가?

---

482) "[마음부수인] 몸의 곧은 상태를 '몸의 올곧음(kāya-ujukatā)'이라 한다. 마음이 곧은 상태를 '마음의 올곧음'이라 한다. 그들의 ㉠ 특징은 몸(마음부수)과 마음의 곧음이다. ㉡ 몸(마음부수)과 마음의 구부러짐을 없애는 역할을 한다. ㉢ 반듯함으로 나타난다. ㉣ 몸(마음부수)과 마음이 가까운 원인이다. 몸(마음부수)과 마음의 구부러짐을 초래할 거짓이나 속임수 등의 오염원과 반대된다고 알아야 한다."(DhsA.131 = Vis.XIV.149)

483) "분명하게 알아차린다(sampajānāti)고 해서 '알아차림(sampajañña)'이다. 전체적으로 분명하게 안다(samantato pakārehi jānāti)는 뜻이다.
여기서 알아차림에는 ① 이익됨을 알아차림(sātthaka-sampajañña) ② 적당함을 알아차림(sappāya-sampajañña) ③ 영역을 알아차림(gocara-sampajañña) ④ 미혹하지 않음을 알아차림(asammoha-sampajañña)의 네 가지 알아차림이 있다.
마음챙김과 알아차림의 특징 등에 대해서는 앞의 마음챙김의 기능(§14)과 통찰지의 기능(§16)에서 설한 방법대로 알아야 한다.(자세한 것은 『네 가지 마음챙기는 공부』 136쪽 이하를 참조할 것.) 이처럼 앞에서 설명한 두 가지 그때에 있는 통찰지, 통찰함, 간택, 꿰뚫어 간택함, 법의 간택[擇法], 주시함, 응시함, 차별화함, 영민함, 능숙함, 숙달됨, 분석함, 사색, 자세히 관찰함, 광대함, 현명함, 주도면밀함, 위빳사나, 알아차림, 몰이 막대, 통찰지, 통찰지의 기능, 통찰지의 힘, 통찰지의 칼, 통찰지의 궁전, 통찰지의 광명, 통찰지의 빛, 통찰지의 광휘로움, 통찰지의 보배, 어리석음 없음, 법의 간택, 바른 견해 — 이것이 그때에 있는 알아차림이다.

54. 무엇이 그때에 있는 '사마타'[484] 인가?

그때에 있는 마음의 머묾, 잘 머묾, 확고함, 산만하지 않음, 산란하지 않음, 산만하지 않은 마음 상태, 사마타, 삼매의 기능, 삼매의 힘, 바른 삼매 — 이것이 그때에 있는 사마타이다.

55. 무엇이 그때에 있는 '위빳사나'인가?

그때에 있는 통찰지, 통찰함, 간택, 꿰뚫어 간택함, 법의 간택[擇法], 주시함, 응시함, 차별화함, 영민함, 능숙함, 숙달됨, 분석함, 사색, 자세히 관찰함, 광대함, 현명함, 주도면밀함, 위빳사나, 알아차림, 몰이 막대, 통찰지, 통찰지의 기능, 통찰지의 힘, 통찰지의 칼, 통찰지의 궁전, 통찰지의 광명, 통찰지의 빛, 통찰지의 광휘로움, 통찰지의 보배, 어리석음 없음, 법의 간택, 바른 견해 — 이것이 그때에 있는 위빳사나이다.

56. 무엇이 그때에 있는 '분발'[485] 인가?

법을 다시 이곳에서는 도와주는 것을 통해서 취하였다."(DhsA.131)

484) "감각적 쾌락에 대한 욕구(kāmacchanda) 등의 반대되는 법들을 가라앉힌다(sameti)고 해서 '사마타[止, samatha]'이다. 무상 등을 통해서 다양한 형태로 법들을 관찰한다고 해서 '위빳사나[觀, vipassanā]'이다. 이것은 뜻으로는 통찰지(paññā)이다. 이 둘의 특징 등도 앞에서 설명하였지만 여기서는 쌍이 됨을 통해서 취하였다."(DhsA.131)

485) "함께 생긴 법들을 떠받친다(paggaṇhāti)고 해서 '분발(paggāha)'이다. 들뜸이라 불리는 산란함과 반대되는 성질 때문에 동요가 없다고 해서 '산란하지

그때에 있는 정신적인 정진을 시작함, 부지런함, 노력, 애씀, 힘씀, 전력, 분투, 강인함, 강건함, 해이하지 않고 애씀, 열의를 내려놓지 않음, 용감함을 내려놓지 않음, 용감함을 움켜쥠, 정진, 정진의 기능, 정진의 힘, 바른 정진 — 이것이 그때에 있는 분발이다.

57. 무엇이 [17] 그때에 있는 '산란하지 않음'인가?

그때에 있는 마음의 머묾, 잘 머묾, 확고함, 산만하지 않음, 산란하지 않음, 산만하지 않은 마음 상태, 사마타, 삼매의 기능, 삼매의 힘, 바른 삼매 — 이것이 그때에 있는 산란하지 않음이다.

⑩ 그밖에들(예와빠나까)486) 487)

않음(avikkhepa)'이다. 이들의 특징 등도 앞에서 설명하였다. 여기서는 이 둘을 정진과 삼매에 적용시키기 위해서 취했다고 알아야 한다."(DhsA.131)

486) "이제 '그밖에들(yevāpanaka)'이라는 후기 편(appanā-vāra = nigamana-vāra, MAṬ.i.273; AAṬ.i.223)이 설해졌다. 이렇게 하여 앞의 (a) 법의 개요에 관한 부문에서 보여준 그밖에들(예와빠나까)이 여기서 간략하게 언급되었다."(DhsA.152)

487) '그밖에들'은 'ye(그들)+혹은(vā)+그런데(pana+ka)'로 분석이 되는 예와빠나까(yevāpanaka)를 문맥에 맞추어서 옮긴 것으로 초기불전연구원에서 옮기고 있는 '반드시들(sādhāraṇa)'과 '때때로들(pakiṇṇaka)'을 염두에 둔 순 우리말 합성어이다.(반드시들과 때때로들에 대해서는 『아비담마 길라잡이』 제2장 §2와 §3의 해설 등을 참조할 것.)

'yevāpanaka(예와빠나까)' 혹은 'yevāpana(예와빠나)'는 문자적으로는 'ye vā pana라는 구문에 속하는'이란 뜻이다. 여기서 'ye vā pana'는 본서의 도처에서 '그 밖에'로 옮기고 있는 구절인데(§1, §57, §58 등, §§161~175 등) 이것의 문자적인 의미는 '그들(ye) 혹은(vā) 그러나(pana)'이다. 이 구절을 그대로 가져와서 'yevāpanaka(예와빠나까)'라는 표제어를 만든 것이다. 본서에서 '그밖에들'로 옮기고 있는 이 예와빠나까라는 용어는 빠알리 삼장 가운데 본서에서 제일 먼저 나타나는 아비담마의 전문용어이다.

본서뿐만 아니라 모든 아비담마에 의하면 특정한 마음(citta)이 일어나는 순간에는 당연히 여러 마음부수들(cetasikā)이 함께 일어난다. 예를 들면 이 욕계에 속하는 첫 번째 유익한 마음이 일어날 때 성전에서 언급되고 있는 그대로 취하면 56개이고 고유성질로 분류하면 30개의 마음과 마음부수들이 일

그 밖에 그때에 조건 따라 일어난[緣而生],488) 비물질인 다른 법들489)

어난다. 이들은 ① 감각접촉을 다섯 번째로 하는 모음 등의 9가지 모음으로 분류가 되어 일정하게 일어난다. 그런데 이 마음이 일어날 때에는 이처럼 이름이 명시되어 정해진 것들만 일어나지 않는다. 본문의 'ye vā pana tasmiṁ samaye …'로 시작하는 이 구절에서 보듯이 이름을 명시하지 않은 [9가지의] 또 다른 마음부수들도 이 첫 번째 마음이 일어날 때 함께 일어난다(aññe pi atthi … dhammā). 여기서 '그밖에들(예와빠나까)'이란 이처럼 이름이 명시되지 않은 마음부수들을 뜻한다.

이 예와빠나까는 그래서 'ye vā pana tasmiṁ samaye aññe pi atthi … dhammā(그 밖에 그때에 다른 법들)'라는 이 구문에서 'ye vā pana'를 취해서 예와빠나까(yevāpanaka)로 전문용어화한 것이고 역자는 이를 '그밖에들'로 옮겼다.

488) '조건 따라 일어난[緣而生, 연이생]'은 paṭiccasamuppannā를 옮긴 것이다. 『담마상가니 주석서』와 『담마상가니 물라띠까』(DhsAMṬ)는 이 용어에 대해서 별다른 설명을 하지 않는다. 『담마상가니 아누띠까』는 "'조건 따라 일어난'이란 조건발생임을 밝히기 위한 것이다(paṭiccasamuppannatā vuttā hoti paccaya-sambhūtatā-dīpanato)."(DhsAAnuṬ.148)라고 설명하고 있다.

여기서 '조건 따라 일어난[緣而生]'으로 옮긴 paṭiccasamuppanna는 초기불교 교학의 기본 주제 가운데 하나인 연기(緣起, 조건발생)를 뜻하는 paṭiccasamuppāda의 과거분사인 형용사이다. 이 단어는 paṭicca와 sam-uppanna의 합성어이다.

이 가운데 paṭicca는 prati(~를 대하여)+√i(*to go*) 의 동명사로 문자적으로는 '[그것을] 향하여 간 뒤'인데 '조건을 의지하여'라는 뜻을 나타낸다. paṭicca는 단독으로 쓰이면 "눈과 형색들을 조건으로 눈의 알음알이가 일어난다(cakkhuñ ca paṭicca rūpe ca uppajjati cakkhuviññāṇaṁ)."(M18; M148; S12:43 등)라는 등의 문맥에서 많이 나타나고 있다. 그리고 이 단어의 명사가 조건[緣]으로 옮겨지는 paccaya이다. paṭicca와 paccaya는 니까야에서도 많이 나타나는 용어이며 특히 paccaya는 논장의 『빳타나』에서 24가지 조건으로 정착이 되었다.

samuppanna는 saṁ(함께)+ud(위로)+√pad(to go)에서 파생된 과거분사로 '함께 위로 간'이라는 문자적인 뜻에서 '일어난, 발생한, 생긴'의 뜻으로 쓰인다. samuppanna는 니까야에서 단독으로 쓰이는 경우가 제법 있고 각각 '우연히 발생하는'과 '우연발생론자'로 옮겨지는 adhiccasamuppanna와 adhiccasamuppannika로도 나타나고 있다.(D1 §2.30 등) 이것의 명사인 samuppāda는 dhamma-samuppāda(M138 §20 등)나 여기서처럼 paṭiccasamuppāda 등의 합성어로만 나타나고 있는 것으로 조사되었다.

그래서 전체적으로 paṭicca-samuppanna는 '조건 따라 일어난, 조건 따라 생긴'을 뜻한다. paṭiccasamuppanna는 니까야에서도 물질이나 느낌 등의 법들이 "무상하고 형성되었고[有爲] 조건 따라 일어난 것[緣而生]이고 부서지기 마련인 법이며 사라지기 마련인 법이며 탐욕이 빛바래기 마련인 법이며 소멸하기 마련인 법이다(aniccā saṅkhatā paṭiccasamuppannā khāya-dhammā vayadhammā virāgadhammā nirodhadhammā)."(D15 §29; S22:11; S36:7 등)라는 등의 문맥에서 나타나고 있으며 S12:20에서는 본서에서처럼 '조건 따라 일어난 법(paṭiccasamuppannā dhammā)'이라는 용어가 나타나기도 한다. 한편 CBETA로 검색을 해보면 이 단어는 연이생(緣而生)으로 한역된 경우가 가장 많고, 緣已生으로도 많이 한역되었으며, 緣以生으로 나타나는 경우도 있다. 역자는 緣而生으로 표기한다.

'조건 따라 일어난'으로 옮기는 paṭiccasamuppanna를 비롯한 연기(緣起, paṭiccasamuppāda)와 조건[緣, paccaya]에 대해서는 본서 제2권 §1008의 해당 주해도 참조하고, 『아비담마 길라잡이』 제8장 §1과 §2의 아래에 있는 I. 연기의 방법(paṭiccasamuppāda-naya)에 대한 해설과 §10의 아래에 있는 II. 상호의존의 방법(paṭṭhāna-naya)에 대한 해설도 참조할 것.

본서의 이 문맥에서 강조하고 싶은 것은 '조건 따라 일어난[緣而生, paṭicca-samuppannā]' 혹은 '조건 따라 일어난 법들[緣而生法, paṭiccasamuppannā … dhammā]'이란 표현은 단지 이 예와빠나까(그밖에들)에만 속하는 법들뿐만 아니라 여기 『담마상가니』 제1편에서 언급되는 형성된 법들[有爲法]은 모두 조건발생임을 밝히는 것으로 이해해야 한다는 점이다. 이것은 불교에 관한 한 지극히 상식적인 것이다. 그래서 이 용어는 "그 밖에 그때에 조건 따라 일어난[緣而生], 비물질인 다른 법들도 있다."(§1 등)라는 이 정형구로 여기처럼 본서 제1편의 법의 개요에 관한 부문들뿐만 아니라 항목의 부문들과 공함의 부문들에도 계속해서 나타나서 여기 제1편 마음의 일어남 편에만 §1부터 §575사이에 73번 정도나 나타나고 있다. 이렇게 하여 본서는 일체 유위법이 모두 조건 따라 일어난 것임을, 즉 연이생임을 강조하고 있다. 여기에 대해서는 본서 해제 §4-(4)와 아래 §121과 주해들을 참조하기 바란다.

489) 주석서는 여기 이 욕계 유익한 마음들에 속하는 그밖에들(예와빠나까)로 ① 열의[欲, chanda] ② 결심[勝解, 확신, adhimokkha] ③ 마음에 잡도리함[作意, manasikāra] ④ 중립(tatramajjhattatā) ⑤ 연민[悲, karuṇā] ⑥ 함께 기뻐함[喜, muditā] ⑦ 몸의 나쁜 행위를 절제함(kāya-duccarita-virati) ⑧ 말의 나쁜 행위를 절제함(vacī-duccarita-virati) ⑨ 그릇된 생계를 절제함(micchā-jīva-virati)의 아홉 가지를 들고 있다.

이들을 앞에서 나타난 30가지 법들(주석서는 이들을 '정확히 30가지 법들(samatiṁsa dhammā)'이라고 표현하고 있다. 여기에 대해서는 아래 주해

가운데 DhsA.134에 해당하는 부분을 참조할 것.)과 합하면 30+9=39가지가 되고 여기에 해로운 마음과 상응하여 일어나는 14가지 해로운 심소법들을 넣으면 모두 53가지가 된다. 이 53가지는 한 가지 마음과 52가지 심소법들에 정확하게 배대가 된다. 14가지 해로운 심소법들에 대해서는 『아비담마 길라잡이』 제2장 §4를 참조하고 여덟 가지 욕계의 유익한 마음들과 함께 일어나는 심소법들에 대해서는 『아비담마 길라잡이』 제2장 <도표 2.4 마음-마음부수의 자세한 도표>를 참조하기 바란다.

그러면 주석서를 통해서 이들 아홉 가지 예와빠나까에 대해서 살펴보자. 먼저 주석서는 여기 욕계의 첫 번째 유익한 마음의 예와빠나까에는 아홉 가지가 있음을 다음과 같이 밝히고 있다.

""그 밖에 그때에 조건 따라 일어난[緣而生], 비물질인 다른 법들도 있다. — 이것이 유익한 법들이다."(§57)라고 여기 [예와빠나까]에서 드러내신 것은 "감각접촉이 있고 … pe … 산란하지 않음이 있다."(§1)라는 단어의 순서대로 드러내신 50개가 넘는 법들만이 있는 것이 아니라 욕계에 속하는 세 가지 원인을 가진 기쁨이 함께하고 자극을 받지 않은 첫 번째 큰마음이 일어날 때에는 그 감각접촉 등과 결합되어서 다른 [법]들도 생긴다는 것이다. 물론 이들은 각각에 어울리는 조건을 반연하여 일어나고 물질의 상태가 아니어서 비물질(arūpino)이며 고유성질(sabhāva)로 얻어지는 법들이다. 그리고 이러한 것은 모두 유익한 법들이다.

이렇게 하여 법왕(Dhammarājā)께서는 마음의 구성요소(cittaṅga)를 통해서 성전(pāḷi, 본서)에 나타나는 50개가 넘는 법들을 밝히신 뒤에 예와빠나까(그밖에들)를 통해서 다른 아홉 가지 법들을 밝히셨다. 이 아홉 가지 법들은 여러 경들의 문장들에서 '① 열의(chanda), ② 결심(adhimokkha), ③ 마음에 잡도리함[作意, manasi-kāra], ④ 중립(tatramajjhattatā), ⑤ 연민(karuṇā), ⑥ 함께 기뻐함(muditā), ⑦ 몸으로 짓는 나쁜 행위를 절제함(kāyaduccaritavirati), ⑧ 말로 짓는 나쁜 행위를 절제함(vacī-duccarita-virati), ⑨ 그릇된 생계를 절제함(micchā-ājīva-virati)'으로 나타난다." (DhsA.131~132)

이렇게 아홉 가지 예와빠나까를 밝힌 뒤에 주석서는 먼저 이들을 전체적으로 살펴보고 있다.

"① 이 [첫 번째] 큰마음에서도 하고자 함(kattukamyatā)인 유익한 법들에 대한 열의가 있지만 성전(pāḷi, 본서)에서는 마음의 구성요소로 명시되지 않았다. 그것은 여기에서 예와빠나까(그밖에들)을 통해서 취해졌다. ② [이 예와빠나까에는] 결심이 있고, ③ 마음에 잡도리함이 있고, ④ 중립이 있다. 그러나 자애의 예비단계(mettā-pubbabhāga = parikamma-mettā — DhsAMṬ)는 성냄 없음(adosa)이 취해질 때 취해졌다. (즉 자애는 성냄 없음과 동의어라서 예와빠나까에는 포함되지 않는다는 말이다.) ⑤ 연민의 예비단계(karuṇā-pubbabhāga)가 있고, ⑥ 함께 기뻐함의 예비단계(muditā-pubbabhāga)가 있다. 그러나 평온의 예비단계(upekkhā-pubbabhāga)는 중립을 취할 때 취해졌다. (즉 평온은 중립과 동의어라서 그밖에들에는 포함되지 않는다는 말이다.) ⑦ 바른 말(sammā-vācā)이 있고, ⑧ 바른 행위(sammā-kammanta)가 있고, ⑨ 바른 생계(sammā-ājīva)가 있다. 이들은 마음의 구성요소를 통해서는 본서에 명시되지 않았다. 이것도 여기서는 그밖에들을 통해서 취해졌다.

이들 아홉 가지 가운데 열의와 결심과 마음에 잡도리함과 중립의 네 가지는 한 순간에 얻어지고 나머지는 다양한 순간에 얻어진다. 이 마음으로 그릇된 말(micchā-vāca)을 제거하고 절제(virati)를 통해서 바른 말(sammā-vāca)을 성취하면 그때 열의 등의 네 가지와 바른 말이라는 이 다섯 가지가 한 순간에 얻어진다.
그릇된 행위를 제거하고 절제를 통해서 바른 행위를 성취하면 … 바른 생계를 성취하면 … 자애의 예비단계를 행하면 … 연민의 예비단계를 행하면 그때 열의 등의 네 가지와 연민의 예비단계이라는 이 다섯 가지가 한 순간에 얻어진다. 이런 경우를 제외하고 보시를 행하고 계행을 완성한 자와 수행에 몰두하는 자는 네 가지 확실함의 구성요소들(apaṇṇa-kaṅgāni, §365의 해당 주해도 참조할 것.)을 얻는다."(DhsA.132~132)

이렇게 아홉 가지 예와빠나까(그밖에들)를 소개한 뒤에 주석서는 이들을 아래와 같이 하나하나 차례대로 설명하고 있다. 먼저 열의이다.
"이러한 아홉 가지 그밖에들 가운데, ① '열의[欲, chanda]'는 하고 싶어함의 동의어이다. 그러므로 이 열의는 ㉠ 하고 싶어 하는 특징을 가진다. ㉡ 대상을 찾는 역할을 한다. ㉢ 대상을 원함으로 나타난다. ㉣ 바로 그 대상이 가까운 원인이다. 이 열의는 대상을 잡는 데 마음을 뻗는 것이 마치 손을 뻗는 것과 같다고 알아야 한다."(DhsA.132~133 = Vis.XIV.150)

두 번째는 결심이다.
"② 결심하는 것이 '결심[勝解, adhimokkha]'이다. 그것은 ㉠ 결정하는 특징을 가진다. ㉡ 더듬거리지 않는 역할을 한다. ㉢ 결정으로 나타난다. ㉣ 결정해야 할 법이 가까운 원인이다. 대상에 확고부동하기 때문에 이것은 마치 석주(石柱)와 같다고 알아야 한다."(DhsA.133 = Vis.XIV.151)

세 번째는 마음에 잡도리함이다.
"③ 행위를 함(kiriyā)이 지음(kāra)이고, 마음에(manasi) 지음(kara)이 '마음에 잡도리함[作意, manasikara]'이다. 이전의 마음과는 다른 마음을 만들기 때문에 마음에 잡도리함이라 한다. ⓐ 대상에 대한 제어(ārammaṇa-paṭipādaka), ⓑ 인식과정에 대한 제어(vīthi-paṭipādaka), ⓒ 속행에 대한 제어(javana-paṭipādaka), 이 세 가지 측면에서 그렇게 한다.

이 가운데 ⓐ 대상에 대한 제어란 마음에 짓는다고 해서 마음에 잡도리함이다(manasmiṁ kāroti manasikāra). 이것은 ㉠ 관련된 법들을 대상으로 내모는 특징을 가진다. ㉡ 관련된 법들을 대상과 연결시키는 역할을 한다. ㉢ 대상과 대면함으로 나타난다. ㉣ [대상이 가까운 원인이다. 『청정도론』 에만 나타남.] 이것은 스스로 상카라들의 무더기[行蘊]에 속해 있으면서 대상을 제어하는 것이기 때문에 관련된 법들의 조어자(sārathi)라고 알아야 한다. ⓑ 그런데 인식과정에 대한 제어란 오문전향(五門轉向)의 동의어이다. ⓒ 속행에 대한 제어란 의문전향(意門轉向)의 동의어이다. 이 둘은 여기에 포함되지 않는다."(DhsA.133 = Vis.XIV.152)

이처럼 본서의 주석서인 『앗타살리니』 와 『청정도론』 은 오문전향과 의문전향이 마음에 잡도리함[作意]과 동의어라고 설명하면서 전향의 마음의 핵심을 마음에 잡도리함이라고 강조한다. 오문전향의 마음은 본서 §566에서 평온이 함께하는 작용만 하는 마노의 요소로 나타나고 의문전향의 마음은 §574에서 평온이 함께하는 작용만 하는 마노의 알음알이의 요소로 나타난다. 이 두 가지 전향의 마음에 대한 설명은 『아비담마 길라잡이』 제1장 §10을 참조하기 바란다.

이제 네 번째는 중립을 설명한다.
"④ 그 법들에서 중립적인 상태를 가짐이 '중립(tatra-majjhattatā)'이다. 이것은 ㉠ 마음과 마음부수를 공평하게 나르는 특징을 가진다. ㉡ 모자라거나 넘치는 것을 막는 역할을 한다. 혹은 편견을 끊는 역할을 한다. ㉢ 중립적인 상태로 나타난다. 이것은 마음과 마음부수에 대해 공정하기 때문에 고르게 앞으로 나아가는 말들을 공평하게 모는 마부와 같이 보아야 한다."(DhsA.133 = Vis.XIV.153)

'중립'으로 옮긴 tatra-majjhattatā는 문자적으로는 'tatra(거기에)+majjha-tta(중간임)'에다 추상명사형 어미인 '-tā'를 붙여서 만든 추상명사로서 '중간이 되게 됨'을 뜻한다. 한편 'majjhatta'는 'majjhaṭṭha(Sk. madhya-stha, 중간에 섬)'라고 표기되기도 하는데 '-ṭṭha(-stha)'가 √sthā(*to stand*)의 명사형이다. 불교 산스끄리뜨에서는 'madhyastha'로 나타난다.

다섯 번째와 여섯 번째인 연민과 함께 기뻐함은 다음과 같이 간략하게 설명하고 있다.
"⑤ '연민(karuṇā)'과 ⑥ '함께 기뻐함(muditā)'은 거룩한 마음가짐(본서 §251 이하)의 해설에서 자세하게 설명될 것이다. 그러나 거기서는 본삼매를 증득(appanappattā)한 색계에 속하는 것이고 여기서는 욕계에 속하는 것이 차이점이다."(DhsA.133)

도 있다. — 이것이 유익한 법들이다.490)

일곱 번째부터 마지막인 아홉 번째까지는 세 가지 절제이다.
"⑦ 몸으로 짓는 나쁜 행위로부터 절제하는 것이 '몸으로 짓는 나쁜 행위의 절제(kāya-duccarita-virati)'이다. 이 방법은 나머지 [⑧ 말로 짓는 나쁜 행위의 절제와 ⑨ 그릇된 생계의 절제의] 경우에도 적용된다.
㉠ 이들 셋의 특징은 몸으로 짓는 나쁜 행위 등의 대상을 범하지 않거나 어기지 않는 것이다. ㉡ 몸으로 짓는 나쁜 행위 등의 대상으로부터 움츠리는 역할을 한다. ㉢ 이들을 행하지 않음으로 나타난다. ㉣ 믿음, 양심, 수치심, 소욕(少欲) 등의 덕이 가까운 원인이다. 마음이 악행으로부터 등을 돌리는 것이라고 보아야 한다."(DhsA.133 = Vis.XIV.155)

490) 주석서는 욕계의 첫 번째 유익한 마음이 일어날 때 함께 일어나는 법들을 정의하는 부문을 마무리하면서 이들에 대한 종합적인 설명을 길고 상세하게 제공하고 있다. 『담마상가니』 제1편을 이해하는 데 도움이 되는 부분이라서 여기에 옮겨본다.

"이처럼 감각접촉 등의 56개가 있고 그밖에들을 통해서는 모두 9가지가 설해져서 이 법의 개요에 관한 부문에서는 모두 65가지 법의 용어들이 있다. 이들 가운데 어떤 때는 한 순간에 61개가 존재하기도 하고 어떤 때에는 정확히 60개가 되기도 한다. 이것은 바른 말이 성취가 되는 것 등을 통해서 그러하기 때문이다. [실제로] 발생하는 것은 다섯 가지 경우에는 61가지가 된다. 이것 외에 한 가지 경우에는 정확히 60가지가 된다.

여기서 그밖에들을 제외하고 성전에서 언급하고 있는 그대로 취하면 56개가 된다. 그런데 이미 가진 것(중복된 것)을 제외시킴으로써(aggahitaggahaṇ-ena, Vis.XVII.189) 여기서는 감각접촉을 다섯 번째로 하는 것, 일으킨 생각, 지속적 고찰, 희열, 마음이 한끝으로 [집중]됨, 다섯 가지 기능, 양심의 힘과 수치심의 힘이라는 두 가지 힘, 탐욕 없음, 성냄 없음의 두 가지 뿌리에다 몸의 편안함과 마음의 편안함 등의 12가지 법들을 [더하면] 정확히 30가지 법들이 된다.
이들 정확히 30가지 법들 가운데서 ① 18가지 법들은 [모음(rāsi)과 역할(kicca)로] 분류할 수 없는 것들(avibhattikā — 이들은 각각의 모음[集]과 역할을 통해서 분류할 수 없기 때문에 분류할 수 없는 것이라 한다. — DhsAMṬ.93, 즉 한 곳에만 나타나는 것을 뜻함)이고, ② 12가지는 [모음과 역할로] 분류할 수 있는 것들(savibhattikā, 여러 곳에 나타나는 것)이다.
① 어떤 것이 18가지인가? 감각접촉(phassa), 인식(saññā), 의도(cetanā), 지속적 고찰(vicāra), 희열(pīti), 생명기능(jīvitindriya)과 몸의 편안함 등(kāya-passaddhiādayo)의 12가지를 더한 18가지는 분류할 수 없는 것이다. ② 느낌(vedanā), 마음(citta), 일으킨 생각(vitakka), 마음이 한끝으로

[집중]됨[心一境性, 삼매, cittekaggatā], 믿음의 기능(saddhindriya), 정진의 기능(vīriyindriya), 마음챙김의 기능(satindriya), 통찰지의 기능(paññindriya), 양심의 힘(hiribala), 수치심의 힘(ottappabala), 탐욕 없음(alobha), 성냄 없음(adosa)의 12가지 법들은 분류할 수 있는 것이다." (DhsA.133~134)

계속해서 주석서는 이들 가운데 마음, 일으킨 생각, 믿음, 양심, 수치심, 탐욕 없음, 성냄 없음(citta, vitakka, saddhā, hiri, ottappa, alobha, adosa)의 7가지 법들은 두 곳에서 분류되어 있고, 느낌 한 가지는 세 곳에서, 정진과 마음챙김의 두 가지는 네 곳에서, 삼매 한 가지는 여섯 곳에서, 통찰지 한 가지는 일곱 곳에서 분류되어 나타난다고 설명하고 있다.(DhsA.134) 주석서를 살펴보자.

"어떻게? 마음, 일으킨 생각, 믿음, 양심, 수치심, 탐욕 없음, 성냄 없음의 일곱 가지는 두 곳에서 분류된다. 이들 가운데서 마음은 감각접촉을 다섯 번째로 하는 것을 통해서는 '마음이 있다.'로 언급되고, 기능을 통해서는 '마노의 기능'으로 언급된다. 일으킨 생각은 禪의 구성요소를 통해서는 '일으킨 생각이 있고'로 언급되고, 도의 구성요소를 통해서는 '바른 사유'로 언급된다. 믿음은 기능을 통해서는 '믿음의 기능이 있고'로 언급되고, 힘을 통해서는 '믿음의 힘'으로 언급된다. 양심은 기능을 통해서는 '양심의 기능이 있고'로 언급되고, 세상을 보호하는 두 개 조를 통해서는 '양심'으로 언급된다. 수치심에도 이 방법이 적용된다. 탐욕 없음은 뿌리를 통해서는 '탐욕 없음이 있고'로 언급되고, 업의 길을 통해서는 '간탐 없음'으로 언급된다. 성냄 없음은 뿌리를 통해서는 '성냄 없음이 있고'로 언급되고, 업의 길을 통해서는 '악의 없음'으로 언급된다. 이들 일곱 가지가 두 곳에서 분류된다.

그런데 느낌은 감각접촉을 다섯 번째로 하는 것을 통해서는 '느낌이 있고'로 언급되고, 禪의 구성요소를 통해서는 '행복'으로, 기능을 통해서는 '기쁨의 기능'으로 언급된다. 이와 같이 [느낌이라는] 하나의 법은 세 곳에서 분류된다.

정진은 기능을 통해서는 '정진의 기능이 있고'로 언급되고, 도의 구성요소를 통해서는 '바른 정진'으로, 힘을 통해서는 '정진의 힘'으로, 마지막의 두 개 조인 [편안함 등의 9가지 쌍]을 통해서는 '분발'로 언급된다. 마음챙김도 기능을 통해서는 '마음챙김의 기능이 있고'로 언급되고, 도의 구성요소를 통해서는 '바른 마음챙김'으로, 힘을 통해서는 '마음챙김의 힘'으로, 마지막의 두 개 조인 [편안함 등의 9가지 쌍]을 통해서는 '마음챙김이 있고'로 언급된다. 이와 같이 [정진과 마음챙김이라는] 두 가지 법들은 네 곳에서 분류된다.

삼매는 禪의 구성요소를 통해서는 '마음이 한끝으로 [집중]됨이 있고'로 언급되고, 기능을 통해서는 '삼매의 기능'으로, 도의 구성요소를 통해서는 '바른 삼매'로, 힘을 통해서는 '삼매의 힘'으로, 마지막의 두 개 조인 [편안함 등의 9

가지 쌍]을 통해서는 '사마타'와 '산란하지 않음'으로 언급된다. 이와 같이 [삼매라는] 한 가지 법은 여섯 곳에서 분류된다.
통찰지는 기능을 통해서는 '통찰지의 기능이 있고'로 언급되고, 도의 구성요소를 통해서는 '바른 견해'로, 힘을 통해서는 '통찰지의 힘'으로, 뿌리를 통해서는 '어리석음 없음'으로, 업의 길을 통해서는 '바른 견해'로, 마지막의 두 개조인 [편안함 등의 9가지 쌍]을 통해서는 '분명하게 알아차림'과 '위빳사나'로 언급된다. 이와 같이 [통찰지라는] 한 가지 법은 일곱 곳에서 분류된다.

그런데 만일 어떤 사람이 말하기를 '여기서 새로운 것이란 전혀 없다. 앞에서 취한 것을 취하여서 이런저런 곳에서 용어를 채워 넣었을 뿐이다. 서로 연관이라고는 없는 이런 가르침은 아무런 순서도 없이 마치 도둑들에 의해서 [제멋대로] 밧줄에 묶인 것과 같고 소 떼가 지나간 길에 [아무렇게나] 흩어진 풀처럼 알지 못하고 설하신 것이다.'라고 한다면 그에게는 '그렇게 말하지 마라.'라고 제지를 한 뒤 이렇게 말해야 한다. — '부처님들의 가르침이 서로 연관이 없다는 것은 있을 수가 없다. 서로 분명한 연관이 있다. 알지 못하고 설하신 것도 역시 없다. 모든 것은 아시고 나서 말씀하신 것이다.'라고."(DhsA.135)

계속해서 주석서는 이렇게 설명하고 있다.
"정등각자께서는 참으로 각각의 법들의 역할(kicca)을 아시나니 그것을 아신 뒤에 역할을 통해서 분류를 하시면서 18가지 법들은 각각의 역할이 있다고 아신 뒤에 각각이 적용되는 곳에 대해서 분류를 하셨으니 [그것은 다음과 같다.] —
[마음, 일으킨 생각, 믿음, 양심, 수치심, 탐욕 없음, 성냄 없음의] 일곱 가지 법들은 각각 두 가지씩의 역할이 있다고 아신 뒤에 각각 두 곳에서 분류를 하셨다. 느낌은 세 가지 역할이 있다고 아신 뒤에 세 곳에서 분류를 하셨다. 정진과 마음챙김은 각각 네 가지 역할이 있다고 아신 뒤에 각각 네 곳에서 분류를 하셨다. 삼매는 여섯 가지 역할이 있다고 아신 뒤에 여섯 곳에서 분류를 하셨다. 통찰지는 일곱 가지 역할이 있다고 아신 뒤에 일곱 가지 경우에 대해서 분류를 하셨다. 여기에 비유가 있다.

어떤 현명한 왕이 한적한 곳에서 생각했다. '이 왕실의 재물이 이런저런 구실로 소비되어서는 안 된다. 나는 적절한 기술로 수입을 증장시켜야겠다.' 그는 그의 모든 기술공들을 모이게 한 뒤 '하나씩의 기술을 아는 자들을 호출하라.'라고 하였다. 이렇게 호출하자 18명이 일어섰다. 그들에게 하나씩의 몫을 주게 한 뒤에 내보내었다. '두 개씩의 기술을 아는 자들은 나오너라.'라고 하자 일곱 명이 왔다. 그들에게는 두 개씩의 몫을 주게 하였다. '세 개의 기술을 아는 자들은 나오너라.'라고 하자 단 한 명이 왔다. 그에게는 세 개의 몫을 주게 하였다. '네 개의 기술을 아는 자들은 나오너라.'라고 하자 두 명이 왔다. 그

법들을 정의하는 부문[491]이 [끝났다.]

첫 번째 바나와라[492]가 [끝났다.]

들에게는 각각 네 개씩의 몫을 주게 하였다. '다섯 개의 기술을 아는 자들은 나오너라.'라고 하자 단 한 명도 나오지 않았다. '여섯 개의 기술을 아는 자들은 나오너라.'라고 하자 단 한 명이 왔다. 그에게는 여섯 개의 몫을 주게 하였다. '일곱 개의 기술을 아는 자들은 나오너라.'라고 하자 단 한 명이 왔다. 그에게는 일곱 개의 몫을 주게 하였다.

여기서 현명한 왕과 같은 분이 위없는 법의 왕(Dhammarājā)이시다. 기술을 잘 아는 것은 마음과 마음의 구성요소를 통해서 일어난 법들이다. 기술에 적합한 수당을 올리는 것은 역할을 통해서 여러 가지 법들의 분류를 하시는 것이다.

이 모든 법들은 감각접촉을 다섯 번째로 하는 것(phassa-pañcaka)과 禪의 구성요소(jhānaṅga)와 기능(indriya)과 도(magga)와 힘(bala)과 뿌리(mūla)와 업의 길(kamma-patha)과 세상을 보호하는 것(loka-pāla)과 편안함(passaddhi)과 가벼움(lahutā)과 부드러움(mudutā)과 일에 적합함(kammaññatā)과 능숙함(pāguññatā)과 올곧음(ujukatā)과 마음챙김과 알아차림(sati-sampajañña)과 사마타와 위빳사나(samatha-vipassanā)와 분발과 산란하지 않음(paggāha-avikkhepa)을 통해서 17가지 모음(rāsi)이 된다."(DhsA.135~136)

그런데 욕계에 적용되는 이들 56가지 법들은 색계에도 그대로 적용된다. 여기에 대해서는 §160의 해당 주해를 참조하기 바란다.

491) "이렇게 하여 [앞의] (a) [법의] 개요에 관한 부문(uddesa-vāra, §1)에서도 ① 질문(pucchā)과 ② 때(시기)의 해설(samaya-niddesa)과 ③ 법의 개요(dhamm-uddesa)와 ④ 후기(appanā)의 [네 가지가] 네 가지 문단으로 설해졌고, [여기] (b) [법의] 해설에 관한 부문(niddesa-vāra, §§2~57)에서도 ① 질문과 ② 때(시기)의 해설과 ③ 법의 개요와 ④ 후기의 [네 가지가] 네 가지 문단으로 [설해져서 모두] 여덟 가지 문단으로 장엄이 된, 법들을 정의하는 부문(dhamma-vavatthāna-vāra)이 끝났다."(DhsA.152)

492) '바나와라(bhāṇavārā)'는 문자 그대로 '암송(bhānā)의 전환점(vāra)'이라는 말인데 성전을 외워 내려가다가 한 바나와라가 끝나면 쉬었다가 다시 외우는 것이 반복되고 그다음 바나와라가 끝나면 또 다시 쉬었다가 시작한다. 한 바나와라는 8음절로 된 사구게(四句偈)로 250게송의 분량이라 한다. 그래서 총 4×8×250=8,000음절이 된다. 한편 삼장은 모두 2,547개에 해당되는 바나와라를 가진다고 한다.

용어의 분류가 [끝났다.]

(2) 항목[493]의 부문[494]

(a) 개요

58. 그리고 그때에는 ① 네 가지 무더기가 있고[495] ② 두 가지

---

493) '항목'은 koṭṭhāsa를 옮긴 것이다. 『담마상가니』의 복주서인 『담마상가니 물라띠까』는 물질의 항목(rūpa-koṭṭhāsā)이라는 용어를 설명하면서 이것을 다음과 같이 설명하고 있다.

"항목들이란 부분들(aṁsā), 구성 성분들(avayavā)이라는 뜻이다. 혹은 koṭṭha는 몸을 뜻하고 그것의 부분들인 머리털 등은 koṭṭhāsā라고 하듯이 다른 구성 성분들도 koṭṭhāsā라고 한다."(DhsAMṬ.140)

494) 주석서에는 §§58~120에 해당하는 부문의 제목이 '항목의 부문(koṭṭhāsa-vāra)'으로 나타나고 주석서의 본문 안에서는 '길라잡이의 부문(saṅgaha-vāra)'이라 부르고 있다.(DhsA.152) 그리고 이 부문의 마지막에서는 다시 "길라잡이의 부문이 끝났다(saṅgahavāro niṭṭhito)."(DhsA.155)라고 맺은 뒤에 "항목의 부문도 이것의 이름이다(koṭṭhāsavārotipi etasseva nāmaṁ)."(*Ibid.*)라고 적고 있다. 이 부분은 앞에서 나열된 56가지를 다시 23가지 항목으로 정리하고 있기 때문에 법들의 항목이라는 뜻도 되고 [법들의] 길라잡이라는 뜻도 된다. 역자는 항목의 부문(koṭṭhāsa-vāra)을 택했다. 길라잡이로 옮기고 있는 saṅgaha의 의미에 대해서는 『아비담마 길라잡이』 서문 <§2. 책의 제목>의 해당 부분을 참조하기 바란다.

주석서는 이 항목의 부문의 내용을 다음과 같이 설명하고 있다.
"'그리고 그때에는 네 가지 무더기가 있고(tasmiṁ kho pana samaye cattāro khandhā honti)'라고 길라잡이의 부문(saṅgaha-vāra, 혹은 항목의 부문)이 시작되었다. 이것은 (a) 개요(uddesa)와 (b) 해설(niddesa)과 (c) 재해설(paṭiniddesa)의 세 가지로 구성되어 있다.
(a) 이 가운데 '그리고 그때에는 네 가지 무더기가 있고'(§58)라는 등은 개요이다. (b) '무엇이 그때에 있는 '네 가지 무더기'인가?'(§59)라는 등은 해설이다. (c) '무엇이 그때에 있는 '느낌의 무더기'인가?'(§60)라는 등은 재해설이라고 알아야 한다."(DhsA.152)

495) 주석서는 법들을 정의하는 부문(§§1~57)의 §1에서 개요로 밝힌 뒤 §§2~57에서 해설을 통해서 열거한 56가지 법들이 무엇을 기준으로 하여 이 23가지 항목으로 설정되었는가를 다음과 같이 설명하고 있다. 길지만 23가지 항

감각장소가 있고 ③ 두 가지 요소가 있고 ④ 세 가지 음식이 있고[496] ⑤

목을 이해하는 데 도움이 되는 부분이라 생각되어 전문을 몇 부분으로 나누어서 인용한다.

"이 가운데 (a) [법의] 개요에 관한 부문(§1)에서 네 가지 무더기 등은 23가지 항목으로 되어 있다. 이들에 대해서는 이런 뜻을 알아야 한다. 욕계의 첫 번째 유익한 큰마음이 일어날 때, 그때에 그밖에들(예와빠나까)은 제외하고 마음을 구성하는 요소로 일어나는 50개가 넘는 법들을 모아보면 이러하다. 모음(더미)의 뜻(rāsaṭṭha)에 의하면 오직 '네 가지 무더기가 있다.' 앞에서 언급한 감각장소의 뜻(āyatanaṭṭha)에 의하면 '두 가지 감각장소가 있다.' 고유성질이라는 뜻(sabhāvaṭṭha)과 공하다는 뜻(suññataṭṭha)과 중생이 없다는 뜻(nissattaṭṭha)에 의하면 단지 '두 가지 요소가 있다.'"(DhsA.152~153)

496) "조건(paccaya)이라 불리는 음식이라는 뜻에 의하면 [감각접촉과 의도와 알음알이라는] 이 세 가지 법들만이 여기서 '음식(āhārā)'이다. [네 가지 음식 가운데 첫 번째인 덩어리진 [먹는] 음식(kabaḷīkāra-āhāra)은 물질이기 때문에 여기서 다루지 않는다. — 역자 주] 나머지는 음식이 아닌 것(no āhārā)이다.

그런데 그 [세 가지 음식에 속하지 않는 나머지 53가지 법]들은 서로서로에게 혹은 거기에서 생긴 물질에게 조건들(paccayā)이 되지 않는가? 되지 않는 것은 아니다. 그런데 이 [세 가지 음식]들은 이런 형태로나 다른 형태로 조건됨에 관한 한 [나머지 53가지 법들을] 능가하는 조건을 가진다. 그래서 이들을 '음식(즉 조건)'이라고 말하는 것이다."(DhsA.153)

한편 '이런 형태로나 다른 형태로(tathā ca honti aññathā ca)'를 복주서는 이렇게 설명하고 있다.

"'이런 형태로나'라는 것은 이들에 공통되는(sādhāraṇa) 함께 생긴 조건 등(sahajātādi-paccaya)을 두고 한 말이다. '다른 형태로'라는 것은 다른 어떤 형태(ākāra)로 조건이 된다고 하여 음식(āhāra)이라고 말한다는 뜻이다."(DhsAMṬ.98)

계속해서 주석서는 이렇게 설명하고 있다.

"어떻게? (1) 이들 가운데에서 ① 감각접촉의 음식(phassāhāra)은 나머지 마음과 마음부수가 조건들이 되는 그런 법들에게 조건이 되고 아울러 세 가지 느낌들에게 음식이 된다. ② 마노의 의도의 음식(manosañcetanāhāra)은 그런 법들에게 조건이 되고 아울러 세 가지 존재(bhavā)에게 음식이 된다. ③ 알음알이의 음식(viññāṇ-āhāra)은 그런 법들에게 조건이 되고 아울러 재생연결의 정신과 물질에게 음식이 된다. [그러므로 세 가지 음식은 나머지 53가지 법들을 능가한다.]

여덟 가지 기능이 있고[497] ⑥ 다섯 가지 구성요소를 가진 禪이 있고[498] ⑦ 다섯 가지 구성요소를 가진 도가 있고[499] ⑧ 일곱 가지 힘이 있

그런데 그 [재생연결의 정신과 물질]은 과보로 나타난 것이고 이 [첫 번째 큰 마음]은 유익한 알음알이가 아닌가? 유익한 알음알이일지라도 그것과 닮았기 때문에 알음알이의 음식(viññāṇāhāra)이라고 말하였다.

(2) 혹은 돕는다는 뜻(upatthambhakaṭṭha)에 의하면 이 셋을 음식이라고 말한다. 이들은 마치 덩어리진 [먹는] 음식(kabaḷīkārāhāra)이 물질로 된 몸(rūpa-kāya)을 그렇게 하듯이 이들과 결합된 법들을 돕는 조건이 된다. 그래서 말하였다. "비물질인 음식들은 이들이 결합된 법들과 그것에서 생긴 물질들에게 음식의 조건으로 조건이 된다."(Ptn. §15)라고.

(3) 또 다른 방법으로 [설명한다.] — 내적인 흐름[相續, santati]에 대해서 이들은 특별한 조건이 되기 때문에 덩어리진 [먹는] 음식과 이 세 가지 법들을 음식이라고 부른다. ① 덩어리진 [먹는] 음식은 이것을 먹은중생들의 물질의 몸(rūpa-kāya)에게 특별한 조건이 되기 때문이고, 정신의 몸(nāma-kāya)에서 ② 감각접촉의 [음식]은 느낌에게, ③ 마노의 의도의 [음식]은 알음알이에게, ④ 알음알이의 [음식]은 정신·물질[名色]에게 [음식]이 되기 때문이다.
그래서 "비구들이여, 예를 들면 이 몸은 음식으로 지탱되나니 음식을 반연하여 지탱이 되고 음식이 없으면 지탱되지 않는 것과 같다."(S46:2)라고 말씀하셨다. 나아가서 "감각접촉을 조건으로 느낌이 … [업] 형성들[行]을 조건으로 알음알이가, 알음알이를 조건으로 정신·물질이 있다."(S12:1 등)가 된다."(DhsA.153)

497) "다스린다는 뜻(adhipatiyaṭṭha)에 의하면 여덟 가지 법들만이 기능이고 나머지는 그렇지 않다. 그래서 '여덟 가지 기능이 있고(aṭṭhindriyāni honti)'라고 말씀하셨다."(DhsA.153)

498) "명상한다는 뜻(upanijjhāyanaṭṭha)에 의하면 다섯 가지 법들만이 禪의 구성요소이다. 그래서 '다섯 가지 구성요소를 가진 禪이 있고(pañcaṅgikaṁ jhānaṁ hoti)'라고 말씀하셨다."(DhsA.153)

499) "출리로 인도함이라는 뜻(niyyānaṭṭha)과 [열반을 실현하는(nibbāna-adhigama, VbhAMṬ.50)] 원인이라는 뜻(hetvaṭṭha)에 의하면 다섯 가지 법들만이 도의 구성요소이다. 그래서 '다섯 가지 구성요소를 가진 도가 있고(pañcaṅgiko maggo hoti)'라고 하셨다. 그런데 여덟 가지 구성요소를 가진 성스러운 도[八支聖道, 八正道, aṭṭhaṅgika ariyamagga]는 세간적인 마음(lokiya-citta)에서는 한 순간에 세 가지 절제(virati), [즉 바른 말, 바른 행위, 바른 생계]를 얻을 수 없다. 그래서 다섯 가지 구성요소를 가진 것이라

고[500] ⑨ 세 가지 원인이 있고 ⑩ 한 가지 감각접촉이 있고[501] ⑪ 한 가지 느낌이 있고 ⑫ 한 가지 인식이 있고 ⑬ 한 가지 의도가 있고 ⑭

고 설하셨다.

그런데 참으로 "비구여, 들어온 길이란 여덟 가지 구성요소를 가진 성스러운 도[八支聖道=팔정도]를 두고 한 말이다."(S35:248)라는 이 경에서, '마치 출세간의 도(lokuttara-magga)의 구성요소가 여덟 가지이듯이 예비단계의 위빳사나의 도(pubbabhāga-vipassanā-magga)도 여덟 가지 구성요소로 되어 있다.'라고 들어온 길(yathāgata-magga)이라는 말로 표현된 이 뜻을 밝히면서 세간적인 도에서처럼 이 [출세간의 도]도 여덟 가지 구성요소로 되어 있다고 해야 하는가? 그렇게 해서는 안 된다.

이러한 경의 말씀은 참으로 방편적인 가르침(pariyāya-desanā)이기 때문이다. 그래서 말씀하시기를 "그 전에 이미 그의 몸으로 짓는 업과 말로 짓는 업과 생계는 아주 청정해졌다."(M149 §10)라고 하셨다. [즉 팔정도 가운데서 계에 해당하는 세 가지, 즉 말과 행위와 생계는 도가 일어나기 전에 혹은 위빳사나를 시작하기 전부터 이미 '아주 청정해졌다(suddha)'는 말씀이다. — MAṬ.ii.434]

이것은 비방편적인 가르침(nippariyāya-desanā)이다. 세간적인 마음에서 세 가지 절제는 한 순간에 얻을 수 없다. 그래서 '다섯 가지 구성요소를 가진 것'이라고 설하셨다."(DhsA.153～155)

상식적으로 생각해도 성스러운 팔정도 가운데 바른 말, 바른 행위, 바른 생계의 세 가지 절제는 세간적인 마음에서는 한 순간에 동시에 얻어지지 않는다. 지금 논의하는 마음은 욕계 첫 번째 유익한 마음이라는 세간적인 마음이다. 그러므로 여기서는 팔정도 가운데 이 셋을 뺀 다섯 가지만이 도의 구성요소로 언급이 된다고 주석서는 설명하고 있다. 그런데 제5장 출세간의 유익한 마음의 첫 번째 도의 마음인 §277과 §337 등에서는 당연히 여덟 가지 구성요소를 가진 도로 나타나고 있다.

500) "흔들림 없음의 뜻(akampiyaṭṭha)에 의하면 일곱 가지 법들만이 '힘(balāni)'이다. 뿌리라는 뜻(mūlaṭṭha)에서는 세 가지 법들만이 '원인(hetu)'이다." (DhsA.154)

501) "닿는다는 뜻(phusanaṭṭha)에 의하면 한 가지 법만이 '감각접촉'이다. 느낀다는 뜻(vedayitaṭṭhen)에 의하면 한 가지 법만이 '느낌'이다. 인식한다는 뜻(sañjānanaṭṭha)에 의하면 한 가지 법만이 '인식'이다. 의도한다는 뜻(cetayitaṭṭha)에 의하면 한 가지 법만이 '의도'이다. 아주 다양한 성질을 가졌다는 뜻(citta-vicittaṭṭha)에 의하면 한 가지 법만이 '마음(citta)'이다."(DhsA.154)

한 가지 마음이 있고 ⑮ 한 가지 느낌의 무더기가 있고[502] ⑯ 한 가지 인식의 무더기가 있고 ⑰ 한 가지 심리현상들의 무더기가 있고 ⑱ 한 가지 알음알이의 무더기가 있고 ⑲ 한 가지 마노의 감각장소가 있고[503] ⑳ 한 가지 마노의 기능이 있고 ㉑ 한 가지 마노의 알음알이의 요소가 있고 ㉒ 한 가지 법의 감각장소가 있고[504] ㉓ 한 가지 법의 요소가 있다. ㉔ 그 밖에 그때에 조건 따라 일어난[緣而生], 비물질인 다른 법들도 있다. — 이것이 유익한 법들이다.

(b) 해설

59. 무엇이 그때에 있는 '① 네 가지 무더기'인가?

느낌의 무더기, 인식의 무더기, 심리현상들의 무더기, 알음알이의 무더기이다.

60. 무엇이 그때에 있는 '느낌의 무더기'인가?

그때에 있는 정신적인 만족감, 정신적인 즐거움, 정신의 감각접촉에서 생긴 만족하고 즐겁게 느껴지는 것, 정신의 감각접촉에서 생긴 만족

---

502) "모음이라는 뜻(rāsaṭṭha)과 느낀다는 뜻에 의하면 한 가지 법만이 '느낌의 무더기'이다. 모음이라는 뜻과 인식한다는 뜻에 의하면 한 가지 법만이 '인식의 무더기'이다. 모음이라는 뜻과 형성한다는 뜻에 의하면 한 가지 법만이 '심리현상들의 무더기'이다. 모음이라는 뜻과 아주 다양한 성질을 가졌다는 뜻에 의하면 한 가지 법만이 '알음알이의 무더기'이다."(DhsA.154)

503) "식별한다는 뜻과 앞에서 설명한 감각장소라는 뜻에 의하면 단 한 가지가 '마노의 감각장소'이다. 식별한다는 뜻과 지배한다는 뜻(adhipatiyaṭṭha)에 의하면 단 한 가지가 '마노의 기능'이다. 식별한다는 뜻과 고유성질[自性]이 공하고 중생이 아니라는 뜻(sabhāvasuññata-nissattaṭṭha)에 의하면 한 가지 법만이 '마노의 알음알이의 요소'이고 나머지는 그렇지가 않다." (DhsA.154)

504) "그러나 마음을 제외하고 앞에서 설명한 뜻에 의하면 나머지 모든 법들은 단 한 가지 '법의 감각장소'이기도 하고 단 한 가지 '법의 요소'이기도 하다."(DhsA.154)

하고 즐거운 느낌 — 이것이 그때에 있는 느낌의 무더기이다.

61. 무엇이 그때에 있는 '인식의 무더기'인가?

그때에 있는 인식, 인식함, 인식된 상태 — 이것이 그때에 있는 인식의 무더기이다.

62. 무엇이 그때에 있는 '심리현상들의 무더기'인가?

감각접촉, 의도, 일으킨 생각, 지속적 고찰, 희열, 마음이 한끝으로[집중]됨, 믿음의 기능, 정진의 기능, [18] 마음챙김의 기능, 삼매의 기능, 통찰지의 기능, 생명기능, 바른 견해, 바른 사유, 바른 정진, 바른 마음챙김, 바른 삼매, 믿음의 힘, 정진의 힘, 마음챙김의 힘, 삼매의 힘, 통찰지의 힘, 양심의 힘, 수치심의 힘, 탐욕 없음, 성냄 없음, 어리석음 없음, 간탐 없음, 악의 없음, 바른 견해, 양심, 수치심, 몸의 편안함, 마음의 편안함, 몸의 가벼움, 마음의 가벼움, 몸의 부드러움, 마음의 부드러움, 몸의 적합함, 마음의 적합함, 몸의 능숙함, 마음의 능숙함, 몸의 올곧음, 마음의 올곧음, 마음챙김, 알아차림, 사마타, 위빳사나, 분발, 산란하지 않음,[505] 그 밖에 그때에 조건 따라 일어난[緣而生], 느낌의 무더기를 제외하고 인식의 무더기를 제외하고 알음알이의 무더기를 제외한 비물질인 다른 법들 — 이것이 그때에 있는 심리현상들의 무더기이다.

63. 무엇이 그때에 있는 '알음알이의 무더기'인가?

그때에 있는 마음, 마노[意], 정신작용, 심장, 깨끗한 것, 마노, 마노의

---

505) 이처럼 여기서는 앞의 §1에 나타난 56가지 법들 가운데 느낌의 무더기와 인식의 무더기와 알음알이의 무더기에 속하는 느낌, 인식, 마음, 행복, 마노의 기능, 기쁨의 기능의 여섯 가지가 제외되어서 모두 50가지가 심리현상의 무더기로 나타나고 있다. 느낌과 행복과 기쁨의 기능은 느낌의 무더기에 속하고 인식은 인식의 무더기에 속하고 마음과 마노의 기능은 알음알이에 속하기 때문이다.

감각장소, 마노의 기능, 알음알이, 알음알이의 무더기, 그것에 적합한 마노의 알음알이의 요소 — 이것이 그때에 있는 알음알이의 무더기이다.

이들이 그때에 있는 네 가지 무더기이다.

64. 무엇이 그때에 있는 '② 두 가지 감각장소'인가?

마노의 감각장소와 법의 감각장소이다.

65. 무엇이 그때에 있는 '마노의 감각장소'인가?

그때에 있는 마음, 마노[意], 정신작용, 심장, 깨끗한 것, 마노, 마노의 감각장소, 마노의 기능, 알음알이, 알음알이의 무더기, 그것에 적합한 마노의 알음알이의 요소 — 이것이 그때에 있는 마노의 감각장소이다.

66. 무엇이 그때에 있는 '법의 감각장소'인가?

느낌의 무더기, 인식의 무더기, 심리현상들의 무더기 — 이것이 그때에 있는 법의 감각장소이다.

이들이 그때에 있는 두 가지 감각장소이다.

67. 무엇이 그때에 있는 '③ 두 가지 요소'인가?

마노의 알음알이의 요소와 법의 요소이다.

68. 무엇이 그때에 있는 '마노의 알음알이의 요소'인가?

그때에 있는 마음, 마노[意], 정신작용, 심장, 깨끗한 것, 마노, 마노의 감각장소, 마노의 기능, 알음알이, 알음알이의 무더기, 그것에 적합한 마노의 알음알이의 요소 — 이것이 그때에 있는 마노의 알음알이의 요소이다.

69. 무엇이 그때에 있는 '법의 요소'인가?

느낌의 무더기, [19] 인식의 무더기, 심리현상들의 무더기 — 이것이 그때에 있는 법의 요소이다.

이들이 그때에 있는 두 가지 요소이다.

70. 무엇이 그때에 있는 '④ 세 가지 음식'인가?

감각접촉의 음식[觸食], 마노의 의도의 음식[意思食], 알음알이의 음식[識食]이다.

71. 무엇이 그때에 있는 '감각접촉의 음식[觸食]'인가?

그때에 있는 감각접촉, 접촉함, 맞닿음, 맞닿은 상태 — 이것이 그때에 있는 감각접촉의 음식이다.

72. 무엇이 그때에 있는 '마노의 의도의 음식[意思食]'인가?

의도, 의도함, 의도된 상태 — 이것이 그때에 있는 마노의 의도의 음식이다.

73. 무엇이 그때에 있는 '알음알이의 음식[識食]'인가?

그때에 있는 마음, 마노[意], 정신작용, 심장, 깨끗한 것, 마노, 마노의 감각장소, 마노의 기능, 알음알이, 알음알이의 무더기, 그것에 적합한 마노의 알음알이의 요소 — 이것이 그때에 있는 알음알이의 음식이다.

이들이 그때에 있는 세 가지 음식이다.

74. 무엇이 그때에 있는 '⑤ 여덟 가지 기능'인가?

믿음의 기능, 정진의 기능, 마음챙김의 기능, 삼매의 기능, 통찰지의 기능, 마노의 기능, 기쁨의 기능, 생명기능이다.

75. 무엇이 그때에 있는 '믿음의 기능'인가?

그때에 있는 믿음, 믿는 것, 신뢰, 깨끗한 믿음, 믿음, 믿음의 기능, 믿음의 힘 — 이것이 그때에 있는 믿음의 기능이다.

76. 무엇이 그때에 있는 '정진의 기능'인가?

그때에 있는 정신적인 정진을 시작함, 부지런함, 노력, 애씀, 힘씀, 전력, 분발, 강인함, 강건함, 해이하지 않고 애씀, 열의를 내려놓지 않음, 용감함을 내려놓지 않음, 용감함을 움켜쥠, 정진, 정진의 기능, 정진의 힘, 바른 정진 — 이것이 그때에 있는 정진의 기능이다.

77. 무엇이 그때에 있는 '마음챙김의 기능'인가?

그때에 있는 마음챙김, 계속해서 마음챙김[隨念], 거듭해서 마음챙김, 마음챙김, 챙겨있음, 간직함, 떠다니지 않음, 잊어버리지 않음, 마음챙김, 마음챙김의 기능, 마음챙김의 힘, 바른 마음챙김[正念] — 이것이 그때에 있는 마음챙김의 기능이다.

78. 무엇이 그때에 있는 '삼매의 기능'인가?

그때에 있는 마음의 머묾, 잘 머묾, 확고함, 산만하지 않음, 산란하지 않음, 산만하지 않은 마음 상태, 사마타, 삼매의 기능, 삼매의 힘, 바른 삼매 [20] — 이것이 그때에 있는 삼매의 기능이다.

79. 무엇이 그때에 있는 '통찰지의 기능'인가?

그때에 있는 통찰지, 통찰함, 간택, 꿰뚫어 간택함, 법의 간택[擇法], 주시함, 응시함, 차별화함, 영민함, 능숙함, 숙달됨, 분석함, 사색, 자세히 관찰함, 광대함, 현명함, 주도면밀함, 위빳사나, 알아차림, 몰이 막대, 통찰지, 통찰지의 기능, 통찰지의 힘, 통찰지의 칼, 통찰지의 궁전, 통찰지의 광명, 통찰지의 빛, 통찰지의 광휘로움, 통찰지의 보배, 어리석음 없음, 법의 간택, 바른 견해 — 이것이 그때에 있는 통찰지의 기능이다.

80. 무엇이 그때에 있는 '마노의 기능'인가?

그때에 있는 마음, 마노[意], 정신작용, 심장, 깨끗한 것, 마노, 마노의 감각장소, 마노의 기능, 알음알이, 알음알이의 무더기, 그것에 적합한 마노의 알음알이의 요소 — 이것이 그때에 있는 마노의 기능이다.

81. 무엇이 그때에 있는 '기쁨의 기능'인가?

그때에 있는 정신적인 만족감, 정신적인 즐거움, 정신의 감각접촉에서 생긴 만족하고 즐겁게 느껴지는 것, 정신의 감각접촉에서 생긴 만족하고 즐거운 느낌 — 이것이 그때에 있는 기쁨의 기능이다.

82. 무엇이 그때에 있는 '생명기능'인가?

그때에 있는 비물질인 법들의 수명, 머묾, 지속, 유지, 나아감, 계속됨, 보존, 생명, 생명기능 — 이것이 그때에 있는 생명기능이다.

이들이 그때에 있는 여덟 가지 기능이다.

83. 무엇이 그때에 있는 '⑥ 다섯 가지 구성요소를 가진 禪'인가?

일으킨 생각, 지속적 고찰, 희열, 행복, 마음이 한끝으로 [집중]됨이다.

84. 무엇이 그때에 있는 '일으킨 생각'인가?

그때에 있는 생각, 일으킨 생각, 사유, 전념, 몰입, 마음을 [대상에] 겨냥하게 함, 바른 사유 — 이것이 그때에 있는 일으킨 생각이다.

85. 무엇이 그때에 있는 '지속적 고찰'인가?

그때에 있는 고찰, 지속적 고찰, 탐구, 추구, 마음을 매어둠, 숙고함 — 이것이 그때에 있는 지속적 고찰이다.

86. 무엇이 그때에 있는 '희열'인가?

그때에 있는 [21] 희열, 환희, 기뻐함, 기꺼워함, 미소, 함박웃음, 경사로움, 의기양양함, 마음이 흡족함 — 이것이 그때에 있는 희열이다.

87. 무엇이 그때에 있는 '행복'[506] 인가?

---

506) 여기서 '행복'으로 옮긴 용어는 sukha이다. 초기불전연구원에서는 이 sukha

그때에 있는 정신적인 만족감, 정신적인 즐거움, 정신의 감각접촉에서 생긴 만족하고 즐겁게 느껴지는 것, 정신의 감각접촉에서 생긴 만족하고 즐거운 느낌 — 이것이 그때에 있는 행복이다.

88. 무엇이 그때에 있는 '마음이 한끝으로 [집중]됨'인가?

그때에 있는 마음의 머묾, 잘 머묾, 확고함, 산만하지 않음, 산란하지 않음, 산만하지 않은 마음 상태, 사마타, 삼매의 기능, 삼매의 힘, 바른 삼매 — 이것이 그때에 있는 마음이 한끝으로 [집중]됨이다.

이들이 그때에 있는 다섯 가지 구성요소를 가진 禪이다.

89. 무엇이 그때에 있는 '⑦ 다섯 가지 구성요소를 가진 도'인가?

바른 견해, 바른 사유, 바른 정진, 바른 마음챙김, 바른 삼매이다.

를 크게 세 가지로 다르게 옮기고 있다. ① sukha는 대부분 sukha-vedanā(즐거운 느낌)의 문맥에서 나타나므로 기본적으로 '즐거움'이라 옮긴다. ② 여기서처럼 禪의 구성요소로서 나타날 경우에는 sukha를 '행복'으로 옮긴다. ③ 그리고 즐거운 느낌이 sukha와 somanassa, 즉 육체적 즐거움과 정신적 즐거움으로 구분되어 나타날 때는 sukha는 '육체적 즐거움'으로 옮기고 'somanassa'는 문맥에 따라 '정신적 즐거움'으로 의역하기도 하지만 여기서처럼 주로 '기쁨'으로 옮긴다.

『아비담맛타상가하』에서도 sukha는 육체적인 즐거움을, dukkha는 육체적인 괴로움을 의미한다. 여기에 대해서는 『아비담마 길라잡이』 제3장 §4의 해설과 <도표 3.1 느낌의 길라잡이>를 참조할 것.

그러나 본서의 여기 제1편 마음의 일어남 편에서 sukha는 '정신적인 즐거움(cetasika sukha)'의 문맥에서 나타나고 있고(§3 등 참조) 기쁨의 기능과 동의어로 설명이 된다.(§18 참조) 이처럼 본서에서 sukha는 '육체적 즐거움'이 아니기 때문에 그냥 '즐거움'으로 통일해서 옮긴다. 그러나 초선부터 제5선까지의 禪과 관계된 문맥에서는 '행복'으로 옮기고(§10과 주해 참조) 해로운 마음의 일어남 편에서 禪의 구성요소로 나타나는 sukha는 초선부터 제5선까지가 아니므로 그냥 '즐거움'으로 옮긴다.(§374 참조) 그리고 somana-ssa는 '기쁨'으로 옮기고 이와 반대가 되는 domanassa는 '불만족'으로 통일해서 옮기고 있다.(§165와 §417 참조)

90. 무엇이 그때에 있는 '바른 견해'인가?

그때에 있는 통찰지, 통찰함, 간택, 꿰뚫어 간택함, 법의 간택[擇法], 주시함, 응시함, 차별화함, 영민함, 능숙함, 숙달됨, 분석함, 사색, 자세히 관찰함, 광대함, 현명함, 주도면밀함, 위빳사나, 알아차림, 몰이 막대, 통찰지, 통찰지의 기능, 통찰지의 힘, 통찰지의 칼, 통찰지의 궁전, 통찰지의 광명, 통찰지의 빛, 통찰지의 광휘로움, 통찰지의 보배, 어리석음 없음, 법의 간택, 바른 견해 — 이것이 그때에 있는 바른 견해이다.

91. 무엇이 그때에 있는 '바른 사유'인가?

그때에 있는 생각, 일으킨 생각, 사유, 전념, 몰입, 마음을 [대상에] 겨냥하게 함, 바른 사유 — 이것이 그때에 있는 바른 사유이다.

92. 무엇이 그때에 있는 '바른 정진'인가?

그때에 있는 정신적인 정진을 시작함, 부지런함, 노력, 애씀, 힘씀, 전력, 분발, 강인함, 강건함, 해이하지 않고 애씀, 열의를 내려놓지 않음, 용감함을 내려놓지 않음, 용감함을 움켜쥠, 정진, 정진의 기능, 정진의 힘, 바른 정진 — 이것이 그때에 있는 바른 정진이다.

93. 무엇이 그때에 있는 '바른 마음챙김'인가?

그때에 있는 마음챙김, 계속해서 마음챙김[隨念], 거듭해서 마음챙김, 마음챙김, 챙겨있음, 간직함, [22] 떠다니지 않음, 잊어버리지 않음, 마음챙김, 마음챙김의 기능, 마음챙김의 힘, 바른 마음챙김[正念] — 이것이 그때에 있는 바른 마음챙김이다.

94. 무엇이 그때에 있는 '바른 삼매'인가?

그때에 있는 마음의 머묾, 잘 머묾, 확고함, 산만하지 않음, 산란하지 않음, 산만하지 않은 마음 상태, 사마타, 삼매의 기능, 삼매의 힘, 바른 삼매 — 이것이 그때에 있는 바른 삼매이다.

이들이 그때에 있는 다섯 가지 구성요소를 가진 도이다.

95. 무엇이 그때에 있는 '⑧ 일곱 가지 힘'인가?

믿음의 힘, 정진의 힘, 마음챙김의 힘, 삼매의 힘, 통찰지의 힘, 양심의 힘, 수치심의 힘이다.(D33 §2.3 (9))

96. 무엇이 그때에 있는 '믿음의 힘'인가?

그때에 있는 믿음, 믿는 것, 신뢰, 깨끗한 믿음, 믿음, 믿음의 기능, 믿음의 힘 — 이것이 그때에 있는 믿음의 힘이다.

97. 무엇이 그때에 있는 '정진의 힘'인가?

그때에 있는 정신적인 정진을 시작함, 부지런함, 노력, 애씀, 힘씀, 전력, 분발, 강인함, 강건함, 해이하지 않고 애씀, 열의를 내려놓지 않음, 용감함을 내려놓지 않음, 용감함을 움켜쥠, 정진, 정진의 기능, 정진의 힘, 바른 정진 — 이것이 그때에 있는 정진의 힘이다.

98. 무엇이 그때에 있는 '마음챙김의 힘'인가?

그때에 있는 마음챙김, 계속해서 마음챙김[隨念], 거듭해서 마음챙김, 마음챙김, 챙겨있음, 간직함, 떠다니지 않음, 잊어버리지 않음, 마음챙김, 마음챙김의 기능, 마음챙김의 힘, 바른 마음챙김[正念] — 이것이 그때에 있는 마음챙김의 힘이다.

99. 무엇이 그때에 있는 '삼매의 힘'인가?

그때에 있는 마음의 머묾, 잘 머묾, 확고함, 산만하지 않음, 산란하지 않음, 산만하지 않은 마음 상태, 사마타, 삼매의 기능, 삼매의 힘, 바른 삼매 — 이것이 그때에 있는 삼매의 힘이다.

100. 무엇이 그때에 있는 '통찰지의 힘'인가?

그때에 있는 통찰지, 통찰함, 간택, 꿰뚫어 간택함, 법의 간택[擇法], 주시함, 응시함, 차별화함, 영민함, 능숙함, 숙달됨, 분석함, 사색, 자세히 관찰함, 광대함, 현명함, 주도면밀함, 위빳사나, 알아차림, 몰이 막대, 통찰지, 통찰지의 기능, 통찰지의 힘, 통찰지의 칼, 통찰지의 궁전, 통찰지의 빛, [23] 통찰지의 광명, 통찰지의 광휘로움, 통찰지의 보배, 어리석음 없음, 법의 간택, 바른 견해 — 이것이 그때에 있는 통찰지의 힘이다.

101. 무엇이 그때에 있는 '양심의 힘'인가?

그때에 있는 부끄러워해야 하는 것에 대해서 부끄러워하고 삿되고 해로운 법들을 성취한 것에 대해서 부끄러워하는 것 — 이것이 그때에 있는 양심의 힘이다.

102. 무엇이 그때에 있는 '수치심의 힘'인가?

그때에 있는 두려워해야 하는 것에 대해서 두려워하고 삿되고 해로운 법들을 성취한 것에 대해서 두려워하는 것 — 이것이 그때에 있는 수치심의 힘이다.

이들이 그때에 있는 일곱 가지 힘이다.

103. 무엇이 그때에 있는 '⑨ 세 가지 원인'인가?

탐욕 없음, 성냄 없음, 어리석음 없음이다.

104. 무엇이 그때에 있는 '탐욕 없음'인가?

그때에 있는 탐욕 없음, 탐하지 않음, 탐하지 않는 상태, 탐닉 없음, 탐닉하지 않음, 탐닉하지 않는 상태, 간탐 없음, 탐욕 없음이라는 유익함의 뿌리 — 이것이 그때에 있는 탐욕 없음이다.

105. 무엇이 그때에 있는 '성냄 없음'인가?

그때에 있는 성냄 없음, 성내지 않음, 성내지 않는 상태, 악의 없음, 악의를 가지지 않음, 성냄 없음이라는 유익함의 뿌리 — 이것이 그때에 있는 성냄 없음이다.

106. 무엇이 그때에 있는 '어리석음 없음'인가?

그때에 있는 통찰지, 통찰함 … [§16] … 어리석음 없음, 법의 간택, 바른 견해 — 이것이 그때에 있는 어리석음 없음이다.

이들이 그때에 있는 세 가지 원인이다.

107. 무엇이 그때에 있는 '⑩ 한 가지 감각접촉'인가?

그때에 있는 감각접촉, 접촉함, 맞닿음, 맞닿은 상태 — 이것이 그때에 있는 한 가지 감각접촉이다.

108. 무엇이 그때에 있는 '⑪ 한 가지 느낌(' 인가?

그때에 있는 정신적인 만족감, 정신적인 즐거움, 정신의 감각접촉에서 생긴 만족하고 즐겁게 느껴지는 것, 정신의 감각접촉에서 생긴 만족하고 즐거운 느낌 — 이것이 그때에 있는 한 가지 느낌이다.

109. 무엇이 그때에 있는 '⑫ 한 가지 인식'인가?

그때에 있는 [24] 인식, 인식함, 인식된 상태 — 이것이 그때에 있는 한 가지 인식이다.

110. 무엇이 그때에 있는 '⑬ 한 가지 의도'인가?

의도, 의도함, 의도된 상태 — 이것이 그때에 있는 한 가지 의도이다.

111. 무엇이 그때에 있는 '⑭ 한 가지 마음'인가?

그때에 있는 마음, 마노[意], 정신작용, 심장, 깨끗한 것, 마노, 마노의 감각장소, 마노의 기능, 알음알이, 알음알이의 무더기, 그것에 적합한 마노의 알음알이의 요소 — 이것이 그때에 있는 한 가지 마음이다.

112. 무엇이 그때에 있는 '⑮ 한 가지 느낌의 무더기'인가?

그때에 있는 정신적인 만족감, 정신적인 즐거움, 정신의 감각접촉에서 생긴 만족하고 즐겁게 느껴지는 것, 정신의 감각접촉에서 생긴 만족하고 즐거운 느낌 — 이것이 그때에 있는 한 가지 느낌의 무더기이다.

113. 무엇이 그때에 있는 '⑯ 한 가지 인식의 무더기'인가?

그때에 있는 인식, 인식함, 인식된 상태 — 이것이 그때에 있는 한 가지 인식의 무더기이다.

114. 무엇이 그때에 있는 '⑰ 한 가지 심리현상들의 무더기'인가?

감각접촉, 의도, 일으킨 생각, 지속적 고찰, 희열, 마음이 한끝으로 [집중]됨, 믿음의 기능, 정진의 기능, 마음챙김의 기능, 삼매의 기능, 통찰지의 기능, 생명기능, 바른 견해, 바른 사유, 바른 정진, 바른 마음챙김, 바른 삼매, 믿음의 힘, 정진의 힘, 마음챙김의 힘, 삼매의 힘, 통찰지의 힘, 양심의 힘, 수치심의 힘, 탐욕 없음, 성냄 없음, 어리석음 없음, 간탐 없음, 악의 없음, 바른 견해, 양심, 수치심, 몸의 편안함, 마음의 편안함, 몸의 가벼움, 마음의 가벼움, 몸의 부드러움, 마음의 부드러움, 몸의 적합함, 마음의 적합함, 몸의 능숙함, 마음의 능숙함, 몸의 올곧음, 마음의 올곧음, 마음챙김, 알아차림, 사마타, 위빳사나, 분발, 산란하지 않음,507) 그 밖에 그때에 조건 따라 일어난[緣而生], 느낌의 무더기를 제외하고 인식의 무더기를 제외하고 알음알이의 무더기를 제외한 비물질인 다른 법들 — 이것이 그때에 있는 한 가지 심리현상들의 무더기이다.

---

507) 여기서도 §62와 같이 56-6=50가지 법들이 심리현상들의 무더기로 언급되어 있다.

115. 무엇이 그때에 있는 '⑱ 한 가지 알음알이의 무더기'인가?

그때에 있는 마음, 마노[意], 정신작용, 심장, 깨끗한 것, 마노, 마노의 감각장소, 마노의 기능, 알음알이, 알음알이의 무더기, 그것에 적합한 마노의 알음알이의 요소 — 이것이 그때에 있는 한 가지 알음알이의 무더기이다.

116. 무엇이 [25] 그때에 있는 '⑲ 한 가지 마노의 감각장소'인가?

그때에 있는 마음, 마노[意], 정신작용, 심장, 깨끗한 것, 마노, 마노의 감각장소, 마노의 기능, 알음알이, 알음알이의 무더기, 그것에 적합한 마노의 알음알이의 요소 — 이것이 그때에 있는 한 가지 마노의 감각장소이다.

117. 무엇이 그때에 있는 '⑳ 한 가지 마노의 기능'인가?

그때에 있는 마음, 마노[意], 정신작용, 심장, 깨끗한 것, 마노, 마노의 감각장소, 마노의 기능, 알음알이, 알음알이의 무더기, 그것에 적합한 마노의 알음알이의 요소 — 이것이 그때에 있는 한 가지 마노의 기능이다.

118. 무엇이 그때에 있는 '㉑ 한 가지 마노의 알음알이의 요소' 인가?

그때에 있는 마음, 마노[意], 정신작용, 심장, 깨끗한 것, 마노, 마노의 감각장소, 마노의 기능, 알음알이, 알음알이의 무더기, 그것에 적합한 마노의 알음알이의 요소 — 이것이 그때에 있는 한 가지 마노의 알음알이의 요소이다.

119. 무엇이 그때에 있는 '㉒ 한 가지 법의 감각장소'인가?

느낌의 무더기, 인식의 무더기, 심리현상들의 무더기 — 이것이 그때에 있는 법의 감각장소이다.

120. 무엇이 그때에 있는 '㉓ 한 가지 법의 요소'인가?

느낌의 무더기, 인식의 무더기, 심리현상들의 무더기 — 이것이 그때에 있는 법의 요소이다.

㉔ 그 밖에 그때에 조건 따라 일어난[緣而生], 비물질인 다른 법들도 있다. — 이것이 유익한 법들이다.

항목의 부문이 [끝났다.]

(3) 공함의 부문(§§121~145)

(a) 개요

121. 그런데 그때에 ① 법들이 있고508) ② 무더기들이 있고 ③ 감

---

508) "'그런데 그때에 법들이 있고(tasmiṁ kho pana samaye dhammā honti)' (§121)라는 공함[空性]의 부문(suññatā-vāra)이 시작되었다. 이 [공함의 부문은] (a) 개요(uddesa, §121)와 (b) 해설(niddesa, §§122~145)에 의해서 두 가지로 분석된다.
이 가운데 법의 개요에 관한 부문은 '법들이 있다(dhammā honti).'라는 이것과 더불어 24가지 항목들로 되어 있다. 그리고 이 모든 부분들에는 네 가지라거나 두 가지라거나 세 가지라는 숫자의 제한이 설해지지 않았다.
왜인가? [앞의] 길라잡이의 부문(saṅgahavāra, 항목의 부문)에서 [이미 숫자로] 제한되었기 때문이다. 거기서 [숫자로] 제한된 법들이 여기서도 설해지기 때문이다."(DhsA.155)

여기 공함의 부문에서 주목할 것은 앞의 '항목의 부문'에는 없는 "법들이 있고(dhammā honti)"라는 이 구절이 제일 앞에 첨가가 되고 그다음에 항목의 부문에 나타난 23가지 항목들을 열거하여 모두 24가지 조목으로 구성되어 있다는 점이다. 이처럼 본 부문은 공함을 밝히는 부문이면서도 오히려 법들이 있음을 강조하는 '법들이 있고(dhammā honti)'라는 구절이 제일 앞에 첨가되는 특이한 구조로 되어 있다. 그 이유가 무엇일까? 결론적으로 말하면, 오직 법들만이 있고 개념적 존재들은 실체가 없고 공한 것을 밝히기 위해서 '법들이 있고'라는 구절을 맨 먼저 언급한 것으로 이해해야 한다. 그래서 주석서는 다음과 같이 강조하고 있다.

"여기서 중생(satta)이라거나 존재(bhāva)라거나 자아(atta)라는 것은 얻

각장소들이 있고 ④ 요소들이 있고 ⑤ 음식들이 있고 ⑥ 기능들이 있고

어지지 않는다. 이들은 오직 법들이고(dhammāva ete) 단지 법들일 뿐(dhamma-mattā)이고 실체가 없고(asārā) 인도자가 아니다(apariṇāyakā). 그래서 이러한 공함[空性, suññatā]을 밝히기 위해서 [공함의 부문을] 설하셨다."(DhsA.155)

여기서 공함은 단지 법들만이 있을 뿐, 개념적 존재라는 것은 존재하지 않음을 말한다. 그러므로 여기서 분명히 할 것은, 이처럼 주석서는 중생이나 자아나 실체라고 부르는 개념적 존재가 공하기 때문에 공이라고 설명하고 있지 법들 자체가 공이라고는 설명하지 않는다는 점이다. 주석서 문헌들을 검색해보면 아공(我空)으로 직역되는 atta-suñña(자아가 공함)이라는 용어는 아주 많이 나타나지만 법공(法空)이라고 직역할 수 있는 dhamma-suñña(법이 공함)라는 용어는 단 한 번만 나타나고 있다. 그것도 dhamma-suñña(법이 공함)를 인정하지 않는다는 문맥에서 나타나고 있으므로 상좌부에서는 법공은 인정하지 않는다고 할 수 있다. 여기에 대해서는 본서 해제 §4-(3)-(c)의 해당 부분을 참조하기 바란다.

이렇게 말한다고 해서 아비담마는 법의 실유를 강조한다고 억측을 하는 것은 곤란하다. 상좌부 아비담마에서는 법에 관한한 가유(假有)라거나 실유(實有)라는 관심 자체를 가지지 않는다. 그리고 여기 본서 제1편의 도처에서 법들은 조건 따라 일어난 것임[緣而生]을 강조하고 있듯이 법들은 조건발생, 즉 연기요 연이생이다. 이처럼 『담마상가니』 야말로 도처에서 인연소생법(因緣所生法, paṭiccasamuppannā dhammā)임을 강조하고 있다. 여기에 대해서는 본서 해제 §4-(3)-(c)와 해제 §4-(4)를 참조하기 바란다.

계속해서 주석서는 다음과 같이 강조한다.
"이들에 대해서는 이런 뜻을 알아야 한다. — [(a) 법의 개요에 관한 부문에서,] 욕계의 첫 번째 유익한 마음이 일어날 때, 그때에 마음의 구성요소로 일어나는 50개가 넘는 법들은 고유성질이라는 뜻에 의해서 오직 법들이 있을 뿐이다(dhammā eva honti). 중생(satta)이라거나 존재(bhāva)라거나 사람(posa)이라거나 인간(puggala)이라는 다른 어떠한 것도 없다. 여기서 모음(더미, rāsi)이라는 뜻에서 오직 무더기들[蘊]이 있을 뿐이다. 이와 같이 앞에서 설명한 방법대로 모든 문장들에서 뜻의 적용을 알아야 한다.
그런데 禪과 다른 그런 禪의 구성요소는 없고, 도와 다른 그런 도의 구성요소는 없다. 그래서 여기서는 '禪이 있고 도가 있고(jhānaṁ hoti, maggo hoti)'(§121)라고 이렇게 설했다. 명상한다는 뜻에서 禪이고 [열반을 실현하는(VbhAMṬ.50.)] 원인이라는 뜻에서 도이다. 어떤 다른 중생이나 존재는 없다. 이와 같이 모든 문장들에서 그 뜻이 적용되어야 한다.
(b) [법의] 해설에 관한 부문은 그 뜻이 분명하게 드러난다."(DhsA.155)

⑦ 禪이 있고 ⑧ 도가 있고 ⑨ 힘들이 있고 ⑩ 원인들이 있고 ⑪ 감각접촉이 있고 ⑫ 느낌이 있고 ⑬ 인식이 있고 ⑭ 의도가 있고 ⑮ 마음이 있고 ⑯ 느낌의 무더기가 있고 ⑰ 인식의 무더기가 있고 ⑱ 심리현상들의 무더기가 있고 ⑲ 알음알이의 무더기가 있고 ⑳ 마노의 감각장소가 있고 ㉑ 마노의 기능이 있고 ㉒ 마노의 알음알이의 요소가 있고 ㉓ 법의 감각장소가 있고 ㉔ 법의 요소가 있다.

㉕ 그 밖에 그때에 조건 따라 일어난[緣而生], 비물질인 다른 법들도 있다. — 이것이 유익한 법들이다.

(b) 해설(§§122~145)

122. 무엇이 그때에 있는 '① 법들'인가?

느낌의 무더기, 인식의 무더기, 심리현상들의 무더기, 알음알이의 무더기 — 이것이 그때에 있는 법들이다.

123. 무엇이 그때에 있는 '② 무더기들'인가?

느낌의 무더기, 인식의 무더기, 심리현상들의 무더기, [26] 알음알이의 무더기 — 이것이 그때에 있는 무더기들이다.

124. 무엇이 그때에 있는 '③ 감각장소들'인가?

마노의 감각장소, 법의 감각장소 — 이것이 그때에 있는 감각장소들이다.

125. 무엇이 그때에 있는 '④ 요소들'인가?

마노의 알음알이의 요소, 법의 요소 — 이것이 그때에 있는 요소들이다.

126. 무엇이 그때에 있는 '⑤ 음식들'인가?

감각접촉의 음식[觸食], 마노의 의도의 음식[意思食], 알음알이의 음식

[識食] — 이것이 그때에 있는 음식들이다.

127. 무엇이 그때에 있는 '⑥ 기능들'인가?

믿음의 기능, 정진의 기능, 마음챙김의 기능, 삼매의 기능, 통찰지의 기능, 마노의 기능, 기쁨의 기능, 생명기능 — 이것이 그때에 있는 기능들이다.

128. 무엇이 그때에 있는 '⑦ 禪'인가?

일으킨 생각, 지속적 고찰, 희열, 행복, 마음이 한끝으로 [집중]됨 — 이것이 그때에 있는 禪이다.

129. 무엇이 그때에 있는 '⑧ 도'인가?

바른 견해, 바른 사유, 바른 정진, 바른 마음챙김, 바른 삼매 — 이것이 그때에 있는 도이다.

130. 무엇이 그때에 있는 '⑨ 힘들'인가?

믿음의 힘, 정진의 힘, 마음챙김의 힘, 삼매의 힘, 통찰지의 힘, 양심의 힘, 수치심의 힘 — 이것이 그때에 있는 힘들이다.

131. 무엇이 그때에 있는 '⑩ 원인들'인가?

탐욕 없음, 성냄 없음, 어리석음 없음 — 이것이 그때에 있는 원인들이다.

132. 무엇이 그때에 있는 '⑪ 감각접촉'인가?

… [§2] … 이것이 그때에 있는 감각접촉이다.

133. 무엇이 그때에 있는 '⑫ 느낌'인가?

[§3] … 이것이 그때에 있는 느낌이다.

134. 무엇이 그때에 있는 '⑬ 인식' 인가?
… [§4] … 이것이 그때에 있는 인식이다.

135. 무엇이 그때에 있는 '⑭ 의도' 인가?
… [§5] … 이것이 그때에 있는 의도이다.

136. 무엇이 그때에 있는 '⑮ 마음' 인가?
… [§6] … 이것이 그때에 있는 마음이다.

137. 무엇이 그때에 있는 '⑯ 느낌의 무더기' 인가?
… [§60] … 이것이 그때에 있는 느낌의 무더기이다.

138. 무엇이 그때에 있는 '⑰ 인식의 무더기' 인가?
… [§61] … 이것이 그때에 있는 인식의 무더기이다.

139. 무엇이 그때에 있는 '⑱ 심리현상들의 무더기' 인가?
… [§62] … 이것이 그때에 있는 심리현상들의 무더기이다.

140. 무엇이 그때에 있는 '⑲ 알음알이의 무더기' 인가?
… [§63] … 이것이 그때에 있는 알음알이의 무더기이다.

141. 무엇이 그때에 있는 '⑳ 마노의 감각장소' 인가?
… [§65] … 이것이 그때에 있는 마노의 감각장소이다.

142. 무엇이 그때에 있는 '㉑ 마노의 기능' 인가?
… [§80] … 이것이 그때에 있는 마노의 기능이다.

143. 무엇이 그때에 있는 '㉒ 마노의 알음알이의 요소' 인가?
… [§68] … 이것이 그때에 있는 마노의 알음알이의 요소이다.

144. 무엇이 그때에 있는 '㉓ 법의 감각장소'인가?

느낌의 무더기, 인식의 무더기, 심리현상들의 무더기 — 이것이 그때에 있는 법의 감각장소이다.

145. 무엇이 그때에 있는 '㉔ 법의 요소'인가?

느낌의 무더기, 인식의 무더기, 심리현상들의 무더기 — 이것이 그때에 있는 법의 요소이다.

㉕ 그 밖에 그때에 조건 따라 일어난[緣而生], 비물질인 다른 법들도 있다. — 이것이 유익한 법들이다.

공함의 부문이 [끝났다.][509]

첫 번째 마음이 [끝났다.]

II. 두 번째 마음

146. 무엇이 유익한 법들인가?[510] [27]

---

509) 여기서 강조하고 싶은 것은 이 공함의 부문에서 말하는 공함과 아래 제5장 출세간의 유익한 마음에 나타나는 공함(§343 참조)이나 출세간의 과보의 마음에 나타나는 공함(§505 등)을 혼동해서는 안된다는 점이다. 여기서는 중생이나 자아 등의 개념이 공함을 말하고 출세간의 마음에서의 공함은 도와 과를 실현하는 해탈의 관문으로서의 공함을 뜻한다. 출세간 마음에서의 공함에 대해서는 §343의 주해를 참조하고 세 가지 해탈의 관문(vimokkha-mukha)에 대해서는 『초기불교이해』 426쪽 이하를 참조하기 바란다.

510) "이제 두 번째 마음 등을 보여주기 위해서 다시 "무엇이 유익한 법들인가(katame dhammā kusalā)?"라는 등을 시작하셨다. 이 모두는 첫 번째 마음에서 설한 방법대로 각각 세 가지씩의 큰 부문들(mahā-vārā)을 알아야 한다. 큰 부문들뿐만 아니라 첫 번째 마음에서 설한 것과 같이 모든 구문들의 뜻도 거기서 설한 방법대로 알아야 한다. 이 이후에는 앞의 구문에서 설명하지 않은 것만 설명할 것이다."(DhsA.155~156)
여기서 '세 가지씩의 큰 부문들'은 ① 법들을 정의하는 구문(§§1~57)과 ② 항목의 부문(§§58~120)과 ③ 공함의 부문(§§121~145)을 말한다.

② 형색을 대상으로 하거나 소리를 대상으로 하거나 냄새를 대상으로 하거나 맛을 대상으로 하거나 감촉을 대상으로 하거나 법을 대상으로 하거나 그 어떤 것을 대상으로 하여 기쁨이 함께하고 지혜와 결합되고 자극을 받은[511] 욕계의 유익한 마음이 일어날 때, 그때에 감각접촉이 있고 … pe(§§1~57) … 산란하지 않음이 있다. … pe(§§57~145) … — 이것이 유익한 법들이다.

두 번째 마음이 [끝났다.]

III. 세 번째 마음

147. 무엇이 유익한 법들인가?

③ 형색을 대상으로 하거나 소리를 대상으로 하거나 냄새를 대상으로 하거나 맛을 대상으로 하거나 감촉을 대상으로 하거나 법을 대상으

---

511) "여기 두 번째 마음의 해설에서는 '자극을 받은(sasaṅkhārena)'이라는 이것만 앞의 [첫 번째 마음에] 나타나지 않았다. 그 뜻은 이러하다. — 자극과 더불은 것(saha saṅkhārena)이라고 해서 자극을 받음(sasaṅkhāra)이다. 자극을 받음이란 ① 노력과 함께함(sappayoga) ② 수단과 함께함(saupāya) ③ 조건을 만남(paccayagaṇa)이라는 뜻이다. 대상 등의 조건을 만나서 첫 번째 큰마음이 일어나듯이 그러한 노력과 함께하고 수단과 함께하여 이것이 일어난다.

이것은 이렇게 하여 일어난다고 알아야 한다. — 여기 승원의 변두리에 살고 있는 어떤 비구가 탑전을 청소하는 시간이 되었거나 장로를 시중드는 시간이 되었거나 법을 듣는 날이 되었을 때 '내가 갔다가 다시 돌아오기에는 너무 멀다. 그러니 나는 가지 말아야겠다.'라고 생각했다가 다시 생각하기를 '참으로 탑전에 가지 않거나 장로를 시중들러 가지 않거나 법을 들으러 가지 않는 것은 비구에게 적절한 것이 아니다. 그러니 나는 가야겠다.'라고 하면서 간다. 이와 같이 ① 자신의 노력(payoga)에 의해서 ② 혹은 의례의식 등을 행하지 않았을 때 오는 위험(ādīnava)과 행했을 때 오는 이점(ānisaṁsa)을 보게 한 뒤 교계를 하는 다른 [수단]에 의해서 ③ 혹은 '와서 이것을 행하시오.'라고 재촉을 하는 꾸짖음(niggaha)에 의해서 그에게 생긴 유익한 마음은 자극을 받은 조건을 만나서(paccayagaṇa) 일어난 것이라 한다."(DhsA.156)

로 하거나 그 어떤 것을 대상으로 하여 기쁨이 함께하고 지혜와 결합되지 않고[512] [자극을 받지 않은] 욕계의 유익한 마음이 일어날 때,

① 감각접촉을 다섯 번째로 하는 모음

그때에 감각접촉이 있고 느낌이 있고 인식이 있고 의도가 있고 마음이 있다.

② 禪의 구성요소의 모음

일으킨 생각이 있고 지속적 고찰이 있고 희열이 있고 행복이 있고 마음이 한끝으로 [집중]됨이 있다.

③ 기능의 모음

믿음의 기능이 있고 정진의 기능이 있고 마음챙김의 기능이 있고 삼매의 기능이 있고 마노의 기능이 있고 기쁨의 기능이 있고 생명기능이 있다.

④ 도의 구성요소의 모음

바른 사유가 있고[513] 바른 정진이 있고 바른 마음챙김이 있고 바른

---

512) "세 번째 마음의 경우에는 지혜와 결합되지 않았기 때문에 '지혜와 결합되지 않은 것(ñāṇa-vippayutta)'이다. 이 [마음도 기쁨이 함께하기 때문에] 대상에 대한 기분 좋음과 유쾌함(haṭṭha-pahaṭṭha)은 있지만 한정하는 지혜(paricchindaka-ñāṇa)가 없다.
그러므로 이것은 어린아이들이 비구를 보고 '이 장로는 우리 스님이시구나.' 라고 하면서 인사를 드리는 시간이나 같은 방법으로 탑전에 예배하고 법을 듣는 시간 등에서 생기는 것으로 알아야 한다. 성전(본서)에서는 일곱 가지 경우에 통찰지가 없다고 [말씀하셨다.] 나머지는 분명하다."(DhsA.156)
일곱 가지에 대해서는 여기 §147의 ⑨ 편안함[輕安] 등의 [9가지] 쌍의 주해를 참조할 것.

513) PTS본에 의하면 이 바른 사유 앞에 '바른 견해가 있고'로 나타나고 있는데 이것은 리스 데이비즈 여사의 지적처럼 잘못 편집된 것이다. VRI본에는 나타나지 않는다. 이처럼 PTS본에는 잘못 편집된 부분이 적지 않다. PTS본

삼매가 있다.

⑤ 힘의 모음

믿음의 힘이 있고 정진의 힘이 있고 마음챙김의 힘이 있고 삼매의 힘이 있고 양심의 힘이 있고 수치심의 힘이 있다.

⑥ 뿌리의 모음

탐욕 없음이 있고 성냄 없음이 있다.

⑦ 업의 길의 모음

간탐(慳貪) 없음이 있고 악의 없음이 있다.

⑧ 세상을 보호하는 두 개 조

양심이 있고 수치심이 있다.

⑨ 편안함[輕安] 등의 [9가지] 쌍

몸의 편안함이 있고 마음의 편안함이 있고 몸의 가벼움이 있고 마음의 가벼움이 있고 몸의 부드러움이 있고 마음의 부드러움이 있고 몸의 적합함이 있고 마음의 적합함이 있고 몸의 능숙함이 있고 마음의 능숙함이 있고 몸의 올곧음이 있고 마음의 올곧음이 있고 마음챙김이 있고 사마타가 있고 분발이 있고 산란하지 않음이 있다.514)

의 잘못 편집된 부분에 대해서는 해당 주해에서 밝히고 있으며 본서 제2권 해제 <§8. PTS본의 편집이 잘못된 것 몇 가지>에서 정리하고 있으므로 참조하기 바란다.

514) 이 세 번째 마음은 지혜와 결합되지 않았기 때문에 지혜와 관계있는 마음부수인 통찰지 두 개와 어리석음 없음 한 가지와 바른 견해 두 가지와 알아차림과 위빳사나 각각 한 가지씩 모두 일곱 가지가 빠져서 49개의 법들이 언급되고 있다.
구체적으로 말하면, 앞의 첫 번째 마음(§1)의 ③ 기능의 모음에 있는 통찰지의 기능(16), ④ 도의 구성요소의 모음에 있는 바른 견해(20), ⑤ 힘의 모음에 있는 통찰지의 힘(29), ⑥ 뿌리의 모음에 있는 어리석음 없음(34), ⑦ 업

⑩ 그밖에들(예와빠나까)

그 밖에 그때에 조건 따라 일어난[緣而生], 비물질인 다른 법들도 있다. — 이것이 유익한 법들이다. … pe(§§2~57) …

[항목의 부문]

그리고 그때에는 ① 네 가지 무더기가 있고 ② 두 가지 감각장소가 있고 ③ 두 가지 요소가 있고 ④ 세 가지 음식이 있고 ⑤ 일곱 가지 기능이 있고 ⑥ 다섯 가지 구성요소를 가진 禪이 있고 ⑦ 네 가지 구성요소를 가진 도가 있고 ⑧ 여섯 가지 힘이 있고 ⑨ 두 가지 원인이 있고 ⑩ 한 가지 감각접촉이 있고 … ㉒ 한 가지 법의 감각장소가 있고 ㉓ 한가지 법의 요소가 있다.

그 밖에 그때에 조건 따라 일어난[緣而生], 비물질인 다른 법들도 있다. — 이것이 유익한 법들이다. … pe(§§59~61) …

148. 무엇이 [28] 그때에 있는 '심리현상들의 무더기'인가?

감각접촉, 의도, 일으킨 생각, 지속적 고찰, 희열, 마음이 한끝으로 [집중]됨, 믿음의 기능, 정진의 기능, 마음챙김의 기능, 삼매의 기능, 생명기능, 바른 사유, 바른 정진, 바른 마음챙김, 바른 삼매, 믿음의 힘, 정진의 힘, 마음챙김의 힘, 삼매의 힘, 양심의 힘, 수치심의 힘, 탐욕 없음, 성냄 없음, 간탐 없음, 악의 없음, 양심, 수치심, 몸의 편안함, 마음의 편안함, 몸의 가벼움, 마음의 가벼움, 몸의 부드러움, 마음의 부드러움, 몸의 적합함, 마음의 적합함, 몸의 능숙함, 마음의 능숙함, 몸의 올곧음, 마음의 올곧음, 마음챙김, 사마타, 분발, 산란하지 않음, 그 밖에 그때에 조건 따라 일어난[緣而生], 느낌의 무더기를 제외하고 인식의 무더기를 제

의 길의 모음에 있는 바른 견해(37), ⑨ 편안함 등의 쌍에 있는 알아차림(53)과 위빳사나(55)로 모두 일곱 가지 경우이다.

외하고 알음알이의 무더기를 제외한 비물질인 다른 법들 — 이것이 그때에 있는 심리현상들의 무더기이다. … pe(§§63~145) … — 이것이 유익한 법들이다.

세 번째 마음이 [끝났다.]

IV. 네 번째 마음

149. 무엇이 유익한 법들인가?

④ 형색을 대상으로 하거나 소리를 대상으로 하거나 냄새를 대상으로 하거나 맛을 대상으로 하거나 감촉을 대상으로 하거나 법을 대상으로 하거나 그 어떤 것을 대상으로 하여 기쁨이 함께하고 지혜와 결합되지 않고 자극을 받은515) 욕계의 유익한 마음이 일어날 때,

그때에 감각접촉이 있고 … pe(§147) … 산란하지 않음이 있다. … pe(§§147~148) … — 이것이 유익한 법들이다.

네 번째 마음이 [끝났다.]

V. 다섯 번째 마음

150. 무엇이 유익한 법들인가?

⑤ 형색을 대상으로 하거나 소리를 대상으로 하거나 냄새를 대상으로 하거나 맛을 대상으로 하거나 감촉을 대상으로 하거나 법을 대상으로 하거나 그 어떤 것을 대상으로 하여 평온이 함께하고516) 지혜와 결

---

515) "네 번째 마음에도 [앞의] 방법이 적용된다. 그러나 여기서는 '자극을 받은(sasaṅkhārena)'이라는 말 때문에 마치 부모가 어린아이들을 머리에 올리고 탑묘 등에 절을 하게 할 때, 의미는 모르지만 어린아이들도 기분 좋고 유쾌하게 절을 하는 것과 같다. 이러한 때에 이 [네 번째 마음은] 얻어진다고 알아야 한다."(DhsA.156)

합되고 [자극을 받지 않은] 욕계의 유익한 마음이 일어날 때,

① 감각접촉을 다섯 번째로 하는 모음

그때에 감각접촉이 있고 느낌이 있고 인식이 있고 의도가 있고 마음이 있다.

② 禪의 구성요소의 모음

일으킨 생각이 있고 지속적 고찰이 있고 평온이 있고 마음이 한끝으로 [집중]됨이 있다.

③ 기능의 모음

믿음의 기능이 있고 정진의 기능이 있고 마음챙김의 기능이 있고 삼매의 기능이 있고 통찰지의 기능이 있고 마노의 기능이 있고 평온의 기능[517]이 있고 생명기능이 있다.

④ 도의 구성요소의 모음

바른 견해가 있고 바른 사유가 있고 바른 정진이 있고 바른 마음챙김

---

516) "다섯 번째 마음에서 '평온이 함께하고(upekkhā-sahagata)'라는 것은 평온한 느낌(upekkhā-vedanā)과 결합된 것이다. 이 [다섯 번째 마음]은 대상에 대해서 중립적(majjhatta)이기 때문이다. 여기서는 한정하는 지혜(paricchindaka-ñāṇa)가 있다. 성전(본서)에서 이것은 네 가지 종류의 禪[四種禪, 4종선, jhāna-catukka]에서 [제4선에] 있는 평온이고 여덟 가지 기능에서는 평온의 기능이라고 설하셨고, 모든 느낌 등의 구문들의 해설에서는 기쁨과 기쁘지 않음과 즐거움과 괴로움을 제외한 것으로 가르치셨으며, 괴롭지도 즐겁지도 않은 느낌으로도 말씀하셨다."(DhsA.156~157)

517) "중립적인 특징(majjhatta-lakkhaṇa)에 대해서 지배를 함을 통해 '평온의 기능'이 된다(upekkhindriya-bhāva)고 알아야 한다. 그리고 단어의 순서에 따라서 한 곳에서 '희열(pīti)'이 제외가 되었다. 그러므로 마음의 구성요소로 성전에 명시된 것들은 55개 법들이다.(행복 대신에 평온이 나타남) 이를 바탕으로 모든 항목들과 모든 부문들을 판별해야 한다고 알아야 한다."(DhsA.157)

이 있고 바른 삼매가 있다.

⑤ 힘의 모음

믿음의 힘이 있고 정진의 힘이 있고 마음챙김의 힘이 있고 삼매의 힘이 있고 통찰지의 힘이 있고 양심의 힘이 있고 수치심의 힘이 있다.

⑥ 뿌리의 모음

탐욕 없음이 있고 성냄 없음이 있고 어리석음 없음이 있다.

⑦ 업의 길의 모음

간탐(慳貪) 없음이 있고 악의 없음이 있고 바른 견해가 있다.

⑧ 세상을 보호하는 두 개 조

양심이 있고 수치심이 있다.

⑨ 편안함[輕安] 등의 [9가지] 쌍

몸의 편안함이 있고 마음의 편안함이 있고 몸의 가벼움이 있고 마음의 가벼움이 있고 몸의 부드러움이 있고 마음의 부드러움이 있고 몸의 적합함이 있고 마음의 적합함이 있고 몸의 능숙함이 있고 마음의 능숙함이 있고 몸의 올곧음이 있고 마음의 올곧음이 있고 마음챙김이 있고 알아차림이 있고 사마타가 있고 위빳사나가 있고 분발이 있고 산란하지 않음이 있다.518)

⑩ 그밖에들(예와빠나까)

그 밖에 그때에 조건 따라 일어난[緣而生], 비물질인 다른 법들도 있

518) 다섯 번째 마음에서는 ② 禪의 구성요소의 모음의 행복(sukha) 대신에 평온(upekkhā)이 나타나고 ③ 기능의 모음에서도 기쁨의 기능 대신에 평온의 기능이 나타난다. 그리고 ② 禪의 구성요소의 모음에서 희열(pīti)이 빠져서 모두 55개의 법들이 된다.

다. — 이것이 유익한 법들이다.

151. 무엇이 그때에 있는 '감각접촉'인가?

그때에 있는 감각접촉, 접촉함, 맞닿음, 맞닿은 상태 — 이것이 그때에 있는 감각접촉이다.

152. 무엇이 그때에 있는 '느낌'인가?

그때에 있는 그것에 적합한 마노의 알음알이의 요소의 감각접촉에서 생긴 정신적인 만족감도 불만족감도 아니고 정신의 감각접촉에서 생긴 괴롭지도 즐겁지도 않게 느껴지는 것, 정신의 감각접촉에서 생긴 괴롭지도 즐겁지도 않은 느낌 — 이것이 그때에 있는 느낌이다. … pe(§4~9) …

153. 무엇이 그때에 있는 '평온'인가?

그때에 있는 정신적인 만족감도 불만족감도 아니고 정신의 감각접촉에서 생긴 괴롭지도 즐겁지도 않게 느껴지는 것, 정신의 감각접촉에서 생긴 괴롭지도 즐겁지도 않은 느낌 — 이것이 그때에 있는 평온이다. … pe(§§11~17) …

154. 무엇이 그때에 있는 '평온의 기능'인가?

그때에 있는 정신적인 만족감도 불만족감도 아니고 정신의 감각접촉에서 생긴 괴롭지도 즐겁지도 않게 느껴지는 것, 정신의 감각접촉에서 생긴 괴롭지도 즐겁지도 않은 느낌 — 이것이 그때에 있는 평온이다. … pe(§§19~57) …

그 밖에 그때에 조건 따라 일어난[緣而生], 비물질인 다른 법들도 있다. — 이것이 유익한 법들이다.[519]

---

519) VRI본에는 여기에 반복되는 부분(peyyāla)의 생략인 '… pe …'가 나타나는데 이것은 PTS본처럼 없는 것이 옳다고 해야 한다. 여기에 '… pe …'가 있으면 다음이 항목의 부문이 아니라 공함의 부문이 되어야 하는데 여기서

[항목의 부문]

그리고 그때에는 ① 네 가지 무더기가 있고 ② 두 가지 감각장소가 있고 ③ 두 가지 요소가 있고 ④ 세 가지 음식이 있고 ⑤ 여덟 가지 기능이 있고 ⑥ 네 가지 구성요소를 가진 禪이 있고 ⑦ 다섯 가지 구성요소를 가진 도가 있고 ⑧ 일곱 가지 힘이 있고 ⑨ 세 가지 원인이 있고 ⑩ 한 가지 감각접촉이 있고 … ㉒ 한 가지 법의 감각장소가 있고 ㉓ 한가지 법의 요소가 있다.

그 밖에 그때에 조건 따라 일어난[緣而生], 비물질인 다른 법들도 있다. — 이것이 유익한 법들이다. … pe(§§59~61) …

155. 무엇이 [29] 그때에 있는 '심리현상들의 무더기'인가?

감각접촉, 의도, 일으킨 생각, 지속적 고찰, 마음이 한끝으로 [집중]됨, 믿음의 기능, 정진의 기능, 마음챙김의 기능, 삼매의 기능, 통찰지의 기능, 생명기능, 바른 견해, 바른 사유, 바른 정진, 바른 마음챙김, 바른 삼매, 믿음의 힘, 정진의 힘, 마음챙김의 힘, 삼매의 힘, 통찰지의 힘, 양심의 힘, 수치심의 힘, 탐욕 없음, 성냄 없음, 어리석음 없음, 간탐 없음, 악의 없음, 바른 견해, 양심, 수치심, 몸의 편안함, 마음의 편안함, 몸의 가벼움, 마음의 가벼움, 몸의 부드러움, 마음의 부드러움, 몸의 적합함, 마음의 적합함, 몸의 능숙함, 마음의 능숙함, 몸의 올곧음, 마음의 올곧음, 마음챙김, 알아차림, 사마타, 위빳사나, 분발, 산란하지 않음, 그 밖에 그때에 조건 따라 일어난[緣而生], 느낌의 무더기를 제외하고 인식의 무더기를 제외하고 알음알이의 무더기를 제외한 비물질인 다른 법들 — 이것이 그때에 있는 심리현상들의 무더기이다. … pe(§§63~145) … — 이것이 유익한 법들이다.

네 가지 무더기, 두 가지 감각장소 등으로 나타나기 때문에 이것은 항목의 부문이기 때문이다. PTS본에는 나타나지 않는다.

다섯 번째 마음이 [끝났다.]

VI. 여섯 번째 마음

156. 무엇이 유익한 법들인가?

⑥ 형색을 대상으로 하거나 소리를 대상으로 하거나 냄새를 대상으로 하거나 맛을 대상으로 하거나 감촉을 대상으로 하거나 법을 대상으로 하거나 그 어떤 것을 대상으로 하여 평온이 함께하고[520] 지혜와 결합되고 자극을 받은 욕계의 유익한 마음이 일어날 때,

그때에 감각접촉이 있고 … pe(§§150-2 / §1-2) … 산란하지 않음이 있다. … pe(§§151~155 / §§2~145) … — 이것이 유익한 법들이다.

여섯 번째 마음이 [끝났다.]

VII. 일곱 번째 마음

157. 무엇이 유익한 법들인가?

⑦ 형색을 대상으로 하거나 소리를 대상으로 하거나 냄새를 대상으로 하거나 맛을 대상으로 하거나 감촉을 대상으로 하거나 법을 대상으로 하거나 그 어떤 것을 대상으로 하여 평온이 함께하고 지혜와 결합되지 않고 [자극을 받지 않은] 욕계의 유익한 마음이 일어날 때,

---

520) "여섯 번째와 일곱 번째와 여덟 번째는 두 번째와 세 번째와 네 번째에서 설한 방법대로 알아야 한다. 단지 이들에서는 느낌이 [평온으로] 대체가 되었고 희열이 없다. 문장들 가운데서 나머지는 일어나는 방법과 더불어 [두 번째와 세 번째와 네 번째와] 같다. [그밖에들(예와빠나까)에 포함되어 있는 (DhsAAnuṬ.106)] 연민(karuṇā)과 함께 기뻐함(muditā)을 [닦을 때는] 준비단계의 시기(parikamma-kāla)에서도 이것들이 일어난다고 대주석서(Mahā-aṭṭhakathā = 고주석서)에서 인정하고 있다.
이것이 여덟 가지 욕계의 유익한 마음들이다."(DhsA.157)

① 감각접촉을 다섯 번째로 하는 모음

그때에 감각접촉이 있고 느낌이 있고 인식이 있고 의도가 있고 마음이 있다.

② 禪의 구성요소의 모음

일으킨 생각이 있고 지속적 고찰이 있고 평온이 있고 마음이 한끝으로 [집중]됨이 있다.

③ 기능의 모음

믿음의 기능이 있고 정진의 기능이 있고 마음챙김의 기능이 있고 삼매의 기능이 있고 마노의 기능이 있고 평온의 기능이 있고 생명기능이 있다.

④ 도의 구성요소의 모음

바른 사유가 있고 바른 정진이 있고 바른 마음챙김이 있고 바른 삼매가 있다.

⑤ 힘의 모음

믿음의 힘이 있고 정진의 힘이 있고 마음챙김의 힘이 있고 삼매의 힘이 있고 양심의 힘이 있고 수치심의 힘이 있다.

⑥ 뿌리의 모음

탐욕 없음이 있고 성냄 없음이 있다.

⑦ 업의 길의 모음

간탐 없음이 있고 악의 없음이 있다.

⑧ 세상을 보호하는 두 개 조

양심이 있고 수치심이 있다.

⑨ 편안함[輕安] 등의 [9가지] 쌍

몸의 편안함이 있고 마음의 편안함이 있고 몸의 가벼움이 있고 마음의 가벼움이 있고 몸의 부드러움이 있고 마음의 부드러움이 있고 몸의 적합함이 있고 마음의 적합함이 있고 몸의 능숙함이 있고 마음의 능숙함이 있고 몸의 올곧음이 있고 마음의 올곧음이 있고 마음챙김이 있고 사마타가 있고 분발이 있고 산란하지 않음이 있다.521)

⑩ 그밖에들(예와빠나까)

그 밖에 그때에 조건 따라 일어난[緣而生], 비물질인 다른 법들도 있다. — 이것이 유익한 법들이다. … pe(§§2~57) …

[항목의 부문]

그리고 그때에는 ① 네 가지 무더기가 있고 ② 두 가지 감각장소가 있고 ③ 두 가지 요소가 있고 ④ 세 가지 음식이 있고 ⑤ 일곱 가지 기능이 있고 ⑥ 네 가지 구성요소를 가진 禪이 있고 ⑦ 네 가지 구성요소를 가진 도가 있고 ⑧ 여섯 가지 힘이 있고 ⑨ 두 가지 원인이 있고 ⑩ 한 가지 감각접촉이 있고 … ㉒ 한 가지 법의 감각장소가 있고 ㉓ 한가지 법의 요소가 있다.

그 밖에 그때에 조건 따라 일어난[緣而生], 비물질인 다른 법들도 있다. — 이것이 유익한 법들이다. … pe(§§59~61) …

158. 무엇이 그때에 있는 '심리현상들의 무더기'인가?

감각접촉, 의도, 일으킨 생각, 지속적 고찰, 마음이 한끝으로 [집중]됨, 믿음의 기능, 정진의 기능, 마음챙김의 기능, 삼매의 기능, 생명기능, 바

521) 이와 같이 일곱 번째 욕계의 유익한 마음에는 행복이 평온으로 대체되고 희열, 어리석음 없음, 통찰지의 기능, 통찰지의 힘, 바른 견해 두 번, 알아차림, 위빳사나의 모두 8가지가 제외되어 56-8=48개의 법들이 일어난다.

른 사유, 바른 정진, 바른 마음챙김, 바른 삼매, 믿음의 힘, 정진의 힘, 마음챙김의 힘, 삼매의 힘, 양심의 힘, 수치심의 힘, 탐욕 없음, 성냄 없음, 간탐 없음, 악의 없음, 양심, 수치심, 몸의 편안함, 마음의 편안함, 몸의 가벼움, 마음의 가벼움, 몸의 부드러움, 마음의 부드러움, 몸의 적합함, 마음의 적합함, 몸의 능숙함, 마음의 능숙함, 몸의 올곧음, 마음의 올곧음, 마음챙김, 사마타, 분발, 산란하지 않음, 그 밖에 그때에 조건 따라 일어난[緣而生], 느낌의 무더기를 제외하고 인식의 무더기를 제외하고 알음알이의 무더기를 제외한 비물질인 다른 법들 — 이것이 그때에 있는 심리현상들의 무더기이다. … pe(§§63~145) … — 이것이 유익한 법들이다.

일곱 번째 마음이 [끝났다.]

VIII. 여덟 번째 마음

159. 무엇이 유익한 법들인가?

⑧ 형색을 대상으로 하거나 소리를 대상으로 하거나 냄새를 대상으로 하거나 맛을 대상으로 하거나 감촉을 대상으로 하거나 법을 대상으로 하거나 그 어떤 것을 대상으로 하여 평온이 함께하고 지혜와 결합되지 않고 자극을 받은 욕계의 유익한 마음이 일어날 때,

그때에 감각접촉이 있고 … pe(§157-2 / §1-2) … 산란하지 않음이 있다. … pe(§§157~158 / §§2~145) … — 이것이 유익한 법들이다.

여덟 번째 마음이 [끝났다.]

여덟 가지 욕계의 유익한 큰마음들이 [끝났다.][522)]

---

522) "간략하게 정리하면, 모든 욕계의 유익한 마음은 아주 다양한 성질을 가졌다는 뜻(citta-vicittaṭṭha)에 의하면 마음이라는 한 가지이다. 이것은 느낌에

두 번째 바나와라가 [끝났다.]

의하면 기쁨이 함께하는 것과 평온이 함께하는 것으로 두 가지이다.
지혜의 분류를 가르치는 것에 의하면 네 가지가 된다. [이 네 가지는 다음과 같다.] 여기서 ① 기쁨이 함께하고 지혜와 결합되고 자극이 없는 큰마음과 평온이 함께하고 지혜와 결합되고 자극이 없는 큰마음은 지혜와 결합되고 자극이 없다는 뜻에서 한 가지가 된다. 같은 방법으로 ② 지혜와 결합되고 자극을 받은 것이 [기쁨이나 평온이 함께하는 것]과, ③ 지혜와 결합되지 않고 자극이 없는 것이 [기쁨이나 평온이 함께하는 것]과, ④ 지혜와 결합되지 않고 자극을 받은 것이 [기쁨이나 평온이 함께하는 것]이 있어서 [모두 기쁨이나 평온이 함께하는 것으로 네 가지가 된다.] 이와 같이 지혜의 분류의 가르침(ñāṇavibhatti-desanā)을 통해서 네 가지가 된다.
다시 이것은 자극이 없음과 자극을 받음의 분류(asaṅkhāra-sasaṅkhāra-vibhatti)에 의해서 [살펴보면] 자극이 없는 것 네 가지와 자극을 받은 것 네 가지가 되어 여덟 가지 유익한 마음이 된다.
이런 것을 정확하게아신 뒤에 일체지자(sabbaññū)요 무리의 지도자(gaṇīvara)요 으뜸가는 성자(munisetṭha)이신 세존(bhagavā)께서는 말씀하시고(ācikkhati) 설하시고(deseti) 알게 하시고(paññapeti) 확립하시고(paṭṭhapeti) 열어주시고(vivarati) 분류하시고(vibhajati) 명확하게 하셨다(uttānīkaroti)."(DhsA.162)

제2장 색계의 유익한 마음523)

rūpāvacara-kusala

I. 여덟 가지 까시나

1. 땅의 까시나

(1) 4종禪의 방법

160. 무엇이 [31] 유익한 법들인가?524)

색계에525) 태어나는 도를 닦아서,526) 감각적 쾌락들을 완전히 떨쳐

---

523) 역자가 저본으로 삼고 있는 VRI본에는 본서 제1편에 속하는 각 장의 제목으로 citta(마음)라는 용어가 없이 kusala(유익함), kāmāvacara-kusala(욕계의 유익함), rūpāvacara-kusala(색계의 유익함), vipāka-abyākata(과보로 나타난 결정할 수 없는 것) 등으로 단수로 표기되어 있는 경우가 대부분이다. 그러나 이들은 유익함이나 과보로 나타난 결정할 수 없는 것 등을 뜻하는 것이 아니라 유익한 마음 등을 의미한다. 그래서 역자는 이들을 각각 유익한 마음, 욕계의 유익한 마음, 색계의 유익한 마음, 과보로 나타난 결정할 수 없는 마음 등으로 마음을 넣어서 옮겼음을 밝힌다.

524) "이제 색계의 유익한 마음(rūpāvacara-kusala)을 설하기 위해서 '무엇이 유익한 법들인가?'라고 시작하셨다."(DhsA.162)

525) '색계에 태어나는'은 rūpūpapatti를 옮긴 것이다. 직역을 하면 물질(rūpa)에 태어나는 것(upapatti)이 된다. 그런데 주석서는 "여기서 '물질[色, rūpa]'이란 것은 물질의 존재(rūpa-bhava)를 말씀하신 것이다."(DhsA.162)라고 설명하고 있고 『닛데사 주석서』는 "'물질의 존재(rūpa-bhava)'란 색계(rūpāvacara)이다."(NdA.i.159)라고 설명하고 있어서 rūpūpapatti를 '색계에 태어나는'으로 옮겼다.
이처럼 이 문맥에서 'rūpa(물질)'와 'rūpa-bhava(물질의 존재)'와 'rūpa-avacara(색계)'는 동의어로 쓰이고 있다. 역자는 이들을 모두 '색계[의]' 혹은 '색계에 속하는 [것]'으로 옮기고 있다. 계속해서 주석서는 다음과 같이 설명을 하고 있다.

버리고527) 해로운 법[不善法]들을 떨쳐버린 뒤, 일으킨 생각[尋]과 지속

"'색계에 태어나는 도를 닦아서(rūpūpapattiyā maggaṁ bhāveti)'라고 하셨다. '태어나는 것(upapatti)'이란 생겨남, 태어남, 출생(nibbatti, jāti, sañjāti)이고 '도(magga)'는 수단(upāya)이다. 문자적인 의미는 이러하다. — 거기에 태어남을 뒤쫓는다, 찾는다, 생기게 한다, 성취한다고 해서 도이다. 그래서 이러한 도로 색계(rūpa-bhava)에 태어나고 생겨나고 출생하고 발생하는 그런 도를 닦는다고 말씀하신 것이다.

그런데 이 [도에 의해서] 반드시 색계에 태어나는가? 아니다. "비구들이여, 삼매를 닦아라. 삼매에 든 자는 있는 그대로 알고 본다."(A.v.3)라는 이러한 말씀에 의하면 꿰뚫음에 동참하는 것(nibbedha-bhāgiya)에 의해서 색계를 초월하는 것(atikkama)도 말씀하셨기 때문이다.
그렇지만 색계에 태어나기 위해서 이것과 다른 도란 있지 않다. 그래서 '색계에 태어나는 도를 닦아서'라고 하셨다. 뜻으로 보면 이 도는 참으로 ① 의도(cetanā)이기도 하고 ② 의도와 결합된 법들(cetanāya sampayutta-dhammā)이기도 하고 ③ 이 둘 다이기도 하다.

① "사리뿟따여, 나는 지옥과 지옥에 이르는 길과 지옥으로 인도하는 도를 안다."(M12 §36)라는 말씀에서 도는 의도이기 때문이다.
② "믿음과 양심과 유익한 보시,
이러한 법들은 선한 사람들에게 어울리는 것이니
이러한 도는 신성하다고 말하나니
이것으로 천상 세계에 가기 때문이다."
여기서는 의도와 결합된 법들이 도라 불린다.
③ "비구들이여, 이것이 그곳에 태어남으로 인도하는 도이고 도닦음이다."(M120 §3)라는 등의 경에서는 의도도 의도와 결합된 법들도 도라 한다.

그런데 이곳에서는 禪이라는 말씀 때문에 ② 의도와 결합된 법들을 의미한다. 그런데 禪이라는 의도(jhāna-cetanā)도 재생연결을 이끌어 오기 때문에 의도와 의도와 결합된 법들도 역시 여기에 해당된다."(DhsA.162~163)

한편 『담마상가니 주석서』는 "그러면 무엇이 업(kamma)인가? ㉠ 의도(cetanā)와 ㉡ 의도와 결합된 어떤 법들(ekacce ca cetanāsampayuttakā dhammā)"(DhsA.88)이라고 업을 정의하고 있는데(본서 해제 §4-(3)(124~127쪽)을 참조할 것) 禪이야 말로 유익하면서도 무거운 업[重業, garuka-kamma, 『아비담마 길라잡이』 제5장 §19의 해설을 참조할 것] 즉 극선업(極善業)이다. 계속해서 주석서는 이렇게 설명하고 있다.

'닦는다(bhāveti)'는 것은 생기게 한다(janeti), 일어나게 한다(uppādeti), 증장하게 한다(vaḍḍheti)는 말이다. 여기서 이것은 수행(bhāvanā)의 뜻이다. … "다시 우다이여, 나는 나의 제자들이 네 가지 마음챙김의 확립[四念

적 고찰[伺]이 있고, 떨쳐버렸음에서 생긴 희열[喜]과 행복[樂]이 있는, 땅의 까시나를 가진528) 초선을 구족하여 머물 때, 그때에529) 감각접촉

處]을 닦을 수 있도록 그들에게 도닦음을 설했다."(M77 §15)라는 말씀에서 닦는다는 것은 일어나게 하고 증장하게 하는 뜻으로 수행이라는 의미이다. 이곳에서는 이것이 적용된다. 그래서 '닦는다는 것은 생기게 한다, 일어나게 한다, 증장하게 한다는 말이다.'라고 설하였다."(DhsA.163)

526) "그런데 [앞의] 욕계 유익한 마음의 해설에서는 [마음이라는] '법(dhamma)'을 앞에 내세워서 가르침을 설하셨다. 그런데 왜 여기서는 거기서 설하시지 않은 '인간(puggala)'을 앞에 내세워서 설하셨는가?
[이 색계의 유익한 마음은] 도닦음(paṭipadā)을 통해서 성취되기 때문이다. 이 [색계의 유익한 마음은] 네 가지 도닦음(§176 이하) 가운데 어떤 하나를 성취함에 의해서 일어난다. 욕계의 경우처럼 도닦음 없이 일어나지 않는다. 이 도닦음이란 것은 실로 도닦음을 성취한 자(paṭipannaka)가 있을 때 있다고 이러한 뜻을 보여주시기 위해서 인간을 앞에 내세워서 가르침을 설하시면서 '색계에 태어나는 도를 닦아서'라고 말씀하셨다."(DhsA.163~164)

그러나 §160 이하에서 보듯이 『담마상가니』 본문 속에는 '인간(puggala)'이라는 단어가 나타나지 않는다. 본문의 "색계에 태어나는 도를 닦아서(yasmiṁ samaye rūpūpapattiyā maggaṁ bhāveti)"라는 관계절 안의 주어가 마음 등의 법이 아니라 인간이기 때문에 주석서는 이와 같이 설명을 한 것이다.

527) "'감각적 쾌락들을 완전히 떨쳐버리고(vivicceva kāmehi)'란 감각적 쾌락들을 떨쳐버린 뒤(viviccitvā), 감각적 쾌락들을 없애버리고(vinā hutvā), 감각적 쾌락들로부터 벗어나서(apakkamitvā)라는 뜻이다. 여기서 '완전히(eva)'라는 단어는 확정하는 뜻(niyamattha)이라고 알아야 한다. 확정하는 뜻을 가졌기 때문에 초선을 구족하여 머물 때에는 비록 감각적 쾌락들이 존재하지는 않지만 이 [감각적 쾌락]들은 초선과는 정반대되는 상태라는 것을 보여주고, 아울러 감각적 쾌락들을 완전히 버림(kāma-pariccāga)을 통해서만 초선을 얻는다는 것을 보여준다."(DhsA.164 = Vis.IV.80)

이하 여기에 나타나는 초선의 정형구에 대한 문자적인 설명을 비롯한 자세한 해설은 『청정도론』 IV.79~136에 잘 나타나 있으므로 참조하기 바란다. 이것은 본서의 주석서인 『담마상가니 주석서』, 즉 『앗타살리니』의 해당 부분과도 같은 내용을 많이 담고 있다. 『담마상가니 주석서』도 "여기서 이것은 간략한 설명이다. 자세한 것은 『청정도론』에서 설명한 방법대로 알아야 한다(ayamettha saṅkhepo. vitthāro pana Visuddhimagge vuttanayeneva veditabbo)."(DhsA.167)라고 밝히고 있다.

528) "'땅의 까시나를 가진(pathavī-kasiṇaṁ)'이라고 하셨다. 여기서 ① 땅의

이 있고 … pe(§1-2) … 산란하지 않음이 있다. … pe(§§2~145) … — 이것이 유익한 법들이다.530)

161. 무엇이 유익한 법들인가?

색계에 태어나는 도를 닦아서, 일으킨 생각과 지속적 고찰을 가라앉

원반(pathavī-maṇḍala)도 [땅의] 전체라는 뜻(sakalaṭṭha)에서 땅의 까시나라고 부르고 ② 이것을 의지해서 얻어진 표상(nimitta)도 [땅의 까시나라고 부르고] ③ 땅의 까시나의 표상(pathavī-kasiṇa-nimitta)을 통해서 얻어진 禪도 [땅의 까시나라고 부른다.] 여기서는 이 [세 번째] 뜻을 취하여 禪을 땅의 까시나라 한다고 알아야 한다. 요약해서 말하면, 땅의 까시나를 [통해서 얻어진 것이라] 부르는 禪을 구족하여 머문다는 뜻이 된다."(DhsA. 167)

529) "'그때에(tasmiṁ samaye)'라는 것은 '이 초선을 구족하여 머무는 때에'라는 뜻이다. '그때에 감각접촉이 있고 … pe(§1-2) … 산란하지 않음이 있다(phasso hoti … avikkhepo hoti).'라는 이것은 욕계의 유익한 마음에서 설명한 방법대로 문장의 순서에 따라서 56개의 법들이 있다. 거기서는 오직 욕계의 것들이었고 이들은 경지의 특별함을 통해서 고귀한 색계의 것이라는 이것이 특별한 것이다. 나머지는 거기서와 같다. 그밖에들(예와빠나까)은 여기서는 열의 등의 네 가지만(즉 열의(chanda), 결심(adhimokkha), 마음에 잡도리함[作意, manasikāra], 중립(tatramajjhattatā))이 얻어진다. 항목의 부문들과 공함의 부문들은 [거기서 설명한 것과 같이] 분명하다."(DhsA. 168)

530) 본서에는 도처에 반복되는 부분(peyyāla)의 생략이 '… pe …'로 나타난다. PTS본과 VRI본에서는 반복되는 부분을 생략한 것을 표시할 때 단지 '… pe …'로만 표기하고 있다. 그러나 역자는 독자들의 이해를 돕기 위해서 '… pe(§§2~145) …' 등으로 해당 부분의 문단 번호를 병기하고 있다.
이때 유념해야 할 점은 생략된 문단 번호를 잘못 표기하면 오히려 독자들에게 혼란을 줄 수 있다는 것이다. 예를 들면 제1편에서 가장 많이 나타나는 생략은 '그때에 감각접촉이 있고 … pe(§1-2) … 산란하지 않음이 있다. … pe(§§2~145) … — 이것이 유익한 법들이다.'인데 이것은 '그때에 감각접촉이 있고 … pe(§§1-2~57) … 산란하지 않음이 있다. … pe(§§58~145) … — 이것이 유익한 법들이다.'로 문단 번호를 표기할 수도 있다. 그러나 주석서의 문맥과 특히 §363과 §364의 관계로 보면 전자로 문단 번호를 매기는 것이 옳음을 알 수 있다. 역자는 적지 않은 시간을 할애하여 독자들의 이해를 돕기 위해서 생략된 문단 번호를 '… pe(§§2~145) …'라는 방법으로 병기하였음을 밝힌다.

혔기 때문에[531] [더 이상 존재하지 않으며], 자기 내면의 것이고, 확신이 있으며, 마음의 단일한 상태이고, 일으킨 생각과 지속적 고찰은 없고, 삼매에서 생긴 희열과 행복이 있는, 땅의 까시나를 가진 제2선(二禪)을 구족하여 머물 때, 그때에[532] 감각접촉이 있고 느낌이 있고 인식이 있고 의도가 있고 마음이 있고 희열이 있고 행복이 있고 마음이 한끝으로 [집중]됨이 있고 믿음의 기능이 있고 정진의 기능이 있고 마음챙김의 기능이 있고 삼매의 기능이 있고 통찰지의 기능이 있고 마노의 기능이 있고 기쁨의 기능이 있고 생명기능이 있고, 바른 견해가 있고 바른 정진이 있고 … pe(§1-2) … 분발이 있고 산란하지 않음이 있다.[533]

그 밖에 그때에 조건 따라 일어난[緣而生], 비물질인 다른 법들도 있다. — 이것이 유익한 법들이다. … pe(§2~57) …

---

531) "일으킨 생각과 지속적 고찰이라는 이 둘을 가라앉혔기 때문에, 극복했기 때문에(samatikkamā) 제2선의 순간에 그들은 나타나지 않는다는 뜻이다. 초선에 있는 감각접촉[觸] 등은 제2선의 감각접촉 등과 서로 다르기 때문에 초선에 속하는 법들은 아무것도 제2선에 존재하지 않지만 각각 거친 구성요소를 극복한 뒤 초선으로부터 제2선 등 다른 禪을 얻는다는 것을 보여주기 위해 '일으킨 생각과 지속적 고찰을 가라앉혔기 때문에'라고 설하셨다고 알아야 한다."(DhsA.169 = Vis. IV.140)

이하 여기에 나타나는 제2선의 정형구에 대한 문자적인 설명을 비롯한 자세한 해설은 『청정도론』 IV.137~150에 잘 나타나 있으므로 참조하기 바란다.

532) "'그때에 감각접촉이 있고 …'라는 등에서, 5종禪(jhāna-pañcaka)의 다섯 가지 구성요소 가운데 일으킨 생각과 지속적 고찰이란 용어와, 도의 구성요소 다섯 가지 가운데 바른 사유(sammāsaṅkappa)라는 용어가 제거된다. 이런 방법으로 분류할 수 있는 것과 분류할 수 없는 용어에 대한 판별을 알아야 한다."(DhsA.171)
이러한 판별에 대해서는 본서 §1의 ⑩ 그밖에들(예와빠나까)의 마지막 주해를 참조할 것.

533) 이와 같이 색계 제2선의 마음에는 일으킨 생각, 지속적 고찰, 바른 사유의 3가지가 제외되어 56-3=53개의 법들이 일어난다.

[항목의 부문]

그리고 그때에는 ① 네 가지 무더기가 있고 ② 두 가지 감각장소가 있고 ③ 두 가지 요소가 있고 ④ 세 가지 음식이 있고 ⑤ 여덟 가지 기능이 있고 ⑥ 세 가지 구성요소를 가진 禪이 있고 ⑦ 네 가지 구성요소를 가진 도가 있고[534] ⑧ 일곱 가지 힘이 있고 ⑨ 세 가지 원인이 있고 ⑩ 한 가지 감각접촉이 있고 … ㉒ 한가지 법의 감각장소가 있고 ㉓ 한 가지 법의 요소가 있다.

그 밖에 그때에 조건 따라 일어난[緣而生], 비물질인 다른 법들도 있다. — 이것이 유익한 법들이다. … pe(§§59~61) …

162. 무엇이 그때에 있는 '심리현상들의 무더기'인가?

감각접촉, 의도, 희열, 마음이 한끝으로 [집중]됨, 믿음의 기능, 정진의 기능, 마음챙김의 기능, 삼매의 기능, 통찰지의 기능, 생명기능, 바른 견해, 바른 정진 … 분발, 산란하지 않음, 그 밖에 그때에 조건 따라 일어난[緣而生], 느낌의 무더기를 제외하고 인식의 무더기를 제외하고 알음알이의 무더기를 제외한 비물질인 다른 법들 — 이것이 그때에 있는 심리현상들의 무더기이다. … pe(§§63~145) … — 이것이 유익한 법들이다.

163. 무엇이 유익한 법들인가? [32]

색계에 태어나는 도를 닦아서, 희열이 빛바랬기 때문에[535] 평온하

---

534) "이 항목의 부문에서도 [禪의 구성요소 다섯 가지 가운데 일으킨 생각과 지속적 고찰이란 용어가 제거되었기 때문에] '세 가지 구성요소를 가진 禪이 있고'와 [도의 구성요소 다섯 가지 가운데 바른 사유라는 용어가 제거되었기 때문에] '네 가지 구성요소를 가진 도가 있고'라고 나타난다. 나머지는 초선의 경우와 같다."(DhsA.171)

535) "'희열이 빛바랬기 때문에(pītiyā ca virāgā)'라고 하셨다. 여기서 '빛바램(virāga)'은 앞서 설한 방법대로 희열에 대해 혐오(jigucchana)하거나 그것을 극복함(samatikkama)이다. ['희열'과 '빛바램'의] 둘 사이에 있는 '그리고(ca)'라는 단어는 접속의 뜻을 나타낸다. 이것은 [제2선의 정형구에 나타

게[536] 머물고, 마음챙기고 알아차리며 몸으로 행복을 경험한다. 이 [禪 때문에] '평온하고 마음챙기며 행복하게 머문다.'고 성자들이 묘사하는, 땅의 까시나를 가진 제3선(三禪)을 구족하여 머물 때, 그때에 감각접촉이 있고 느낌이 있고 인식이 있고 의도가 있고 마음이 있고 행복이 있고[537] 마음이 한끝으로 [집중]됨이 있고 믿음의 기능이 있고 정진의 기능이 있고 마음챙김의 기능이 있고 삼매의 기능이 있고 통찰지의 기능이 있고 마노의 기능이 있고 기쁨의 기능이 있고 생명기능이 있고 바른 견해가 있고, 바른 정진이 있고 … pe(§1-2) … 분발이 있고 산란하지 않음이 있다.[538]

나는] '가라앉음(vūpasama)'과 연결하거나 '일으킨 생각과 지속적 고찰이 가라앉음'과 연결한다. 이 가운데서 '가라앉음'과 연결할 때 '희열이 빛바랬기 때문에 더욱이 가라앉았기 때문에'라고 문장구조를 알아야 한다."(DhsA. 171 = Vis.IV.154)

이하 여기에 나타나는 제3선의 정형구에 대한 문자적인 설명을 비롯한 자세한 해설은 『청정도론』 IV.151~179에 잘 나타나 있으므로 참조하기 바란다.

536) "일어나는(upapatti) 대로 보기(ikkhati) 때문에 '평온(upekkhā)'이라 한다. 공평하게 본다. 편견을 가지지 않고 본다는 뜻이다. 맑고 넉넉하고 굳건한 평온을 갖추었기 때문에 제3선에 있는 자를 평온하다고 한다. 평온은 열 가지가 있다. ① 여섯 가지 구성요소를 가진 평온 ② 거룩한 마음가짐(梵住)의 평온 ③ 깨달음의 구성요소의 평온 ④ 정진의 평온 ⑤ 상카라(行)들에 대한 평온 ⑥ 느낌의 평온 ⑦ 위빳사나에 대한 평온 ⑧ 중립의 평온 ⑨ 禪의 평온 ⑩ 청정함의 평온이다."(DhsA.172 = Vis.IV.156)

계속해서 『담마상가니 주석서』와 『청정도론』은 이 열 가지 평온을 성전을 인용하면서 설명한 뒤에(DhsA.172~174 = Vis.IV.157~170) "이런 평온들 가운데에서 ⑨ 禪의 평온이 여기서 요구하는 것이다."(DhsA.174 = Vis.IV.171)라고 결론을 내리고 있다.

537) "여기서는 禪의 구성요소 다섯 가지 가운데 희열이라는 용어(pīti-pada)도 제거된다. … 그래서 항목의 부문에서도 '두 가지 구성요소를 가진 禪이 있고'라고 나타난다. 나머지는 제2선의 경우와 같다."(DhsA.175)

538) 이와 같이 색계 제3선의 마음에는 일으킨 생각, 지속적 고찰, 희열, 바른 사유의 4가지가 제외되어 56-4=52개의 법들이 일어난다.

그 밖에 그때에 조건 따라 일어난[緣而生], 비물질인 다른 법들도 있다. — 이것이 유익한 법들이다. … pe(§2~57) …

[항목의 부문]

그리고 그때에는 ① 네 가지 무더기가 있고 ② 두 가지 감각장소가 있고 ③ 두 가지 요소가 있고 ④ 세 가지 음식이 있고 ⑤ 여덟 가지 기능이 있고 ⑥ 두 가지 구성요소를 가진 禪이 있고 ⑦ 네 가지 구성요소를 가진 도가 있고 ⑧ 일곱 가지 힘이 있고 ⑨ 세 가지 원인이 있고 ⑩ 한 가지 감각접촉이 있고 … ㉒ 한가지 법의 감각장소가 있고 ㉓ 한가지 법의 요소가 있다.

그 밖에 그때에 조건 따라 일어난[緣而生], 비물질인 다른 법들도 있다. — 이것이 유익한 법들이다. … pe(§§59~61) …

164. 무엇이 그때에 있는 '심리현상들의 무더기'인가?

감각접촉, 의도, 마음이 한끝으로 [집중]됨, 믿음의 기능, 정진의 기능, 마음챙김의 기능, 삼매의 기능, 통찰지의 기능, 생명기능, 바른 견해, 바른 정진 … 분발, 산란하지 않음, 그 밖에 그때에 조건 따라 일어난[緣而生], 느낌의 무더기를 제외하고 인식의 무더기를 제외하고 알음알이의 무더기를 제외한 비물질인 다른 법들 — 이것이 그때에 있는 심리현상들의 무더기이다. … pe(§§63~145) … — 이것이 유익한 법들이다.

165. 무엇이 유익한 법들인가?

색계에 태어나는 도를 닦아서, 행복도 버리고 괴로움도 버리고,[539)]

---

539) "'행복도 버리고 괴로움도 버리고(sukhassa ca pahānā dukkhassa ca pahānā)': 육체적인 행복(kāyika-sukha)과 육체적인 괴로움(kāyika-dukkha)을 버렸다. '그 이전에 이미(pubbeva)': 제4선의 순간이 아닌, 그 이전에 이미. '기쁨과 불만족을 소멸하였으므로(somanassa-domanassā-naṁ atthaṅgamā)': 정신적인 행복(cetasika-sukha)과 정신적인 괴로움

아울러 그 이전에 이미 기쁨과 불만족이 소멸되었으므로 괴롭지도 즐겁지도 않으며, 평온으로 인해 마음챙김이 청정한[捨念淸淨] 땅의 까시나를 가진 제4선(四禪)을 구족하여 머물 때, 그때에 감각접촉이 있고 느낌이 있고 인식이 있고 의도가 있고 마음이 있고 평온이 있고 마음이 한끝으로 [집중]됨이 있고 믿음의 기능이 있고 정진의 기능이 있고 마음챙김의 기능이 있고 삼매의 기능이 있고 통찰지의 기능이 있고 마노의 기능이 있고 평온의 기능이 있고 생명기능이 있고 바른 견해가 있고 바른 정진이 있고[33] … pe(§1-2) … 분발이 있고 산란하지 않음이 있다.540)

그 밖에 그때에 조건 따라 일어난[緣而生], 비물질인 다른 법들도 있다. — 이것이 유익한 법들이다. … pe(§§2~57) …

[항목의 부문]

그리고 그때에는 ① 네 가지 무더기가 있고 ② 두 가지 감각장소가 있고 ③ 두 가지 요소가 있고 ④ 세 가지 음식이 있고 ⑤ 여덟 가지 기능이 있고 ⑥ 두 가지 구성요소를 가진 禪이 있고 ⑦ 네 가지 구성요소를 가진 도가 있고 ⑧ 일곱 가지 힘이 있고 ⑨ 세 가지 원인이 있고 ⑩

(cetasika-dukkha)이라는 이 둘을 그 이전에 이미 소멸하였으므로, 버렸으므로.

언제 그들을 버리는가? 네 가지 禪들에 근접하는 순간(upacāra-kkhaṇa)에 버린다. [정신적인 행복인] 기쁨(somanassa)은 제4선의 근접순간에 버려진다. [육체적인] 괴로움(dukkha)은 초선의 근접순간에, [정신적인 괴로움인] 불만족(domanassa)은 제2선의 근접순간에, [육체적인] 행복(sukha)은 제3선의 근접순간에 버려진다."(DhsA.175~176 = Vis.IV.184~185)

이하 여기에 나타나는 제4선의 정형구에 대한 문자적인 설명을 비롯한 자세한 해설은 『청정도론』 IV.180~197에 잘 나타나 있으므로 참조하기 바란다.

540) 이와 같이 색계 제4선의 마음에는 행복이 평온으로, 기쁨의 기능이 평온의 기능으로 대체가 되고 일으킨 생각, 지속적 고찰, 희열, 바른 사유의 4가지가 제외되어 56-4=52개의 법들이 일어난다.

한 가지 감각접촉이 있고 … ㉒ 한가지 법의 감각장소가 있고 ㉓ 한가지 법의 요소가 있다.

그 밖에 그때에 조건 따라 일어난[緣而生], 비물질인 다른 법들도 있다. — 이것이 유익한 법들이다. … pe(§§59~61) …

166. 무엇이 그때에 있는 '심리현상들의 무더기'인가?541)

감각접촉, 의도, 마음이 한끝으로 [집중]됨, 믿음의 기능, 정진의 기능, 마음챙김의 기능, 삼매의 기능, 통찰지의 기능, 생명기능, 바른 견해, 바른 정진 … 분발, 산란하지 않음, 그 밖에 그때에 조건 따라 일어난[緣而生], 느낌의 무더기를 제외하고 인식의 무더기를 제외하고 알음알이의 무더기를 제외한 비물질인 다른 법들 — 이것이 그때에 있는 심리현상들의 무더기이다. … pe(§§63~145) … — 이것이 유익한 법들이다.

4종禪의 방법이 [끝났다.]

(2) 5종禪의 방법542)

---

541) "감각접촉을 다섯 번째로 하는 것 가운데 느낌은 평온의 느낌(upekkhā-vedanā)이라고 알아야 한다. 禪의 다섯 가지 구성요소와 기능의 여덟 가지 가운데서도 각각 평온이 있고 평온의 기능이 있다고 설하셨다.(§165) 나머지는 제3선에서 제거된 용어들이 여기서도 제거된다. 항목의 부문에서 '두 가지 구성요소를 가진 禪이 있고'라는 것은 평온과 마음이 한끝으로 [집중]됨을 통해서 알아야 한다. 나머지는 모두 제3선과 같다."(DhsA.178~179)

542) "만일 '왜 5종禪의 방법(pañcaka-naya)을 시작하는가?'라고 한다면 ① [서로 다른] 개인의 성향(puggalajjhāsaya)을 [만족시키기] 위해서이고 ② 가르침을 장엄(desanā-vilāsa)하기 위해서이다.

① 모여 있는 신들의 회중 가운데서 어떤 신들은 일으킨 생각은 거친 것으로(oḷārika) 드러났고 지속적 고찰과 희열과 행복과 마음이 한끝으로 [집중]됨은 고요한 것으로(santa) 드러났다고 한다. 그들을 위해서 적절한 방법으로 스승께서는 네 가지 구성요소를 가진, 일으킨 생각은 없고 지속적 고찰만 있는 제2선을 확정하셨다. 어떤 신들은 지속적 고찰은 거친 것으로, 희열과 행복과 마음이 한끝으로 [집중]됨은 고요한 것으로 드러났다. 그들을 위해서는

167. 무엇이 유익한 법들인가?

색계에 태어나는 도를 닦아서, 감각적 쾌락들을 완전히 떨쳐버리고 해로운 법[不善法]들을 떨쳐버린 뒤, 일으킨 생각[尋]과 지속적 고찰[伺]이 있고, 떨쳐버렸음에서 생긴 희열[喜]과 행복[樂]이 있는, 땅의 까시나

적절한 방법으로 세 가지 구성요소를 가진 제3선을 확정하셨다. 어떤 신들은 희열은 거친 것으로, 행복과 마음이 한끝으로 [집중]됨은 고요한 것으로 드러났다. 그들을 위해서는 적절한 방법으로 두 가지 구성요소를 가진 제4선을 확정하셨다. 어떤 신들은 행복이 거친 것으로, 평온과 마음이 한끝으로 [집중]됨은 고요한 것으로 드러났다. 그들을 위해서는 적절한 방법으로 두 가지 구성요소를 가진 제5선을 확정하셨다. 이것이 개인의 성향이다.

② 그런데 여래께서는 법의 요소를 잘 꿰뚫으셨다. 그것을 잘 꿰뚫으셨기 때문에 [세존께서는] 참으로 가르침의 장엄을 체득하셨다. 그래서 위대한 지혜를 가지셨기 때문에 가르침을 체계화하는 데 능숙하시며 가르침의 장엄을 체득하신 스승께서는 어떤 구성요소(aṅga)든 그 구성요소를 얻는 대로 그것을 통해서 원하는 곳마다 거기에서 가르침을 확정하셨다. 이렇게 해서 그분께서는 여기서 [일으킨 생각(vitakka)과 지속적 고찰(vicāra)과 희열(pīti)과 행복(sukha)과 집중(cittekaggatā)의] 다섯 가지 구성요소를 가진 초선을 분류해 내셨고, 일으킨 생각은 없고 지속적 고찰만 있는 네 가지 구성요소를 가진 제2선을 분류해 내셨으며, [희열과 행복과 집중의] 세 가지 구성요소를 가진 제3선을 분류해 내셨고, [행복과 집중의] 두 가지 구성요소를 가진 제4선을 분류해 내셨으며, [평온(upekkhā)과 집중의] 두 가지 구성요소를 가진 제5선을 분류해 내셨다. 이것이 가르침의 장엄이다.

③ 나아가서 세존께서는 "비구들이여, 세 가지 삼매가 있다. 일으킨 생각과 지속적 고찰이 있는 삼매, 일으킨 생각은 없고 지속적 고찰만 있는 삼매, 일으킨 생각도 없고 지속적 고찰도 없는 삼매이다."(D33 §1.10 (50); S43:3)라고 경에서 세 가지 삼매를 가르치셨다. 이 가운데 일으킨 생각과 지속적 고찰이 있는 삼매와 일으킨 생각도 없고 지속적 고찰도 없는 삼매는 앞에서 분류해서 보여주셨지만 일으킨 생각은 없고 지속적 고찰만 있는(avitakka-vicāramatta) 삼매는 보여주시지 않았다. 이것을 보여주시기 위해서 이 다섯 가지 방법(즉 五種禪, 오종선)을 시작하신 것이라고도 알아야 한다." (DhsA.179~180)

'다섯으로 분류한 禪' 혹은 '禪의 다섯 개 조[五種禪, jhānapañcaka]'에 대한 문자적인 설명을 비롯한 해설은 『청정도론』 IV.198~202에 잘 나타나 있으므로 참조하기 바란다.

를 가진 초선을 구족하여 머물 때, 그때에 감각접촉이 있고 … pe(§1-2) … 산란하지 않음이 있다. … pe(§§2~145) … — 이것이 유익한 법들이다.

168. 무엇이 유익한 법들인가?

색계에 태어나는 도를 닦아서, 감각적 쾌락들을 완전히 떨쳐버리고 해로운 법[不善法]들을 떨쳐버린 뒤, 일으킨 생각[尋]은 없고 지속적 고찰[伺]만이 있고, 삼매에서 생긴 희열[喜]과 행복[樂]이 있는, 땅의 까시나를 가진 제2선(二禪)을 구족하여 머물 때, 그때에543) 감각접촉이 있고 느낌이 있고 인식이 있고 의도가 있고 마음이 있고 지속적 고찰이 있고 희열이 있고 행복이 있고 마음이 한끝으로 [집중]됨이 있고 믿음의 기능이 있고 정진의 기능이 있고 마음챙김의 기능이 있고 삼매의 기능이 있고 통찰지의 기능이 있고 마노의 기능이 있고 기쁨의 기능이 있고 생명기능이 있고 바른 견해가 있고 바른 정진이 있고 … pe(§1-2) … 분발이 있고 산란하지 않음이 있다.

그 밖에 그때에 조건 따라 일어난[緣而生], 비물질인 다른 법들도 있다. — 이것이 [34] 유익한 법들이다. … pe(§§2~57) …

[항목의 부문]

그리고 그때에는 ① 네 가지 무더기가 있고 ② 두 가지 감각장소가 있고 ③ 두 가지 요소가 있고 ④ 세 가지 음식이 있고 ⑤ 여덟 가지 기능이 있고 ⑥ 네 가지 구성요소를 가진 禪이 있고 ⑦ 네 가지 구성요소를 가진 도가 있고 ⑧ 일곱 가지 힘이 있고 ⑨ 세 가지 원인이 있고 ⑩

543) "여기서는 제2선의 해설에서 감각접촉 등 가운데 일으킨 생각만 있는 것(vitakkamatta)을 제거하고, 항목의 부문에 있는 '⑥ 네 가지 구성요소를 가진 禪이 있고 ⑦ 네 가지 구성요소를 가진 도가 있고'라는 이것이 특별한 것이다. 나머지는 모두 초선과 같다. 그리고 4종禪의 두 번째, 세 번째, 네 번째는 여기서 세 번째, 네 번째, 다섯 번째가 된다."(DhsA.180)

한 가지 감각접촉이 있고 … ㉒ 한가지 법의 감각장소가 있고 ㉓ 한가지 법의 요소가 있다.

그 밖에 그때에 조건 따라 일어난[緣而生], 비물질인 다른 법들도 있다. — 이것이 유익한 법들이다. … pe(§§59~61) …

169. 무엇이 그때에 있는 '심리현상들의 무더기'인가?

감각접촉, 의도, 지속적 고찰, 희열, 마음이 한끝으로 [집중]됨, 믿음의 기능, 정진의 기능, 마음챙김의 기능, 삼매의 기능, 통찰지의 기능, 생명기능, 바른 견해, 바른 정진 … 분발, 산란하지 않음, 그 밖에 그때에 조건 따라 일어난[緣而生], 느낌의 무더기를 제외하고 인식의 무더기를 제외하고 알음알이의 무더기를 제외한 비물질인 다른 법들 — 이것이 그때에 있는 심리현상들의 무더기이다. … pe(§§63~145) … — 이것이 유익한 법들이다.

170. 무엇이 유익한 법들인가?

색계에 태어나는 도를 닦아서, 일으킨 생각과 지속적 고찰을 가라앉혔기 때문에 [더 이상 존재하지 않으며], 자기 내면의 것이고, 확신이 있으며, 마음의 단일한 상태이고, 일으킨 생각과 지속적 고찰은 없고, 삼매에서 생긴 희열과 행복이 있는, 땅의 까시나를 가진 제3선(三禪)을 구족하여 머물 때, 그때에 감각접촉이 있고 느낌이 있고 인식이 있고 의도가 있고 마음이 있고 희열이 있고 행복이 있고 마음이 한끝으로 [집중]됨이 있고 믿음의 기능이 있고 정진의 기능이 있고 마음챙김의 기능이 있고 삼매의 기능이 있고 통찰지의 기능이 있고 마노의 기능이 있고 기쁨의 기능이 있고 생명기능이 있고 바른 견해가 있고 바른 정진이 있고 … pe(§1-2) … 분발이 있고 산란하지 않음이 있다.

그 밖에 그때에 조건 따라 일어난[緣而生], 비물질인 다른 법들도 있다. — 이것이 유익한 법들이다. … pe(§§2~57) …

[항목의 부문]

그리고 그때에는 ① 네 가지 무더기가 있고 ② 두 가지 감각장소가 있고 ③ 두 가지 요소가 있고 ④ 세 가지 음식이 있고 ⑤ 여덟 가지 기능이 있고 ⑥ 세 가지 구성요소를 가진 禪이 있고 ⑦ 네 가지 구성요소를 가진 도가 있고 ⑧ 일곱 가지 힘이 있고 ⑨ 세 가지 원인이 있고 ⑩ 한 가지 감각접촉이 있고 … ㉒ 한가지 법의 감각장소가 있고 ㉓ 한가지 법의 요소가 있다.

그 밖에 그때에 조건 따라 일어난[緣而生], 비물질인 다른 법들도 있다. — 이것이 유익한 법들이다. … pe(§§59~61) …

171. 무엇이 그때에 있는 '심리현상들의 무더기'인가?

감각접촉, 의도, 희열, 마음이 한끝으로 [집중]됨, 믿음의 기능, 정진의 기능, [35] 마음챙김의 기능, 삼매의 기능, 통찰지의 기능, 생명기능, 바른 견해, 바른 정진 … 분발, 산란하지 않음, 그 밖에 그때에 조건 따라 일어난[緣而生], 느낌의 무더기를 제외하고 인식의 무더기를 제외하고 알음알이의 무더기를 제외한 비물질인 다른 법들 — 이것이 그때에 있는 심리현상들의 무더기이다. … pe(§§63~145) … — 이것이 유익한 법들이다.544)

172. 무엇이 유익한 법들인가?

색계에 태어나는 도를 닦아서, 희열이 빛바랬기 때문에 평온하게 머물고, 마음챙기고 알아차리며 몸으로 행복을 경험한다. 이 [禪 때문에] '평온하고 마음챙기며 행복하게 머문다.'고 성자들이 묘사하는, 땅의 까시나를 가진 제4선(四禪)을 구족하여 머물 때, 그때에 감각접촉이 있고 느낌이 있고 인식이 있고 의도가 있고 마음이 있고 행복이 있고 마음이

544) §162의 4종선의 제2선과 같다.

한끝으로 [집중]됨이 있고 믿음의 기능이 있고 정진의 기능이 있고 마음챙김의 기능이 있고 삼매의 기능이 있고 통찰지의 기능이 있고 마노의 기능이 있고 기쁨의 기능이 있고 생명기능이 있고 바른 견해가 있고 바른 정진이 있고 … pe(§1-2) … 분발이 있고 산란하지 않음이 있다.

그 밖에 그때에 조건 따라 일어난[緣而生], 비물질인 다른 법들도 있다. — 이것이 유익한 법들이다. … pe(§§2~57) … 545)

[항목의 부문]

그리고 그때에는 ① 네 가지 무더기가 있고 ② 두 가지 감각장소가 있고 ③ 두 가지 요소가 있고 ④ 세 가지 음식이 있고 ⑤ 여덟 가지 기능이 있고 ⑥ 두 가지 구성요소를 가진 禪이 있고 ⑦ 네 가지 구성요소를 가진 도가 있고 ⑧ 일곱 가지 힘이 있고 ⑨ 세 가지 원인이 있고 ⑩ 한 가지 감각접촉이 있고 … ㉒ 한가지 법의 감각장소가 있고 ㉓ 한가지 법의 요소가 있다.

그 밖에 그때에 조건 따라 일어난[緣而生], 비물질인 다른 법들도 있다. — 이것이 유익한 법들이다. … pe(§§59~61) …

173. 무엇이 그때에 있는 '심리현상들의 무더기'인가?

감각접촉, 의도, 마음이 한끝으로 [집중]됨, 믿음의 기능, 정진의 기능, 마음챙김의 기능, 삼매의 기능, 통찰지의 기능, 생명기능, 바른 견해, 바른 정진 … 분발, 산란하지 않음, 그 밖에 그때에 조건 따라 일어난[緣而生], 느낌의 무더기를 제외하고 인식의 무더기를 제외하고 알음알이의 무더기를 제외한 비물질인 다른 법들 — 이것이 그때에 있는 심리현상들의 무더기이다. … pe(§§63~145) … — 이것이 유익한 법들이다.

545) §163의 4종선의 제3선과 같다.

174. 무엇이 유익한 법들인가?

색계에 태어나는 도를 닦아서, 행복도 버리고 괴로움도 버리고, 아울러 그 이전에 이미 기쁨과 불만족이 소멸되었으므로 괴롭지도 즐겁지도 않으며, 평온으로 인해 마음챙김이 청정한[捨念淸淨] 땅의 까시나를 가진 [36] 제5선(五禪)을 구족하여 머물 때, 그때에 감각접촉이 있고 느낌이 있고 인식이 있고 의도가 있고 마음이 있고 평온이 있고 마음이 한끝으로 [집중]됨이 있고 믿음의 기능이 있고 정진의 기능이 있고 마음챙김의 기능이 있고 삼매의 기능이 있고 통찰지의 기능이 있고 마노의 기능이 있고 평온의 기능이 있고 생명기능이 있고 바른 견해가 있고 바른 정진이 있고 … pe(§1-2) … 분발이 있고 산란하지 않음이 있다.

그 밖에 그때에 조건 따라 일어난[緣而生], 비물질인 다른 법들도 있다. — 이것이 유익한 법들이다. … pe(§2~57) …

[항목의 부문]

그리고 그때에는 ① 네 가지 무더기가 있고 ② 두 가지 감각장소가 있고 ③ 두 가지 요소가 있고 ④ 세 가지 음식이 있고 ⑤ 여덟 가지 기능이 있고 ⑥ 두 가지 구성요소를 가진 禪이 있고 ⑦ 네 가지 구성요소를 가진 도가 있고 ⑧ 일곱 가지 힘이 있고 ⑨ 세 가지 원인이 있고 ⑩ 한 가지 감각접촉이 있고 … ㉒ 한가지 법의 감각장소가 있고 ㉓ 한가지 법의 요소가 있다.

그 밖에 그때에 조건 따라 일어난[緣而生], 비물질인 다른 법들도 있다. — 이것이 유익한 법들이다. … pe(§§59~61) …

175. 무엇이 그때에 있는 '심리현상들의 무더기'인가?

감각접촉, 의도, 마음이 한끝으로 [집중]됨, 믿음의 기능, 정진의 기능, 마음챙김의 기능, 삼매의 기능, 통찰지의 기능, 생명기능, 바른 견해, 바른 정진 … 분발, 산란하지 않음, 그 밖에 그때에 조건 따라 일어난[緣而生], 느낌의 무더기를 제외하고 인식의 무더기를 제외하고 알음알이의 무더기를 제외한 비물질인 다른 법들 — 이것이 그때에 있는 심리현상들의 무더기이다. … pe(§§63~145) … — 이것이 유익한 법들이다.

5종禪의 방법이 [끝났다.][546]

(3) 네 가지 도닦음

176. 무엇이 유익한 법들인가?[547]

색계에 태어나는 도를 닦아서, 감각적 쾌락들을 완전히 떨쳐버리고 해로운 법[不善法]들을 떨쳐버린 뒤, 일으킨 생각[尋]과 지속적 고찰[伺]이 있고, 떨쳐버렸음에서 생긴 희열[喜]과 행복[樂]이 있는, ① 도닦

546) "이렇게 해서 4종[禪]과 5종[禪]이라는 두 가지 구분인 순수한 아홉 개 조(suddhika-navaka)가 설명되었다. 그런데 이 5종[禪] 안에 4종[禪]이 들어가기 때문에 뜻으로는 禪의 다섯 개 조, 즉 5종禪으로 알아야 한다."(DhsA.182)

547) "이제 이 禪은 참으로 도닦음의 순서에 의해서 성취되기 때문에 도닦음의 분류(paṭipadā-bheda)를 보여주시기 위해서 다시 '무엇이 유익한 법들인가?'라고 말씀하셨다."(DhsA.182)

이러한 도닦음의 분류는 이미 니까야의 여러 경들에서도 나타나고 있다. 예를 들면 『디가 니까야』와 『앙굿따라 니까야』에서 "네 가지 도닦음이 있으니 ① 도닦음도 어렵고 초월지도 느린 것(dukkhā paṭipadā dandha-abhiññā) ② 도닦음은 어려우나 초월지는 빠른 것(dukkhā paṭipadā khippa-abhiññā) ③ 도닦음은 쉬우나 초월지가 느린 것(sukhā paṭipadā dandha-abhiññā) ④ 도닦음도 쉽고 초월지도 빠른 것(sukhā paṭipadā khippa-abhiññā)이다."(D28 §4; A4:161 등)로 언급되어 있다. 이 네 가지는 『청정도론』 III.14~19에서도 잘 설명되어 있다.

불교의 궁극적 목적은 열반의 실현(nibbanassa sacchikiriya)이다. 禪의 체득은 열반을 실현하고 깨달음을 완성하기 위한 가장 중요한 덕목 중의 하나이다. 그래서 이처럼 본서의 여러 문맥에서도 禪의 경지와 도닦음의 순서는 결합되어 나타나고 있다. 이것도 법의 현장성을 강조한 것이라고 할 수 있다.

음[548]도 어렵고[549] 초월지[550]도 느린[551] 땅의 까시나를 가진[552] 초선을 구족하여 머물 때,[553] 그때에 감각접촉이 있고 … pe(§1-2) … 산란

548) "여기서 처음에 전향하는 것(paṭhama-samannāhāra)으로부터(Vis.XIV.134) 시작하여 이런저런 禪의 근접의 경지(upacāra)를 얻을 때까지 전개되는 禪수행(jhāna-bhāvanā)을 '도닦음(paṭipadā)'이라 부른다. 근접으로부터 시작하여 본삼매(appanā)에 이르기까지 생기는 통찰지(paññā)를 '초월지(abhiññā)'라 부른다.
이러한 도닦음은 어떤 사람에게는 어렵다(dukkhā). 장애 등의 이것과 반대가 되는 법이 실제로 드러나는 것이 두껍기 때문(nīvaraṇādi-paccanīka-dhamma-samudācāra-gahanatā)에 힘들고(kicchā) 쉽게 가까이하지 못한다(asukhasevanā)는 뜻이다. 어떤 자에게는 이것이 없기 때문에 쉽다(sukhā). 초월지도 어떤 자에게는 느리고(dandhā) 더디고(mandā) 빠르게 진행되지 못한다(asīghappavatti). 어떤 자에게는 빠르고(khippā) 더디지 않고(amandā) 빨리 진행된다(sīghappavatti)."(DhsA.182~183)

549) "어렵고 힘든 도닦음을 가졌다고 해서 '도닦음이 어려운 것'이다(dukkhā kicchā paṭipadā etassāti dukkhāpaṭipado)."(Pm.i.109)
이처럼 복주서 문헌들은 '어려움(dukkhā)'을 힘듦(kicchā)으로 설명하고 있다.

550) 여기서 '초월지'는 abhiññā를 옮긴 것이다. 초기불전연구원에서는 abhiññā를 문맥에 따라 초월지, 신통지, 최상의 지혜, 최상의 지혜로 알고로 옮기고 있다. 여기에 대해서는 본서 제2권 §1221의 주해와 『청정도론』 XII.1, D1 §1.28, M3 §8, S22:24 §3, S6:3 §3 등의 해당 주해를 참조하기 바란다.

551) "그러므로 오염원들을 억압하면서 처음부터 어렵고(dukkha) 자극을 받고(sasaṅkhāra) 억지로 노력하여(sappayoga) 피로하면서(kilamanta) 억압하는 그런 자에게 '도닦음은 어렵다(dukkhā paṭipadā).'고 한다. 그리고 오염원을 억압하여 본삼매에 들어 머물면서(vasanta) 오래 걸려서(cirena) 구성요소가 현전함을 얻는 자에게는 '초월지가 느리다(dandhābhiññā).'라고 한다. 오염원들을 억압하면서 피로하지 않고 쉽게 억압하는 자에게 '도닦음이 쉽다(sukhā paṭipadā).'라고 한다."(DhsA.183)

552) "여기서 어려운 도닦음이 그에게 있다(dukkhā paṭipadā assa)고 해서 '도닦음이 어려운 것(dukkha-paṭipada)'이다. 느린 초월지가 그에게 있다고 해서(dandhā abhiññā assāti) '초월지가 느린 것(dandhābhiñña)'이다. 이처럼 도닦음이 어렵거나 초월지가 느리거나 땅의 까시나를 가졌거나 하는 이 세 가지도 禪에 [적용되는] 이름들이다. '도닦음은 어려우나(dukkha-paṭipada) 초월지는 빠른 것(khippābhiñña)' 등에도 같은 방법이 적용된다."(DhsA.182)

하지 않음이 있다. … pe(§§2~145) … — 이것이 유익한 법들이다.

177. 무엇이 유익한 법들인가?

색계에 태어나는 도를 닦아서, 감각적 쾌락들을 완전히 떨쳐버리고 해로운 법[不善法]들을 떨쳐버린 뒤, 일으킨 생각[尋]과 지속적 고찰[伺]

---

553) "[삼매 수행에 있어서] 적당한 것과 적당하지 않은 것(sappāyāsappāyāni)과 장애를 끊는 등(palibodh-upacchedādi) 미리 해야 할 일(pubba-kiccā-ni)과 삼매에 드는 능숙함(appanākosallāni)에 대해서는 『청정도론』 마음 수행의 해설(cittabhāvanāniddesa, Vis.IV.35~65)에서 설명되었다.
이 가운데서 적당하지 않은 것을 반복하는 자(asappāyasevī)가 있다. 그의 도닦음은 어렵고 초월지도 느리다. 적당한 것을 반복하는 자의 경우 그의 도닦음은 쉽고 초월지도 빠르다."

계속해서 주석서와 『청정도론』은 "다시 갈애와 무명(taṇhā-avijjā)으로, 그리고 사마타와 위빳사나의 주제를 통해서 이들의 분류를 알아야 한다. … 다시 오염원(kilesa)과 기능[根, indriya]을 통해서 이들의 분류를 알아야 한다."(DhsA.183 = Vis.III.17~18)라고 같은 방법으로 설명하고 있다. 다시 주석서는 이렇게 설명한다.

"이와 같이 이 도닦음과 초월지에서 어떤 사람은 어려운 도닦음과 느린 초월지로 삼매에 든다. 그의 삼매를 두고 도닦음도 어렵고 초월지도 느리다고 한다. 이 방법은 나머지 세 경우에도 적용된다. [이와 같이 도닦음도 어렵고 초월지도 느린 것 등으로 네 가지이다.]

이 도닦음과 초월지에서 "이런 [초선의] 경지에 적합한 마음챙김이 유지되는 것이 '정체에 빠진 통찰지(ṭhitibhāginī paññā)'이다."(Vbh. §799)라고 이렇게 말씀하신 마음챙김(sati)이나 각각의 禪에 대한 갈애를 떠남에서 도닦음(paṭipadā)을 알아야 한다. 그리고 각각의 禪의 근접의 경지를 얻은 자의 본삼매를 향한 열망에서 초월지(abhiññā)를 알아야 한다. 그리고 도닦음과 초월지는 이들이 다가오는 [방법](āgamana)에도 달려있다. 도닦음도 어렵고 초월지도 느린 초선을 증득한 뒤에 생겨나는 제2선의 경우도 [그 초선과] 마찬가지이고 제3선과 제4선에도 이 방법이 적용된다.

넷으로 분류한 禪(4종禪)에서처럼 다섯으로 분류한 禪(5종禪)에서도 도닦음을 통해서 禪은 네 가지로 분류된다고 알아야 한다. 이렇게 하여 도닦음을 통해서 네 가지 아홉 개 조(navakā)를 말씀하셨다. 이렇게 하여 이들은 본서에서 36가지(네 가지 도닦음×9가지 禪) 마음이 된다. 뜻으로는 4종선이 5종선에 포함되기 때문에 20가지가 된다."(DhsA.183~184)

이 있고, 떨쳐버렸음에서 생긴 희열[喜]과 행복[樂]이 있는, ② 도닦음은 어려우나 초월지는 빠른 땅의 까시나를 가진 초선을 구족하여 머물 때, 그때에 [37] 감각접촉이 있고 … pe(§1-2) … 산란하지 않음이 있다. … pe(§§2~145) … — 이것이 유익한 법들이다.

178. 무엇이 유익한 법들인가?

색계에 태어나는 도를 닦아서, 감각적 쾌락들을 완전히 떨쳐버리고 해로운 법[不善法]들을 떨쳐버린 뒤, 일으킨 생각[尋]과 지속적 고찰[伺]이 있고, 떨쳐버렸음에서 생긴 희열[喜]과 행복[樂]이 있는, ③ 도닦음은 쉬우나 초월지는 느린 땅의 까시나를 가진 초선을 구족하여 머물 때, 그때에 감각접촉이 있고 … pe(§1-2) … 산란하지 않음이 있다. … pe(§§2~145) … — 이것이 유익한 법들이다.

179. 무엇이 유익한 법들인가?

색계에 태어나는 도를 닦아서, 감각적 쾌락들을 완전히 떨쳐버리고 해로운 법[不善法]들을 떨쳐버린 뒤, 일으킨 생각[尋]과 지속적 고찰[伺]이 있고, 떨쳐버렸음에서 생긴 희열[喜]과 행복[樂]이 있는, ④ 도닦음도 쉽고 초월지도 빠른 땅의 까시나를 가진 초선을 구족하여 머물 때, 그때에 감각접촉이 있고 … pe(§1-2) … 산란하지 않음이 있다. … pe(§§2~145) … — 이것이 유익한 법들이다.

180. 무엇이 유익한 법들인가?

색계에 태어나는 도를 닦아서, 일으킨 생각과 지속적 고찰을 가라앉혔기 때문에 [더 이상 존재하지 않으며], 자기 내면의 것이고, 확신이 있으며, 마음의 단일한 상태이고, 일으킨 생각과 지속적 고찰은 없고, 삼매에서 생긴 희열과 행복이 있는, ① 도닦음도 어렵고 초월지도 느린 땅의 까시나를 가진 제2선(二禪)을 … ② 도닦음은 어려우나 초월지는 빠른 땅의 까시나를 가진 제2선(二禪)을 … ③ 도닦음은 쉬우나 초월지는 느린 땅의 까시나를 가진 제2선(二禪)을 … ④ 도닦음도 쉽고 초월지도 빠른 땅의 까시나를 가진 제2선(二禪)을 … 제3선(三禪)을 … 제4선(四禪)을 … 초선(初禪)을 … 제5선(五禪)을 구족하여 머물 때,[554] 그때에 감각접촉이 있고 … pe(§1-2) … 산란하지 않음이 있다. … pe(§§2~145) … — 이것이 유익한 법들이다.

네 가지 도닦음이 [끝났다.]

(4) 네 가지 대상

181. 무엇이 유익한 법들인가?[555]

---

554) 이렇게 하여 "① 도닦음도 어렵고 초월지도 느린 것 ② 도닦음은 어려우나 초월지는 빠른 것 ③ 도닦음은 쉬우나 초월지는 느린 것 ④ 도닦음도 쉽고 초월지도 빠른 것"이라는 네 가지 이름(cattāri nāmāni, Vis.XXI.117)을 가진 도닦음은 4종禪의 제2선, 제3선, 제4선에도 적용이 되고 5종禪의 초선부터 제5선까지에도 적용이 된다. 역자는 VRI본과 PTS본의 반복되는 부분(peyyala)을 생략한 편집에 준해서 번역하였다.

555) "이제 이 禪은 참으로 도닦음의 구분의 경우처럼 대상의 구분(ārammaṇa-bheda)에 의해서도 네 가지가 된다. 그래서 이러한 구분을 보여주기 위해서 다시 '어떤 것이 유익한 법들인가?'라고 시작하셨다.

① 여기서 능숙하지 못하여 더 높은 禪(uparijhāna)의 조건이 될 수 없는 것이 '제한된 것(paritta)'이다.
② 체 정도 되거나 접시 정도 되는, 확장되지 않은 대상에 대해서 생겼고 이러한 제한된 대상을 가진 것이라고 해서 '제한된 대상을 가진 것(paritt-ārammaṇa)'이다.
③ 능숙하고 잘 닦아서 더 높은 禪의 조건이 될 수 있는 것이 '무량한 것(appamāṇa)'이다.
④ 광대한 대상에서 생겼으며 그 크기가 증가하였기 때문에 무량한 대상을 가진 것이라고 해서 '무량한 대상을 가진 것(appamāṇārammaṇa)'이다.
이미 설한 특징들을 서로 잘 섞어서 혼합된 방법(vomissaka-naya)을 알아야 한다. 이렇게 하여 대상을 통해서 네 가지의 아홉 개 조 방법이 있다. 마음의 헤아림은 네 가지 도닦음의 경우와 같이 [36가지가] 된다."(DhsA.184)
여기에 대해서는 『청정도론』 III.19~20 등도 참조할 것.

색계에 태어나는 도를 닦아서, 감각적 쾌락들을 완전히 떨쳐버리고 해로운 법[不善法]들을 떨쳐버린 뒤, 일으킨 생각[尋]과 지속적 고찰[伺]이 있고, 떨쳐버렸음에서 생긴 희열[喜]과 행복[樂]이 있는, ㉠ 제한되었고 제한된 대상을 가졌으며[556] 땅의 까시나를 가진 초선을 구족하여 머물 때, 그때에 감각접촉이 있고 … pe(§1-2) … 산란하지 않음이 있다. … pe(§§2~145) … — 이것이 유익한 법들이다.

182. 무엇이 유익한 법들인가?

색계에 태어나는 도를 닦아서, 감각적 쾌락들을 완전히 떨쳐버리고 … ㉡ 제한되었지만 무량한 대상을 가졌으며 땅의 까시나를 가진 초선을 구족하여 머물 때, 그때에 [38] 감각접촉이 있고 … pe(§1-2) … 산란하지 않음이 있다. … pe(§§2~145) … — 이것이 유익한 법들이다.

183. 무엇이 유익한 법들인가?

색계에 태어나는 도를 닦아서, 감각적 쾌락들을 완전히 떨쳐버리고 … ㉢ 무량하지만 제한된 대상을 가졌으며 땅의 까시나를 가진 초선을 구족하여 머물 때, 그때에 감각접촉이 있고 … pe(§1-2) … 산란하지 않음이 있다. … pe(§§2~145) … — 이것이 유익한 법들이다.

184. 무엇이 유익한 법들인가?

색계에 태어나는 도를 닦아서, 감각적 쾌락들을 완전히 떨쳐버리고 … ㉣ 무량하고 무량한 대상을 가졌으며 땅의 까시나를 가진 초선을 구족하여 머물 때, 그때에 감각접촉이 있고 … pe(§1-2) … 산란하지 않음

556) 여기에 나타나는 네 가지 대상의 원어는 다음과 같다.
㉠ 제한되었고 제한된 대상을 가진 禪(paritta parittārammaṇa)
㉡ 제한되었지만 무량한 대상을 가진 禪(paritta appamāṇārammaṇa)
㉢ 무량하지만 제한된 대상을 가진 禪(appamāṇa parittārammaṇa)
㉣ 무량하고 무량한 대상을 가진 禪(appamāṇa appamāṇārammaṇa)

이 있다. … pe(§§2~145) … — 이것이 유익한 법들이다.

185. 무엇이 유익한 법들인가?

색계에 태어나는 도를 닦아서, 일으킨 생각과 지속적 고찰을 가라앉혔기 때문에 [더 이상 존재하지 않으며], 자기 내면의 것이고, 확신이 있으며, 마음의 단일한 상태이고, 일으킨 생각과 지속적 고찰은 없고, 삼매에서 생긴 희열과 행복이 있는, ㉠ 제한되었고 제한된 대상을 가졌으며 땅의 까시나를 가진 제2선(二禪)을 … ㉡ 제한되었지만 무량한 대상을 가졌으며 땅의 까시나를 가진 제2선(二禪)을 … ㉢ 무량하지만 제한된 대상을 가졌으며 땅의 까시나를 가진 제2선(二禪)을 … ㉣ 무량하고 무량한 대상을 가졌으며 땅의 까시나를 가진 제2선(二禪)을 … 제3선(三禪)을 … 제4선(四禪)을 … 초선(初禪)을 … 제5선(五禪)을 구족하여 머물 때, 그때에 감각접촉이 있고 … pe(§1-2) … 산란하지 않음이 있다. … pe(§§2~145) … — 이것이 유익한 법들이다.

네 가지 대상이 [끝났다.]

(5) 열여섯 번의 결합

186. 무엇이 유익한 법들인가?557)

557) "여기서는 대상과 도닦음이 섞인 16가지 방법을 보여주시기 위해서 '무엇이 유익한 법들인가?'라고 시작하셨다. 여기서 첫 번째 방법에서 설명한 禪은 ① 도닦음도 어렵고 초월지도 느리며 ㉠ 제한되었고 제한된 대상을 가졌다는 네 가지 이유 때문에 '저열하다(hīna)'. 16번째에 설명한 禪은 ④ 도닦음도 쉽고 초월지도 빠르며 ㉣ 무량하고 무량한 대상을 가졌다는(§201) 네 가지 이유 때문에 '수승하다(paṇīta)'. 나머지 14가지 가운데에서 이들은 한 가지와 두 가지와 세 가지 이유 때문에 저열함과 수승함(hīnappaṇītatā)을 알아야 한다.

그러면 무엇 때문에 이러한 방법을 설하셨는가? 禪이 생기는 이유가 되기(jhānuppatti-kāraṇatta) 때문이다.

(1) 색계에 태어나는 도를 닦아서, 감각적 쾌락들을 완전히 떨쳐버리고 해로운 법[不善法]들을 떨쳐버린 뒤, 일으킨 생각[尋]과 지속적 고찰[伺]이 있고, 떨쳐버렸음에서 생긴 희열[喜]과 행복[樂]이 있는, ① 도닦음도 어렵고 초월지도 느리며 ㉠ 제한되었고 제한된 대상을 가졌으며 땅의 까시나를 가진 초선을 구족하여 머물 때, 그때에 감각접촉이 있고 … pe(§1-2) … 산란하지 않음이 있다. … pe(§§2~145) … — 이것이 유익한 법들이다.

187. 무엇이 유익한 법들인가?

정등각자께서는 땅의 까시나에서 순수한 禪(suddhika-jjhāna)을 네 가지 방법과 다섯 가지 방법을 통해서 보여주셨다. 같이 하여 순수한 도닦음을 [말씀하셨고] 같이 하여 순수한 대상을 [말씀하셨다]. 그리하여 땅의 까시나를 통해서 네 가지 방법(4종禪)을 통해서 순수한 禪을 설하시자 깨달을 수 있었던 신들에게는 그들에게 적절한 순수한 禪을 네 가지 방법으로 가르치셨다. 다섯 가지 방법(5종禪)을 통해서 설하시자 깨달을 수 있었던 신들에게는 그들에게 적절한 다섯 가지 방법으로 가르치셨다.
네 가지 방법을 통해서 순수한 도닦음과 순수한 대상에 대해서 설하시자 깨달을 수 있었던 신들에게는 그들에게 적절한 순수한 도닦음과 순수한 대상에 대해서 네 가지 방법으로 가르치셨다. 다섯 가지 방법을 통해서 설하시자 깨달을 수 있었던 신들에게는 그들에게 적절한 다섯 가지 방법으로 가르치셨다. 이처럼 ① 개인의 성향(puggal-ajjhāsaya)에 따라서 앞에서 여러 가르침을 설하셨다.

가르침의 장엄을 체득하신 [부처님께서는] [네 가지] 무애해(無碍解, paṭisambhida)를 분석하셨고 열 가지 힘[十力, dasa-bala]과 네 가지 담대함[四無畏, catu-vesārajja]에 대한 청량한 지혜를 가지셔서 법들의 정확한 역할과 특징을 잘 꿰뚫으셨기 때문에 법의 개념에 능숙하셔서(dhamma-paññatti-kusalatā) 어떤 방법으로든지 그것을 통해서 가르침을 확정 지으실 수 있다. 그래서 이러한 ② 가르침의 장엄을 체득함(desanā-vilāsa-ppatti)에 의해서도 땅의 까시나에 대해서 순수한 네 가지 방법 등으로 가르침을 베푸신 것이다.

그런데 禪을 체득하려는 자는 누구든지 대상과 도닦음(ārammaṇa-paṭipadā)이 없이는 일어나게 할 수 없다. 그래서 확정된 방법으로 禪을 발생하게 하는 이유를 [밝히기 위해서] 이 16가지의 방법을 말씀하신 것이다."(DhsA.185)

(2) 색계에 태어나는 도를 닦아서, 감각적 쾌락들을 완전히 떨쳐버리고 … ① 도닦음도 어렵고 초월지도 느리며 ㉡ 제한되었지만 무량한 대상을 가졌으며 땅의 까시나를 가진 [39] 초선을 구족하여 머물 때, 그때에 감각접촉이 있고 … pe(§1-2) … 산란하지 않음이 있다. … pe(§§2~145) … — 이것이 유익한 법들이다.

188. 무엇이 유익한 법들인가?

(3) 색계에 태어나는 도를 닦아서, 감각적 쾌락들을 완전히 떨쳐버리고 … ① 도닦음도 어렵고 초월지도 느리며 ㉢ 무량하지만 제한된 대상을 가졌으며 땅의 까시나를 가진 초선을 구족하여 머물 때, 그때에 감각접촉이 있고 … pe(§1-2) … 산란하지 않음이 있다. … pe(§§2~145) … — 이것이 유익한 법들이다.

189. 무엇이 유익한 법들인가?

(4) 색계에 태어나는 도를 닦아서, 감각적 쾌락들을 완전히 떨쳐버리고 … ① 도닦음도 어렵고 초월지도 느리며 ㉣ 무량하고 무량한 대상을 가졌으며 땅의 까시나를 가진 초선을 구족하여 머물 때, 그때에 감각접촉이 있고 … pe(§1-2) … 산란하지 않음이 있다. … pe(§§2~145) … — 이것이 유익한 법들이다.

190. 무엇이 유익한 법들인가?

(5) 색계에 태어나는 도를 닦아서, 감각적 쾌락들을 완전히 떨쳐버리고 해로운 법[不善法]들을 떨쳐버린 뒤, 일으킨 생각[尋]과 지속적 고찰[伺]이 있고, 떨쳐버렸음에서 생긴 희열[喜]과 행복[樂]이 있는, ② 도닦음은 어려우나 초월지는 빠르며 ㉠ 제한되었고 제한된 대상을 가졌으며 땅의 까시나를 가진 초선을 구족하여 머물 때, 그때에 감각접촉이 있고 … pe(§1-2) … 산란하지 않음이 있다. … pe(§§2~145) … — 이것이

유익한 법들이다.

191. 무엇이 유익한 법들인가?

(6) 색계에 태어나는 도를 닦아서, 감각적 쾌락들을 완전히 떨쳐버리고 … ② 도닦음은 어려우나 초월지는 빠르며 ㉡ 제한되었지만 무량한 대상을 가졌으며 땅의 까시나를 가진 초선을 구족하여 머물 때, 그때에 감각접촉이 있고 … pe(§1-2) … 산란하지 않음이 있다. … pe(§§2~145) … — 이것이 유익한 법들이다.

192. 무엇이 유익한 법들인가?

(7) 색계에 태어나는 도를 닦아서, 감각적 쾌락들을 완전히 떨쳐버리고 … ② 도닦음은 어려우나 초월지는 빠르며 ㉢ 무량하지만 제한된 대상을 가졌으며 땅의 까시나를 가진 초선을 구족하여 머물 때, 그때에 감각접촉이 있고 … pe(§1-2) … 산란하지 않음이 있다. … pe(§§2~145) … — 이것이 유익한 법들이다.

193. 무엇이 유익한 법들인가?

(8) 색계에 태어나는 도를 닦아서, 감각적 쾌락들을 완전히 떨쳐버리고 … ② 도닦음은 어려우나 초월지는 빠르며 ㉣ 무량하고 무량한 대상을 가졌으며 땅의 까시나를 가진 초선을 구족하여 머물 때, [40] 그때에 감각접촉이 있고 … pe(§1-2) … 산란하지 않음이 있다. … pe(§§2~145) … — 이것이 유익한 법들이다.

194. 무엇이 유익한 법들인가?

(9) 색계에 태어나는 도를 닦아서, 감각적 쾌락들을 완전히 떨쳐버리고 해로운 법[不善法]들을 떨쳐버린 뒤, 일으킨 생각[尋]과 지속적 고찰[伺]이 있고, 떨쳐버렸음에서 생긴 희열[喜]과 행복[樂]이 있는, ③ 도닦음은 쉬우나 초월지는 느리며 ㉠ 제한되었고 제한된 대상을 가졌으며

땅의 까시나를 가진 초선을 구족하여 머물 때, 그때에 감각접촉이 있고 … pe(§1-2) … 산란하지 않음이 있다. … pe(§§2~145) … — 이것이 유익한 법들이다.

195. 무엇이 유익한 법들인가?

⑽ 색계에 태어나는 도를 닦아서, 감각적 쾌락들을 완전히 떨쳐버리고 … ③ 도닦음은 쉬우나 초월지는 느리며 ㉡ 제한되었지만 무량한 대상을 가졌으며 땅의 까시나를 가진 초선을 구족하여 머물 때, 그때에 감각접촉이 있고 … pe(§1-2) … 산란하지 않음이 있다. … pe(§§2~145) … — 이것이 유익한 법들이다.

196. 무엇이 유익한 법들인가?

⑾ 색계에 태어나는 도를 닦아서, 감각적 쾌락들을 완전히 떨쳐버리고 … ③ 도닦음은 쉬우나 초월지는 느리며 ㉢ 무량하지만 제한된 대상을 가졌으며 땅의 까시나를 가진 초선을 구족하여 머물 때, 그때에 감각접촉이 있고 … pe(§1-2) … 산란하지 않음이 있다. … pe(§§2~145) … — 이것이 유익한 법들이다.

197. 무엇이 유익한 법들인가?

⑿ 색계에 태어나는 도를 닦아서, 감각적 쾌락들을 완전히 떨쳐버리고 … ③ 도닦음은 쉬우나 초월지는 느리며 ㉣ 무량하고 무량한 대상을 가졌으며 땅의 까시나를 가진 초선을 구족하여 머물 때, 그때에 감각접촉이 있고 … pe(§1-2) … 산란하지 않음이 있다. … pe(§§2~145) … — 이것이 유익한 법들이다.

198. 무엇이 유익한 법들인가?

⒀ 색계에 태어나는 도를 닦아서, 감각적 쾌락들을 완전히 떨쳐버리고 해로운 법[不善法]들을 떨쳐버린 뒤, 일으킨 생각[尋]과 지속적 고찰

[伺]이 있고, 떨쳐버렸음에서 생긴 희열[喜]과 행복[樂]이 있는, ④ 도닦음도 쉽고 초월지도 빠르며 ㉠ 제한되었고 제한된 대상을 가졌으며 땅의 까시나를 가진 초선을 구족하여 머물 때, 그때에 감각접촉이 있고 … pe(§1-2) … 산란하지 않음이 있다. … pe(§§2~145) … — 이것이 유익한 법들이다.

199. 무엇이 유익한 법들인가?

⒁ 색계에 태어나는 도를 닦아서, 감각적 쾌락들을 완전히 떨쳐버리고 … ④ 도닦음도 쉽고 초월지도 빠르며 ㉡ 제한되었지만 무량한 대상을 가졌으며 땅의 까시나를 가진 [41] 초선을 구족하여 머물 때, 그때에 감각접촉이 있고 … pe(§1-2) … 산란하지 않음이 있다. … pe(§§2~145) … — 이것이 유익한 법들이다.

200. 무엇이 유익한 법들인가?

⒂ 색계에 태어나는 도를 닦아서, 감각적 쾌락들을 완전히 떨쳐버리고 … ④ 도닦음도 쉽고 초월지도 빠르며 ㉢ 무량하지만 제한된 대상을 가졌으며 땅의 까시나를 가진 초선을 구족하여 머물 때, 그때에 감각접촉이 있고 … pe(§1-2) … 산란하지 않음이 있다. … pe(§§2~145) … — 이것이 유익한 법들이다.

201. 무엇이 유익한 법들인가?

⒃ 색계에 태어나는 도를 닦아서, 감각적 쾌락들을 완전히 떨쳐버리고 … ④ 도닦음도 쉽고 초월지도 빠르며 ㉣ 무량하고 무량한 대상을 가졌으며 땅의 까시나를 가진 초선을 구족하여 머물 때, 그때에 감각접촉이 있고 … pe(§1-2) … 산란하지 않음이 있다. … pe(§§2~145) … — 이것이 유익한 법들이다.

202. 무엇이 유익한 법들인가?

색계에 태어나는 도를 닦아서, 일으킨 생각과 지속적 고찰을 가라앉혔기 때문에 [더 이상 존재하지 않으며], 자기 내면의 것이고, 확신이 있으며, 마음의 단일한 상태이고, 일으킨 생각과 지속적 고찰은 없고, 삼매에서 생긴 희열과 행복이 있는,

① 도닦음도 어렵고 초월지도 느리며 ㉠ 제한되었고 제한된 대상을 가졌으며 땅의 까시나를 가진 제2선(二禪)을 … ① 도닦음도 어렵고 초월지도 느리며 ㉡ 제한되었지만 무량한 대상을 가졌으며 땅의 까시나를 가진 제2선(二禪)을 … ① 도닦음도 어렵고 초월지도 느리며 ㉢ 무량하지만 제한된 대상을 가졌으며 땅의 까시나를 가진 제2선(二禪)을 … ① 도닦음도 어렵고 초월지도 느리며 [42] ㉣ 무량하고 무량한 대상을 가졌으며 땅의 까시나를 가진 제2선(二禪)을 … 제3선(三禪)을 … 제4선(四禪)을 … 초선(初禪)을 … 제5선(五禪)을 구족하여 머물 때,

② 도닦음은 어려우나 초월지는 빠르며 ㉠ 제한되었고 제한된 대상을 가졌으며 땅의 까시나를 가진 제2선(二禪)을 … ② 도닦음은 어려우나 초월지는 빠르며 ㉡ 제한되었지만 무량한 대상을 가졌으며 땅의 까시나를 가진 제2선(二禪)을 … ② 도닦음은 어려우나 초월지는 빠르며 ㉢ 무량하지만 제한된 대상을 가졌으며 땅의 까시나를 가진 제2선(二禪)을 … ② 도닦음은 어려우나 초월지는 빠르며 ㉣ 무량하고 무량한 대상을 가졌으며 땅의 까시나를 가진 제2선(二禪)을 … 제3선(三禪)을 … 제4선(四禪)을 … 초선(初禪)을 … 제5선(五禪)을 구족하여 머물 때,

③ 도닦음은 쉬우나 초월지는 느리며 ㉠ 제한되었고 제한된 대상을 가졌으며 땅의 까시나를 가진 제2선(二禪)을 … ③ 도닦음은 쉬우나 초월지는 느리며 ㉡ 제한되었지만 무량한 대상을 가졌으며 땅의 까시나를 가진 제2선(二禪)을 … ③ 도닦음은 쉬우나 초월지는 느리며 ㉢ 무량

하지만 제한된 대상을 가졌으며 땅의 까시나를 가진 제2선(二禪)을 … ③ 도닦음은 쉬우나 초월지는 느리며 ㉣ 무량하고 무량한 대상을 가졌으며 땅의 까시나를 가진 제2선(二禪)을 … 제3선(三禪)을 … 제4선(四禪)을 … 초선(初禪)을 … 제5선(五禪)을 구족하여 머물 때,

④ 도닦음도 쉽고 초월지도 빠르며 ㉠ 제한되었고 제한된 대상을 가졌으며 땅의 까시나를 가진 제2선(二禪)을 … ④ 도닦음도 쉽고 초월지도 빠르며 ㉡ 제한되었지만 무량한 대상을 가졌으며 땅의 까시나를 가진 제2선(二禪)을 … ④ 도닦음도 쉽고 초월지도 빠르며 ㉢ 무량하지만 제한된 대상을 가졌으며 땅의 까시나를 가진 제2선(二禪)을 … ④ 도닦음도 쉽고 초월지도 빠르며 ㉣ 무량하고 무량한 대상을 가졌으며 땅의 까시나를 가진 제2선(二禪)을 … 제3선(三禪)을 … 제4선(四禪)을 … 초선(初禪)을 … 제5선(五禪)을 구족하여 머물 때,

그때에 감각접촉이 있고 … pe(§1-2) … 산란하지 않음이 있다. … pe(§§2~145) … — 이것이 유익한 법들이다.[558]

열여섯 번의 결합이 [끝났다.]

558) "이렇게 해서 순수한 아홉 개 조(suddhika-navaka, §§160~175), 네 가지 도닦음의 아홉 개 조(paṭipadā-navakā, §§176~180), 네 가지 대상의 아홉 개 조(ārammaṇa-navakā, §§181~185), 그리고 이 16가지의 아홉 개 조(§§186~202)가 되어 모두 25가지의 아홉 개 조를 설하셨다. 여기서 각각의 아홉 개 조에는 4종선과 5종선을 통해서 두 개씩 두 개씩의 방법이 있어서 50개의 방법이 된다. 그래서 "25개의 4종선이 있어 100개가 되고 5종선으로는 125개가 된다."라고 본서에는 225개가 되는 禪의 마음이 있게 된다. 그런데 4종선은 5종선에 포함되기 때문에 뜻으로는 125개가 되는 마음이 있다. 본서에 나타나는 이들 225개의 마음은 각각의 해설에서 법들을 정의하는 부문 등으로 세 개씩 세 개씩의 큰 부문이 된다. 그러나 이들은 여기서는 이러한 방법만을 보여주고 축약되어 나타난다."(DhsA.185~186)

2. 여덟 가지 까시나 [가운데 남은 일곱 가지]와 열여섯 번의 결합

203. 무엇이 유익한 법들인가?[559)]

색계에 태어나는 도를 닦아서, 감각적 쾌락들을 완전히 떨쳐버리고 … 물의 까시나[560)]를 가진 … 불의 까시나를 가진 … 바람의 까시나를

---

559) "이제 물의 까시나(āpo-kasiṇādi) 등에 의해서도 이러한 禪들은 얻어지기 때문에 그래서 이러한 것들을 보여주시기 위해서 다시 '무엇이 유익한 법들인가?'라고 시작하셨다. 이들 가운데서 성전(본서)의 [본문을 다루는] 방법(pāḷinaya)과 뜻을 설명함(attha-vibhāvanā)과 마음의 분류(citta-gaṇanā)와 각 부문들의 생략(vāra-saṅkhepa)에 관한 모든 것은 땅의 까시나에서 설명한 방법대로 알아야 한다. 그렇지만 수행의 방법(bhāvanā-naya)은 까시나의 준비(kasiṇa-parikamma)로부터 시작하여 모든 것이 『청정도론』에 상세하게 설명되어 있다."(DhsA.186)

열 가지 까시나 수행은 『청정도론』 제4장과 제5장의 주제이다. 특히 『청정도론』 제4장은 땅의 까시나를 통해서 본삼매, 즉 禪의 경지를 증득하는 과정을 자세하게 설명하고 있으며 초선부터 제4선까지의 禪의 경지를 심도 있게 설명하고 있다. 그리고 『청정도론』 제5장은 나머지 아홉 가지 까시나를 설명하고 있다. 그러므로 본서에 나타나는 까시나에 대한 바른 이해를 하기 위해서는 『청정도론』 제4장과 제5장을 정독할 것을 권한다.

560) "『맛지마 니까야』 제3권 「사꿀루다이 긴 경」(M77 §24)에는 열 가지 까시나가 설해지고 있다. 거기서 설해지는 [땅의 까시나(pathavī-kasiṇa), 물의 까시나(āpo-kasiṇa), 불의 까시나(tejo-kasiṇa), 바람의 까시나(vāyo-kasiṇa), 푸른색의 까시나(nīla-kasiṇa), 노란색의 까시나(pīta-kasiṇa), 붉은색의 까시나(lohita-kasiṇa), 흰색의 까시나(odāta-kasiṇa), 허공의 까시나(ākāsa-kasiṇa), 알음알이의 까시나(viññāṇa-kasiṇa)라는 열 가지 까시나] 가운데 알음알이의 까시나는 허공(ākāsa)에 대해서 일어나는 고귀한 알음알이와도 같으며 거기 [허공에 대해] 준비(parikamma)를 만들고서 생긴 식무변처의 증득과도 같기 때문에 이것은 모든 측면에서 무색의 가르침(무색계禪)에 해당한다. 그래서 이곳에서는 설명하지 않는다.

그런데 허공의 까시나(ākāsa-kasiṇa)는 ① 까시나를 제거한 허공(kasiṇ-ugghāṭimam-ākāsa)과도 같고 ② 이것을 대상으로 삼아서 생겨난 무더기[蘊, khandha]와도 같고 ③ 벽에 있는 구멍 등에서 생긴 것들 가운데 어느 하나에서 취해지는 표상을 가진 한정된 허공(paricchedākāsa)과도 같으며 ④ 이 [한정된 허공을] 대상으로 삼아서 생겨난 4종禪과 5종禪과도 같다고 일컬어진다. 이 가운데 첫 번째 방법(즉 ①과 ②)은 무색의 가르침(무색계

가진 … 푸른색의 까시나를 가진 … 노란색의 까시나를 가진 … 붉은색의 까시나를 가진 … 흰색의 까시나를 가진 … 초선을 구족하여 머물 때, 그때에 감각접촉이 있고 … pe(§1-2) … 산란하지 않음이 있다. …

禪)에 해당하고 뒤의 방법(즉 ③과 ④)은 색계의 가르침(색계禪)에 해당한다. 이처럼 이것은 혼합된 것이기 때문에 이 색계의 가르침에는 적용시키지 않는다. 한정된 허공에 대해서 생긴 禪은 색계의 증득에 관계된 도이다. 그래서 이것은 취해야 한다."(DhsA.186)

이런 이유 때문에 『청정도론』은 땅의 까시나, 물의 까시나, 불의 까시나, 바람의 까시나, 푸른색의 까시나, 노란색의 까시나, 붉은색의 까시나, 흰색의 까시나의 여덟 가지 까시나에다 광명의 까시나(āloka-kasiṇa)와 한정된 허공의 까시나(paricchinnākāsa-kasiṇa)를 더하여 열 가지 까시나로 설명하고 있다. '무한한 허공(ākāsānañca)'은 공무변처의 대상이기 때문에 '한정된 허공(paricchinnākāsa)'의 까시나를 열 번째 까시나로 삼고 있다.
까시나의 제거(kasiṇa-ugghāṭi) 등에 대한 더 자세한 것은 『청정도론』의 공무변처의 설명에 해당하는 Vis.X.7 등을 참조하고 한정된 허공의 까시나에 대한 설명은 『청정도론』 V.24~26을 참조하기 바란다. 계속해서 주석서는 이렇게 덧붙이고 있다.

"그런데 한정된 허공에 대해서는 4종선과 5종선만이 생기고 무색계禪은 생기지 않는다. 왜 그런가? 까시나를 제거하는 것(kasiṇugghāṭana)을 얻을 수가 없기 때문이다. 비록 그것을 거듭해서 제거하더라도 허공만이 있을 뿐이라서 거기서 까시나를 제거하는 것은 얻을 수 없다. 그래서 여기서 생긴 禪은 지금·여기에서 행복하게 머묾(diṭṭhadhamma-sukhavihāra)을 성취하고 초월지의 토대(abhiññā-pādaka)가 되고 위빳사나의 토대(vipassanā-pādaka)는 되지만 멸진정의 토대(nirodha-pādaka)는 되지 않는다.

그런데 여기 한정된 허공과 관련해서는 차례대로 소멸함[次第滅, anupubba-nirodha]이 다섯 번째 禪까지만 얻어지고 이것은 윤회의 토대(vaṭṭa-pādaka)가 될 뿐이다. 그리고 이 [한정된 허공의 까시나에서] 생긴 禪은 앞의 까시나들의 경우처럼 [초월지의 토대가 된다.] [앞의 까시나들에서 생긴 禪들의] 특별한 점은 이들이 소멸의 토대가 된다는 것이다. 허공의 까시나에 대한 나머지 설명은 모두 『청정도론』 V.24~26에서 설해졌다." (DhsA.187)

까시나 수행을 통해서 얻어지는 초월지(abhiññā)와 신통변화[神足通, iddhi-vidha]에 대한 자세한 설명은 『청정도론』 XII.2 이하를 참조하기 바란다.

pe(§§2~145) … — 이것이 유익한 법들이다.

여덟 가지 까시나 [가운데 남은 일곱 가지 까시나]도 [역시] 열여섯 번의 결합이 있다.

여덟 가지 까시나 [가운데 남은 일곱 가지]와 열여섯 번의 결합이 [끝났다.]

II. 여덟 가지 지배의 경지[勝處][561]

---

561) "이와 같이 여덟 가지 까시나들을 통해서 색계의 유익한 마음을 설하신 뒤 이제 대상은 공통되지만 수행(bhāvanā)에 있어서는 서로 공통되지 않으며 여덟 가지 까시나들과도 다른 '지배의 경지(abhibhāyatana)'라 불리는 색계의 유익한 마음을 드러내신다. 그래서 이것을 보여주시기 위해서 '§204. 무엇이 유익한 법들인가?'라고 시작하셨다."(DhsA.187~188)

'지배의 경지[勝處, abhibhāyatana]'에 대해서 『맛지마 니까야 주석서』는 이렇게 설명한다.
"'지배의 경지'라 했는데, 무엇을 지배하는가? 반대되는 법들(paccanīka-dhammā)과 대상(ārammaṇa)들을 지배하기 때문이다. 반대되는 법들은 그에 상응하는 적절한 방법으로써, 대상들은 사람의 더 높은 지혜로써 지배한다."(MA.iii.257)

여기서 분명히 해야 할 점은 니까야에 나타나는 여덟 가지 지배의 경지와 여기 논장의 『담마상가니』에 나타나는 여덟 가지 지배의 경지는 조금 다르다는 것이다. 먼저 경장에 나타나는 지배의 경지는 다음과 같다.
"① 어떤 자는 안으로 물질[色]을 인식하면서, 밖으로 좋은 색깔(vaṇṇa)이나 나쁜 색깔을 가진 제한된 물질들을 본다. 이것들을 지배한 뒤 '나는 알고 본다.'라고 이렇게 인식한다.
② 어떤 자는 안으로 물질을 인식하면서, 밖으로 좋은 색깔이나 나쁜 색깔을 가진 무량한 물질들을 본다. 이것들을 지배한 뒤 '나는 알고 본다.'라고 이렇게 인식한다.
③ 어떤 자는 안으로 물질을 인식하지 않으면서, 밖으로 좋은 색깔이나 나쁜 색깔을 가진 제한된 물질들을 본다. 이것들을 지배한 뒤 '나는 알고 본다.'라고 이렇게 인식한다.
④ 어떤 자는 안으로 물질을 인식하지 않으면서, 밖으로 좋은 색깔이나 나쁜 색깔을 가진 무량한 물질들을 본다. 이것들을 지배한 뒤 '나는 알고 본다.'라고 이렇게 인식한다.
⑤ 어떤 자는 안으로는 물질을 인식하지 않으면서, 밖으로 푸른 색깔을 가졌고 푸른 외양을 가졌고 푸른 광명을 가진 푸른 물질들을 본다.

1. 제한된 물질들

(1) 4종禪의 초선(初禪)

204. 무엇이 유익한 법들인가?

색계에 태어나는 도를 닦아서, 안으로 물질을 인식하지 않으면서562)

---

⑥ 어떤 자는 안으로는 물질을 인식하지 않으면서, 밖으로 노란 색깔을 가졌고 노란 외양을 가졌고 노란 광명을 가진 노란 물질들을 본다.
⑦ 어떤 자는 안으로는 물질을 인식하지 않으면서, 밖으로 붉은 색깔을 가졌고 붉은 외양을 가졌고 붉은 광명을 가진 붉은 물질들을 본다.
⑧ 어떤 자는 안으로는 물질을 인식하지 않으면서, 밖으로 흰 색깔을 가졌고 흰 외양을 가졌고 흰 광명을 가진 흰 물질들을 본다."(D16 §§3.25~3.32)

본서에 나타나는 여덟 가지 지배의 경지는 다음과 같다.
"① 안으로 물질을 인식하지 않으면서 밖으로 제한된 물질들을 보고 이것들을 지배한 뒤 '나는 알고 본다.'(§204)
② 안으로 물질을 인식하지 않으면서 밖으로 제한되었고 좋은 색깔이나 나쁜 색깔을 가진 물질들을 보고 이것들을 지배한 뒤 '나는 알고 본다.'(§223)
③ 안으로 물질을 인식하지 않으면서 밖으로 무량한 물질들을 보고 이것들을 지배한 뒤 '나는 알고 본다.'(§226)
④ 안으로 물질을 인식하지 않으면서 밖으로 무량한 좋은 색깔이나 나쁜 색깔을 가진 물질들을 보고 이것들을 지배한 뒤 '나는 알고 본다.'(§244)
⑤ 안으로 물질을 인식하지 않으면서 밖으로 푸르고 푸른색이고 푸르게 보이고 푸른빛을 발하는 물질들을 보고 이것들을 지배한 뒤 '나는 알고 본다.'(§246)
⑥ 안으로 물질을 인식하지 않으면서 밖으로 노랗고 노란색이고 노랗게 보이고 노란빛을 발하는 물질들을 보고 이것들을 지배한 뒤 '나는 알고 본다.'(§247)
⑦ 안으로 물질을 인식하지 않으면서 밖으로 붉고 붉은색이고 붉게 보이고 붉은빛을 발하는 물질들을 보고 이것들을 지배한 뒤 '나는 알고 본다.'(§247)
⑧ 안으로 물질을 인식하지 않으면서 밖으로 희고 흰색이고 희게 보이고 흰빛을 발하는 물질들을 보고 이것들을 지배한 뒤 '나는 알고 본다.'(§247)"

이 두 가지 정형구에서 가장 다른 점은 니까야의 ①과 ②의 지배의 경지에 나타나는 '안으로 물질을 인식하면서'가 본서의 정형구에는 나타나지 않는다는 것이다. 왜 그럴까? 여기에 대해서는 본 §204의 네 번째 주해를 참조하기 바란다.

562) "이 가운데 '안으로 물질을 인식하지 않으면서(ajjhattaṁ arūpasaññī)'라

밖으로 제한된 물질들을 보고 이것들을 지배한 뒤[563] '나는 알고 본다.' 라고,[564] [565] 감각적 쾌락들을 완전히 떨쳐버리고 해로운 법[不善法]들

는 것은 얻지 못하는 것이기 때문에 혹은 원하지 않는 것이기 때문에 안의 물질에 대해서 준비단계의 인식(parikamma-saññā)이 없다는 말이다. '밖으로 물질들을 보고(bahiddhā rūpāni passati)'라는 것은 밖으로 여덟 가지 까시나에 대해서 준비단계를 지었기 때문에 준비단계를 통하고 본삼매(appanā)를 통해서 밖으로 여덟 가지 까시나에 대해서 물질들을 본다는 말이다. '제한된(parittāni)'이란 확장되지 않은 것(avaḍḍhitāni)이다."(DhsA.188)

563) "'이것들을 지배한 뒤(tāni abhibhuyya)'라는 것은 아주 좋은 소화력을 가진 자가 한 숟가락 정도의 밥을 얻어서는 그것을 뭉쳐서 한 덩어리로 만들어 먹으면서 '이게 뭐 먹을 게 있나?'라고 하는 것처럼 수승한 지혜를 가졌고 분명한 지혜를 가진 사람은 '이 제한된 대상에 대해서 증득할 것이 무엇이 있겠는가? 이것은 내게 짐이 되지 않는다.'라고 하면서 그 물질들을 지배한 뒤 [본삼매를] 증득한다. 표상을 일으키는 것과 더불어 그는 본삼매(appana)를 얻는다는 뜻이다."(DhsA.188)

564) "'나는 알고 본다(jānāmi passāmi).'라는 것은 이전에 성취한 것에 대해 말씀하신 것이다. 전승되어 온 가르침의 주석서들(Āgamaṭṭhakathā, 즉 니까야의 고주석서들)에서는 "이것으로 성찰(ābhoga)을 말씀하셨다. 이것은 증득[等至, samāpatti]에서 출정한 자(vuṭṭhita)에게 해당하지 증득에 들어 있는 자에게는 해당하지 않는다."라고 설명하였다."(DhsA.188)
여기에 대해서는 A8:65; M77 §23 등에 나타나는 여덟 가지 지배의 경지[八勝處] 가운데 세 번째 지배의 경지를 참조할 것.

565) "그런데 왜 경에서는 "① 어떤 자는 안으로 물질[色]을 인식하면서(ajjhattaṁ rūpasaññi), 밖으로 [좋은 색깔이나 나쁜 색깔을 가진] 제한된 물질들을 본다."(D16 §3.25; A8:65; M77 §23 등)라는 등으로 말씀하셨는데 여기서는 이렇게 말씀하시지 않고 네 가지 지배의 경지들에서 '안으로 물질을 인식하지 않으면서'라고만 말씀하시는가?
안의 물질들은 지배할 수 없기 때문이다. 거기서나 여기서나 밖의 물질들만을 지배할 수 있기 때문이다. 그래서 확정적으로 말해야 하는 것들을 거기서도 여기서도 말씀하신 것이다. '안으로 물질을 인식하지 않으면서'라는 것은 스승께서 가르침을 장엄하신 것일 뿐이다. 이상이 네 가지 지배의 경지에서 새로 나타난 용어에 대한 설명이다."(DhsA.189)

한편 『디가 니까야 주석서』에서는 '안으로 물질[色]을 인식하는 것(ajjhattaṁ rūpasaññi)'을 준비단계(parikamma)를 통해서 안의 물질들을 청·황·적·백으로 인식하는 것이라 설명한다. 즉 "머리털, 담즙 등에 대해서는

을 떨쳐버린 뒤, 일으킨 생각[尋]과 지속적 고찰[伺]이 있고, 떨쳐버렸음에서 생긴 희열[喜]과 행복[樂]이 있는, 초선을 구족하여 머물 때, 그때에 감각접촉이 있고 … pe(§1-2) … 산란하지 않음이 있다. … pe(§§2~145) … — 이것이 유익한 법들이다.

(2) 4종禪의 나머지와 5종禪

205. 무엇이 유익한 법들인가?

색계에 태어나는 도를 닦아서, 안으로 물질을 인식하지 않으면서 밖으로 제한된 물질들을 보고 이것들을 지배한 뒤 '나는 알고 본다.'라고, 일으킨 생각과 지속적 고찰을 가라앉혔기 때문에 [더 이상 존재하지 않으며], 자기 내면의 것이고, 확신이 있으며, 마음의 단일한 상태이고, 일으킨 생각과 지속적 고찰은 없고, 삼매에서 생긴 희열과 행복이 있는, 제2선(二禪)을 … 제3선(三禪)을 … 제4선(四禪)을 … 초선(初禪)을 … 제5선(五禪)을 구족하여 머물 때, 그때에 감각접촉이 있고 [43] … pe(§1-2) … 산란하지 않음이 있다. … pe(§§2~145) … — 이것이 유익한 법들이다.

푸른색의 준비단계의 [표상]을 만들고, 굳기름과 피부 등에 대해서는 노란색을, 살과 피와 혀 등에 대해서는 붉은색을, 뼈와 이빨과 손톱 등에 대해서는 흰색의 준비단계의 [표상]을 만든다. 그러나 이들은 아직 [닮은 표상]이 아니기 때문에 아주 선명한 청·황·적·백의 색깔은 아니다."(DA.ii.561)라고 설명하고 있다.

복주서에서는 여기에 덧붙여서 "이것은 본삼매(appanā)가 아니다. 왜냐하면 닮은 표상(paṭibhāga-nimitta)을 대상으로 가지는 본삼매는 안의 영역이 존재하지 않기 때문이다. 이것은 안의 물질들에 대해서 준비단계로 까시나의 표상을 얻은 것에 불과하다."(DAṬ.ii.205)라고 덧붙이고 있다.
특히 복주서의 이러한 설명은 『담마상가니 주석서』의 "안의 물질들은 지배할 수 없기 때문이다."라는 설명과 잘 부합한다고 할 수 있겠다.

(3) 네 가지 도닦음566)

206. 무엇이 유익한 법들인가?

색계에 태어나는 도를 닦아서, 안으로 물질을 인식하지 않으면서 밖으로 제한된 물질들을 보고 이것들을 지배한 뒤 '나는 알고 본다.'라고, 감각적 쾌락들을 완전히 떨쳐버리고 … ① 도닦음도 어렵고 초월지도 느린 초선을 구족하여 머물 때, 그때에 감각접촉이 있고 … pe(§1-2) … 산란하지 않음이 있다. … pe(§§2~145) … — 이것이 유익한 법들이다.

207. 무엇이 유익한 법들인가?

색계에 태어나는 도를 닦아서, 안으로 물질을 인식하지 않으면서 밖으로 제한된 물질들을 보고 이것들을 지배한 뒤 '나는 알고 본다.'라고, 감각적 쾌락들을 완전히 떨쳐버리고 … ② 도닦음은 어려우나 초월지는 빠르며 초선을 구족하여 머물 때, 그때에 감각접촉이 있고 … pe(§1-2) … 산란하지 않음이 있다. … pe(§§2~145 … — 이것이 유익한 법들이다.

208. 무엇이 유익한 법들인가?

색계에 태어나는 도를 닦아서, 안으로 물질을 인식하지 않으면서 밖으로 제한된 물질들을 보고 이것들을 지배한 뒤 '나는 알고 본다.'라고,

---

566) "그런데 여기서 순수한 방법에 의한 도닦음의 구분은 땅의 까시나에서 설한 방법대로 각각의 지배의 경지에 대해서 알아야 한다. [거기서] 대상의 네 개 조가 여기서는 대상의 두 개 조인 것(§§211~213)과 [거기서] 16가지 결합 방법이 [여기서는] 여덟 가지 결합 방법인 것(§§214~222)만이 [다르다.] 나머지는 그것과 같다. 이와 같이 여기서는 각각의 지배의 경지에서 한 가지 순수한 아홉 개 조(§§204~205)와 네 가지 도닦음의 아홉 개 조(§§206~210)와 두 가지 대상의 아홉 개 조(§§211~213)와 [두 가지] 대상과 [네 가지] 도닦음이 섞인 것 여덟 가지의 아홉 개 조(§§214~222)가 되어 15개의 아홉 개 조가 되고 네 가지 지배의 경지들에서 60개(15×4=60)의 아홉 개 조가 된다고 알아야 한다."(DhsA.188)

감각적 쾌락들을 완전히 떨쳐버리고 … ③ 도닦음은 쉬우나 초월지는 느린 초선을 구족하여 머물 때, 그때에 감각접촉이 있고 … pe(§1-2) … 산란하지 않음이 있다. … pe(§§2~145) … — 이것이 유익한 법들이다.

209. 무엇이 유익한 법들인가?

색계에 태어나는 도를 닦아서, 안으로 물질을 인식하지 않으면서 밖으로 제한된 물질들을 보고 이것들을 지배한 뒤 '나는 알고 본다.'라고, 감각적 쾌락들을 완전히 떨쳐버리고 … ④ 도닦음도 쉽고 초월지도 빠르며 초선을 구족하여 머물 때, 그때에 감각접촉이 있고 … pe(§1-2) … 산란하지 않음이 있다. … pe(§§2~145) … — 이것이 유익한 법들이다.

210. 무엇이 유익한 법들인가?

색계에 태어나는 도를 닦아서, 안으로 물질을 인식하지 않으면서 밖으로 제한된 물질들을 보고 이것들을 지배한 뒤 '나는 알고 본다.'라고, 일으킨 생각과 지속적 고찰을 가라앉혔기 때문에 [더 이상 존재하지 않으며], 자기 내면의 것이고, 확신이 있으며, 마음의 단일한 상태이고, 일으킨 생각과 지속적 고찰은 없고, 삼매에서 생긴 희열과 행복이 있는, ① 도닦음도 어렵고 초월지도 느린 제2선(二禪)을 … ② 도닦음은 어려우나 초월지는 빠르며 [44] 제2선(二禪)을 … ③ 도닦음은 쉬우나 초월지는 느린 제2선(二禪)을 … ④ 도닦음도 쉽고 초월지도 빠르며 제2선(二禪)을 … 제3선(三禪)을 … 제4선(四禪)을 … 초선(初禪)을 … 제5선(五禪)을 구족하여 머물 때, 그때에 감각접촉이 있고 … pe(§1-2) … 산란하지 않음이 있다. … pe(§§2~145) … — 이것이 유익한 법들이다.

네 가지 도닦음이 [끝났다.]

(4) 두 가지 대상

211. 무엇이 유익한 법들인가?

색계에 태어나는 도를 닦아서, 안으로 물질을 인식하지 않으면서 밖으로 제한된 물질들을 보고 이것들을 지배한 뒤 '나는 알고 본다.'라고, 감각적 쾌락들을 완전히 떨쳐버리고 … ㉠ 제한되었고 제한된 대상을 가진 초선을 구족하여 머물 때, 그때에 감각접촉이 있고 … pe(§1-2) … 산란하지 않음이 있다. … pe(§§2~145) … ― 이것이 유익한 법들이다.

212. 무엇이 유익한 법들인가?

색계에 태어나는 도를 닦아서, 안으로 물질을 인식하지 않으면서 밖으로 제한된 물질들을 보고 이것들을 지배한 뒤 '나는 알고 본다.'라고, 감각적 쾌락들을 완전히 떨쳐버리고 … ㉢ 무량하지만 제한된 대상을 가진 초선을 구족하여 머물 때, 그때에 감각접촉이 있고 … pe(§1-2) … 산란하지 않음이 있다. … pe(§§2~145) … ― 이것이 유익한 법들이다.

213. 무엇이 유익한 법들인가?

색계에 태어나는 도를 닦아서, 안으로 물질을 인식하지 않으면서 밖으로 제한된 물질들을 보고 이것들을 지배한 뒤 '나는 알고 본다.'라고, 일으킨 생각과 지속적 고찰을 가라앉혔기 때문에 [더 이상 존재하지 않으며], 자기 내면의 것이고, 확신이 있으며, 마음의 단일한 상태이고, 일으킨 생각과 지속적 고찰은 없고, 삼매에서 생긴 희열과 행복이 있는, ㉠ 제한되었고 제한된 대상을 가진 제2선(二禪)을 … ㉢ 무량하지만 제한된 대상을 가진 제2선(二禪)을 … 제3선(三禪)을 … 제4선(四禪)을 … 초선(初禪)을 … 제5선(五禪)을 구족하여 머물 때, 그때에 감각접촉이 있고 … pe(§1-2) … 산란하지 않음이 있다. … pe(§§2~145) … ― 이것이 유익한 법들이다.

두 가지 대상이 [끝났다.]

(5) 여덟 번의 결합

214. 무엇이 유익한 법들인가?

색계에 태어나는 도를 닦아서, 안으로 물질을 인식하지 않으면서 밖으로 제한된 물질들을 보고 이것들을 지배한 뒤 '나는 알고 본다.'라고 이렇게 감각적 쾌락들을 완전히 떨쳐버리고 … ① 도닦음도 어렵고 초월지도 느리며 ㉠ 제한되었고 제한된 대상을 가진 초선을 구족하여 머물 때, 그때에 감각접촉이 있고 [45] … pe(§1-2) … 산란하지 않음이 있다. … pe(§§2~145) … ― 이것이 유익한 법들이다.

215. 무엇이 유익한 법들인가?

색계에 태어나는 도를 닦아서, 안으로 물질을 인식하지 않으면서 밖으로 제한된 물질들을 보고 이것들을 지배한 뒤 '나는 알고 본다.'라고, 감각적 쾌락들을 완전히 떨쳐버리고 … ① 도닦음도 어렵고 초월지도 느리며 ㉢ 무량하지만 제한된 대상을 가진 초선을 구족하여 머물 때, 그때에 감각접촉이 있고 … pe(§1-2) … 산란하지 않음이 있다. … pe(§§2~145) … ― 이것이 유익한 법들이다.

216. 무엇이 유익한 법들인가?

색계에 태어나는 도를 닦아서, 안으로 물질을 인식하지 않으면서 밖으로 제한된 물질들을 보고 이것들을 지배한 뒤 '나는 알고 본다.'라고, 감각적 쾌락들을 완전히 떨쳐버리고 … ② 도닦음은 어려우나 초월지는 빠르며 ㉠ 제한되었고 제한된 대상을 가진 초선을 구족하여 머물 때, 그때에 감각접촉이 있고 … pe(§1-2) … 산란하지 않음이 있다. … pe(§§2~145) … ― 이것이 유익한 법들이다.

217. 무엇이 유익한 법들인가?

색계에 태어나는 도를 닦아서, 안으로 물질을 인식하지 않으면서 밖으로 제한된 물질들을 보고 이것들을 지배한 뒤 '나는 알고 본다.'라고, 감각적 쾌락들을 완전히 떨쳐버리고 … ② 도닦음은 어려우나 초월지는 빠르며 ㉢ 무량하지만 제한된 대상을 가진 초선을 구족하여 머물 때, 그때에 감각접촉이 있고 … pe(§1-2) … 산란하지 않음이 있다. … pe(§§2~145) … — 이것이 유익한 법들이다.

218. 무엇이 유익한 법들인가?

색계에 태어나는 도를 닦아서, 안으로 물질을 인식하지 않으면서 밖으로 제한된 물질들을 보고 이것들을 지배한 뒤 '나는 알고 본다.'라고, 감각적 쾌락들을 완전히 떨쳐버리고 … ③ 도닦음은 쉬우나 초월지는 느리며 ㉠ 제한되었고 제한된 대상을 가진 초선을 구족하여 머물 때, 그때에 감각접촉이 있고 … pe(§1-2) … 산란하지 않음이 있다. … pe(§§2~145) … — 이것이 유익한 법들이다.

219. 무엇이 유익한 법들인가?

색계에 태어나는 도를 닦아서, 안으로 물질을 인식하지 않으면서 밖으로 제한된 물질들을 보고 이것들을 지배한 뒤 '나는 알고 본다.'라고, 감각적 쾌락들을 완전히 떨쳐버리고 … ③ 도닦음은 쉬우나 초월지는 느리며 ㉢ 무량하지만 제한된 대상을 가진 초선을 [46] 구족하여 머물 때, 그때에 감각접촉이 있고 … pe(§1-2) … 산란하지 않음이 있다. … pe(§§2~145) … — 이것이 유익한 법들이다.

220. 무엇이 유익한 법들인가?

색계에 태어나는 도를 닦아서, 안으로 물질을 인식하지 않으면서 밖으로 제한된 물질들을 보고 이것들을 지배한 뒤 '나는 알고 본다.'라고,

감각적 쾌락들을 완전히 떨쳐버리고 … ④ 도닦음도 쉽고 초월지도 빠르며 ㉠ 제한되었고 제한된 대상을 가진 초선을 구족하여 머물 때, 그때에 감각접촉이 있고 … pe(§1-2) … 산란하지 않음이 있다. … pe(§§2~145) … ― 이것이 유익한 법들이다.

221. 무엇이 유익한 법들인가?

색계에 태어나는 도를 닦아서, 안으로 물질을 인식하지 않으면서 밖으로 제한된 물질들을 보고 이것들을 지배한 뒤 '나는 알고 본다.'라고, 감각적 쾌락들을 완전히 떨쳐버리고 … ④ 도닦음도 쉽고 초월지도 빠르며 ㉢ 무량하지만 제한된 대상을 가진 초선을 구족하여 머물 때, 그때에 감각접촉이 있고 … pe(§1-2) … 산란하지 않음이 있다. … pe(§§2~145) … ― 이것이 유익한 법들이다.

222. 무엇이 유익한 법들인가?

색계에 태어나는 도를 닦아서, 안으로 물질을 인식하지 않으면서 밖으로 제한된 물질들을 보고 이것들을 지배한 뒤 '나는 알고 본다.'라고, 일으킨 생각과 지속적 고찰을 가라앉혔기 때문에 [더 이상 존재하지 않으며], 자기 내면의 것이고, 확신이 있으며, 마음의 단일한 상태이고, 일으킨 생각과 지속적 고찰은 없고, 삼매에서 생긴 희열과 행복이 있는, ① 도닦음도 어렵고 초월지도 느리며 ㉠ 제한되었고 제한된 대상을 가진 제2선(二禪)을 … ① 도닦음도 어렵고 초월지도 느리며 ㉢ 무량하지만 제한된 대상을 가진 제2선(二禪)을 … 제3선(三禪)을 … 제4선(四禪)을 … 초선(初禪)을 … 제5선(五禪)을 구족하여 머물 때 …

② 도닦음은 어려우나 초월지는 빠르며 ㉠ 제한되었고 제한된 대상을 가진 제2선(二禪)을 … ② 도닦음은 어려우나 초월지는 빠르며 ㉢ 무량하지만 제한된 대상을 가진 제2선(二禪)을 … 제3선(三禪)을 … 제4선(四禪)을 … 초선(初禪)을 … 제5선(五禪)을 구족하여 머물 때 …

③ 도닦음은 쉬우나 초월지는 느리며 ㉠ 제한되었고 제한된 대상을 가진 제2선(二禪)을 … ③ 도닦음은 쉬우나 초월지는 느리며 ㉢ 무량하지만 제한된 대상을 가진 제2선(二禪)을 … 제3선(三禪)을 … 제4선(四禪)을 … 초선(初禪)을 … 제5선(五禪)을 구족하여 머물 때 …

④ 도닦음도 쉽고 초월지도 빠르며 ㉠ 제한되었고 제한된 대상을 가진 제2선(二禪)을 … ④ 도닦음도 쉽고 초월지도 빠르며 ㉢ 무량하지만 제한된 대상을 가진 제2선(二禪)을 … 제3선(三禪)을 … 제4선(四禪)을 … 초선(初禪)을 … 제5선(五禪)을 구족하여 머물 때,

그때에 감각접촉이 있고 … pe(§1-2) … 산란하지 않음이 있다. … pe(§§2~145) … — 이것이 유익한 법들이다.

여덟 번의 결합이 [끝났다.]

2. 제한되었고 좋은 색깔이나 나쁜 색깔을 가진 물질들 — 이것 역시 여덟 번의 결합[567]

(1) 4종禪의 초선(初禪)

223. 무엇이 [47] 유익한 법들인가?

색계에 태어나는 도를 닦아서, 안으로 물질을 인식하지 않으면서 밖으로 제한되었고[568] 좋은 색깔이나 나쁜 색깔을 가진 물질들을 보

567) VRI본에서는 '이것 역시 여덟 번의 결합(idampi aṭṭhakkhattuka)'이라는 것을 부제목으로 달고 있다. 이 두 번째는 제한되었고 좋은 색깔이나 나쁜 색깔을 가진 물질들만 첫 번째와 다르고 나머지는 같다. 그래서 여기서는 반복되는 부분(peyyāla)을 생략하면서 첫 번째의 여덟 번의 결합을 강조하는 것을 부제목으로 택한 것이다.

568) "[앞에서는] ㉠ 제한되었고 제한된 대상을 가졌으며(§181) ㉣ 무량하고 무량한 대상을 가졌으며(§184)라고 하셨는데 여기서는 제한되었다(parittāni)고 나타나기 때문에 무량한 대상을 가짐은 취하지 않으며 다음에서는(§225) 무량하다(appamāṇa)고 나타나기 때문에 제한된 대상을 가짐은 취하지 않

고[569] 이것들을 지배한 뒤 '나는 알고 본다.'라고, 감각적 쾌락들을 완전히 떨쳐버리고 해로운 법[不善法]들을 떨쳐버린 뒤, 일으킨 생각[尋]과 지속적 고찰[伺]이 있고, 떨쳐버렸음에서 생긴 희열[喜]과 행복[樂]이 있는, 초선을 구족하여 머물 때, 그때에 감각접촉이 있고 … pe(§1-2) … 산란하지 않음이 있다. … pe(§§2~145) … ― 이것이 유익한 법들이다.

(2) 4종禪의 나머지와 5종禪

224. 무엇이 유익한 법들인가?

색계에 태어나는 도를 닦아서, 안으로 물질을 인식하지 않으면서 밖으로 제한되었고 좋은 색깔이나 나쁜 색깔을 가진 물질들을 보고 이것들을 지배한 뒤 '나는 알고 본다.'라고, 일으킨 생각과 지속적 고찰을 가라앉혔기 때문에 [더 이상 존재하지 않으며], 자기 내면의 것이고, 확신이 있으며, 마음의 단일한 상태이고, 일으킨 생각과 지속적 고찰은 없고, 삼매에서 생긴 희열과 행복이 있는, 제2선(二禪)을 … 제3선(三禪)을 … 제4선(四禪)을 … 초선(初禪)을 … 제5선(五禪)을 구족하여 머물 때, 그때에 감각접촉이 있고 … pe(§1-2) … 산란하지 않음이 있다. … pe(§

는다.
그러나 [고]주석서에서는 "이 경우에는 네 가지씩 네 가지씩의 대상들을 취하지 않고 두 가지씩 두 가지씩 취한다. 무슨 이유인가? 네 가지를 취하면 가르침이 16가지 단계가 되어버린다. 스승(satthā, 세존)께서 앞에서 이미 16단계의 가르침을 마치 참깨를 돗자리 위에 펼쳐놓은 것처럼 자세하게 설명하셨기 때문이다. 그래서 두 가지씩 취하였다고 알아야 한다."라고 설명한다."(DhsA.188~189)

569) "'좋은 색깔이나 나쁜 색깔을 가진 물질들을(suvaṇṇa-dubbaṇṇāni)'이라는 것은 청정하거나 청정하지 못한 색깔들이다. 청정하다는 것(parisuddha)은 푸른색 등의 고운 색깔들(suvaṇṇāni)이고 청정하지 못하다는 것은 흉한 색깔들(dubbaṇṇāni)이라는 것과 여기서는 동의어이다. 전승되어 오는 가르침의 주석서들(Āgamaṭṭhakathā)에서는 "고운 색깔들이나 흉한 색깔들이 있는데 제한되고 무량함을 통해서 이들을 지배하는 경지를 말씀하신 것이다."라고 설하였다."(DhsA.189)

§2~145) … pe(§§206~222) … — 이것이 유익한 법들이다.

이것 역시 여덟 번의 결합이 [끝났다.]

3. 무량한 물질들

(1) 4종禪의 초선

225. 무엇이 유익한 법들인가?

색계에 태어나는 도를 닦아서, 안으로 물질을 인식하지 않으면서 밖으로 무량한[570] 물질들을 보고 이것들을 지배한 뒤 '나는 알고 본다.'라고, 감각적 쾌락들을 완전히 떨쳐버리고 해로운 법[不善法]들을 떨쳐버린 뒤, 일으킨 생각[尋]과 지속적 고찰[伺]이 있고, 떨쳐버렸음에서 생긴 희열[喜]과 행복[樂]이 있는, 초선을 구족하여 머물 때, 그때에 감각접촉이 있고 … pe(§1-2) … 산란하지 않음이 있다. … pe(§§2~145) … — 이것이 유익한 법들이다.

(2) 4종禪의 나머지와 5종禪

226. 무엇이 유익한 법들인가?

색계에 태어나는 도를 닦아서, 안으로 물질을 인식하지 않으면서 밖으로 무량한 물질들을 보고 이것들을 지배한 뒤 '나는 알고 본다.'라고, 일으킨 생각과 지속적 고찰을 가라앉혔기 때문에 [더 이상 존재하지 않으며], 자기 내면의 것이고, 확신이 있으며, 마음의 단일한 상태이고, 일

570) "'무량한(appamāṇāni)'이란 양이 확장된 것을 말한다. 여기서 '지배한 뒤(abhibhuyya)'라는 것은 마치 대식가가 한 [그릇의] 제법 많은 밥을 얻고서도 '다른 것이 더 있었으면 좋겠다. 이것을 가지고 내가 무엇을 할 수 있겠는가?'라고 하면서 그것을 많다고 보지 않는 것과 같다. 수승한 지혜를 가졌고 분명한 지혜를 가진 사람은 '이것에 대해서 증득할 것이 무엇이 있겠는가? 이것은 무량하지 않다. 이것은 나의 마음이 한끝으로 [집중]되는 것에 짐이 되지 않는다.'라고 하면서 그 물질들을 지배한 뒤 [본삼매를] 증득한다. 표상을 일으키는 것과 더불어 그는 본삼매를 얻는다는 뜻이다."(DhsA.188)

으킨 생각과 지속적 고찰은 없고, 삼매에서 생긴 희열과 행복이 있는, 제2선(二禪)을 … 제3선(三禪)을 … 제4선(四禪)을 … 초선(初禪)을 … 제5선(五禪)을 구족하여 머물 때, 그때에 감각접촉이 있고 … pe(§1-2) … 산란하지 않음이 있다. … pe(§§2~145) … — 이것이 유익한 법들이다.

(3) 네 가지 도닦음

227. 무엇이 유익한 법들인가?

색계에 태어나는 도를 닦아서, 안으로 물질을 인식하지 않으면서 밖으로 무량한 물질들을 보고 이것들을 지배한 뒤 [48] '나는 알고 본다.'라고, 감각적 쾌락들을 완전히 떨쳐버리고 해로운 법[不善法]들을 떨쳐버린 뒤, 일으킨 생각[尋]과 지속적 고찰[伺]이 있고, 떨쳐버렸음에서 생긴 희열[喜]과 행복[樂]이 있는, ① 도닦음도 어렵고 초월지도 느린 초선을 구족하여 머물 때, 그때에 감각접촉이 있고 … pe(§1-2) … 산란하지 않음이 있다. … pe(§§2~145) … — 이것이 유익한 법들이다.

228. 무엇이 유익한 법들인가?

색계에 태어나는 도를 닦아서, 안으로 물질을 인식하지 않으면서 밖으로 무량한 물질들을 보고 이것들을 지배한 뒤 '나는 알고 본다.'라고, 감각적 쾌락들을 완전히 떨쳐버리고 … ② 도닦음은 어려우나 초월지는 빠르며 초선을 구족하여 머물 때, 그때에 감각접촉이 있고 … pe(§1-2) … 산란하지 않음이 있다. … pe(§§2~145) … — 이것이 유익한 법들이다.

229. 무엇이 유익한 법들인가?

색계에 태어나는 도를 닦아서, 안으로 물질을 인식하지 않으면서 밖으로 무량한 물질들을 보고 이것들을 지배한 뒤 '나는 알고 본다.'라고, 감각적 쾌락들을 완전히 떨쳐버리고 … ③ 도닦음은 쉬우나 초월지는 느린 초선을 구족하여 머물 때, 그때에 감각접촉이 있고 … pe(§1-2) …

산란하지 않음이 있다. … pe(§§2~145) … — 이것이 유익한 법들이다.

230. 무엇이 유익한 법들인가?

색계에 태어나는 도를 닦아서, 안으로 물질을 인식하지 않으면서 밖으로 무량한 물질들을 보고 이것들을 지배한 뒤 '나는 알고 본다.'라고, 감각적 쾌락들을 완전히 떨쳐버리고 … ④ 도닦음도 쉽고 초월지도 빠르며 초선을 구족하여 머물 때, 그때에 감각접촉이 있고 … pe(§1-2) … 산란하지 않음이 있다. … pe(§§2~145) … — 이것이 유익한 법들이다.

231. 무엇이 유익한 법들인가?

색계에 태어나는 도를 닦아서, 안으로 물질을 인식하지 않으면서 밖으로 무량한 물질들을 보고 이것들을 지배한 뒤 '나는 알고 본다.'라고, 일으킨 생각과 지속적 고찰을 가라앉혔기 때문에 [더 이상 존재하지 않으며], 자기 내면의 것이고, 확신이 있으며, 마음의 단일한 상태이고, 일으킨 생각과 지속적 고찰은 없고, 삼매에서 생긴 희열과 행복이 있는, ① 도닦음도 어렵고 초월지도 느린 제2선(二禪)을 … ② 도닦음은 어려우나 초월지는 빠르며 제2선(二禪)을 … ③ 도닦음은 쉬우나 초월지는 느린 제2선(二禪)을 … ④ 도닦음도 쉽고 초월지도 빠르며 제2선(二禪)을 … 제3선(三禪)을 … 제4선(四禪)을 … 초선(初禪)을 … 제5선(五禪)을 구족하여 머물 때, 그때에 감각접촉이 있고 … pe(§1-2) … 산란하지 않음이 있다. … pe(§§2~145) … — 이것이 유익한 법들이다.

네 가지 도닦음이 [끝났다.]

(4) 두 가지 대상

232. 무엇이 [49] 유익한 법들인가?

색계에 태어나는 도를 닦아서, 안으로 물질을 인식하지 않으면서 밖으로 무량한 물질들을 보고 이것들을 지배한 뒤 '나는 알고 본다.'라고, 감각적 쾌락들을 완전히 떨쳐버리고 … ㉡ 제한되었지만 무량한 대상을 가진 초선을 구족하여 머물 때, 그때에 감각접촉이 있고 … pe(§1-2) … 산란하지 않음이 있다. … pe(§§2~145) … — 이것이 유익한 법들이다.

233. 무엇이 유익한 법들인가?

색계에 태어나는 도를 닦아서, 안으로 물질을 인식하지 않으면서 밖으로 무량한 물질들을 보고 이것들을 지배한 뒤 '나는 알고 본다.'라고, 감각적 쾌락들을 완전히 떨쳐버리고 … ㉣ 무량하고 무량한 대상을 가진 초선을 구족하여 머물 때, 그때에 감각접촉이 있고 … pe(§1-2) … 산란하지 않음이 있다. … pe(§§2~145) … — 이것이 유익한 법들이다.

234. 무엇이 유익한 법들인가?

색계에 태어나는 도를 닦아서, 안으로 물질을 인식하지 않으면서 밖으로 무량한 물질들을 보고 이것들을 지배한 뒤 '나는 알고 본다.'라고, 일으킨 생각과 지속적 고찰을 가라앉혔기 때문에 [더 이상 존재하지 않으며] … ㉡ 제한되었지만 무량한 대상을 가진 제2선(二禪)을 … ㉣ 무량하고 무량한 대상을 가진 제2선(二禪)을 … 제3선(三禪)을 … 제4선(四禪)을 … 초선(初禪)을 … 제5선(五禪)을 구족하여 머물 때, 그때에 감각접촉이 있고 … pe(§1-2) … 산란하지 않음이 있다. … pe(§§2~145) … — 이것이 유익한 법들이다.

두 가지 대상이 [끝났다.]

(5) 또 다른 여덟 번의 결합(

235. 무엇이 유익한 법들인가?

색계에 태어나는 도를 닦아서, 안으로 물질을 인식하지 않으면서 밖으로 무량한 물질들을 보고 이것들을 지배한 뒤 '나는 알고 본다.'라고, 감각적 쾌락들을 완전히 떨쳐버리고 … ① 도닦음도 어렵고 초월지도 느리며 ㉡ 제한되었지만 무량한 대상을 가진 초선을 구족하여 머물 때, 그때에 감각접촉이 있고 … pe(§1-2) … 산란하지 않음이 있다. … pe(§§2~145) … — 이것이 유익한 법들이다.

236. 무엇이 유익한 법들인가?

색계에 태어나는 도를 닦아서, 안으로 물질을 인식하지 않으면서 밖으로 무량한 물질들을 보고 이것들을 지배한 뒤 [50] '나는 알고 본다.'라고, 감각적 쾌락들을 완전히 떨쳐버리고 … ① 도닦음도 어렵고 초월지도 느리며 ㉣ 무량하고 무량한 대상을 가진 초선을 구족하여 머물 때, 그때에 감각접촉이 있고 … pe(§1-2) … 산란하지 않음이 있다. … pe(§§2~145) … — 이것이 유익한 법들이다.

237. 무엇이 유익한 법들인가?

색계에 태어나는 도를 닦아서, 안으로 물질을 인식하지 않으면서 밖으로 무량한 물질들을 보고 이것들을 지배한 뒤 '나는 알고 본다.'라고, 감각적 쾌락들을 완전히 떨쳐버리고 … ② 도닦음은 어려우나 초월지는 빠르며 ㉡ 제한되었지만 무량한 대상을 가진 초선을 구족하여 머물 때, 그때에 감각접촉이 있고 … pe(§1-2) … 산란하지 않음이 있다. … pe(§§2~145) … — 이것이 유익한 법들이다.

238. 무엇이 유익한 법들인가?

색계에 태어나는 도를 닦아서, 안으로 물질을 인식하지 않으면서 밖으로 무량한 물질들을 보고 이것들을 지배한 뒤 '나는 알고 본다.'라고, 감각적 쾌락들을 완전히 떨쳐버리고 … ② 도닦음은 어려우나 초월지는 빠르며 ㉣ 무량하고 무량한 대상을 가진 초선을 구족하여 머물 때,

그때에 감각접촉이 있고 … pe(§1-2) … 산란하지 않음이 있다. … pe(§§2~145) … — 이것이 유익한 법들이다.

239. 무엇이 유익한 법들인가?

색계에 태어나는 도를 닦아서, 안으로 물질을 인식하지 않으면서 밖으로 무량한 물질들을 보고 이것들을 지배한 뒤 '나는 알고 본다.'라고, 감각적 쾌락들을 완전히 떨쳐버리고 … ③ 도닦음은 쉬우나 초월지는 느리며 ㉡ 제한되었지만 무량한 대상을 가진 초선을 구족하여 머물 때, 그때에 감각접촉이 있고 … pe(§1-2) … 산란하지 않음이 있다. … pe(§§2~145) … — 이것이 유익한 법들이다.

240. 무엇이 유익한 법들인가?

색계에 태어나는 도를 닦아서, 안으로 물질을 인식하지 않으면서 밖으로 무량한 물질들을 보고 이것들을 지배한 뒤 '나는 알고 본다.'라고, 감각적 쾌락들을 완전히 떨쳐버리고 … ③ 도닦음은 쉬우나 초월지는 느리며 ㉣ 무량하고 무량한 대상을 가진 초선을 구족하여 머물 때, 그때에 감각접촉이 있고 … pe(§1-2) … 산란하지 않음이 있다. … pe(§§2~145) … — 이것이 유익한 법들이다.

241. 무엇이 유익한 법들인가? [51]

색계에 태어나는 도를 닦아서, 안으로 물질을 인식하지 않으면서 밖으로 무량한 물질들을 보고 이것들을 지배한 뒤 '나는 알고 본다.'라고, 감각적 쾌락들을 완전히 떨쳐버리고 … ④ 도닦음도 쉽고 초월지도 빠르며 ㉡ 제한되었지만 무량한 대상을 가진 초선을 구족하여 머물 때, 그때에 감각접촉이 있고 … pe(§1-2) … 산란하지 않음이 있다. … pe(§§2~145) … — 이것이 유익한 법들이다.

242. 무엇이 유익한 법들인가?

색계에 태어나는 도를 닦아서, 안으로 물질을 인식하지 않으면서 밖으로 무량한 물질들을 보고 이것들을 지배한 뒤 '나는 알고 본다.'라고, 감각적 쾌락들을 완전히 떨쳐버리고 … ④ 도닦음도 쉽고 초월지도 빠르며 ㉣ 무량하고 무량한 대상을 가진 초선을 구족하여 머물 때, 그때에 감각접촉이 있고 … pe(§1-2) … 산란하지 않음이 있다. … pe(§§2~145) … — 이것이 유익한 법들이다.

243. 무엇이 유익한 법들인가?

색계에 태어나는 도를 닦아서, 안으로 물질을 인식하지 않으면서 밖으로 무량한 물질들을 보고 이것들을 지배한 뒤 '나는 알고 본다.'라고, 일으킨 생각과 지속적 고찰을 가라앉혔기 때문에 … ① 도닦음도 어렵고 초월지도 느리며 ㉡ 제한되었지만 무량한 대상을 가진 제2선(二禪)을 … ① 도닦음도 어렵고 초월지도 느리며 ㉣ 무량하고 무량한 대상을 가진 제2선(二禪)을 … 제3선(三禪)을 … 제4선(四禪)을 … 초선(初禪)을 … 제5선(五禪)을 구족하여 머물 때,

② 도닦음은 어려우나 초월지는 빠르며 ㉡ 제한되었지만 무량한 대상을 가진 제2선(二禪)을 … ② 도닦음은 어려우나 초월지는 빠르며 ㉣ 무량하고 무량한 대상을 가진 제2선(二禪)을 … 제3선(三禪)을 … 제4선(四禪)을 … 초선(初禪)을 … 제5선(五禪)을 구족하여 머물 때,

③ 도닦음은 쉬우나 초월지는 느리며 ㉡ 제한되었지만 무량한 대상을 가진 제2선(二禪)을 … ③ 도닦음은 쉬우나 초월지는 느리며 ㉣ 무량하고 무량한 대상을 가진 제2선(二禪)을 … 제3선(三禪)을 … 제4선(四禪)을 … 초선(初禪)을 … 제5선(五禪)을 구족하여 머물 때,

④ 도닦음도 쉽고 초월지도 빠르며 ㉡ 제한되었지만 무량한 대상을 가진 제2선(二禪)을 … ④ 도닦음도 쉽고 초월지도 빠르며 ㉣ 무량하고 무량한 대상을 가진 제2선(二禪)을 … 제3선(三禪)을 … 제4선(四禪)을

… 초선(初禪)을 … 제5선(五禪)을 구족하여 머물 때,

그때에 감각접촉이 있고 … pe(§1-2) … 산란하지 않음이 있다. … pe(§§2~145) … — 이것이 유익한 법들이다.

또 다른 여덟 번의 결합이 [끝났다.]

4. 무량하고 좋은 색깔이나 나쁜 색깔을 가진 물질들 — 이것 역시 여덟 번의 결합571)

(1) 4종선의 초선

244. 무엇이 [52] 유익한 법들인가?

색계에 태어나는 도를 닦아서, 안으로 물질을 인식하지 않으면서 밖으로 무량하고 좋은 색깔이나 나쁜 색깔을 가진 물질들을 보고 이것들을 지배한 뒤 '나는 알고 본다.'라고, 감각적 쾌락들을 완전히 떨쳐버리고 해로운 법[不善法]들을 떨쳐버린 뒤, 일으킨 생각[尋]과 지속적 고찰[伺]이 있고, 떨쳐버렸음에서 생긴 희열[喜]과 행복[樂]이 있는, 초선을 구족하여 머물 때, 그때에 감각접촉이 있고 … pe(§1-2) … 산란하지 않음이 있다. … pe(§§2~145) … — 이것이 유익한 법들이다.

(2) 4종禪의 나머지와 5종禪

245. 무엇이 유익한 법들인가?

색계에 태어나는 도를 닦아서, 안으로 물질을 인식하지 않으면서 밖

---

571) VRI본에서는 여기서도 '이것 역시 여덟 번의 결합(idampi aṭṭhakkhattuka)'이라는 것을 부제목으로 달고 있다. 이 네 번째는 무량하고 좋은 색깔이나 나쁜 색깔을 가진 물질들만 세 번째와 다르고 나머지는 같다. 여기서도 반복되는 부분(peyyāla)을 생략하면서 세 번째의 여덟 번의 결합을 강조하는 것을 부제목으로 택한 것이다.

으로 무량하고 좋은 색깔이나 나쁜 색깔을 가진 물질들을 보고 이것들을 지배한 뒤 '나는 알고 본다.'라고, 일으킨 생각과 지속적 고찰을 가라앉혔기 때문에 [더 이상 존재하지 않으며], 자기 내면의 것이고, 확신이 있으며, 마음의 단일한 상태이고, 일으킨 생각과 지속적 고찰은 없고, 삼매에서 생긴 희열과 행복이 있는, 제2선(二禪)을 … 제3선(三禪)을 … 제4선(四禪)을 … 초선(初禪)을 … 제5선(五禪)을 구족하여 머물 때, 그 때에 감각접촉이 있고 … pe(§1-2) … 산란하지 않음이 있다. … pe(§§2~145) … pe(§§227~243) … — 이것이 유익한 법들이다.

이것 역시 여덟 번의 결합이 [끝났다.]572)

5. 푸른 색깔의 물질들573)

246. 무엇이 유익한 법들인가?

---

572) 주석서는 이렇게 덧붙이고 있다.
"그런데 이들 네 가지 가운데 제한된 것(paritta)은 사색하는 기질을 가진 자(vitakka-carita)에게 적용되고, 무량한 것(appamāṇa)은 어리석은 기질을 가진 자(moha-carita)에게 적용되고, 좋은 색깔(suvaṇṇa)은 성내는 기질을 가진 자(dosa-carita)에게, 나쁜 색깔(dubbaṇṇa)은 탐하는 기질을 가진 자(rāga-carita)에게 적용된다. 이들에게는 이런 것들이 적당하다. 이들에게 적당한 것은 『청정도론』 제3장 기질의 해설(cariya-niddesa)에서(Vis.III.74 이하) 설했다."(DhsA.189)

573) "다섯 번째 지배의 경지 등에서 '푸르고(nīlāni)'라는 것은 [푸른 것에 관계된] 모든 것을 아우르는 것으로 설했다. '푸른색이고(nīla-vaṇṇāni)'라는 것은 색깔(vaṇṇa)을 설한 것이고 '푸르게 보이고(nīla-nidassanāni)'라는 것은 보이는 것을 설한 것이다. 틈이 보이지 않고 [다른] 색깔과 섞이지 않아서 온전히 푸른 것들로만 보인다고 하신 것이다. '푸른빛을 발하는(nīla-nibhāsāni)'이란 빛(obhāsana)을 통해서 설했다. 푸른빛이고 푸른 광명과 함께하는 것이란 뜻이다. 이것에 의해서 이들이 아주 청정함을 보이신 것이다. 아주 청정한 색깔을 통해서 이 네 가지 지배의 경지를 말씀하셨기 때문이다. '노란 것(pītāni)' 등에도 이 방법에 의해서 그 뜻을 알아야 한다."(DhsA.190)

색계에 태어나는 도를 닦아서, 안으로 물질을 인식하지 않으면서 밖으로 푸르고 푸른색이고 푸르게 보이고 푸른빛을 발하는 물질들을 보고 이것들을 지배한 뒤 '나는 알고 본다.'라고, 감각적 쾌락들을 완전히 떨쳐버리고 … 초선을 구족하여 머물 때, 그때에 감각접촉이 있고 … pe(§1-2) … 산란하지 않음이 있다. … pe(§§2~145) … pe(§§186~202) …[574] — 이것이 유익한 법들이다.

6~8. 노란 색깔 등의 물질들

247. 무엇이 유익한 법들인가?

색계에 태어나는 도를 닦아서, 안으로 물질을 인식하지 않으면서 밖으로 노랗고 노란색이고 노랗게 보이고 노란빛을 발하는 물질들을 … 붉고 붉은색이고 붉게 보이고 붉은빛을 발하는 물질들을 … 희고 흰색이고 희게 보이고 흰빛을 발하는 물질들을 보고 이것들을 지배한 뒤 '나는 알고 본다.'라고, 감각적 쾌락들을 완전히 떨쳐버리고 … 초선을 구족하여 머물 때, 그때에 감각접촉이 있고 … pe(§1-2) … 산란하지 않음이 있다. … pe(§§2~145) … pe(§§186~202) … — 이것이 유익한 법들이다.

이 지배의 경지들도 역시 열여섯 번의 결합이 있다.[575]

III. 세 가지 해탈[576] — 열여섯 번의 결합

---

574) 아래 §247의 마지막 문장과 주해를 참조할 것.

575) "'푸른색의 까시나를 익히는 자는 [푸른] 꽃이나 천이나 [푸른]색의 광물과 같은 푸른 것에서 표상을 취한다.'라는 등의 말씀과 까시나를 만드는 것(kasiṇa-karaṇa)과 준비단계(parikamma)와 본삼매의 과정(appanā-vidhāna)은 모두 『청정도론』 [제4장]에서 자세하게 설명하였다.
땅의 까시나에서처럼 여기서도 각각의 지배의 경지에 25가지의 아홉 개 조(§202의 주해 참조)가 있다고 알아야 한다."(DhsA.190)

576) 먼저 밝히고 싶은 것은 여기서 세 가지 해탈(tīni vimokkhāni)은 제5장 출세간의 유익한 마음의 핵심이 되는 공한 해탈(suññata vimokkha)과 표상

248. 무엇이 유익한 법들인가?[577] [53]

없는 해탈(animitta vimokkha)과 원함 없는 해탈(appaṇihita vimokkha)을 뜻하는 세 가지 해탈과는 다르다는 점이다. 이 세 가지에 대해서는 §351의 주해를 참조하기 바란다.

여기서는 니까야에 나타나는 여덟 가지 해탈[八解脫, aṭṭha vimokkhā] 가운데 첫 번째 세 가지를 말한다. 경에 나타나는 여덟 가지 해탈은 다음과 같다.
"① 색계[禪]을 가진 자가 색깔들을 본다.
② 안으로 색계[禪]에 대한 인식이 없이 밖으로 색깔들을 본다.
③ 청정하다고 확신한다.
④ 물질[色]에 대한 인식(saññā)을 완전히 초월하고 부딪힘의 인식을 소멸하고 갖가지 인식을 마음에 잡도리하지 않기 때문에 '무한한 허공'이라고 하면서 공무변처를 구족하여 머문다.
⑤ 공무변처를 완전히 초월하여 '무한한 알음알이[識]'라고 하면서 식무변처를 구족하여 머문다.
⑥ 식무변처를 완전히 초월하여 '아무것도 없다.'라고 하면서 무소유처를 구족하여 머문다.
⑦ 무소유처를 완전히 초월하여 비상비비상처를 구족하여 머문다.
⑧ 비상비비상처를 완전히 초월하여 상수멸(想受滅, 인식과 느낌의 그침)을 구족하여 머문다."(D15 §35; M77 §22; A8:66 등)

이 가운데 ④부터 ⑦까지의 네 가지는 무색계에 속하고 ⑧은 상수멸이다. 그래서 본서에서는 이 가운데 첫 번째 세 가지가 본서 §§248~250에서 '세 가지 해탈(tīni vimokkhāni)'이라는 주제로 색계의 경지로 나타나고 있다. 이 여덟 가지에 대한 주석서의 설명은 M77 §22의 주해들을 참조하기 바란다.

577) "그러면 '해탈(vimokkha)'은 무슨 뜻이라고 알아야 하는가? 벗어난다는 뜻(adhimuccanaṭṭha)이다. 그러면 벗어난다는 뜻이란 무엇인가? 반대되는 법들로부터 잘 해탈한다는 뜻이고 그리고 대상에 대해서 기뻐함을 통해서 잘 해탈한다는 뜻이다. 마치 아버지의 무릎에서 사지와 수족을 늘어뜨리고 어린아이가 잠들어 있는 것처럼 제지되지 않고 주저함이 없이 대상에 대해서 생기는 것이라고 말한다. 이러한 특징을 가진 해탈의 상태를 얻는 색계의 유익한 마음을 보여주시기 위해서 이런 방법을 시작하셨다.
이 색계의 유익한 마음이란 것은 대상이라 불리는 경지들(āyatanā)을 지배하는 지배의 경지(abhibhāyatana)를 통해서만 일어나는 것이 아니라 해탈을 통해서도 일어난다. 그래서 그 방법도 보여주시기 위해서 '무엇이 유익한 법들인가?'라고 시작하셨다."(DhsA.190)

색계에 태어나는 도를 닦아서, 물질을 가진 자가[578] 물질들을 보면서[579] 감각적 쾌락들을 완전히 떨쳐버리고 … 초선을 구족하여 머물 때, 그때에 감각접촉이 있고 … pe(§1-2) … 산란하지 않음이 있다. … pe(§§2~145) … — 이것이 유익한 법들이다.

2. 두 번째

249. 무엇이 유익한 법들인가?

색계에 태어나는 도를 닦아서, 안으로 물질을 인식하지 않으면서[580] 밖으로 물질들을 보면서 감각적 쾌락들을 완전히 떨쳐버리고 … 초선을 구족하여 머물 때, 그때에 감각접촉이 있고 … pe(§1-2) … 산란하지 않음이 있다. … pe(§§2~145) … — 이것이 유익한 법들이다.

---

578) "여기서 '물질을 가진 자(rūpī)'라는 것은 안으로 머리털 등을 통해서 생긴 색계禪이라는 물질, 그것이 그에게 있다고 해서 물질을 가진 자이다. 즉 안으로 푸른색의 준비(nīla-parikamma)를 지을 때 머리털이나 담즙이나 눈동자에서 하고, 노란색의 준비(pīta-parikamma)를 지을 때 지방이나 피부나 손발 바닥이나 눈의 노란 부분에서 하고, 붉은색의 준비(lohita-parikamma)를 지을 때 살점이나 피나 혀나 눈의 붉은 부분에서 하고, 흰색의 준비(odāta-parikamma)를 지을 때 뼈나 이빨이나 손톱이나 눈의 흰 부분에서 하기 때문이다.(MA.iii.257 = M77 §23의 주해) 이와 같이 준비를 만들고서 일어난 禪에 완비된 것을 두고 이것을 말씀하셨다."(DhsA.190~191)

579) "'물질들을 보면서(rūpāni passati)'라는 것은 밖으로도 역시 푸른색의 까시나 등의 물질들을 禪의 눈(jhāna-cakkhu)으로 본다는 것이다. 이러한 안과 밖의 토대인 까시나들에서 禪을 얻음을 보이신 것이다."(DhsA.191)

한편 『청정도론』의 복주서인 『빠라마타 만주사』는 이렇게 설명한다. "색계禪에 든 자가 까시나의 물질들을 禪의 눈으로 본다는 뜻이다."(Pm.277)

580) "'안으로 물질들을 인식하지 않으면서(arūpasaññi)'라는 것은 안으로 물질에 대한 인식이 없는 것이다. 자신의 머리털 등에서 일어나는 색계禪이 없다는 뜻이다. 이것으로 밖에서 준비를 만들고서 밖에서 禪을 얻음을 보여주신 것이다."(DhsA.191)

3. 세 번째

250. 무엇이 유익한 법들인가?

색계에 태어나는 도를 닦아서, 깨끗하다고[581] 하면서[582] 감각적 쾌락들을 완전히 떨쳐버리고 … 초선을 구족하여 머물 때, 그때에 감각접촉이 있고 … pe(§1-2) … 산란하지 않음이 있다. … pe(§§2~145) … — 이것이 유익한 법들이다.

---

581) "'깨끗하다(subha)'고 하셨다. 이것으로 아주 청정한 푸른 것 등의 색깔의 까시나들(vaṇṇa-kasiṇā)에 있는 禪들을 보여주셨다. 여기 본삼매의 안(anto-appanā)에서는 깨끗하다는 어떠한 성찰(ābhoga)도 있지 않지만 아주 청정한 깨끗한 까시나를 대상으로 해서 머무는 자는 '깨끗하다'고 하면서 … 초선을 구족하여 머물고 제2선 등도 마찬가지이다. 그래서 이와 같은 가르침을 말씀하셨다."(DhsA.191)

582) "그런데 『빠띠삼비다막가』(무애해도)에서는 "어떻게 해서 깨끗하다고 확신하는 것이 해탈인가? 여기 비구는 자애가 함께한 마음으로 한 방향을 가득 채우면서 머문다. … 자애를 수행하기 때문에 중생들은 혐오스러움을 가지지 않게 된다. 연민이 … 함께 기뻐함이 … 평온이 함께한 마음으로 한 방향을 가득 채우면서 머문다. … 평온을 수행하기 때문에 중생들은 혐오스러움을 가지지 않게 된다. 이와 같이 깨끗하다고 확신하는 것이 해탈이다."(Ps.ii.35)라고 하였다.

그런데 [이러한 가르침은] 여기서는 성전(본서)의 바로 다음에서 거룩한 마음가짐(brahmavihāra, §§248~251)으로 나타나고 있기 때문에 이러한 방법은 제외한 뒤 아주 푸른 것, 아주 노란 것, 아주 붉은 것, 아주 흰 것, 청정한 푸른 것, 청정한 노란 것, 청정한 붉은 것, 청정한 흰 것을 통해서 깨끗함을 통한 해탈(subha-vimokkha)이 인정된다. 이렇게 해서 ① 까시나(kasiṇa)와 ② 지배의 경지(abhibhāyatana)와 ③ 해탈(vimokkha)은 색계禪이 된다. 왜냐하면 ① 그 대상은 전체라는 뜻(sakalaṭṭha)에서 까시나라 하고 ② 대상을 지배한다는 뜻(abhibhavanaṭṭha)에서 지배의 경지라 하고 ③ 대상에 대해서 확신한다는 뜻(adhimuccanaṭṭha)과 반대되는 법들로부터 벗어난다는 뜻(vimuccanaṭṭha)에서 해탈이라 한다고 설하셨기 때문이다.

여기서 까시나의 가르침은 아비담마의 [방법]을 통한 것이고 나머지 둘은 경의 가르침(suttanta-desanā)의 [방법]에 의해서 설해진 것이라고 알아야 한다. 이것은 여기에 새로 나타난 용어에 대한 설명이다."(DhsA.192)

이 세 가지 해탈도 역시 열여섯 번의 결합이 있다.583)

IV. 네 가지 거룩한 마음가짐의 禪 ― 열여섯 번의 결합

1. 자애[慈]

(1) 4종禪의 방법

251. 무엇이 유익한 법들인가?584)

색계에 태어나는 도를 닦아서, 감각적 쾌락들을 완전히 떨쳐버리고 해로운 법[不善法]들을 떨쳐버린 뒤, 일으킨 생각[尋]과 지속적 고찰[伺]이 있고, 떨쳐버렸음에서 생긴 희열[喜]과 행복[樂]이 있는, 자애가 함께 한585) 586)초선을 구족하여 머물 때, 그때에 감각접촉이 있고 …

---

583) "땅의 까시나에서처럼 여기서도 각각의 해탈에 25가지의 아홉 개 조(§202의 주해 참조)가 있다고 알아야 한다."(DhsA.192)

584) "이제 자애 등의 거룩한 마음가짐(mettādi-brahmavihāra)을 통해서 생긴 색계의 유익한 마음을 보여주시기 위해서 '무엇이 유익한 법들인가?'(§251)라고 시작하셨다.
땅의 까시나에는 단지 25가지의 아홉 개 조(§202의 주해 참조)가 있다. 여기서는 [네 가지 거룩한 마음가짐 가운데] 처음의 세 가지(즉 자애, 연민, 함께 기뻐함)에는 세 개 조와 네 개 조의 禪을 통해서 25가지의 일곱 개 조가 있다. 평온(upekkhā)에는 제4선을 통해서 25가지의 한 개 조가 있다. 그리고 그밖에들(예와빠나까)은 열의 등(chandādi)의 네 가지와 더불어서 연민과 함께 기뻐함(karuṇā-muditā)도 포함하고 있기 때문에(본서 §57의 해당 주해 참조) 연민과 함께 기뻐함의 [마음가짐]에도 그밖에들이 있다.

도닦음이 어려운 것 등의 상태(본서 §176 등 참조)는 여기서 자애(mettā)에 의하면 악의를 억압함(byāpāda-vikkhambhana)을 통해서, 연민(karuṇā)에 의하면 잔인함(vihiṁsā)을 억압함을 통해서, 함께 기뻐함(muditā)에 의하면 따분함(arati)을 억압함을 통해서, 평온(upekkhā)에 의하면 갈망과 적의(rāga-paṭigha)를 억압함을 통해서 알아야 한다. 그러나 제한된 대상을 가지는 것(본서 §181 등 참조)은 많은 중생을 대상으로 삼지 않음(na-bahu-sattārammaṇa)을 통해서, 무량한 대상을 가지는 것(본서 §182 등 참조)은 많은 중생을 대상으로 삼음(bahusattārammaṇa)을 통해서라는 이것이 특별한 점이다. 나머지는 거기 [땅의 까시나]에서와 같다."(DhsA.192) pe(§1-2) … 산란하지 않음이 있다. … pe(§§2~145) … — 이것이 유익한 법들이다.

252. 무엇이 유익한 법들인가?

색계에 태어나는 도를 닦아서, 일으킨 생각과 지속적 고찰을 가라앉혔기 때문에 [더 이상 존재하지 않으며], 자기 내면의 것이고, 확신이 있으며, 마음의 단일한 상태이고, 일으킨 생각과 지속적 고찰은 없고, 삼

---

585) "여기서 '자애가 함께한(mettā-sahagata)'이라는 것은 자애를 구족한 것이다. 뒤의 연민이 함께한 등에서도 이 방법이 적용된다. 과정을 통해서 도를 닦고 자애 등과 함께한 禪들을 구족하여 머무는 그러한 자애 등을 닦는 수행의 과정에 대한 모든 것은 『청정도론』에서 자세하게 설명되었다. 그 외의 성전(본서)의 뜻은 땅의 까시나에서 설명한 방법대로 알아야 한다."(DhsA.192)

이렇게 언급한 뒤에 주석서는 자애의 특징 등을 다음과 같이 설명하고 있다.
"호의를 가지기(mejjati) 때문에 '자애(mettā)'이다. 애정을 가진다(siniyhati)는 뜻이다. 친구에 대한 태도이기 때문에(mitte bhavā), 혹은 이것은 친구에게 일어나기(mittassa pavatti) 때문에 자애이다.
특징 등에 관해서 설명한다. 자애는 ㉠ 복리(hita)의 형태로 일어나는 것이 그 특징이다. ㉡ 복리를 가져오는 역할을 한다. ㉢ 증오를 조복함(āghāta-vinaya)으로 나타난다. ㉣ 중생에 대해 사랑스러움을 보는 것이 가까운 원인이다. 악의(byāpāda)를 가라앉힐 때 이것을 성취하고, 애정(sineha)을 일으킬 때 실패한다."(DhsA.192~193 = Vis.IX.92~93)

586) "위빳사나의 행복(vipassanā-sukha)과 [고귀한] 존재를 성취하는 것(bhava-sampatti)이 이 네 가지 거룩한 마음가짐의 공통적인 목적이고, 악의 등을 물리침(byāpādādi-paṭighāta)이 특별한 목적이다. 왜냐하면 여기서 자애는 악의를 물리치는 것이 목적이고, 나머지는 각각 잔인함과 따분함과 갈망을 물리치는 것이 그 목적이기 때문이다. 그래서 이와 같이 설하셨다. "도반이여, 악의로부터 벗어남이 곧 자애를 통한 마음의 해탈[慈心解脫, mettā-cetovimutti]이다. … 잔인함으로부터 벗어남이 곧 연민을 통한 마음의 해탈[悲心解脫, karuṇā-cetovimutti]이다. … 따분함으로부터 벗어남이 곧 함께 기뻐함을 통한 마음의 해탈[喜心解脫, muditā-cetovimutti]이다. … 애정으로부터 벗어남이 곧 평온을 통한 마음의 해탈[捨心解脫, upekkhā-ceto-vimutti]이다.(D34 §1.7 (7)/iii.248~249)"라고."(DhsA.193 = Vis. IX.97)

매에서 생긴 희열과 행복이 있는, 자애가 함께한 제2선(二禪)을 구족하여 머물 때, 그때에 감각접촉이 있고 … pe(§1-2) … 산란하지 않음이 있다. … pe(§§2~145) … — 이것이 유익한 법들이다.

253. 무엇이 유익한 법들인가?

색계에 태어나는 도를 닦아서, 희열이 빛바랬기 때문에 평온하게 머물고, 마음챙기고 알아차리며 몸으로 행복을 경험한다. 이 [禪 때문에] '평온하고 마음챙기며 행복하게 머문다.'고 성자들이 묘사하는, 자애가 함께한 제3선(三禪)587)을 구족하여 머물 때, 그때에 감각접촉이 있고 … pe(§1-2) … 산란하지 않음이 있다. … pe(§§2~145) … — 이것이 유익한 법들이다.

(2) 5종禪의 방법

254. 무엇이 유익한 법들인가?

색계에 태어나는 도를 닦아서, 감각적 쾌락들을 완전히 떨쳐버리고 해로운 법[不善法]들을 떨쳐버린 뒤, 일으킨 생각[尋]과 지속적 고찰[伺]이 있고, 떨쳐버렸음에서 생긴 희열[喜]과 행복[樂]이 있는, 자애가 함께한 초선을 구족하여 머물 때, 그때에 감각접촉이 있고 … pe(§1-2) … 산란하지 않음이 있다. … pe(§§2~145) … — 이것이 유익한 법들이다.

---

587) "이 [자애, 연민, 함께 기뻐함, 평온은] 무량한 영역을 가진다는 점(appamāṇa-gocaratā)에서 동일한 특징을 갖지만 앞의 셋(즉 자애, 연민, 함께 기뻐함)은 [4종선과 5종선에서 각각] 세 가지 禪과 네 가지 禪만을 가진다. 무슨 이유인가? 기쁨(somanassa)으로부터 분리되지 않았기 때문이다. 무슨 이유로 그들이 기쁨으로부터 분리되지 않는가? 불만족(domanassa)에서 생긴 악의 등으로부터 벗어났기 때문이다."(DhsA.196~197 = Vis.IX.111)

여기서 '기쁨'으로 옮긴 somanassa는 정신적인 즐거운 느낌[樂受]이다. 즐거운 느낌 혹은 행복은 제3선까지만 존재한다. 제4선에서는 이 즐거운 느낌, 즉 행복이 사라지고 괴롭지도 즐겁지도 않은 느낌이 확립된다. 그러므로 이 셋은 4종선의 제3선까지만 가지게 되는 것이다.

255. 무엇이 유익한 법들인가?

색계에 태어나는 도를 닦아서, 감각적 쾌락들을 완전히 떨쳐버리고 해로운 법[不善法]들을 떨쳐버린 뒤, 일으킨 생각[尋]은 없고 지속적 고찰[伺]만이 있고, 삼매에서 생긴 [54] 희열[喜]과 행복[樂]이 있는, 자애가 함께한 제2선(二禪)을 구족하여 머물 때, 그때에 감각접촉이 있고 … pe(§1-2) … 산란하지 않음이 있다. … pe(§§2~145) … — 이것이 유익한 법들이다.

256. 무엇이 유익한 법들인가?

색계에 태어나는 도를 닦아서, 일으킨 생각과 지속적 고찰을 가라앉혔기 때문에 [더 이상 존재하지 않으며], 자기 내면의 것이고, 확신이 있으며, 마음의 단일한 상태이고, 일으킨 생각과 지속적 고찰은 없고, 삼매에서 생긴 희열과 행복이 있는, 자애가 함께한 제3선(三禪)을 구족하여 머물 때, 그때에 감각접촉이 있고 … pe(§1-2) … 산란하지 않음이 있다. … pe(§§2~145) … — 이것이 유익한 법들이다.

257. 무엇이 유익한 법들인가?

색계에 태어나는 도를 닦아서, 희열이 빛바랬기 때문에 평온하게 머물고, 마음챙기고 알아차리며 몸으로 행복을 경험한다. 이 [禪 때문에] '평온하고 마음챙기며 행복하게 머문다.'고 성자들이 묘사하는, 자애가 함께한 제4선(四禪)을 구족하여 머물 때, 그때에 감각접촉이 있고 … pe(§1-2) … 산란하지 않음이 있다. … pe(§§2~145) … — 이것이 유익한 법들이다.

2. 연민[悲]

258. 무엇이 유익한 법들인가?

색계에 태어나는 도를 닦아서, 감각적 쾌락들을 완전히 떨쳐버리고 해로운 법[不善法]들을 떨쳐버린 뒤, 일으킨 생각[尋]과 지속적 고찰[伺]이 있고, 떨쳐버렸음에서 생긴 희열[喜]과 행복[樂]이 있는, 연민[588]이 함께한 초선을 구족하여 머물 때, 그때에 감각접촉이 있고 … pe(§1-2) … 산란하지 않음이 있다. … pe(§§2~145) … — 이것이 유익한 법들이다.

259. 무엇이 유익한 법들인가?

색계에 태어나는 도를 닦아서, 일으킨 생각과 지속적 고찰을 가라앉혔기 때문에 [더 이상 존재하지 않으며] … 연민이 함께한 제2선(二禪)을 … 제3선(三禪)을 … 초선(初禪)을 … 제4선(四禪)을 구족하여 머물 때, 그때에 감각접촉이 있고 … pe(§1-2) … 산란하지 않음이 있다. … pe(§§2~145) … — 이것이 유익한 법들이다.

3. 함께 기뻐함[喜]

260. 무엇이 유익한 법들인가?

색계에 태어나는 도를 닦아서, 감각적 쾌락들을 완전히 떨쳐버리고 해로운 법[不善法]들을 떨쳐버린 뒤, 일으킨 생각[尋]과 지속적 고찰[伺]이 있고, 떨쳐버렸음에서 생긴 희열[喜]과 행복[樂]이 있는, 함께 기뻐함[589]이 함께한 초선을 구족하여 머물 때, 그때에 감각접촉이 있고 …

---

588) "남들이 고통스러워할 때 선한 사람들의 가슴이 동요하기 때문에 '연민(karuṇā)'이라 한다. 혹은 남들의 고통을 제거하고, 죽이고, 분쇄하기 때문에 연민이다. 혹은 고통받는 사람들을 향해 흩어져서 가득 채움으로써 확장되기 때문에 연민이다."(DhsA.192~193 = Vis.IX.92)

"연민은 ㉠ 중생에게 일어난 고통을 완화하려는 형태로 일어나는 것이 그 특징이다. ㉡ 다른 자의 고통을 견디지 못하는 역할을 한다. ㉢ 잔인하지 않음으로 나타난다. ㉣ 고통에 압도된 자들에 대해 의지할 곳이 없는 상태를 보는 것이 가까운 원인이다. 잔인함을 가라앉힐 때 이것을 성취하고, 근심을 일으킬 때 실패한다."(DhsA.193 = Vis.IX.94) pe(§1-2) … 산란하지 않음이 있다. … pe(§§2~145) … — 이것이 유익한 법들이다.

261. 무엇이 유익한 법들인가?

색계에 태어나는 도를 닦아서, 일으킨 생각과 지속적 고찰을 가라앉혔기 때문에 [더 이상 존재하지 않으며] … 함께 기뻐함이 함께한 제2선(二禪)을 … 제3선(三禪)을 … 초선(初禪)을 … 제4선(四禪)을 구족하여 머물 때, 그때에 감각접촉이 있고 … pe(§1-2) … 산란하지 않음이 있다. … pe(§§2~145) … — 이것이 유익한 법들이다.

4. 평온[捨]

262. 무엇이 [55] 유익한 법들인가?

색계에 태어나는 도를 닦아서, 행복도 버리고 괴로움도 버리고 … 평온590)이 함께한 제4선(四禪)591)을 구족하여 머물 때, 그때에 감각접촉

589) "이것을 가진 자들은 이것 때문에 기뻐한다, 혹은 스스로 기뻐한다, 혹은 단지 기뻐하기 때문에 '함께 기뻐함(muditā)'이다."(DhsA.192~193 = Vis.IX.92)

"㉠ 함께 기뻐함의 특징은 중생들의 [성공을] 기뻐함이다. ㉡ 질투하지 않는 역할을 한다. ㉢ 따분함을 제거함으로 나타난다. ㉣ 중생들의 성공을 보는 것이 가까운 원인이다. 따분함을 가라앉힐 때 이것을 성취하고, [세속적인 희열로] 왁자지껄한 웃음을 일으킬 때 실패한다."(DhsA.193 = Vis.IX.95)

590) "'원한이 없기를(averā hontu)!' 하는 등의 관심을 버리고 중립적인 상태에 의지함으로써 평정하기 때문에 '평온(upekkhā)'이라 한다."(DhsA.192~193 = Vis.IX.92)

"㉠ 평온은 중생들에 대해 중립적인 상태로 일어나는 것이 그 특징이다. ㉡ 중생들에 대해 평정함을 보는 역할을 한다. ㉢ 적의와 찬사를 가라앉힘으로 나타난다. ㉣ 중생들은 업이 자신의 주인이다. '[업 이외의] 다른 어떤 것이 있어 중생들이 행복하고, 고통으로부터 벗어나고, 이미 얻은 영화를 잃어버리지 않기를 바랄 수 있겠는가?'라고 생각하여 업이 자신의 주인임을 보는 것이 가까운 원인이다. 적의와 찬사를 가라앉힐 때 이것을 성취하고, 무지에

이 있고 … pe(§1-2) … 산란하지 않음이 있다. … pe(§§2~145) … — 이것이 유익한 법들이다.[592]

네 가지 거룩한 마음가짐의 禪도 [역시] 열여섯 번의 결합이 있다.

V. 열 가지 부정(不淨)의 禪 — 열여섯 번의 결합

263. 무엇이 유익한 법들인가?[593]

색계에 태어나는 도를 닦아서, 감각적 쾌락들을 완전히 떨쳐버리고 해로운 법[不善法]들을 떨쳐버린 뒤, 일으킨 생각[尋]과 지속적 고찰[伺]이 있고, 떨쳐버렸음에서 생긴 희열[喜]과 행복[樂]이 있는, ① 부푼 것[594]의 인식이 함께한 초선[595]을 구족하여 머물 때, 그때에 감각접촉

바탕한 무관심을 일으킬 때 실패한다."(DhsA.193 = Vis.IX.96)

591) "마치 무색계가 까시나의 결과이고, 비상비비상처가 삼매들의 결과이고, 과의 증득이 위빳사나의 결과이고, 멸진정(nirodha-samāpatti)이 사마타와 위빳사나의 결과이듯이 평온의 거룩한 마음가짐은 앞의 세 가지 거룩한 마음가짐의 결과이다. 마치 먼저 기둥을 세우고 서까래를 얹지 않고서는 공중에 대들보를 얹을 수 없듯이 앞의 것에 대해서 제3선을 얻지 않고서는 제4선을 닦을 수 없다. 그렇지만 이것은 까시나를 통해서 얻은 제3선을 통해서는 얻어지지 않는다. 대상이 같지 않기 때문이다."(DhsA.195 = Vis. IX.104)

앞에서 보았듯이(§§251~261참조) 자애와 연민과 함께 기뻐함의 거룩한 마음가짐은 4종禪의 초선부터 제3선까지와 5종禪의 초선부터 제4선까지를 통해서 얻어진다. 그러나 평온의 거룩한 마음가짐에는 4종선의 제4선과 5종선의 제5선만이 적용된다. 이러한 禪의 경지에서만 평온이 드러나기 때문이다. 그런데 여기서 보듯이 VRI본 뿐만 아니라 PTS본에도 5종선의 제5선은 언급이 되지 않고 오직 4종선의 제4선만이 나타나는 것으로 편집되어 있다.

592) "마지막인 [평온]은 나머지 한 가지 禪을 가진다. 무슨 이유인가? 평온한 느낌과 관련되어 있기 때문이다. 중생들에 대해 중립적인 상태로 일어나는 거룩한 마음가짐으로서의 평온은 평온한 느낌 없이 존재하지 않기 때문이다."(DhsA.196~197 = Vis.IX.111)

593) "이제 탐하는 성향을 가진 중생들에게 전적으로 이로운 여러 가지 대상들 가운데 각각의 禪을 통해서 생기는 색계의 유익한 마음을 보여주시기 위해서 '무엇이 유익한 법들인가?'(§263)라는 등을 시작하셨다."(DhsA.197)

이 있고 … pe(§1-2) … 산란하지 않음이 있다. … pe(§§2~145) … pe(§§186~202) … — 이것이 유익한 법들이다.

264. 무엇이 유익한 법들인가?

색계에 태어나는 도를 닦아서, 감각적 쾌락들을 완전히 떨쳐버리고 해로운 법[不善法]들을 떨쳐버린 뒤, 일으킨 생각[尋]과 지속적 고찰[伺]이 있고, 떨쳐버렸음에서 생긴 희열[喜]과 행복[樂]이 있는, ② 검푸른 것596)의 인식이 함께한 … ③ 문드러진 것597)의 인식이 함께한 … ④ 끊어진 것598)의 인식이 함께한 … ⑤ 뜯어 먹힌 것599)의 인식이 함께

---

594) "'부푼 것의 인식이 함께한(uddhumātaka-saññā-sahagata)' 등에서 ① '부푼 것(uddhumātaka)'은 마치 바람에 의해 풀무가 팽창하듯이 생명이 끝난 후부터 서서히 팽창하고 부어서 부풀었기 때문에 부풂이다. ⓐ 부풂이 바로 '부푼 것'이다. ⓑ 혹은 부풂은 혐오스러워서 넌더리난다. 그러므로 '부푼 것'이다. 이것은 이와 같은 상태에 놓여있는 시체의 동의어이다."(DhsA.197 = Vis.VI.1)

첫 번째 해석, 즉 ⓐ에서는 'uddhumāta(웃두마따, 부푼 것)'라는 단어와 'uddhumātaka(웃두마따까)'라는 단어의 뜻에는 차이가 없다고 말한다. 즉 'uddhu-mātaka(웃두마따까)'의 'ka(까)'가 별다른 뜻이 없다는 것이다. 그러나 두 번째 해석, 즉 ⓑ에서는 'ka(까)'가 'kucchita(꿋치따, 넌더리나는, 혐오스러운)'의 뜻을 가져 그 부푼 것이 넌더리나도록 혐오스럽다는 뜻이라고 말한다. 이하 이 방법은 다른 것에도 다 적용되고 있다.(『청정도론』 VI.1의 주해에서 인용함.)

595) 부정의 관찰로는 초선에만 들 수 있다. 아래 §264의 해당 주해(DhsA.199 = Vis.VI.86)를 참조할 것.

596) "② '검푸른 것(vinīlaka)': 퇴색되어 가는 것이다. 검푸름(vinīla)이 바로 검푸른 것이다. 혹은 검푸름은 혐오스러워서 넌더리난다. 그러므로 검푸른 것이다. 이것은 살점이 많은 곳에서는 붉은색이고 고름이 모여 있는 곳에서는 흰색이다. 그러나 대부분 검푸른 곳에 검푸른 천으로 싸놓은 것과 같은 검푸른 시체의 동의어이다."(DhsA.197 = Vis.VI.2)

597) "③ '문드러진 것(vipubbaka)': 끊어져 나간 곳에 고름과 함께 흘러내리는 것이다. 문드러짐이 바로 문드러진 것이다. 혹은 문드러짐은 혐오스러워서 넌더리난다. 그러므로 문드러진 것이다. 이것은 이러한 상태에 놓여있는 시체의 동의어이다."(DhsA.197 = Vis.VI.3)

한 … ⑥ 흩어져 있는 것600)의 인식이 함께한 … ⑦ 난도질당하여 뿔뿔이 흩어진 것601)의 인식이 함께한 … ⑧ 피가 흐르는 것602)의 인식이 함께한 … ⑨ 벌레가 버글거리는 것603)의 인식이 함께한 … ⑩ 해골이 된 것604)의 인식605)이 함께한606) 초선을 구족하여607) 머물 때, 그때에

---

598) "④ '끊어진 것(vicchiddaka)': 두 동강으로 끊어지면서 벌어져 있는 것이다. 끊어짐이 바로 끊어진 것이다. 혹은 끊어짐은 혐오스러워서 넌더리난다. 그러므로 끊어진 것이다. 이것은 중간이 끊어진 시체의 동의어이다."(DhsA.197 = Vis.VI.4)

599) "⑤ '뜯어 먹힌 것(vikkhāyitaka)': 개와 재칼 등에 의해 여기저기 여러 가지로 뜯어 먹힌 것이다. 뜯어 먹힘이 바로 뜯어 먹힌 것이다. 혹은 뜯어 먹힘은 혐오스러워서 넌더리난다. 그러므로 뜯어 먹힌 것이다. 이것은 이러한 상태에 놓여있는 시체의 동의어이다."(DhsA.197 = Vis.VI.5)

600) "⑥ '흩어져 있는 것(vikkhittaka)': 여러 군데 흩어져 있는 것이다. 흩어짐이 바로 흩어져 있는 것이다. 혹은 흩어짐은 혐오스러워서 넌더리난다. 그러므로 흩어져 있는 것이다. 이것은 '여기에는 손이 있고, 저기에는 발이 있고, 저 너머에는 머리가 있다.'라고 여기저기 흩어져 있는 시체의 동의어이다."(DhsA.197 = Vis.VI.6)

601) "⑦ '난도질당하여 뿔뿔이 흩어진 것(hata-vikkhittaka)': 끊어지고 앞서 설한 방법대로 흩어져 있는 것이다. 이것은 마치 까마귀의 발자취의 형태처럼 사지가 칼로 난도질되어 앞서 설한 방법대로 흩어져 있는 시체의 동의어이다."(DhsA.197 = Vis.VI.7)

602) "⑧ '피가 흐르는 것(lohitaka)': 피가 묻어 있고, 피를 뿌리고, 여기저기서 흘러내리는 것이 피가 흐르는 것이다. 이것은 흘러내리는 피가 묻어 있는 시체의 동의어이다."(DhsA.197~198 = Vis.VI.8)

603) "⑨ '벌레가 버글거리는 것(puḷavaka)': 벌레라고 하는 것은 구더기이다. 구더기들을 뿌리기 때문에 벌레가 버글거리는 것이다. 이것은 구더기가 가득 찬 시체의 동의어이다."(DhsA.198 = Vis.VI.9)

604) "⑩ '해골이 된 것(aṭṭhika)': 뼈다귀(aṭṭhi)가 바로 해골이다. 혹은 뼈다귀는 혐오스러워서 넌더리나기 때문에 해골이다. 이것은 뼈다귀가 연이어진 것과 하나의 뼈다귀의 동의어이다."(DhsA.198 = Vis.VI.10)

605) "이러한 [10가지]는 부푼 것 등을 의지해서 생긴 표상들(nimittā)의 이름이기도 하고 이 표상들을 통해서 얻은 禪들의 이름이기도 하다. 여기서 부푼 것의 표상에 대한 본삼매(appanā)를 통해서 얻은 인식이 부푼 것의 인식이고 이러한 부푼 것의 인식과 결합의 뜻에 의해서 함께한 것이 '부푼 것의 인

감각접촉이 있고 … pe(§1-2) … 산란하지 않음이 있다. … pe(§§2~145) … pe(§§186~202) … — 이것이 유익한 법들이다.

부정의 禪도 [역시] 열여섯 번의 결합이 있다.608)

색계의 유익한 마음이 [끝났다.]609)

식이 함께한(uddhumātaka-saññā-sahagata)'이다. '검푸른 것의 인식이 함께한' 등에도 이 방법이 적용된다.
여기서 이것을 닦는 수행의 과정에 대해서 설해야 할 모든 것은 『청정도론』[제6장]에서 자세하게 설명되었다. 그 외의 성전(본서)에 대한 해설은 앞에서 설명한 방법대로 알아야 한다."(DhsA.198)

606) "이 부정한 것이 비록 열 가지이지만 특징은 하나이다. 이것은 열 가지이지만 더럽고 악취가 나고 넌더리나고 혐오스러운 상태가 그 특징이다. 이 특징과 함께 이 부정한 것은 시체에만 나타나는 것이 아니라 마치 쩨띠야(Cetiya) 산에 머물던 마하띳사(Mahā-Tissa) 장로가 여인의 치아를 볼 때처럼(Vis.I.55), 상가락키따(Saṅgharakkhita) 장로의 시자인 사미가 코끼리 등에 앉아있던 왕을 볼 때처럼 살아있는 몸에서도 나타난다. 시체와 마찬가지로 이 살아있는 몸도 부정하다. 단지 부정의 특징이 외부의 장식으로 가려졌기 때문에 나타나지 않을 뿐이다."(DhsA.200 = Vis.VI.88)

607) "마치 강이 급류와 함께 물결이 휘몰아칠 때 오직 키의 힘으로 배가 머물 수 있고 키 없이는 머물 수 없듯이, 이 열 가지 부정한 것에서는 대상의 힘이 약하기 때문에 오직 일으킨 생각[尋]의 힘을 통해서만 마음이 하나가 되어 머물 수 있으며 일으킨 생각 없이는 머물 수 없다. 그러므로 여기서는 [일으킨 생각이 있는] 오직 초선만이 있고 제2선 등은 존재하지 않는다."(DhsA.199 = Vis.VI.86)

608) "마치 평온의 거룩한 마음가짐에는 오직 제4선에 의한 것만 있는 것처럼 여기 [부정의 명상주제]에서는 오직 초선에 의한 것만이 있어서 모두 25가지의 한 개 조들이 있다. 그리고 부정의 대상은 확장시키지 않는 것이기 때문에 제한된 부푼 것의 장소에서 생겨난 표상을 대상으로 한다고 해서 '제한된 대상을 가진 것(parittārammaṇa)'이다. 큰 것에 대해서 생겨난 것이 '무량한 대상을 가진 것(appamāṇārammaṇa)'이라고 알아야 한다. 나머지에 대해서도 이 방법이 적용된다."(DhsA.198)

609) "그런데 땅의 까시나를 시작으로 해골이 된 것이라는 인식으로 귀결되는 것만이 색계의 본삼매인가, 아니면 다른 것이 있는가? 있다. 바로 들숨날숨을 통한 禪(ānāpāna-jjhāna)과 몸에 대한 마음챙김의 수행(kāyagatā-sati-bhāvanā)이 있는데 여기서는 말씀하지 않으셨다. 그러면 왜 말씀하지 않으

셨는가? ① 들숨날숨을 통한 禪은 바람의 까시나(vāyo-kasiṇa)를 다룰 때 다루어졌기 때문이다. ② 그리고 머리털 등에서 4종선과 5종선을 통해서 생긴 몸에 대한 마음챙김은 색깔의 까시나들(vaṇṇa-kasiṇā)이 다루어질 때 [다루어졌다.] ③ 그리고 32가지 형태의 혐오를 마음에 잡도리함에 의한 禪(dvattiṁsākāra paṭikūla-manasikāra-jjhāna)과 아홉 가지 공동묘지의 관찰의 禪(nava-sivathikā-vaṇṇa-jjhāna)은 열 가지 부정(dasa asubhā)을 다룰 때 다루어졌다. [그러므로] 모든 색계의 본삼매가 여기서 설해진 것이다."(DhsA.200)

여기서 언급되고 있는 들숨날숨을 통한 禪, 즉 들숨날숨에 대한 마음챙김[出入息念, ānāpānassati]은 『청정도론』 VIII.145～244에, 몸에 대한 마음챙김[向身念, kāyagatā-sati]은 『청정도론』 VIII.42~144에 자세히 설명되어 있으니 참조하기 바란다. 특히 전자는 초기불전연구원에서 『맛지마 니까야』 제4권 「들숨날숨에 대한 마음챙김 경」(M118)과 함께 묶어서 『들숨날숨에 마음챙기는 공부』로 출간되었다.

제3장 무색계의 유익한 마음

arupāvacara-kusala

네 가지 무색계禪 — 열여섯 번의 결합

1. 공무변처(空無邊處)

265. 무엇이 유익한 법들인가?

무색계에 태어나는 도를 닦아서,[610] 물질에 대한 인식을 완전히 초월하고, 부딪힘의 인식을 소멸하고, 갖가지 인식을 마음에 잡도리하지 않기 때문에[611] 공무변처(空無邊處)의 인식이 함께하였으며,[612] 행복도

---

610) "'무색계에 태어나는(arūpūpapatti)'에서 무색(無色)의 존재(arūpabhava)가 '무색계(arūpa)'이고 무색계에 태어나는 것이 '무색계에 태어남'이다. '도를 닦아서(maggaṁ bhāveti)'라는 것은 수단(upāya)과 원인(hetu)과 이유(kāraṇa)를 생기게 한다, 증장하게 한다는 말이다."(DhsA.200)

다른 주석서들도 무색계를 이렇게 설명한다.
"무색계에 대한 갈망(arūpa-rāga)이라 불리는 무색과 관련된 존재, 혹은 무색이라 불리는 존재가 무색의 존재이다. 무색의 존재란 네 가지 무색의 경지(āruppa-bhūmi)이다."(VinAṬ.i.232)
"무색의 존재가 무색계(arūpāvacara)이다."(NdA.i.159)

이처럼 이 문맥에서 'arūpa(무색)'와 'arūpabhava(무색의 존재)'와 'arūpa-avacara(무색계)'와 arūpa-bhūmi(무색의 경지)는 동의어로 쓰이고 있다. 역자는 이들을 '무색계' 혹은 '무색계에 속하는 것'으로 옮기고 있다.

611) "간략하게 설하면 여기서 '물질에 대한 인식을 완전히 초월하고(rūpa-saññānaṁ samatikkamā)'라는 구절로 모든 색계의 법들을 버림을 설하셨고, '부딪힘의 인식을 소멸하고, 갖가지 인식을 마음에 잡도리하지 않기 때문에'라는 구절로 모든 욕계의 마음[心]과 마음부수[心所]들을 버리고 마음에 잡도리하지 않는 것을 설하셨다고 알아야 한다."(DhsA.200 = Vis.X.22)

계속해서 주석서는 이렇게 덧붙인다.

"이처럼 세존께서는 ① 15가지 '물질에 대한 인식을 완전히 초월하고(rūpa-saññānaṁ samatikkamā)', ② 10가지 '부딪힘의 인식을 소멸하고(paṭigha-saññānaṁ atthaṅgamā)' ③ 44가지 '갖가지 인식을 마음에 잡도리하지 않기 때문에(nānatta-saññānaṁ amanasikārā)'라는 세 구문에 의해서 공무변처의 증득에 대한 설명을 하셨다. 무슨 이유 때문인가라고 한다면 듣는 사람들에게 용맹심(ussāha)을 생기게 하기 위해서이고 고무시키기 위해서(palobhanattha)이다."(DhsA.200)

여기서 15가지 물질에 대한 인식(rūpa-saññā)은 15가지 색계의 마음과 함께하는 인식이고(Vis.X.14 참조) 10가지 부딪힘의 인식(paṭigha-saññā)은 한 쌍의 전오식과 함께하는 인식이다.(Vis.X.16 참조) 44가지 갖가지 인식(nānatta-saññā)은 8가지 욕계의 유익한 인식, 12가지 해로운 인식, 11가지 욕계의 유익한 과보로 나타난 인식, 2가지 해로운 과보로 나타난 인식, 11가지 욕계의 작용만 하는 인식이다.(Vis.X.21 참조)
물론 인식이라는 마음부수는 모든 마음들과 항상 함께 일어나는 '반드시들'이기 때문에 인식은 89가지의 모든 알음알이와 항상 함께한다. 그러므로 89가지 알음알이 가운데 여기에 해당되는 44가지 알음알이가 바로 여기서 말하는 44가지 갖가지 인식이다.(Vis.X.21 참조)

612) 니까야에 나타나는 공무변처(空無邊處, ākāsānañcāyatana)의 정형구는 "물질[色]에 대한 인식을 완전히 초월하고 부딪힘의 인식을 소멸하고 갖가지 인식을 마음에 잡도리하지 않기 때문에 '무한한 허공'이라고 하면서 공무변처를 구족하여 머문다."(M8 §8 등)이다. 그러나 본서에서는 "물질[色]에 대한 인식을 완전히 초월하고 부딪힘의 인식을 소멸하고 갖가지 인식을 마음에 잡도리하지 않기 때문에 공무변처의 인식이 함께하였으며 … 제4선(四禪)을 구족하여 머문다."로 나타난다.
여기서는 첫째 '무한한 허공(ananto ākāso)이라고 하면서'가 생략되었고 둘째 '공무변처의 인식이 함께하였으며(ākāsānañcāyatana-saññā-sahagataṁ)'로 '인식(saññā)'이라는 용어가 첨가되었으며 셋째 '제4선(四禪)을 구족하여 머문다(catutthaṁ jhānaṁ upasampajja viharati).'가 덧붙어서 나타난다. 이 부분을 주석서는 다음의 주해들과 같이 설명하고 있다.

"'공무변처(空無邊處)의 인식이 함께하였으며'라고 하셨다. 여기서 끝이(anto) 없기(na) 때문에 아난따(ananta, 끝없는, 무한한)이고, 허공이 끝이 없기 때문에 무한한 허공(아까사-아난따, ākāsa-anañca)이다. 이 무한한 허공은 이 禪이 그와 함께하는 [마음과 마음부수]법들과 함께 그곳에 머문다는 뜻에서 그 禪의 장소(āyatana)이기 때문에 공무변처(ākāsa[空]-anañca[無邊]-āyatana[處])이다. 마치 데와아야따나(deva-āyatana)가 신들의 머무는 장소이듯이. 그리고 이처럼 무한한 허공(아까사-아난짜, ākāsānañ-ca)과 그리고 그 감각장소(āyatana)라고 해서도 역시 공무변처이다. 이것버리고 괴로움도 버리고, 아울러 그 이전에 이미 기쁨과 불만족이 소멸되었으므로 괴롭지도 즐겁지도 않으며, 평온으로 인해 마음챙김이 청정한[捨念淸淨] 평온이 함께한 제4선(四禪)을 구족하여 머물 때,613) 그때에 감각접촉이 있고 … pe(§1-2) … 산란하지 않음이 있다. … pe(§§2~145) … — 이것이 유익한 법들이다.614)

은 까시나를 제거한 [뒤 남은] 허공의 동의어이다. 그 공무변처에서 본삼매에 든 인식이 함께한 것이 공무변처(空無邊處)의 인식이 함께함이다.

그런데 다른 곳(특히 니까야)에서는 '무한한 허공(ananto ākāso)'이라고 말씀하셨다.(M8 §8 등) 그러나 여기서는 무한한 것(ananta)이나 제한된 것(paritta)은 취하지 않았다. 왜 그런가? 무한한 것을 취하면 제한된 것은 취해지지 않고 제한된 것이 취해지면 무한한 것은 취해지지 않기 때문이다.
이렇게 되면 대상의 네 개 조는 성취되지 않고 16단계의 가르침(§186의 주해 참조)은 있지 않게 된다. 정등각자께서는 이곳에서 가르침을 16단계로 만드실 의향(ajjhāsaya)을 가지셨기 때문에 무한하다거나 제한되었다라고 말씀하시지 않고 '식무변처(識無邊處)의 인식이 함께하였으며'라고 말씀하셨다. 이렇게 하면 둘 다가 취해지기 때문이다. 대상의 네 개 조도 완성되고 16단계의 가르침도 증득된다."(DhsA.204)

613) 이 공무변처 등의 네 가지 무색계禪은 색계 제4선과 같은 경지이다. 그래서 여기서는 제4선의 정형구가 들어가 있다. 그리고 이러한 제4선은 평온이 함께하는 점을 강조하기 위해서 '평온이 함께한(upekkhā-sahagata)'이라는 용어를 넣었다. 주석서와 『청정도론』은 이렇게 설명한다.

"현자들은 이 [무색계 네 가지 禪]의 구성요소를 초월함(aṅga-atikkama)을 인정하지 않는다. 색계 증득에서는 구성요소를 초월함이 있지만 여기서는 구성요소를 초월함이 없다. 이 모든 경우에 [무색계]禪의 구성요소는 둘뿐이니 곧, 평온[捨]과 마음이 한끝으로 [집중]됨[心一境性]이다."(DhsA.209 = Vis.X.58)

다시 『청정도론』은 이렇게 말하고 있다.
"여기 [무색계禪은 색계의 제4선과 마찬가지로] 구성요소(各支)들의 거친 상태가 없다. 색계의 제4선이 [평온과 마음이 한끝으로 [집중]됨이라는] 두 가지 구성요소를 가지듯이 무색의 경지들도 그와 같기 때문이다."(Vis.X.5)

이처럼 구성요소의 측면에서는 무색계禪은 색계 제4선과 같은 경지이다. 그래서 제4선의 정형구가 여기에 함께 나타나는 것이다.

614) "색계 네 번째 禪에 매료됨이 다하기가 어렵기 때문에 그래서 여기서 '도닦

2. 식무변처(識無邊處)

266. 무엇이 유익한 법들인가?

무색계에 태어나는 도를 닦아서, 공무변처를 완전히 초월하여 식무변처(識無邊處)의 인식이 함께하였으며615) 행복도 버리고 [56] 괴로움도 버리고 … 평온이 함께한 제4선(四禪)을 구족하여 머물 때, 그때에 감각접촉이 있고 … pe(§1-2) … 산란하지 않음이 있다. … pe(§§2~145) … — 이것이 유익한 법들이다.616)

음은 어렵고(dukkhā paṭipadā)', 그 매료됨이 다하더라도 본삼매에 머무는 기간이 느리기 때문에 '초월지는 느리다(dandhābhiññā).' 이와 반대되는 것이 '도닦음도 쉽고 초월지도 빠른 것(sukhā paṭipadā khippābhiññā)'이다.

제한된 까시나를 제거한 허공(ākāsa)에 대해서 생긴 禪이 '제한된 대상을 가진 것(parittārammaṇa)'이고 광대한 까시나를 제거한 허공에서 생긴 것이 '무량한 대상을 가진 것(appamāṇārammaṇa)'이라고 알아야 한다.

평온의 거룩한 마음가짐(§262)에서처럼 여기서도 네 번째 禪을 통해서 25가지의 한 개 조가 있다.(§251의 주해 참조) 거기서처럼 이 이하도 마찬가지이다. 거기서와 다른 부분만 설명할 것이다."(DhsA.205)

615) "'식무변처(識無邊處)의 인식이 함께하였으며(viññāṇañcāyatana-saññā-sahagataṁ)'라고 했다. 여기서는 그러나 끝이 없기 때문에 끝없는(무한한, ananta, 아난따)이고, 아난따가 바로 아난짜이고, 알음알이(viññāṇa)가 끝이 없기(anañca) 때문에 윈냐나아난짜(viññāṇa-anañca)라고 말하지 않고 윈냐난짜(viññāṇañca)라고 말했다. 왜냐하면 이것이 일상적인 용법이기 때문이다. 그 무한한 알음알이(윈냐난짜)는 [이 禪이 여기에] 머문다는 뜻에서 이 인식의 장소라고 해서 식무변처이다. 이 식무변처에서 일어난 인식이 함께한다고 해서 식무변처(識無邊處)의 인식이 함께함이다. 이것은 허공에 대해서 일어난 알음알이를 대상으로 하는 禪과 동의어이다."(DhsA.205)

본서에 나타나는 식무변처의 정형구도 공무변처의 정형구처럼 니까야의 식무변처의 정형구와 다르다. 여기서도 공무변처의 경우처럼 첫째 '무한한 알음알이라고 하면서'가 생략되었고, 둘째 '식무변처의 인식이 함께하였으며'로 '인식'이라는 용어가 첨가되었으며, 셋째 '제4선(四禪)을 구족하여 머문다.'가 덧붙어서 나타난다.

616) "여기서 공무변처의 증득에 매료됨이 다하기가 어렵기 때문에 '도닦음은 어

3. 무소유처(無所有處)

267. 무엇이 유익한 법들인가?

무색계에 태어나는 도를 닦아서, 식무변처를 완전히 초월하여 무소유처(無所有處)의 인식이 함께하였으며,617) 행복도 버리고 괴로움도 버리고 … 평온이 함께한 제4선(四禪)을 구족하여 머물 때, 그때에 감각접촉이 있고 … pe(§1-2) … 산란하지 않음이 있다. … pe(§§2~145) … — 이것이 유익한 법들이다.618)

렵고', 그 매료됨이 다하더라도 본삼매에 머무는 것이 느리기 때문에 '초월지는 느리다.' 이와 반대되는 것이 '도닦음도 쉽고 초월지도 빠른 것'이다.
제한된 까시나를 제거한 허공을 대상으로 하는 증득에 의해서 생겼기 때문에 제한된 대상을 가진 것이 됨을 알아야 하고, 그와 반대되는 것에 의해서는 무량한 대상을 가진 것이 됨을 알아야 한다."(DhsA.205)

617) "'무소유처(無所有處)의 인식이 함께하였으며(ākiñcaññāyatana-saññā-sahagataṁ)'라고 했다. 여기서 어떤 것도 없다고 해서 아무것도 없음이다. 철저하게 파괴되어서 그것의 남는 것이 없다는 말이다. 아무것도 없는 상태가 아무것도 없음(ākiñcañña)이다. 이것은 공무변처의 알음알이가 떠나버림과 동의어이다. 이 아무것도 없음은 [이 禪이 여기에] 머문다는 뜻에서 이 인식의 장소라고 해서 무소유처(ākiñcaññāyatana)이다. 이 무소유처에서 일어난 인식이 함께한다고 해서 무소유처의 인식이 함께함이다. 이것은 허공에 대해서 일어난 알음알이가 떠남을 대상으로 하는(pavattita-viññāṇa-apagamārammaṇa) 禪과 동의어이다."(DhsA.206)

여기 『담마상가니』에 나타나는 무소유처의 정형구도 니까야의 무소유처 정형구와 다르다. 여기서도 공무변처의 경우처럼 첫째 '아무것도 없다.'라고 하면서'가 생략되었고, 둘째 '무소유처의 인식이 함께하였으며'로 '인식'이라는 용어가 첨가되었으며, 셋째 '제4선(四禪)을 구족하여 머문다.'가 덧붙어서 나타난다.

618) "여기서 식무변처의 증득에 매료됨이 다하기가 어렵기 때문에 '도닦음은 어렵고', 그 매료됨이 다하더라도 본삼매에 머무는 것이 느리기 때문에 '초월지는 느리다.' 이와 반대되는 것이 '도닦음도 쉽고 초월지도 빠른 것'이다.
제한된 까시나를 제거한 허공을 대상으로 하여 일어난 알음알이가 떠나고 없음을 대상으로 하기 때문에 제한된 대상을 가진 것이 됨을 알아야 하고, 그와 반대되는 것에 의해서는 무량한 대상을 가진 것이 됨을 알아야 한다."

4. 비상비비상처(非想非非想處)

268. 무엇이 유익한 법들인가?

무색계에 태어나는 도를 닦아서, 무소유처를 완전히 초월하여 비상비비상처(非想非非想處)의 인식이 함께하였으며,619) 행복도 버리고 괴로움도 버리고 … 평온이 함께한 제4선(四禪)을 구족하여 머물 때, 그때에 감각접촉이 있고 … pe(§1-2) … 산란하지 않음이 있다. … pe(§§2~145)

(DhsA.206)

619) "'비상비비상처(非想非非想處)의 인식이 함께하였으며(nevasaññānāsaññ-āyatana-saññā-sahagataṁ)'라고 했다. 인식이 존재하기 때문에 이 [禪]을 비상비비상처(非想非非想處)라 부른다. 이처럼 닦은 자에게 인식이 남아 있다. 그것을 보여주기 위해 『위방가』에서는 "인식을 가진 것도 아니고 인식을 갖지 않은 것도 아닌 자(nevasaññīnāsaññī)"라고 설하시고는 "무소유처를 고요하다고 마음에 잡도리하고, 남은 상카라[行]들의 증득을 닦는다. 그러므로 인식을 가진 것도 아니고 인식을 갖지 않은 것도 아닌 자다."(Vbh. §619)라고 설하셨다."(DhsA.206~207, Vis.X.44도 참조할 것.)

여기 『담마상가니』에 나타나는 비상비비상처의 정형구도 니까야의 비상비비상처의 정형구와 다르다. 여기서는 첫째 '비상비비상처의 인식이 함께하였으며'로 '인식'이라는 용어가 첨가되었고, 둘째 '제4선(四禪)을 구족하여 머문다.'가 덧붙어서 나타난다. 계속해서 주석서는 다음과 같이 덧붙인다.

"이것이 단어의 뜻이다. 거친 인식은 없지만 미세한 인식은 있기 때문에 그와 함께하는 [마음과 마음부수]법들을 가진 이 禪은 인식이 있는 것도 아니고 인식이 없는 것도 아니다. 그러므로 비상비비상이다. 그 비상비비상은 마노의 감각장소[意處]와 법의 감각장소[法處]에 포함되어 있기 때문에 장소[處, āyatana]이다. 그러므로 비상비비상처이다.
혹은 여기서 인식은 분명하게 인식의 역할을 할 능력이 없기 때문에 인식이 아니다. 남은 상카라들[行]의 미세한 상태가 존재하기 때문에 인식이 아닌 것도 아니다. 그러므로 비상비비상이다. 그 비상비비상은 나머지 법들의 거처(adhiṭṭhāna)라는 뜻에서 장소이다. 그러므로 비상비비상처이다."(DhsA. 207~208, Vis.X.49~50)

"이 비상비비상처에서 일어난 인식이 함께한다고 해서 혹은 비상비비상처가 되는(bhūtā) 인식이 함께한다고 해서 비상비비상처의 인식이 함께함이다. 이것은 무소유처의 증득을 대상으로 하는 禪과 동의어이다."(DhsA.209)

… — 이것이 유익한 법들이다.620)

네 가지 무색계禪도 [역시] 열여섯 번의 결합이 있다.

무색계의 유익한 마음이 [끝났다.]621)

620) "여기서 무소유처의 증득에 매료됨이 다하기가 어렵기 때문에 '도닦음은 어렵고', 그 매료됨이 다하더라도 본삼매에 머무는 것이 느리기 때문에 '초월지는 느리다.' 이와 반대되는 것이 '도닦음도 쉽고 초월지도 빠른 것'이다.
제한된 까시나를 제거한 허공에 대해서 일어난 알음알이가 떠나고 없음을 대상으로 하는 증득에 의해서 생겼기 때문에 제한된 대상을 가진 것이 됨을 알아야 하고, 그와 반대되는 것에 의해서는 무량한 대상을 가진 것이 됨을 알아야 한다. 나머지는 앞의 경우와 같다."(DhsA.209)

621) "이 가운데서 물질인 [까시나의] 표상(nimitta)을 초월했기 때문에 첫 번째이고, 허공(ākāsa)을 초월했기 때문에 두 번째이고, 허공을 대상으로 일어난 알음알이를 초월했기 때문에 세 번째이고, 허공을 대상으로 일어난 알음알이의 떠남(apagama)을 초월했기 때문에 네 번째이다. 모든 곳에서 대상을 초월(ārammaṇa-atikkama)했기 때문에 이 무색계 증득은 네 가지가 있다고 알아야 한다. 그러나 현자들은 이들의 구성요소를 초월함(aṅgātikkama)을 인정하지 않는다. 색계 증득에서는 구성요소를 초월함이 있지만 여기서는 구성요소를 초월함이 없다. 이 모든 경우에 禪의 구성요소는 둘뿐이니 곧, 평온[捨, upekkhā]과 마음이 한끝으로 [집중]됨[心一境性, cittekaggatā]이다."(DhsA.209 = Vis.X.58)

이처럼 구성요소의 측면에서는 무색계禪은 색계 제4선과 같다.
네 가지 무색계禪에 대한 『담마상가니 주석서』의 내용은 많은 부분이 무색(無色)의 경지를 본격적으로 설명하고 있는 『청정도론』 제10장과 같다. 네 가지 무색계禪에 대한 자세한 설명을 보기를 원하는 분들은 『청정도론』 제10장을 정독하실 것을 권한다.

제4장 삼계의 유익한 마음

tebhūmaka-kusala

1. 욕계의 유익한 마음

269. 무엇이 유익한 법들인가?[622]

① 기쁨이 함께하고 지혜와 결합되고 [자극을 받지 않은] 저열한[623] … 중간인 … 수승한 … 열의의 지배를 가진[624] … 정진의 지배를 가진 … 마음의 지배를 가진 … 검증의 지배를 가진 … 저열한 열의의 지배를 가진 … 중간인 열의의 지배를 가진 … 수승한 열의의 지배를 가진 … 저열한 정진의 지배를 가진 … 중간인 정진의 지배를 가진 … 수승

---

622) "이제 이들 삼계의 모든 유익한 마음들은 저열한 것과 중간인 것과 수승한 것으로 분류가 되기 때문에 이제 그들의 분류를 보여주시기 위해서 다시 '무엇이 유익한 법들인가?'(§269)라고 시작하셨다."(DhsA.211)

623) "여기서 '저열한 것(hīna)'이란 형편없는 것(lāmaka)이다. 저열한 것과 으뜸인 것의 중간에 있는 상태가 '중간인 것(majjhima)'이다. [마음을 집중하는] 노력하는 상태(padhāna-bhāva)로 인도한다(nīta)고 해서 '수승한 것(paṇīta)'이고 으뜸(uttama)이라는 뜻이다. 이 [셋]도 [업을] 쌓음을 통해서 알아야 한다. [업을] 쌓는 순간(āyūhanakkhaṇa)에 열의(chanda)나 정진(vīriya)이나 마음(citta)이나 검증(vīmaṁsā)이 저열하면 그것을 저열하다고 하기 때문이다. 이러한 법들이 중간이거나 수승하면 그것은 중간인 것이거나 수승한 것이다."(DhsA.211~212)

『청정도론 복주서』도 이렇게 말하고 있다.
"업을 쌓음(kammaṁ āyūhana)을 통해서 저열함 등의 차이가 있다고 알아야 한다."(Pm.i.34)

624) "하고자 함(kattukāmatā)이라 불리는 열의, 앞에서 인도하는(dhura) 열의, 으뜸가는 열의를 앞세우고 쌓아진 것은 열의의 지배(chandādhipati)로부터 온 것이기 때문에 그것을 '열의의 지배를 가진 것(chandādhipateyya)'이라고 한다. '정진의 지배를 가진 것(vīriyādhipateyya)' 등에서도 이 방법은 적용된다."(DhsA.212)

한 정진의 지배를 가진 … 저열한 마음의 지배를 가진 … 중간인 마음의 지배를 가진 … 수승한 마음의 지배를 가진 … 저열한 검증의 지배를 가진 … 중간인 검증의 지배를 가진 … 수승한 검증의 지배를 가진 욕계의 유익한 마음이 일어날 때,625)

그때에 감각접촉이 있고 … pe(§1-2) … 산란하지 않음이 있다. … pe(§§2~145) … — 이것이 유익한 법들이다.

270. 무엇이 유익한 법들인가?

② 기쁨이 함께하고 지혜와 결합되고 자극을 받은 … [57] ③ 기쁨이 함께하고 지혜와 결합되지 않고 [자극을 받지 않은] … ④ 기쁨이 함께하고 지혜와 결합되지 않고 자극을 받은 … ⑤ 평온이 함께하고 지혜와 결합되고 [자극을 받지 않은] … ⑥ 평온이 함께하고 지혜와 결합되고 자극을 받은 … ⑦ 평온이 함께하고 지혜와 결합되지 않고 [자극을 받

---

625) "이것을 토대로 하여 다음과 같이 그 방법에 대해서 셈을 해야 한다. — 모든 것 가운데 ① 첫 번째에 분류한 것이 하나의 방법(naya)이고 ② 저열한 것이 하나이고 ③ 중간인 것이 하나이고 ④ 수승한 것이 하나이고 ⑤ 열의의 지배를 가진 것이 하나이다. 그래서 열의의 지배를 가진 것에는 이러한 다섯 개의 방법이 있다. 이렇게 하여 정진의 지배를 가진 것 등에 대해서도 마찬가지여서 네 가지의 다섯 개 조가 되어 20가지가 된다.
혹은 앞의 한 가지는 순수한 방법(suddhika-naya)이고 저열한 것 등은 세 가지이고 열의의 지배를 가진 것 등은 네 가지이고 저열한 열의의 지배를 가진 것은 저열한 것 등에 의해서 12가지가 되어 이렇게 해서도 20가지 방법이 된다. 그러면 이 20가지는 어디에서 분류되었는가? 『마하빠까라나』(Mahā-pakaraṇa, 큰 논서 = 『빳타나』)의 저열함의 세 개 조에서 분류되었다." (DhsA.212)

그런데 이러한 20가지 방법의 분류는 『청정도론』에도 나타나지 않고 『아비담맛타상가하』, 즉 『아비담마 길라잡이』에도 언급되지 않는다. 주석서의 설명처럼 이것은 『빳타나』에서 나타난다고 한다. 이 문제는 『빳타나』를 번역할 때 자세히 살펴보겠다. 본 『담마상가니』의 마띠까는 『빳타나』의 논의의 주제이기도 한데 이처럼 논장의 칠론 가운데 첫 번째인 『담마상가니』와 마지막인 『빳타나』는 서로 긴밀한 관계가 있다.

지 않은] … ⑧ 평온이 함께하고 지혜와 결합되지 않고 자극을 받은, 저열한 … 중간인 … 수승한 … 열의의 지배를 가진 … 정진의 지배를 가진 … 마음의 지배를 가진 …626) 저열한 열의의 지배를 가진 … 중간인 열의의 지배를 가진 … 수승한 열의의 지배를 가진 … 저열한 정진의 지배를 가진 … 중간인 정진의 지배를 가진 … 수승한 정진의 지배를 가진 … 저열한 마음의 지배를 가진 … 중간인 마음의 지배를 가진 … 수승한 마음의 지배를 가진 욕계의 유익한 마음이 일어날 때, 그때에 감각접촉이 있고 … pe(§1-2) … 산란하지 않음이 있다. … pe(§§2~145) … — 이것이 유익한 법들이다.

욕계의 유익한 마음이 [끝났다.]

2. 색계의 유익한 마음

271. 무엇이 유익한 법들인가?

색계에 태어나는 도를 닦아서, 감각적 쾌락들을 완전히 떨쳐버리고 해로운 법[不善法]들을 떨쳐버린 뒤, 일으킨 생각[尋]과 지속적 고찰[伺]이 있고, 떨쳐버렸음에서 생긴 희열[喜]과 행복[樂]이 있는, 땅의 까시나를 가진 저열한 … 중간인 … 수승한 … 열의의 지배를 가진627) … 정

626) 여기서 유념해야 할 점은 욕계의 여덟 가지 유익한 마음들 가운데 지혜와 결합되지 않은 네 가지, 즉 ③번과 ④번과 ⑦번과 ⑧번 마음에는 검증의 지배를 가진 것(vīmaṁsādhipateyya)은 나타날 수 없다는 것이다. 『디가 니까야 복주서』의 설명처럼 '검증(vīmaṁsā)'은 "통찰지와 같은 계열(paññā-patirūpaka)"(DAṬ.i.188)이기 때문이다.

627) "그런데 이들 삼계의 유익한 마음들 가운데 욕계의 유익한 마음은 지혜와 결합되었거나 결합되지 않은 것을 통해서 세 가지 원인을 가진 것도 있고 두 가지 원인을 가진 것도 있다. 색계와 무색계에 속하는 마음은 모두 세 가지 원인을 가진 것인데 오직 지혜와 결합된 것만 있기 때문이다. 욕계에 속하는 것은 지배(adhipati)와 함께하는 것도 일어나고 없는 것도 일어난다. 색계와 무색계에 속하는 것은 지배를 구족한 것만 있다.

진의 지배를 가진 … 마음의 지배를 가진 … 검증의 지배를 가진 … 저열한 열의의 지배를 가진 … 중간인 열의의 지배를 가진 … 수승한 열의의 지배를 가진 … 저열한 정진의 지배를 가진 … 중간인 정진의 지배를 가진 … 수승한 정진의 지배를 가진 … 저열한 마음의 지배를 가진 … 중간인 마음의 지배를 가진 … 수승한 마음의 지배를 가진 … 저열한 검증의 지배를 가진 … 중간인 검증의 지배를 가진 … 수승한 검증의 지배를 가진 초선을 구족하여 머물 때, 그때에 감각접촉이 있고 … pe(§1-2) … 산란하지 않음이 있다. … pe(§§2~145) … — 이것이 유익한 법들이다.628)

욕계의 유익한 마음에는 대상으로서 지배하는 것(ārammaṇa-adhipati)과 함께 생긴 것으로 지배하는 것(sahajāta-adhipati)이라는 두 가지 지배를 얻게 된다(『아비담마 길라잡이』 제8장 §19 참조). 그러나 색계와 무색계에서는 대상으로서 지배하는 것은 얻지 못한다. 함께 생긴 것으로 지배하는 것만 얻게 된다. 이 경우에는 [열의, 정진, 마음, 검증의 네 가지 지배의 조건 가운데] 마음이 마음의 지배를 가진 상태가 되는 것은 결합된 법들을 통해서 설해졌다. 두 가지 마음 가운데 하나가 존재하지 않음에 의해서 이것과 결합된 마음에 대해서 마음의 지배가 되는 것은 있지 않다. 열의 등이 열의의 지배가 되는 것 등도 그러하다.

그런데 어떤 자들은 '만일 마음을 가진 자에게 유익한 [마음이] 일어나서 '나에게 [다른 마음이] 생길 것이다.'라고 하는 이 마음을, 앞에서 인도하는 것으로 삼고 으뜸가는 것으로 삼아서 그다음의 유익한 마음이 쌓아진다면, 그에게 이전의 마음은 마음의 지배(cittādhipati)가 되고 그것으로부터 오기 때문에 이 [두 번째] 것은 마음의 지배를 가진 것(cittādhipateyya)이 된다.'라고 하면서 [두 번째에] 오는 마음을 통해서 지배를 언급하고자 할 것이다.
그러나 이러한 방법은 성전(본서)에도 [고]주석서(aṭṭhakathā)에도 나타나지 않는다. 그러므로 앞에서 설명한 대로 (즉 결합된 법들을 지배하는 것으로) 지배의 상태를 알아야 한다."(DhsA.213)

628) 주석서는 색계와 무색계의 유익한 마음에는 "19가지 큰 방법이 있다."(DhsA.213)라고 적고 있다. 욕계의 경우에는 §1, §146 등에서 첫 번째에 분류한 것(§269의 마지막 주해 참조)이 포함되어 20가지가 되었는데 색계와 무색계에서는 이러한 첫 번째에 분류한 것, 즉 순수한 방법 혹은 순수한 아홉 개 조(§§160~175)가 제외되었기 때문이다. 색계와 무색계에 속하는 것은 지배를 구족한 것만 있기 때문이다.(바로 앞의 주해를 참조할 것.)

272. 무엇이 유익한 법들인가?

색계에 태어나는 도를 닦아서, 일으킨 생각과 지속적 고찰을 가라앉혔기 때문에 [더 이상 존재하지 않으며], 자기 내면의 것이고, 확신이 있으며, 마음의 단일한 상태이고, 일으킨 생각과 지속적 고찰은 없고, 삼매에서 생긴 희열과 행복이 있는, 땅의 까시나를 가진 저열한 … 중간인 … 수승한 … 열의의 지배를 가진 … 정진의 지배를 가진 … 마음의 지배를 가진 … 검증의 지배를 가진 … 저열한 열의의 지배를 가진 … 중간인 열의의 지배를 가진 … 수승한 열의의 지배를 가진 … 저열한 정진의 지배를 가진 … 중간인 정진의 지배를 가진 … 수승한 정진의 지배를 가진 … 저열한 마음의 지배를 가진 … 중간인 마음의 지배를 가진 … 수승한 마음의 지배를 가진 … 저열한 검증의 지배를 가진 … 중간인 검증의 지배를 가진 … 수승한 검증의 지배를 가진 제2선(二禪)을 … 제3선(三禪)을 … 제4선(四禪)을 … 초선(初禪)을 … 제5선(五禪)을 구족하여 머물 때, [58] 그때에 감각접촉이 있고 … pe(§1-2) … 산란하지 않음이 있다. … pe(§§2~145) … — 이것이 유익한 법들이다.

색계의 유익한 마음이 [끝났다.]

3. 무색계의 유익한 마음

273. 무엇이 유익한 법들인가?

무색계에 태어나는 도를 닦아서, 물질에 대한 인식을 완전히 초월하고, 부딪힘의 인식을 소멸하고, 갖가지 인식을 마음에 잡도리하지 않기 때문에 '무한한 허공'이라고 하면서 공무변처(空無邊處)의 인식이 함께 하였으며, 행복도 버리고 괴로움도 버리고, 아울러 그 이전에 이미 기쁨과 불만족이 소멸되었으므로 괴롭지도 즐겁지도 않으며, 평온으로 인해 마음챙김이 청정한[捨念淸淨] 저열한 … 중간인 … 수승한 … 열의의 지배를 가진 … 정진의 지배를 가진 … 마음의 지배를 가진 [59] … 검증의 지배를 가진 … 저열한 열의의 지배를 가진 … 중간인 열의의 지배를 가진 … 수승한 열의의 지배를 가진 … 저열한 정진의 지배를 가진 … 중간인 정진의 지배를 가진 … 수승한 정진의 지배를 가진 … 저열한 마음의 지배를 가진 … 중간인 마음의 지배를 가진 … 수승한 마음의 지배를 가진 … 저열한 검증의 지배를 가진 … 중간인 검증의 지배를 가진 … 수승한 검증의 지배를 가진 제4선(四禪)을 구족하여 머물 때, 그때에 감각접촉이 있고 … pe(§1-2) … 산란하지 않음이 있다. … pe(§§2~145) … — 이것이 유익한 법들이다.

274. 무엇이 유익한 법들인가?

무색계에 태어나는 도를 닦아서, 공무변처를 완전히 초월하여 '무한한 알음알이[識]'라고 하면서 식무변처(識無邊處)의 인식이 함께하였으며, 행복도 버리고 괴로움도 버리고 … 저열한 … 중간인 … 수승한 … 열의의 지배를 가진 … 정진의 지배를 가진 … 마음의 지배를 가진 … 검증의 지배를 가진 … 저열한 열의의 지배를 가진 … 중간인 열의의 지배를 가진 … 수승한 열의의 지배를 가진 … 저열한 정진의 지배를 가진 … 중간인 정진의 지배를 가진 … 수승한 정진의 지배를 가진 … 저열한 마음의 지배를 가진 … 중간인 마음의 지배를 가진 … 수승한 마음의 지배를 가진 … 저열한 검증의 지배를 가진 … 중간인 검증의 지배를 가진 … 수승한 검증의 지배를 가진 제4선(四禪)을 구족하여 머물 때, 그때에 감각접촉이 있고 … pe(§1-2) … 산란하지 않음이 있다. … pe(§§2~145) … — 이것이 유익한 법들이다.

275. 무엇이 유익한 법들인가?

무색계에 태어나는 도를 닦아서, 식무변처를 완전히 초월하여 '아무것도 없다.'라고 하면서 무소유처(無所有處)의 인식이 함께하였으며, 행복도 버리고 괴로움도 버리고 … 저열한 … 중간인 … 수승한 … 열의의 지배를 가진 … 정진의 지배를 가진 … 마음의 지배를 가진 … 검증의 지배를 가진 … 저열한 열의의 지배를 가진 … 중간인 열의의 지배를 가진 … 수승한 열의의 지배를 가진 … 저열한 정진의 지배를 가진 … 중간인 정진의 지배를 가진 … 수승한 정진의 지배를 가진 … 저열한 마음의 지배를 가진 … 중간인 마음의 지배를 가진 … 수승한 마음의 지배를 가진 … 저열한 검증의 지배를 가진 … 중간인 검증의 지배를 가진 … 수승한 검증의 지배를 가진 제4선(四禪)을 구족하여 머물 때, 그때에 [60] 감각접촉이 있고 … pe(§1-2) … 산란하지 않음이 있다. … pe(§§2~145) … — 이것이 유익한 법들이다.

276. 무엇이 유익한 법들인가?

무색계에 태어나는 도를 닦아서, 무소유처를 완전히 초월하여 비상비비상처(非想非非想處)의 인식이 함께하였으며, 행복도 버리고 괴로움도 버리고 … 저열한 … 중간인 … 수승한 … 열의의 지배를 가진 … 정진의 지배를 가진 … 마음의 지배를 가진 … 검증의 지배를 가진 … 저열한 열의의 지배를 가진 … 중간인 열의의 지배를 가진 … 수승한 열의의 지배를 가진 … 저열한 정진의 지배를 가진 … 중간인 정진의 지배를 가진 … 수승한 정진의 지배를 가진 … 저열한 마음의 지배를 가진 … 중간인 마음의 지배를 가진 … 수승한 마음의 지배를 가진 … 저열한 검증의 지배를 가진 … 중간인 검증의 지배를 가진 … 수승한 검증의 지배를 가진 제4선(四禪)을 구족하여 머물 때, 그때에 감각접촉이 있고 … pe(§1-2) … 산란하지 않음이 있다. … pe(§§2~145) … — 이것이 유익한 법들이다.

무색계의 유익한 마음이 [끝났다.]

[삼계의 유익한 마음이 끝났다.]

제5장 출세간[629]의 유익한 마음

lokuttara-kusala[630]

629) 출세간 마음을 살펴보기 전에 먼저 '출세간(lokuttara)'이라는 의미부터 살펴보자. 주석서 문헌의 도처에서 출세간 혹은 출세간법은 '아홉 가지 출세간법(nava-lokuttara-dhammā)'으로 정형화되어 나타난다. 여기서 아홉 가지는 예류도부터 아라한도까지의 네 가지 도와 예류과부터 아라한과까지의 네 가지 과와 열반을 말한다. 그래서 『맛지마 니까야 주석서』는 "[네 가지] 도와 [네 가지] 과와 열반으로 분류되는 아홉 가지 출세간법은 비방편적인 법이다."(MA.i.89)라고 설명한다.

630) 이제 '출세간 마음(lokuttara-citta)'이 무엇을 뜻하는가를 살펴보자. 『아비담맛타상가하』는 "'출세간 마음들(lokuttara-cittāni)'이란 열반을 대상으로 가지는 마음(nibbānārammaṇāni)이다."(Abhi-Sgh.21 = 『아비담마 길라잡이』 제3장 §18의 62)라고 정의한다.

그런데 성자들에게서 일어나는 마음들은 모두 출세간의 마음이라고 잘못이해하는 분들이 있다. 그렇지 않다. 이처럼 열반을 대상으로 한 마음만을 출세간 마음이라 한다. 당연히 열반을 대상으로 할 수 있는 분들은 깨달은 성자들뿐이다. 범부들에게는 결코 열반을 대상으로 한 마음이 일어날 수 없다. 그렇지만 성자들에게서 일어나는 모든 마음을 결코 출세간 마음이라고 하지 않는다.

예류자부터 불환자까지의 성자들에게서 일어나는 유익한 마음은 유익한 마음일 뿐이다. 이것을 출세간 마음이라고 부르지 않는다. 그리고 이들에게서 일어날 수 있는 해로운 마음은 해로운 마음일 뿐이다. 이러한 마음들은 모두 과보를 가져온다. 물론 이러한 마음들은 악도에 태어나게 하는 재생연결식이라는 과보를 가져올 수 없다. 이것들은 출세간의 마음이 아니다.

물론 아라한들에게는 아무리 좋은 마음이 일어나도 이것은 과보를 가져오지 못한다. 이처럼 아라한들에게서 일어나는 좋은 마음은 유익한 마음이 될 수 없다. 그래서 아라한에게서 일어나는 좋은 마음을 작용만 하는 마음이라 한다. 즉 아라한에게서 열반을 대상으로 한 마음이 일어나면 그것은 출세간의 마음이고 아라한에게서 그 외의 대상을 대상으로 하여 일어나는 좋은 마음들은 작용만 하는 마음들이다. 과보로 나타난 마음은 아라한에게서도 과보로 나타난 마음이다. 그러므로 당연히 아라한도 삶의 과정에서 해로운 과보로 나타난 마음들이 일어날 수 있다. 그러나 아라한에게서 해로운 마음들은 일어나지 않는다.

그러면 무엇이 '출세간의 유익한 마음(lokuttara-kusala-citta)'인가? 열반을 대상으로 한 예류도, 일래도, 불환도, 아라한도의 네 가지 도가 출세간의

I. 첫 번째 도 — 스무 가지 큰 방법

1. 禪(jhāna)

(1) [네 가지] 순수한 도닦음

(a) 4종禪의 초선

① 도닦음도 어렵고 초월지도 느린 초선

277. 무엇이 유익한 법들인가?[631]

사견에 빠진 것들을 버리고[632] 첫 번째 경지[初地, 예류과]를 얻기 위

유익한 마음이다. 그리고 이들 각각의 과보인 예류과, 일래과, 불환과, 아라한과의 네 가지 과의 마음은 '출세간의 과보로 나타난 마음(lokuttara-vipāka-citta, §505 이하)'이라 한다.

631) "앞에서 세 가지 존재(즉 삼계)의 성취를 가져오는 유익한 마음을 보여주신 뒤 이제 모든 존재를 넘어서기 위해서 출세간의 유익한 마음(lokuttara-kusala)을 보여주시려고 '무엇이 유익한 법들인가?'(§277)를 시작하셨다." (DhsA.213)

632) "'사견에 빠진 것들을 버리고(diṭṭhi-gatānaṁ pahānāya)'라고 했다. 여기서 사견들(diṭṭhiyo)이 바로 '사견에 빠진 것들(diṭṭhi-gatāni)'이다.
[똥을] 똥 눈 것(gūtha-gata)이라 하고 [오줌을] 오줌 눈 것(mutta-gata)이라 하는 것과 같다. 혹은 62가지 견해들에 의해서 [그릇된] 견해들에 포함된 것이기 때문에 [그릇된] 견해들에 빠진 것(diṭṭhīsu gatāni)이라고 해서 '사견에 빠진 것들'이다. 혹은 견해에 의해서 빠진 것들이라고 해서 '사견에 빠진 것들'이다. [그릇된] 견해와 유사한 것들로 간 것(diṭṭhi-sadisa-gamanāni), [그릇된] 견해와 유사한 것들이 일어나는 것이라는 뜻이다.
그러면 이들은 무엇인가? 결합되어 있는 것들과 더불어 유신견, 의심, 계율과 의례의식에 대한 집착[固守]과 악처로 인도하는 갈망과 성냄과 어리석음이라는 해로운 것들(sakkāyadiṭṭhi-vicikicchā-sīlabbataparāmāsa-apāyagamanīya-rāga-dosa-moha-akusalāni)이다. 이것들은, 첫 번째 도를 수행할 때까지 일어나는 고유성질 때문에, [그릇된] 견해와 유사한 것들로 간 것이라고 부른다.
이처럼 사견들과 사견에 빠진 것들 [둘 다가] '사견에 빠진 것들'이다. 이러한 '사견에 빠진 것들을 버리기 위해서'라는 것은 뿌리 뽑는 것(samuccheda)을 통해서 완전히 버리기 위해서(pajahanatthāya)[라는 뜻이다.]"(DhsA.214)

하여,633) 출리로 인도하고634) [윤회를] 감소시키는635) 출세간禪을 닦

이처럼 주석서는 여기서 사견에 빠진 것들로 열 가지 족쇄 가운데 유신견과 의심과 계금취의 셋과 갈망과 성냄과 어리석음(무명) 가운데 악처로 인도하는 것의 셋으로 모두 여섯 가지를 들고 있다. 이 여섯은 이미 『앙굿따라 니까야』에서도 견해를 구족한 사람이 제거한 여섯 가지로 언급이 되고 있다. (「제거함 경」(A6:90)) 열 가지 족쇄를 비롯한 '족쇄(saññojana)'에 대해서는 본서 §1118과 해당 주해와 §1477을 참조할 것.

633) "'첫 번째(paṭhamāya)'라는 것은 숫자로 헤아림에 의해서 첫 번째에 나타나기 때문에 '첫 번째'이다.
'경지(bhūmi)'라고 했다. "맨땅에(anantarahitāya bhūmiyā)"(M82 §7 등) 등에서는 이 대지(mahā-pathavī)를 부미(bhūmi)라고 부른다. "즐거운 경지인 욕계에서(sukha-bhūmiyaṁ kāmāvacare)"(§988) 등에서는 마음의 일어남(cittuppāda)을 뜻한다. 여기서는 그러나 사문의 결실(sāmañña-phala)을 지칭한다. 이것은 이것과 결합된 것들의 의지처(nissaya)가 되기 때문에 그 법들이 여기서 존재한다고 해서 '경지'라 한다. 혹은 이것은, 출세간의 경지(lokuttara-bhāva)와 같기는 하지만 드러나지 않는(apātubhāva) 열반과는 달리, 스스로 존재하고 생겨난다. 그래서 '경지'라 부른다.
이러한 '첫 번째 경지[初地]를 얻기 위하여(paṭhamāya bhūmiyā pattiyā)'라는 것은 예류과라 불리는 첫 번째 사문의 결실에 이르기 위해서, 얻기 위해서라고 이렇게 여기서 그 뜻을 알아야 한다."(DhsA.214~215)

634) "세상으로부터 벗어난다(lokato niyyāti), 윤회로부터 벗어난다(vaṭṭato niyyāti)고 해서 '출리로 인도하는 것(niyyānika)'이다. 혹은 이것에 의해서 벗어난다고 해서 '출리로 인도하는 것'이다. 이것을 구족한 사람은 괴로움[苦, dukkha]을 철저하게 알아서(parijānanta) 벗어나고, 일어남[集, samudaya]을 버리면서(pajahanta) 벗어나고, 소멸[滅, nirodha]을 실현하면서(sacchikaronta) 벗어나고, 도(道, magga)를 닦으면서(bhāventa) 벗어난다."(DhsA.214)

635) "'삼계의 유익한 마음은 윤회하면서 죽고 다시 태어나는 것을 모으고 증장시킨다고 해서 '[윤회를] 축적하게 하는 것(ācayagāmī)'(ma3-10-a)이지만 [윤회를] 감소시키는 것(apacayagāmī)'(ma3-10-b)은 그렇지 않다. 이것은 마치 한 사람이 18큐빗(hattha)의 성벽을 쌓을 때 다른 사람이 큰 망치를 가지고 와서 여러 가지로 쌓아둔 것들을 감소시키고 부수면서 가는 것처럼 그와 같이 삼계의 유익한 마음으로 쌓아둔 여러 가지의 죽고 다시 태어나는 조건을 줄어들게 만들어서 감소시키고 부순다고 해서 '[윤회를] 감소시키는 것'이다."(DhsA.214)

아서,636) 감각적 쾌락을 완전히 떨쳐버리고 … ① 도닦음도 어렵고 초월지도 느린637) 초선(初禪)을 구족하여 머물 때,

① 감각접촉을 다섯 번째로 하는 모음

그때에 감각접촉이 있고638) 느낌이 있고 인식이 있고 의도가 있고 마음이 있다.

② 禪의 구성요소의 모음

일으킨 생각이 있고 지속적 고찰이 있고 희열이 있고 행복이 있고 마음이 한끝으로 [집중]됨이 있다.

---

636) "여기서 '출세간(lokuttara)'이란 것은 어떤 뜻에서 출세간인가? 세상을 건넌다(lokaṁ tarati)고 해서 '출세간'이고, 세상을 넘어선다(lokaṁ uttarati)고 해서 '출세간'이며, 세상을 건넌 뒤 그것을 지배하며 서 있다고 해서 '출세간'이다.
'禪을 닦아서(jhānaṁ bhāveti)'라는 것은 하나의 마음순간에만 존재하는 본삼매의 禪(appanā-jhāna)을 닦는다, 생기게 한다, 증장시킨다는 말이다."(DhsA.213~214)

637) "어떤 세간적인 禪도 도닦음(paṭipadā)이 없이는 성취되지 못한다. 이러하기 때문에 여기서 순수한 방법을 버리고 도닦음과 더불은 것을 중시하여 출세간禪을 가르치기 위해서 '① 도닦음도 어렵고 초월지도 느린 것(dukkha-paṭipadaṁ dandhābhiññaṁ)' 등을 말씀하셨다. 거기서 오염원들을 억압하면서 처음부터 어렵고(dukkhena) 자극을 받고(sasaṅkhārena) 억지로 노력하여(sappayogena) 피로하면서(kilamanto) 억압하는 그런 자에게 '도닦음은 어렵다'고 한다. 그리고 오염원을 억압하여 위빳사나에 머물면서 오래 걸려서 도가 현전함을 얻는 자에게는 '초월지가 느리다.'라고 한다. 이처럼 어떤 자는 '① 도닦음도 어렵고 초월지도 느린 것'을 행한다."(DhsA.215)

638) "'감각접촉이 있고(phasso hoti)' 등에서 '구경의 지혜를 가지려는 기능[未知當知根]'과 '바른 말'과 '바른 행위'와 '바른 생계'의 이 네 가지 구문은 추가된 것들이다. 해설에 관한 부문에서 '일으킨 생각' 등의 해설에서 '도의 구성요소' 등의 구문도 추가된 것이다. 나머지는 모두 앞에서 설명한 것과 같다. 경지의 특별함(bhūmantara)에 의해서 출세간이 된 것이 여기서 특별한 점이다."(DhsA.216)

③ 기능의 모음

믿음의 기능이 있고 정진의 기능이 있고 마음챙김의 기능이 있고 삼매의 기능이 있고 통찰지의 기능이 있고 마노의 기능이 있고 기쁨의 기능이 있고 생명기능이 있고 구경의 지혜를 가지려는 기능[未知當知根]639)이 있다.

④ 도의 구성요소의 모음

바른 견해가 있고 바른 사유가 있고 바른 말640)이 있고 바른 행위641)가 있고 바른 생계642)가 있고643) 바른 정진이 있고 바른 마음챙김이 있

---

639) "'구경의 지혜를 가지려는 기능[未知當知根, anaññātaññassāmītindriya]'이라고 했다. 이것은 '그 시작을 알 수 없는 윤회의 흐름에서 아직 알지 못한(anaññāta) 불사(不死)의 경지인 네 가지 진리의 법을 나는 알게 될 것이다(jānissāmi).'라고 도를 닦는 자에게 이처럼 최초의 특별한 관심(pubbābhoga)으로 일어난 기능이다. 특징 등에 대해서는 앞의 통찰지의 기능에서 설명한 방법대로 알아야 한다."(DhsA.216)

640) "아름답고 훌륭한 말이 '바른 말[正語, sammā-vācā]'이다. 그릇된 말버릇을 뿌리 뽑아서 삿된 말을 절제하는 것(micchāvācā-virati)과 동의어이다. 이것은 섭수하는 것(pariggaha)을 특징으로 한다.(거짓말 등은 속이는 역할을 하기 때문에 거칠어서 함께 생긴 법들을 섭수하지 못한다. 그러나 바른 말의 고유성질은 그것과 반대되기 때문에 사랑으로 함께 생긴 법들을 섭수한다. Pm.562) 절제하는 역할을 한다. 삿된 말을 버림으로 나타난다."(DhsA.216, Vis.XVI.78 참조)

이 문맥에서 세 가지 절제에 대한 주석서의 설명은 위 §57의 그밖에들에 나타나는 주석서의 설명이나 『청정도론』에 나타나는 것과는 다르다. 이곳이 출세간의 유익한 마음을 설명하기 때문에 세간적인 유익한 마음의 경우보다는 더 간결하게 정리한 것으로 여겨진다.

641) "아름답고 훌륭한 행위가 '바른 행위(sammā-kammanta)'이다. 이것은 말로 짓는 나쁜 행위들을 뿌리 뽑아서 살생 등을 절제하는 것(pāṇātipātādi-virati)에 대한 명칭이다. 이것의 특징은 생기게 하는 것(즉 해야 할 일거리를 가져온다는 뜻이다. Pm.562)이다. 절제하는 역할을 한다. 삿된 행위를 버리는 것으로 나타난다."(DhsA.216, Vis.XIV.79 참조)

642) "아름답고 훌륭한 생계가 '바른 생계(sammā-ājīva)'이다. 이것은 삿된 생계로부터 절제함(micchājīva-virati)의 동의어이다. 이것은 깨끗이 함을 특

고 바른 삼매가 있다.

⑤ 힘의 모음

믿음의 힘이 있고 정진의 힘이 있고 마음챙김의 힘이 있고 삼매의 힘이 있고 통찰지의 힘이 있고 양심의 힘이 있고 수치심의 힘이 있다.

⑥ 뿌리의 모음

탐욕 없음이 있고 성냄 없음이 있고 어리석음 없음이 있다.

⑦ 업의 길의 모음

간탐 없음이 있고 악의 없음이 있고 바른 견해가 있다.

⑧ 세상을 보호하는 두 개 조

양심이 있고 수치심이 있다.

⑨ 편안함[輕安] 등의 [9가지] 쌍

몸의 편안함이 있고 마음의 편안함이 있고 몸의 가벼움이 있고 마음의 가벼움이 있고 몸의 부드러움이 있고 마음의 부드러움이 있고 몸의 적합함이 있고 마음의 적합함이 있고 몸의 능숙함이 있고 마음의 능숙함이 있고 몸의 올곧음이 있고 마음의 올곧음이 있고 마음챙김이 있고 알아차림이 있고 사마타가 있고 위빳사나가 있고 분발이 있고 산란하지 않음이 있다.644)

징으로 한다. 합리적인 생계를 일으키게 하는 역할을 한다. 삿된 생계를 버림으로 나타난다."(DhsA.216~217, Vis.XIV.79 참조)

643) "그리고 앞의 [첫 번째 유익한 마음의 그밖에들(§1)에 속하는] 세 가지 절제에서 설한 것을 통해서(§1의 58번 주해 참조) 여기서도 특징 등을 알아야 한다. 이처럼 이 세 가지 법들을 통해서 앞에서 설한 도의 다섯 개 조가 여기서는 도의 여덟 개 조가 되는 것으로 알아야 한다."(DhsA.217)

644) "그런데 여기서는 기능들 가운데 구경의 지혜를 가지려는 기능[未知當知根]이 추가되었다. 그리고 여기 도의 구성요소에서는 바른 말 등이 추가되어

⑩ 그밖에들(예와빠나까)

그 밖에[645] 그때에 조건 따라 일어난[緣而生], 비물질인 다른 법들도 있다. — 이것이 유익한 법들이다.

① 감각접촉을 다섯 번째로 하는 모음

278. 무엇이 그때에 있는 '감각접촉'인가?

그때에 있는 감각접촉, 접촉함, 맞닿음, 맞닿은 상태 — 이것이 그때에 있는 감각접촉이다.

279. 무엇이 그때에 있는 '느낌'인가?

그때에 있는 그것에 적합한 마노의 알음알이의 요소의 감각접촉에서 생긴 정신적인 만족감, 정신적인 즐거움, [61] 정신의 감각접촉에서 생긴 만족하고 즐겁게 느껴지는 것, 정신의 감각접촉에서 생긴 만족하고 즐거운 느낌 — 이것이 그때에 있는 느낌이다.

이들을 통해서 길라잡이의 부문(항목의 부문)에서 '아홉 가지 기능과 여덟 가지 구성요소를 가진 도'로 말씀하셨다."(DhsA.221)

이처럼 여기 출세간의 첫 번째 유익한 마음에는 욕계의 첫 번째 유익한 마음과 함께하는 56가지 법에다 구경의 지혜를 가지려는 기능[未知當知根], 바른 말, 바른 행위, 바른 생계의 넷이 추가 되어 모두 56+4=60가지 법들이 일어난다.

645) "[여기 §277의] 그밖에들(예와빠나까)에는 [바른 말과 바른 행위와 바른 생계의] 세 가지 절제는 존재하지 않는다. 이 세 가지 법들은 [출세간의 유익한 마음을 다루는] 여기 이 성전(본서)에 [직접] 나타나기 때문에 그밖에들에는 취해지지 않은 것이다.

이처럼 '연민'과 '함께 기뻐함'도 [이곳 §277의 그밖에들에 존재하지 않는다.] 연민과 함께 기뻐함은 중생을 대상으로 하고 이 [출세간에 속하는] 법들은 열반을 대상으로 하기 때문에 여기에는 들어가지 않는다. 이것이 개요에 관한 부문에 있는 특별한 뜻이다."(DhsA.217)

280. 무엇이 그때에 있는 '인식'인가?

그때에 있는 그것에 적합한 마노의 알음알이의 요소의 감각접촉에서 생긴 인식, 인식함, 인식된 상태 — 이것이 그때에 있는 인식이다.

281. 무엇이 그때에 있는 '의도'인가?

그때에 있는 그것에 적합한 마노의 알음알이의 요소의 감각접촉에서 생긴 의도, 의도함, 의도된 상태 — 이것이 그때에 있는 의도이다.

282. 무엇이 그때에 있는 '마음'인가?

그때에 있는 마음, 마노[意], 정신작용, 심장, 깨끗한 것, 마노, 마노의 감각장소, 마노의 기능, 알음알이, 알음알이의 무더기, 그것에 적합한 마노의 알음알이의 요소 — 이것이 그때에 있는 마음이다.

② 禪의 구성요소의 모음

283. 무엇이 그때에 있는 '일으킨 생각'인가?

그때에 있는 생각, 일으킨 생각, 사유, 전념, 몰입, 마음을 [대상에] 겨냥하게 함, 바른 사유, 도의 구성요소, 도에 포함됨646) — 이것이 그때에 있는 일으킨 생각이다.

284. 무엇이 그때에 있는 '지속적 고찰'인가?

그때에 있는 고찰, 지속적 고찰, 탐구, 추구, 마음을 매어둠, 숙고함 — 이것이 그때에 있는 지속적 고찰이다.

---

646) "'여기서 도의 구성요소(maggassa aṅga)라고 해서 '도의 구성요소(magg-aṅga),'이다. 도의 부분이라는 뜻이다. 마치 숲에 포함된 것을 숲에 포함됨이라 하듯이 도에 포함된 것을 '도에 포함됨(magga-pariyāpanna)'이라 한다. 도와 연결된 것이라는 뜻이다."(DhsA.217)

285. 무엇이 그때에 있는 '희열'인가?

그때에 있는 희열, 환희, 기뻐함, 기꺼워함, 미소, 함박웃음, 경사로움, 의기양양함, 마음이 흡족함, 희열의 깨달음의 구성요소[647] — 이것이

---

647) "'희열의 깨달음의 구성요소(pītisambojjhaṅga)'(§285)에서, 희열이 바로 깨달음의 구성요소라고 해서 '희열의 깨달음의 구성요소'이다. 여기서 ① 깨달음의 구성요소(bodhiyā aṅga)와 ② 깨달은 분의 구성요소(bodhissa aṅga)라고 해서 '깨달음의 구성요소'이다."(DhsA.217)

'깨달음의 구성요소[覺支]'로 옮긴 bojjhaṅga는 bodhi + aṅga의 합성어이다. 주석서는 'bodhiyā aṅga'와 'bodhissa aṅga'의 두 가지로 풀이하고 있다. 여기서 bodhiyā는 여성명사로 쓰인 bodhi의 소유격이고 bodhissa는 남성명사로 쓰인 bodhi의 소유격이다. 전자는 깨달음이라는 추상명사이고 후자는 깨달은 사람을 뜻한다. 그런데 PED나 BDD나 NMD 등은 모두 전자의 의미만 언급하고 있고 후자의 의미는 언급하지 않고 있다. 그러나 최초의 빠알리-영어 사전이라 할 수 있는 DPL은 이 의미를 밝히고 있다. 주석서의 다른 곳에서는 후자의 의미를 분명하게 드러내면서 "깨달은 사람의 구성요소라고 해서 깨달음의 구성요소이다(bujjhanakassa puggalassa aṅgāti bojjhaṅga)."(MA.i.83 등)로 나타나기도 한다. 역자는 이 둘을 분명하게 드러내기 위해서 이를 깨달음의 구성요소(bodhiyā aṅga)와 깨달은 분(삐 마웅 틴은 *one who has wisdom*으로 옮겼다. 삐 마웅 틴, 294쪽 참조)의 구성요소(bodhissa aṅga)로 풀어서 옮겼다.

계속해서 주석서는 이렇게 설명한다.
"① 법들의 조화(dhamma-sāmaggi)가 있다. 출세간의 도의 순간에 일어나서 태만함과 들뜸(līnuddhacca), 고착됨과 버둥댐(patiṭṭhānāyūhana), 감각적 쾌락의 즐거움과 자신을 피곤하게 하는 [고행]에 몰두함(kāma-sukhatta-kilamatha-anuyoga), 단견과 상견에 천착함 등(uccheda-sassata-abhinivesādi)의 여러 가지 재앙들(upaddavā)과 반대가 되는, 마음챙김과 법의 간택과 정진과 희열과 편안함과 삼매와 평온(sati-dhamma-vicaya-vīriya-pīti-passaddhi-samādhi-upekkhā)이라 불리는 이러한 법들의 조화에 의해서 성스러운 제자가 깨닫는다(bujjhati, 깨달아진다)라고 풀이해서 '깨달음(bodhi)'이라 한다. 깨닫는다(bujjhati)는 것은 오염원의 흐름(상속)이라는 잠(kilesa-santāna-niddā)으로부터 일어선다(uṭṭhahati), 혹은 [네 가지] 성스러운 진리를(ariya-saccāni) 꿰뚫는다(paṭivijjhati), 혹은 열반을 실현한다(sacchikaroti)는 것이다.
② 법들의 조화라 불리는 깨달음의 구성요소(bodhiyā aṅga)라고 해서도 깨달음의 구성요소이니 禪의 구성요소와 도의 구성요소 등의 [용례와] 같다.

그때에 있는 희열이다.

286. 무엇이 그때에 있는 '행복'인가?

그때에 있는 정신적인 만족감, 정신적인 즐거움, 정신의 감각접촉에서 생긴 만족하고 즐겁게 느껴지는 것, 정신의 감각접촉에서 생긴 만족하고 즐거운 느낌 — 이것이 그때에 있는 행복이다.

287. 무엇이 그때에 있는 '마음이 한끝으로 [집중]됨'인가?

---

③ 그리고 이것은 앞에서 설명한 방법대로 법들의 조화에 의해서 깨달은 자로 풀이된 성스러운 제자(ariya-sāvaka)가 바로 '깨달은 자(bodhi)'라고 일컬어진다. 그러한 깨달음의 구성요소(bodhiyā aṅga)와 깨달은 분의 구성요소(bodhissa aṅga)라고 해서 '깨달음의 구성요소'이다. 이것은 군대나 기마대 등(senaṅga-rathaṅgādi)과 같은 의미이다. 그래서 [고]주석서를 지은 분들은 '혹은 깨달은 사람의 구성요소라고 해서(bujjhanakassa puggalassa aṅgāti) 깨달음의 구성요소이다.'(MA.i.83 등)라고 설명하였다.
④ 나아가서 "깨달음의 구성요소라는 것은 어떤 뜻에서 깨달음의 구성요소인가? 깨달음으로 인도한다(bodhāya saṁvattanti)고 해서 깨달음의 구성요소이고(S46:5 등) 깨닫는다(bujjhanti)고 해서, 따라 깨닫는다(anubujjha-nti)고 해서, 대해서 깨닫는다(paṭibujjhanti)고 해서, 충분히 깨닫는다(sambujjhanti)고 해서 깨달음의 구성요소이다."(Ps.ii.115) 이러한 『무애해도』의 방법에 의해서도 깨달음의 구성요소의 뜻을 알아야 한다."(DhsA. 217~218)

계속해서 주석서는 둘 다 깨달음의 구성요소로 옮겨지는 '봇장가(bojjha-ṅga)'와 '삼봇장가(sambojjhaṅga)'를 다음과 같이 설명하고 있다.
"혹은 훌륭하고(pasattha) 멋진(sundara) 깨달음의 구성요소(bojjhaṅga)가 '깨달음의 구성요소(sambojjhaṅga)'이다. 이와 같이 희열이 바로 깨달음의 구성요소(pīti eva sambojjhaṅga)인 것이 '희열의 깨달음의 구성요소(pīti-sambojjhaṅga)'이다."(DhsA.218)

빠알리 문헌에서는 예외 없이 이처럼 깨달음의 구성요소가 단독으로 쓰일 때는 '봇장가(bojjhaṅga)'로 나타나고 합성어로 쓰일 때는 항상 삐띠삼봇장가(pīti-sambojjhaṅga, 희열의 깨달음의 구성요소)나 사띠삼봇장가(sati-sambojjhaṅga, 마음챙김의 깨달음의 구성요소)처럼 접두어 saṁ이 첨가되어 '삼봇장가(sambojjhaṅga)'로 나타나고 있다. 물론 이 두 단어는 동의어이다.

그때에 있는 마음의 머묾, 잘 머묾, 확고함, 산만하지 않음, 산란하지 않음, 산만하지 않은 마음 상태, 사마타, 삼매의 기능, 삼매의 힘, 바른 삼매, 삼매의 깨달음의 구성요소, 도의 구성요소, 도에 포함됨 — 이것이 그때에 있는 마음이 한끝으로[집중]됨이다.

③ 기능의 모음

288. 무엇이 [62] 그때에 있는 믿음의 기능'인가?

그때에 있는 믿음, 믿는 것, 신뢰, 깨끗한 믿음, 믿음, 믿음의 기능, 믿음의 힘 — 이것이 그때에 있는 믿음의 기능이다.

289. 무엇이 그때에 있는 '정진의 기능'인가?

그때에 있는 정신적인 정진을 시작함, 부지런함, 노력, 애씀, 힘씀, 전력, 분발, 강인함, 강건함, 해이하지 않고 애씀, 열의를 내려놓지 않음, 용감함을 내려놓지 않음, 용감함을 움켜쥠, 정진, 정진의 기능, 정진의 힘, 바른 정진, 정진의 깨달음의 구성요소, 도의 구성요소, 도에 포함됨 — 이것이 그때에 있는 정진의 기능이다.

290. 무엇이 그때에 있는 '마음챙김의 기능'인가?

그때에 있는 마음챙김, 계속해서 마음챙김[隨念], 거듭해서 마음챙김, 마음챙김, 챙겨있음, 간직함, 떠다니지 않음, 잊어버리지 않음, 마음챙김, 마음챙김의 기능, 마음챙김의 힘, 바른 마음챙김[正念], 마음챙김의 깨달음의 구성요소, 도의 구성요소, 도에 포함됨 — 이것이 그때에 있는 마음챙김의 기능이다.

291. 무엇이 그때에 있는 '삼매의 기능'인가?

그때에 있는 마음의 머묾, 잘 머묾, 확고함, 산만하지 않음, 산란하지 않음, 산만하지 않은 마음 상태, 사마타, 삼매의 기능, 삼매의 힘, 바른 삼매, 삼매의 깨달음의 구성요소, 도의 구성요소, 도에 포함됨 — 이것이 그때에 있는 삼매의 기능이다.

292. 무엇이 그때에 있는 '통찰지의 기능'인가?

그때에 있는 통찰지, 통찰함, 간택, 꿰뚫어 간택함, 법의 간택[擇法], 주시함, 응시함, 차별화함, 영민함, 능숙함, 숙달됨, 분석함, 사색, 자세히 관찰함, 광대함, 현명함, 주도면밀함, 위빳사나, 알아차림, 몰이 막대, 통찰지, 통찰지의 기능, 통찰지의 힘, 통찰지의 칼, 통찰지의 궁전, 통찰지의 광명, 통찰지의 빛, 통찰지의 광휘로움, 통찰지의 보배, 어리석음 없음, 법의 간택, 바른 견해, 법을 간택하는 깨달음의 구성요소, 도의 구성요소, 도에 포함됨 — 이것이 그때에 있는 통찰지의 기능이다.

293. 무엇이 그때에 있는 '마노의 기능'인가?

그때에 있는 마음, 마노[意], 정신작용, 심장, 깨끗한 것, 마노, 마노의 감각장소, 마노의 기능, 알음알이, 알음알이의 무더기, 그것에 적합한 마노의 알음알이의 요소 — 이것이 그때에 있는 마노의 기능이다.

294. 무엇이 그때에 있는 '기쁨의 기능'인가?

그때에 있는 [63] 정신적인 만족감, 정신적인 즐거움, 정신의 감각접촉에서 생긴 만족하고 즐겁게 느껴지는 것, 정신의 감각접촉에서 생긴 만족하고 즐거운 느낌 — 이것이 그때에 있는 기쁨의 기능이다.

295. 무엇이 그때에 있는 '생명기능[命根]'인가?

그때에 있는 비물질인 법들의 수명, 머묾, 지속, 유지, 나아감, 계속됨, 보존, 생명, 생명기능 — 이것이 그때에 있는 생명기능이다.

296. 무엇이 그때에 있는 '구경의 지혜를 가지려는 기능[未知當知根]'인가?

알아지지 않았고648) 보아지지 않았고 증득되지 않았고 체득되지 않았고 실현되지 않은 법들649)을 실현하기 위한 통찰지, 통찰함, 간택, 꿰뚫어 간택함, 법의 간택[擇法], 주시함, 응시함, 차별화함, 영민함, 능숙함, 숙달됨, 분석함, 사색, 자세히 관찰함, 광대함, 현명함, 주도면밀함, 위빳사나, 알아차림, 몰이 막대, 통찰지, 통찰지의 기능, 통찰지의 힘, 통찰지의 칼, 통찰지의 궁전, 통찰지의 광명, 통찰지의 빛, 통찰지의 광휘로움, 통찰지의 보배, 어리석음 없음, 법의 간택, 바른 견해, 법을 간택하는 깨달음의 구성요소, 도의 구성요소, 도에 포함됨 — 이것이 그때에 있는 구경의 지혜를 가지려는 기능이다.

④ 도의 구성요소의 모음

297. 무엇이 그때에 있는 '바른 견해'인가?

---

648) "'알아지지 않았고(anaññātānaṁ)'라고 했다. 첫 번째 도에 의해서 그 [사성제의] 법들이 알아졌지만(ñātā) 마치 전에 전혀 와본 적이 없는 승원에 온 사람이 승원의 가운데 서 있지만 그 사람은 자연히 전에 와본 적이 없는 상태가 되어서 '나는 전에 와본 적이 없는 곳에 왔다.'고 말하는 것과 같다.
그리고 마치 전에 전혀 장식을 해본 적이 없는 화환으로 장식을 한 것과 같고, 전에 입어본 적이 없는 옷을 입은 것과 같고 전에 먹어본 적이 없는 음식을 먹은 뒤에 전에 먹어본 적이 없는 상태가 되어 '나는 전에 먹어본 적이 없는 음식을 먹었다.'라고 말하는 것과 같다. 그와 같이 이 경우에도 이 [사성제의] 법은 이 사람에 의해서 전에 알아지지 않았기 때문에(na ñātapubbā) '알아지지 않았고'라고 말한 것이다.

'보아지지 않았고(adiṭṭhānaṁ)' 등에도 이 방법이 적용된다. '보아지지 않았고'라는 것은 이보다 전에 통찰지의 눈(paññā-cakkhu)으로 보아지지 않았다는 말이다. '증득되지 않았고(appattānaṁ)'라는 것은 얻음을 통해서 증득되지 않은 것이다. '체득되지 않았고(aviditānaṁ)'라는 것은 지혜에 의해서 분명하게 되지 않은 것이고 '실현되지 않은(asacchikatānaṁ)'이란 눈앞에 드러내어지지 않은 것이다. '실현하기 위한(sacchikiriyāya)'이란 눈앞에 드러내기 위한(paccakkhakaraṇattha)이다."(DhsA.218)

649) "여기서 '법들(tesaṁ dhammānaṁ)'이란 그때에 꿰뚫음으로 나아가는 네 가지 진리인 법들[四諦法, catu-sacca-dhammā]이다."(DhsA.218)

그때에 있는 통찰지, 통찰함, 간택, 꿰뚫어 간택함, 법의 간택[擇法], 주시함, 응시함, 차별화함, 영민함, 능숙함, 숙달됨, 분석함, 사색, 자세히 관찰함, 광대함, 현명함, 주도면밀함, 위빳사나, 알아차림, 몰이 막대, 통찰지, 통찰지의 기능, 통찰지의 힘, 통찰지의 칼, 통찰지의 궁전, 통찰지의 광명, 통찰지의 빛, 통찰지의 광휘로움, 통찰지의 보배, 어리석음 없음, 법의 간택, 바른 견해, 법을 간택하는 깨달음의 구성요소, 도의 구성요소, 도에 포함됨 — 이것이 그때에 있는 바른 견해이다.

298. 무엇이 그때에 있는 '바른 사유'인가?

그때에 있는 생각, 일으킨 생각, 사유, 전념, 몰입, 마음을 [대상에] 겨냥하게 함, 바른 사유 도의 구성요소, 도에 포함됨 — 이것이 그때에 있는 바른 사유이다.

299. 무엇이 그때에 있는 '바른 말'인가?

네 가지 말로 짓는 나쁜 행위들을650) 억제함,651) 절제함, 제어함, 금함, 행하지 않음,652) 짓지 않음, 넘지 않음, 한계를 넘지 않음,653) 다리

---

650) "'네 가지 말로 짓는 나쁜 행위들을(catūhi vacī-duccaritehi)' 등에서 '말(vacī)'이란 것은 말의 암시(vacī-viññatti)라고 알아야 한다. [탐욕, 성냄, 어리석음의] 세 가지 결함(dosa) 가운데 어떤 것에 의해서 망가진(duṭṭha) 행위가 나쁜 행위들(duccaritāni)이다. 말로부터 전개되는 나쁜 행위들이라고 해서 말로 짓는 나쁜 행위들이다. 혹은 말로써 생겨난 나쁜 행위들이 말로 짓는 나쁜 행위들이다."(DhsA.218)

651) "억제함을 통해서 지낸다고 해서 '억제함(ārati)'이다. [이러한 네 가지 말로 짓는 나쁜 행위들이] 없이 지낸다고 해서 '절제함(virati)'이다. 여기저기에서 잘 막아서 [이러한 네 가지가] 없이 지내는 것이 '제어함(paṭivirati)'이다. 혹은 접두어로 문자를 늘여서 말한 것이다. 이 세 단어 모두는 삼가는 상태(oramaṇa-bhāva)에 대한 동의어이다. 한계를 잰다(veraṁ maṇati), 없게 한다(vināseti)고 해서 '금함(veramaṇī)'이다. 이것도 삼가는 상태의 동의어이다."(DhsA.218)

652) "그런데 의도적(cetanā)으로 거짓말 등을 말하는 것은 짓는 것이 된다. 이 [바른 말은] 출세간도의 절제이기 때문에 이것이 생겨서 그런 행위를 하는

를 없앰,654) 바른 말, 도의 구성요소, 도에 포함됨 — 이것이 그때에 있는 바른 말이다.655)

300. 무엇이 [64] 그때에 있는 바른 행위'인가?

세 가지 몸으로 짓는 나쁜 행위들을656) 억제함, 절제함, 제어함, 금함,

것을 허락하지 않는다. 그래서 행위의 길(kiriyā-patha)을 끊어버린다고 해서 '행하지 않음(akiriyā)'이다. 이처럼 그런 행을 하는 것을 허락하지 않아서 행하는 길(karaṇa-patha)을 끊어버린다고 해서 '짓지 않음(akaraṇa)'이다. 의도적으로 네 가지 말로 짓는 나쁜 행위들을 말하면서 그것을 넘게 된다. 그러나 이 [출세간도의 절제가] 생긴 뒤 넘어버리는 것을 허락하지 않는다고 해서 '넘지 않음(anajjhāpatti)'이다."(DhsA.219)

653) "'한계를 넘지 않음(velā-anatikkama)'이라고 하였다. … 여기서 한계란 경계(sīmā)를 뜻한다. 넘지 않음이란 뜻에서 네 가지 말로 짓는 좋은 행위들(vacī-sucaritāni)을 한계라고 지칭하는 것이다. 이처럼 의도적으로 네 가지 말로 짓는 나쁜 행위들을 말하면서 한계를 넘지 않게 된다. 이 [출세간도의 절제가] 생긴 뒤 그 한계를 넘음을 허락하지 않는다는 뜻이다. 혹은 부순다(velāyati)고 해서 한계(velā)이다. 흔들어버린다(calayati), 감소시킨다(viddhaṁseti)는 뜻이다. 무엇을 부수는가? 네 가지 말로 짓는 나쁜 행위들이다. 이처럼 부순다고 해서 한계이다. 인간의 이익과 행복을 넘어서지 않고서 존재한다고 해서 넘지 않음이다. 이와 같은 두 개의 단어를 통해서 그 뜻을 알아야 한다."(DhsA.219)

654) "다리를 없앤다고 해서 '다리를 없앰(setu-ghāta)'이다. 네 가지 말로 짓는 나쁜 행위들의 토대를 없앤다, 조건을 없앤다는 뜻이다. 여기서 다리[橋, setu]란 조건(paccaya)을 두고 한 말이기 때문이다. 이것이 문자적인 뜻이다. — 탐욕 등을 가진 네 가지 말로 짓는 나쁜 행위들의 조건은 윤회에서 사람을 묶는다, 얽어맨다고 해서 다리이다. 다리를 없애는 것이 '다리를 없앰'이다. 이것은 말로 짓는 나쁜 행위들의 조건을 뿌리 뽑는 절제와 동의어이다."(DhsA.219)

655) "그런데 이 바른 말이라 불리는 절제(virati)는 예비단계(pubba-bhāga)의 [도]에서는 여러 마음들 가운데 얻어지고 [하나의 마음에서 다 얻어지지 않는다.] 어떤 마음에서는 거짓말을 금하고 다른 마음에서는 중상모략 등을 금하기 때문이다. 그러나 출세간의 도의 순간(lokuttaramaggakkhaṇa)에는 오직 하나의 마음에서 얻어진다. 네 가지로 된 말로 짓는 나쁜 행위들에 대한 의도의 토대를 자르고 도의 구성요소를 성취하는 오직 하나의 절제가 생기기 때문이다."(DhsA.219)

행하지 않음, 짓지 않음, 넘지 않음, 한계를 넘지 않음, 다리를 없앰, 바른 행위, 도의 구성요소, 도에 포함됨 — 이것이 그때에 있는 바른 행위이다.

301. 무엇이 그때에 있는 '바른 생계('인가?

그릇된 생계를 억제함, 절제함, 제어함, 금함, 행하지 않음,[657] 짓지 않음, 넘지 않음, 한계를 넘지 않음, 다리를 없앰, 바른 생계, 도의 구성요소, 도에 포함됨 — 이것이 그때에 있는 바른 생계[658] 이다.[659]

---

656) "'몸으로 짓는 나쁜 행위들을(kāyaduccaritehi)'이라고 했다. 몸으로부터 전개되거나 몸에 의해서 생겨난 나쁜 행위들이라고 해서 몸으로 짓는 나쁜 행위들이다. 나머지는 앞에서 설명한 방법과 같이 알아야 한다.
그런데 이 바른 행위라 불리는 절제는 예비단계의 [도]에서는 여러 마음들 가운데 얻어지고 [하나의 마음에서 다 얻어지지 않는다.] 어떤 마음에서는 살생을 금하고 다른 마음에서는 주지 않은 것을 가지는 것이나 그릇된 음행을 금하기 때문이다.
그러나 출세간의 도의 순간에는 오직 하나의 마음에서 얻어진다. 세 가지로 된 몸으로 짓는 나쁜 행위들에 대한 의도의 토대를 자르고 도의 구성요소를 성취하는 오직 하나의 절제가 생기기 때문이다."(DhsA.219~220)

657) "의도를 통해서 그릇된 생계를 영위하면서 행위를 하지만 이 [출세간도의 바른 생계가] 생겨서 그런 행위를 하는 것을 허락하지 않는다고 해서 '행하지 않음(akiriyā)'이다. 이러한 방법은 [다른 용어들에도] 적용시켜야 한다." (DhsA.220)

658) "그리고 [말과 행위와] 분리된 생계라는 것은 없다. 이것은 말과 행위에 포함된 것으로 받아들여야 하는데 이들의 일부분이기 때문이다. 이 [네 가지 필수품(paccaya)에 관한 것으로 구성된 바른 생계는] 이들을 굳건하게 의지하고 있기 때문에 거기서 끌어내어서 보여준 것이다.
이러하기 때문에 바른 생계는 자신에게 고유한 역할이 없고 [새로운 것을 더 추가하여] 여덟 가지 도의 구성요소들을 성취하지도 않는다. 그러므로 바른 생계는 [다음과 같은 방법을 통해서] 자신의 역할을 실행하고 여덟 가지 도의 구성요소들을 성취한다. 그 방법은 이러하다. — 생계를 파하는 것은 오직 몸과 말의 문에서 파하게 된다. 마노의 문에서 생계를 파하는 것은 있지 않다. 성취하는 것도 이 두 가지 문에서 성취하고 마노의 문에서 생계의 성취란 있지 않다. 물론 몸의 문에서 범하는 것은 생계를 원인으로 하기도 하고 생계를 원인으로 하지 않기도 한다. 말의 문에서도 이와 같다."(DhsA.220)

302. 무엇이 그때에 있는 '바른 정진'인가?

그때에 있는 정신적인 정진을 시작함, 부지런함, 노력, 애씀, 힘씀, 전력, 분발, 강인함, 강건함, 해이하지 않고 애씀, 열의를 내려놓지 않음, 용감함을 내려놓지 않음, 용감함을 움켜쥠, 정진, 정진의 기능, 정진의 힘, 바른 정진, 정진의 깨달음의 구성요소, 도의 구성요소, 도에 포함됨 — 이것이 그때에 있는 바른 정진이다.

303. 무엇이 그때에 있는 '바른 마음챙김'인가?

그때에 있는 마음챙김, 계속해서 마음챙김[隨念], 거듭해서 마음챙김, 마음챙김, 챙겨있음, 간직함, 떠다니지 않음, 잊어버리지 않음, 마음챙김, 마음챙김의 기능, 마음챙김의 힘, 바른 마음챙김[正念], 마음챙김의 깨달음의 구성요소, 도의 구성요소, 도에 포함됨 — 이것이 그때에 있는 바른 마음챙김이다.

304. 무엇이 그때에 있는 '바른 삼매'인가?

그때에 있는 마음의 머묾, 잘 머묾, 확고함, 산만하지 않음, 산란하지 않음, 산만하지 않은 마음 상태, 사마타, 삼매의 기능, 삼매의 힘, 바른 삼매, 삼매의 깨달음의 구성요소, 도의 구성요소, 도에 포함됨 — 이것이 그때에 있는 바른 삼매이다.

---

659) "여기서 왕과 왕의 대신들이 유희에 빠지고 힘자랑을 하고 사냥을 하고 노상강도질을 하고 남의 아내를 범하면 이것은 해로운 몸으로 짓는 해로운 업이 된다. 이것을 절제하더라도 바른 행위(sammā-kammanta)가 되지, [바른 생계가 되지는 않는다.] 생계를 원인으로 하지 않으면서 네 가지 말로 짓는 나쁜 행위들을 하면 이것은 해로운 말로 짓는 해로운 업이 된다. 이것을 절제하더라도 바른 말(sammā-vācā)이 되지, [바른 생계가 되지는 않는다.]
그런데 생계를 원인으로 사냥꾼과 어부 등이 생명을 죽이고 주지 않은 것을 가지고 삿된 음행을 하면 이것은 그릇된 생계가 된다. 이것을 절제하면 바른 생계(sammā-ājīva)가 된다. 뇌물을 받은 뒤에 거짓말을 하고 중상모략과 욕설과 잡담을 하게 되면 이것은 그릇된 생계가 된다. 이것을 절제하면 바른 생계가 된다."(DhsA.220)

⑤ 힘의 모음

305. 무엇이 그때에 있는 '믿음의 힘'인가?

그때에 있는 믿음, 믿는 것, 신뢰, 깨끗한 믿음, 믿음, 믿음의 기능, 믿음의 힘 — 이것이 그때에 있는 믿음의 힘이다.

306. 무엇이 그때에 있는 '정진의 힘'인가?

그때에 있는 정신적인 정진을 시작함, 부지런함, 노력, 애씀, 힘씀, 전력, 분발, 강인함, 강건함, 해이하지 않고 애씀, 열의를 내려놓지 않음, 용감함을 내려놓지 않음, 용감함을 움켜쥠, 정진, 정진의 기능, 정진의 힘, 바른 정진, 정진의 깨달음의 구성요소, 도의 구성요소, 도에 포함됨 — 이것이 그때에 있는 정진의 힘이다.

307. 무엇이 [65] 그때에 있는 마음챙김의 힘'인가?

그때에 있는 마음챙김, 계속해서 마음챙김[隨念], 거듭해서 마음챙김, 마음챙김, 챙겨있음, 간직함, 떠다니지 않음, 잊어버리지 않음, 마음챙김, 마음챙김의 기능, 마음챙김의 힘, 바른 마음챙김[正念], 마음챙김의 깨달음의 구성요소, 도의 구성요소, 도에 포함됨 — 이것이 그때에 있는 마음챙김의 힘이다.

308. 무엇이 그때에 있는 '삼매의 힘'인가?

그때에 있는 마음의 머묾, 잘 머묾, 확고함, 산만하지 않음, 산란하지 않음, 산만하지 않은 마음 상태, 사마타, 삼매의 기능, 삼매의 힘, 바른 삼매, 삼매의 깨달음의 구성요소, 도의 구성요소, 도에 포함됨 — 이것이 그때에 있는 삼매의 힘이다.

309. 무엇이 그때에 있는 '통찰지의 힘'인가?

그때에 있는 통찰지, 통찰함, 간택, 꿰뚫어 간택함, 법의 간택[擇法], 주시함, 응시함, 차별화함, 영민함, 능숙함, 숙달됨, 분석함, 사색, 자세히 관찰함, 광대함, 현명함, 주도면밀함, 위빳사나, 알아차림, 몰이 막대, 통찰지, 통찰지의 기능, 통찰지의 힘, 통찰지의 칼, 통찰지의 궁전, 통찰지의 광명, 통찰지의 빛, 통찰지의 광휘로움, 통찰지의 보배, 어리석음 없음, 법의 간택, 바른 견해, 법을 간택하는 깨달음의 구성요소, 도의 구성요소, 도에 포함됨 — 이것이 그때에 있는 통찰지의 힘이다.

310. 무엇이 그때에 있는 '양심의 힘'인가?

그때에 있는 부끄러워해야 하는 것에 대해서 부끄러워하고 삿되고 해로운 법들을 성취한 것에 대해서 부끄러워하는 것 — 이것이 그때에 있는 양심의 힘이다.

311. 무엇이 그때에 있는 '수치심의 힘'인가?

그때에 있는 두려워해야 하는 것에 대해서 두려워하고 삿되고 해로운 법들을 성취한 것에 대해서 두려워하는 것 — 이것이 그때에 있는 수치심의 힘이다.

⑥ 뿌리의 모음

312. 무엇이 그때에 있는 '탐욕 없음'인가?

그때에 있는 탐욕 없음, 탐하지 않음, 탐하지 않는 상태, 탐닉 없음, 탐닉하지 않음, 탐닉하지 않는 상태, 간탐 없음, 탐욕 없음이라는 유익함의 뿌리 — 이것이 그때에 있는 탐욕 없음이다.

313. 무엇이 그때에 있는 '성냄 없음'인가?

그때에 있는 성냄 없음, 성내지 않음, 성내지 않는 상태, 악의 없음, 악의를 가지지 않음, 성냄 없음이라는 유익함의 뿌리 — 이것이 그때에 있는 성냄 없음이다.

314. 무엇이 그때에 있는 '어리석음 없음'인가?

그때에 있는 통찰지, 통찰함, 간택, 꿰뚫어 간택함, 법의 간택[擇法], 주시함, 응시함, 차별화함, 영민함, 능숙함, 숙달됨, 분석함, 사색, 자세히 관찰함, 광대함, 현명함, 주도면밀함, 위빳사나, 알아차림, 몰이 막대, 통찰지, 통찰지의 기능, 통찰지의 힘, 통찰지의 칼, 통찰지의 궁전, 통찰지의 광명, 통찰지의 빛, 통찰지의 광휘로움, 통찰지의 보배, 어리석음 없음, 법의 간택, 바른 견해, 법을 간택하는 깨달음의 구성요소, 도의 구성요소, [66] 도에 포함됨 — 이것이 그때에 있는 어리석음 없음이다.

⑦ 업의 길의 모음

315. 무엇이 그때에 있는 '간탐 없음'인가?

그때에 있는 탐욕 없음, 탐하지 않음, 탐하지 않는 상태, 탐닉 없음, 탐닉하지 않음, 탐닉하지 않는 상태, 간탐 없음, 탐욕 없음이라는 유익함의 뿌리 — 이것이 그때에 있는 간탐 없음이다.

316. 무엇이 그때에 있는 '악의 없음'인가?

그때에 있는 성냄 없음, 성내지 않음, 성내지 않는 상태, 악의 없음, 악의를 가지지 않음, 성냄 없음이라는 유익함의 뿌리 — 이것이 그때에 있는 악의 없음이다.

317. 무엇이 그때에 있는 '바른 견해'인가?

그때에 있는 통찰지, 통찰함, 간택, 꿰뚫어 간택함, 법의 간택[擇法], 주시함, 응시함, 차별화함, 영민함, 능숙함, 숙달됨, 분석함, 사색, 자세히 관찰함, 광대함, 현명함, 주도면밀함, 위빳사나, 알아차림, 몰이 막대, 통찰지, 통찰지의 기능, 통찰지의 힘, 통찰지의 칼, 통찰지의 궁전, 통찰지의 광명, 통찰지의 빛, 통찰지의 광휘로움, 통찰지의 보배, 어리석음 없음, 법의 간택, 바른 견해, 법을 간택하는 깨달음의 구성요소, 도의 구성요소, 도에 포함됨 — 이것이 그때에 있는 바른 견해이다.

⑧ 세상을 보호하는 두 개 조

318. 무엇이 그때에 있는 '양심'인가?

그때에 있는 부끄러워해야 하는 것에 대해서 부끄러워하고 삿되고 해로운 법들을 성취한 것에 대해서 부끄러워하는 것 — 이것이 그때에 있는 양심이다.

319. 무엇이 그때에 있는 '수치심'인가?

그때에 있는 두려워해야 하는 것에 대해서 두려워하고 삿되고 해로운 법들을 성취한 것에 대해서 두려워하는 것 — 이것이 그때에 있는 수치심이다.

⑨ 편안함[輕安] 등의 [9가지] 쌍

320. 무엇이 그때에 있는 '몸의 편안함'인가?

그때에 있는 느낌의 무더기와 인식의 무더기와 심리현상들의 무더기의 편안함, 아주 편안함, 안정됨, 아주 안정됨, 아주 안정된 상태, 편안함의 깨달음의 구성요소 — 이것이 그때에 있는 몸의 편안함이다.

321. 무엇이 그때에 있는 '마음의 편안함'인가?

그때에 있는 알음알이의 무더기의 편안함, 아주 편안함, 안정됨, 아주 안정됨, 아주 안정된 상태, 편안함의 깨달음의 구성요소 — 이것이 그때에 있는 마음의 편안함이다.

322. 무엇이 그때에 있는 '몸의 가벼움'인가?

그때에 있는 느낌의 무더기와 인식의 무더기와 심리현상들의 무더기의 가벼움, 가볍게 변함, 굼뜨지 않음, 무기력하지 않음 — 이것이 그때에 있는 몸의 가벼움이다.

323. 무엇이 그때에 있는 '마음의 가벼움'인가?

그때에 있는 알음알이의 무더기의 가벼움, 가볍게 변함, 굼뜨지 않음, [67] 무기력하지 않음 — 이것이 그때에 있는 마음의 가벼움이다.

324. 무엇이 그때에 있는 '몸의 부드러움'인가?

그때에 있는 느낌의 무더기와 인식의 무더기와 심리현상들의 무더기의 부드러움, 유연한 상태, 단단하지 않음, 견고하지 않음 — 이것이 그때에 있는 몸의 부드러움이다.

325. 무엇이 그때에 있는 '마음의 부드러움'인가?

그때에 있는 알음알이의 무더기의 부드러움, 유연한 상태, 단단하지 않음, 견고하지 않음 — 이것이 그때에 있는 마음의 부드러움이다.

326. 무엇이 그때에 있는 '몸의 적합함'인가?

그때에 있는 느낌의 무더기와 인식의 무더기와 심리현상들의 무더기의 적합함, 적합한 상태, 적합한 성질 — 이것이 그때에 있는 몸의 적합함이다.

327. 무엇이 그때에 있는 '마음의 적합함'인가?

그때에 있는 알음알이의 무더기의 적합함, 적합한 상태, 적합한 성질 — 이것이 그때에 있는 마음의 적합함이다.

328. 무엇이 그때에 있는 '몸의 능숙함'인가?

그때에 있는 느낌의 무더기와 인식의 무더기와 심리현상들의 무더기의 능숙함, 능숙한 상태, 능숙한 성질 — 이것이 그때에 있는 몸의 능숙함이다.

329. 무엇이 그때에 있는 '마음의 능숙함' 인가?

그때에 있는 알음알이의 무더기의 능숙함, 능숙한 상태, 능숙한 성질 — 이것이 그때에 있는 마음의 능숙함이다.

330. 무엇이 그때에 있는 '몸의 올곧음' 인가?

그때에 있는 느낌의 무더기와 인식의 무더기와 심리현상들의 무더기의 곧음, 올곧음, 뒤틀리지 않음, 꼬부라지지 않음, 비뚤어지지 않음 — 이것이 그때에 있는 몸의 올곧음이다.

331. 무엇이 그때에 있는 '마음의 올곧음' 인가?

그때에 있는 알음알이의 무더기의 곧음, 올곧음, 뒤틀리지 않음, 꼬부라지지 않음, 비뚤어지지 않음 — 이것이 그때에 있는 마음의 올곧음이다.

332. 무엇이 그때에 있는 '마음챙김' 인가?

그때에 있는 마음챙김, 계속해서 마음챙김[隨念], 거듭해서 마음챙김, 마음챙김, 챙겨있음, 간직함, 떠다니지 않음, 잊어버리지 않음, 마음챙김, 마음챙김의 기능, 마음챙김의 힘, 바른 마음챙김[正念], 마음챙김의 깨달음의 구성요소, 도의 구성요소, 도에 포함됨 — 이것이 그때에 있는 마음챙김이다.

333. 무엇이 [68] 그때에 있는 '알아차림' 인가?

그때에 있는 통찰지, 통찰함, 간택, 꿰뚫어 간택함, 법의 간택[擇法], 주시함, 응시함, 차별화함, 영민함, 능숙함, 숙달됨, 분석함, 사색, 자세히 관찰함, 광대함, 현명함, 주도면밀함, 위빳사나, 알아차림, 몰이 막대, 통찰지, 통찰지의 기능, 통찰지의 힘, 통찰지의 칼, 통찰지의 궁전, 통찰지의 광명, 통찰지의 빛, 통찰지의 광휘로움, 통찰지의 보배, 어리석음 없음, 법의 간택, 바른 견해, 법을 간택하는 깨달음의 구성요소, 도의 구성요소, 도에 포함됨 — 이것이 그때에 있는 알아차림이다.

334. 무엇이 그때에 있는 '사마타'인가?

그때에 있는 마음의 머묾, 잘 머묾, 확고함, 산만하지 않음, 산란하지 않음, 산만하지 않은 마음 상태, 사마타, 삼매의 기능, 삼매의 힘, 바른 삼매, 삼매의 깨달음의 구성요소, 도의 구성요소, 도에 포함됨 — 이것이 그때에 있는 사마타이다.

335. 무엇이 그때에 있는 '위빳사나'인가?

그때에 있는 통찰지, 통찰함, 간택, 꿰뚫어 간택함, 법의 간택[擇法], 주시함, 응시함, 차별화함, 영민함, 능숙함, 숙달됨, 분석함, 사색, 자세히 관찰함, 광대함, 현명함, 주도면밀함, 위빳사나, 알아차림, 몰이 막대, 통찰지, 통찰지의 기능, 통찰지의 힘, 통찰지의 칼, 통찰지의 궁전, 통찰지의 광명, 통찰지의 빛, 통찰지의 광휘로움, 통찰지의 보배, 어리석음 없음, 법의 간택, 바른 견해, 법을 간택하는 깨달음의 구성요소, 도의 구성요소, 도에 포함됨 — 이것이 그때에 있는 위빳사나이다.

336. 무엇이 그때에 있는 '분발'인가?

그때에 있는 정신적인 정진을 시작함, 부지런함, 노력, 애씀, 힘씀, 전력, 분투, 강인함, 강건함, 해이하지 않고 애씀, 열의를 내려놓지 않음, 용감함을 내려놓지 않음, 용감함을 움켜쥠, 정진, 정진의 기능, 정진의 힘, 바른 정진, 정진의 깨달음의 구성요소, 도의 구성요소, 도에 포함됨 — 이것이 그때에 있는 분발이다.

337. 무엇이 그때에 있는 '산란하지 않음'인가?

그때에 있는 마음의 머묾, 잘 머묾, 확고함, 산만하지 않음, 산란하지 않음, 산만하지 않은 마음 상태, 사마타, 삼매의 기능, 삼매의 힘, 바른 삼매, 삼매의 깨달음의 구성요소, 도의 구성요소, 도에 포함됨 — 이것이 그때에 있는 산란하지 않음이다.

⑩ 그밖에들(예와빠나까)

그 밖에 그때에 조건 따라 일어난[緣而生], 비물질인 다른 법들도 있다. — 이것이 유익한 법들이다.

[항목의 부문]

그리고 그때에는 ① 네 가지 무더기가 있고 ② 두 가지 감각장소가 있고 ③ 두 가지 요소가 있고 ④ 세 가지 음식이 있고 ⑤ 아홉 가지 기능이 있고 ⑥ 다섯 가지 구성요소를 가진 禪이 있고 ⑦ 여덟 가지 구성요소를 가진 도가 있고 ⑧ 일곱 가지 힘이 있고 ⑨ 세 가지 원인이 있고 ⑩ 한 가지 감각접촉이 있고 ⑪ 한 가지 느낌이 있고 ⑫ 한 가지 인식이 있고 ⑬ 한 가지 의도가 있고 ⑭ 한 가지 마음이 있고 ⑮ 한 가지 느낌의 무더기가 있고 ⑯ 한 가지 인식의 무더기가 있고 ⑰ 한 가지 심리현상들의 무더기가 있고 ⑱ 한 가지 알음알이의 무더기가 있고 ⑲ 한 가지 마노의 감각장소가 있고 ⑳ 한 가지 마노의 기능이 있고 ㉑ 한 가지 마노의 알음알이의 요소가 있고 ㉒ 한 가지 법의 감각장소가 있고 ㉓ 한 가지 법의 요소가 있다.660)

㉔ 그 밖에 그때에 조건 따라 일어난[緣而生], 비물질인 다른 법들도 있다. — 이것이 유익한 법들이다. … pe(§§59~61) …

660) 욕계의 첫 번째 유익한 마음에 속하는 심리현상들의 무더기를 설명하는 §58과 비교하면 §58의 ⑦ 다섯 가지 도 대신에 여기서는 여덟 가지 도, 즉 팔정도가 모두 다 포함되는 것이 다르고 ⑤ 여덟 가지 기능에다 구경의 지혜를 가지려는 기능[未知當知根]이 포함되어 아홉 가지 기능이 되는 것이 다르며 나머지는 같다.

338. 무엇이 그때에 있는 '심리현상들의 무더기'인가?

감각접촉, 의도, 일으킨 생각, 지속적 고찰, 희열, 마음이 한끝으로 [집중]됨, 믿음의 기능, 정진의 기능, 마음챙김의 기능, 삼매의 기능, 통찰지의 기능, [69] 생명기능, 구경의 지혜를 가지려는 기능, 바른 견해, 바른 사유, 바른 말, 바른 행위, 바른 생계, 바른 정진, 바른 마음챙김, 바른 삼매, 믿음의 힘, 정진의 힘, 마음챙김의 힘, 삼매의 힘, 통찰지의 힘, 양심의 힘, 수치심의 힘, 탐욕 없음, 성냄 없음, 어리석음 없음, 간탐 없음, 악의 없음, 바른 견해, 양심, 수치심, 몸의 편안함, 마음의 편안함, 몸의 가벼움, 마음의 가벼움, 몸의 부드러움, 마음의 부드러움, 몸의 적합함, 마음의 적합함, 몸의 능숙함, 마음의 능숙함, 몸의 올곧음, 마음의 올곧음, 마음챙김, 알아차림, 사마타, 위빳사나, 분발, 산란하지 않음, 그 밖에 그때에 조건 따라 일어난[緣而生], 느낌의 무더기를 제외하고 인식의 무더기를 제외하고 알음알이의 무더기를 제외한 비물질인 다른 법들 — 이것이 그때에 있는 심리현상들의 무더기이다. … pe(§§63~145) … — 이것이 유익한 법들이다.661)

②~④ 도닦음은 어려우나 초월지는 빠른 초선 등

339. 무엇이 유익한 법들인가?

---

661) PTS본에는 이 다음에 'dukkhapaṭipadaṁ dandhābhiññam(도닦음도 어렵고 초월지도 느린)'이 언급되는 구문이 §339로 한 번 더 나타나고 있는데 이것은 잘못이다. 리스 데이비즈 여사도 그의 영역본에서 이를 빼고 옮겼고 이를 주해에서 언급하고 있듯이(리스 데이비즈, 91쪽 및 주해1 참조) 이 부분은 들어가지 않아야 한다. VRI본과 주석서에는 나타나지 않는다.
이렇게 하여 여기서부터는 PTS본과 VRI본의 문단 번호도 달라지기 시작하여 PTS본은 모두 1599개의 문단 번호를 매기고 있고 VRI본은 모두 1616개의 번호를 매기고 있다. 역자는 모두 VRI본, 즉 육차결집본을 따랐다. 필요한 부분에서는 PTS본의 문단 번호를 인용하기도 하지만 두 본의 문단 번호를 함께 싣지는 않았다. 대신에 [ ] 안에 PTS본의 쪽 번호를 넣었다.

사견에 빠진 것들을 버리고 첫 번째 경지[初地, 예류과]를 얻기 위하여, 출리로 인도하고 [윤회를] 감소시키는 출세간禪을 닦아서, 감각적 쾌락을 완전히 떨쳐버리고 … ② 도닦음은 어려우나 초월지는 빠른 초선(初禪)을 구족하여 머물 때, 그때에 감각접촉이 있고 … pe(§277-2 / §1-2) … 산란하지 않음이 있다. … pe(§§278~338 / §§2~145) … — 이것이 유익한 법들이다.

340. 무엇이 유익한 법들인가?

사견에 빠진 것들을 버리고 첫 번째 경지[初地, 예류과]를 얻기 위하여, 출리로 인도하고 [윤회를] 감소시키는 출세간禪을 닦아서, 감각적 쾌락을 완전히 떨쳐버리고 … ③ 도닦음은 쉬우나 초월지는 느린 초선(初禪)을 구족하여 머물 때, 그때에 감각접촉이 있고 … pe(§277-2 / §1-2) … 산란하지 않음이 있다. … pe(§§278~338 / §§2~145) … — 이것이 유익한 법들이다.

341. 무엇이 유익한 법들인가?

사견에 빠진 것들을 버리고 첫 번째 경지[初地, 예류과]를 얻기 위하여, 출리로 인도하고 [윤회를] 감소시키는 출세간禪을 닦아서, 감각적 쾌락을 완전히 떨쳐버리고 … ④ 도닦음도 쉽고 초월지도 빠른 초선(初禪)을 구족하여 머물 때, 그때에 감각접촉이 있고 … pe(§277-2 / §1-2) … 산란하지 않음이 있다. … pe(§§278~338 / §§2~145) … — 이것이 유익한 법들이다.

(b) 4종禪의 나머지와 5종禪

342. 무엇이 유익한 법들인가?

사견에 빠진 것들을 버리고 첫 번째 경지[初地, 예류과]를 얻기 위하여, 출리로 인도하고 [윤회를] 감소시키는 출세간禪을 닦아서, 일으킨 생각과 지속적 고찰을 가라앉혔기 때문에 [더 이상 존재하지 않으며], 자기 내면의 것이고, 확신이 있으며, 마음의 단일한 상태이고, 일으킨 생각과 지속적 고찰은 없고, 삼매에서 생긴 희열과 행복이 있는, ① 도닦음도 어렵고 초월지도 느린 … ② 도닦음은 어려우나 초월지는 빠른 … ③ 도닦음은 쉬우나 초월지는 느린 … ④ 도닦음도 쉽고 초월지도 빠른 제2선(二禪)을 … 제3선(三禪)을 … 제4선(四禪)을 … 초선(初禪)을 … 제5선(五禪)을 구족하여 머물 때, 그때에 감각접촉이 있고 … pe(§277-2 / §1-2) … 산란하지 않음이 있다. … pe(§§278~338 / §§2~145) … — 이것이 유익한 법들이다.

순수한 도닦음이 [끝났다.]

(2) 공함[空性][662]

① 4종선의 초선

343. 무엇이 유익한 법들인가?

사견에 빠진 것들을 버리고 첫 번째 경지[初地, 예류과]를 얻기 위하여, 출리로 인도하고 [윤회를] 감소시키는 출세간禪을 닦아서, 감각적 쾌락을 완전히 떨쳐버리고 … 공한[空性][663] 초선(初禪)을 구족하여 머물 때,

---

662) "여기부터는 순수한 공함(suddhika-suññatā, §§343~344)과 공한 도닦음(suññata-paṭipadā, §§345~349)과 순수한 원함 없음(suddhika-appaṇi-hitā, §§350~351)과 원함 없음의 도닦음(appaṇihita-paṭipadā, §§352~356)으로 가르침이 구분된다."(DhsA.221)

663) "[본장에서] '공함[空性, suññatā]'이라는 것은 출세간도의 이름이다. 이것은 ① 다가오는 것(āgamana)으로부터 ② 자신의 공덕(saguṇa)으로부터 ③ 대상(ārammaṇa)으로부터라는 세 가지 이유(kāraṇa)에 의해서 이름을 얻었다.
어떻게? ① 여기 비구는 무아(anatta)로부터 천착(穿鑿)하여, 형성된 것들(saṅkhārā)을 무아라고 본다. 그러나 무아라고 보는 것만이 도의 출현(magga-vuṭṭhāna)을 [가져오는] 것은 아니다. 무상(anicca)이라고도 괴

그때에 감각접촉이 있고 … pe(§277-2 / §1-2) … 산란하지 않음이 있다. … pe(§§278~338 / §§2~145) … — 이것이 유익한 법들이다.

② 4종禪의 나머지와 5종禪

344. 무엇이 유익한 법들인가?

사견에 빠진 것들을 버리고 첫 번째 경지[初地, 예류과]를 얻기 위하여, 출리로 인도하고 [윤회를] 감소시키는 출세간禪을 닦아서, 일으킨 생각

로움(dukkha)이라고도 보는 것이 있다. 그러므로 '무상, 고, 무아'라는 세 가지 따라 관찰함[隨觀]을 제기하여 명상하면서 유행한다.
그런데 그의 [도의] 출현으로 인도하는 위빳사나(vuṭṭhānagāmini-vipassan ā, Vis.XXI.83 이하 참조)는 삼계에 속하는 형성된 것들을 공(suñña)이라고 본다. 이러한 위빳사나가 공함(suññatā)이라 불린다. 이것은 도달해야 하는 곳에 서서 자신의 도에게 공함이라는 이름을 부여한다. 이렇게 하여 이 도는 다가오는 [방법]으로부터 공함이라는 이름을 얻는다.
② 그러나 이것은 갈망 등으로부터 공하기 때문에 자신의 공덕에 의해서 공함이라는 이름을 얻는다. 열반도 탐욕 등으로부터 공하기 때문에 공함이라 불린다.
③ 이것(열반)을 대상으로 삼아서 일어났기 때문에 도는 대상으로부터 공함이라는 이름을 얻는다.

이 [셋 가운데] 경의 방편에 의하면 ② 자신의 공덕으로부터도 ③ 대상으로부터도 [공함이라는] 이름을 얻는다. 이것은 방편적인 가르침이다. 그러나 아비담마의 설명은 비방편적인 가르침이다. 그러므로 여기서는 ② 자신의 공덕으로부터나 ③ 대상으로부터는 이름을 얻지 않고 ① 다가오는 [방법]으로부터 [공함이라는] 이름을 얻는다. 다가오는 [방법]이 앞에서 인도하는 것(dhura)이기 때문이다.
이것은 두 가지이니 ⓐ 위빳사나가 다가오는 것(vipassanāgamana)과 ⓑ 도가 다가오는 것(maggāgamana)이다. 이 가운데 ⓐ 도가 성취된 경우에는 위빳사나가 다가오는 것이 앞에서 인도하는 것이고 ⓑ 과가 성취된 경우에는 도가 다가오는 것이 앞에서 인도하는 것이다. 여기서는 도가 [이미] 성취되었기 때문에 ⓐ 위빳사나가 다가오는 것이 앞에서 인도하는 것이다."
(DhsA.220~222)

즉 위빳사나가 바르게 수행되어서 도의 쪽으로 다가와야 도가 성취되고, 도가 바르게 실현되어서 과의 쪽으로 다가와야 과가 성취된다는 표현이다. 비슷한 설명이 『청정도론』 XXI.125에도 나타난다.

과 지속적 고찰을 [70] 가라앉혔기 때문에 [더 이상 존재하지 않으며], 자기 내면의 것이고, 확신이 있으며, 마음의 단일한 상태이고, 일으킨 생각과 지속적 고찰은 없고, 삼매에서 생긴 희열과 행복이 있는, 공한[空性] 제2선(二禪)을 … 제3선(三禪)을 … 제4선(四禪)을 … 초선(初禪)을 … 제5선(五禪)을 구족하여 머물 때, 그때에 감각접촉이 있고 … pe(§277-2 / §1-2) … 산란하지 않음이 있다. … pe(§§278~338 / §§2~145) … — 이것이 유익한 법들이다.

공함이 [끝났다.]

(3) 공함에 뿌리박은 도닦음

345. 무엇이 유익한 법들인가?

사견에 빠진 것들을 버리고 첫 번째 경지[初地, 예류과]를 얻기 위하여, 출리로 인도하고 [윤회를] 감소시키는 출세간禪을 닦아서, 감각적 쾌락을 완전히 떨쳐버리고 … ① 도닦음도 어렵고 초월지도 느리며 공한[空性] 초선(初禪)을 구족하여 머물 때, 그때에 감각접촉이 있고 … pe(§277-2 / §1-2) … 산란하지 않음이 있다. … pe(§§278~338 / §§2~145) … — 이것이 유익한 법들이다.

346. 무엇이 유익한 법들인가?

사견에 빠진 것들을 버리고 첫 번째 경지[初地, 예류과]를 얻기 위하여, 출리로 인도하고 [윤회를] 감소시키는 출세간禪을 닦아서, 감각적 쾌락을 완전히 떨쳐버리고 … ② 도닦음은 어려우나 초월지는 빠르며 공한[空性] 초선(初禪)을 구족하여 머물 때, 그때에 감각접촉이 있고 … pe(§277-2 / §1-2) … 산란하지 않음이 있다. … pe(§§278~338 / §§2~145) … — 이것이 유익한 법들이다.

347. 무엇이 유익한 법들인가?

사견에 빠진 것들을 버리고 첫 번째 경지[初地, 예류과]를 얻기 위하여, 출리로 인도하고 [윤회를] 감소시키는 [71] 출세간禪을 닦아서, 감각적 쾌락을 완전히 떨쳐버리고 … ③ 도닦음은 쉬우나 초월지는 느리며 공한[空性] 초선(初禪)을 구족하여 머물 때, 그때에 감각접촉이 있고 … pe(§277-2 / §1-2) … 산란하지 않음이 있다. … pe(§§278~338 / §§2~145) … — 이것이 유익한 법들이다.

348. 무엇이 유익한 법들인가?

사견에 빠진 것들을 버리고 첫 번째 경지[初地, 예류과]를 얻기 위하여, 출리로 인도하고 [윤회를] 감소시키는 출세간禪을 닦아서, 감각적 쾌락을 완전히 떨쳐버리고 … ④ 도닦음도 쉽고 초월지도 빠르며 공한[空性] 초선(初禪)을 구족하여 머물 때, 그때에 감각접촉이 있고 … pe(§277-2 / §1-2) … 산란하지 않음이 있다. … pe(§§278~338 / §§2~145) … — 이것이 유익한 법들이다.

349. 무엇이 유익한 법들인가?

사견에 빠진 것들을 버리고 첫 번째 경지[初地, 예류과]를 얻기 위하여, 출리로 인도하고 [윤회를] 감소시키는 출세간禪을 닦아서, 일으킨 생각과 지속적 고찰을 가라앉혔기 때문에 [더 이상 존재하지 않으며], 자기 내면의 것이고, 확신이 있으며, 마음의 단일한 상태이고, 일으킨 생각과 지속적 고찰은 없고, 삼매에서 생긴 희열과 행복이 있는, ① 도닦음도 어렵고 초월지도 느리며 공한[空性] … ② 도닦음은 어려우나 초월지는 빠르며 공한[空性] … ③ 도닦음은 쉬우나 초월지는 느리며 공한[空性] … ④ 도닦음도 쉽고 초월지도 빠르며 공한[空性] 제2선(二禪)을 … 제3선(三禪)을 … 제4선(四禪)을 … 초선(初禪)을 … 제5선(五禪)을 구족하여 머물 때, 그때에 감각접촉이 있고 … pe(§277-2 / §1-2) … 산란하지 않음이 있다. … pe(§§278~338 / §§2~145) … — 이것이 유익한 법들이다.

공함에 뿌리박은 도닦음이 [끝났다.]

(4) 원함 없음[無願]

① 4종선의 초선

350. 무엇이 유익한 법들인가?

사견에 빠진 것들을 버리고 첫 번째 경지[初地, 예류과]를 얻기 위하여, 출리로 인도하고 [윤회를] 감소시키는 출세간禪을 닦아서, 감각적 쾌락을 완전히 떨쳐버리고 … 원함 없는[無願][664] 초선(初禪)을 구족하여 머

---

664) "'원함 없음[無願, appaṇihitā]'이라고 하였다. 여기서도 원함 없음은 도의 이름이다. 이것도 세 가지 이유에 의해서 이름을 얻었다.
어떻게? 여기 비구는 처음부터 괴로움으로부터 천착(穿鑿)하여, 형성된 것들을 괴로움(dukkha)이라고 본다. 그러나 괴로움이라고 보는 것만이 도의 출현을 [가져오는] 것은 아니다. 무상이라고도 무아라고도 보는 것이 있다. 그러므로 '무상, 고, 무아'라는 세 가지 따라 관찰함[隨觀]을 제기하여 명상하면서 유행한다.
그런데 그의 [도의] 출현으로 인도하는 위빳사나는 삼계에 속하는 원하는 것을 말려버리고 다하게 하고 내보낸다. 이러한 위빳사나가 원함 없음[無願, appaṇihitā]이라 불린다. 이것은 도달해야 하는 곳에 서서 자신의 도에게 원함 없음[無願]이라는 이름을 부여한다.
이렇게 하여 이 도는 ① 다가오는 [방법]으로부터 원함 없음이라는 이름을 얻는다. 그런데 여기에는 갈망과 성냄과 어리석음을 원하는 것(rāga-dosa-moha-paṇidha)이 없다. 그러므로 ② 자신의 공덕에 의해서 원함 없음이라는 이름을 얻는다. 열반도 이들을 원함이 없기 때문에 원함 없음이라 불린다. ③ 이것을 대상으로 삼아서 일어났기 때문에 이 도는 원함 없음이라는 이름을 얻는다.

이 [셋 가운데] 경의 방편에 의해서 ② 자신의 공덕으로부터도 ③ 대상으로부터도 [원함 없음이라는] 이름을 얻는다. 이것은 방편적인 가르침이다. 그러나 아비담마의 설명은 비방편적인 가르침이다. 그러므로 여기서는 ② 자신의 공덕으로부터나 ③ 대상으로부터는 이름을 얻지 않고 ① 다가오는 [방

물 때, 그때에 감각접촉이 있고 … pe(§277-2 / §1-2) … 산란하지 않음이 있다. … pe(§§278~338 / §§2~145) … — 이것이 유익한 법들이다.

② 4종禪의 나머지와 5종禪

351. 무엇이 유익한 법들인가?

사견에 빠진 것들을 버리고 첫 번째 경지[初地, 예류과]를 얻기 위하여, 출리로 인도하고 [윤회를] 감소시키는 출세간禪을 닦아서, 일으킨 생각과 지속적 고찰을 가라앉혔기 때문에 [더 이상 존재하지 않으며], 자기 내면의 것이고, 확신이 있으며, 마음의 단일한 상태이고, 일으킨 생각과 지속적 고찰은 없고, 삼매에서 생긴 희열과 행복이 있는, 원함 없는[無願] 제2선(二禪)을 … 제3선(三禪)을 … [72] 제4선(四禪)을 … 초선(初禪)을 … 제5선(五禪)을 구족하여 머물 때, 그때에 감각접촉이 있고 … pe(§277-2 / §1-2) … 산란하지 않음이 있다. … pe(§§278~338 / §§2~145) … — 이것이 유익한 법들이다.

원함 없음[無願]이 [끝났다.][665)]

법]으로부터 [원함 없음이라는] 이름을 얻는다. 다가오는 [방법]이 앞에서 인도하는 것(dhura)이기 때문이다.
이것은 두 가지이니 ⓐ 위빳사나가 다가오는 것과 ⓑ 도가 다가오는 것이다. 이 가운데 ⓐ 도가 성취된 경우에는 위빳사나가 다가오는 것이 앞에서 인도하는 것이고 ⓑ 과가 성취된 경우에는 도가 다가오는 것이 앞에서 인도하는 것이다. 여기서는 도가 [이미] 성취되었기 때문에 ⓐ 위빳사나가 다가오는 것이 앞에서 인도하는 것이 되었다."(DhsA.222~223)

665) 불교의 목적은 괴로움을 여의고 행복을 실현하는 것[離苦得樂]이다. 초기불전에서 행복은 금생의 행복, 내생의 행복, 궁극적 행복의 세 가지로 정리할 수 있으며 이 가운데 열반의 실현(nibbāṇa-sacchikiriya)을 궁극적 행복이라 한다. 이 열반을 실현한 자를 불교에서는 성자(ariya)라 하며 열반을 대상으로 한 마음을 출세간의 마음이라 하고 예류도부터 아라한도까지와 예류과부터 아라한과까지와 열반을 아홉 가지 출세간이라 한다.
이러한 출세간의 경지는 위빳사나에 토대한 반야, 즉 통찰지[般若, paññā]

를 통해서 실현된다. 통찰지는 무상・고・무아의 삼특상을 통찰하는 것이 기본이다. 여기에 대해서는 §343과 §350의 첫 번째 주해를 참조하기 바란다. 그래서 이러한 무상・고・무아는 각각 무상해탈(無相解脫)과 무원해탈(無願解脫)과 공해탈(空解脫)과 연결이 된다.
그러나 논장의 칠론 가운데 첫 번째인 본서에서는 이 가운데 무상해탈을 언급하지 않고 공함과 원함 없음에 관한 출세간의 유익한 마음만 언급하고 있다. 이제 주석서를 통해서 그 이유를 살펴보자.
주석서는 먼저 세 가지 해탈이 있음을 경을 인용해서 밝히고 그런데 왜 본서에서는 두 가지 해탈만을 취하는가에 대한 문제 제기를 하고 그 이유를 몇 가지로 밝히고 있다.

"그런데 참으로 공함과 표상 없음과 원함 없음이라는 이러한 세 가지 도의 이름들이 있지 않은가? 그래서 말씀하시기를, "비구들이여, 세 가지 해탈이 있으니 공한 해탈(suññata vimokkha)과 표상 없는 해탈(animitta vimokkha)과 원함 없는 해탈(appaṇihita vimokkha)이다."(Ps.ii.35)라고 하셨다. 그런데 무엇 때문에 여기서는 이들 가운데 [공함과 원함 없음의] 두 가지 도를 취하고 표상 없음은 취하지 않았는가?

[대답한다.] — ① 다가오는 [방법]이 없기(āgamana-abhāva) 때문이다. 표상 없는 위빳사나는 자기 스스로 도달해야 하는 장소에 서서 자신의 도의 이름을 부여할 수 없기 때문이다. 그럼에도 불구하고 정등각자께서는 자신의 아들인 라훌라 장로에게,

"표상 없음을 닦고
자만의 잠재성향을 버려라.
그래서 자만을 관통하면
평화롭게 되어 유행할 것이다."(Sn2:11 {342})

라고 표상 없는 위빳사나를 설하셨다. 왜냐하면 위빳사나는 항상하다는 표상(nicca-nimitta)과 견고하다는 표상(dhuva-nimitta)과 즐겁다는 표상(sukha-nimitta)과 자아라는 표상(atta-nimitta)을 제거하기 때문이다. 그래서 표상 없음을 설하셨다.
이 [위빳사나는] 비록 이런 표상을 제거하지만 스스로 표상이라는 법들에서 유행한다고 해서 표상을 가진 것(sanimittā)이 된다. 그러므로 자신이 도달한 장소에 서서 자기 스스로 자기 도의 이름을 부여할 수 없다."(DhsA.223)

유위법들은 표상이 있다(nimittadhammā saṅkhārā — DhsAAnuṬ.121). 표상이 있는 이러한 법들을 무상이라고 통찰하는 위빳사나를 통해서 상・락・아・정(常・樂・我・淨)이라는 표상이 없는 해탈은 실현된다. 유위법들은 표상이 있기 때문에 표상 없음은 도에 다가오는 [방법]이 없다

(āgamana-abhāva). 그래서 주석서는 이것을 표상 없음은 취하지 않는 첫 번째 이유로 들고 있다.
'표상(nimitta)'의 의미에 대해서는 『상윳따 니까야』 제3권 「할릿디까니 경」 1(S22:3) §6의 주해를 참조하고 '표상 없음(animitta)'에 대해서는 제4권 「표상 없음 경」(S40:9)과 주해들도 참조할 것.
계속해서 주석서는 두 번째 이유를 다음과 같이 밝히고 있다.

② "다른 방법이 있다. — 아비담마는 궁극적 실재[勝義, paramattha, 궁극의 이치]에 대한 가르침이다. 그리고 표상 없는 도(animitta-magga)는 궁극의 이치에서는 원인이 결핍된 것(hetu-vekalla)이다. 왜 그런가? 참으로 무상을 수관함(aniccānupassanā)을 통해서 표상 없는 해탈을 설하셨기 때문이다. 이런 해탈에는 믿음의 기능[信根, saddhindriya]이 강하다. 그런데 성스러운 [팔정]도(ariya-magga)에는 [믿음이라는] 이 하나의 구성요소는 없다. 도의 구성요소가 아니기 때문에 궁극적 실재의 [입장에서 보면] 자신의 도에 이름을 부여할 수 없다.
그렇지만 나머지 두 가지에서는 무아를 수관함을 통해서는 공한 해탈을, 괴로움을 수관함을 통해서는 원함 없는 해탈을 설하셨다. 여기 공한 해탈에는 통찰지의 기능[慧根, paññindriya]이 강하고, 원함 없는 해탈에는 삼매의 기능[定根, samādhindriya]이 강하다.
그리고 이 둘은 성스러운 도의 구성요소이기 때문에 궁극적 실재의 [입장에서 보면] 자신의 도에 이름을 부여할 수 있다. 도의 대상의 세 개 조(§§1038~1040)에서도 도를 지배의 요소로 가진 법들을 분류하면서 열의와 마음의 지배가 있을 때 이들 법들은 도의 구성요소가 되지 않기 때문에 도를 지배의 요소로 가지는 것을 설하지 않았다.
이렇게 해서 이것이 성취된다고 알아야 한다. 이것은 [고]주석서와는 무관한 어떤 스승의 견해에 의한 판별이다."(DhsA.223~224)

여기서 보듯이 세 가지 해탈은 각각 믿음의 기능과 삼매의 기능과 통찰지의 기능과 연결된다. 『청정도론』 XXI.89 등도 같은 설명을 하고 있다. 그런데 믿음은 성스러운 팔정도의 구성요소가 아니다. 그러므로 궁극적 실재인 법들을 천명하는 아비담마의 입장에서 보면 표상 없음은 자신의 도에 이름을 부여할 수 없다는 것이다. 그래서 주석서는 이것을 표상 없음은 취하지 않는 두 번째 이유로 들고 있다.
이렇게 두 가지로 설명을 하고 주석서는 이렇게 결론을 짓는다.

"이처럼 모든 경우에 표상 없는 위빳사나는 자신이 도달한 장소에 서서 자기 스스로 자기의 도의 이름을 부여할 수 없다고 해서 표상 없는 도는 취하지 않았다."(DhsA.224)

『청정도론』 XXI.72도 본서의 이 문맥에서 공한 해탈과 표상 없는 해탈의

(5) 원함 없음[無願]에 뿌리박은 도닦음

352. 무엇이 유익한 법들인가?

사견에 빠진 것들을 버리고 첫 번째 경지[初地, 예류과]를 얻기 위하여, 출리로 인도하고 [윤회를] 감소시키는 출세간禪을 닦아서, 감각적 쾌락을 완전히 떨쳐버리고 … ① 도닦음도 어렵고 초월지도 느리며 원함 없는[無願] 초선(初禪)을 구족하여 머물 때, 그때에 감각접촉이 있고 … pe(§277-2 / §1-2) … 산란하지 않음이 있다. … pe(§§278~338 / §§2~145) … — 이것이 유익한 법들이다.

353. 무엇이 유익한 법들인가?

사견에 빠진 것들을 버리고 첫 번째 경지[初地, 예류과]를 얻기 위하여, 출리로 인도하고 [윤회를] 감소시키는 출세간禪을 닦아서, 감각적 쾌락을 완전히 떨쳐버리고 … ② 도닦음은 어려우나 초월지는 빠르며 원함 없는[無願] 초선(初禪)을 구족하여 머물 때, 그때에 감각접촉이 있고 … pe(§277-2 / §1-2) … 산란하지 않음이 있다. … pe(§§278~338 / §§2~145) … — 이것이 유익한 법들이다.

354. 무엇이 유익한 법들인가?

사견에 빠진 것들을 버리고 첫 번째 경지[初地, 예류과]를 얻기 위하여, 출리로 인도하고 [윤회를] 감소시키는 출세간禪을 닦아서, 감각적 쾌락

두 가지만을 언급하고 있음을 언급하면서 이렇게 말한다.
"그런데 논장에서는 … (Dhs. §343, §350) … [표상이 없는 해탈을 제외한 공한 해탈과 원함 없는 해탈의] 오직 두 가지 해탈만을 설하셨다. 이것은 아무런 방편 없이 위빳사나가 [도에] 다가오는 [방법]에 관해서 설하신 것이다. … 위빳사나의 지혜가 상카라들의 표상을 버리지 않았기 때문에 직접적으로 표상이 없음을 설한 것은 아니다. 그러나 공과 원함 없음은 방편 없이 직접적으로 설하신 것이다. 위빳사나의 지혜가 [도에] 다가오는 [방법]에 따라, 성스러운 도가 나타나는 순간에 해탈이라 부른다. 그러므로 원함 없는 해탈과 공한 해탈 두 가지만 [아비담마에서] 설했다고 알아야 한다."(Vis.XXI.73)

을 완전히 떨쳐버리고 … ③ 도닦음은 쉬우나 초월지는 느리며 원함 없는[無願] 초선(初禪)을 구족하여 머물 때, 그때에 감각접촉이 있고 … pe(§277-2 / §1-2) … 산란하지 않음이 있다. … pe(§§278~338 / §§2~145) … — 이것이 유익한 법들이다.

355. 무엇이 유익한 법들인가?

사견에 빠진 것들을 버리고 첫 번째 경지[初地, 예류과]를 얻기 위하여, 출리로 인도하고 [윤회를] 감소시키는 출세간禪을 닦아서, 감각적 쾌락을 완전히 떨쳐버리고 … ④ 도닦음도 쉽고 초월지도 빠르며 원함 없는[無願] 초선(初禪)을 구족하여 머물 때, 그때에 감각접촉이 있고 … pe(§277-2 / §1-2) … 산란하지 않음이 있다. … pe(§§278~338 / §§2~145) … — 이것이 유익한 법들이다.

356. 무엇이 유익한 법들인가?

사견에 빠진 것들을 버리고 첫 번째 경지[初地, 예류과]를 얻기 위하여, 출리로 인도하고 [윤회를] 감소시키는 출세간禪을 닦아서, 일으킨 생각과 지속적 고찰을 가라앉혔기 때문에 [더 이상 존재하지 않으며], 자기 내면의 것이고, 확신이 있으며, 마음의 단일한 상태이고, 일으킨 생각과 지속적 고찰은 없고, 삼매에서 생긴 희열과 행복이 있는, ① 도닦음도 어렵고 초월지도 느리며 원함 없는[無願] … ② 도닦음은 어려우나 초월지는 빠르며 [73] 원함 없는[無願] … ③ 도닦음은 쉬우나 초월지는 느리며 원함 없는[無願] … ④ 도닦음도 쉽고 초월지도 빠르며 원함 없는[無願] 제2선(二禪)을 … 제3선(三禪)을 … 제4선(四禪)을 … 초선(初禪)을 … 제5선(五禪)을 구족하여 머물 때, 그때에 감각접촉이 있고 … pe(§277-2 / §1-2) … 산란하지 않음이 있다. … pe(§§278~338 / §§2~145) … — 이것이 유익한 법들이다.

원함 없음[無願]에 뿌리박은 도닦음이 [끝났다.]666)

2~20. 스무 가지 [가운데 남은 열아홉 가지] 큰 방법667)

357. 무엇이 유익한 법들인가?668)

---

666) "이처럼 세존께서는 출세간禪을 분류하시면서 순수한 도닦음(§277 이하)을 통해서 4종禪과 5종禪이라는 두 가지 방법을 제시하셨다. 이처럼 순수한 공함(suddhika-suññatā, §343 이하)과 공한 도닦음(suññata-paṭipadā, §345 이하)과 순수한 원함 없음(suddhika-appaṇihitā, §350 이하)과 원함 없음의 도닦음(appaṇihita-paṭipadā, §352 이하)이 있다. 왜 이렇게 제시하셨는가?
① [서로 다른] 개인의 성향(puggalajjhāsaya)을 [만족시키기] 위해서이고 ② 가르침을 장엄(desanāvilāsa)하기 위해서이다. 이 두 가지는 앞에서 설한 방법대로 알아야 한다.
'출세간禪을 닦아서(lokuttaraṁ jhānaṁ bhāveti)'(§277)라고 여기서는 순수한 도닦음을 통해서 4종선과 5종선의 두 가지 방법으로 말씀하셨고 [순수한 공함 등의] 나머지들도 마찬가지이다. 이렇게 해서 이 모두는 다섯 개의 부분에 열 가지 방법으로 분류하셨다."(DhsA.225)

667) 앞의 출세간禪(§§277~356)이 첫 번째 방법이고 여기서는 출세간도부터 출세간 마음까지 19가지가 스무 가지 큰 방법으로 언급되고 있다.

668) "여기서는 출세간의 유익한 마음을 닦으면서 [수행자는] 명상한다는 뜻(upanijjhāyanaṭṭha)에서 禪만을 닦는 것이 아니라 출리로 인도함이라는 뜻(niyyānaṭṭha)에서 도(magga)도 닦고, 확립한다는 뜻(upaṭṭhānaṭṭha)에서 마음챙김의 확립(satipaṭṭhāna)도, 노력한다는 뜻(padahanaṭṭha)에서 바른 노력(sammappadhāna)도, 성취한다는 뜻(ijjhanaṭṭhena)에서 성취수단(iddhipāda)도, 지배한다는 뜻(adhipatiyaṭṭha)에서 기능(indriya)도, 흔들리지 않는다는 뜻(akampiyaṭṭha)에서 힘(bala)도, 깨닫는다는 뜻(bujjhanaṭṭha)에서 깨달음의 구성요소(bojjhaṅga)도, 그러함의 뜻(tatha-ṭṭha)에서 진리(sacca)도, 산란하지 않음의 뜻(avikkhepaṭṭha)에서 사마타(samatha)도, 공하다는 뜻에서(suññataṭṭha) 법(dhamma)도, 모음(더미)이라는 뜻(rāsaṭṭha)에서 무더기(khandha)도, 장소라는 뜻(āyatana-ṭṭha)에서 감각장소(āyatana)도, 공함과 고유성질과 중생이 없다는 뜻(suñña-sabhāva-nissattaṭṭha)에서 요소(dhātu)도, 조건이라는 뜻(paccayaṭṭha)에서 음식(āhāra)도, 닿는다는 뜻(phusanaṭṭha)에서 감각접촉(phassa)도, 느낀다는 뜻(vedayitaṭṭhen)에서 느낌(vedanā)도, 인식한다는 뜻(sañjānanaṭṭha)에서 인식(saññā)도, 의도한다는 뜻(cetayita-

사견에 빠진 것들을 버리고 첫 번째 경지[初地, 예류과]를 얻기 위하여, 출리로 인도하고 [윤회를] 감소시키는 ② 출세간의 도[八支聖道 = 八正道]를 닦아서 … ③ 출세간의 마음챙김의 확립[四念處]을 닦아서 … ④ 출세간의 바른 노력[四正勤]을 닦아서 … ⑤ 출세간의 성취수단[四如意足]을 닦아서 … ⑥ 출세간의 기능[五根]을 닦아서 … ⑦ 출세간의 힘[五力]을 닦아서 … ⑧ 출세간의 깨달음의 구성요소[七覺支]를 닦아서 … ⑨ 출세간의 진리[諦]를 닦아서 … ⑩ 출세간의 사마타[止]를 닦아서 … ⑪ 출세간의 법을 닦아서 … ⑫ 출세간의 무더기[蘊]를 닦아서 … ⑬ 출세간의 감각장소[處]를 닦아서 … ⑭ 출세간의 요소[界]를 닦아서 … ⑮

ṭṭha)에서 의도(cetanā)도, 식별한다는 뜻(vijānanaṭṭha)에서 마음(citta)도 닦는다(bhāveti).

이와 같이 '이것도 닦는다, 이것도 닦는다.'라고 하시면서 ① [서로 다른] 개인의 성향(puggalajjhāsaya)에 따라서 ② 그리고 가르침의 장엄(desanā-vilāsa)을 통해서 20가지 방법을 말씀하셨다.
① 법을 들으려고 앉아있는 신들의 회중(deva-parisā) 가운데 명상한다는 뜻에서 출세간의 '禪'을 설하면 깨달을 수 있는 신들에게는 그들에게 적절한 禪을 말씀하셨고 … 식별한다는 뜻에서 마음을 설하면 깨달을 수 있는 신들에게는 그들에게 적절한 마음을 말씀하셨다. 이것은 개인의 성향에 따른 것이다.
② 정등각자께서는 부처님의 깨달음을 구족하셨고 십력과 사무외와 사무애해를 갖추셨으며(dasabala-catuvesārajja-catupaṭisambhidatā) 여섯 가지 특별한 지혜에 계합하셨기(chāsādhāraṇa-ñāṇa-yoga) 때문에 가르침을 원하시는 대로 확정해서 말씀하신다. 원하시기만 하면 명상한다는 뜻에서 禪을 설하시고, 원하시기만 하면 출리로 인도함이라는 뜻에서 도를 설하시고 … 원하시기만 하면 식별한다는 뜻에서 출세간의 마음을 설하신다. 이것은 가르침의 장엄이다.
이처럼 출세간禪을 설하신 곳에서는 10가지 방법으로 분류를 하셨고 도 등에서도 이렇게 하셨다고 알아야 한다. 이처럼 20가지 곳에서 10개씩 10개씩으로 만들어서 모두 200가지의 분류가 존재한다."(DhsA.237~238)

주석서에서는 이 문맥에서 첫 번째 출세간도의 마음으로 200가지를 언급하고 있는데 역자의 계산 방법과는 다르다. 역자가 헤아려본 출세간의 마음에 대해서는 본서 해제 <§5. 『담마상가니』 제1편(§§1~582)에 나타나는 마음의 개수는 몇 개인가>의 해당 부분을 참조하기 바란다.

출세간의 음식[食]을 닦아서 … ⑯ 출세간의 감각접촉[觸]을 닦아서 … ⑰ 출세간의 느낌[受]을 닦아서 … ⑱ 출세간의 인식[想]을 닦아서 … ⑲ 출세간의 의도[思]를 닦아서 … ⑳ 출세간의 마음[心]을 닦아서 감각적 쾌락을 완전히 떨쳐버리고 … 도닦음도 어렵고 초월지도 느린 초선(初禪)을 구족하여 머물 때, 그때에 감각접촉이 있고 … pe(§277-2 / §1-2) … 산란하지 않음이 있다. … pe(§§278~356 / §§2~145) … — 이것이 유익한 법들이다.

스무 가지 [가운데 남은 열아홉 가지] 큰 방법이 [끝났다.]

지배를 가짐669)

358. 무엇이 유익한 법들인가?670)

사견에 빠진 것들을 버리고 첫 번째 경지[初地, 예류과]를 얻기 위하여, 출리로 인도하고 [윤회를] 감소시키는 출세간禪을 닦아서, 감각적 쾌락

---

669) 먼저 분명히 해야 할 점은 여기서 '지배를 가짐'은 앞의 §204 이하에 나타난 여덟 가지 지배의 경지[勝處, abhibhāyatana]가 아니라 앞의 제4장 삼계의 유익한 마음(§§269~276)에서 언급된 열의·정진·마음·검증의 네 가지 지배(adhipati)를 뜻한다는 것이다.
바로 아래에 인용한 주석서의 설명에서 보듯이 엄격히 분류하면 앞의 §§278~357은 순수한 것(suddhika)이고 여기서는 이 순수한 것 전체가 열의·정진·마음·검증의 네 가지 지배(adhipati)의 각각에 적용이 되는 것으로 분류해서 문단의 제목을 달아야 한다. 그러나 이렇게 하면 너무 번거로운 분류가 되어서 여기서는 부가적인 형식으로 이 네 가지 지배를 언급하는 것으로 문단의 제목을 붙이고 있음을 밝힌다. VRI에서도 이렇게 분류하고 있다.

670) "여기서는 지배의 분류를 말씀하시기 위해서 다시 '무엇이 유익한 법들인가?'라고 시작하셨다. 여기서 열의를 앞에서 인도하는 것(dhura)으로 삼고 으뜸가는 것(jeṭṭhaka)으로 삼고 앞세우고(pubbaṅgamaṁ katvā) 생겨난 출세간禪이 '열의의 지배를 가진 것(chandādhipateyya)'이다. 나머지에도 이 방법이 적용된다. 이처럼 처음의 순수한 것(§§278~357)에는 200개의 방법이 있고 열의의 지배를 가진 것 등에서도 역시 200개씩 200개씩으로 분류가 되어서 1000개의 방법으로 분석하여 법왕께서는 첫 번째 도를 보여주셨다."(DhsA.238)

을 완전히 떨쳐버리고 … 도닦음도 어렵고 초월지도 느리며 열의의 지배를 가진 … 정진의 지배를 가진 … 마음의 지배를 가진 … 검증의 지배를 가진 초선(初禪)을 구족하여 머물 때, 그때에 감각접촉이 있고 … pe(§277-2 / §1-2) … 산란하지 않음이 있다. … pe(§§278~357/ §§2~145) … — 이것이 유익한 법들이다.

359. 무엇이 유익한 법들인가? [74]

사견에 빠진 것들을 버리고 첫 번째 경지[初地, 예류과]를 얻기 위하여, 출리로 인도하고 [윤회를] 감소시키는 출세간禪을 닦아서, 일으킨 생각과 지속적 고찰을 가라앉혔기 때문에 [더 이상 존재하지 않으며], 자기 내면의 것이고, 확신이 있으며, 마음의 단일한 상태이고, 일으킨 생각과 지속적 고찰은 없고, 삼매에서 생긴 희열과 행복이 있는, 도닦음도 어렵고 초월지도 느리며 열의의 지배를 가진 … 정진의 지배를 가진 … 마음의 지배를 가진 … 검증의 지배를 가진 제2선(二禪)을 … 제3선(三禪)을 … 제4선(四禪)을 … 초선(初禪)을 … 제5선(五禪)을 구족하여 머물 때, 그때에 감각접촉이 있고 … pe(§277-2 / §1-2) … 산란하지 않음이 있다. … pe(§§278~357/ §§2~145) … — 이것이 유익한 법들이다.

360. 무엇이 유익한 법들인가?

사견에 빠진 것들을 버리고 첫 번째 경지[初地, 예류과]를 얻기 위하여, 출리로 인도하고 [윤회를] 감소시키는 ② 출세간의 도[八支聖道 = 八正道]를 닦아서 … ③ 출세간의 마음챙김의 확립[四念處]을 닦아서 … ④ 출세간의 바른 노력[四正勤]을 닦아서 … ⑤ 출세간의 성취수단[四如意足]을 닦아서 … ⑥ 출세간의 기능[五根]을 닦아서 … ⑦ 출세간의 힘[五力]을 닦아서 … ⑧ 출세간의 깨달음의 구성요소[七覺支]를 닦아서 … ⑨ 출세간의 진리[諦]를 닦아서 … ⑩ 출세간의 사마타[止]를 닦아서 … ⑪ 출세간의 법을 닦아서 … ⑫ 출세간의 무더기[蘊]를 닦아서 … ⑬ 출세간의 감각장소[處]를 닦아서 … ⑭ 출세간의 요소[界]를 닦아서 … ⑮ 출세간의 음식[食]을 닦아서 … ⑯ 출세간의 감각접촉[觸]을 닦아서 … ⑰ 출세간의 느낌[受]을 닦아서 … ⑱ 출세간의 인식[想]을 닦아서 … ⑲ 출세간의 의도[思]를 닦아서 … ⑳ 출세간의 마음[心]을 닦아서 감각적 쾌락을 완전히 떨쳐버리고 … 도닦음도 어렵고 초월지도 느리며 열의의 지배를 가진 … 정진의 지배를 가진 … 마음의 지배를 가진 … 검증의 지배를 가진 초선(初禪)을 구족하여 머물 때, 그때에 감각접촉이 있고 … pe(§§277-2~337-1 / §§1-2~57) … 산란하지 않음이 있다. … pe(§§278~357) … — 이것이 유익한 법들이다.

지배를 가짐이 [끝났다.]

첫 번째 도가 [끝났다.]

II. 두 번째 도

361. 무엇이 유익한 법들인가?

감각적 쾌락에 대한 갈망과 악의를 엷게 하는671) 두 번째 경지[二地,

---

671) 먼저 유념해야 할 점은 앞의 출세간의 첫 번째 경지[初地, paṭhama-bhūmi], 즉 예류도의 정형구에 나타난 '사견에 빠진 것들을 버리고'는 여기 출세간의 두 번째 경지(二地, dutiya-bhūmi), 즉 일래도에서는 나타나지 않는다는 것이다. 대신에 '감각적 쾌락에 대한 갈망과 악의를 엷게 하는(kāmarāga-byāpādānaṁ tanubhāva)'이라는 이 정형구로 대체가 되고 있다. 예류자는 10가지 족쇄 가운데 처음의 셋인 유신견과 계금취와 의심(§1006 이하를 참조할 것.)을 버렸는데 이 가운데 첫 번째인 유신견이라는 사견을 제거한 것이 가장 큰 특징이기 때문이고, 일래자는 네 번째와 다섯 번째 족쇄인 감각적 쾌락에 대한 갈망과 악의를 엷게 한 자들이기 때문이다.
이제 두 번째 도에 대한 주석서의 설명을 살펴보자.

"여기서 '감각적 쾌락에 대한 갈망과 악의를 엷게 하는(kāmarāga-byāpādā-naṁ tanubhāvāya)'이라는 것은 이런 오염원들(kilesā)을 엷게 하기 위해서이다. 여기서 '엷어짐(tanubhāva)'은 ① 드물게 일어남(adhiccuppatti)

일래과]를 얻기 위하여,672) 출리로 인도하고 [윤회를] 감소시키는 출세간禪을 닦아서, 감각적 쾌락을 완전히 떨쳐버리고 … 도닦음도 어렵고 초월지도 느린 초선(初禪)을 구족하여 머물 때, 그때에 감각접촉이 있고 … pe(§277-2 / §1-2) … 구경의 지혜의 기능[已知根]이 있고673) … pe(§§277-2~337-1 / §§1-2~57) … 산란하지 않음이 있다. … pe(§§337-2~360/ §§58~145) … — 이것이 유익한 법들이다.

두 번째 도가 [끝났다.]

III. 세 번째 도

362. 무엇이 유익한 법들인가?

과 ② 사로잡는 힘이 약함(pariyuṭṭhāna-mandatā)의 두 가지로 알아야 한다.

① 왜냐하면 일래자(sakadāgāmi)는 윤회를 따라 흘러가는 많은 사람들에게서처럼 오염원들이 쉴 새 없이 일어나지는 않고 가끔씩 일어나기 때문이다. 그리고 일어나더라도 드문드문하게 씨를 뿌린 들판에 있는 싹처럼 드문드문한 형태가 되어 일어난다.

② 그리고 일어나더라도 윤회를 따라 흘러가는 많은 사람들에게서처럼 파괴하고, 널리 퍼지고, 덮어버리고, 암흑을 만들 듯이 그렇게 일어나지 않는다. 그러나 두 가지 도에 의해서 제거되었기 때문에 아주 약하게 일어난다. 얇은 운모판처럼, 파리의 날개처럼 엷은 형태가 되어 일어난다."(DhsA.238~239)

672) "'두 번째 경지(dutiya-bhūmi)'라고 하셨다. 여기서 '두 번째(dutiya)'란 헤아림에 의해서, 그리고 두 번째에 일어남을 통해서 두 번째이다. '경지를 얻기 위하여(bhūmiyā pattiyā)'라는 것은 사문의 결실[沙門果]을 체득하기 위해서이다. 세 번째와 네 번째에도 이 방법이 적용된다. 여기서는 특별한 점만 언급하고자 한다."(DhsA.239)

673) "'구경의 지혜의 기능[已知根, aññindriya]'이란 궁극적으로 아는(ājānana-ka) 기능이다. 첫 번째 도에 의해서 알아진 것의 한계를 넘지 않고서 그 도에 의해서 알아진(ñāta) 네 가지 진리의 법들(catusacca-dhammā)을 아는 기능이라고 말씀하신 것이다. 해설에 관한 부문에서도 이러한 방법으로 그 뜻을 알아야 한다. 항목의 부문에도 이것과 더불어 아홉 가지 기능이 있다. 나머지는 앞에서 설한 방법대로 알아야 한다."(DhsA.239)

감각적 쾌락에 대한 갈망과 악의를 남김없이 제거하는674) 세 번째 경지[三地, 불환과]를 얻기 위하여, 출리로 인도하고 [윤회를] 감소시키는 출세간禪을 닦아서, 감각적 쾌락을 완전히 떨쳐버리고 … 도닦음도 어렵고 초월지도 느린 초선(初禪)을 구족하여 머물 때, [75] 그때에 감각접촉이 있고 … pe(§277-2 / §1-2) … 구경의 지혜의 기능[已知根]이 있고 … pe(§277-2 / §1-2) … 산란하지 않음이 있다. … pe(§§278~360 / §§2~145) … — 이것이 유익한 법들이다.

세 번째 도가 [끝났다.]

IV. 네 번째 도

363. 무엇이 유익한 법들인가?

색계에 대한 갈망, 무색계에 대한 갈망, 자만, 들뜸, 무명을 남김없이 제거하는675) 네 번째 경지[四地, 아라한과]를 얻기 위하여, 출리로 인도하

---

674) "'감각적 쾌락에 대한 갈망과 악의를 남김없이 제거하는(kāmarāgabyāpādā-naṁ anavasesa-ppahāna)'이라고 하셨다. 여기서 '남김없이 제거하기 위해서'란 일래도(sakadāgāmi-magga)에 의해서 엷어진(tanubhūta) 그 족쇄들을 남김없이 제거하기 위해서(nissesa-pajahanatthāya)이다."(DhsA.239~240)

675) "네 번째 도(아라한도)에서 '색계에 대한 갈망, 무색계에 대한 갈망, 자만, 들뜸, 무명을 남김없이 제거하기 위해서'라는 것은 이러한 다섯 가지 높은 단계의 족쇄(uddhambhāgiya-saṁyojana)들을 남김없이 제거하기 위해서이다. 여기서 '색계에 대한 갈망(rūparāga)'은 색계에 대한 욕탐(rūpabhave chandarāga)이다. '무색계에 대한 갈망(arūparāga)'은 무색계에 대한 욕탐이다. '자만(māna)'은 아라한도에 의해서 살해되는(vajjhaka) 자만이다. 들뜸과 무명도 마찬가지이다."(DhsA.240)

한편 『청정도론』의 복주서인 『빠라맛타만주사』는 탐욕(lobha)과 욕구(chanda)와 갈망(rāga)과 욕탐(chandarāga)을 이렇게 설명한다.
"약한 탐욕은 열의라는 뜻(chandanaṭṭha)에서 욕구이다. 이보다 더 강한 것이 물들인다는 뜻(rañjanaṭṭha)에서 갈망이다. 이보다 더 강한 두터운 갈망(bahala-rāga)이 욕탐이다."(Pm.i.164)

고 [윤회를] 감소시키는 출세간禪을 닦아서, 감각적 쾌락을 완전히 떨쳐버리고 … 도닦음도 어렵고 초월지도 느린 초선(初禪)을 구족하여 머물 때, 그때에 감각접촉이 있고 … pe(§277-2 / §1-2) … 구경의 지혜의 기능[已知根]이 있고[676] … pe(§277-2) … 산란하지 않음이 있다. … pe(§277-2) … — 이것이 유익한 법들이다. … pe(§278~295) …

364. 무엇이 그때에 있는 '구경의 지혜의 기능[已知根, aññindriya]' 인가?

알아지고 보아지고 증득되고 체득되고 실현된 법들을 실현하기 위한 통찰지, 통찰함, 간택, 꿰뚫어 간택함, 법의 간택[擇法], 주시함, 응시함, 차별화함, 영민함, 능숙함, 숙달됨, 분석함, 사색, 자세히 관찰함, 광대함, 현명함, 주도면밀함, 위빳사나, 알아차림, 몰이 막대, 통찰지, 통찰지의 기능, 통찰지의 힘, 통찰지의 칼, 통찰지의 궁전, 통찰지의 광명, 통찰지의 빛, 통찰지의 광휘로움, 통찰지의 보배, 어리석음 없음, 법의 간택, 바른 견해, 법을 간택하는 깨달음의 구성요소, 도의 구성요소, 도에 포함됨 — 이것이 그때에 있는 구경의 지혜의 기능이다.

… pe(§297~337-1) … 산란하지 않음이 있다. … pe(§§337-2~360 / §§58~145) …

그 밖에 그때에 조건 따라 일어난[緣而生], 비물질인 다른 법들도 있다. — 이것이 유익한 법들이다.

네 번째 도가 [끝났다.][677]

---

676) "이 두 가지 도(세 번째와 네 번째 도)에도 구경의 지혜의 기능[已知根, aññindriya]이 아홉 번째 기능이다."(DhsA.240)

677) "용어의 순서에 의해서 모든 도에는 60개의 용어들이 있다. [그밖에들에 있는] 네 가지 확실한 구성요소들(위 §57의 해당 주해와 아래 §365의 해당 주해도 참조할 것.)과 함께하면 64가지가 된다. 섞이지 않는 것(즉 단독으로 나타나는 것)은 33가지이다. 항목의 부문과 공함의 부문도 원래대로이다.

출세간의 마음이 [끝났다.]

첫 번째 도에서처럼 두 번째 등에서도 1,000개의 방법이 있어서 법왕께서는 네 가지 도에는 모두 4,000개의 방법으로 분류하여 보여주셨다."(DhsA.240)

주석서의 이러한 셈법은 역자의 계산 방법과는 다르다. 역자의 셈법에 의하면 출세간의 마음은 모두 50,400개가 된다. 역자의 계산에 의하면 본서 제1편 마음의 일어남 편에 나타나는 마음은 모두 212,021개가 되었다. 여기에 대해서는 본서 해제 <§5. 『담마상가니』 제1편(§§1~582)에 나타나는 마음의 개수는 몇 개인가>의 해당 부분을 참조하기 바란다.

제2품 열두 가지 해로운 마음[678]

dvādasa akusalāni

I. 첫 번째 해로운 마음

365. 무엇이 '해로운 법들'(ma3-1-b)인가?

① 형색을 대상으로 하거나 소리를 대상으로 하거나 냄새를 대상으로 하거나 맛을 대상으로 하거나 감촉을 대상으로 하거나 법을 대상으로 하거나 그 어떤 것을 대상으로 하여 기쁨이 함께하고 사견에 빠짐과 결합되고[679] [자극을 받지 않은] 해로운 마음이 일어날 때,[680]

---

678) 아비담마에서는 해로운 마음을 해로운 마음의 가장 강력한 뿌리(mūla) 혹은 원인(hetu)인 탐욕(lobha), 성냄(dosa), 어리석음(moha)을 통해서 구분하여 본서처럼 모두 12가지(§§365~430)로 분류한다. 아비담마에 따르면 탐욕과 성냄은 서로 배타적이다. 이 둘은 한순간의 마음에 같이 존재할 수 없기 때문이다. 세 번째 해로움의 뿌리인 어리석음은 모든 해로운 마음에 다 들어가 있다. 그러므로 탐욕에 뿌리박은 마음과 성냄에 뿌리박은 마음에는 어리석음이 근원적인 뿌리로 작용한다. 그럼에도 불구하고 탐욕이나 성냄과 함께 하지 않고 어리석음만이 일어나는 유형의 마음들도 있다.

후대 주석서 문헌들은 탐욕을 주요한 뿌리로 가지는 8가지 마음들(첫 번째부터 여덟 번째 마음까지)을 '탐욕에 뿌리박은 마음(lobhamūla-citta)'이라는 용어로, 성냄을 주요한 뿌리로 가지는 2가지 마음들(아홉 번째와 열 번째 마음)을 '성냄에 뿌리박은 마음(dosamūla-citta)'이라는 용어로 표현하고 있다.(PdṬ) 그리고 탐욕이나 성냄과 함께 하지 않고 어리석음만이 일어나는 유형의 마음들도 2가지가 있는데(열한 번째와 열두 번째 마음) 이것을 '어리석음에 뿌리박은 마음(mohamūla-citta)'이라 부른다.(*Ibid.*) 그러나 본서에는 이러한 탐욕과 성냄과 어리석음이 직접 언급되지 않는다.

679) "'사견에 빠짐과 결합되고(diṭṭhigata-sampayuttaṁ)'에서 사견(diṭṭhi)이 바로 '사견에 빠짐(diṭṭhi-gata)'이다. [똥을] 똥 눈 것(gūtha-gata)이라 하고 [오줌을] 오줌 눈 것(mutta-gata)이라 하는 것과 같다. 혹은 따로 이해해야 할 것이 없기 때문에 단지 사견에 빠진 것일 뿐이라고 해서 '사견에 빠

(a) 법의 개요에 관한 부문(§365)

① 감각접촉을 다섯 번째로 하는 모음

그때에 감각접촉681)이 있고 느낌이 있고 인식이 있고 의도가 있고 마

짐(diṭṭhigata)'이다. 이것과 결합된 것이 '사견에 빠짐과 결합된 것(diṭṭhigata-sampayutta)'이다.
여기서 정법을 배우지 않음(asaddhamma-savana)과 선우(善友)를 사귀지 않음(akalyāṇa-mittatā)과 성자들을 친근하지 않으려는 욕망(ariyānaṁ adassanakāmatā) 등과 이치에 어긋나게 마음에 잡도리함(ayoniso manasi-kāra)이라는 이런 등의 이유로 이 '사견에 빠짐'이라 불리는 그릇된 이해(micchā-dassana)가 생긴다고 알아야 한다."(DhsA.247)

여기서 주목할 것은 본서와 『위방가』 같은 논장에서는 모두 '사견에 빠짐과 결합된(diṭṭhigata-sampayutta)'으로 나타나지만 『담마상가니 주석서』와 같은 주석서 문헌에서는 '사견과 결합된(diṭṭhi-sampayutta)'으로도 언급이 되고 있다는 점이다. 물론 이 둘은 동의어이다.(DhsA.214, §277의 해당 주해를 참조할 것.) 주석서 문헌에 속하는 『아비담맛타상가하』에서는 전자로, 즉 'diṭṭhigata-sampayutta'로만 나타나고 『아비담맛타상가하』의 주석서 문헌들에는 이 둘이 섞여서 나타나고 있다. 『청정도론』에도 둘이 섞여서 나타난다. 『아비담마 길라잡이』에서는 '사견과 결합된'으로 통일해서 옮겼다.(『아비담마 길라잡이』 제1장 §4 참조)

그리고 또 하나 언급할 것은 diṭṭhi를 어떻게 옮길 것인가 하는 문제이다. diṭṭhi는 주로 불선법으로 나타나는데 이 경우에는 대부분 '사견(邪見)'으로 옮겼다. 그러나 문맥에 따라 '견해'로 옮긴 경우도 있다. 통일해서 옮기기 보다는 문맥을 중시하여 사견이나 견해로 옮겼음을 밝힌다.

680) 본 정형구에서 보듯이 해로운 마음의 정형구에는 '욕계의' 혹은 '욕계에 속하는'으로 옮겨지는 kāmāvacara가 나타나지 않는다. 해로운 법들은 반드시 욕계에만 속하기 때문에 언급을 하지 않은 것이다. 그래서 주석서는 이렇게 설명한다.

"해로운 [마음](akusala)에서는 유익한 [마음](kusala)에서처럼 [욕계, 색계, 무색계, 출세간으로 구분되는] 경지의 차이(bhūmi-bheda)가 없다. 그래서 이것은 전적으로 욕계에 속하기 때문에 이것을 욕계에 속하는 것이라고 말하지 않았다."(DhsA.247)

681) "법의 개요에 관한 부문에서, '감각접촉(phassa)'은 해로운 마음과 함께 생긴 감각접촉이다. 느낌 등에 대해서도 이 방법이 적용된다. 이처럼 여기서는 단지 해로움이라는 것이 앞의 장들과는 다른 점이다."(DhsA.248)

음이 있다.

② 禪의 구성요소의 모음

일으킨 생각이 있고 지속적 고찰이 있고 희열이 있고 즐거움[682]이 있고 마음이 한끝으로 [집중]됨이 있다.[683]

③ 기능의 모음

정진의 기능이 있고 삼매의 기능이 있고 마노의 기능이 있고 기쁨의 기능이 있고 생명기능이 있다.

④ 도의 구성요소의 모음

그릇된 견해[684][685]가 있고 그릇된 사유가 있고 그릇된 정진이 있고

---

682) 여기서 '즐거움'은 sukha를 옮긴 것이다. 본서에서 sukha가 禪의 구성요소로 나타날 때는 일반적으로 '행복'으로 옮겼다. 그러나 여기서 禪의 구성요소는 해로운 마음과 함께 일어나고 있기 때문에 '즐거움'으로 옮긴다. 여기에 대해서는 §87의 주해와 §10의 주해를 참조할 것.

683) "'마음이 한끝으로 [집중]됨이 있고(cittassekaggatā hoti)'라는 것은 살아있는 생명을 죽이는 것 등에 대해서도 흔들림 없는 상태로 마음이 한끝으로 [집중]됨이 있다는 말이다. 인간들은 마음을 집중하여(samādahitvā) 흔들림 없는 상태로(avikkhitta) 실수 없이(avirajjhamāna) 무기를 뭇 생명들의 몸에다 꽂고, 잘 집중되어서(susamāhita) 남들의 소유물을 가져가고, 하나의 역할만 하는 마음으로 그릇된 행위를 저지른다. 이와 같이 해로운 마음이 일어날 때에도 마음이 한끝으로 [집중]됨은 있다."(DhsA.248)

684) "'그릇된 견해(micchā-diṭṭhi)'라는 것은 정확하지 않은 견해(ayāthāva-diṭṭhi)이다. 혹은 잘못 취하였기 때문에 틀린 견해(vitathā diṭṭhi)가 '그릇된 견해'이다. 원하지 않는 것을 가져오기 때문에 현자들이 혐오스럽게 여기는 견해(jigucchitā diṭṭhi)라고 해서도 역시 '그릇된 견해'이다."(DhsA.248)

본서에서 '그릇된 견해'는 micchā-diṭṭhi를 옮긴 것이다. 그리고 견해로 옮겨지는 diṭṭhi는 거의 대부분이 잘못된 삿된 견해를 뜻한다. 그래서 이런 경우에 diṭṭhi는 '사견'으로 옮겼다. 특히 diṭṭhi-gata는 '사견에 빠진'으로 옮기고 드물게 문맥에 따라 사견으로 옮기기도 하였다. 그렇지 않는 경우는 견해로 옮겼다. 예를 들면 영원하다는 견해[常見, sassata-diṭṭhi]와 단멸한다는 견해[斷見, uccheda-diṭṭhi](§1322) 등이다.

그릇된 삼매가 있다.

⑤ 힘686)의 모음

정진의 힘이 있고 삼매의 힘이 있고 [76] 양심 없음의 힘이 있고 수치심 없음의 힘이 있다.

⑥ 뿌리의 모음

탐욕687)이 있고 어리석음688)이 있다.

---

685) "이것 때문에 그릇되게 보고(micchā passanti tāya) 혹은 이것 스스로 그릇되게 보고(sayaṁ vā micchā passati), 단지 그릇되게 보기(micchā-dassanamattameva vā esā) 때문에 '그릇된 견해(micchā-diṭṭhi)'라 한다. 이것의 ㉠ 이치에 어긋나게 천착하는 특징을 가진다. ㉡ 집착[固守]하는 역할을 한다. ㉢ 그릇된 천착으로 나타난다. ㉣ 성스러운 제자들을 친견하고자 하지 않음 등이 가까운 원인이다. 이것은 가장 비난받아야 할 것이라고 알아야 한다.(Vis.XIV.164)
그릇된 사유 등에서 '그릇된(micchā)'이라는 용어만이 특별한 것이고 다른 것들은 [앞의] 유익함의 제목 하에 설한 방법대로 알아야 한다."(DhsA.248)

686) "흔들림 없음의 뜻(akampiyaṭṭha)에서 '힘(bala)'이라고 알아야 한다." (DhsA.124)

687) "이것 때문에 탐하고(lubbhanti), 혹은 이것 스스로 탐하고, 혹은 단지 탐하기(lubbhanamatta) 때문에 '탐욕(lobha)'이라 한다.
이 가운데서 탐욕은 ㉠ 마치 끈끈이처럼 대상을 거머쥐는 특징을 가진다. ㉡ 마치 달구어진 냄비에 놓인 고깃덩이처럼 달라붙는 역할을 한다. ㉢ 마치 염색하는 안료처럼 버리지 않음으로 나타난다. ㉣ [족쇄]에 묶이게 될 법들에서 달콤함을 봄이 가까운 원인이다. 탐욕은 갈애의 강물이 되어로 늘어나면서 마치 강물의 거센 물살이 큰 바다로 인도하듯 [중생을] 잡아 악처로 인도한다고 알아야 한다."(DhsA.248~249 = Vis.XIV.160~161)

688) "[이것 때문에 어리석고(muyhanti), 혹은 이것 스스로 어리석고, 혹은 단지 어리석기 때문에 '어리석음(moha)'이라 한다. — Vis. XIV.163]
어리석음의 ㉠ 특징은 마음의 어두운 상태이다. 혹은 지혜가 없음을 특징으로 한다. ㉡ 통찰하지 않는 역할을 한다. 혹은 대상의 고유성질을 덮어버리는 역할을 한다. ㉢ 바른 수행의 결여로 나타난다. 혹은 어두움으로 나타난다. ㉣ 이치에 어긋나게(ayoniso) 마음에 잡도리함이 가까운 원인이다. 모든 해로움의 뿌리라고 알아야 한다."(DhsA.249 = Vis.XIV.163)

⑦ 업의 길의 모음

간탐[689]이 있고 그릇된 견해가 있다.

⑧ 세상을 파멸시키는 두 개 조 등[690]

양심 없음이 있고 수치심 없음이 있고 사마타[691]가 있다.

⑨ 마지막 두 개 조

분발[692]이 있고 산란하지 않음이 있다.[693]

---

689) "이것 때문에 간탐하고(abhijjhāyanti), 혹은 이것 스스로 간탐하고, 혹은 단지 간탐하기 때문에 '간탐(慳貪, abhijjhā)'이라 한다.
이것은 ㉠ 다른 사람들의 성취를 자기 것으로 만들기를 원하는 특징을 가진다. ㉡ 이러한 모습으로 추구하는 역할을 한다. ㉢ 타인의 성취를 대면하는 상태로 일어난다. ㉣ 타인의 성취에 대해서 기뻐함이 가까운 원인이다. 이것은 참으로 남들의 성취를 대면할 때 일어난다. 그것에 대해서 기뻐할 때 일어나기 때문에 남들의 성취에 대해서 마음의 손을 뻗치는 것이라고 알아야 한다."(DhsA.249)

690) '사마타'는 세상을 파멸시키는 두 개 조가 아니지만 역자가 편의상 이곳에 넣으면서 '세상을 파멸시키는 두 개 조 등'으로 '등'을 넣어서 표기하였음을 밝힌다.

691) "다른 작용들에 대해서 산란함을 가라앉혔기(vikkhepa-samana) 때문에 '사마타(samatha)'이다."(DhsA.249)

692) "해로움이 일어나는 마음을 촉진시킨다(paggaṇhāti)고 해서 '분발(paggāha)'이고 산란하지 않다고 해서 '산란하지 않음(avikkhepa)'이다."(DhsA.249)

분발이라는 용어는 주로 긍정적인 문장에서 쓰이는 단어이기 때문에 이 해로운 마음의 문맥에서는 적절하지 않은 것으로 여겨지지만 용어의 전체적인 통일을 위해서 여기서도 분발로 옮기고 있다.

693) "이러한 마음에는 믿음(saddhā)과 마음챙김(sati)과 통찰지(paññā)와 [편안함 등의] 여섯 가지 쌍으로 된 것들인 이런 법들은 취해지지 않는다. 왜? 믿음이 없는 마음(assaddhiya-citta)에는 청정한 믿음(pasāda)이란 없기 때문이다. 그래서 믿음은 취해지지 않았다. 그런데 사견에 빠진 자들도 자신의 스승들에 대해서는 믿음이 있지 않는가? 믿음이 있다. 그러나 그것은 믿음(saddhā)이라는 것이 아니다. 그것은 단지 언어가 친숙하여 받아들여진 것일 뿐이다. 뜻으로는 숙고하지 못함(anupaparikkhā, 어리석음)이나 사견

⑩ 그밖에들(예와빠나까)

그 밖에694) 그때에 조건 따라 일어난[緣而生], 비물질인 다른 법들도

(diṭṭhi)이다.

마음챙김이 없는 마음(asatiya-citta)을 두고 마음챙김이 없다고 굳이 언급하지 않았다. 그런데 사견에 빠진 자들도 자신이 지은 업에 대해서는 유념하지 않는가? 유념한다(saranti). 그러나 그것은 마음챙김(sati)이라는 것이 아니다. 그렇게 하면 오직 해로운 마음이 생겨난다. 그러므로 [해로운 마음의 경우에] 마음챙김은 취하지 않는다.
그러면 왜 "그릇된 마음챙김(micchā-sati)"(D23; S45:1 등)이라고 경에서는 말씀하셨는가? 해로운 무더기들(akusalakkhandhā)은 마음챙김이 제외되었고(sati-virahitatta) 마음챙김과 반대가 되기(sati-paṭipakkhatta) 때문에 그릇된 도의 그릇됨(micchā-magga-micchatta)을 충분히 설명하기 위해서 방편적(pariyāya)으로 가르침을 베푸신 것이다. [해로운 마음들에 대한] 비방편적(nippariyāya)인 [이 가르침에는] 이것이 없다. 그래서 취하지 않으셨다.

어두움의 힘을 가진 마음(andhabāla-citta)에는 통찰지(paññā)란 없다고 해서 취하지 않았다. 그런데 사견에 빠진 자들에게도 현혹시키는 통찰지(vañcanā-paññā)는 있지 않은가? 있다. 그러나 그것은 통찰지가 아니고 속임수(māyā)라는 것이다. 이것은 뜻으로는 갈애(taṇhā)일 뿐이다.
그리고 이 마음은 근심이 있고(sadaratha) 느리고(garuka) 무겁고(bhāriya) 거칠고(kakkhaḷa) 뻣뻣하고(thaddha) 다루기 힘들고(akammañña) 병들었고(gilāna) 굽었고(vaṅka) 비뚤어졌다(kuṭila). 그래서 편안함 등의 여섯 가지 쌍으로 된 것들도 취하지 않았다."(DhsA.249~250)

694) "이렇게 하여 마음의 구성요소로 성전(본서)에 나타난 32가지 용어들을 단어의 순서에 따라 보여주신 뒤에 이제 [해로운 마음들의] 그밖에들(예와빠나까)에 속하는 법들을 보여주시기 위해서 '그 밖에 그때에(ye vā pana tasmiṁ samaye)'라는 등을 말씀하셨다. 모든 해로운 마음들에는 열의(chanda), 결심(adhimokkha), 마음에 잡도리함[作意, manasikāra], 자만(māna), 질투(issā), 인색(macchariya), 해태(thīna), 혼침(middha), 들뜸(uddhacca), 후회(kukkucca)라는 이 10가지 예와빠나까(그밖에들)인 법들이 있다. 이들은 경에 언급되고(suttāgatā) 경의 구문들(suttapadā)에서 나타난다.
그런데 이 [첫 번째 해로운] 마음에서 그밖에들(예와빠나까)은 열의, 결심, 마음에 잡도리함, 들뜸이라는 이 네 가지가 확실한 구성요소들(apaṇṇakaṅgāni, §57의 해당 주해도 참조할 것.)이다.

있다. — 이것이 해로운 법들이다.[695]

이 가운데 열의 등은 앞에서 설한 방법대로 알아야 한다.(§57의 해당 주해 참조) 거기서는 오직 유익한 것들이었고 여기서는 해로운 것들이다. 거기에 [포함되지 않은 것이 들뜸이다.]"(DhsA.250)

계속해서 주석서는 들뜸을 다음과 같이 설명하고 있다.
"들뜬 상태가 '들뜸(uddhacca)'이다. 이것은 ㉠ 바람결에 출렁이는 물처럼 고요하지 않음을 특징으로 한다. ㉡ 마치 바람에 부딪혀 흔들리는 깃발처럼 동요하는 역할을 한다. ㉢ 마치 돌에 맞아 흩어지는 재처럼 산란한 움직임으로 나타난다. ㉣ 마음이 동요할 때 그것에 대해 이치에 어긋나게 마음에 잡도리함이 가까운 원인이다. 마음의 산란함이라고 알아야 한다."(DhsA.250 = Vis. XIV.165)

695) "이처럼 감각접촉 등의 32가지와 그밖에들을 통해서 설해진 4가지로 이 법의 개요에 관한 부문에서는 모두 36가지 법의 구문들이 있다. 네 가지 [그밖에들에 속하는] 확실한 구성요소들을 제외하면 성전(본서)에서는 32가지가 나타난다. 이 가운데 중복된 것을 제외시킴으로써 여기서는 감각접촉을 다섯 번째로 하는 것, 일으킨 생각, 지속적 고찰, 희열, 마음이 한끝으로 [집중]됨, 정진의 기능, 생명기능, 그릇된 견해, 양심 없음, 수치심 없음, 탐욕, 어리석음(phassa-pañcaka, vitakka, vicāra, pīti, cittassekaggatā, vīriyindriya, jīvitindriya, micchādiṭṭhi, ahirika, anottappa, lobha, moha)이라는 16가지 법들이 된다."(DhsA.250~251)

여기서 언급되는 16가지 법들과 앞의 주해에서 설명된 열의, 결심, 마음에 잡도리함[作意], 들뜸의 네 가지 그밖에들을 더하면 모두 20가지 법들이 이 첫 번째 해로운 마음에서 일어난다. 이 가운데 감각접촉을 다섯 번째로 하는 것에 포함된 마음을 제외하면 모두 19가지 마음부수들이 된다. 이것은 『아비담마 길라잡이』 제2장 도표 2.4에서 첫 번째 해로운 마음과 함께 일어나는 마음부수들로 표시하고 있는 19가지 마음부수들과 일치한다. 계속해서 주석서는 다음과 같이 적고 있다.

"이 16가지 가운데 일곱 가지 법들은 더 분류할 수 없는 것(한 곳에만 나타나는 것)이고 아홉 가지는 더 분류할 수 있는 것(여러 군데 나타나는 것)이다. 그것은 어떤 것인가?
감각접촉, 인식, 의도, 지속적 고찰, 희열, 생명기능, 어리석음이라는 이들 일곱 가지는 더 분류할 수 없는 것이고, 느낌, 마음, 일으킨 생각, 마음이 한끝으로 [집중]됨, 정진의 기능, 그릇된 견해, 양심 없음, 수치심 없음, 탐욕이라는 이들 아홉 가지는 더 분류할 수 있는 것이다.
이 가운데 여섯 가지 법들은 두 곳에서 분류가 되었고, 하나는 세 곳에서, 하나는 네 곳에서, 하나는 여섯 곳에서 분류가 되었다. 어떻게?

(b) 법의 해설에 관한 부문(§§366~398)

① 감각접촉을 다섯 번째로 하는 모음

366. 무엇이 그때에 있는 '감각접촉'인가?

그때에 있는 감각접촉, 접촉함, 맞닿음, 맞닿은 상태 — 이것이 그때에 있는 감각접촉이다.

367. 무엇이 그때에 있는 '느낌'인가?

그때에 있는 그것에 적합한 마노의 알음알이의 요소의 감각접촉에서 생긴 정신적인 만족감, 정신적인 즐거움, 정신의 감각접촉에서 생긴 만

마음과 일으킨 생각과 그릇된 견해와 양심 없음과 수치심 없음과 탐욕의 여섯 가지는 두 곳에서 분류가 되어 있다. 이들 가운데 마음은 감각접촉을 다섯 번째로 하는 것에서는 '마음이 있고'로, 기능에서는 마노의 기능으로 언급된다. 일으킨 생각은 禪의 구성요소에서는 '일으킨 생각이 있고'로, 도의 구성요소에서는 그릇된 사유로 언급된다. 그릇된 견해는 도의 구성요소에서도 업의 길에서도 그릇된 견해로 언급된다. 양심 없음은 힘에서는 '양심 없음의 힘이 있고'로, 세상을 파멸시키는 두 개 조에서는 양심 없음으로 언급된다. 수치심 없음도 같은 방법이 적용된다. 탐욕은 뿌리에서는 '탐욕이 있고'로, 업의 길에서는 간탐으로 언급된다. 이러한 여섯 가지가 두 곳에서 분류되었다.
느낌은 감각접촉을 다섯 번째로 한 것에서는 '느낌이 있고'로, 禪의 구성요소에서는 즐거움으로, 기능에서는 기쁨의 기능으로 언급된다. 이와 같이 하나는 세 곳에서 분류되었다.
정진은 기능에서는 정진의 '기능이 있고'로, 도의 구성요소에서는 '그릇된 정진이 있고'로, 힘에서는 정진의 힘으로, 마지막 두 개 조에서는 '분발이 있고'로 나타난다. 이와 같이 이 하나의 법은 네 곳에서 분류되었다.
삼매는 禪의 구성요소에서는 '마음이 한끝으로 [집중]됨이 있고'로, 기능에서는 삼매의 기능으로, 도의 구성요소에서는 그릇된 삼매로, 힘에서는 삼매의 힘으로, 마지막 두 개 조들 가운데 두 번째의 두 개 조에서는 단독으로 사마타로, 세 번째에서는 산란하지 않음으로 나타난다. 이와 같이 이 하나의 법은 여섯 곳에서 분류되었다.
그런데 이 모든 법들은 감각접촉을 다섯 번째로 한 것과 禪의 구성요소와 기능과 도의 구성요소와 힘과 뿌리와 업의 길과 세상을 파멸시키는 것과 마지막 두 개 조를 통해서 아홉 가지 모음이 된다."(DhsA.251~252)

족하고 즐겁게 느껴지는 것, 정신의 감각접촉에서 생긴 만족하고 즐거운 느낌 — 이것이 그때에 있는 느낌이다.

368. 무엇이 그때에 있는 '인식'인가?

그때에 있는 그것에 적합한 마노의 알음알이의 요소의 감각접촉에서 생긴 인식, 인식함, 인식된 상태 — 이것이 그때에 있는 인식이다.

369. 무엇이 그때에 있는 '의도'인가?

그때에 있는 그것에 적합한 마노의 알음알이의 요소의 감각접촉에서 생긴 의도, 의도함, 의도된 상태 — 이것이 그때에 있는 의도이다.

370. 무엇이 그때에 있는 '마음'인가?

그때에 있는 마음, 마노[意], 정신작용, 심장, 깨끗한 것, 마노, 마노의 감각장소, 마노의 기능, 알음알이, 알음알이의 무더기, 그것에 적합한 마노의 알음알이의 요소 — 이것이 그때에 있는 마음이다.

② 禪의 구성요소의 모음

371. 무엇이 그때에 있는 '일으킨 생각'인가?

그때에 있는 생각, 일으킨 생각, 사유, 전념, 몰입, 마음을 [대상에] 겨냥하게 함, 그릇된 사유 — 이것이 그때에 있는 일으킨 생각이다.

372. 무엇이 그때에 있는 '지속적 고찰'인가?

그때에 있는 고찰, 지속적 고찰, 탐구, 추구, 마음을 매어둠, [77] 숙고함 — 이것이 그때에 있는 지속적 고찰이다.

373. 무엇이 그때에 있는 '희열'인가?

그때에 있는 희열, 환희, 기뻐함, 기꺼워함, 미소, 함박웃음, 경사로움, 의기양양함, 마음이 흡족함 — 이것이 그때에 있는 희열이다.

374. 무엇이 그때에 있는 '즐거움'인가?

그때에 있는 정신적인 만족감, 정신적인 즐거움, 정신의 감각접촉에서 생긴 만족하고 즐겁게 느껴지는 것, 정신의 감각접촉에서 생긴 만족하고 즐거운 느낌 — 이것이 그때에 있는 즐거움이다.

375. 무엇이 그때에 있는 '마음이 한끝으로 [집중]됨'인가?

그때에 있는 마음의 머묾, 잘 머묾, 확고함,696) 산만하지 않음,697) 산란하지 않음, 산만하지 않은 마음 상태,698) 사마타, 삼매의 기능, 삼매의 힘, 그릇된 삼매 — 이것이 그때에 있는 마음이 한끝으로 [집중]됨이다.

③ 기능의 모음

376. 무엇이 그때에 있는 '정진의 기능'인가?

그때에 있는 정신적인 정진을 시작함, 부지런함, 노력, 애씀, 힘씀, 전력, 분발, 강인함, 강건함, 해이하지 않고 애씀, 열의를 내려놓지 않음, 용감함을 내려놓지 않음, 용감함을 움켜쥠, 정진, 정진의 기능, 정진의

---

696) "'잘 머묾, 확고함(saṇṭhiti avaṭṭhiti)'이라는 이 둘은 '머묾(ṭhiti)'과 동의어이다. 그런데 유익함의 해설에서 이 '확고함'을 설명하면서 "대상에 몰입하고 들어가고 확립된다고 해서 '확고함'이다."(DhsA.144, §11의 주해 참조)라고 한 것은 여기서는 적용되지 않는다. 여기 해로운 마음에서 마음이 한끝으로 [집중]됨은 그 힘이 약하기 때문이다."(DhsA.252)
여기에 대해서는 §11의 '확고함'에 대한 주해를 참조할 것.

697) "[§11의 주해에서 언급된] "들뜸과 의심을 통해서 일어난 산만함과 반대된다고 해서 '산만하지 않음(avisāhāra)'이다."(DhsA.144, §11의 주해 참조)라는 이런 형태의 뜻은 여기에는 얻을 수 없다. [여기서는] 함께 생긴 법들에 대해서 산만하지 않다고 해서 '산만하지 않음'이다."(DhsA.252)

698) "해로운 마음이 한끝으로 [집중]됨을 통해서 산만하지 않은 마음의 상태가 '산만하지 않은 마음 상태(avisāhaṭa-mānasatā)'이다. 함께 생긴 법들 [사이]에서 흔들리지 않는다고 해서 '삼매의 힘'이다. 정확하지 않게 집중되었다고 해서 '그릇된 삼매(micchā-samādhi)'이다."(DhsA.252)
본서 제1품 유익한 마음 품 §11의 주해들도 참조할 것.

힘[699], 그릇된 정진 — 이것이 그때에 있는 정진의 기능이다.

377. 무엇이 그때에 있는 '삼매의 기능'인가?

그때에 있는 마음의 머묾, 잘 머묾, 확고함, 산만하지 않음, 산란하지 않음, 산만하지 않은 마음 상태, 사마타, 삼매의 기능, 삼매의 힘, 그릇된 삼매 — 이것이 그때에 있는 삼매의 기능이다.

378. 무엇이 그때에 있는 '마노의 기능'인가?

그때에 있는 마음, 마노[意], 정신작용, 심장, 깨끗한 것, 마노, 마노의 감각장소, 마노의 기능, 알음알이, 알음알이의 무더기, 그것에 적합한 마노의 알음알이의 요소 — 이것이 그때에 있는 마노의 기능이다.

379. 무엇이 그때에 있는 '기쁨의 기능'인가?

그때에 있는 정신적인 만족감, 정신적인 즐거움, 정신의 감각접촉에서 생긴 만족하고 즐겁게 느껴지는 것, 정신의 감각접촉에서 생긴 만족하고 즐거운 느낌 — 이것이 그때에 있는 기쁨의 기능이다.

380. 무엇이 그때에 있는 '생명기능[命根]'인가?

그때에 있는 비물질인 법들의 수명, 머묾, 지속, 유지, 나아감, 계속됨, [78] 보존, 생명, 생명기능 — 이것이 그때에 있는 생명기능이다.

④ 도의 구성요소의 모음

381. 무엇이 그때에 있는 '그릇된 견해'[700] 인가?

---

699) "앞의 [유익한 마음의 해설 §13에서 정진의 기능은] "감각적 쾌락들을 내몰기 위해서 애를 쓰는 것"(DhsA.146)이라는 등의 방법으로 설명되었다. 이것은 여기에서는 적용되지 않는다. 여기서는 함께 생긴 법들에서 흔들리지 않는다는 뜻에서 '정진의 힘(vīriya-bala)'이라고 알아야 한다."(DhsA.252)

700) "정확하지 않은 이해(ayāthāva-dassana)라는 뜻에서 '그릇된 견해(micchā-diṭṭhi)'이다."(DhsA.252)

그때에 있는 [그릇된] 견해, 사견에 빠짐,701) 견해의 밀림(密林), 견해의 황무지, 견해의 뒤틀림,702) 견해의 요동,703) 견해의 족쇄, 거머쥠,704) 고착,705) 천착, 집착[固守], 나쁜 길, 그릇된 길,706) 그릇된 상태, 외도의

---

701) "이것은 [그릇된] 견해들에 빠진 이해(dassana)이고 62가지 [그릇된] 견해의 안에 빠졌다고 해서 '사견에 빠짐(diṭṭhi-gata)'이다. 견해로부터 벗어나기 어렵다는 뜻에서 '견해의 밀림(diṭṭhi-gahana)'이다. 풀로 된 밀림, 숲으로 된 밀림, 산속의 밀림과 같다. 견해 자체가 위험하고 두려운 것이라는 뜻에서 '견해의 황무지(diṭṭhi-kantāra)'이다. 도둑들이 있는 황무지, 맹수들이 있는 황무지, 사막으로 된 황무지, 물이 없는 황무지, 먹을 것이 없는 황무지처럼."(DhsA.252)

702) "바른 견해가 뒤틀려있다는 뜻과 거꾸로 되어 있다는 뜻에서 '견해의 뒤틀림(diṭṭhi-visūkāyika)'이다. 그릇된 이해가 일어나면 바른 이해를 뒤틀고(vinivijjhati) 거꾸로 만들기(vilometi) 때문이다."(DhsA.253)

703) "어떤 때는 영원하다고 어떤 때는 단멸한다고 거머쥐기 때문에 견해가 뒤바뀌어서 날뛴다(virūpaṁ phandita)고 해서 '견해의 요동(diṭṭhi-vipphandita)'이다. [그릇된] 견해에 빠진 자는 어느 한편에 확고하지 못하여 어떤 때는 상견에 떨어지고 어떤 때는 단견에 떨어지기 때문이다.
견해 그 자체가 묶는 것이라는 뜻에서 족쇄라고 해서 '견해의 족쇄(diṭṭhi-saṁyojana)'이다."(DhsA.253)

704) "악어 등과 같이 사람과 대상을 굳게 거머쥔다고 해서 '거머쥠(gāha)'이다. 고착되어 있기 때문에 '고착(patiṭṭhāha)'이다. 이것은 강하게 생겨난 상태로 고착되어서 거머쥐는 것이다. 항상함 등을 통해서 천착한다고 해서 '천착(abhinivesa)'이다. 법의 고유성질을 넘어서버리고 항상함 등을 통해서 거꾸로 문지른다(parato āmasati)고 해서 '집착[固守, parāmāsa]'이다. 이롭지 못한 것을 가져오기 때문에 타락한 길(kucchita magga)이고 타락한 악처로 향하는 길이라고 해서 '나쁜 길(kummagga)'이다."(DhsA.253)

705) '고착'은 VRI본의 patiṭṭhāha(prati+√sthā, *to stand*)를 옮긴 것이다. PTS본에는 paṭiggāha(prati+√grah, *to seize*)로 나타나고 있다. 이 정형구는 본서 제2권의 §1007, §1009, §1105, §1122에도 나타나는데 이 네 곳에는 VRI본과 PTS본에 모두 paṭiggāha로 나타나고 있다. PED는 paṭiggāha는 patiṭṭhāha를 참조하고 언급하고 있다.(PED *s.v.* paṭiggāha) 역자는 이 둘 다를 '고착'으로 옮겼다.

706) "정확하지 않은 길(ayāthāva-patha)이기 때문에 '그릇된 길(micchā-patha)'이다. 마치 방향을 모르는 자가 이것은 아무개 마을로 가는 길이라고 붙잡지만 그 마을에 도달하지 못하는 것처럼, 사견에 빠진 자(diṭṭhi-gatika)

장소,707) 거꾸로 거머쥠 — 이것이 그때에 있는 그릇된 견해이다.

382. 무엇이 그때에 있는 '그릇된 사유'인가?

그때에 있는 생각, 일으킨 생각, 사유, 전념, 몰입, 마음을 [대상에] 겨냥하게 함, 그릇된 사유 — 이것이 그때에 있는 그릇된 사유이다.

383. 무엇이 그때에 있는 '그릇된 정진'인가?

그때에 있는 정신적인 정진을 시작함, 부지런함, 노력, 애씀, 힘씀, 전력, 분발, 강인함, 강건함, 해이하지 않고 애씀, 열의를 내려놓지 않음, 용감함을 내려놓지 않음, 용감함을 움켜쥠, 정진, 정진의 기능, 정진의 힘, 그릇된 정진 — 이것이 그때에 있는 그릇된 정진이다.

384. 무엇이 그때에 있는 '그릇된 삼매'인가?

그때에 있는 마음의 머묾, 잘 머묾, 확고함, 산만하지 않음, 산란하지 않음, 산만하지 않은 마음 상태, 사마타, 삼매의 기능, 삼매의 힘, 그릇된 삼매 — 이것이 그때에 있는 그릇된 삼매이다.

⑤ 힘의 모음

385. 무엇이 그때에 있는 '정진의 힘'인가?

는 선처에 이르는 길(sugati-patha)이라고 붙잡지만 그 [그릇된] 견해는 선처로 인도하지 못한다고 해서 정확하지 않은 길이기 때문에 '그릇된 길'이라 하는 것이다. 그릇된 고유성질을 가졌기 때문에 '그릇된 상태(micchatta)'이다."(DhsA.253)

707) "어리석은 자들은 여기서 방황하면서 건넌다(taranti)고 해서 '여울(tittha)'이다. 이 여울과 이로움을 주지 못하는 장소라고 해서 '외도의 장소(titthāyatana)'이다. 혹은 외도들의 출생지라는 뜻과 거주하는 곳이라는 뜻에 의해서 장소라고 하기 때문에 역시 '외도의 장소'이다. 거꾸로 된 상태(vipariyesa-bhūta)의 거머쥠, 혹은 거꾸로 된(vipariyesa) [대상을] 거머쥔다고 해서 '거꾸로 거머쥠(vipariyesa-ggāha)'이다. [정상을] 벗어난(vipallattha) 거머쥠이라는 뜻이다."(DhsA.253)

그때에 있는 정신적인 정진을 시작함, 부지런함, 노력, 애씀, 힘씀, 전력, 분발, 강인함, 강건함, 해이하지 않고 애씀, 열의를 내려놓지 않음, 용감함을 내려놓지 않음, 용감함을 움켜쥠, 정진, 정진의 기능, 정진의 힘, 그릇된 정진 — 이것이 그때에 있는 정진의 힘이다.

386. 무엇이 그때에 있는 '삼매의 힘'인가?

그때에 있는 마음의 머묾, 잘 머묾, 확고함, 산만하지 않음, 산란하지 않음, 산만하지 않은 마음 상태, 사마타, 삼매의 기능, 삼매의 힘, 그릇된 삼매 — 이것이 그때에 있는 삼매의 힘이다.

387. 무엇이 그때에 있는 '양심 없음의 힘'708) 인가?

그때에 있는 부끄러워해야 하는 것에 대해서 부끄러워하지 않고 삿되고 해로운 법들을 성취한 것에 대해서 부끄러워하지 않는 것 — 이것이 그때에 있는 양심 없음의 힘이다.

388. 무엇이 그때에 있는 '수치심 없음의 힘'인가?

그때에 있는 두려워해야 하는 것에 대해서 두려워하지 않고 삿되고 해로운 법들을 성취한 것에 대해서 두려워하지 않는 것 — 이것이 그때에 있는 수치심 없음의 힘이다.

⑥ 뿌리의 모음

389. 무엇이 그때에 있는 '탐욕'인가?

그때에 있는 [79] 탐욕,709) 탐함, 탐하는 상태, 탐닉, 탐닉함, 탐닉하는

---

708) "양심 없음과 수치심 없음(ahirika-anottappa)은 양심과 수치심과 반대되는 것으로 그 뜻을 알아야 한다. 그런데 여기서는 함께 생긴 법들에 대해서 흔들림 없다는 뜻(akampanaṭṭhena)으로 '양심 없음의 힘(ahirika-bala)'과 '수치심 없음의 힘(anottappa-bala)'을 알아야 한다."(DhsA.253)

709) "탐한다고 해서 '탐욕(lobha)'이다. 탐하는 모습(lubbhanākāra)이 '탐함

상태, 간탐(慳貪), 탐욕이라는710) 해로움의 뿌리 — 이것이 그때에 있는 탐욕이다.711)

390. 무엇이 그때에 있는 '어리석음'인가?

그때에 있는 무지함, 견(見)이 없음, 관통하지 못함,712) 깨닫지 못함, 완전히 깨닫지 못함, 꿰뚫지 못함, 제어하지 못함, 깊이 들어가지 못함, 공평하지 못함,713) 반조하지 못함,714) 직접 인지하지 못함,715) 명민하

(lubbhana)'이다. 탐욕과 결합된 마음이나 [이런 마음을 가진] 사람을 탐하는 자(lubbhita)라 한다. 탐하는 자의 상태가 '탐하는 상태(lubbhitatta)'이다. 집착한다고 해서 '집착(sārāga)'이다. 집착을 하는 모습이 '집착함(sārajjana)'이다. 집착하는 자의 상태가 '집착하는 상태(sārajjitatta)'이다. 간탐한다는 뜻에서 '간탐(abhijjhā)'이다."(DhsA.253)

710) "여기서 다시 '탐욕'이라는 단어를 사용한 것은 이유를 말하기 위해서이다. 그리고 해로움과 그것의 뿌리(akusalañca taṁ mūlaṁ) 혹은 해로움들의 뿌리(akusalānaṁ vā mūla)라고 해서 '해로움의 뿌리(akusala-mūla)'이다."(DhsA.253～254)

711) 본서 제2권의 제3편 간결한 설명 편 §1065에는 101개의 탐욕(lobha)의 동의어를 나열하여 탐욕을 설명하고 있으므로 참조하기 바란다.

712) "대면하여(abhimukho hutvā) 법과 함께하지 못한다(na sameti), 함께 오지 못한다고 해서 '관통하지 못함(anabhisamaya)'이다. 순응하여(anurūpa) 법을 깨닫는다(bujjhati)고 해서 깨달음(anubodha)이다. 이것과 반대되는 것이 '깨닫지 못함(ananubodha)'이다. 무상함 등을 함께 적용하여 깨닫지 못한다고 해서 '완전히 깨닫지 못함(asambodha)'이다. 있는 대로가 아니고(asanta) 왜곡되게(asama) 깨닫는다고 해서도 역시 '완전히 깨닫지 못함'이다. 네 가지 진리의 법을 꿰뚫지 못한다고 해서 '꿰뚫지 못함(appaṭi-vedha)'이다. 물질 등에 대해서 단 하나의 법도 무상 등으로 보편적으로 받아들이지 못한다고 해서 '제어하지 못함(asaṅgāhanā)'이다. 그 법에 깊이 들어가지 못한다고 해서 '깊이 들어가지 못함(apariyogāhanā)'이다."(DhsA.254)

713) "공평하게 보지 못한다(na samaṁ pekkhati)고 해서 '공평하지 못함(a-samapekkhaṇā)'이다."(DhsA.254)
"무명이 일어나서 그것을 공평하고(samaṁ) 바르게(sammā) 보지 못하게 한다(pekkhituṁ na deti)고 해서 '공평하지 못함'이다."(VbhA.140)
"공평하고 바르고 근원적으로(yoniso) 보지 못하는 것(na pekkhana)이

지 못함,716) 바보스러움, 알아차리지 못함, 어리석음,717) 크게 어리석음, 미혹, 무명, 무명의 폭류, 무명의 속박, 무명의 잠재성향, 무명의 얽매임, 무명의 장벽,718) 어리석음이라는 해로움의 뿌리 — 이것이 그때에 있는 어리석음이다.

⑦ 업의 길의 모음

391. 무엇이 그때에 있는 '간탐'인가?

'공평하지 못함'이다."(DAṬ.ii.338)
"있는 그대로의 고유성질을 보지 못함(yathābhūta-sabhāvādassana)이 '공평하지 못함'이다."(VbhAMṬ.32)

714) "법들의 고유성질(sabhāva)에 대해서 반조하지 못한다(pati na apekkhati)고 해서 '반조하지 못함(apaccavekkhaṇā)'이다."(DhsA.254)

715) "유익하거나 해로운 업들에 대해서 거꾸로 된 습성을 가지거나(viparīta-vutti, 정확하게 파악하지 못한다는(ayāthāvagāhita) 뜻이다. — DAṬ.ii.325.) 고유성질을 파악하지 못하기 때문에 단 하나의 행위도 직접 인지하는 것이 없다고 해서 '직접 인지하지 못함(apaccakkha-kamma)'이다. 혹은 스스로 어떤 행위도 직접 인지하는 것(paccakkha-karaṇa)이 없다고 해서 '직접 인지하지 못함'이다."(DhsA.254, S33:51 참조)

716) "이것이 일어나지 않으면 마음의 흐름(citta-santāna)이 명민하고(mejjha) 깨끗하고(suci) 맑게(vodāna) 될 것인데 이것 때문에 그 영민함이 망가졌다고 해서 '명민하지 못함(dummejjha)'이다. 바보들의 성질이라고 해서 '바보스러움(bālya)'이다."(DhsA.254)

717) "어리석게 한다(muyhati)고 해서 '어리석음(moha)'이다. 아주 강한 어리석음이 '크게 어리석음(pamoha)'이다. 온통(samantato) 어리석게 한다고 해서 '미혹(sammoha)'이다. 명지와 반대되는 성질이기 때문에 알지 못한다고 해서 '무명(avijjā)'이다. 강화되었다는 뜻에서 잠재해 있다고 해서 '잠재성향(anusaya)'이다. 마음을 얽어맨다, 지배한다고 해서 '얽매임(pariyuṭṭhāna)'이다."(DhsA.254)

718) "이익을 얻는 것이 없기 때문에 이로움을 대면하여 갈 수가 없다. 달리 말하면 장벽이 생겼다고 해서 '장벽(laṅgī/liṅgī)'이다. 절뚝거린다는 뜻이다. 혹은 제거하기 어렵다는 뜻에서 '장벽'이다. 큰 장애물(paligha)이라 불리는 장벽은 제거하기가 어려운 것처럼 이것도 이런 장벽과 같은 것이다."(DhsA.254)

그때에 있는 탐욕, 탐함, 탐하는 상태, 탐닉, 탐닉함, 탐닉하는 상태, 간탐, 탐욕이라는 해로움의 뿌리 — 이것이 그때에 있는 간탐이다.

392. 무엇이 그때에 있는 '그릇된 견해'인가?

그때에 있는 [그릇된] 견해, 사견에 빠짐, 견해의 밀림(密林), 견해의 황무지, 견해의 뒤틀림, 견해의 요동, 견해의 족쇄, 거머쥠, 고착, 천착, 집착[固守], 나쁜 길, 그릇된 길, 그릇된 상태, 외도의 장소, 거꾸로 거머쥠 — 이것이 그때에 있는 그릇된 견해이다.

⑧ 세상을 파멸시키는 두 개 조 등

393. 무엇이 그때에 있는 '양심 없음'인가?

그때에 있는 부끄러워해야 하는 것에 대해서 부끄러워하지 않고 삿되고 해로운 법들을 성취한 것에 대해서 부끄러워하지 않는 것 — 이것이 그때에 있는 양심 없음이다.

394. 무엇이 그때에 있는 '수치심 없음'인가?

그때에 있는 두려워해야 하는 것에 대해서 두려워하지 않고 삿되고 해로운 법들을 성취한 것에 대해서 두려워하지 않는 것 — 이것이 그때에 있는 수치심 없음이다.

395. 무엇이 그때에 있는 '사마타'인가?

그때에 있는 마음의 머묾, 잘 머묾, 확고함, 산만하지 않음, 산란하지 않음, 산만하지 않은 마음 상태, 사마타, 삼매의 기능, 삼매의 힘, 그릇된 삼매 — 이것이 그때에 있는 사마타이다.

⑨ 마지막 두 개 조

396. 무엇이 그때에 있는 '분발'인가?

그때에 있는 정신적인 정진을 시작함, 부지런함, 노력, 애씀, 힘씀, 전력, 분발, 강인함, 강건함, 해이하지 않고 애씀, 열의를 내려놓지 않음, 용감함을 내려놓지 않음, 용감함을 움켜쥠, 정진, 정진의 기능, 정진의 힘, 그릇된 정진 — 이것이 그때에 있는 분발이다.

397. 무엇이 그때에 있는 '산란하지 않음'인가?

그때에 있는 마음의 머묾, 잘 머묾, 확고함, 산만하지 않음, 산란하지 않음, 산만하지 않은 마음 상태, 사마타, 삼매의 기능, 삼매의 힘, 그릇된 삼매 — 이것이 그때에 있는 산란하지 않음이다.

⑩ 그밖에들(예와빠나까)

그 밖에 그때에 조건 따라 일어난[緣而生], 비물질인 다른 법들도 있다. — 이것이 해로운 법들이다.

[항목의 부문]

그리고 그때에는 ① 네 가지 무더기가 있고 ② 두 가지 감각장소가 있고 ③ 두 가지 요소가 있고 ④ 세 가지 음식이 있고 ⑤ 다섯 가지 기능이 있고 ⑥ 다섯 가지 구성요소를 가진 禪이 있고 ⑦ 네 가지 구성요소를 가진 도가 있고 ⑧ 네 가지 힘이 있고 ⑨ 두 가지 원인이 있고 ⑩ 한 가지 감각접촉이 있고 … ㉒ 한가지 법의 감각장소가 있고 ㉓ 한가지 법의 요소가 있다.

그 밖에 그때에 조건 따라 일어난[緣而生], 비물질인 다른 법들도 있다. — 이것이 해로운 법들이다. … pe(§§59~61) …

398. 무엇이 그때에 있는 '심리현상들의 무더기'인가?

감각접촉, 의도, 일으킨 생각, 지속적 고찰, 희열, 마음이 한끝으로[집중]됨, 정진의 기능, 삼매의 기능, 생명기능, 그릇된 견해, 그릇된 사유, 그릇된 정진, 그릇된 삼매, 정진의 힘, 삼매의 힘, 양심 없음의 힘, 수치심 없음의 힘, 탐욕, 어리석음, 간탐, 그릇된 견해, 양심 없음, 수치심 없음, 사마타, 분발, 산란하지 않음,[719] 그 밖에 그때에 조건 따라 일어난[緣而生], 느낌의 무더기를 제외하고 인식의 무더기를 제외하고 알음알이의 무더기를 제외한 비물질인 다른 법들 — 이것이 그때에 있는 심리현상들의 무더기이다. … pe(§§63~145) … — 이것이 해로운 법들이다.

II. 두 번째 [해로운 마음]

399. 무엇이 해로운 법들인가?

② 형색을 대상으로 하거나 소리를 대상으로 하거나 냄새를 대상으로 하거나 맛을 대상으로 하거나 감촉을 대상으로 하거나 법을 대상으로 하거나 그 어떤 것을 대상으로 하여 기쁨이 함께하고 사견에 빠짐과 결합되고 자극을 받은[720] 해로운 마음이 일어날 때, 그때에 감각접촉이 있고 … pe(§365-2) … 산란하지 않음이 있다. … pe(§§366~398 / 63~

---

719) §§2~57의 첫 번째 유익한 마음과 비교해 보면 여기 첫 번째 해로운 마음에는 모두 56-30=26개 법들이 심리현상들의 무더기로 언급되고 있다.

720) "두 번째 [해로운] 마음에는 '자극을 받은(sasaṅkhārena)'이라는 용어가 특별하다. 이것도 앞에서 그 뜻을 설명하였다(§146의 주해 참조). 그런데 이 마음은 그것이 어떤 것이든 여섯 가지 대상들 가운데 기쁨이 있는 자가 탐욕을 일으킨 뒤 '중생이 있다, 중생이 있다.'라는 등의 방법으로 집착[固守]하면서 일어난다. 이렇게 일어날 때 자극이 있기 때문에(sasaṅkhārikattā) 억지로 노력하고(sappayoga) 수단을 가지고(saupāya) 일어난다.
이것은 좋은 가문의 아들(kula-putta)이 그릇된 견해를 가진(micchā-diṭṭhika) 가문의 처녀와 결혼을 원하는 것과 같다. 그 [처녀 집에서는] '당신들은 다른 견해를 가진 자요.'하면서 처녀를 주지 않는다. 그러자 [청년의] 친지들이 '당신들이 하자는 대로 [이 청년은] 그렇게 할 것이오.'라고 하면서 결혼을 하도록 한다. 그 청년은 그 [친지]들과 함께 외도들(titthiyā)에게 다가갔다. 처음에는 견해의 차이만이 있었다. 그러나 시간이 가면 갈수록 이 [외도]들의 행위가 마음에 들게 되어 그 잘못된 신념(laddhi)을 인정하고 그 견해를 받아들여서 때가 되면 그것을 인정하게 되는 것과 같다고 알아야 한다."(DhsA.255)

145) … — 이것이 해로운 법들이다.[721]

III. 세 번째 [해로운 마음]

400. 무엇이 해로운 법들인가?[722]

③ 형색을 대상으로 하거나 소리를 대상으로 하거나 냄새를 대상으로 하거나 맛을 대상으로 하거나 감촉을 대상으로 하거나 법을 대상으로 하거나 그 어떤 것을 대상으로 하여 기쁨이 함께하고 사견에 빠짐과 결합되지 않고 [자극을 받지 않은] 해로운 마음이 일어날 때,

① 감각접촉을 다섯 번째로 하는 모음

그때에 감각접촉이 있고 느낌이 있고 인식이 있고 의도가 있고 마음이 있다.

② 禪의 구성요소의 모음

일으킨 생각이 있고 지속적 고찰이 있고 희열이 있고 즐거움이 있고

---

721) "그리고 이곳의 그밖에들(예와빠나까)에서는 해태·혼침(thīna-middha)이 추가된다(§365의 해당 주해 참조). 이 가운데 나태함(thīnanatā)이 '해태(thīna)'이고, 무기력함(middhanatā)이 '혼침(middha)'이다. 분발심이 없어 무력하고 활기가 없어 피로하다는 뜻이다.
'thīna-middhaṁ(해태·혼침)'은 'thīnañ ca middhañ ca(해태와 혼침)'로 풀이해야 한다. 이 가운데서 해태는 ㉠ 분발이 없는 특징을 가진다. ㉡ 정진을 없애는 역할을 한다. ㉢ 처지는 것으로 나타난다. 혼침은 ㉠ 일에 적합하지 못한 특징을 가진다. ㉡ [마음의 문을] 덮어버리는 역할을 한다. ㉢ 게으름으로 나타난다. 혹은 졸음과 수면으로 나타난다. ㉣ 권태, 하품 등에 대해 이치에 어긋나게 마음에 잡도리함이 이 둘의 가까운 원인이다."(DhsA.255 = Vis.XIV.167)

722) "세 번째 [해로운 마음]에는 여섯 가지 대상들에 대해서 기쁨이 있는 자(somanassita)가 탐욕을 일으킨 뒤에 '중생이 있다, 중생이 있다.'라는 등의 방법으로 [이것을 실체가 있는 것으로] 집착하지는 않지만 [남들의 자극이 없이도] 닭싸움이나 몸싸움이나 권투나 춤이나 공연 등을 보면서 마음에 들고 매혹적인 소리를 듣는 등에 빠져들게 된다(."(DhsA.255)

마음이 한끝으로 [집중]됨이 있다.

③ 기능의 모음

정진의 기능이 있고 삼매의 기능이 있고 마노의 기능이 있고 기쁨의 기능이 있고 생명기능이 있다.

④ 도의 구성요소의 모음

그릇된 사유가 있고 그릇된 정진이 있고 그릇된 삼매가 있다.

⑤ 힘의 모음

정진의 힘이 있고 삼매의 힘이 있고 양심 없음의 힘이 있고 수치심 없음의 힘이 있다.

⑥ 뿌리의 모음

탐욕이 있고 어리석음이 있다.

⑦ 업의 길의 모음

간탐이 있다.

⑧ 세상을 파멸시키는 두 개 조 등

양심 없음이 있고 수치심 없음이 있고 사마타가 있다.

⑨ 마지막 두 개 조

분발이 있고 산란하지 않음이 있다.[723]

⑩ 그밖에들(예와빠나까)

그 밖에 [724] 그때에 조건 따라 일어난[緣而生], 비물질인 다른 법들도

---

723) 이 세 번째 해로운 마음에는 첫 번째 해로운 마음에 나타났던 ④ 도의 구성요소의 모음의 그릇된 견해와 ⑦ 업의 길의 모음의 그릇된 견해가 빠져서 모두 30개의 법들이 있다.

있다. — 이것이 해로운 법들이다. … pe(§§366~397-1) …

[항목의 부문]

그리고 그때에는 ① 네 가지 무더기가 있고 ② 두 가지 감각장소가 있고 ③ 두 가지 요소가 있고 ④ 세 가지 음식이 있고 ⑤ 다섯 가지 기능이 있고 ⑥ 다섯 가지 구성요소를 가진 禪이 있고 ⑦ 세 가지 구성요소를 가진 도가 있고 ⑧ 네 가지 힘이 있고 ⑨ 두 가지 원인이 있고 ⑩ 한 가지 감각접촉이 있고 … ㉒ 한가지 법의 감각장소가 있고 ㉓ 한가지 법의 요소가 있다.

그 밖에 그때에 조건 따라 일어난[緣而生], 비물질인 다른 법들도 있다. — 이것이 해로운 법들이다. … pe(§§59~61) …

401. 무엇이 그때에 있는 '심리현상들의 무더기'인가?

감각접촉, 의도, 일으킨 생각, 지속적 고찰, 희열, 마음이 한끝으로 [집중]됨, 정진의 기능, 삼매의 기능, 생명기능, 그릇된 사유, 그릇된 정진, 그릇된 삼매, 정진의 힘, 삼매의 힘, 양심 없음의 힘, 수치심 없음의 힘, 탐욕, 어리석음, 간탐, 양심 없음, 수치심 없음, 사마타, 분발, 산란하지 않음, 그 밖에 그때에 조건 따라 일어난[緣而生], 느낌의 무더기를 제외하고 인식의 무더기를 제외하고 알음알이의 무더기를 제외한 비물질인 다른 법들 — 이것이 그때에 있는 심리현상들의 무더기이다. … pe(§§63~145) … — 이것이 해로운 법들이다.

---

724) "여기 [그밖에들(예와빠나까)]에는 자만(māna)과 더불어 다섯 가지 확실한 구성요소들이 있다.(§365의 해당 주해를 참조하고 §57의 해당 주해도 참조할 것.) 여기서 사량한다(maññati)고 해서 '자만(māna)'이다. 이것의 ㉠ 특징은 오만함이다. ㉡ 건방진 역할을 한다. ㉢ 허영심(ketukamyatā)으로 나타난다. ㉣ 사견으로부터 분리된 탐욕이 가까운 원인이다. 광기(ummāda)와 같다고 보아야 한다."(DhsA.256, *cf.* Vis. XIV.168)

IV. 네 번째 [해로운 마음]

402. 무엇이 해로운 법들인가?

④ 형색을 대상으로 하거나 소리를 대상으로 하거나 냄새를 대상으로 하거나 맛을 대상으로 하거나 감촉을 대상으로 하거나 법을 대상으로 하거나 그 어떤 것을 대상으로 하여 기쁨이 함께하고 사견에 빠짐과 결합되지 않고 자극을 받은[725] 해로운 마음이 일어날 때, 그때에 감각접촉이 있고 … pe(§365-2) … 산란하지 않음이 있다. … pe(§§366~398 / 63~145) … — 이것이 해로운 법들이다.[726]

V. 다섯 번째 [해로운 마음]

403. 무엇이 해로운 법들인가?

⑤ 형색을 대상으로 하거나 소리를 대상으로 하거나 냄새를 대상으로 하거나 맛을 대상으로 하거나 감촉을 대상으로 하거나 법을 대상으로 하거나 그 어떤 것을 대상으로 하여 평온이 함께하고[727] 사견에 빠짐과 결합되고 [자극을 받지 않은] 해로운 마음이 일어날 때,

---

725) "네 번째 [해로운 마음은] 앞에서 설명한 [닭싸움 등의] 경우에서 만일 누가 머리에 침을 뱉고 발에다 먼지를 뿌리면 사람들은 그것을 피하기 위해서 강렬하게 재빨리 그것을 쳐다보는 경우나, 왕의 행차나 축제 행렬이 지나가게 되면 이런저런 구멍을 통해서 쳐다보는 것처럼 이런 경우에 일어난다."(DhsA.256)

726) "여기서는 해태·혼침과 더불어 [10가지 가운데] 일곱 가지 그밖에들이 있다(앞의 §365와 §400의 해당 주해 참조). 여기서와 다음의 두 군데에서 그릇된 견해는 없어진다. 이것을 제외한 뒤 나머지를 통해서 법의 개수를 헤아림을 알아야 한다."(DhsA.256)

727) "다섯 번째 [해로운 마음]은 여섯 가지 대상들에 대해서 느낌을 통해서는 중립인 것(majjhatta)이며, 탐욕을 일으킨 뒤 '중생이 있다, 중생이 있다.'라는 등의 방법으로 [이것을 실체가 있는 것으로] 집착하는 자에게 일어난다. 기쁨이 있던 곳에 여기서는 평온한 느낌이 있고 희열이란 용어는 없어진다. 나머지는 모두 첫 번째 마음과 같다."(DhsA.256)

① 감각접촉을 다섯 번째로 하는 모음

그때에 감각접촉이 있고 느낌이 있고 인식이 있고 의도가 있고 마음이 있다.

② 禪의 구성요소의 모음

일으킨 생각이 있고 지속적 고찰이 있고 평온이 있고 마음이 한끝으로 [집중]됨이 있다.

③ 기능의 모음

정진의 기능이 있고 삼매의 기능이 있고 마노의 기능이 있고 평온의 기능이 있고 생명기능이 있다.

④ 도의 구성요소의 모음

그릇된 견해가 있고 그릇된 사유가 있고 그릇된 정진이 있고 그릇된 삼매가 있다.

⑤ 힘의 모음

정진의 힘이 있고 삼매의 힘이 있고 양심 없음의 힘이 있고 수치심 없음의 힘이 있다.

⑥ 뿌리의 모음

탐욕이 있고 어리석음이 있다.

⑦ 업의 길의 모음

간탐이 있고 그릇된 견해가 있다.

⑧ 세상을 파멸시키는 두 개 조 등

양심 없음이 있고 수치심 없음이 있고 사마타가 있다.

⑨ 마지막 두 개 조

분발이 있고 산란하지 않음이 있다.[728)]

⑩ 그밖에들(예와빠나까)

그 밖에 그때에 조건 따라 일어난[緣而生], 비물질인 다른 법들도 있다. — 이것이 해로운 법들이다.

404. 무엇이 그때에 있는 '감각접촉'인가?

그때에 있는 감각접촉, 접촉함, 맞닿음, 맞닿은 상태 — 이것이 그때에 있는 감각접촉이다.

405. 무엇이 그때에 있는 '느낌'인가?

그때에 있는 그것에 적합한 마노의 알음알이의 요소의 감각접촉에서 생긴 정신적인 만족감도 불만족감도 아니고 정신의 감각접촉에서 생긴 괴롭지도 즐겁지도 않게 느껴지는 것, [82] 정신의 감각접촉에서 생긴 괴롭지도 즐겁지도 않은 느낌 — 이것이 그때에 있는 느낌이다. … pe(§§368~373) …

406. 무엇이 그때에 있는 '평온'인가?[729)]

그때에 있는 정신적인 만족감도 불만족감도 아니고 정신의 감각접촉에서 생긴 괴롭지도 즐겁지도 않게 느껴지는 것, 정신의 감각접촉에서 생긴 괴롭지도 즐겁지도 않은 느낌 — 이를 일러 평온이라 한다. … pe(§§375~378) …

---

728) 이 다섯 번째 해로운 마음에는 첫 번째 해로운 마음에 나타났던 ② 禪의 구성요소의 모음의 즐거움 대신에 평온이, ③ 기능의 모음의 기쁨의 기능 대신에 평온의 기능이 나타난다. 그리고 ② 禪의 구성요소의 모음의 희열이 빠져서 모두 31개의 법들이 있다.

729) §374의 '즐거움'을 대체한 것이다.

407. 무엇이 그때에 있는 '평온의 기능'인가?[730]

그때에 있는 정신적인 만족감도 불만족감도 아니고 정신의 감각접촉에서 생긴 괴롭지도 즐겁지도 않게 느껴지는 것, 정신의 감각접촉에서 생긴 괴롭지도 즐겁지도 않은 느낌 — 이를 일러 평온의 기능이라 한다.

… pe(§§380~398) …

그 밖에 그때에 조건 따라 일어난[緣而生], 비물질인 다른 법들도 있다. — 이것이 해로운 법들이다.

[항목의 부문]

그리고 그때에는 ① 네 가지 무더기가 있고 ② 두 가지 감각장소가 있고 ③ 두 가지 요소가 있고 ④ 세 가지 음식이 있고 ⑤ 다섯 가지 기능이 있고 ⑥ 네 가지 구성요소를 가진 禪이 있고 ⑦ 네 가지 구성요소를 가진 도가 있고 ⑧ 네 가지 힘이 있고 ⑨ 두 가지 원인이 있고 ⑩ 한 가지 감각접촉이 있고 … ㉒ 한가지 법의 감각장소가 있고 ㉓ 한가지 법의 요소가 있다.

그 밖에 그때에 조건 따라 일어난[緣而生], 비물질인 다른 법들도 있다. — 이것이 해로운 법들이다. … pe(§§59~61) …

408. 무엇이 그때에 있는 '심리현상들의 무더기'인가?

감각접촉, 의도, 일으킨 생각, 지속적 고찰, 마음이 한끝으로 [집중]됨, 정진의 기능, 삼매의 기능, 생명기능, 그릇된 견해, 그릇된 사유, 그릇된 정진, 그릇된 삼매, 정진의 힘, 삼매의 힘, 양심 없음의 힘, 수치심 없음의 힘, 탐욕, 어리석음, 간탐, 그릇된 견해, 양심 없음, 수치심 없음, 사마타, 분발, 산란하지 않음, 그 밖에 그때에 조건 따라 일어난[緣而生], 느낌의 무더기를 제외하고 인식의 무더기를 제외하고 알음알이의 무더기

730) §379의 '기쁨의 기능'을 대체한 것이다.

를 제외한 비물질인 다른 법들 — 이것이 그때에 있는 심리현상들의 무더기이다. … pe(§§63~145) … — 이것이 해로운 법들이다.

VI. 여섯 번째 [해로운 마음]

409. 무엇이 해로운 법들인가?[731)]

⑥ 형색을 대상으로 하거나 소리를 대상으로 하거나 냄새를 대상으로 하거나 맛을 대상으로 하거나 감촉을 대상으로 하거나 법을 대상으로 하거나 그 어떤 것을 대상으로 하여 평온이 함께하고 사견에 빠짐과 결합되고 자극을 받은 해로운 마음이 일어날 때, 그때에 감각접촉이 있고 … pe(§365-2) … 산란하지 않음이 있다. … pe(§§366~398 / 63~145) … — 이것이 해로운 법들이다.

VII. 일곱 번째 [해로운 마음]

410. 무엇이 해로운 법들인가?

⑦ 형색을 대상으로 하거나 소리를 대상으로 하거나 냄새를 대상으로 하거나 맛을 대상으로 하거나 감촉을 대상으로 하거나 법을 대상으로 하거나 그 어떤 것을 대상으로 하여 평온이 함께하고 사견에 빠짐과 결합되지 않고 [자극을 받지 않은] 해로운 마음이 일어날 때,

① 감각접촉을 다섯 번째로 하는 모음

그때에 감각접촉이 있고 느낌이 있고 인식이 있고 의도가 있고 마음이 있다.

---

731) "여섯 번째와 일곱 번째와 여덟 번째 [마음들은] 느낌을 [평온한 느낌으로] 대체하고 희열이라는 용어를 제거하고 두 번째와 세 번째와 네 번째에서 설명한 방법대로 알아야 한다."(DhsA.256)

② 禪의 구성요소의 모음

일으킨 생각이 있고 지속적 고찰이 있고 평온이 있고 마음이 한끝으로[집중]됨이 있다.

③ 기능의 모음

정진의 기능이 있고 삼매의 기능이 있고 마노의 기능이 있고 평온의 기능이 있고 생명기능이 있다. [83]

④ 도의 구성요소의 모음

그릇된 사유가 있고 그릇된 정진이 있고 그릇된 삼매가 있다.

⑤ 힘의 모음

정진의 힘이 있고 삼매의 힘이 있고 양심 없음의 힘이 있고 수치심 없음의 힘이 있다.

⑥ 뿌리의 모음

탐욕이 있고 어리석음이 있다.

⑦ 업의 길의 모음

간탐이 있다.

⑧ 세상을 파멸시키는 두 개 조 등

양심 없음이 있고 수치심 없음이 있고 사마타가 있다.

⑨ 마지막 두 개 조

분발이 있고 산란하지 않음이 있다.[732]

---

732) 이 일곱 번째 해로운 마음에는 첫 번째 해로운 마음에 나타났던 ② 禪의 구성요소의 모음의 즐거움 대신에 평온이, ③ 기능의 모음의 기쁨의 기능 대신에 평온의 기능이 난다. 그리고 ② 禪의 구성요소의 모음의 희열과 ④ 도의 구성요소의 모음의 그릇된 견해와 ⑦ 업의 길의 모음의 그릇된 견해가 빠져

⑩ 그밖에들(예와빠나까)

그 밖에 그때에 조건 따라 일어난[緣而生], 비물질인 다른 법들도 있다. — 이것이 해로운 법들이다. … pe(§§403-2~407) …

[항목의 부문]

그리고 그때에는 ① 네 가지 무더기가 있고 ② 두 가지 감각장소가 있고 ③ 두 가지 요소가 있고 ④ 세 가지 음식이 있고 ⑤ 다섯 가지 기능이 있고 ⑥ 네 가지 구성요소를 가진 禪이 있고 ⑦ 세 가지 구성요소를 가진 도가 있고 ⑧ 네 가지 힘이 있고 ⑨ 두 가지 원인이 있고 ⑩ 한 가지 감각접촉이 있고 … ㉒ 한가지 법의 감각장소가 있고 ㉓ 한가지 법의 요소가 있다.

그 밖에 그때에 조건 따라 일어난[緣而生], 비물질인 다른 법들도 있다. — 이것이 해로운 법들이다. … pe(§§59~61) …

411. 무엇이 그때에 있는 '심리현상들의 무더기'인가?

감각접촉, 의도, 일으킨 생각, 지속적 고찰, 마음이 한끝으로 [집중]됨, 정진의 기능, 삼매의 기능, 생명기능, 그릇된 사유, 그릇된 정진, 그릇된 삼매, 정진의 힘, 삼매의 힘, 양심 없음의 힘, 수치심 없음의 힘, 탐욕, 어리석음, 간탐, 양심 없음, 수치심 없음, 사마타, 분발, 산란하지 않음, 그 밖에 그때에 조건 따라 일어난[緣而生], 느낌의 무더기를 제외하고 인식의 무더기를 제외하고 알음알이의 무더기를 제외한 비물질인 다른 법들 — 이것이 그때에 있는 심리현상들의 무더기이다. … pe(§§63~145) … — 이것이 해로운 법들이다.

서 모두 29개의 법들이 있다.

VIII. 여덟 번째 [해로운 마음]

412. 무엇이 해로운 법들인가?

⑧ 형색을 대상으로 하거나 소리를 대상으로 하거나 냄새를 대상으로 하거나 맛을 대상으로 하거나 감촉을 대상으로 하거나 법을 대상으로 하거나 그 어떤 것을 대상으로 하여 평온이 함께하고 사견에 빠짐과 결합되지 않고 자극을 받은 해로운 마음이 일어날 때, 그때에 감각접촉이 있고 … pe(§365-2) … 산란하지 않음이 있다. … pe(§§366~398 / 63~145) … — 이것이 해로운 법들이다.[733]

---

733) "이 여덟 가지 탐욕이 함께한 마음들(lobha-sahagata-cittā)에는 함께 생긴 것으로서 지배하는 [조건](sahajāta-adhipati)과 대상으로서 지배하는 [조건](ārammaṇa-adhipati)이라는 두 가지 지배를 얻는다."(DhsA.256) 이 두 가지 지배의 조건은 『아비담마 길라잡이』 제8장 §19를 참조할 것.

한편 『청정도론』은 이 여덟 가지 탐욕이 함께한 마음들을 다음과 같이 설명하고 있다.

"① '감각적 쾌락에 빠져도 아무런 위험이 없다.'라는 식의 삿된 견해를 앞세워 기쁘고 만족해진 사람이 본성이 열렬하여 타인으로부터 자극을 받지 않고 감각적 쾌락을 즐기거나 또는 저속한 향연을 즐기는 것은 가치가 있다고 믿는다. 그때 첫 번째 해로운 마음이 일어난다.

② 감수성이 둔하여 타인으로부터 자극을 받아 이것을 행할 때 두 번째 마음이 일어난다.

③ 삿된 견해를 앞세우지 않고 단순히 기쁘고 만족해진 사람이 본성이 열렬하여 타인으로부터 자극을 받지 않고 성교를 하고 타인의 성공을 탐내며 타인의 재산을 훔칠 때 세 번째 마음이 일어난다.

④ 감수성이 둔하여 타인으로부터 자극을 받아 이것을 행할 때 네 번째 마음이 일어난다.

⑤~⑧ 나머지 네 가지 경우에는 감각적 쾌락을 누릴 행운을 만나지 못하거나 또는 다른 기쁨 거리를 만나지 못하여 기쁨이 없다. 이때 이 나머지 네 가지가 평온이 함께한 것이다. 이와 같이 탐욕에 뿌리박은 [마음은] 기쁨, 평온, 사견, 자극의 분류에 따라 여덟 가지라고 알아야 한다."(Vis.XIV.91)

IX. 아홉 번째 [해로운 마음]

413. 무엇이 해로운 법들인가?[734]

⑨ 형색을 대상으로 하거나 소리를 대상으로 하거나 냄새를 대상으로 하거나 맛을 대상으로 하거나 감촉을 대상으로 하거나 법을 대상으로 하거나 그 어떤 것을 대상으로 하여 불만족이 함께하고[735] 적의와 결합되고[736] [자극을 받지 않은] 해로운 마음이 일어날 때,

① 감각접촉을 다섯 번째로 하는 모음

그때에 감각접촉이 있고 느낌이 있고 인식이 있고 의도가 있고 마음이 있다.

② 禪의 구성요소의 모음

일으킨 생각이 있고 지속적 고찰이 있고 괴로움이 있고 마음이 한끝으로 [집중]됨이 있다.

③ 기능의 모음

정진의 기능이 있고 삼매의 기능이 있고 마노의 기능이 있고 불만족[737]의 기능이 있고 생명기능이 있다.

---

734) "아홉 번째 [해로운 마음]은 여섯 가지 대상들에 대해서 불만족을 가진 자가 적의를 일으키면서 생겨난다."(DhsA.256)

735) "때(시기)를 정의하는 부문에 의하면 망가진 마음이라고 해서 혹은 저급한 느낌을 가졌기 때문에 경멸스러운 마음이 나쁜 마음이다. 나쁜 마음의 상태(dummanassa bhāvo)가 불만족(domanassa)이다. 이것과 함께한 것이 '불만족이 함께한 것(domanassa-sahagata)'이다."(DhsA.256)

736) "충분히 만족하지 못하는 상태로 대상에 충돌한다(paṭihaññati)고 해서 적의이다. 이것과 결합된 것이 '적의와 결합된 것(paṭigha-sampayutta)'이다."(DhsA.256)

737) "'불만족(domanassa)'은 ㉠ 싫어하는 대상을 경험하는 특징을 가진다. ㉡ 이런

④ 도의 구성요소의 모음

그릇된 사유가 있고 그릇된 정진이 있고 그릇된 삼매가 있다.

⑤ 힘의 모음

정진의 힘이 있고 삼매의 힘이 있고 양심 없음의 힘이 있고 수치심 없음의 힘이 있다.

⑥ 뿌리의 모음

성냄738)이 있고 어리석음이 있다.

⑦ 업의 길의 모음

악의739)가 있다.

⑧ 세상을 파멸시키는 두 개 조 등

양심 없음이 있고 수치심 없음이 있고 사마타가 있다.

저런 싫어하는 측면을 향유하는 역할을 한다. ㉢ 정신적인 고통으로 나타난다. ㉣ 반드시 심장토대가 가까운 원인이다."(DhsA.257, *cf.* Vis.XIV.128)

『청정도론 복주서』는 이렇게 덧붙이고 있다.
"불만족은 오직 욕계 중생에게만 일어나므로 심장[토대]가 그것의 가까운 원인이라 했다."(Pm.456)

738) "뿌리와 업의 길에서처럼 앞의 마음들(탐욕에 뿌리박은 마음 8가지)에도 '탐욕이 있고'와 '간탐이 있다.'라고 나타났다. 그처럼 여기서도 '성냄이 있고(doso hoti)'와 '악의가 있다(byāpādo hoti).'라고 설했다.
이 가운데서 이것 때문에 성내고, 혹은 이것 스스로 성내고, 혹은 단지 성내기 때문에 '성냄(dosa)'이라 한다. 그것은 ㉠ 마치 두들겨 맞은 독사처럼 잔혹함을 특징으로 가진다. ㉡ 그것은 마치 한 모금의 독처럼 퍼지는 역할을 한다. 혹은 자기의 의지처를 태우는 역할을 한다. 마치 숲 속의 불처럼. ㉢ 성내고 있음으로 나타난다. 마치 기회를 포착한 원수처럼. ㉣ 성을 낼 대상이 가까운 원인이다. 이것은 독이 섞인 오줌과 같다고 알아야 한다."(DhsA.257, *cf.* Vis.XIV. 171)

739) "이것으로 마음을 나쁘게 만든다(byāpajjati), 즉 썩는 상태로 가게 한다. 혹은 율을 실천하는 것과 아름다움을 얻는 것과 이익과 행복 등을 나쁘게 만든다고 해서 '악의(byāpāda)'이다. 뜻으로 이것은 성냄(dosa)이다."(DhsA.257)

⑨ 마지막 두 개 조

분발이 있고 산란하지 않음이 있다.740)

⑩ 그밖에들(예와빠나까)

그 밖에 741) [84] 그때에 조건 따라 일어난[緣而生], 비물질인 다른 법들도 있다.742) — 이것이 해로운 법들이다.

---

740) "여기서는 단어의 순서에 의해서 29가지 용어들이 있다. 중복된 것을 제외시킴으로서는 14가지가 된다. 이들을 통해서 더 분류할 수 있는 것(여러 곳에 나타나는 것)과 더 분류할 수 없는 것(한 곳에만 나타나는 것)의 모음의 구분을 알아야 한다."(DhsA.257)

구체적으로 살펴보면, 이 아홉 번째 해로운 마음에는 첫 번째 해로운 마음에 나타났던 ② 禪의 구성요소의 모음의 즐거움 대신에 괴로움이, ③ 기능의 모음의 기쁨의 기능 대신에 불만족의 기능이, ⑥ 뿌리의 모음의 탐욕 대신에 성냄이, ⑦ 업의 길의 모음의 간탐 대신에 악의가 나타난다. 그리고 ② 禪의 구성요소의 모음의 희열과 ④ 도의 구성요소의 모음의 그릇된 견해와 ⑦ 업의 길의 모음의 그릇된 견해가 빠져서 모두 29개의 법들이 있다.

741) "그밖에들(예와빠나까) 가운데 열의, 결심, 마음에 잡도리함[作意], 들뜸(chanda-adhimokkha-manasikāra-uddhaccāni)은 확정된 것들(niyatā-ni)이다. 질투, 인색, 후회(issā-macchariya-kukkucca) 가운데 어떤 하나와 함께 다섯 가지씩이 되어서 일어난다. 이와 같이 이 세 가지 법들은 확정되지 않은 그밖에들이다."(DhsA.257)

742) 주석서는 질투와 인색과 후회를 다음과 같이 설명한다.
"이 가운데, 질투한다고 해서 '질투(issā)'이다. 이것은 ㉠ 타인의 성공을 시기하는 특징을 가진다. ㉡ 좋아하지 않는 역할을 한다. ㉢ 혐오함으로 나타난다. ㉣ 타인의 성공이 가까운 원인이다. 이것은 족쇄(saṁyojana)로 보아야 한다."(DhsA.257 = Vis.XIV.172)

"인색한 상태가 '인색(macchariya)'이다. 그것은 ㉠ 이미 얻었거나 얻게 될 자기의 성공을 숨기는 특징을 가진다. ㉡ 다른 사람과 그것을 나누어 가지는 것을 참지 못하는 역할을 한다. ㉢ 움츠림으로 나타난다. 혹은 쓰디쓴 상태로 나타난다. ㉣ 자기의 성공이 가까운 원인이다. 이것은 정신적인 추한 꼴로 보아야 한다."(DhsA.257～258 = Vis.XIV.173)

쓰디쓴 상태로 옮긴 kaṭukañcukatā는 전통적으로 kaṭuka+añcuka에 추상명사형 어미인 '-tā'를 붙여서 만든 것으로 간주한다. 여기서 kaṭuka는

414. 무엇이 그때에 있는 '감각접촉'인가?

그때에 있는 감각접촉, 접촉함, 맞닿음, 맞닿은 상태 — 이것이 그때에 있는 감각접촉이다.

415. 무엇이 그때에 있는 '느낌'인가?

그때에 있는 그것에 적합한 마노의 알음알이의 요소의 감각접촉에서 생긴 정신적인 불만족감, 정신적인 괴로움, 정신의 감각접촉에서 생긴 만족하지 못하고 괴롭게 느껴지는 것, 정신의 감각접촉에서 생긴 만족하지 못하고 괴로운 느낌 — 이것이 그때에 있는 느낌이다. … pe(§§368~373) …

416. 무엇이 그때에 있는 '괴로움'인가?743)

'쓴[맛]'을 뜻하며 añcuka는 √añc(*to go, to stretch out*)에서 파생된 명사로 간주한다. 그래서 쓰라림이 퍼져 나오는 것을 뜻한다고 할 수 있다. 여기서는 너무 인색하면 자기 재산 등이 줄어들 때 속이 쓰림을 뜻한다고 보면 되겠고, 인색하면 항상 긴장해서 애간장을 태우는 것을 뜻한다고 여겨도 되겠다. 그래서 PED에는 '가슴이 오그라드는 것(*the shrinking up of the heart*)'이라고 표현하고 있다.(Vis.XIV.173의 주해에서 인용함.)

"악한 것을 행하였음이 악행을 했음(kukata)이다. 그것의 상태가 '후회[惡作, kukkucca]'이다. ㉠ 나중에 속을 태우는 특징을 가진다. ㉡ [좋은 일을] 행하지 않은 것과 [나쁜 일을] 행한 것을 슬퍼하는 역할을 한다. ㉢ 뉘우침으로 나타난다. ㉣ 행함과 행하지 아니함이 가까운 원인이다. 노예의 근성과 같다고 보아야 한다."(DhsA.258 = Vis.XIV.174)

후회로 옮기는 'kukkucca'는 음미해 볼 필요가 있는 단어이다. 이 단어는 여기서 보듯이 전통적으로 ku(나쁜)+kata(행한, √kṛ, *to do*의 과거분사)가 합성되어 kukata가 되고 이것의 추상명사가 kukkucca라고 설명한다. 즉 전에 지은 행위에 대해서 '아차! 잘못(ku) 했구나(kata)'라고 뉘우치거나 안달복달하는 마음 상태를 말한다. 중국에서는 '잘못[惡] 했다[作]'라는 말 그대로 직역해서 惡作이라 옮겼는데 원어를 모르고서는 이해하기가 수월하지 않은 단어이다.(Vis.XIV.174의 주해에서 인용함.)

743) §374의 '즐거움'을 대체한 것임.

그때에 있는 정신적인 불만족감, 정신적인 괴로움, 정신의 감각접촉에서 생긴 만족하지 못하고 괴롭게 느껴지는 것, 정신의 감각접촉에서 생긴 만족하지 못하고 괴로운 느낌 — 이것이 그때에 있는 괴로움이다. … pe(§§375~378) …

417. 무엇이 그때에 있는 '불만족의 기능'인가?

그때에 있는 정신적인 불만족감, 정신적인 괴로움, 정신의 감각접촉에서 생긴 만족하지 못하고 괴롭게 느껴지는 것, 정신의 감각접촉에서 생긴 만족하지 못하고 괴로운 느낌 — 이것이 그때에 있는 불만족의 기능이다. … pe(§§380~388) …

418. 무엇이 그때에 있는 '성냄' 인가?[744]

그때에 있는 성냄,[745] 성마름, 성난 상태, 악의,[746] 악의를 가짐, 악의를 가진 상태, 불화[747], 반목, 잔혹함[748], 잘 제어되지 못함, 마음의 언

744) §389의 '탐욕'을 대체한 것임.

745) "성낸다고 해서 '성냄(dosa)'이고 성을 내는 것이 '성마름(dussana)'이다. 성이 난 상태가 '성난 상태(dussitatta)'이다."(DhsA.258)

746) "자연적인 상태를 던져버렸다는 뜻에서 악의를 가지는 것이 '악의(byāpatti)'이고 '악의를 가짐(byāpajjana)'이다."(DhsA.258)

747) "방해한다고 해서 '불화(virodha)'이다. 거듭해서 방해한다고 해서 '반목(paṭivirodha)'이다. 불화하는 모습과 반목하는 모습을 통해서 이렇게 설하였다."(DhsA.258)

748) "잔혹한 자를 짠다(caṇḍa)라 하는데 거친 사람을 말한다. 그가 가진 성질이 '잔혹함(caṇḍikka)'이다. 이것 때문에 제어된 말을 하지 않고 나쁘게 말하고 전부 다를 [말하지] 못한다고 해서 '잘 제어되지 못함(asuropa)'이다. 분노에 차있을 때는 말을 다 끝마친다는 것이 없기 때문이다. 그리고 만일 그렇다면 그것은 측량을 할 수 없다.
어떤 사람들은 눈물을 생기게 한다는 뜻에서 눈물을 떨어지게 함(assuropana)이고 그래서 '눈물이 남(assuropa)'이라고도 말한다. 그러나 이것은 이유가 되지는 못한다. 기뻐하는 자에게도 눈물은 나기 때문이다."(DhsA.258)

짢음749) — 이것이 그때에 있는 성냄이다. … pe(§390) …

419. 무엇이 그때에 있는 '악의'인가?

그때에 있는 성냄, 성마름, 성난 상태, 악의, 악의를 가짐, 악의를 가진 상태, 불화, 반목, 잔혹함, 잘 제어되지 못함, 마음의 언짢음 — 이것이 그때에 있는 악의이다. … pe(§§392~397-1) …

그 밖에 그때에 조건 따라 일어난[緣而生], 비물질인 다른 법들도 있다. — 이것이 해로운 법들이다.

[항목의 부문]

그리고 그때에는 ① 네 가지 무더기가 있고 ② 두 가지 감각장소가 있고 ③ 두 가지 요소가 있고 ④ 세 가지 음식이 있고 ⑤ 다섯 가지 기능이 있고 ⑥ 네 가지 구성요소를 가진 禪이 있고 ⑦ 세 가지 구성요소를 가진 도가 있고 ⑧ 네 가지 힘이 있고 ⑨ 두 가지 원인이 있고 ⑩ 한 가지 감각접촉이 있고 … ㉒ 한가지 법의 감각장소가 있고 ㉓ 한가지 법의 요소가 있다.

그 밖에 그때에 조건 따라 일어난[緣而生], 비물질인 다른 법들도 있다. — 이것이 해로운 법들이다. … pe(§§59~61) …

420. 무엇이 그때에 있는 '심리현상들의 무더기'인가?

감각접촉, 의도, 일으킨 생각, 지속적 고찰, 마음이 한끝으로[집중]됨, 정진의 기능, 삼매의 기능, 생명기능, 그릇된 사유, 그릇된 정진, 그릇된 삼매, [85] 정진의 힘, 삼매의 힘, 양심 없음의 힘, 수치심 없음의 힘, 성냄, 어리석음, 악의, 양심 없음, 수치심 없음, 사마타, 분발, 산란하지 않

749) "앞에서 설명한 흡족함(attamanatā, §9의 해당 주해 참조)과 반대가 되기 때문에 흡족하지 않다고 해서 '마음의 언짢음(anattamanatā)'이다. 그런데 이것은 마음에 있는 것이지 중생에게 있는 것이 아니다. 그래서 '마음의(cittassa)'라고 말했다."(DhsA.258)

음, 그 밖에 그때에 조건 따라 일어난[緣而生], 느낌의 무더기를 제외하고 인식의 무더기를 제외하고 알음알이의 무더기를 제외한 비물질인 다른 법들 — 이것이 그때에 있는 심리현상들의 무더기이다. … pe(§§63~145) … — 이것이 해로운 법들이다.

X. 열 번째 [해로운 마음]

421. 무엇이 해로운 법들인가?[750]

⑩ 형색을 대상으로 하거나 소리를 대상으로 하거나 냄새를 대상으로 하거나 맛을 대상으로 하거나 감촉을 대상으로 하거나 법을 대상으로 하거나 그 어떤 것을 대상으로 하여 불만족이 함께하고 적의와 결합되고 자극을 받은 해로운 마음이 일어날 때, 그때에 감각접촉이 있고 … pe(§413-2) … 산란하지 않음이 있다. … pe(§§414~420 / §§366~398 / 63~145) … — 이것이 해로운 법들이다.[751]

---

750) "열 번째 [해로운 마음]은 자극을 받았기(sasaṅkhāratta) 때문에 남들로부터 고무되었거나 남들의 잘못을 기억하거나 스스로 남들의 잘못을 기억한 뒤 분노하는 자에게 일어난다."(DhsA.258)

751) "여기서도 단어의 순서에 따라 29가지 용어들이 있다. 중복된 것을 제외시킴으로서는 14가지가 된다. 그런데 그밖에들에는 해태・혼침(thīna-middha)이 포함된다. 그러므로 여기서는 질투, 인색, 후회(issā-macchariya-kukkucca)는 없고 네 가지 확정된 구성요소들(§365의 해당 주해와 §57의 해당 주해를 참조할 것.)과 해태・혼침이라는 이들 여섯 가지와 질투 등이 일어날 때에 이들 가운데 하나와 더불어 모두 일곱 가지 그밖에들(예와빠나까)이 한 순간에 일어난다. 나머지 모두는 모든 부문들 가운데 아홉 번째와 같다. 그런데 이 두 가지 불만족의 마음(domanassa-citta)에서는 함께 생긴 것으로서 지배하는 [조건](sahajātādhipati)만이 얻어지고 대상으로서 지배하는 [조건](ārammaṇādhipati)은 얻어지지 않는다. 분노(kuddha)는 어떤 것도 중히 여기지 않기 때문이다."(DhsA.258~259)

한편 『청정도론』은 성냄에 뿌리박은 이 두 가지 마음을 이렇게 요약하고 있다.
"성냄에 뿌리박은 것은 불만족이 함께하고 적의와 결합되었으며 자극이 없

XI. 열한 번째 [해로운 마음]

422. 무엇이 해로운 법들인가?[752]

⑪ 형색을 대상으로 하거나 소리를 대상으로 하거나 냄새를 대상으로 하거나 맛을 대상으로 하거나 감촉을 대상으로 하거나 법을 대상으로 하거나 그 어떤 것을 대상으로 하여 평온이 함께하고 의심[753]과 결합된 해로운 마음이 일어날 때,

① 감각접촉을 다섯 번째로 하는 모음

그때에 감각접촉이 있고 느낌이 있고 인식이 있고 의도가 있고 마음이 있다.

② 禪의 구성요소의 모음

일으킨 생각이 있고 지속적 고찰이 있고 평온이 있고 마음이 한끝으로 [집중]됨이 있다.

는 것과, 자극이 있는 것의 두 가지이다. 살생하는 것 등에서 열광적일 때와 둔할 때 각각 이 두 가지는 일어난다고 알아야 한다."(Vis.XIV.92)

752) "열한 번째 [해로운 마음]은 여섯 가지 대상에 대해서 느낌을 통해서는 중립인 것(majjhatta)이며, 의심(kaṅkhā)이 일어나는 때에 일어난다. 때(시기)를 정의하는 부문에 의하면 '의심과 결합된(vicikicchāsampayuttaṁ)'이라는 용어가 여기서 특별한 것이다."(DhsA.259)

753) "치료하려는 바람이 없는 것(vigatā cikicchā)이 '의심(vicikicchā)'이다. 혹은 이것 때문에 고유성질을 구분하면서(vicinanto) 걱정한다(kicchati), 괴로워한다(kilamati)고 해서 의심이다. 이것은 ㉠ 회의하는 특징을 가진다. ㉡ 흔들리는 역할을 한다. ㉢ 결정하지 못함으로 나타난다. 혹은 불분명하게 파악함으로 나타난다. ㉣ 이치에 어긋나게 마음에 잡도리함이 가까운 원인이다. 도닦음에 방해가 된다고 보아야 한다." (DhsA.259, *cf.* Vis.XIV.177)

여기서 치료하려는 바람으로 옮긴 cikicchā는 남방불교 전통에서는 kiccha-ti(*to cure*)의 소망형(*Desiderative*)으로 간주한다.(NMD 참조)

③ 기능의 모음

정진의 기능이 있고 마노의 기능이 있고 평온의 기능이 있고 생명기능이 있다.

④ 도의 구성요소의 모음

그릇된 사유가 있고 그릇된 정진이 있다.

⑤ 힘의 모음

정진의 힘이 있고 양심 없음의 힘이 있고 수치심 없음의 힘이 있다.

⑥ 뿌리의 모음 등

의심이 있고[754] 어리석음이 있다.

⑦ 업의 길의 모음

(해당 사항 없음)

⑧ 세상을 파멸시키는 두 개 조

양심 없음이 있고 수치심 없음이 있다.

⑨ 마지막 두 개 조[755]

분발이 있다.[756]

---

754) 의심은 뿌리가 아니지만 역자가 편의상 뿌리의 모음에 넣었다.

755) ⑨ 마지막 두 개 조에서는 산란하지 않음이 빠져서 분발만이 언급되고 있지만 용어를 통일시키기 위해서 '마지막 두 개 조'로 표기하였다.

756) "여기서는 단어의 순서에 의해서 23가지 용어들이 있다. 중복된 것을 제외시킴으로서는 14가지가 된다. 이들을 통해서 더 분류할 수 있는 것과 더 분류할 수 없는 것의 모음의 구분을 알아야 한다. 그밖에들에는 마음에 잡도리함[作意, manasikāra]과 들뜸(uddhacca)의 두 가지만이 있다."(DhsA.259)

조금 더 자세히 살펴보면, 이 열한 번째 해로운 마음에는 첫 번째 해로운 마음에 나타났던 ② 禪의 구성요소의 모음의 즐거움 대신에 평온이, ③ 기능의 모음의 기쁨의 기능 대신에 평온의 기능이 나타난다. 그리고 ② 禪의 구성요

⑩ 그밖에들(예와빠나까)

그 밖에 그때에 조건 따라 일어난[緣而生], 비물질인 다른 법들도 있다. — 이것이 해로운 법들이다.

423. 무엇이 그때에 있는 '감각접촉'인가?

그때에 있는 감각접촉, 접촉함, 맞닿음, 맞닿은 상태 — 이것이 그때에 있는 감각접촉이다. … pe(§§367~374) …

424. 무엇이 그때에 있는 '마음이 한끝으로 [집중]됨'인가?

그때에 있는 마음의 머묾[757] — 이것이 그때에 있는 마음이 한끝으로 [집중]됨이다. … pe(§§376~388) …

425. 무엇이 그때에 있는 '의심'인가?

그때에 있는 회의,[758] 회의를 품음, 회의를 품은 상태, 혼란, 의심, 갈

소의 모음의 희열과 ③ 기능의 모음의 삼매의 기능과 ④ 도의 구성요소의 모음의 그릇된 견해와 그릇된 삼매와 ⑤ 힘의 모음에서 삼매의 힘과 ⑥ 뿌리의 모음의 탐욕과 ⑦ 업의 길의 모음의 간탐과 그릇된 견해와 ⑧ 세상을 파멸시키는 두 개 조에서 사마타와 ⑨ 마지막 두 개 조에서 산란하지 않음이 빠졌다. 대신에 ⑥ 뿌리의 모음에 의심이 들어갔다. 이렇게 하여 두 개가 대체되고 10개가 빠지고 한 개가 추가되어 모두 23개의 법들이 있다.

757) 여기서는 '마음의 머묾[心止, cittassa ṭhiti]'을 제외하고 마음이 한끝으로 [집중]됨 혹은 삼매의 정형구에 항상 포함되어 나타나는 '잘 머묾, 확고함, 산만하지 않음, 산란하지 않음, 산만하지 않은 마음 상태, 사마타, 삼매의 기능, 삼매의 힘, 그릇된 삼매'(§375)가 나타나지 않는다. 의심과 결합된 이 마음은 최소한의 집중만이 있기 때문이다. 주석서는 다음과 같이 설명한다.

"이 마음은 힘이 미약하기(dubbala) 때문에 일어나고 머무는 것만(pavatti-ṭṭhiti-mattaka)이 존재한다. 그러므로 '잘 머묾[安止, saṇṭhiti]' 등은 언급하지 않고 '마음의 머묾[心止,cittassa ṭhiti]'이라는 단 하나의 용어만을 말씀하셨다. 이러한 이유 때문에 개요에 관한 부문에서도 삼매의 기능 등은 언급하지 않으셨다."(DhsA.259)
아래 §438의 주해도 참조할 것.

피를 잡지 못함,759) 두 갈래 길, 의문, 불확실한 선택,760) 회피, 망설임,761) 몰입하지 못함, 마음의 당황스러움,762) 마음의 상처 — 이것이 그때에 있는 의심이다. … pe(§§390~397-1) …

그 밖에 그때에 [86] 조건 따라 일어난[緣而生], 비물질인 다른 법들도 있다. — 이것이 해로운 법들이다.

[항목의 부문]

그리고 그때에는 ① 네 가지 무더기가 있고 ② 두 가지 감각장소가 있고 ③ 두 가지 요소가 있고 ④ 세 가지 음식이 있고 ⑤ 다섯 가지 기능이 있고 ⑥ 네 가지 구성요소를 가진 禪이 있고 ⑦ 두 가지 구성요소

---

758) "회의를 가지기 때문에 '회의(kaṅkhā)'이다. 회의가 진행되고 있음이 '회의를 품음(kaṅkhāyanā)'이다. 앞의 회의가 뒤의 회의를 인도하는 것(āneti)을 말한다. 혹은 [회의하는] 모습을 통해서 설한 것이다. 회의를 구성요소로 가진 마음은 회의가 진행되기(āyitatta) 때문에 회의를 품은 것이라 한다. 이러한 상태를 '회의를 품은 상태(kaṅkhāyitatta)'라 한다. '의심'은 이미 뜻을 설명하였다."(DhsA.259)

759) "동요한다는 뜻에서 두 가지로 오락가락한다(eḷayati)고 해서 '갈피를 잡지 못함(dveḷhaka)'이다. 도닦음을 장애함에 의해서 두 갈래 길과 같다고 해서 '두 갈래 길(dvedhā-patha)'이다. '이것은 항상한가, 아니면 무상한가?'라는 등으로 생겨나서 하나의 형태로 확정할 수 없기 때문에 전체(samanta)에 다 퍼져 있다(seti)고 해서 '의문(saṁsaya)'이다."(DhsA.259~260)

760) "확실하게 잡을 수 없기 때문에 확실하게 잡지 못한다고 해서 '불확실한 선택(anekaṁsaggāha)'이다. 결정을 할 수 없다고 해서, 대상에 대해서 물러선다고 해서 '회피(āsappanā)'이다."(DhsA.260)

761) "굳게 잡을 수 없다고 해서, 주위로 기어 다닌다(parisamantato sappati)고 해서 '망설임(parisappanā)'이다. 깊이 들어갈 수 없다고 해서 '몰입하지 못함(apariyogāhanā)'이다."(DhsA.260)

762) "확실하게 대상에서 일어날 수 없기 때문에 '당황스러움(thambhitatta)'이다. 마음이 당황한 상태라는 뜻이다. 의심이 일어나게 되면 마음을 굳어버리게(thaddha) 만들기 때문이다. 그런데 이것이 일어나면 대상을 거머쥐고 마음을 할퀴는 것과 같다고 해서 '마음의 상처(mano-vilekha)'라 부른다."(DhsA.260)

를 가진 도가 있고 ⑧ 세 가지 힘이 있고 ⑨ 한 가지 원인이 있고 ⑩ 한 가지 감각접촉이 있고 … ㉒ 한가지 법의 감각장소가 있고 ㉓ 한가지 법의 요소가 있다.

그 밖에 그때에 조건 따라 일어난[緣而生], 비물질인 다른 법들도 있다. — 이것이 해로운 법들이다. … pe(§§59~61) …

426. 무엇이 그때에 있는 '심리현상들의 무더기'인가?

감각접촉, 의도, 일으킨 생각, 지속적 고찰, 마음이 한끝으로 [집중]됨, 정진의 기능, 생명기능, 그릇된 사유, 그릇된 정진, 정진의 힘, 양심 없음의 힘, 수치심 없음의 힘, 의심, 어리석음, 양심 없음, 수치심 없음, 분발, 그 밖에 그때에 조건 따라 일어난[緣而生], 느낌의 무더기를 제외하고 인식의 무더기를 제외하고 알음알이의 무더기를 제외한 비물질인 다른 법들 — 이것이 그때에 있는 심리현상들의 무더기이다. … pe(§§414~420 / §§366~398 / 63~145) … — 이것이 해로운 법들이다.

XII. 열두 번째 [해로운 마음]

427. 무엇이 해로운 법들인가?763)

⑫ 형색을 대상으로 하거나 소리를 대상으로 하거나 냄새를 대상으로 하거나 맛을 대상으로 하거나 감촉을 대상으로 하거나 법을 대상으로 하거나 그 어떤 것을 대상으로 하여 평온이 함께하고 들뜸과 결합된 해로운 마음이 일어날 때,

---

763) "열두 번째 [해로운 마음]의 때(시기)를 정의하는 것에서, 들뜸과 결합되었다고 해서 '들뜸과 결합된 것(uddhacca-sampayutta)'이다. 이 마음은 여섯 가지 대상들에 대해서 느낌을 통해서는 중립이고 들뜸이 있기 때문이다." (DhsA.260)

① 감각접촉을 다섯 번째로 하는 모음

그때에 감각접촉이 있고 느낌이 있고 인식이 있고 의도가 있고 마음이 있다.

② 禪의 구성요소의 모음

일으킨 생각이 있고 지속적 고찰이 있고 평온이 있고 마음이 한끝으로 [집중]됨이 있다.

③ 기능의 모음

정진의 기능이 있고 삼매의 기능이 있고 마노의 기능이 있고 평온의 기능이 있고 생명기능이 있다.

④ 도의 구성요소의 모음

그릇된 사유가 있고 그릇된 정진이 있고 그릇된 삼매가 있다.

⑤ 힘의 모음

정진의 힘이 있고 삼매의 힘이 있고 양심 없음의 힘이 있고 수치심 없음의 힘이 있다.

⑥ 뿌리의 모음

들뜸이 있고 어리석음이 있다.

⑦ 업의 길의 모음(kammapatha-rāsi — 없음)

⑧ 세상을 파멸시키는 두 개 조 등

양심 없음이 있고 수치심 없음이 있고 사마타가 있다.

⑨ 마지막 두 개 조

분발이 있고 산란하지 않음이 있다.764)

---

764) "여기 [열두 번째 해로운 마음의] 법의 개요에서는 의심이 있던 곳(§422)에

⑩ 그밖에들(예와빠나까)

그 밖에[765] 그때에 조건 따라 일어난[緣而生], 비물질인 다른 법들도 있다. — 이것이 해로운 법들이다.

428. 무엇이 그때에 있는 '감각접촉'인가?

그때에 있는 감각접촉, 접촉함, 맞닿음, 맞닿은 상태 — 이것이 그때에 있는 감각접촉이다. … pe(§§376~388) …

429. 무엇이 그때에 있는 '들뜸'인가?

그때에 있는 마음의 들뜸,[766] 가라앉지 못함, 마음이 산란함, 마음의 동요 — 이것이 그때에 있는 들뜸이다. [87] … pe(§§390~397-1) …

들뜸이 있다고 나타난다. 단어의 순서에 의해서 28가지 용어들이 있다. 중복된 것을 제외시킴으로서 14가지가 된다. 이들을 통해서 더 분류할 수 있는 것과 더 분류할 수 없는 것의 모음의 구분을 알아야 한다."(DhsA.260)

조금 더 자세히 살펴보면, 이 열두 번째 해로운 마음에는 첫 번째 해로운 마음에 나타났던 ② 禪의 구성요소의 모음의 즐거움 대신에 평온이, ③ 기능의 모음의 기쁨의 기능 대신에 평온의 기능이 나타난다. 그리고 ② 禪의 구성요소의 모음의 희열과 ④ 도의 구성요소의 모음의 그릇된 견해와 ⑥ 뿌리의 모음의 탐욕과 ⑦ 업의 길의 모음의 그릇된 견해와 간탐이 빠졌다. 대신에 ⑥ 뿌리의 모음에 들뜸이 들어가서 이렇게 하여 두 개가 대체되고 5개가 빠지고 한 개가 추가되어 모두 28개의 법들이 있다.

765) "그밖에들(예와빠나까)에는 결심(adhimokkha)과 마음에 잡도리함(manasi-kāra)의 두 가지만이 있다."(DhsA.260)

766) "'마음의(cittassa)'라는 것은 중생의가 아니고 사람의가 아니라는 말이다. '들뜸(uddhacca)'이란 들뜬 모습이다. 가라앉지 않았다고 해서 '가라앉지 못함(avūpasama)'이다. 마음이 산란하다고 해서 '마음이 산란함(cetaso vikkhepa)'이다.
'마음의 동요(bhantattaṁ cittassa)'라는 것은 마음의 동요한 상태이니, 가고 있는 수레나 움직이는 황소 등과 같다. 이것은 하나의 대상에 대해서 흔들리는 것을 말한 것이다. 들뜸(uddhacca)은 하나의 대상에 대해서 흔들리는 것이고 의심(vicikicchā)은 여러 대상에 대해서 흔들리는 것이기 때문이다."(DhsA.260)

그 밖에 그때에 조건 따라 일어난[緣而生], 비물질인 다른 법들도 있다. — 이것이 해로운 법들이다.

[항목의 부문]

그리고 그때에는 ① 네 가지 무더기가 있고 ② 두 가지 감각장소가 있고 ③ 두 가지 요소가 있고 ④ 세 가지 음식이 있고 ⑤ 다섯 가지 기능이 있고 ⑥ 네 가지 구성요소를 가진 禪이 있고 ⑦ 세 가지 구성요소를 가진 도가 있고 ⑧ 네 가지 힘이 있고 ⑨ 한 가지 원인이 있고 ⑩ 한 가지 감각접촉이 있고 … ㉒ 한가지 법의 감각장소가 있고 ㉓ 한가지 법의 요소가 있다.

그 밖에 그때에 조건 따라 일어난[緣而生], 비물질인 다른 법들도 있다. — 이것이 해로운 법들이다. … pe(§§59~61) …

430. 무엇이 그때에 있는 '심리현상들의 무더기'인가?

감각접촉, 의도, 일으킨 생각, 지속적 고찰, 마음이 한끝으로 [집중]됨, 정진의 기능, 삼매의 기능, 생명기능, 그릇된 사유, 그릇된 정진, 그릇된 삼매, 정진의 힘, 삼매의 힘, 양심 없음의 힘, 수치심 없음의 힘, 들뜸, 어리석음, 양심 없음, 수치심 없음, 사마타, 분발, 산란하지 않음, 그 밖에 그때에 조건 따라 일어난[緣而生], 느낌의 무더기를 제외하고 인식의 무더기를 제외하고 알음알이의 무더기를 제외한 비물질인 다른 법들 — 이것이 그때에 있는 심리현상들의 무더기이다. … pe(§§414~420 / §§366~398 / 63~145) … — 이것이 해로운 법들이다.767)

767) 『청정도론』은 이렇게 설명한다.
"어리석음에 뿌리박은(mohamūla) [열한 번째와 열두 번째 해로운 마음은] 평온이 함께하고 의심과 결합되거나 들뜸과 결합된 두 가지이다. 이것은 각각 결단이 없을 때와 산란할 때(asanniṭṭhāna-vikkhepakāle) 일어난다고 알아야 한다. 이와 같이 해로운 마음은 열두 가지이다."(Vis.XIV.93)

열두 가지 해로운 마음이 [끝났다.][768]

768) "이제 이 [어리석음에 뿌리박은] 두 가지 마음에 대한 일반적인 항목에 대한 판별이 있다.
'대상에 대해서 전개되는 마음들은 몇 가지가 있는가?'라고 한다면 [의심이 함께한 것과 들뜸이 함께한 것,] 이 두 가지라고 말해야 한다. 이 가운데 의심이 함께한 것은 일정하게 전개된다. 그러나 들뜸이 함께한 것은 결심을 얻었기 때문에, 즉 [대상을] 결정하였기 때문에) 설 곳을 얻어서 전개된다. 마치 둥글고 네모난 두 개의 보석이 비탈진 곳에서 던져져서 비탈진 곳을 굴러 내릴 때 둥근 보석은 일정하게 굴러 내리고 네모난 것은 멈추고 멈추어 가면서 굴러 내린다. 이것이 여기에 적용된다고 알아야 한다."(DhsA.260~261)

이상으로 12가지 해로운 마음들을 설명한 뒤 주석서는 이들에 공통적으로 적용되는 점들을 다음과 같이 설명하고 있다.
"이 [12가지 마음들] 첫머리에서 저열한 것 등의 구분(hīnādi-bheda, 빼 마웅 틴, 234쪽 참조)은 제기되지 않았다. 이 모두는 전적으로 저열한 것이기 때문이다.
함께 생긴 지배의 [조건]도 얻을 수 있지만 제기되지 않았는데 이미 앞에서 그 방법을 보여주었기 때문이다. [이 12가지 마음에는] 지혜가 없기 때문에 여기에는 검증의 지배의 [조건]은 없다. 뒤의 두 가지(즉 어리석음에 뿌리박은 마음들)에는 나머지 [지배의 조건도] 없다. 왜? 이 둘은 [열의 등과 같은] 어떤 법을 앞에서 인도하는 것으로 하여 일어나지 않기 때문이고 『빳타나』에도 제외되어 있기 때문이다.
그런데 이들 12가지 해로운 마음들이 업을 쌓으면 들뜸이 함께한 것을 제외하고 나머지 11가지는 재생연결을 끌어서 일어나게 한다. 의심이 함께한 것은 결심(adhimokkha)을 얻지 못하여 힘이 약한데도 재생연결식을 끌어서 일으키는데, 들뜸이 함께한 것은 결심을 얻어 힘이 강한데 왜 끌어서 일어나게 하지 못하는가? 봄[見]으로써 버려야 함이 존재하지 않기(dassanena pahātabbābhāva) 때문이다(빼 마웅 틴, 57쪽 참조). 만일 이것이 재생연결식을 끌어서 일어나게 할 수 있다면 봄으로써 버려야 함이라는 용어에 대한 분석(dassanena-pahātabba-padavibhaṅga, Ptn.2:8:89, DhsAAnuṬ.130 참조)에 포함되었을 것이다. [그러나 포함되지 않았다.] 그러므로 이것을 제외하고 나머지 11가지가 [재생연결식을] 끌어서 일으킨다.

그러므로 이들 [11가지 가운데] 어떤 하나가 업을 쌓으면 그 의도에 의해서 네 가지 악처에 재생연결이 있게 된다. 해로운 과보의 [마음들] 가운데서 평온이 함께하는 원인 없는 마노의 알음알이의 요소를 통해서 재생연결을 취한다. [들뜸이 함께한] 나머지 하나의 마음을 통해서도 재생연결을 주는 것이 가능할지도 모른다. [만일 그렇다면] 이것은 [봄으로써 버려야 하는 것이다.] 그러나 이것은 그렇지 않다. 그래서 봄으로써 버려야 함이라는 용어에 대한 분

석에 나타나지 않는다."(DhsA.261)

『맛지마 니까야』 제1권 「모든 번뇌 경」 (M2)에서 세존께서는 '봄[見]으로써 버려야하는 번뇌'로 [불변하는] 존재 더미가 있다는 견해[有身見]와 의심[疑]과 계행과 의례의식에 대한 집착[戒禁取]의 세 가지 족쇄를 들고 계신다.(M2, §§5~11) 들뜸은 세 가지 족쇄에 포함되는 것이 아니라 열 가지 족쇄 가운데 아라한이 되어야 해소가 되는 높은 단계의 족쇄[上分結]에 포함된다.(M1 §99의 주해, Vis.XII. 48, S45: 180 등 참조)

제3품 결정할 수 없는[無記] 법들769)

dhammā avyākatā

769) '결정할 수 없는[無記]'은 abyākata/avyākata를 옮긴 것이다. abyākata는 육차결집본 등 미얀마 계통의 삼장과 주석서에 나타나고 avyākata는 스리랑카 계열의 삼장과 주석서에 나타나는 철자법이다. 스리랑카 본을 주요 저본으로 삼은 PTS본에는 주로 avyākata로 표기되어 있다. 그래서 초기불전연구원에서도 PTS본을 저본으로 한 니까야의 번역에서는 주로 avyākata로 표기하였다. 논장은 미얀마 육차결집본을 저본으로 하기 때문에 주로 abyākata로 표기한다. 이 둘은 전적으로 같은 단어이다.
문자적으로 abyākata/avyākata는 vi(분리해서)+ā(향하여)+√kṛ(*to do*)의 과거분사인 vyākata에다 부정접두어 a-를 첨가하여 만든 단어이다. vyākaroti는 기본적으로 '설명하다, 대답하다, 선언하다, 결정하다' 등의 뜻이 있다. 그러므로 avyākata는 설명되지 않는, 답하지 못하는, 결정하지 못하는 등의 의미를 가지며 그래서 중국에서는 무기(無記)로 옮겼다.

경에서는 주로 열 가지 설명할 수 없는 것[결정할 수 없는 것, dasa avyākatāni, 十事無記]의 문맥에서 나타나고(「설명하지 않음[無記] 상윳따」 (Avyākata-saṁyutta, S44); D9 §28; M63 등), 아비담마에서는 유익함[善]과 해로움[不善]으로 판단할 수 없는 현상을 이 용어를 써서 표현하고 있다. 아비담마에서는 유익함[善, kusala]의 범주에도 해로움[不善, akusala]의 범주에도 속하지 않는 과보로 나타난 것(vipāka)과 작용만 하는 것(kiriya)과 물질과 열반의 네 가지를 이 영역에 포함시키고 있다(본서 §583과 DhsA.261 참조).

영어로 abyākata/avyākata는 *unexplained*와 *indeterminate*의 두 가지로 정착이 되고 있다. 초기불전연구원에서도 크게 두 가지로 옮겼는데 하나는 니까야에서는 주로 '설명할 수 없는[無記]'으로 옮겼고 『청정도론』과 『아비담마 길라잡이』에서는 '결정할 수 없는[無記]'으로 옮겼으며 둘을 혼용해서 쓰고 있다. 이는 각각 영역본의 두 가지를 반영한 것이라 할 수 있다. 특히 리스 데이비즈 여사는 『담마상가니』 영역본에서, 그리고 냐나몰리 스님은 『청정도론』의 영역본에서 공히 *indeterminate*로 옮기고 있다. 초기불전연구원에서도 『청정도론』과 『아비담마 길라잡이』에서 '결정할 수 없는[無記]'으로 옮겼으며 본서에서도 '결정할 수 없는[無記]'으로 통일해서 옮기고 있다. 결정할 수 없다는 말은 유익함과 해로움으로 결정할 수 없다는 의미이다.

제1장 과보로 나타난[770] 결정할 수 없는[無記] 마음

vipāka-abyākata

1. 유익한 과보로 나타난 결정할 수 없는 마음

(1) 욕계 과보의 마음

① 유익한 과보로 나타난 다섯 가지 알음알이들[前五識]

ⓐ 눈의 알음알이[眼識]

431. 무엇이 '결정할 수 없는[無記] 법들'(ma3-1-c)인가?[771]

욕계의 유익한 업[772]을 지었고 쌓았기 때문에,[773] ① 형색을 대상으

---

770) 본서에서 '과보로 나타난 마음'은 vipāka[-citta]를 풀어서 옮긴 것이다. 문맥에 따라서 '과보의 마음'으로 옮기기도 하고 '과보로 나타난 마음'으로 풀어서 옮기기도 하였을 뿐, '과보로 나타난 마음'과 '과보의 마음'은 전적으로 같은 말이다.

771) "이제 결정할 수 없는 것[無記]에 대한 용어를 구분하기 위해서 '무엇이 결정할 수 없는 법들인가(katame dhammā abyākatā)?'라는 등을 시작하셨다. 여기서 네 가지로 구분되는 결정할 수 없는 마음이 있다. — 그것은 ① 과보로 나타난 것(vipāka), ② 작용만 하는 것(kiriya), ③ 물질(rūpa), ④ 열반(nibbāna)이다.
이 가운데서도 과보로 나타난 결정할 수 없는 것(vipākābyākata)이 있고, 과보로 나타난 결정할 수 없는 것 가운데서도 유익한 과보로 나타난 것(kusala-vipāka)이 있다. 이 가운데서도 제한된 과보로 나타난 것(paritta-vipāka)이 있고, 이 가운데서도 원인 없는 것(ahetuka)이 있고, 이 가운데서도 다섯 가지 알음알이(pañca-viññāṇa)가 있고, 이 가운데서도 문의 순서(dvāra-paṭipāṭi)에 의해서 눈의 알음알이(cakkhu-viññāṇa)가 있다." (DhsA.261)

772) '업(kamma)'에 대해서는 본서 해제 §4-(3)(124~127쪽)을 참조할 것. 상좌부 아비담마에서는 업을 16가지로 분류하여 설명하는데 불교의 업설(業說, kammakathā)을 이해하는 가장 중요한 설명이다. 자세한 것은 『아비담마 길라잡이』 제5장 §18이하 III. 네 가지 업을 참조할 것.

로 하여 평온이 함께하는 과보로 나타난 눈의 알음알이774)가 일어날 때,

---

773) "문과 대상 등의 공통되는 조건을 제외하고 이것과 공통되지 않는 업의 조건(asādhāraṇa-kamma-paccaya)을 통해서 일어나는 것을 밝히기 위해서 '욕계의 유익한 업을 지었고 쌓았기 때문에(kāmāvacarassa kusalassa kammassa katattā upacitattā)'라고 말씀하셨다. 여기서 '지었기 때문에(katattā)'라는 것은 지은 것을 이유로 해서(kata-kāraṇā)라는 말이다. '쌓았기 때문에(upacitattā)'라는 것은 모았기 때문에, 즉 증가된 이유를 말한다."(DhsA.262)

한편 "욕계의 유익한 업을 지었고 쌓았기 때문에(kammassa katattā upa-citattā) … 과보로 나타난 눈의 알음알이가 일어날 때"(§431)라는 본서의 이 구절은 12연기를 설명하는 『청정도론』 제17장에도 인용되어 나타난다. 『청정도론』은 업(kamma)을 의미하는 12연기의 두 번째 항목인 [업] 형성들[行, saṅkhārā]을 설명하면서 [업] 형성들은 "존재하기 때문이거나(vijamānatā) 존재하지 않기 때문이 아니라 '지었기 때문에(katattā)' 자기 결과에게 조건이 된다."(Vis.XVII.174)라고 강조하고 있다. 그리고 업을 의미하는 이 [업] 형성은 "능력에 맞게 자기의 결과에게 조건이 되고나면 또 다시 결과를 일으키지 않는다. 이미 결과를 내었기 때문이다."(*Ibid.*)라고 빚보증 등의 비유(pāṭibhogādika nidassana)를 들어서 설명하고 있는데 업의 특징을 설명하는 중요한 문단이므로 참조하기 바란다.

774) "'눈의 알음알이(cakkhu-viññāṇa)'라는 것은 ① 이유가 되는(kāraṇa-bhūta) 눈의 알음알이, ② 혹은 눈으로부터 전개되는(pavatta) 알음알이, ③ 혹은 눈에 의지해 있는(nissita) 알음알이라고 해서 눈의 알음알이이다. 다음의 '귀의 알음알이(sota-viññāṇa)' 등에 대해서도 이 방법이 적용된다."(DhsA.262)

계속해서 주석서와 『청정도론』은 다음과 같이 다섯 가지 알음알이를 설명하고 있다.
"이 가운데서 '눈의 알음알이[眼識]는 ㉠ 눈의 [감성을] 의지하여 형색을 식별하는 특징을 가진다. ㉡ 오직 형색만 그 대상으로 가지는 역할을 한다. ㉢ 형색과 대면함으로써 나타난다. ㉣ 형색을 대상으로 가지는 작용만 하는 마노의 요소(오문전향의 마음)의 사라짐(인식과정에서 오문전향의 마음이 사라진 뒤 안식이 일어나기 때문임)이 가까운 원인이다.
귀·코·혀·몸의 알음알이는 ㉠ 귀 등의 [감성을] 의지하여 소리 등을 식별하는 특징을 가진다. ㉡ 오직 소리 등을 그 대상으로 가지는 역할을 한다. ㉢ 소리 등과 대면함으로써 나타난다. ㉣ 소리 등을 대상으로 가지는 작용만 하는 마노의 요소(오문전향의 마음)의 사라짐이 가까운 원인이다."(DhsA.262 = Vis.XIV.96)

그때에 감각접촉이 있고 느낌이 있고 인식이 있고 의도가 있고 마음이 있고 평온이 있고 마음이 한끝으로 [집중]됨이 있고 마노의 기능이 있고 평온의 기능이 있고 생명기능이 있다.

그 밖에 그때에 조건 따라 일어난[緣而生], 비물질인 다른 법들도 있다. — 이것이 결정할 수 없는[無記] 법들이다.775)

432. 무엇이 그때에 있는 '감각접촉'인가?

그때에 있는 감각접촉, 접촉함, 맞닿음, 맞닿은 상태 — 이것이 그때에 있는 감각접촉이다.

433. 무엇이 그때에 있는 '느낌'인가?

그때에 있는 그것에 적합한 눈의 알음알이의 요소의 감각접촉에서 생긴 정신적인 만족감도 불만족감도 아니고 정신의 감각접촉에서 생긴 괴롭지도 즐겁지도 않게 느껴지는 것, 정신의 감각접촉에서 생긴 괴롭지도 즐겁지도 않은 느낌 — 이것이 그때에 있는 느낌이다.

434. 무엇이 [88] 그때에 있는 '인식'인가?

그때에 있는 그것에 적합한 눈의 알음알이의 요소의 감각접촉에서 생긴 인식, 인식함, 인식된 상태 — 이것이 그때에 있는 인식이다.

435. 무엇이 그때에 있는 '의도'인가?

그때에 있는 그것에 적합한 눈의 알음알이의 요소의 감각접촉에서

---

775) "여기서 단어의 순서에 의해서 10가지 용어들이 있다. 중복된 것을 제외시킴으로서 7가지가 된다. 이 [7가지] 가운데 다섯 가지 더 분류할 수 없는 것(한 곳에만 나타나는 것)과 두 가지 더 분류할 수 있는 것(여러 곳에 나타나는 것)이 있다. 이들 가운데 마음은 감각접촉을 다섯 번째로 하는 것을 통해서와 기능을 통해서 두 가지 경우로 분류가 된다. 느낌은 감각접촉을 다섯 번째로 하는 것과 禪의 구성요소와 기능을 통해서 세 가지로 분류가 된다. 모음들도 이들 셋이 있다. 그밖에들(예와빠나까)은 오직 하나, 마음에 잡도리함[作意, manasikāra]만 있다."(DhsA.262)

생긴 의도, 의도함, 의도된 상태 — 이것이 그때에 있는 의도이다.

436. 무엇이 그때에 있는 '마음'인가?

그때에 있는 마음, 마노[意], 정신작용, 심장, 깨끗한 것,[776] 마노, 마노의 감각장소, 마노의 기능, 알음알이, 알음알이의 무더기, 그것에 적합한 눈의 알음알이의 요소 — 이것이 그때에 있는 마음이다.

437. 무엇이 그때에 있는 '평온'인가?

그때에 있는 정신적인 만족감도 불만족감도 아니고 정신의 감각접촉에서 생긴 괴롭지도 즐겁지도 않게 느껴지는 것, 정신의 감각접촉에서 생긴 괴롭지도 즐겁지도 않은 느낌 — 이것이 그때에 있는 평온이다.

438. 무엇이 그때에 있는 '마음이 한끝으로 [집중]됨'인가?

그때에 있는 마음의 머묾[777] — 이것이 그때에 있는 마음이 한끝으로 [집중]됨이다.

439. 무엇이 그때에 있는 '마노의 기능'인가?

---

776) "눈의 알음알이를 '깨끗한 것(paṇḍara)'이라고 한 것은 토대를 통해서 말한 것이다. 유익한 것은 자신의 청정함 때문에, 해로운 것은 바왕가에서 나왔기 때문에, 과보로 나타난 것은 토대를 통해서 깨끗하기 때문에 깨끗한 것이다." (DhsA.262)

777) 여기서도 '마음의 머묾(cittassa ṭhiti)'을 제외하고 마음이 한끝으로 [집중]됨 혹은 삼매의 정형구에 항상 포함되어 나타나는 '잘 머묾, 확고함, 산만하지 않음, 산란하지 않음, 산만하지 않은 마음 상태, 사마타, 삼매의 기능, 삼매의 힘, 그릇된 삼매'(§11 등)가 나타나지 않는다.(§566의 네 번째 주해도 참조할 것.)

주석서는 다음과 같이 설명한다.
"마음이 한끝으로 [집중]됨의 해설에서 '마음의 머묾(cittassa ṭhiti)'이라는 한 가지 용어만 설하셨다. 이 마음도 힘이 미약하기(dubbala) 때문에 일어나고 머무는 것만이 얻어진다. 그래서 잘 머묾과 확고함의 상태는 얻을 수가 없다."(DhsA.262)

그때에 있는 마음, 마노[意], 정신작용, 심장, 깨끗한 것, 마노, 마노의 감각장소, 마노의 기능, 알음알이, 알음알이의 무더기, 그것에 적합한 눈의 알음알이의 요소 — 이것이 그때에 있는 마노의 기능이다.

440. 무엇이 그때에 있는 '평온의 기능'인가?

그때에 있는 정신적인 만족감도 불만족감도 아니고 정신의 감각접촉에서 생긴 괴롭지도 즐겁지도 않게 느껴지는 것, 정신의 감각접촉에서 생긴 괴롭지도 즐겁지도 않은 느낌 — 이것이 그때에 있는 평온의 기능이다.

441. 무엇이 그때에 있는 '생명기능'인가?

그때에 있는 비물질인 법들의 수명, 머묾, 지속, 유지, 나아감, 계속됨, 보존, 생명, 생명기능 — 이것이 그때에 있는 생명기능이다.

그 밖에 그때에 조건 따라 일어난[緣而生], 비물질인 다른 법들도 있다. — 이것이 결정할 수 없는[無記] 법들이다.

[항목의 부문]

그리고 그때에는 네 가지 무더기가 있고 두 가지 감각장소가 있고 두 가지 요소가 있고 세 가지 음식이 있고 세 가지 기능이 있고 한 가지 감각접촉이 있고 … pe(§58) … 한 가지 눈의 알음알이의 요소가 있고 한 가지 법의 감각장소가 있고 한 가지 법의 요소가 있다. [89]

그 밖에 그때에 조건 따라 일어난[緣而生], 비물질인 다른 법들도 있다. — 이것이 결정할 수 없는[無記] 법들이다.[778] … pe(*cf.* §§59~61) …

---

778) "길라잡이의 부문(항목의 부문)에서 禪의 구성요소와 도의 구성요소는 상정되지 않았다. 왜? 일으킨 생각이 완결된 것이 禪이고 원인이 완결된 것이 도이기 때문이다. 원래 일으킨 생각이 없는 마음에서 禪의 구성요소는 얻어지지 않고 원인 없는 마음에서 도의 구성요소는 얻어지지 않는다. 그래서 여기서도 이 둘은 상정되지 않았다.

442. 무엇이 그때에 있는 '심리현상들의 무더기'인가?

감각접촉, 의도, 마음이 한끝으로 [집중]됨, 생명기능, 그 밖에 그때에 조건 따라 일어난[緣而生], 느낌의 무더기를 제외하고 인식의 무더기를 제외하고 알음알이의 무더기를 제외한 비물질인 다른 법들 — 이것이 그때에 있는 심리현상들의 무더기이다. … pe(*cf.* §§63~145) … — 이것이 결정할 수 없는[無記] 법들이다.

ⓑ 귀의 알음알이부터 몸의 알음알이까지

443. 무엇이 결정할 수 없는[無記] 법들인가?

욕계의 유익한 업을 지었고 쌓았기 때문에, ② 소리를 대상으로 하여 평온이 함께하는 과보로 나타난 귀의 알음알이가 일어날 때 … ③ 냄새를 대상으로 하여 평온이 함께하는 과보로 나타난 코의 알음알이가 일어날 때 … ④ 맛을 대상으로 하여 평온이 함께하는 과보로 나타난 혀의 알음알이가 일어날 때 … ⑤ 감촉을 대상으로 하여 즐거움[779]이 함께하

심리현상들의 무더기(§442)도 [감각접촉, 의도, 마음이 한끝으로 [집중]됨, 생명기능의] 네 가지 구성요소를 가진 것으로만 분류되었다. 공함의 부문은 그 뜻이 분명하다. 귀의 알음알이 등의 해설(§443)에서도 이 방법이 적용된다고 알아야 한다."(DhsA.262~263)

779) "오직 눈의 알음알이 등에서는 '평온(upekkhā)'이 배당되었고 '몸의 알음알이(kāya-viññāṇa)'에는 '즐거움(sukha)'이 배당되었다. 다음이 여기서 특별한 점이다. 이것은 충돌(ghaṭṭana)을 통해서 그러하다고 알아야 한다. 눈 등의 네 가지 문에서는 파생된 물질이 파생된 물질과 충돌하는데 파생된 물질이 파생된 물질과 충돌하면 충돌하는 마찰(paṭighaṭṭanā-nighaṁsa)이 강하지 않다. 이것은 마치 네 가지 모루 위에 네 뭉치의 목화솜를 올려놓고 목화 뭉치로 두드리는 때와 같아서 단지 닿는 것만(phuṭṭhamatta) 있을 뿐이다. 느낌은 중립의 위치에 서 있다.

그러나 몸의 문에서 밖의 근본물질인 대상이 안의 몸의 감성과 충돌하면 감성을 조건으로 하는 근본물질들에 부딪히게 된다. 이것은 마치 모루의 위에 목화솜 뭉치를 올려놓고 망치로 두드리는 때와 같아서 목화솜 뭉치를 부수고

는 과보로 나타난 몸의 알음알이가 일어날 때,[780] 그때에 감각접촉이 있고 느낌이 있고 인식이 있고 의도가 있고 마음이 있고 즐거움이 있고 마음이 한끝으로 [집중]됨이 있고 마노의 기능이 있고 즐거움의 기능이 있고 생명기능이 있다.

그 밖에 그때에 조건 따라 일어난[緣而生], 비물질인 다른 법들도 있다. — 이것이 결정할 수 없는[無記] 법들이다.

444. 무엇이 그때에 있는 '감각접촉'인가?

그때에 있는 감각접촉, 접촉함, 맞닿음, 맞닿은 상태 — 이것이 그때에 있는 감각접촉이다.

445. 무엇이 그때에 있는 '느낌'인가?

그때에 있는 그것에 적합한 몸의 알음알이의 요소의 감각접촉에서 생긴 육체적인 만족감, 육체적인 즐거움, 몸의 감각접촉에서 생긴 만족하고 즐겁게 느껴지는 것, 몸의 감각접촉에서 생긴 만족하고 즐거운 느낌 — 이것이 그때에 있는 느낌이다.

바로 둔탁하게 모루를 치게 되어 이때 마찰은 아주 강한 것과 같다. 이와 같이 충돌하는 마찰은 강하다.
원하는 대상에 대해서는 즐거움이 함께한 몸의 알음알이가 일어나고 원하지 않는 대상에 대해서는 괴로움이 함께한 몸의 알음알이가 일어난다."(DhsA.263)

780) "그런데 이 다섯 가지 마음들의 토대와 문과 대상은 정해진 것이다. 여기서 이들에게는 토대 등을 넘어서는 것이란 있지 않다. 유익한 과보로 나타난 눈의 알음알이는 눈의 감성을 토대로 하여 원하거나 중간쯤으로 원하는, 네 가지 원인에서 생긴 형색이라는 대상에 대해서 보는 역할을 성취하면서 눈의 문에 서서 과보로 나타나게 된다.
유익한 과보로 나타난 귀의 알음알이 등은 귀의 감성 등을 토대로 하여 원하거나 중간쯤으로 원하는 소리 등이라는 대상에 대해서 듣고 냄새 맡고 맛보고 감촉하는 역할을 성취하면서 귀 등의 문에 서서 과보로 나타나게 된다. 그런데 여기서 소리는 두 가지 원인에서 생긴 것이다."(DhsA.263)

446. 무엇이 그때에 있는 '인식' 인가?

그때에 있는 그것에 적합한 몸의 알음알이의 요소의 감각접촉에서 생긴 인식, 인식함, 인식된 상태 — 이것이 그때에 있는 인식이다.

447. 무엇이 그때에 있는 '의도' 인가?

그때에 있는 그것에 적합한 몸의 알음알이의 요소의 감각접촉에서 생긴 의도, 의도함, 의도된 상태 — 이것이 그때에 있는 의도이다.

448. 무엇이 [90] 그때에 있는 '마음' 인가?

그때에 있는 마음, 마노[意], 정신작용, 심장, 깨끗한 것, 마노, 마노의 감각장소, 마노의 기능, 알음알이, 알음알이의 무더기, 그것에 적합한 몸의 알음알이의 요소 — 이것이 그때에 있는 마음이다.

449. 무엇이 그때에 있는 '즐거움' 인가?781)

그때에 있는 몸의 알음알이의 요소의 감각접촉에서 생긴 육체적인 만족감, 육체적인 즐거움, 몸의 감각접촉에서 생긴 만족하고 즐겁게 느껴지는 것, 몸의 감각접촉에서 생긴 만족하고 즐거운 느낌 — 이것이 그때에 있는 즐거움이다.

450. 무엇이 그때에 있는 '마음이 한끝으로 [집중]됨' 인가?

그때에 있는 마음의 머묾 — 이것이 그때에 있는 마음이 한끝으로 [집중]됨이다.

451. 무엇이 그때에 있는 '마노의 기능' 인가?

그때에 있는 마음, 마노[意], 정신작용, 심장, 깨끗한 것, 마노, 마노의 감각장소, 마노의 기능, 알음알이, 알음알이의 무더기, 그것에 적합한 몸

781) §437의 평온 대신에 여기서는 즐거움이 언급되고 있다.

의 알음알이의 요소 — 이것이 그때에 있는 마노의 기능이다.

452. 무엇이 그때에 있는 '즐거움의 기능'인가?[782)]

그때에 있는 몸의 알음알이의 요소의 감각접촉에서 생긴 육체적인 만족감, 육체적인 즐거움, 몸의 감각접촉에서 생긴 만족하고 즐겁게 느껴지는 것, 몸의 감각접촉에서 생긴 만족하고 즐거운 느낌 — 이것이 그때에 있는 즐거움의 기능이다.

453. 무엇이 그때에 있는 '생명기능'인가?

그때에 있는 비물질인 법들의 수명, 머묾, 지속, 유지, 나아감, 계속됨, 보존, 생명, 생명기능 — 이것이 그때에 있는 생명기능이다.

그 밖에 그때에 조건 따라 일어난[緣而生], 비물질인 다른 법들도 있다. — 이것이 결정할 수 없는[無記] 법들이다.

[항목의 부문]

그리고 그때에는 네 가지 무더기가 있고 두 가지 감각장소가 있고 두 가지 요소가 있고 세 가지 음식이 있고 세 가지 기능이 있고

한 가지 감각접촉이 있고 … pe(§58) … 한 가지 몸의 알음알이의 요소가 있고 한 가지 법의 감각장소가 있고 한 가지 법의 요소가 있다.

그 밖에 그때에 조건 따라 일어난[緣而生], 비물질인 다른 법들도 있다. — 이것이 결정할 수 없는[無記] 법들이다. … pe(*cf.* §§59~61) …

454. 무엇이 그때에 있는 '심리현상들의 무더기'인가?

감각접촉, 의도, 마음이 한끝으로 [집중]됨, 생명기능, 그 밖에 그때에 조건 따라 일어난[緣而生], 느낌의 무더기를 제외하고 인식의 무더기를 제외하고 알음알이의 무더기를 제외한 비물질인 다른 법들 — 이것이 그때에 있는 심리현상들의 무더기이다. … pe(*cf.* §§63~145) … — 이것

---

782) §440의 평온의 기능 대신에 즐거움의 기능이 나타난다.

이 결정할 수 없는[無記] 법들이다.

유익한 과보로 나타난 다섯 가지 알음알이들[前五識]이 [끝났다.]

② 유익한 과보로 나타난 마노의 요소

455. 무엇이 [91] 결정할 수 없는[無記] 법들인가?

욕계의 유익한 업을 지었고 쌓았기 때문에, 형색을 대상으로 하거나 … 감촉을 대상으로 하거나783) 그 어떤 것을 대상으로 하여 평온이 함께하는 과보로 나타난 마노의 요소[意界]784)가 일어날 때, 그때에 감각접촉이 있고 느낌이 있고 인식이 있고 의도가 있고 마음이 있고 일으킨 생각이 있고 지속적 고찰이 있고 평온이 있고 마음이 한끝으로 [집중]됨이 있고 마노의 기능이 있고 평온의 기능이 있고 생명기능이 있다.

그 밖에 그때에 조건 따라 일어난[緣而生], 비물질인 다른 법들도 있

---

783) 『청정도론』은 "마노의 요소는 일어나는 것에 따르면 눈의 알음알이 등의 앞서가는 자와 뒤따라가는 자와 같다고 보아야 한다."(Vis.XV.42)라고 밝히고 있다. 여기서 '앞서가는 자와 뒤따라가는 자'로 옮긴 'purecara-anucarā'는 마노의 요소를 정의하는 아주 잘 알려진 구절이다. 오문 인식과정에서 마노의 요소는 전오식의 앞과 뒤의 바로 두 군데에서만 나타나는데서 연유한 말이다.
마노의 요소가 전오식을 앞서갈 때에는 전향하는 마음(āvajjana)의 역할을 하고 뒤따라갈 때에는 받아들이는 마음(sampaṭicchana)의 역할을 한다. (『아비담마 길라잡이』 제4장 <도표 4.1> 눈의 문에서의 인식과정을 참조할 것.) 그래서 여기서 마노의 요소가 일어날 때는 형색부터 감촉까지의 다섯 가지 대상만이 언급되고 있다.

784) "마노의 요소의 해설에서 고유성질과 공함과 중생이 아님이라는 뜻에서 마노가 바로 요소라고 해서 '마노의 요소(manodhātu)'이다. 이것은 ㉠ 눈의 알음알이 등의 바로 다음에 [일어나며] 형색 등을 식별하는 특징을 가진다. ㉡ 형색 등을 받아들이는 역할을 한다. ㉢ 그러한 상태로 나타난다(즉 형색 등을 받아들이는 것으로 나타난다는 뜻임). ㉣ 눈의 알음알이 등의 사라짐이 가까운 원인이다."(DhsA.263, *cf.* Vis.XIV.97)
이 마노의 요소는 『아비담마 길라잡이』에서는 ㉕ 받아들이는 마음으로 명명되고 있다.(『아비담마 길라잡이』 제3장 §6 등을 참조할 것.)

다. — 이것이 결정할 수 없는[無記] 법들이다.785)

456. 무엇이 그때에 있는 '감각접촉'인가?

그때에 있는 감각접촉, 접촉함, 맞닿음, 맞닿은 상태 — 이것이 그때에 있는 감각접촉이다.

457. 무엇이 그때에 있는 '느낌'인가?

그때에 있는 그것에 적합한 마노의 요소의 감각접촉에서 생긴 정신적인 만족감도 불만족감도 아니고 정신의 감각접촉에서 생긴 괴롭지도 즐겁지도 않게 느껴지는 것, 정신의 감각접촉에서 생긴 괴롭지도 즐겁지도 않은 느낌 — 이것이 그때에 있는 느낌이다.

458. 무엇이 그때에 있는 '인식'인가?

그때에 있는 그것에 적합한 마노의 요소의 감각접촉에서 생긴 인식, 인식함, 인식된 상태 — 이것이 그때에 있는 인식이다.

459. 무엇이 그때에 있는 '의도'인가?

그때에 있는 그것에 적합한 마노의 요소의 감각접촉에서 생긴 의도, 의도함, 의도된 상태 — 이것이 그때에 있는 의도이다.

460. 무엇이 그때에 있는 '마음'인가?

그때에 있는 마음, 마노[意], 정신작용, 심장, 깨끗한 것, 마노, 마노의 감각장소, 마노의 기능, 알음알이, 알음알이의 무더기, 그것에 적합한 마노의 요소 — 이것이 그때에 있는 마음이다.

---

785) "여기서 법의 개요에는 12가지 용어들이 있다. 중복된 것을 제외시킴으로서 9가지가 된다. 이 [9가지] 가운데 7가지 더 분류할 수 없는 것과 두 가지 더 분류할 수 있는 것이 있다. 그밖에들은 결심(adhimokkha)과 마음에 잡도리 함(manasikāra)의 두 가지이다.
그런데 이 마음은 유익한 것도 아니고 해로운 것도 아니기 때문에 바른 사유라거나 그릇된 사유라고 말하지 못한다."(DhsA.264)

461. 무엇이 그때에 있는 '일으킨 생각'인가?

그때에 있는 생각, 일으킨 생각, 사유, 전념, 몰입, 마음을 [대상에] 겨냥하게 함,[786] 바른 사유 — 이것이 그때에 있는 일으킨 생각이다.

462. 무엇이 그때에 있는 '지속적 고찰'인가?

그때에 있는 고찰, 지속적 고찰, 탐구, 추구, 마음을 매어둠, 숙고함 — 이것이 그때에 있는 지속적 고찰이다.

463. 무엇이 그때에 있는 '평온'인가?

그때에 있는 [92] 정신적인 만족감도 불만족감도 아니고 정신의 감각접촉에서 생긴 괴롭지도 즐겁지도 않게 느껴지는 것, 정신의 감각접촉에서 생긴 괴롭지도 즐겁지도 않은 느낌 — 이것이 그때에 있는 평온이다.

464. 무엇이 그때에 있는 '마음이 한끝으로 [집중]됨'인가?

그때에 있는 마음의 머묾 — 이것이 그때에 있는 마음이 한끝으로 [집중]됨이다.[787]

465. 무엇이 그때에 있는 '마노의 기능'인가?

그때에 있는 마음, 마노[意], 정신작용, 심장, 깨끗한 것, 마노, 마노의 감각장소, 마노의 기능, 알음알이, 알음알이의 무더기, 그것에 적합한 마노의 요소 — 이것이 그때에 있는 마노의 기능이다.

466. 무엇이 그때에 있는 '평온의 기능'인가?

그때에 있는 정신적인 만족감도 불만족감도 아니고 정신의 감각접촉

---

786) "여기 일으킨 생각의 해설에서 [언급되는] 이 '일으킨 생각(vitakka)'은 [마음을 대상에] 겨냥하게 하여 확립된다."(DhsA.264)

787) "길라잡이의 부문(항목의 무문)에서 禪의 구성요소는 얻어질 수 있지만 다섯 가지 알음알이의 흐름(viññāṇa-sota)에 포함되어 나타난다. 도의 구성요소는 결코 얻어지지 않으므로 상정되지 않았다."(DhsA.264)

에서 생긴 괴롭지도 즐겁지도 않게 느껴지는 것, 정신의 감각접촉에서 생긴 괴롭지도 즐겁지도 않은 느낌 — 이것이 그때에 있는 평온의 기능이다.

467. 무엇이 그때에 있는 '생명기능'인가?

그때에 있는 비물질인 법들의 수명, 머묾, 지속, 유지, 나아감, 계속됨, 보존, 생명, 생명기능 — 이것이 그때에 있는 생명기능이다.

그 밖에 그때에 조건 따라 일어난[緣而生], 비물질인 다른 법들도 있다. — 이것이 결정할 수 없는[無記] 법들이다.

[항목의 부문]

그리고 그때에는 네 가지 무더기가 있고 두 가지 감각장소가 있고 두 가지 요소가 있고 세 가지 음식이 있고 세 가지 기능이 있고 한 가지 감각접촉이 있고 … 한 가지 마노의 요소가 있고 한 가지 법의 감각장소가 있고 한 가지 법의 요소가 있다.

그 밖에 그때에 조건 따라 일어난[緣而生], 비물질인 다른 법들도 있다. — 이것이 결정할 수 없는[無記] 법들이다. … pe(*cf* §§59~61) …

468. 무엇이 그때에 있는 '심리현상들의 무더기'인가?

감각접촉, 의도, 일으킨 생각, 지속적 고찰, 마음이 한끝으로 [집중]됨, 생명기능, 그 밖에 그때에 조건 따라 일어난[緣而生], 느낌의 무더기를 제외하고 인식의 무더기를 제외하고 알음알이의 무더기를 제외한 비물질인 다른 법들 — 이것이 그때에 있는 심리현상들의 무더기이다. … pe(*cf* §§63~145) … — 이것이 결정할 수 없는[無記] 법들이다.

유익한 과보로 나타난 마노의 요소가 [끝났다.][788]

---

788) "공함의 부문은 그 뜻이 분명하다. 이 마음의 토대는 단지 심장토대(hadaya-vatthu)로 정해져 있다.

③ 유익한 과보로 나타난 마노의 알음알이의 요소789)

ⓐ 기쁨이 함께하는 경우

469. 무엇이 결정할 수 없는[無記] 법들인가?

욕계의 유익한 업을 지었고 쌓았기 때문에, 형색을 대상으로 하거나 … 법을 대상으로 하거나 그 어떤 것을 대상으로 하여 기쁨이 함께하는 과보로 나타난 마노의 알음알이의 요소[意識界]가 일어날 때, [93] 그때에 감각접촉이 있고 느낌이 있고 인식이 있고 의도가 있고 마음이 있고

문과 대상은 정해지지 않았다. 여기서 문과 대상은 바뀔 수 있지만 장소는 하나이다. 이것은 받아들이는 역할을 가지기 때문이다. 이것은 다섯 가지 문[五門]에서 다섯 가지 대상들에 대해서 이들을 받아들인 뒤에 과보로 나타나기 때문이다. 유익한 과보로 나타난 눈의 알음알이 등이 소멸할 때에 이 바로 뒤에) [이 마노의 요소는] 이들 장소에 도달한 형색 등의 대상을 받아들인다." (DhsA.264)

789) "유익한 과보로 나타난 마노의 알음알이의 요소(kusalavipāka-mano-viññāṇadhātu)의 해설에서 [기쁨이 함께하는] 첫 번째 마노의 알음알이의 요소(§469이하)에는 '희열(pīti)'이라는 용어가 추가 되었다. 느낌도 '기쁜(somanassasa)' 느낌이다. 이것은 원하는 대상에 대해서 일어나기 때문에 [기쁜 느낌]이다.
[평온이 함께하는]두 번째 마노의 알음알이의 요소(§484이하)는 중간쯤으로 원하는 대상에서 일어난다. 그러므로 거기서는 '평온한(upekkhā)' 느낌이다. 용어들은 마노의 요소의 해설과 같다. 두 곳에서 모두 다섯 가지 알음알이의 흐름에 포함되어 나타나기 때문에 禪의 구성요소는 상정되지 않았다. 도의 구성요소는 얻어지지 않는다."(DhsA.264)

이 두 가지 마노의 알음알이의 요소는 『아비담마 길라잡이』에서는 각각 ㉖ 기쁨이 함께하는 조사하는 마음과 ㉗ 평온이 함께하는 조사하는 마음으로 명명되고 있다. 계속해서 주석서와 『청정도론』은 이렇게 설명을 이어가고 있다.

"이 두 가지 마노의 알음알이의 요소는 원인 없는 과보로 나타난 마음이다. 이 둘은 ㉠ 여섯 가지 대상을 식별(識別)하는 특징을 가지고 ㉡ 조사하는 등의 역할을 한다. ㉢ 그러한 상태로 나타난다. ㉣ 심장토대가 가까운 원인이다."(DhsA.264, *cf* Vis.XIV.97)

일으킨 생각이 있고 지속적 고찰이 있고 희열이 있고 행복이 있고 마음이 한끝으로 [집중]됨이 있고 마노의 기능이 있고 기쁨의 기능이 있고 생명기능이 있다.

그 밖에 그때에 조건 따라 일어난[緣而生], 비물질인 다른 법들도 있다. — 이것이 결정할 수 없는[無記] 법들이다.790)

470. 무엇이 그때에 있는 '감각접촉'인가?

그때에 있는 감각접촉, 접촉함, 맞닿음, 맞닿은 상태 — 이것이 그때에 있는 감각접촉이다.

471. 무엇이 그때에 있는 '느낌'인가?

그때에 있는 그것에 적합한 마노의 알음알이의 요소의 감각접촉에서 생긴 정신적인 만족감, 정신적인 즐거움, 정신의 감각접촉에서 생긴 만족하고 즐겁게 느껴지는 것, 정신의 감각접촉에서 생긴 만족하고 즐거운 느낌 — 이것이 그때에 있는 느낌이다.

---

790) "여기서 첫 번째 [마노의 알음알이의 요소]는 두 곳에서 과보로 나타난다. ① 다섯 가지 문에서 유익한 과보로 나타난 눈의 알음알이 등의 바로 다음에 과보로 나타난 마노의 요소가 일어나서 바로 그 대상을 받아들인 뒤에 소멸하는데 바로 그 대상에 대해서 조사하는 역할을 실행하면서 다섯 가지 문에 서서 과보로 나타난다.
② 그러나 여섯 가지 문에서 강한 대상에 대해서는 등록하는 마음이 되어서 과보로 나타난다.
어떻게? 마치 급류에서 배가 [강을] 건너갈 때에 그 물은 갈라져조금 뒤에서 배를 따라가면서 흐름을 따라가듯이 그와 같이 여섯 가지 문에서 강한 대상이 유혹을 하면서 나타나면 속행(자와나)이 일어난다. 이 자와나가 끝나면 바왕가의 차례이다. 그런데 이 마음은 바왕가에게 차례를 주지 않고 자와나가 취한 대상을 대상으로 취한 뒤 한 번 혹은 두 번의 마음의 차례에서 일어나서 바왕가에 끼어든다. 소의 무리가 강을 건널 때처럼 비유를 상세하게 적용시켜야 한다.
이와 같이 자와나가 취한 대상을 그의 대상으로 취하기함 때문에 등록(tad-ārammaṇa, 문자적으로는 그것을 대상으로 가짐이라는 뜻임)이라는 것이 되어서 과보로 나타난다."(DhsA.264~265)

472. 무엇이 그때에 있는 '인식' 인가?

그때에 있는 그것에 적합한 마노의 알음알이의 요소의 감각접촉에서 생긴 인식, 인식함, 인식된 상태 — 이것이 그때에 있는 인식이다.

473. 무엇이 그때에 있는 '의도' 인가?

그때에 있는 그것에 적합한 마노의 알음알이의 요소의 감각접촉에서 생긴 의도, 의도함, 의도된 상태 — 이것이 그때에 있는 의도이다.

474. 무엇이 그때에 있는 '마음' 인가?

그때에 있는 마음, 마노[意], 정신작용, 심장, 깨끗한 것, 마노, 마노의 감각장소, 마노의 기능, 알음알이, 알음알이의 무더기, 그것에 적합한 마노의 알음알이의 요소 — 이것이 그때에 있는 마음이다.

475. 무엇이 그때에 있는 '일으킨 생각' 인가?

그때에 있는 생각, 일으킨 생각, 사유, 전념, 몰입, 마음을 [대상에] 겨냥하게 함, 바른 사유 — 이것이 그때에 있는 일으킨 생각이다.

476. 무엇이 그때에 있는 '지속적 고찰' 인가?

그때에 있는 고찰, 지속적 고찰, 탐구, 추구, 마음을 매어둠, 숙고함 — 이것이 그때에 있는 지속적 고찰이다.

477. 무엇이 그때에 있는 '희열' 인가?

그때에 있는 희열, 환희, 기뻐함, 기꺼워함, 미소, 함박웃음, 경사로움, 의기양양함, 마음이 흡족함 — 이것이 그때에 있는 희열이다.

478. 무엇이 [94] 그때에 있는 즐거움' 인가?

그때에 있는 정신적인 만족감, 정신적인 즐거움, 정신의 감각접촉에서 생긴 만족하고 즐겁게 느껴지는 것, 정신의 감각접촉에서 생긴 만족하고 즐거운 느낌 — 이것이 그때에 있는 느낌이다.

479. 무엇이 그때에 있는 '마음이 한끝으로 [집중] 됨' 인가?

그때에 있는 마음의 머묾 — 이것이 그때에 있는 마음이 한끝으로 [집중] 됨이다.

480. 무엇이 그때에 있는 '마노의 기능' 인가?

그때에 있는 마음, 마노[意], 정신작용, 심장, 깨끗한 것, 마노, 마노의 감각장소, 마노의 기능, 알음알이, 알음알이의 무더기, 그것에 적합한 마노의 알음알이의 요소 — 이것이 그때에 있는 마노의 기능이다.

481. 무엇이 그때에 있는 '기쁨의 기능' 인가?

그때에 있는 정신적인 만족감, 정신적인 즐거움, 정신의 감각접촉에서 생긴 만족하고 즐겁게 느껴지는 것, 정신의 감각접촉에서 생긴 만족하고 즐거운 느낌 — 이것이 그때에 있는 기쁨의 기능이다.

482. 무엇이 그때에 있는 '생명기능' 인가?

그때에 있는 비물질인 법들의 수명, 머묾, 지속, 유지, 나아감, 계속됨, 보존, 생명, 생명기능 — 이것이 그때에 있는 생명기능이다.

그 밖에 그때에 조건 따라 일어난[緣而生], 비물질인 다른 법들도 있다. — 이것이 결정할 수 없는[無記] 법들이다.

[항목의 부문]

그리고 그때에는 네 가지 무더기가 있고 두 가지 감각장소가 있고 두 가지 요소가 있고 세 가지 음식이 있고 세 가지 기능이 있고 한 가지 감각접촉이 있고 … 한 가지 마노의 알음알이의 요소가 있고 한 가지 법의 감각장소가 있고 한 가지 법의 요소가 있다.

그 밖에 그때에 조건 따라 일어난[緣而生], 비물질인 다른 법들도 있다. — 이것이 결정할 수 없는[無記] 법들이다. … pe(*cf* §§59~61) …

483. 무엇이 그때에 있는 '심리현상들의 무더기'인가?

감각접촉, 의도, 일으킨 생각, 지속적 고찰, 희열, 마음이 한끝으로 [집중]됨, 생명기능, 그 밖에 그때에 조건 따라 일어난[緣而生], 느낌의 무더기를 제외하고 인식의 무더기를 제외하고 알음알이의 무더기를 제외한 비물질인 다른 법들 — 이것이 그때에 있는 심리현상들의 무더기이다. … pe(*cf* §§63~145) … — 이것이 결정할 수 없는[無記] 법들이다.

기쁨이 함께하는 유익한 과보로 나타난 마노의 알음알이의 요소가 [끝났다.]

ⓑ 평온이 함께하는 경우[791]

484. 무엇이 결정할 수 없는[無記] 법들인가?

욕계의 유익한 업을 지었고 쌓았기 때문에, [95] 형색을 대상으로 하거나 … 법을 대상으로 하거나 그 어떤 것을 대상으로 하여 평온이 함께하는 과보로 나타난 마노의 알음알이의 요소가 일어날 때, 그때에 감각접촉이 있고 느낌이 있고 인식이 있고 의도가 있고 마음이 있고 일으킨 생각이 있고 지속적 고찰이 있고 평온이 있고 마음이 한끝으로 [집중]됨이 있고 마노의 기능이 있고 평온의 기능이 있고 생명기능이 있다.

그 밖에 그때에 조건 따라 일어난[緣而生], 비물질인 다른 법들도 있다. — 이것이 결정할 수 없는[無記] 법들이다.[792]

---

791) 설명은 §469의 주해를 참조할 것.

792) "그런데 이 두 번째인 [마노의 알음알이의 요소, 즉 평온이 함께하는 조사하는 마음]은 다섯 가지 경우에 과보로 나타난다. 어떻게?
① 인간 세상에서 재생연결을 받는 때에 선천적인 맹인이나 선천적인 농아나 선천적인 백치나 선천적인 미치광이나 양성이나 중성(jaccandha-jaccabadhira-jaccaeḷa-jaccummattaka-ubhato-byañjanaka-napuṁsaka)으로 재생연결식이 되어서 과보로 나타난다.
② 재생연결의 과정이 지나서 수명이 지속될 때까지 바왕가가 되어서 과보

485. 무엇이 그때에 있는 '감각접촉'인가?

그때에 있는 감각접촉, 접촉함, 맞닿음, 맞닿은 상태 — 이것이 그때에 있는 감각접촉이다.

486. 무엇이 그때에 있는 '느낌'인가?

그때에 있는 그것에 적합한 마노의 알음알이의 요소의 감각접촉에서 생긴 정신적인 만족감도 불만족감도 아니고 정신의 감각접촉에서 생긴 괴롭지도 즐겁지도 않게 느껴지는 것, 정신의 감각접촉에서 생긴 괴롭지도 즐겁지도 않은 느낌 — 이것이 그때에 있는 느낌이다.

487. 무엇이 그때에 있는 '인식'인가?

그때에 있는 그것에 적합한 마노의 알음알이의 요소의 감각접촉에서 생긴 인식, 인식함, 인식된 상태 — 이것이 그때에 있는 인식이다.

488. 무엇이 그때에 있는 '의도'인가?

그때에 있는 그것에 적합한 마노의 알음알이의 요소의 감각접촉에서 생긴 의도, 의도함, 의도된 상태 — 이것이 그때에 있는 의도이다.

489. 무엇이 그때에 있는 '마음'인가?

그때에 있는 마음, 마노[意], 정신작용, 심장, 깨끗한 것, 마노, 마노의 감각장소, 마노의 기능, 알음알이, 알음알이의 무더기, 그것에 적합한 마노의 알음알이의 요소 — 이것이 그때에 있는 마음이다.

로 나타난다.
③ 중간쯤으로 원하는 대상에 대해서는 다섯 가지 대상에 대한 인식과정(오문인식과정)의 조사하는 마음이 된다.
④ 강한 대상에 대해서는 여섯 문에서 등록하는 마음이 된다.
⑤ 죽을 때에는 죽음의 마음이 되어서 이 다섯 곳에서 과보로 나타난다." (DhsA.265)

490. 무엇이 그때에 있는 '일으킨 생각'인가?

그때에 있는 생각, 일으킨 생각, 사유, 전념, 몰입, 마음을 [대상에] 겨냥하게 함, 바른 사유 — 이것이 그때에 있는 일으킨 생각이다.

491. 무엇이 그때에 있는 '지속적 고찰'인가?

그때에 있는 고찰, 지속적 고찰, 탐구, 추구, 마음을 매어둠, 숙고함 — 이것이 그때에 있는 지속적 고찰이다.

492. 무엇이 그때에 있는 '평온'인가?

그때에 있는 정신적인 만족감도 불만족감도 아니고 정신의 감각접촉에서 생긴 괴롭지도 즐겁지도 않게 느껴지는 것, 정신의 감각접촉에서 생긴 괴롭지도 즐겁지도 않은 느낌 — 이것이 그때에 있는 평온이다.

493. 무엇이 그때에 있는 '마음이 한끝으로 [집중]됨'인가?

그때에 있는 마음의 머묾793) — 이것이 그때에 있는 마음이 한끝으로 [집중]됨이다.

494. 무엇이 그때에 있는 '마노의 기능'인가?

그때에 있는 [96] 마음, 마노[意], 정신작용, 심장, 깨끗한 것, 마노, 마노의 감각장소, 마노의 기능, 알음알이, 알음알이의 무더기, 그것에 적합한 마노의 알음알이의 요소 — 이것이 그때에 있는 마노의 기능이다.

495. 무엇이 그때에 있는 '평온의 기능'인가?

그때에 있는 정신적인 만족감도 불만족감도 아니고 정신의 감각접촉에서 생긴 괴롭지도 즐겁지도 않게 느껴지는 것, 정신의 감각접촉에서

---

793) 다른 곳에서는 나타나고 있는 '잘 머묾, 확고함, 산만하지 않음, 산란하지 않음, 산만하지 않은 마음 상태, 사마타, 삼매의 기능, 삼매의 힘, 그릇된 삼매'(§11 등)가 여기에는 나타나지 않는다. §424의 주해를 참조할 것.

생긴 괴롭지도 즐겁지도 않은 느낌 — 이것이 그때에 있는 평온의 기능이다.

496. 무엇이 그때에 있는 '생명기능'인가?

그때에 있는 비물질인 법들의 수명, 머묾, 지속, 유지, 나아감, 계속됨, 보존, 생명, 생명기능 — 이것이 그때에 있는 생명기능이다.

그 밖에 그때에 조건 따라 일어난[緣而生], 비물질인 다른 법들도 있다. — 이것이 결정할 수 없는[無記] 법들이다.

[항목의 부문]

그리고 그때에는 네 가지 무더기가 있고 두 가지 감각장소가 있고 두 가지 요소가 있고 세 가지 음식이 있고 세 가지 기능이 있고 한 가지 감각접촉이 있고 … 한 가지 마노의 알음알이의 요소가 있고 한 가지 법의 감각장소가 있고 한 가지 법의 요소가 있다.

그 밖에 그때에 조건 따라 일어난[緣而生], 비물질인 다른 법들도 있다. — 이것이 결정할 수 없는[無記] 법들이다. … pe(*cf* §§59~61) …

497. 무엇이 그때에 있는 '심리현상들의 무더기'인가?

감각접촉, 의도, 일으킨 생각, 지속적 고찰, 마음이 한끝으로 [집중]됨, 생명기능, 그 밖에 그때에 조건 따라 일어난[緣而生], 느낌의 무더기를 제외하고 인식의 무더기를 제외하고 알음알이의 무더기를 제외한 비물질인 다른 법들 — 이것이 그때에 있는 심리현상들의 무더기이다. … pe(*cf* §§63~145) … — 이것이 결정할 수 없는[無記] 법들이다.

평온이 함께하는 유익한 과보로 나타난 마노의 알음알이의 요소가 [끝났다.]

④ 여덟 가지 과보로 나타난 큰마음

498. 무엇이 결정할 수 없는[無記] 법들인가?794)

욕계의 유익한 업을 지었고 쌓았기 때문에, 형색을 대상으로 하거나 소리를 대상으로 하거나 냄새를 대상으로 하거나 맛을 대상으로 하거나 감촉을 대상으로 하거나 법을 대상으로 하거나 그 어떤 것을 대상으로 하여

① 기쁨이 함께하고 지혜와 결합되고 [자극을 받지 않은] …

② 기쁨이 함께하고 지혜와 결합되고 자극을 받은 …

③ 기쁨이 함께하고 지혜와 결합되지 않고 [자극을 받지 않은] …

④ 기쁨이 함께하고 지혜와 결합되지 않고 자극을 받은 …

⑤ 평온이 함께하고 지혜와 결합되고 [자극을 받지 않은] …

⑥ 평온이 함께하고 지혜와 결합되고 자극을 받은 …

⑦ 평온이 함께하고 지혜와 결합되지 않고 [자극을 받지 않은] …

⑧ 평온이 함께하고 지혜와 결합되지 않고 자극을 받은 [97] 과보로 나타난 마노의 알음알이의 요소가 일어날 때, 그때에 감각접촉이 있고 … pe(§1-2) … 산란하지 않음이 있다. … pe(§1-2) … — 이것이 결정할 수 없는[無記] 법들이다. … pe(§§2~31) … 탐욕 없음이라는 결정할 수 없음[無記]의 뿌리795) … pe … 성냄 없음이라는 결정할 수 없음[無記]의 뿌

794) "이제 ④ 여덟 가지 과보로 나타난 큰마음(aṭṭha-mahā-vipākā)을 보여주시기 위해서 다시 '무엇이 결정할 수 없는[無記, avyākatā] 법들인가?'라는 등을 시작하셨다. 성전(본서)의 [앞]에서 이미 그 방법을 보여주셨기 때문에 여기서는 모든 부문들이 축약되어 있다. 그들의 의미는 앞에서 설한 방법대로 알아야 한다."(DhsA.265)

795) '탐욕 없음이라는 결정할 수 없음[無記]의 뿌리 … pe(§32) … 성냄 없음이라는 결정할 수 없음[無記]의 뿌리'는 alobho abyākata-mūlaṁ … pe … adoso abyākata-mūlaṁ를 옮긴 것이다. VRI본에는 본서의 여기와 아래 §576과 §582에도 나타나고 있고 주석서에서도 설명하고 있다. 그러나 PTS 본에는 그 어디에도 나타나지 않는다. 리스 데이비즈 여사는 이것을 자신이

리796) … pe(*cf* §§33~145) … — 이것이 결정할 수 없는[無記] 법들이다.

번역한 책의 주해에서 지적하고 있고 그의 영역에서도 넣고 있다(리스 데이비즈, 136쪽 참조).

796) 주석서는 이렇게 설명하고 있다.
"여기서 특별한 점을 보여주시기 위해서 '탐욕 없음이라는 결정할 수 없음[無記]의 뿌리'라는 등을 말씀하셨다. 여기에서 말씀하시지 않은 것은 '욕계의 유익한 마음들에서 ① 업의 문(kamma-dvāra)과 ② 업의 길(kamma-patha)과 ③ 공덕행의 토대(puññakiriya-vatthu)로 구분하여 설하신 것은 여기에는 없다.'라는 것이라고 알아야 한다."(DhsA.265)
공덕행의 토대에 대해서는 『디가 니까야』 제3권 「합송경」(D33) §1.10 (38)을 참조할 것.

그런데 아마 생략된 구문 속에서 갑자기 나타나는 '탐욕 없음이라는 결정할 수 없음[無記]의 뿌리'와 '성냄 없음이라는 결정할 수 없음[無記]의 뿌리'라는 이 두 개의 용어 때문에 당황한 분들이 있을 것이다. 그리고 나타나려면 '어리석음 없음이라는 결정할 수 없음[無記]의 뿌리'도 있어야 할 것 같은데 이것은 없다. 무엇 때문에 이런 편집을 하였을까? 이것을 해결하기 위해서는 복주서의 설명이 필요하다. 『담마상가니 물라띠까』는 이렇게 설명하고 있다.

"여기서는 [앞의 욕계의 유익한 마음에서 언급된] '탐욕 없음이라는 유익함의 뿌리(§32 등)'와 '성냄 없음이라는 유익함의 뿌리(§33 등)' 대신에 각각 '탐욕 없음이라는 결정할 수 없음[無記]의 뿌리'와 '성냄 없음이라는 결정할 수 없음[無記]의 뿌리'라는 용어를 적용시켜야 한다. 그런데 거기서는 "통찰지의 보배, 어리석음 없음, 법의 간택, 바른 견해"(§34, §37)라고 설하셨지만 '어리석음 없음이라는 유익함의 뿌리'(§34, §37 참조)는 설하지 않으셨다. 그러므로 여기서도 '어리석음 없음이라는 결정할 수 없음[無記]의 뿌리'는 있지 않아도 된다. [그래서 본문에 이것은 나타나지 않는다.] 그렇지만 탐욕 없음과 성냄 없음의 경우처럼 어리석음 없음도 여기서는 결정할 수 없음[無記]의 뿌리라는 뜻이 여기서 설해진 것이라고 알아야 한다."(DhsAMṬ.127)

그런데 현존하는 VRI 본에는 §34에는 '어리석음 없음이라는 유익함의 뿌리(amoho kusala-mūlaṁ §34)'는 나타나고 있고 §37에는 나타나지 않는다(앞의 §34와 §37 참조). 그리고 §582에는 '어리석음 없음이라는 결정할 수 없음[無記]의 뿌리(amoho abyākata-mūlaṁ)'가 나타난다(§582 참조). 그러므로 아난다 스님이 지은 이 『담마상가니』의 복주서인 『담마상가니 물라띠까』(Mūlaṭīkā)의 설명대로라면 §34의 '어리석음 없음이라는 유익함의 뿌리(§34)'와 §582의 '어리석음 없음이라는 결정할 수 없음[無記]의 뿌리'는 빼고 편집을 해야 한다. 역자는 VRI의 편집대로 옮겼다.
그러면 왜 이런 구문이 반드시 들어가야 하는가? 계속해서 붓다고사 스님이

여덟 가지 과보로 나타난 큰마음이 [끝났다.][797] [798]

지은 『담마상가니 주석서』 즉 『앗타살리니』는 이렇게 설명하고 있다.

"왜 그런가? [이들은] ① 암시를 생기게 하지 않고 ② 과보로 나타난 법을 가져오지 않고 ③ [공덕을] 생기게 하지 않기 때문이다. 그리고 그밖에들에서 설해진 연민[悲]과 함께 기뻐함[喜]은 중생을 대상으로 하기 때문에 과보로 나타난 마음들에서는 있지 않다. 욕계의 과보로 나타난 마음들은 전적으로 제한된 대상들을 가지기 때문이다. 연민과 함께 기뻐함뿐만 아니라 절제(virati)들도 여기 [과보로 나타난 마음]에는 없다. "다섯 가지 학습계목들은 오직 유익한 것들이다."(Vbh. §§715~716)라고 말씀하셨기 때문이다."(DhsA.265~266)

797) 주석서는 여덟 가지 과보로 나타난 큰마음의 특징에 대해서 다음과 같은 종합적인 설명을 덧붙이고 있다.

"여기서 자극을 받았거나 받지 않은 것(asaṅkhāra-sasaṅkhāra)으로 정리한 것은 ① 유익한 것과 ② 조건의 분류를 통해서 알아야 한다. ① 자극이 없는 유익한 마음의 과보는 자극이 없는 것이고 자극이 있는 유익한 마음의 과보는 자극이 있는 것이기 때문이다. ② 그리고 [대상 등의] 강한 조건들에 의하면 자극 없는 마음이 일어나고 그렇지 않은 경우에는 그렇지 않은 것이 일어나기 때문이다.

저열함 등의 분류에 대해서도 살펴보면, 이들은 저열하고 중간이고 수승한(hīna-majjhima-paṇītā) 열의 등에 의해서 생겨나지 않았기 때문에 저열하고 중간이고 수승한 것이란 없다. 그러나 저열한 유익한 마음의 과보는 저열한 것이고, 중간인 것의 과보는 중간인 것이고 수승한 것의 과보는 수승한 것이다. 여기서는 지배(adhipati)들도 없다. 왜? 열의 등을 앞에서 인도하는 것으로 삼아서 일어나게 하는 것이 아니기 때문이다. 나머지는 모두 여덟 가지 유익한 마음들(§§1~160)에서 설명한 것과 같다."(DhsA.266)

798) 계속해서 주석서는 이 여덟 가지 과보로 나타난 큰마음들이 어떤 경우에 과보로 나타난 마음으로 나타나는지를 다음의 넷으로 설명하고 있다.

"이제 이들 여덟 가지 과보로 나타난 큰마음들이 과보로 나타나는 경우를 알아야 한다. 이들은 네 가지 경우에 과보로 나타난다. 그것은 ① 재생연결식(paṭisandhi)과 ② 바왕가(bhavaṅga)와 ③ 죽음의 마음(cuti)과 ④ 등록의 마음(tadārammaṇa)이다. 어떻게?
① 인간들이나 욕계에 속하는 신들의 경우에 공덕을 가진 두 가지 원인이나 세 가지 원인을 가진 재생연결을 취할 때에 재생연결[식]이 되어서 과보로 나타난다. ② 재생연결을 통해서 [삶의] 과정이 전개되면 60년이나 70년이나 혹은 헤아릴 수 없는 수명의 시간 동안 바왕가가 되고 ③ 여섯 가지 문에

서는 강한 대상에 대해서 등록의 마음이 되고 ④ 죽을 때에는 죽음의 마음이 된다. 이와 같이 네 가지 경우에 과보로 나타난다.

이 가운데 일체지를 갖춘 모든 보살들(sabbepi sabbaññu-bodhisattā)은 마지막 재생연결을 취할 때 [8가지 가운데] 첫 번째 [마음인] 기쁨이 함께하는 세 가지 원인을 가졌고 자극이 없는 과보로 나타난 큰마음으로 재생연결식을 취한다. 이것은 자애를 예비단계로 하는(즉 자애를 먼저 닦아서 갖춘) 마음의 과보로 나타난 것이고 이러한 재생연결[식]이 주어지는 데는 헤아릴 수 없는 수명의 시간이 걸렸다. …
대주석서도 "… 일체지를 갖춘 보살들에게는 [중생들의] 이로움으로 다가가는 것이 강력하다.(*cf* Jā. i.172) 그러므로 자애를 예비단계로 하는 기쁨이 함께하는 세 가지 원인을 가진 자극이 없는 욕계 유익한 과보로 나타난 마음으로 재생연결식을 취한다."라고 설하였다."(DhsA.266~267)

어떤 과보로 나타난 마음이 어떤 경우에 과보로 나타나는지를 밝히기 위해서(DhsAMṬ), 특히 삶의 과정과 인식과정에서 전개되고 있는 과보로 나타난 마음들을 자세히 설명하기 위해서 『담마상가니 주석서』 즉 『앗타살리니』는 '과보의 도출에 대한 설명(vipākuddhāra-kathā)'이라는 소제목으로 먼저 이 논의를 위한 논의의 주제(마띠까)를 밝힌 뒤에 인식과정에서 일어나는 욕계의 유익한 과보로 나타난 마음들을 상세하게 논하고 있는데(DhsA.267~288) 지면 관계상 여기서는 옮기지 않는다. 이 상세한 논의를 요약하면 『아비담마 길라잡이』 제3장 가운데 마음의 역할 14가지와 제4장 인식과정의 길라잡이가 된다고 역자는 이해한다.
삶의 과정, 달리 말하면 인식과정에 개재되는 욕계 유익한 과보로 나타난 마음들은 바왕가(지나간 바왕가, 바왕가의 동요, 바왕가의 끊어짐도 포함)와 전오식과 받아들이는 마음과 조사하는 마음과 등록하는 마음과 외래의 바왕가로 요약할 수 있는데 이러한 마음들이 주석서의 이 부분에서 설명되고 있다.

그리고 주석서의 이 부분에는 유명한 망고의 비유(ambopama)도 나타나고 있다. 여기에 전문을 옮겨본다.
"이곳에서 망고의 비유를 가져와야 한다. 어떤 사람이 얼굴을 덮고 망고가 열린 나무 아래에 누워서 잠에 들었다. 그때 익은 망고 하나가 줄기에서 벗어나서 그의 귓바퀴를 스치듯이 '딱' 하는 [소리]를 내며 땅에 떨어졌다. 그 소리에 깬 그는 눈을 뜨고 바라보았다. 그 후 손을 뻗어 망고 열매를 집어 들고 그것을 비틀어서 냄새를 맡고 먹었다."(DhsA.271)

한편 『아비담마아와따라 아비나와띠까』(Abhidhammāvatāra-abhinava-ṭīkā)는 여기에다 다음의 비유를 더 첨가하고 있다.
"그것을 비틀어서 냄새를 맡고 익은 상태를 알고 먹은 뒤에 침과 더불어 입에 든 것의 맛을 느낀 뒤 거기서 다시 잠에 들었다."(Abhi-av-nṭ.ii.39)

망고를 먹은 후 다시 잠에 드는 이 부분은『앗타살리니』에는 나타나지 않는다.『아비담마아와따라 아비나와 띠까』같은 후대 주석서들에서 등록 후에 다시 바왕가(존재지속심)가 일어나는 것을 드러내기 위해서 망고를 먹은 후 잠에 다시 드는 것을 언급하고 있다. 계속해서『앗타살리니』는 이 망고 먹는 비유를 다음과 같이 적용시키고 있다.

"여기서 그 사람이 망고 나무 아래서 잠에 들어 있는 시간은 바왕가(존재지속심)가 흐르고 있는 것과 같다. 익은 망고가 줄기에서 벗어나 그 사람의 귓바퀴를 스치며 떨어지는 것은 대상이 [귀의] 감성을 치는 것과 같다. 그 소리에 깨어나는 시점은 작용만 하는 마노의 요소(오문전향의 마음)가 바왕가로부터 전향하는 시점과 같다.
그 사람이 눈을 떠서 바라보는 것은 눈의 알음알이가 보는 역할을 수행하는 시점과 같다. 그 사람이 손을 뻗어 망고를 잡는 것은 과보로 나타난 마노의 요소(받아들이는 마음)가 대상을 받아들이는 시점과 같다. 그 사람이 망고를 압박하여 짜는 것은 과보로 나타난 마노의 알음알이의 요소(조사하는 마음)가 대상을 조사하는 시점과 같다. 그 사람이 냄새를 맡는 것은 작용만 하는 마노의 알음알이의 요소(결정하는 마음)가 대상을 결정하는 시점과 같다. 그 사람이 망고를 먹는 것은 속행(자와나)이 대상의 맛을 경험하는 시점과 같다."(DhsA.271~272)

『아비담마아와따라 아비나와 띠까』는 이렇게 덧붙이고 있다.
"침과 더불어 입에 든 것의 맛을 느끼는 시점은 등록의 마음이 자와나에 의해서 경험한 대상을 따라서 경험하는 시점과 같다. 다시 잠에 드는 것은 다시 바왕가가 [흐르는] 시점과 같다."(Abhi-av-nṭ.ii.40)

다시『앗타살리니』는 이렇게 결론을 짓는다.
"이 비유는 무엇을 밝히는가? 대상이 [귀 등의] 감성을 치는 역할과 그것이 감성을 칠 때 작용만 하는 마노의 요소(오문전향의 마음)에 의해서 바왕가로부터 전향하는 [역할과], 눈의 알음알이의 단지 보는 [역할과], 과보로 나타난 마노의 요소(받아들이는 마음)에 의해서 대상을 단지 받아들이는 [역할과], 과보로 나타난 마노의 알음알이의 요소(조사하는 마음)에 의해서 대상을 단지 조사하는 [역할과], 작용만 하는 마노의 알음알이의 요소(결정하는 마음)에 의해서 대상을 단지 결정하는 역할을 [밝히고], 마침내 자와나가 대상의 맛을 경험한다는 것을 밝힌다."(DhsA.272)

계속해서『앗타살리니』는 이러한 마음의 역할을 누가 이런 역할을 하게끔 만든 것이 아니라 정해진 법칙(niyāma)에 의해서 그렇게 된다고 먼저 결론을 말한 뒤에 불교에서 인정하는 다섯 가지 정해진 법칙으로 ① 씨앗의 정해진 법칙(bīja-niyāma) ② 계절의 정해진 법칙(utu-niyāma) ③ 업의 정해진 법칙(kamma-niyāma) ④ 법의 정해진 법칙(dhamma-niyāma) ⑤ 마음의 정해진 법칙(citta-niyāma)을 든다. 그리하고는 ① 여러 종류의 씨앗에서 그에 맞는 열매가 생기는 등이 씨앗의 정해진 법칙이고 ② 계절에 맞는 나무에서 그에 맞는 열매가 생기는 등의 법칙이 계절의 정해진 법칙이고 ③ 세 가지 원인을 가진 업이 세 가지 원인을 가졌거나 두 가지 원인을 가졌거나 원인을 가지지 않은 과보를 생기게 하는 것 등이 업의 정해진 법칙이고 ④ 보살들이 어머니의 모태로부터 태어나서 깨달음을 성취하는 등으로 보살에게 정해진 법칙이 법의 정해진 법칙이라고 설명한다.(DhsA.272~274) 계속해서 주석서는 ⑤ 마음의 정해진 법칙을 다음과 같이 설명한다.

"여기서 '그대는 바왕가가 되고 그대는 전향의 마음이 되고 그대는 보는 마음이 되고 그대는 받아들이는 마음이 되고 그대는 조사하는 마음이 되고 그대는 결정하는 마음이 되고 그대는 자와나가 되시오.'라고 어떤 행위자(kattā)나 행하게 하는 자(kāretā)가 있는 것이 아니다.
각각 자기의 법다움에 의해서 대상이 감성을 치는 시점에서부터 시작하여 작용만 하는 마노의 요소인 마음이 바왕가를 전향하게 하고 눈의 알음알이가 보는 역할을 달성하고 과보로 나타난 마노의 요소가 받아들이는 역할을 달성하고 과보로 나타난 마노의 알음알이의 요소가 조사하는 역할을 달성하고 작용만 하는 마노의 알음알이의 요소가 결정하는 역할을 달성하고 자와나가 대상의 맛을 경험한다. 이것이 마음의 정해진 법칙(citta-niyāma)이다."(DhsA.274)

이렇게 설명한 뒤에 "이 마음의 정해진 법칙이 여기 [본문에] 적용된다."(*Ibid.*)라고 결론을 짓는다. 이것을 두고 『아비담마 길라잡이』 제4장은 이렇게 설명하고 있다.

"여기서 강조하고 싶은 것은 이런 전체 인식과정은 어떤 '자아'나 '주체'가 그 배후에서 경험자나 지배자 혹은 아는 자로 있으면서 이런 인식과정을 경험하거나 지배하거나 저 밖에서 지켜보면서 진행되는 것이 아니라는 점이다. 찰나적인 마음들 그 자체가 인식과정에 필요한 모든 역할을 수행하는 것이다. 이런 인식과정의 단위들은 모두 상의상자(相依相資)의 법칙(niyāma)에 의해 서로 역동적으로 협력하면서 오차 없이 진행되는 것이다.
앞에서도 언급했듯이 이런 인식과정에 개입되는 마음들은 마음의 정해진 법칙에 따라서 생겨나는 것이지 결코 제멋대로 일어나는 것이 아니다. 그것은 이전의 마음(citta)과 대상(ārammaṇa)과 문(dvāra)과 육체적인 토대(vatthu) 등의 조건(paccaya)에 의지해서 일어나는 것이다. 일어나서는 그 자신의 독특한 역할을 수행하고 다음 마음의 조건이 되어 소멸하고 다시 다음 마음도 일어나서 같은 방법으로 소멸한다. 이렇게 우리의 마음은 정해진 법칙에 따라서 끊임없이 생멸을 거듭하면서 흘러가는 것이다."(『아비담마 길라잡이』 제4장 §6의 11의 [해설]에서 인용함.)

(2) 색계 과보의 마음

① 4종선의 초선

499. 무엇이 결정할 수 없는[無記] 법들인가?[799)]

색계에 태어나는 도를 닦아서, 감각적 쾌락들을 완전히 떨쳐버리고 해로운 법[不善法]들을 떨쳐버린 뒤, 일으킨 생각[尋]과 지속적 고찰[伺]이 있고, 떨쳐버렸음에서 생긴 희열[喜]과 행복[樂]이 있는, 땅의 까시나를 가진 초선을 구족하여 머물 때, 그때에 감각접촉이 있고 … pe(§1-2) … 산란하지 않음이 있다. … pe(§§2~145) … — 이것이 유익한 법들이다.

이러한 색계의 유익한 업을 지었고 쌓았기 때문에, 감각적 쾌락들을 완전히 떨쳐버리고 … 땅의 까시나를 가진, 과보로 나타난 초선을 구족하여 머물 때, 그때에 감각접촉이 있고 … pe(§1-2) … 산란하지 않음이 있다. … pe(§§2~145) … — 이것이 결정할 수 없는[無記] 법들이다.

---

799) "이제 색계 등의 과보로 나타난 마음을 보여주시기 위해서 다시 '무엇이 결정할 수 없는 법들인가?'라는 등을 시작하셨다.
욕계의 과보로 나타난 마음은 자신의 유익한 마음과 닮았기도 하고 닮지 않았기도 하기 때문에 유익함에 준해서 분류하지 않았다. 그러나 색계나 무색계의 과보로 나타난 마음은 코끼리나 말이나 산 등의 그림자가 코끼리 등을 닮은 것처럼 자신의 유익한 마음과 닮았기 때문에 유익함에 준해서 분류하였다.
그리고 욕계의 업은 [조건이 맞을 때] 때때로 과보를 주지만 색계에 속하거나 무색계의 [업]은 막힘이 없이 두 번째의 자신의 존재에 과보를 준다고 해서 역시 유익함에 준해서 분류를 하였다.

나머지는 유익한 마음들에서 설한 방법대로 알아야 한다. 여기서는 이것이 특별한 점이다. — 이들 가운데 禪이 다가오는 [방법]을 통해서 ① 순서 등에 따른 구분과 ② 저열하고 수승하고 중간인 상태가 알아져야 한다. ③ 나아가서 열의 등 가운데 어떤 것을 앞에서 인도하는 것으로 삼아서 일어나지 않기 때문에 [이 마음들은] 지배를 가지지 않는다."(DhsA.289)

② 4종禪의 나머지와 5종禪

500. 무엇이 결정할 수 없는[無記] 법들인가?

색계에 태어나는 도를 닦아서, 일으킨 생각과 지속적 고찰을 가라앉혔기 때문에 [더 이상 존재하지 않으며], 자기 내면의 것이고, 확신이 있으며, 마음의 단일한 상태이고, 일으킨 생각과 지속적 고찰은 없고, 삼매에서 생긴 희열과 행복이 있는, 땅의 까시나를 가진 제2선(二禪)을 … 제3선(三禪)을 … 제4선(四禪)을 … 초선(初禪)을 … 제5선(五禪)을 구족하여 머물 때, 그때에 감각접촉이 있고 … pe(§1-2) … 산란하지 않음이 있다. … pe(§§2~145) … — 이것이 유익한 법들이다.

이러한 색계의 유익한 업을 지었고 쌓았기 때문에, 일으킨 생각과 지속적 고찰을 가라앉혔기 때문에 [더 이상 존재하지 않으며] … 땅의 까시나를 가진 과보로 나타난 제2선(二禪)을 … 제3선(三禪)을 … 제4선(四禪)을 … 초선(初禪)을 … 제5선(五禪)을 구족하여 머물 때, 그때에 감각접촉이 있고 … pe(§1-2) … 산란하지 않음이 있다. … pe(§§2~145) … — 이것이 결정할 수 없는[無記] 법들이다.

색계 과보의 마음이 [끝났다.]

(3) 무색계 과보의 마음

501. 무엇이 결정할 수 없는[無記] 법들인가?

무색계에 태어나는 도를 닦아서, 물질에 대한 인식을 완전히 초월하고, 부딪힘의 인식을 소멸하고, 갖가지 인식을 마음에 잡도리하지 않기 때문에 '무한한 허공'이라고 하면서 공무변처(空無邊處)의 인식이 함께하였으며, 행복도 버리고 괴로움도 버리고, 아울러 그 이전에 이미 기쁨과 불만족이 소멸되었으므로 괴롭지도 즐겁지도 않으며, 평온으로 인해 마음챙김이 청정한[捨念淸淨] [98] 제4선(四禪)을 구족하여 머물 때, 그때에 감각접촉이 있고 … pe(§1-2) … 산란하지 않음이 있다. … pe(§§2~145) … — 이것이 유익한 법들이다.

이러한 무색계의 유익한 업을 지었고 쌓았기 때문에, 물질에 대한 인식을 완전히 초월하고, 부딪힘의 인식을 소멸하고, 갖가지 인식을 마음에 잡도리하지 않기 때문에 '무한한 허공'이라고 하면서 공무변처(空無邊處)의 인식이 함께하였으며, 행복도 버리고 괴로움도 버리고 … 과보로 나타난 제4선(四禪)을 구족하여 머물 때, 그때에 감각접촉이 있고 … pe(§1-2) … 산란하지 않음이 있다. … pe(§§2~145) … — 이것이 결정할 수 없는[無記] 법들이다.

502. 무엇이 결정할 수 없는[無記] 법들인가?

무색계에 태어나는 도를 닦아서, 공무변처를 완전히 초월하여 '무한한 알음알이[識]'라고 하면서 식무변처(識無邊處)의 인식이 함께하였으며, 행복도 버리고 괴로움도 버리고, 아울러 그 이전에 이미 기쁨과 불만족이 소멸되었으므로 괴롭지도 즐겁지도 않으며, 평온으로 인해 마음챙김이 청정한[捨念淸淨] 제4선(四禪)을 구족하여 머물 때, 그때에 감각접촉이 있고 … pe(§1-2) … 산란하지 않음이 있다. … pe(§§2~145) … — 이것이 유익한 법들이다.

이러한 무색계의 유익한 업을 지었고 쌓았기 때문에, 공무변처를 완전히 초월하여 '무한한 알음알이[識]'라고 하면서 식무변처(識無邊處)의 인식이 함께하였으며, 행복도 버리고 괴로움도 버리고 … 과보로 나타난 제4선(四禪)을 구족하여 머물 때, 그때에 감각접촉이 있고 … pe(§1-2) … 산란하지 않음이 있다. … pe(§§2~145) … — 이것이 결정할 수 없는[無記] 법들이다.

503. 무엇이 결정할 수 없는[無記] 법들인가?

무색계에 태어나는 도를 닦아서, 식무변처를 완전히 초월하여 '아무것도 없다.'라고 하면서 무소유처(無所有處)의 인식이 함께하였으며, 행복도 버리고 괴로움도 버리고, 아울러 그 이전에 이미 기쁨과 불만족이 소멸되었으므로 괴롭지도 즐겁지도 않으며, 평온으로 인해 마음챙김이 청정한[捨念淸淨] 제4선(四禪)을 구족하여 머물 때, 그때에 감각접촉이 있고 … pe(§1-2) … 산란하지 않음이 있다. … pe(§§2~145) … — 이것이 유익한 법들이다.

이러한 무색계의 유익한 업을 지었고 쌓았기 때문에, 식무변처를 완전히 초월하여 '아무것도 없다.'라고 하면서 무소유처(無所有處)의 인식이 함께하였으며, 행복도 버리고 괴로움도 버리고 … 과보로 나타난 제4선(四禪)을 구족하여 머물 때, 그때에 감각접촉이 있고 … pe(§1-2) … 산란하지 않음이 있다. … pe(§§2~145) … — 이것이 결정할 수 없는[無記] 법들이다.

504. 무엇이 결정할 수 없는[無記] 법들인가?

무색계에 태어나는 도를 닦아서, 무소유처를 완전히 초월하여 비상비비상처(非想非非想處)의 인식이 함께하였으며, 행복도 버리고 괴로움도 버리고, 아울러 그 이전에 이미 기쁨과 불만족이 소멸되었으므로 괴롭지도 즐겁지도 않으며, 평온으로 인해 마음챙김이 청정한[捨念淸淨] 제4선(四禪)을 구족하여 머물 때, [99] 그때에 감각접촉이 있고 … pe(§1-2) … 산란하지 않음이 있다. … pe(§§2~145) … — 이것이 유익한 법들이다.

이러한 무색계의 유익한 업을 지었고 쌓았기 때문에, 무소유처를 완전히 초월하여 비상비비상처(非想非非想處)의 인식이 함께하였으며, 행복도 버리고 괴로움도 버리고 … 과보로 나타난 제4선(四禪)을 구족하여 머물 때, 그때에 감각접촉이 있고 … pe(§1-2) … 산란하지 않음이 있다. … pe(§§2~145) … — 이것이 결정할 수 없는[無記] 법들이다.

무색계 과보의 마음이 [끝났다.]

(4) 출세간의 과보의 마음

I. 첫 번째 도의 과보로 나타난 마음 – 스무 가지 큰 방법

(1) 출세간禪

① [네 가지] 순수한 도닦음800)

505. 무엇이 결정할 수 없는[無記] 법들인가?

사견에 빠진 것들을 버리고 첫 번째 경지[初地, 예류과]를 얻기 위하여, 출리로 인도하고 [윤회를] 감소시키는 출세간禪을 닦아서, 감각적 쾌락을 완전히 떨쳐버리고 … ① 도닦음도 어렵고 초월지도 느린 초선(初禪)을 구족하여 머물 때, 그때에 감각접촉이 있고 … pe(§277-2 / §1-2) … 산란하지 않음이 있다. … pe(§§278~360 / §§2~145) … — 이것이 유익한 법들이다.

이러한 출세간의 유익한 禪을 지었고 수행하였기 때문에,801) 감각적 쾌락들을 완전히 떨쳐버리고 … 도닦음도 어렵고 초월지도 느리며 ㉠ 공하고[空性]802) 과보로 나타난 초선(初禪)을 구족하여 머물 때, 그때에

---

800) '[네 가지] 순수한 도닦음'에 대해서는 §277의 1. 禪 – (1) [네 가지] 순수한 도닦음과 해당 주해들도 참조할 것.

801) "출세간의 과보로 나타난 마음(lokuttara-vipāka)도 유익한 마음과 닮았기 때문에 유익함에 준해서 분류하였다. 그런데 삼계의 유익한 마음은 죽음과 재생연결을 통해서 윤회를 모으고 증장시킨다. 그래서 거기서는 '[업을] 지었고 쌓았기 때문에(katattā upacitattā)'(§431과 주해 참조)라고 설하였다. 그러나 출세간의 마음은 이것에 의해서 모았지만 이것을 감소시키고 스스로도 죽음과 재생연결을 통해서 모으지 않는다. 그래서 여기서는 '지었고 쌓았기 때문에'라고 설하지 않고 '[禪을] 지었고 수행하였기 때문에(katattā bhāvitattā)'라고 설하였다."(DhsA.289)

802) "'공하고[空性, suññatā]' 등에서, '도(magga)'는 ① 다가오는 [방법]으로부터 ② 자신의 공덕으로부터 ③ 대상으로부터라는 세 가지 이유에 의해서 [공함이라는] 이름을 얻었다라고 하였다. 이것은 앞의 유익함의 주제에서 자세하게 설명하였다.(§343의 주해를 참조할 것.) 거기서 이렇게 설명하였다.

"경의 방편에 의해서 이 [셋 가운데] ② 자신의 공덕으로부터도 ③ 대상으로부터도 [공함이라는] 이름을 얻는다. 이것은 방편적인 가르침이다. 그러나 아비담마의 설명은 비방편적인 가르침이다. 그러므로 여기서는 ② 자신의 공덕으로부터나 ③ 대상으로부터는 이름을 얻지 않고 ① 다가오는 [방법]으로부터 [공함이라는] 이름을 얻는다. 다가오는 것이 앞에서 인도하는 것이기 때문이다.
이것은 두 가지이니 ⓐ 위빳사나가 다가오는 것과 ⓑ 도가 다가오는 것이다. 이 가운데 ⓐ 도가 성취된 경우에는 위빳사나가 다가오는 것이 앞에서 인도하는 것(vipassanāgamana dhura)이고 ⓑ 과가 성취된 경우에는 도가 다가오는 것이 앞에서 인도하는 것이다. 여기서는 도가 [이미] 성취되었기 때문에(ⓐ 위빳사나가 다가오는 것이 앞에서 인도하는 것이 되었다."(DhsA. 222~223, 본서 §350의 주해 참조)

이들 가운데 [여기서 논의하는 이 출세간 마음]은 ⓑ 과가 성취된 경우이다. 그러므로 여기서는 도가 다가오는 것이 핵심이라고 알아야 한다. 그런데 이러한 이 도는 다가오는 [방법]으로부터 '공함(suññatā)'이라는 이름을 얻은 뒤에 ② 자신의 공덕으로부터 ③ 그리고 대상으로부터 '표상 없음[無相, animitta]'(본서 §506)과 '원함 없음[無願, appaṇihita]'(본서 §507)이라 불린다. 그러므로 자기 스스로 도달해야 하는 곳에 서서 자신의 과에게 세 가지 이름을 준다. 어떻게?

① 다가오는 [방법] 그 자체를 통해서 공함[空性]인 도(suññata-magga)라는 이름을 얻고 자기 스스로 도달해야 하는 곳에 서서 자신의 과에게 이름을 주면서 '공함'이라는 이름을 지었다.
② 공함이면서 표상 없음인 도는 자기 스스로 도달해야 하는 곳에 서서 자신의 과에게 이름을 주면서 '표상 없음'이라는 이름을 지었다.
③ 공함이면서 원함 없음인 도는 자기 스스로 도달해야 하는 곳에 서서 자신의 과에게 이름을 주면서 '원함 없음'이라는 이름을 지었다.
그런데 이러한 세 가지 이름들은 도의 바로 다음에 [오는] 과의 마음에서 이러한 방법으로 얻는다. 다음 단계에서 무상 등의 세 가지 위빳사나를 통해서 해체해서 볼 수 있다. 출현하는 위빳사나를 통해서 그에게 거듭해서 표상 없음과 원함 없음과 공함이라 불리는 세 가지 과가 일어난다. 이들은 세 가지 형성된 것들을 대상으로 가진다. 무상을 수관하는 것 등의 지혜는 수순하는 지혜이다."(DhsA.289~290)

수순하는 지혜는 10가지 위빳사나의 지혜 가운데 10번째이다. 이것은 『청정도론』 XXI.128 이하, 특히 §133를 참조하기 바란다. 열 가지 위빳사나의 지혜는 『청정도론』 XX.1 이하에서 상세하게 설명되어 있고 『아비담마 길라잡이』 제9장 §25에 잘 요약되어 있으니 참조하기 바란다. 계속해서 주석서는 다음과 같이 설명을 이어가고 있다.

감각접촉이 있고 … pe(§277-2 / §1-2) … 구경의 지혜의 기능[已知根]이 있고 … pe(§§277-2~337-1 / §§1-2~57) … 산란하지 않음이 있다. … pe(§§337-2~360 / §§58~145) … — 이것이 결정할 수 없는[無記] 법들이다.

506. 무엇이 결정할 수 없는[無記] 법들인가?

사견에 빠진 것들을 버리고 첫 번째 경지[初地, 예류과]를 얻기 위하여, 출리로 인도하고 [윤회를] 감소시키는 출세간禪을 닦아서, 감각적 쾌락을 완전히 떨쳐버리고 … ① 도닦음도 어렵고 초월지도 느린 초선(初禪)을 구족하여 머물 때, 그때에 감각접촉이 있고 … pe(§277-2 / §1-2) … 산란하지 않음이 있다. … pe(§§278~360 / §§2~145) … — 이것이 유익한 법들이다.

이러한 출세간의 유익한 禪을 지었고 수행하였기 때문에, 감각적 쾌락들을 완전히 떨쳐버리고 … 도닦음도 어렵고 초월지도 느리며 ㉡ 표상 없고[無相] 과보로 나타난 초선(初禪)을 구족하여 머물 때, 그때에 감각접촉이 있고 … pe(§277-2 / §1-2) … 구경의 지혜의 기능[已知根]이 있고 … pe(§§277-2~337-1 / §§1-2~57) … 산란하지 않음이 있다. …

"공한 도에서 설명한 것은 원함 없음인 도(appaṇihita-magga)에도 이 방법을 적용해야 한다. 이것도 다가오는 [방법] 그 자체를 통해서 원함 없음인 도라는 이름을 얻고 자기 스스로 도달해야 하는 곳에 서서 자신의 과에게 이름을 주면서 '원함 없음'이라는 이름을 지었다.
원함 없음이면서 표상 없음인 도는 자기 스스로 도달해야 하는 곳에 서서 자신의 과에게 이름을 주면서 '표상 없음'이라는 이름을 지었다.
원함 없음이면서 공한[空性] 도는 자기 스스로 도달해야 하는 곳에 서서 자신의 과에게 이름을 주면서 '공함'이라는 이름을 지었다.
그런데 이러한 세 가지 이름들은 도의 바로 다음에 [오는] 과의 마음에서 이러한 방법으로 얻는 것이지 그다음 단계에서 의지하는 과의 증득에 의해서가 아니다. 이와 같이 이 과보의 해설에서 과보로 나타난 마음들은 [공함, 표상 없음, 원함 없음을 통해서] 유익한 마음들보다 세 배 더 많이 구성되어 있다고 알아야 한다."(DhsA.289~291)

pe(§§337-2~360 / §§58~145) … — 이것이 결정할 수 없는[無記] 법들이다.

507. 무엇이 결정할 수 없는[無記] 법들인가?

사견에 빠진 것들을 버리고 첫 번째 경지[初地, 예류과]를 얻기 위하여, 출리로 인도하고 [윤회를] 감소시키는 출세간禪을 닦아서, [100] 감각적 쾌락을 완전히 떨쳐버리고 … ① 도닦음도 어렵고 초월지도 느린 초선(初禪)을 구족하여 머물 때, 그때에 감각접촉이 있고 … pe(§277-2 / §1-2) … 산란하지 않음이 있다. … pe(§§278~360 / §§2~145) … — 이것이 유익한 법들이다.

이러한 출세간의 유익한 禪을 지었고 수행하였기 때문에, 감각적 쾌락들을 완전히 떨쳐버리고 … 도닦음도 어렵고 초월지도 느리며 ㉢ 원함 없고[無願] 과보로 나타난 초선(初禪)을 구족하여 머물 때, 그때에 감각접촉이 있고 … pe(§277-2 / §1-2) … 구경의 지혜의 기능[已知根]이 있고 … pe(§§277-2~337-1 / §§1-2~57) … 산란하지 않음이 있다. … pe(§§337-2~360 / §§58~145) … — 이것이 결정할 수 없는[無記] 법들이다.

508. 무엇이 결정할 수 없는[無記] 법들인가?

사견에 빠진 것들을 버리고 첫 번째 경지[初地, 예류과]를 얻기 위하여, 출리로 인도하고 [윤회를] 감소시키는 출세간禪을 닦아서, 일으킨 생각과 지속적 고찰을 가라앉혔기 때문에 [더 이상 존재하지 않으며] … ① 도닦음도 어렵고 초월지도 느린 제2선(二禪)을 … 제3선(三禪)을 … 제4선(四禪)을 … 초선(初禪)을 … 제5선(五禪)을 구족하여 머물 때, 그때에 감각접촉이 있고 … pe(§277-2 / §1-2) … 산란하지 않음이 있다. … pe(§§278~360 / §§2~145) … — 이것이 유익한 법들이다.

이러한 출세간의 유익한 禪을 지었고 수행하였기 때문에, 일으킨 생각과 지속적 고찰을 가라앉혔기 때문에 [더 이상 존재하지 않으며] … ① 도닦음도 어렵고 초월지도 느리며 공하고[空性] 과보로 나타난 … 표상 없고[無相] 과보로 나타난 … 원함 없고[無願] 과보로 나타난 제2선(二禪)을 … 제3선(三禪)을 … 제4선(四禪)을 … 초선(初禪)을 … 제5선(五禪)을 구족하여 머물 때, 그때에 감각접촉이 있고 … pe(§277-2 / §1-2) … 구경의 지혜의 기능[已知根]이 있고803) … pe(§§277-2~337-1 / §§1-2~57) … 산란하지 않음이 있다. … pe(§§337-2~360 / §§58~145) … — 이것이 결정할 수 없는[無記] 법들이다.804)

803) '구경의 지혜의 기능[已知根]이 있고(aññindriyaṁ hoti)'는 §§505~507까지에만 나타나고 있고 §508 이하에는 생략되어 나타나지 않는다. PTS본에도 그러하고 VRI본에도 그러하다. 물론 이것을 생략된 구문으로 보면 문제될 것은 없겠지만 예류과에 해당하는 여기 §508에도 당연히 있어야 하기 때문에 역자는 이것을 살려서 옮겼다. 리스 데이비즈 여사도 살려서 옮겼다(리스 데이비즈, 139쪽 1번 주해 참조).

804) 역자가 옮긴 VRI본 §508의 빠알리 원문은 다음과 같다. PTS본 §508도 이와 같다.

"katame dhammā abyākatā? yasmiṁ samaye lokuttaraṁ jhānaṁ bhāveti niyyānikaṁ apacayagāmiṁ diṭṭhigatānaṁ pahānāya paṭhamāya bhūmiyā pattiyā vitakkavicārānaṁ vūpasamā … pe … dutiyaṁ jhānaṁ … pe … tatiyaṁ jhānaṁ … pe … catutthaṁ jhānaṁ … pe … paṭhamaṁ jhānaṁ … pe … pañcamaṁ jhānaṁ upasampajja viharati
dukkhapaṭipadaṁ dandhābhiññanti kusalaṁ … pe … dukkhapaṭipadaṁ dandhābhiññaṁ suññatanti vipāko … pe … dukkhapaṭipadaṁ dandhābhiññanti kusalaṁ … pe … dukkhapaṭipadaṁ dandhābhiññaṁ animittanti vipāko … pe … dukkhapaṭipadaṁ dandhābhiññanti kusalaṁ … pe … dukkhapaṭipadaṁ dandhābhiññaṁ appaṇihitanti vipāko, tasmiṁ samaye phasso hoti … pe … avikkhepo hoti … pe … ime dhammā abyākatā."

VRI본과 PTS본은 둘 다 이와 같이 반복되는 부분(peyyāla)이 생략되어 편집되어 있다. 그런데 이것은 단순한 생략이 아니고 일종의 축약 편집이라고 여겨진다. 왜냐하면 §507 이전의 문장과는 그 문체가 완전히 다르기 때문이다. 원문을 직역하면 다음과 같다.

509. 무엇이 결정할 수 없는[無記] 법들인가?

사견에 빠진 것들을 버리고 첫 번째 경지[初地, 예류과]를 얻기 위하여, 출리로 인도하고 [윤회를] 감소시키는 출세간禪을 닦아서, 감각적 쾌락을 완전히 떨쳐버리고 … ② 도닦음은 어려우나 초월지는 빠른 초선(初禪)을 … ③ 도닦음은 쉬우나 초월지는 느린 초선(初禪)을 … ④ 도닦음도 쉽고 초월지도 빠른 초선(初禪)을 … 제2선(二禪)을 … 제3선(三禪)을 … 제4선(四禪)을 … 초선(初禪)을 … 제5선(五禪)을 구족하여 머물 때, 그때에 감각접촉이 있고 … pe(§277-2 / §1-2) … 산란하지 않음이 있다. … pe(§§278~360 / §§2~145) … — 이것이 유익한 법들이다.

이러한 출세간의 유익한 禪을 지었고 수행하였기 때문에, 감각적 쾌락들을 완전히 떨쳐버리고 … ② 도닦음은 어려우나 초월지는 빠르며

"사견에 빠진 것들을 버리고 첫 번째 경지[初地 = 예류과]를 얻기 위하여, 출리로 인도하고 [윤회를] 감소시키는 출세간禪을 닦아서, 일으킨 생각과 지속적 고찰을 가라앉혔기 때문에 [더 이상 존재하지 않으며] … 제2선(二禪)을 … 제3선(三禪)을 … 제4선(四禪)을 … 초선(初禪)을 … 제5선(五禪)을 구족하여 머물 때, 도닦음도 어렵고 초월지도 느린, 유익한 것을 [지었고 수행하였기 때문에] … 도닦음도 어렵고 초월지도 느린, 공하고[空性] 과보로 나타난 것이 있다. … 도닦음도 어렵고 초월지도 느린, 유익한 것을 [지었고 수행하였기 때문에] … 도닦음도 어렵고 초월지도 느린, 표상 없고[無相] 과보로 나타난 것이 있다. … 도닦음도 어렵고 초월지도 느린, 유익한 것을 [지었고 수행하였기 때문에],… 도닦음도 어렵고 초월지도 느린, 원함 없고[無願] 과보로 나타난 것이 있다. … 그때에 산란하지 않음이 있다. … — 이것이 결정할 수 없는[無記] 법들이다."

그런데 이렇게 직역을 해 놓으면 이전의 문장들과 일관성도 없어지고 그 의미도 정확하게 드러나지는 않아 보인다. 그래서 역자는 앞의 구문들과 통일성도 유지하고 뜻도 더 명확하게 드러내기 위해서 본문처럼 바꾸어서 옮겼다. 전승되어 오는 문장을 바꾸는 것이 허락되는지 많이 조심스럽지만 오히려 역자처럼 옮기는 것이 원문처럼 축약 편집되기 이전의 모습을 더 잘 간직한 생략 기법이라 여겨서 이렇게 옮겼다. 아래 §509, §513, §517, §518, §522, §526, §527에도 이런 형태로 편집되어 나타나는데 이 부분도 역자는 모두 여기 §508과 같은 방법으로 축약해서 옮겼음을 밝힌다. 의미의 변화는 전혀 없다.

공하고[空性] 과보로 나타난 … 표상 없고[無相] 과보로 나타난 … 원함 없고[無願] 과보로 나타난 … ③ 도닦음은 쉬우나 초월지는 느리며 공하고[空性] 과보로 나타난 … 표상 없고[無相] 과보로 나타난 … 원함 없고[無願] 과보로 나타난 … ④ 도닦음도 쉽고 초월지도 빠르며 공하고[空性] 과보로 나타난 … 표상 없고[無相] 과보로 나타난 [101] … 원함 없고[無願] 과보로 나타난 초선(初禪)을 … 제2선(二禪)을 … 제3선(三禪)을 … 제4선(四禪)을 … 초선(初禪)을 … 제5선(五禪)을 구족하여 머물 때, 그때에 감각접촉이 있고 … pe(§277-2 / §1-2) … 산란하지 않음이 있다. … pe(§§278~360 / §§2~145) … — 이것이 결정할 수 없는[無記] 법들이다.

순수한 도닦음이 [끝났다.]

② 순수한 공함

510. 무엇이 결정할 수 없는[無記] 법들인가?

사견에 빠진 것들을 버리고 첫 번째 경지[初地, 예류과]를 얻기 위하여, 출리로 인도하고 [윤회를] 감소시키는 출세간禪을 닦아서, 감각적 쾌락을 완전히 떨쳐버리고 … 공한[空性] 초선(初禪)을 구족하여 머물 때, 그때에 감각접촉이 있고 … pe(§277-2 / §1-2) … 산란하지 않음이 있다. … pe(§§278~360 / §§2~145) … — 이것이 유익한 법들이다.

이러한 출세간의 유익한 禪을 지었고 수행하였기 때문에, 감각적 쾌락들을 완전히 떨쳐버리고 … 공하고[空性] 과보로 나타난 초선(初禪)을 구족하여 머물 때, 그때에 감각접촉이 있고 … pe(§277-2 / §1-2) … 산란하지 않음이 있다. … pe(§§278~360 / §§2~145) … — 이것이 결정할 수 없는[無記] 법들이다.

511. 무엇이 결정할 수 없는[無記] 법들인가?

사견에 빠진 것들을 버리고 첫 번째 경지[初地, 예류과]를 얻기 위하여,

출리로 인도하고 [윤회를] 감소시키는 출세간禪을 닦아서, 감각적 쾌락을 완전히 떨쳐버리고 … 공한[空性] 초선(初禪)을 구족하여 머물 때, 그때에 감각접촉이 있고 … pe(§277-2 / §1-2) … 산란하지 않음이 있다. … pe(§§278~360 / §§2~145) … — 이것이 유익한 법들이다.

이러한 출세간의 유익한 禪을 지었고 수행하였기 때문에, 감각적 쾌락들을 완전히 떨쳐버리고 … 표상 없고[無相] 과보로 나타난 초선(初禪)을 구족하여 머물 때, 그때에 감각접촉이 있고 … pe(§277-2 / §1-2) … 산란하지 않음이 있다. … pe(§§278~360 / §§2~145) … — 이것이 결정할 수 없는[無記] 법들이다.

512. 무엇이 결정할 수 없는[無記] 법들인가?

사견에 빠진 것들을 버리고 첫 번째 경지[初地, 예류과]를 얻기 위하여, 출리로 인도하고 [윤회를] 감소시키는 출세간禪을 닦아서, 감각적 쾌락을 완전히 떨쳐버리고 … 공한[空性] 초선(初禪)을 [102] 구족하여 머물 때, 그때에 감각접촉이 있고 … pe(§277-2 / §1-2) … 산란하지 않음이 있다. … pe(§§278~360 / §§2~145) … — 이것이 유익한 법들이다.

이러한 출세간의 유익한 禪을 지었고 수행하였기 때문에, 감각적 쾌락들을 완전히 떨쳐버리고 … 원함 없고[無願] 과보로 나타난 초선(初禪)을 구족하여 머물 때, 그때에 감각접촉이 있고 … pe(§277-2 / §1-2) … 산란하지 않음이 있다. … pe(§§278~360 / §§2~145) … — 이것이 결정할 수 없는[無記] 법들이다.

513. 무엇이 결정할 수 없는[無記] 법들인가?

사견에 빠진 것들을 버리고 첫 번째 경지[初地, 예류과]를 얻기 위하여, 출리로 인도하고 [윤회를] 감소시키는 출세간禪을 닦아서, 일으킨 생각과 지속적 고찰을 가라앉혔기 때문에 [더 이상 존재하지 않으며] … 공한[空性] 제2선(二禪)을 … 제3선(三禪)을 … 제4선(四禪)을 … 초선(初

禪)을 … 제5선(五禪)을 구족하여 머물 때, 그때에 감각접촉이 있고 … pe(§277-2 / §1-2) … 산란하지 않음이 있다. … pe(§§278~360 / §§2~145) … — 이것이 유익한 법들이다.

이러한 출세간의 유익한 禪을 지었고 수행하였기 때문에, 일으킨 생각과 지속적 고찰을 가라앉혔기 때문에 [더 이상 존재하지 않으며] … 공하고[空性] 과보로 나타난 … 표상 없고[無相] 과보로 나타난 … 원함 없고[無願] 과보로 나타난 제2선(二禪)을 … 제3선(三禪)을 … 제4선(四禪)을 … 초선(初禪)을 … 제5선(五禪)을 구족하여 머물 때, 그때에 감각접촉이 있고 … pe(§277-2 / §1-2) … 산란하지 않음이 있다. … pe(§§278~360 / §§2~145) … — 이것이 결정할 수 없는[無記] 법들이다.

순수한 공함이 [끝났다.]

③ 공함과 도닦음

514. 무엇이 결정할 수 없는[無記] 법들인가?

사견에 빠진 것들을 버리고 첫 번째 경지[初地, 예류과]를 얻기 위하여, 출리로 인도하고 [윤회를] 감소시키는 출세간禪을 닦아서, 감각적 쾌락을 완전히 떨쳐버리고 … ① 도닦음도 어렵고 초월지도 느리며 공한[空性] 초선(初禪)을 구족하여 머물 때, 그때에 감각접촉이 있고 … pe(§277-2 / §1-2) … 산란하지 않음이 있다. … pe(§§278~360 / §§2~145) … — 이것이 유익한 법들이다.

이러한 출세간의 유익한 禪을 지었고 수행하였기 때문에, 감각적 쾌락들을 완전히 떨쳐버리고 … ① 도닦음도 어렵고 초월지도 느리며 공하고[空性] 과보로 나타난 초선(初禪)을 구족하여 머물 때, 그때에 감각접촉이 있고 … pe(§277-2 / §1-2) … 산란하지 않음이 있다. … pe(§§278~360 / §§2~145) … — 이것이 결정할 수 없는[無記] 법들이다.

515. 무엇이 결정할 수 없는[無記] 법들인가?

사견에 빠진 것들을 버리고 첫 번째 경지[初地, 예류과]를 얻기 위하여, 출리로 인도하고 [윤회를] 감소시키는 출세간禪을 닦아서, 감각적 쾌락을 완전히 떨쳐버리고 [103] … ① 도닦음도 어렵고 초월지도 느리며 공한[空性] 초선(初禪)을 구족하여 머물 때, 그때에 감각접촉이 있고 … pe(§277-2 / §1-2) … 산란하지 않음이 있다. … pe(§§278~360 / §§2~145) … — 이것이 유익한 법들이다.

이러한 출세간의 유익한 禪을 지었고 수행하였기 때문에, 감각적 쾌락들을 완전히 떨쳐버리고 … ① 도닦음도 어렵고 초월지도 느리며 표상 없고[無相] 과보로 나타난 초선(初禪)을 구족하여 머물 때, 그때에 감각접촉이 있고 … pe(§277-2 / §1-2) … 산란하지 않음이 있다. … pe(§§278~360 / §§2~145) … — 이것이 결정할 수 없는[無記] 법들이다.

516. 무엇이 결정할 수 없는[無記] 법들인가?

사견에 빠진 것들을 버리고 첫 번째 경지[初地, 예류과]를 얻기 위하여, 출리로 인도하고 [윤회를] 감소시키는 출세간禪을 닦아서, 감각적 쾌락을 완전히 떨쳐버리고 … ① 도닦음도 어렵고 초월지도 느리며 공한[空性] 초선(初禪)을 구족하여 머물 때, 그때에 감각접촉이 있고 … pe(§277-2 / §1-2) … 산란하지 않음이 있다. … pe(§§278~360 / §§2~145) … — 이것이 유익한 법들이다.

이러한 출세간의 유익한 禪을 지었고 수행하였기 때문에, 감각적 쾌락들을 완전히 떨쳐버리고 … ① 도닦음도 어렵고 초월지도 느리며 원함 없고[無願] 과보로 나타난 초선(初禪)을 구족하여 머물 때, 그때에 감각접촉이 있고 … pe(§277-2 / §1-2) … 산란하지 않음이 있다. … pe(§§278~360 / §§2~145) … — 이것이 결정할 수 없는[無記] 법들이다.

517. 무엇이 결정할 수 없는[無記] 법들인가?

사견에 빠진 것들을 버리고 첫 번째 경지[初地, 예류과]를 얻기 위하여, 출리로 인도하고 [윤회를] 감소시키는 출세간禪을 닦아서, 일으킨 생각과 지속적 고찰을 가라앉혔기 때문에 [더 이상 존재하지 않으며] … ① 도닦음도 어렵고 초월지도 느리며 공한[空性] 제2선(二禪)을 … 제3선(三禪)을 … 제4선(四禪)을 … 초선(初禪)을 … 제5선(五禪)을 구족하여 머물 때, 그때에 감각접촉이 있고 … pe(§277-2 / §1-2) … 산란하지 않음이 있다. … pe(§§278~360 / §§2~145) … — 이것이 유익한 법들이다.

이러한 출세간의 유익한 禪을 지었고 수행하였기 때문에, 일으킨 생각과 지속적 고찰을 가라앉혔기 때문에 [더 이상 존재하지 않으며] … ① 도닦음도 어렵고 초월지도 느리며 공하고[空性] 과보로 나타난 … 표상 없고[無相] 과보로 나타난 … 원함 없고[無願] 과보로 나타난 제2선(二禪)을 … 제3선(三禪)을 … 제4선(四禪)을 … 초선(初禪)을 … 제5선(五禪)을 구족하여 머물 때, 그때에 감각접촉이 있고 … pe(§277-2 / §1-2) … 산란하지 않음이 있다. … pe(§§278~360 / §§2~145) … — 이것이 결정할 수 없는[無記] 법들이다.

518. 무엇이 결정할 수 없는[無記] 법들인가?

사견에 빠진 것들을 버리고 첫 번째 경지[初地, 예류과]를 얻기 위하여, 출리로 인도하고 [윤회를] 감소시키는 출세간禪을 닦아서, 감각적 쾌락을 완전히 떨쳐버리고 … ② 도닦음은 어려우나 초월지는 빠르며 공한[空性] 초선(初禪)을 … ③ 도닦음은 쉬우나 초월지는 느리며 공한[空性] 초선(初禪)을 … ④ 도닦음도 쉽고 초월지도 빠르며 공한[空性] [104] 초선(初禪)을 … 제2선(二禪)을 … 제3선(三禪)을 … 제4선(四禪)을 … 초선(初禪)을 … 제5선(五禪)을 구족하여 머물 때, 그때에 감각접촉이 있고 … pe(§277-2 / §1-2) … 산란하지 않음이 있다. … pe(§§278~360 / §§2~

145) … — 이것이 유익한 법들이다.

이러한 출세간의 유익한 禪을 지었고 수행하였기 때문에, 감각적 쾌락들을 완전히 떨쳐버리고 … ② 도닦음은 어려우나 초월지는 빠르며 공하고[空性] 과보로 나타난 … 표상 없고[無相] 과보로 나타난 … 원함 없고[無願] 과보로 나타난 … ③ 도닦음은 쉬우나 초월지는 느리며 공하고[空性] 과보로 나타난 … 표상 없고[無相] 과보로 나타난 … 원함 없고[無願] 과보로 나타난 … ④ 도닦음도 쉽고 초월지도 빠르며 공하고[空性] 과보로 나타난 … 표상 없고[無相] 과보로 나타난 … 원함 없고[無願] 과보로 나타난 초선(初禪)을 … 제2선(二禪)을 … 제3선(三禪)을 … 제4선(四禪)을 … 초선(初禪)을 … 제5선(五禪)을 구족하여 머물 때, 그때에 감각접촉이 있고 … pe(§277-2 / §1-2) … 산란하지 않음이 있다. … pe(§§278~360 / §§2~145) … — 이것이 결정할 수 없는[無記] 법들이다.

공함과 도닦음이 [끝났다.]

④ 순수한 원함 없음

519. 무엇이 결정할 수 없는[無記] 법들인가?

사견에 빠진 것들을 버리고 첫 번째 경지[初地, 예류과]를 얻기 위하여, 출리로 인도하고 [윤회를] 감소시키는 출세간禪을 닦아서, 감각적 쾌락을 완전히 떨쳐버리고 … 원함 없는[無願] 초선(初禪)을 구족하여 머물 때, 그때에 감각접촉이 있고 … pe(§277-2 / §1-2) … 산란하지 않음이 있다. … pe(§§278~360 / §§2~145) … — 이것이 유익한 법들이다.

이러한 출세간의 유익한 禪을 지었고 수행하였기 때문에, 감각적 쾌락들을 완전히 떨쳐버리고 … 원함 없고[無願] 과보로 나타난 초선(初禪)을 구족하여 머물 때, 그때에 감각접촉이 있고 … pe(§277-2 / §1-2) … 산란하지 않음이 있다. … pe(§§278~360 / §§2~145) … — 이것이 결정할 수 없는[無記] 법들이다.

520. 무엇이 결정할 수 없는[無記] 법들인가?

사견에 빠진 것들을 버리고 첫 번째 경지[初地, 예류과]를 얻기 위하여, 출리로 인도하고 [윤회를] 감소시키는 출세간禪을 닦아서, 감각적 쾌락을 완전히 떨쳐버리고 … 원함 없는[無願] 초선(初禪)을 구족하여 머물 때, 그때에 감각접촉이 있고 … pe(§277-2 / §1-2) … 산란하지 않음이 있다. … pe(§§278~360 / §§2~145) … — 이것이 유익한 법들이다.

이러한 출세간의 유익한 禪을 지었고 수행하였기 때문에, 감각적 쾌락들을 완전히 떨쳐버리고 … 표상 없고[無相] 과보로 나타난 초선(初禪)을 구족하여 머물 때, 그때에 감각접촉이 있고 … pe(§277-2 / §1-2) … 산란하지 않음이 있다. … pe(§§278~360 / §§2~145) … — 이것이 결정할 수 없는[無記] 법들이다.

521. 무엇이 결정할 수 없는[無記] 법들인가? [105]

사견에 빠진 것들을 버리고 첫 번째 경지[初地, 예류과]를 얻기 위하여, 출리로 인도하고 [윤회를] 감소시키는 출세간禪을 닦아서, 감각적 쾌락을 완전히 떨쳐버리고 … 원함 없는[無願] 초선(初禪)을 구족하여 머물 때, 그때에 감각접촉이 있고 … pe(§277-2 / §1-2) … 산란하지 않음이 있다. … pe(§§278~360 / §§2~145) … — 이것이 유익한 법들이다.

이러한 출세간의 유익한 禪을 지었고 수행하였기 때문에, 감각적 쾌락들을 완전히 떨쳐버리고 … 공하고[空性] 과보로 나타난 초선(初禪)을 구족하여 머물 때, 그때에 감각접촉이 있고 … pe(§277-2 / §1-2) … 산란하지 않음이 있다. … pe(§§278~360 / §§2~145) … — 이것이 결정할 수 없는[無記] 법들이다.

522. 무엇이 결정할 수 없는[無記] 법들인가?

사견에 빠진 것들을 버리고 첫 번째 경지[初地, 예류과]를 얻기 위하여, 출리로 인도하고 [윤회를] 감소시키는 출세간禪을 닦아서, 일으킨 생각과 지속적 고찰을 가라앉혔기 때문에 [더 이상 존재하지 않으며] … 원함 없는[無願] 제2선(二禪)을 … 제3선(三禪)을 … 제4선(四禪)을 … 초선(初禪)을 … 제5선(五禪)을 구족하여 머물 때, 그때에 감각접촉이 있고 … pe(§277-2 / §1-2) … 산란하지 않음이 있다. … pe(§§278~360 / §§2~145) … — 이것이 유익한 법들이다.

이러한 출세간의 유익한 禪을 지었고 수행하였기 때문에, 일으킨 생각과 지속적 고찰을 가라앉혔기 때문에 [더 이상 존재하지 않으며] … 원함 없고[無願] 과보로 나타난 … 표상 없고[無相] 과보로 나타난 … 공하고[空性] 과보로 나타난 … 제2선(二禪)을 … 제3선(三禪)을 … 제4선(四禪)을 … 초선(初禪)을 … 제5선(五禪)을 구족하여 머물 때, 그때에 감각접촉이 있고 … pe(§277-2 / §1-2) … 산란하지 않음이 있다. … pe(§§278~360 / §§2~145) … — 이것이 결정할 수 없는[無記] 법들이다.

순수한 원함 없음이 [끝났다.]

⑤ 원함 없음과 도닦음

523. 무엇이 결정할 수 없는[無記] 법들인가?

사견에 빠진 것들을 버리고 첫 번째 경지[初地, 예류과]를 얻기 위하여, 출리로 인도하고 [윤회를] 감소시키는 출세간禪을 닦아서, 감각적 쾌락을 완전히 떨쳐버리고 … ① 도닦음도 어렵고 초월지도 느리며 원함 없는[無願] 초선(初禪)을 구족하여 머물 때, 그때에 감각접촉이 있고 … pe(§277-2 / §1-2) … 산란하지 않음이 있다. … pe(§§278~360 / §§2~145) … — 이것이 유익한 법들이다.

이러한 출세간의 유익한 禪을 지었고 수행하였기 때문에, 감각적 쾌락들을 완전히 떨쳐버리고 … ① 도닦음도 어렵고 초월지도 느리며 원함 없고[無願] 과보로 나타난 초선(初禪)을 구족하여 머물 때, 그때에 감각접촉이 있고 … pe(§277-2 / §1-2) … 산란하지 않음이 있다. … pe(§§278~360 / §§2~145) … — 이것이 결정할 수 없는[無記] 법들이다.

524. 무엇이 결정할 수 없는[無記] 법들인가?

사견에 빠진 것들을 버리고 첫 번째 경지[初地, 예류과]를 얻기 위하여, 출리로 인도하고 [윤회를] 감소시키는 출세간禪을 닦아서, 감각적 쾌락을 완전히 떨쳐버리고 … [106] ① 도닦음도 어렵고 초월지도 느리며 원함 없는[無願] 초선(初禪)을 구족하여 머물 때, 그때에 감각접촉이 있고 … pe(§277-2 / §1-2) … 산란하지 않음이 있다. … pe(§§278~360 / §§2~145) … — 이것이 유익한 법들이다.

이러한 출세간의 유익한 禪을 지었고 수행하였기 때문에, 감각적 쾌락들을 완전히 떨쳐버리고 … ① 도닦음도 어렵고 초월지도 느리며 표상 없고[無相] 과보로 나타난 초선(初禪)을 구족하여 머물 때, 그때에 감각접촉이 있고 … pe(§277-2 / §1-2) … 산란하지 않음이 있다. … pe(§§278~360 / §§2~145) … — 이것이 결정할 수 없는[無記] 법들이다.

525. 무엇이 결정할 수 없는[無記] 법들인가?

사견에 빠진 것들을 버리고 첫 번째 경지[初地, 예류과]를 얻기 위하여, 출리로 인도하고 [윤회를] 감소시키는 출세간禪을 닦아서, 감각적 쾌락을 완전히 떨쳐버리고 … ① 도닦음도 어렵고 초월지도 느리며 원함 없는[無願] 초선(初禪)을 구족하여 머물 때, 그때에 감각접촉이 있고 … pe(§277-2 / §1-2) … 산란하지 않음이 있다. … pe(§§278~360 / §§2~145) … — 이것이 유익한 법들이다.

이러한 출세간의 유익한 禪을 지었고 수행하였기 때문에, 감각적 쾌락들을 완전히 떨쳐버리고 … ① 도닦음도 어렵고 초월지도 느리며 공하고[空性] 과보로 나타난 초선(初禪)을 구족하여 머물 때, 그때에 감각접촉이 있고 … pe(§277-2 / §1-2) … 산란하지 않음이 있다. … pe(§§278~360 / §§2~145) … — 이것이 결정할 수 없는[無記] 법들이다.

526. 무엇이 결정할 수 없는[無記] 법들인가?

사견에 빠진 것들을 버리고 첫 번째 경지[初地, 예류과]를 얻기 위하여, 출리로 인도하고 [윤회를] 감소시키는 출세간禪을 닦아서, 일으킨 생각과 지속적 고찰을 가라앉혔기 때문에 [더 이상 존재하지 않으며] … ① 도닦음도 어렵고 초월지도 느리며 원함 없는[無願] 제2선(二禪)을 … 제3선(三禪)을 … 제4선(四禪)을 … 초선(初禪)을 … 제5선(五禪)을 구족하여 머물 때, 그때에 감각접촉이 있고 … pe(§277-2 / §1-2) … 산란하지 않음이 있다. … pe(§§278~360 / §§2~145) … — 이것이 유익한 법들이다.

이러한 출세간의 유익한 禪을 지었고 수행하였기 때문에, 일으킨 생각과 지속적 고찰을 가라앉혔기 때문에 [더 이상 존재하지 않으며] … ① 도닦음도 어렵고 초월지도 느리며 원함 없고[無願] 과보로 나타난 … 표상 없고[無相] 과보로 나타난 … 공하고[空性] 과보로 나타난 제2선(二禪)을 … 제3선(三禪)을 … 제4선(四禪)을 … 초선(初禪)을 … 제5선(五禪)을 구족하여 머물 때, 그때에 감각접촉이 있고 … pe(§277-2 / §1-2) … 산란하지 않음이 있다. … pe(§§278~360 / §§2~145) … — 이것이 결정할 수 없는[無記] 법들이다.

527. 무엇이 결정할 수 없는[無記] 법들인가?

사견에 빠진 것들을 버리고 첫 번째 경지[初地, 예류과]를 얻기 위하여, 출리로 인도하고 [윤회를] 감소시키는 출세간禪을 닦아서, 감각적 쾌락을 완전히 떨쳐버리고 … ② 도닦음은 어려우나 초월지는 빠르며 원함 없는[無願] … ③ 도닦음은 쉬우나 초월지는 느리며 원함 없는[無願] …

④ 도닦음도 쉽고 초월지도 빠르며 [107] 원함 없는[無願] 초선(初禪)을 … 제2선(二禪)을 … 제3선(三禪)을 … 제4선(四禪)을 … 초선(初禪)을 … 제5선(五禪)을 구족하여 머물 때, 그때에 감각접촉이 있고 … pe(§277-2 / §1-2) … 산란하지 않음이 있다. … pe(§§278~360 / §§2~145) … — 이것이 유익한 법들이다.

이러한 출세간의 유익한 禪을 지었고 수행하였기 때문에, 감각적 쾌락들을 완전히 떨쳐버리고 … ② 도닦음은 어려우나 초월지는 빠르며 원함 없고[無願] 과보로 나타난 … 표상 없고[無相] 과보로 나타난 … 공하고[空性] 과보로 나타난 … ③ 도닦음은 쉬우나 초월지는 느리며 원함 없고[無願] 과보로 나타난 … 표상 없고[無相] 과보로 나타난 … 공하고[空性] 과보로 나타난 … ④ 도닦음도 쉽고 초월지도 빠르며 원함 없고[無願] 과보로 나타난 … 표상 없고[無相] 과보로 나타난 … 공하고[空性] 과보로 나타난 초선(初禪)을 … 제2선(二禪)을 … 제3선(三禪)을 … 제4선(四禪)을 … 초선(初禪)을 … 제5선(五禪)을 구족하여 머물 때, 그때에 감각접촉이 있고 … pe(§277-2 / §1-2) … 산란하지 않음이 있다. … pe(§§278~360 / §§2~145) … — 이것이 결정할 수 없는[無記] 법들이다.

원함 없음과 도닦음이 [끝났다.]

(2)~(20) 스무 가지 [가운데 남은 열아홉 가지] 큰 방법805)

528. 무엇이 결정할 수 없는[無記] 법들인가?

---

805) 앞의 제5장 출세간의 유익한 마음의 I. 첫 번째 도에서 스무 가지 큰 방법으로 출세간의 유익한 마음을 설명하면서 §§277~356에서 출세간禪을 첫 번째 방법으로 상세하게 언급한 뒤 §357에서 출세간의 도부터 출세간의 마음까지 19가지를 다루었다. 그와 같이 여기서도 출세간의 과보의 마음을 설명하면서 같은 방법으로 §§505~527에서 첫 번째 방법으로 출세간禪을 자세하게 언급한 뒤 §528에서 나머지 19가지를 다루고 있다.

사견에 빠진 것들을 버리고 첫 번째 경지[初地, 예류과]를 얻기 위하여, 출리로 인도하고 [윤회를] 감소시키는 ② 출세간의 도[八支聖道 = 八正道]를 닦아서 … ③ 출세간의 마음챙김의 확립[四念處]을 닦아서 … ④ 출세간의 바른 노력[四正勤]을 닦아서 … ⑤ 출세간의 성취수단[四如意足]을 닦아서 … ⑥ 출세간의 기능[五根]을 닦아서 … ⑦ 출세간의 힘[五力]을 닦아서 … ⑧ 출세간의 깨달음의 구성요소[七覺支]를 닦아서 … ⑨ 출세간의 진리[諦]를 닦아서 … ⑩ 출세간의 사마타[止]를 닦아서 … ⑪ 출세간의 법을 닦아서 … ⑫ 출세간의 무더기[蘊]를 닦아서 … ⑬ 출세간의 감각장소[處]를 닦아서 … ⑭ 출세간의 요소[界]를 닦아서 … ⑮ 출세간의 음식[食]을 닦아서 … ⑯ 출세간의 감각접촉[觸]을 닦아서 … ⑰ 출세간의 느낌[受]을 닦아서 … ⑱ 출세간의 인식[想]을 닦아서 … ⑲ 출세간의 의도[思]를 닦아서 … ⑳ 출세간의 마음[心]을 닦아서 감각적 쾌락을 완전히 떨쳐버리고 … 도닦음도 어렵고 초월지도 느린 초선(初禪)을 구족하여 머물 때, 그때에 감각접촉이 있고 … pe(§277-2 / §1-2) … 산란하지 않음이 있다. … pe(§§278~360 / §§2~145) … — 이것이 유익한 법들이다.

이러한 출세간의 유익한 禪을 지었고 수행하였기 때문에, 감각적 쾌락들을 완전히 떨쳐버리고 … 도닦음도 어렵고 초월지도 느리며 공하고[空性] 과보로 나타난 … 원함 없고[無願] 과보로 나타난 … 표상 없고[無相] [108] 과보로 나타난 초선(初禪)을 구족하여 머물 때, 그때에 감각접촉이 있고 … pe(§277-2 / §1-2) … 산란하지 않음이 있다. … pe(§§278~360 / §§2~145) … — 이것이 결정할 수 없는[無記] 법들이다.

스무 가지 [가운데 남은 열아홉 가지] 큰 방법이 [끝났다.]

지배를 가짐

(1) 열의의 지배를 가진 출세간禪

① 열의의 지배를 가진 순수한 도닦음

529. 무엇이 결정할 수 없는[無記] 법들인가?

사견에 빠진 것들을 버리고 첫 번째 경지[初地, 예류과]를 얻기 위하여, 출리로 인도하고 [윤회를] 감소시키는 출세간禪을 닦아서, 감각적 쾌락을 완전히 떨쳐버리고 … ① 도닦음도 어렵고 초월지도 느리며 열의의 지배를 가진 초선(初禪)을 구족하여 머물 때, 그때에 감각접촉이 있고 … pe(§277-2 / §1-2) … 산란하지 않음이 있다. … pe(§§278~360 / §§2~145) … — 이것이 유익한 법들이다.(§345)[806)]

---

806) 아비담마에서는 출세간도의 바로 다음 찰나에 출세간의 과가 일어난다고 강조한다.(여기에 대해서는 『아비담마 길라잡이』 제1장 IV.출세간 마음의 [해설]을 참조하고 『청정도론』 XXIII.14와 IV.78 등도 참조할 것.) 『담마상가니 주석서』는 이것을 출세간도가 자신의 과보를 지배하는 것(adhipati)으로 설명하고 있다. 주석서를 인용한다.

"그런데 삼계의 유익한 마음들은 자신의 과보를 지배하는 것을 얻을 수 없지만 출세간의 유익한 마음들은 그렇지 않다. 왜? 삼계의 유익한 마음들은 [업을] 쌓는 시기(āyūhana-kāla)가 다르고 [업의] 과보를 가져오는 시기(vipaccana-kāla)가 다르기 때문이다. 그래서 그들은 자신의 과보를 지배하는 것을 얻을 수 없다. 그러나 출세간의 마음들은 그 믿음과 그 정진과 그 마음챙김과 그 삼매와 그 통찰지가 가라앉기 전에 확실하게 그리고 아무 걸림이 없이 도의 바로 다음에 과보를 얻는다. 그래서 자신의 과보를 지배하는 것을 얻을 수 있다.
예를 들면 제한된 불이 붙은 곳에서 그 불이 꺼지기만 하면 열기는 사라져버리고 아무것도 남지 않는다. 그러나 크게 활활 타오르는 불무더기는 꺼진 뒤에 소똥으로 에워싸더라도 뜨거운 열기는 가라앉지 않는다.
그와 같이 삼계의 유익한 마음에서 업을 짓는 순간과 과보가 나타나는 순간은 다르다. 이것은 제한된 불이 붙은 곳에서 열기가 사라져버리는 시간과 같다. 그러므로 그것은 자신의 과보를 지배하는 것을 얻을 수 없다.
그러나 출세간의 마음에서는 그 믿음과 그 정진과 그 마음챙김과 그 삼매와 그 통찰지가 가라앉기 전에 도의 바로 다음에 과보가 생긴다. 그래서 이것은 이러한 출세간의 유익한 禪을 지었고 수행하였기 때문에, 감각적 쾌락들을 완전히 떨쳐버리고 … ① 도닦음도 어렵고 초월지도 느리며 공하고 열의의 지배를 가진 과보로 나타난 초선(初禪)을 구족하여 머물 때, 그때에 감각접촉이 있고 … pe(§277-2 / §1-2) … 산란하지 않음이 있다. … pe(§§278~360 / §§2~145) … — 이것이 결정할 수 없는[無記] 법들이다.

530. 무엇이 결정할 수 없는[無記] 법들인가?

사견에 빠진 것들을 버리고 첫 번째 경지[初地, 예류과]를 얻기 위하여, 출리로 인도하고 [윤회를] 감소시키는 출세간禪을 닦아서, 감각적 쾌락을 완전히 떨쳐버리고 … ① 도닦음도 어렵고 초월지도 느리며 열의의 지배를 가진 초선(初禪)을 구족하여 머물 때, 그때에 감각접촉이 있고 … pe(§277-2 / §1-2) … 산란하지 않음이 있다. … pe(§§278~360 / §§2~145) … — 이것이 유익한 법들이다.

이러한 출세간의 유익한 禪을 지었고 수행하였기 때문에, 감각적 쾌락들을 완전히 떨쳐버리고 … ① 도닦음도 어렵고 초월지도 느리며 표상 없고[無相] 열의의 지배를 가진 과보로 나타난 초선(初禪)을 구족하여 머물 때, 그때에 감각접촉이 있고 … pe(§277-2 / §1-2) … 산란하지 않음이 있다. … pe(§§278~360 / §§2~145) … — 이것이 결정할 수 없는[無記] 법들이다.

531. 무엇이 결정할 수 없는[無記] 법들인가?

사견에 빠진 것들을 버리고 첫 번째 경지[初地, 예류과]를 얻기 위하여, 출리로 인도하고 [윤회를] 감소시키는 출세간禪을 닦아서, 감각적 쾌락을 완전히 떨쳐버리고 … ① 도닦음도 어렵고 초월지도 느리며 열의의

자신의 과보를 지배하는 것을 얻을 수 있다. 그래서 옛 사람들은 말했다. "출세간을 제외하고 과보로 나타난 마음에 지배란 것은 없다."라고."(DhsA. 291)

지배를 가진 초선(初禪)을 구족하여 머물 때, 그때에 감각접촉이 있고 … pe(§277-2 / §1-2) … 산란하지 않음이 있다. … pe(§§278~360 / §§2~145) … — 이것이 유익한 법들이다.

이러한 출세간의 유익한 禪을 지었고 수행하였기 때문에, 감각적 쾌락들을 완전히 떨쳐버리고 … ① 도닦음도 어렵고 초월지도 느리며 원함 없고[無願] 열의의 지배를 가진 과보로 나타난 초선(初禪)을 구족하여 머물 때, 그때에 [109] 감각접촉이 있고 … pe(§277-2 / §1-2) … 산란하지 않음이 있다. … pe(§§278~360 / §§2~145) … — 이것이 결정할 수 없는[無記] 법들이다.

532. 무엇이 결정할 수 없는[無記] 법들인가?

사견에 빠진 것들을 버리고 첫 번째 경지[初地, 예류과]를 얻기 위하여, 출리로 인도하고 [윤회를] 감소시키는 출세간禪을 닦아서, 일으킨 생각과 지속적 고찰을 가라앉혔기 때문에 [더 이상 존재하지 않으며] … ① 도닦음도 어렵고 초월지도 느리며 열의의 지배를 가진 제2선(二禪)을 … 제3선(三禪)을 … 제4선(四禪)을 … 초선(初禪)을 … 제5선(五禪)을 구족하여 머물 때, 그때에 감각접촉이 있고 … pe(§277-2 / §1-2) … 산란하지 않음이 있다. … pe(§§278~360 / §§2~145) … — 이것이 유익한 법들이다.

이러한 출세간의 유익한 禪을 지었고 수행하였기 때문에, 일으킨 생각과 지속적 고찰을 가라앉혔기 때문에 [더 이상 존재하지 않으며] … ① 도닦음도 어렵고 초월지도 느리며 공하고 열의의 지배를 가진 과보로 나타난 … ① 도닦음도 어렵고 초월지도 느리며 표상 없고[無相] 열의의 지배를 가진 과보로 나타난 … ① 도닦음도 어렵고 초월지도 느리며 원함 없고[無願] 열의의 지배를 가진 과보로 나타난 제2선(二禪)을 … 제3선(三禪)을 … 제4선(四禪)을 … 초선(初禪)을 … 제5선(五禪)을 구족하여 머물 때, 그때에 감각접촉이 있고 … pe(§277-2 / §1-2) … 산란하지 않음이 있다. … pe(§§278~360 / §§2~145) … — 이것이 결정할 수 없는 [無記] 법들이다.

533. 무엇이 결정할 수 없는[無記] 법들인가?

사견에 빠진 것들을 버리고 첫 번째 경지[初地, 예류과]를 얻기 위하여, 출리로 인도하고 [윤회를] 감소시키는 출세간禪을 닦아서, 감각적 쾌락을 완전히 떨쳐버리고 … ② 도닦음은 어려우나 초월지는 빠르며 열의의 지배를 가진 … ③ 도닦음은 쉬우나 초월지는 느리며 열의의 지배를 가진 … ④ 도닦음도 쉽고 초월지도 빠르며 열의의 지배를 가진 초선(初禪)을 … 제2선(二禪)을 … 제3선(三禪)을 … 제4선(四禪)을 … 초선(初禪)을 … 제5선(五禪)을 구족하여 머물 때, 그때에 감각접촉이 있고 … pe(§277-2 / §1-2) … 산란하지 않음이 있다. … pe(§§278~360 / §§2~145) … — 이것이 유익한 법들이다.

이러한 출세간의 유익한 禪을 지었고 수행하였기 때문에, 감각적 쾌락들을 완전히 떨쳐버리고 … ② 도닦음은 어려우나 초월지는 빠르며 공하고 열의의 지배를 가진 과보로 나타난 … 표상 없고[無相] 열의의 지배를 가진 과보로 나타난 … 원함 없고[無願] 열의의 지배를 가진 과보로 나타난 … ③ 도닦음은 쉬우나 초월지는 느리며 공하고 열의의 지배를 가진 과보로 나타난 … 표상 없고[無相] 열의의 지배를 가진 과보로 나타난 … 원함 없고[無願] 열의의 지배를 가진 과보로 나타난 … ④ 도닦음도 쉽고 초월지도 빠르며 공하고 열의의 지배를 가진 과보로 나타난 … 표상 없고[無相] 열의의 지배를 가진 과보로 나타난 … 원함 없고[無願] 열의의 지배를 가진 과보로 나타난 초선(初禪)을 … 제2선(二禪)을 … 제3선(三禪)을 … 제4선(四禪)을 … 초선(初禪)을 … 제5선(五禪)을 구족하여 머물 때, 그때에 감각접촉이 있고 … pe(§277-2 / §1-2)

… 산란하지 않음이 있다. … pe(§§278~360 / §§2~145) … — 이것이 결정할 수 없는[無記] 법들이다.

열의의 지배를 가진 순수한 도닦음이 [끝났다.]

② 열의의 지배를 가진 순수한 공함

534. 무엇이 [110] 결정할 수 없는[無記] 법들인가?

사견에 빠진 것들을 버리고 첫 번째 경지[初地, 예류과]를 얻기 위하여, 출리로 인도하고 [윤회를] 감소시키는 출세간禪을 닦아서, 감각적 쾌락을 완전히 떨쳐버리고 … 공하고 열의의 지배를 가진 초선(初禪)을 구족하여 머물 때, 그때에 감각접촉이 있고 … pe(§277-2 / §1-2) … 산란하지 않음이 있다. … pe(§§278~360 / §§2~145) … — 이것이 유익한 법들이다.

이러한 출세간의 유익한 禪을 지었고 수행하였기 때문에, 감각적 쾌락들을 완전히 떨쳐버리고 … 공하고 열의의 지배를 가진 과보로 나타난 초선(初禪)을 구족하여 머물 때, 그때에 감각접촉이 있고 … pe(§277-2 / §1-2) … 산란하지 않음이 있다. … pe(§§278~360 / §§2~145) … — 이것이 결정할 수 없는[無記] 법들이다.

535. 무엇이 결정할 수 없는[無記] 법들인가?

사견에 빠진 것들을 버리고 첫 번째 경지[初地, 예류과]를 얻기 위하여, 출리로 인도하고 [윤회를] 감소시키는 출세간禪을 닦아서, 감각적 쾌락을 완전히 떨쳐버리고 … 공하고 열의의 지배를 가진 초선(初禪)을 구족하여 머물 때, 그때에 감각접촉이 있고 … pe(§277-2 / §1-2) … 산란하지 않음이 있다. … pe(§§278~360 / §§2~145) … — 이것이 유익한 법들이다.

이러한 출세간의 유익한 禪을 지었고 수행하였기 때문에, 감각적 쾌락들을 완전히 떨쳐버리고 … 표상 없고[無相] 열의의 지배를 가진 과보로 나타난 초선(初禪)을 구족하여 머물 때, 그때에 감각접촉이 있고 …

pe(§277-2 / §1-2) … 산란하지 않음이 있다. … pe(§§278~360 / §§2~145) … — 이것이 결정할 수 없는[無記] 법들이다.

536. 무엇이 결정할 수 없는[無記] 법들인가?

사견에 빠진 것들을 버리고 첫 번째 경지[初地, 예류과]를 얻기 위하여, 출리로 인도하고 [윤회를] 감소시키는 출세간禪을 닦아서, 감각적 쾌락을 완전히 떨쳐버리고 … 공하고 열의의 지배를 가진 초선(初禪)을 구족하여 머물 때, 그때에 감각접촉이 있고 … pe(§277-2 / §1-2) … 산란하지 않음이 있다. … pe(§§278~360 / §§2~145) … — 이것이 유익한 법들이다.

이러한 출세간의 유익한 禪을 지었고 수행하였기 때문에, 감각적 쾌락들을 완전히 떨쳐버리고 … 원함 없고[無願] 열의의 지배를 가진 과보로 나타난 초선(初禪)을 구족하여 머물 때, 그때에 감각접촉이 있고 … pe(§277-2 / §1-2) … 산란하지 않음이 있다. … pe(§§278~360 / §§2~145) … — 이것이 결정할 수 없는[無記] 법들이다.

537. 무엇이 결정할 수 없는[無記] 법들인가?

사견에 빠진 것들을 버리고 첫 번째 경지[初地, 예류과]를 얻기 위하여, 출리로 인도하고 [윤회를] 감소시키는 출세간禪을 닦아서, 일으킨 생각과 지속적 고찰을 가라앉혔기 때문에 [더 이상 존재하지 않으며] … 공하고 열의의 지배를 가진 제2선(二禪)을 … 제3선(三禪)을 … 제4선(四禪)을 … 초선(初禪)을 … 제5선(五禪)을 구족하여 머물 때, 그때에 감각접촉이 있고 … pe(§277-2 / §1-2) … 산란하지 않음이 있다. … pe(§§278~360 / §§2~145) … — 이것이 유익한 법들이다.

이러한 출세간의 유익한 禪을 지었고 수행하였기 때문에, 일으킨 생각과 지속적 고찰을 가라앉혔기 때문에 [더 이상 존재하지 않으며] … 공하고 열의의 지배를 가진 과보로 나타난 … 표상 없고[無相] 열의의 지배를 가진 [111] 과보로 나타난 … 원함 없고[無願] 열의의 지배를 가진 과보로 나타난 제2선(二禪)을 … 제3선(三禪)을 … 제4선(四禪)을 … 초선(初禪)을 … 제5선(五禪)을 구족하여 머물 때, 그때에 감각접촉이 있고 … pe(§277-2 / §1-2) … 산란하지 않음이 있다. … pe(§§278~360 / §§2~145) … — 이것이 결정할 수 없는[無記] 법들이다.

열의의 지배를 가진 순수한 공함이 [끝났다.]

③ 열의의 지배를 가진 공함과 도닦음

538. 무엇이 결정할 수 없는[無記] 법들인가?

사견에 빠진 것들을 버리고 첫 번째 경지[初地, 예류과]를 얻기 위하여, 출리로 인도하고 [윤회를] 감소시키는 출세간禪을 닦아서, 감각적 쾌락을 완전히 떨쳐버리고 … ① 도닦음도 어렵고 초월지도 느리며 공하고 열의의 지배를 가진 초선(初禪)을 구족하여 머물 때, 그때에 감각접촉이 있고 … pe(§277-2 / §1-2) … 산란하지 않음이 있다. … pe(§§278~360 / §§2~145) … — 이것이 유익한 법들이다.

이러한 출세간의 유익한 禪을 지었고 수행하였기 때문에, 감각적 쾌락들을 완전히 떨쳐버리고 … ① 도닦음도 어렵고 초월지도 느리며 공하고 열의의 지배를 가진 과보로 나타난 초선(初禪)을 구족하여 머물 때, 그때에 감각접촉이 있고 … pe(§277-2 / §1-2) … 산란하지 않음이 있다. … pe(§§278~360 / §§2~145) … — 이것이 결정할 수 없는[無記] 법들이다.

539. 무엇이 결정할 수 없는[無記] 법들인가?

사견에 빠진 것들을 버리고 첫 번째 경지[初地, 예류과]를 얻기 위하여, 출리로 인도하고 [윤회를] 감소시키는 출세간禪을 닦아서, 감각적 쾌락을 완전히 떨쳐버리고 … ① 도닦음도 어렵고 초월지도 느리며 공하고 열의의 지배를 가진 초선(初禪)을 구족하여 머물 때, 그때에 감각접촉이 있고 … pe(§277-2 / §1-2) … 산란하지 않음이 있다. … pe(§§278~360 /

§§2~145) … — 이것이 유익한 법들이다.(§345; §358)

이러한 출세간의 유익한 禪을 지었고 수행하였기 때문에, 감각적 쾌락들을 완전히 떨쳐버리고 … ① 도닦음도 어렵고 초월지도 느리며 표상 없고[無相] 열의의 지배를 가진 과보로 나타난 초선(初禪)을 구족하여 머물 때, 그때에 감각접촉이 있고 … pe(§277-2 / §1-2) … 산란하지 않음이 있다. … pe(§§278~360 / §§2~145) … — 이것이 결정할 수 없는[無記] 법들이다.

540. 무엇이 결정할 수 없는[無記] 법들인가?

사견에 빠진 것들을 버리고 첫 번째 경지[初地, 예류과]를 얻기 위하여, 출리로 인도하고 [윤회를] 감소시키는 출세간禪을 닦아서, 감각적 쾌락을 완전히 떨쳐버리고 … ① 도닦음도 어렵고 초월지도 느리며 공하고 열의의 지배를 가진 초선(初禪)을 구족하여 머물 때, 그때에 감각접촉이 있고 … pe(§277-2 / §1-2) … 산란하지 않음이 있다. … pe(§§278~360 / §§2~145) … — 이것이 유익한 법들이다.

이러한 출세간의 유익한 禪을 지었고 수행하였기 때문에, 감각적 쾌락들을 완전히 떨쳐버리고 … ① 도닦음도 어렵고 초월지도 느리며 원함 없고[無願] 열의의 지배를 가진 과보로 나타난 초선(初禪)을 구족하여 머물 때, 그때에 [112] 감각접촉이 있고 … pe(§277-2 / §1-2) … 산란하지 않음이 있다. … pe(§§278~360 / §§2~145) … — 이것이 결정할 수 없는[無記] 법들이다.

541. 무엇이 결정할 수 없는[無記] 법들인가?

사견에 빠진 것들을 버리고 첫 번째 경지[初地, 예류과]를 얻기 위하여, 출리로 인도하고 [윤회를] 감소시키는 출세간禪을 닦아서, 일으킨 생각과 지속적 고찰을 가라앉혔기 때문에 [더 이상 존재하지 않으며] … ① 도닦음도 어렵고 초월지도 느리며 공하고 열의의 지배를 가진 제2선(二

禪)을 … 제3선(三禪)을 … 제4선(四禪)을 … 초선(初禪)을 … 제5선(五禪)을 구족하여 머물 때, 그때에 감각접촉이 있고 … pe(§277-2 / §1-2) … 산란하지 않음이 있다. … pe(§§278~360 / §§2~145) … — 이것이 유익한 법들이다.

이러한 출세간의 유익한 禪을 지었고 수행하였기 때문에, 일으킨 생각과 지속적 고찰을 가라앉혔기 때문에 [더 이상 존재하지 않으며] … ① 도닦음도 어렵고 초월지도 느리며 공하고 열의의 지배를 가진 과보로 나타난 … ① 도닦음도 어렵고 초월지도 느리며 표상 없고[無相] 열의의 지배를 가진 과보로 나타난 … ① 도닦음도 어렵고 초월지도 느리며 원함 없고[無願] 열의의 지배를 가진 과보로 나타난 제2선(二禪)을 … 제3선(三禪)을 … 제4선(四禪)을 … 초선(初禪)을 … 제5선(五禪)을 구족하여 머물 때, 그때에 감각접촉이 있고 … pe(§277-2 / §1-2) … 산란하지 않음이 있다. … pe(§§278~360 / §§2~145) … — 이것이 결정할 수 없는[無記] 법들이다.

542. 무엇이 결정할 수 없는[無記] 법들인가?

사견에 빠진 것들을 버리고 첫 번째 경지[初地, 예류과]를 얻기 위하여, 출리로 인도하고 [윤회를] 감소시키는 출세간禪을 닦아서, 감각적 쾌락을 완전히 떨쳐버리고 … ② 도닦음은 어려우나 초월지는 빠르며 공하고 열의의 지배를 가진 … ③ 도닦음은 쉬우나 초월지는 느리며 공하고 열의의 지배를 가진 … ④ 도닦음도 쉽고 초월지도 빠르며 공하고 열의의 지배를 가진 초선(初禪)을 … 제2선(二禪)을 … 제3선(三禪)을 … 제4선(四禪)을 … 초선(初禪)을 … 제5선(五禪)을 구족하여 머물 때, 그때에 감각접촉이 있고 … pe(§277-2 / §1-2) … 산란하지 않음이 있다. … pe(§§278~360 / §§2~145) … — 이것이 유익한 법들이다.

이러한 출세간의 유익한 禪을 지었고 수행하였기 때문에, 감각적 쾌락들을 완전히 떨쳐버리고 … ② 도닦음은 어려우나 초월지는 빠르며 공하고 열의의 지배를 가진 과보로 나타난 … 표상 없고[無相] 열의의 지배를 가진 과보로 나타난 … 원함 없고[無願] 열의의 지배를 가진 과보로 나타난 … ③ 도닦음은 쉬우나 초월지는 느리며 공하고 열의의 지배를 가진 과보로 나타난 … 표상 없고[無相] 열의의 지배를 가진 과보로 나타난 … 원함 없고[無願] 열의의 지배를 가진 과보로 나타난 … ④ 도닦음도 쉽고 초월지도 빠르며 공하고 열의의 지배를 가진 과보로 나타난 … 표상 없고[無相] 열의의 지배를 가진 과보로 나타난 … 원함 없고[無願] 열의의 지배를 가진 과보로 나타난 초선(初禪)을 … 제2선(二禪)을 … 제3선(三禪)을 … 제4선(四禪)을 … 초선(初禪)을 … 제5선(五禪)을 구족하여 머물 때, 그때에 감각접촉이 있고 … pe(§277-2 / §1-2) … 산란하지 않음이 있다. … pe(§§278~360 / §§2~145) … ― 이것이 결정할 수 없는[無記] 법들이다.

열의의 지배를 가진 공함과 도닦음이 [끝났다.]

④ 열의의 지배를 가진 순수한 원함 없음

543. 무엇이 [113] 결정할 수 없는[無記] 법들인가?

사견에 빠진 것들을 버리고 첫 번째 경지[初地, 예류과]를 얻기 위하여, 출리로 인도하고 [윤회를] 감소시키는 출세간禪을 닦아서, 감각적 쾌락을 완전히 떨쳐버리고 … 원함 없고[無願] 열의의 지배를 가진 초선(初禪)을 구족하여 머물 때, 그때에 감각접촉이 있고 … pe(§277-2 / §1-2) … 산란하지 않음이 있다. … pe(§§278~360 / §§2~145) … ― 이것이 유익한 법들이다.

이러한 출세간의 유익한 禪을 지었고 수행하였기 때문에, 감각적 쾌락들을 완전히 떨쳐버리고 … 원함 없고[無願] 열의의 지배를 가진 과보로 나타난 초선(初禪)을 구족하여 머물 때, 그때에 감각접촉이 있고 … pe(§277-2 / §1-2) … 산란하지 않음이 있다. … pe(§§278~360 / §§2~145) … — 이것이 결정할 수 없는[無記] 법들이다.

544. 무엇이 결정할 수 없는[無記] 법들인가?

사견에 빠진 것들을 버리고 첫 번째 경지[初地, 예류과]를 얻기 위하여, 출리로 인도하고 [윤회를] 감소시키는 출세간禪을 닦아서, 감각적 쾌락을 완전히 떨쳐버리고 … 원함 없고[無願] 열의의 지배를 가진 초선(初禪)을 구족하여 머물 때, 그때에 감각접촉이 있고 … pe(§277-2 / §1-2) … 산란하지 않음이 있다. … pe(§§278~360 / §§2~145) … — 이것이 유익한 법들이다.

이러한 출세간의 유익한 禪을 지었고 수행하였기 때문에, 감각적 쾌락들을 완전히 떨쳐버리고 … 표상 없고[無相] 열의의 지배를 가진 과보로 나타난 초선(初禪)을 구족하여 머물 때, 그때에 감각접촉이 있고 … pe(§277-2 / §1-2) … 산란하지 않음이 있다. … pe(§§278~360 / §§2~145) … — 이것이 결정할 수 없는[無記] 법들이다.

545. 무엇이 결정할 수 없는[無記] 법들인가?

사견에 빠진 것들을 버리고 첫 번째 경지[初地, 예류과]를 얻기 위하여, 출리로 인도하고 [윤회를] 감소시키는 출세간禪을 닦아서, 감각적 쾌락을 완전히 떨쳐버리고 … 원함 없고[無願] 열의의 지배를 가진 초선(初禪)을 구족하여 머물 때, 그때에 감각접촉이 있고 … pe(§277-2 / §1-2) … 산란하지 않음이 있다. … pe(§§278~360 / §§2~145) … — 이것이 유익한 법들이다.

이러한 출세간의 유익한 禪을 지었고 수행하였기 때문에, 감각적 쾌락들을 완전히 떨쳐버리고 … 공하고 열의의 지배를 가진 과보로 나타난 초선(初禪)을 구족하여 머물 때, 그때에 감각접촉이 있고 …

pe(§277-2 / §1-2) … 산란하지 않음이 있다. … pe(§§278~360 / §§2~145) … — 이것이 결정할 수 없는[無記] 법들이다.

546. 무엇이 결정할 수 없는[無記] 법들인가?

사견에 빠진 것들을 버리고 첫 번째 경지[初地, 예류과]를 얻기 위하여, 출리로 인도하고 [윤회를] 감소시키는 출세간禪을 닦아서, 일으킨 생각과 지속적 고찰을 가라앉혔기 때문에 [더 이상 존재하지 않으며] … 원함 없고[無願] 열의의 지배를 가진 제2선(二禪)을 … 제3선(三禪)을 … 제4선(四禪)을 … 초선(初禪)을 … 제5선(五禪)을 구족하여 머물 때, 그때에 감각접촉이 있고 … pe(§277-2 / §1-2) … 산란하지 않음이 있다. … pe(§§278~360 / §§2~145) … — 이것이 유익한 법들이다. [114]

이러한 출세간의 유익한 禪을 지었고 수행하였기 때문에, 일으킨 생각과 지속적 고찰을 가라앉혔기 때문에 [더 이상 존재하지 않으며] 원함 없고[無願] 열의의 지배를 가진 과보로 나타난 … 표상 없고[無相] 열의의 지배를 가진 과보로 나타난 … 공하고 열의의 지배를 가진 과보로 나타난 제2선(二禪)을 … 제3선(三禪)을 … 제4선(四禪)을 … 초선(初禪)을 … 제5선(五禪)을 구족하여 머물 때, 그때에 감각접촉이 있고 … pe(§277-2 / §1-2) … 산란하지 않음이 있다. … pe(§§278~360 / §§2~145) … — 이것이 결정할 수 없는[無記] 법들이다.

열의의 지배를 가진 순수한 원함 없음이 [끝났다.]

⑤ 열의의 지배를 가진 원함 없음과 도닦음

547. 무엇이 결정할 수 없는[無記] 법들인가?

사견에 빠진 것들을 버리고 첫 번째 경지[初地, 예류과]를 얻기 위하여, 출리로 인도하고 [윤회를] 감소시키는 출세간禪을 닦아서, 감각적 쾌락을 완전히 떨쳐버리고 … ① 도닦음도 어렵고 초월지도 느리며 원함 없고[無願] 열의의 지배를 가진 초선(初禪)을 구족하여 머물 때, 그때에 감각접촉이 있고 … pe(§277-2 / §1-2) … 산란하지 않음이 있다. … pe(§§278~360 / §§2~145) … — 이것이 유익한 법들이다.

이러한 출세간의 유익한 禪을 지었고 수행하였기 때문에, 감각적 쾌락들을 완전히 떨쳐버리고 … ① 도닦음도 어렵고 초월지도 느리며 원함 없고[無願] 열의의 지배를 가진 과보로 나타난 초선(初禪)을 구족하여 머물 때, 그때에 감각접촉이 있고 … pe(§277-2 / §1-2) … 산란하지 않음이 있다. … pe(§§278~360 / §§2~145) … — 이것이 결정할 수 없는[無記] 법들이다.

548. 무엇이 결정할 수 없는[無記] 법들인가?

사견에 빠진 것들을 버리고 첫 번째 경지[初地, 예류과]를 얻기 위하여, 출리로 인도하고 [윤회를] 감소시키는 출세간禪을 닦아서, 감각적 쾌락을 완전히 떨쳐버리고 … ① 도닦음도 어렵고 초월지도 느리며 원함 없고[無願] 열의의 지배를 가진 초선(初禪)을 구족하여 머물 때, 그때에 감각접촉이 있고 … pe(§277-2 / §1-2) … 산란하지 않음이 있다. … pe(§§278~360 / §§2~145) … — 이것이 유익한 법들이다.

이러한 출세간의 유익한 禪을 지었고 수행하였기 때문에, 감각적 쾌락들을 완전히 떨쳐버리고 … ① 도닦음도 어렵고 초월지도 느리며 표상 없고[無相] 열의의 지배를 가진 과보로 나타난 초선(初禪)을 구족하여 머물 때, 그때에 감각접촉이 있고 … pe(§277-2 / §1-2) … 산란하지 않음이 있다. … pe(§§278~360 / §§2~145) … — 이것이 결정할 수 없는[無記] 법들이다.

549. 무엇이 결정할 수 없는[無記] 법들인가?

사견에 빠진 것들을 버리고 첫 번째 경지[初地, 예류과]를 얻기 위하여, 출리로 인도하고 [윤회를] 감소시키는 출세간禪을 닦아서, 감각적 쾌락을 완전히 떨쳐버리고 … ① 도닦음도 어렵고 초월지도 느리며 원함 없고[無願] 열의의 지배를 가진 초선(初禪)을 구족하여 머물 때, 그때에 [115] 감각접촉이 있고 … pe(§277-2 / §1-2) … 산란하지 않음이 있다. … pe(§§278~360 / §§2~145) … — 이것이 유익한 법들이다.

이러한 출세간의 유익한 禪을 지었고 수행하였기 때문에, 감각적 쾌락들을 완전히 떨쳐버리고 … ① 도닦음도 어렵고 초월지도 느리며 공하고 열의의 지배를 가진 과보로 나타난 초선(初禪)을 구족하여 머물 때, 그때에 감각접촉이 있고 … pe(§277-2 / §1-2) … 산란하지 않음이 있다. … pe(§§278~360 / §§2~145) … — 이것이 결정할 수 없는[無記] 법들이다.

550. 무엇이 결정할 수 없는[無記] 법들인가?

사견에 빠진 것들을 버리고 첫 번째 경지[初地, 예류과]를 얻기 위하여, 출리로 인도하고 [윤회를] 감소시키는 출세간禪을 닦아서, 일으킨 생각과 지속적 고찰을 가라앉혔기 때문에 [더 이상 존재하지 않으며] … ① 도닦음도 어렵고 초월지도 느리며 원함 없고[無願] 열의의 지배를 가진 제2선(二禪)을 … 제3선(三禪)을 … 제4선(四禪)을 … 초선(初禪)을 … 제5선(五禪)을 구족하여 머물 때, 그때에 감각접촉이 있고 … pe(§277-2 / §1-2) … 산란하지 않음이 있다. … pe(§§278~360 / §§2~145) … — 이것이 유익한 법들이다.

이러한 출세간의 유익한 禪을 지었고 수행하였기 때문에, 일으킨 생각과 지속적 고찰을 가라앉혔기 때문에 [더 이상 존재하지 않으며] ① 도닦음도 어렵고 초월지도 느리며 원함 없고[無願] 열의의 지배를 가진 과보로 나타난 … ① 도닦음도 어렵고 초월지도 느리며 표상 없고[無相] 열의의 지배를 가진 과보로 나타난 … ① 도닦음도 어렵고 초월지도 느리며 공하고 열의의 지배를 가진 과보로 나타난 제2선(二禪)을 … 제3선(三禪)을 … 제4선(四禪)을 … 초선(初禪)을 … 제5선(五禪)을 구족하여 머물 때, 그때에 감각접촉이 있고 … pe(§277-2 / §1-2) … 산란하지 않음이 있다. … pe(§§278~360 / §§2~145) … — 이것이 결정할 수 없는[無記] 법들이다.

551. 무엇이 결정할 수 없는[無記] 법들인가?

사견에 빠진 것들을 버리고 첫 번째 경지[初地, 예류과]를 얻기 위하여, 출리로 인도하고 [윤회를] 감소시키는 출세간禪을 닦아서, 감각적 쾌락을 완전히 떨쳐버리고 … ② 도닦음은 어려우나 초월지는 빠르며 원함 없고[無願] 열의의 지배를 가진 … ③ 도닦음은 쉬우나 초월지는 느리며 원함 없고[無願] 열의의 지배를 가진 … ④ 도닦음도 쉽고 초월지도 빠르며 원함 없고[無願] 열의의 지배를 가진 초선(初禪)을 … 제2선(二禪)을 … 제3선(三禪)을 … 제4선(四禪)을 … 초선(初禪)을 … 제5선(五禪)을 구족하여 머물 때, 그때에 감각접촉이 있고 … pe(§277-2 / §1-2) … 산란하지 않음이 있다. … pe(§§278~360 / §§2~145) … — 이것이 유익한 법들이다.

이러한 출세간의 유익한 禪을 지었고 수행하였기 때문에, 감각적 쾌락들을 완전히 떨쳐버리고 … ② 도닦음은 어려우나 초월지는 빠르며 원함 없고[無願] 열의의 지배를 가진 과보로 나타난 … 표상 없고[無相] 열의의 지배를 가진 과보로 나타난 … 공하고 열의의 지배를 가진 과보로 나타난 … ③ 도닦음은 쉬우나 초월지는 느리며 원함 없고[無願] 열의의 지배를 가진 과보로 나타난 … 표상 없고[無相] 열의의 지배를 가진 과보로 나타난 … 공하고 열의의 지배를 가진 과보로 나타난 … ④ 도닦음도 쉽고 초월지도 빠르며 원함 없고[無願] 열의의 지배를 가진 과보로 나타난 … 표상 없고[無相] 열의의 지배를 가진 과보로 나타난 … 공하고 열의의 지배를 가진 과보로 나타난 초선(初禪)을 … 제2선(二禪)을 … 제3선(三禪)을 … 제4선(四禪)을 … 초선(初禪)을 … 제5선(五禪)을 구족하여 머물 때, 그때에 감각접촉이 있고 … pe(§277-2 / §1-2) …

산란하지 않음이 있다. [116] … pe(§§278~360 / §§2~145) … — 이것이 결정할 수 없는[無記] 법들이다.

열의의 지배를 가진 원함 없음과 도닦음이 [끝났다.][807]

(2)~(20) 스무 가지 [가운데 남은 열아홉 가지] 큰 방법[808]

552. 무엇이 결정할 수 없는[無記] 법들인가?

사견에 빠진 것들을 버리고 첫 번째 경지[初地, 예류과]를 얻기 위하여, 출리로 인도하고 [윤회를] 감소시키는 ② 출세간의 도[八支聖道 = 八正道]를 닦아서 … ③ 출세간의 마음챙김의 확립[四念處]을 닦아서 … ④ 출세간의 바른 노력[四正勤]을 닦아서 … ⑤ 출세간의 성취수단[四如意足]을 닦아서 … ⑥ 출세간의 기능[五根]을 닦아서 … ⑦ 출세간의 힘[五力]을 닦아서 … ⑧ 출세간의 깨달음의 구성요소[七覺支]를 닦아서 … ⑨ 출세간의 진리[諦]를 닦아서 … ⑩ 출세간의 사마타[止]를 닦아서 … ⑪ 출세간의 법을 닦아서 … ⑫ 출세간의 무더기[蘊]를 닦아서 … ⑬ 출세간의 감각장소[處]를 닦아서 … ⑭ 출세간의 요소[界]를 닦아서 … ⑮ 출세간의 음식[食]을 닦아서 … ⑯ 출세간의 감각접촉[觸]을 닦아서 … ⑰ 출세간의 느낌[受]을 닦아서 … ⑱ 출세간의 인식[想]을 닦아서 … ⑲ 출세간의 의도[思]를 닦아서 … ⑳ 출세간의 마음[心]을 닦아서 감각

---

807) 이상에서 유념해야 할 점은 이 출세간의 과보의 마음들 가운데에서 순수한 도닦음의 경우(§§505~509와 §§529~533)와 공함[空性]의 경우(§§510~518과 §§534~542)에는 세 가지 형태의 도가 공함[空性]-표상 없음[無相]-원함 없음[無願]의 순서로 언급이 되었고, 원함 없음[無願]의 경우(§§519~527과 §§543~551)에는 원함 없음[無願]-표상 없음[無相]-공함[空性]의 순서로 언급이 되었다는 것이다.

808) 위의 §360과 §528과 같은 방법으로 §529의 (1) 열의의 지배를 가진 출세간 禪의 ⑥ 열의의 지배를 가진 순수한 도닦음부터(§529) ⑩ 열의의 지배를 가진 원함 없음과 도닦음(§551)까지가 첫 번째 방법이고 여기서는 출세간의 도부터 출세간의 마음까지 19가지가 나머지 스무 가지 큰 방법으로 언급되고 있다.

적 쾌락을 완전히 떨쳐버리고 … 도닦음도 어렵고 초월지도 느리며 열의의 지배를 가진 초선(初禪)을 구족하여 머물 때, 그때에 감각접촉이 있고 … pe(§277-2 / §1-2) … 산란하지 않음이 있다. … pe(§§278~360 / §§2~145) … — 이것이 유익한 법들이다.

이러한 출세간의 유익한 禪을 지었고 수행하였기 때문에, 감각적 쾌락들을 완전히 떨쳐버리고 … 도닦음도 어렵고 초월지도 느리며 공하고[空性] 과보로 나타난 … 표상 없고[無相] 과보로 나타난 … 원함 없고[無願] 과보로 나타난 … 열의의 지배를 가진 과보로 나타난 …

나머지 세 가지 지배를 가짐

정진의 지배를 가진 과보로 나타난 … 마음의 지배를 가진 과보로 나타난 … 검증의 지배를 가진 과보로 나타난 초선(初禪)을 구족하여 머물 때, 그때에 감각접촉이 있고 … pe(§277-2 / §1-2) … 산란하지 않음이 있다. … pe(§§278~360 / §§2~145) … — 이것이 결정할 수 없는[無記] 법들이다.

스무 가지 [가운데 남은 열아홉 가지] 큰 방법이 [끝났다.]

첫 번째 도의 과보로 나타난 마음이 [끝났다.]

II~IV. 두 번째 도부터 네 번째 도의 과보로 나타난 마음[809)]

553. 무엇이 결정할 수 없는[無記] 법들인가?

감각적 쾌락에 대한 갈망과 악의를 엷게 하는 두 번째 경지[二地][810)]

809) §505에서 시작한 (4) 출세간의 과보로 나타난 마음 가운데 1. 첫 번째 도의 과보로 나타난 마음이 끝나고 이제 2~4. 두 번째 도부터 네 번째 도의 과보로 나타난 마음이 시작된다.

810) "'두 번째 경지(dutiya-bhūmi)'는 일래자(sakadāgāmi)라 일컬어진다."

를 얻기 위하여 …

감각적 쾌락에 대한 갈망과 악의를 남김없이 제거하는 [117] 세 번째 경지[三地]811)를 얻기 위하여 …

색계에 대한 탐욕, 무색계에 대한 탐욕, 자만, 들뜸, 무명을 남김없이 제거하는 네 번째 경지[四地]812)를 얻기 위하여,

출리로 인도하고 [윤회를] 감소시키는 출세간禪을 닦아서, 감각적 쾌락을 완전히 떨쳐버리고 … ① 도닦음도 어렵고 초월지도 느린 초선(初禪)을 구족하여 머물 때,

그때에 감각접촉이 있고 … pe(§277-2 / §1-2) … 산란하지 않음이 있다. … pe(§§278~360 / §§2~145) … — 이것이 유익한 법들이다.

이러한 출세간의 유익한 禪을 지었고 수행하였기 때문에, 감각적 쾌락들을 완전히 떨쳐버리고 … 도닦음도 어렵고 초월지도 느리며 공하고[空性] 과보로 나타난 초선(初禪)을 구족하여 머물 때, 그때에 감각접촉이 있고 … pe(§277-2 / §1-2) … 구경의 지혜를 구족한 기능[具知根, aññātāvindriya]이 있고 … pe(§277-2 / §1-2) … 산란하지 않음이 있다. … pe(§§278~360 / §§2~145) … — 이것이 결정할 수 없는[無記] 법들이다.

554. 무엇이 그때에 있는 '감각접촉'인가?

그때에 있는 감각접촉, 접촉함, 맞닿음, 맞닿은 상태 — 이것이 그때에 있는 감각접촉이다.

… pe(§§279~295) …

(Pvch.90)

811) "'세 번째 경지(tatiya-bhūmi)'는 불환자(anāgāmi)라고 부른다."(*Ibid.*)

812) "'네 번째 경지(catuttha-bhūmi)'는 아라한(arahan)이니 으뜸가는 인간(agga-puggala)이다."(*Ibid.*)

555. 무엇이 그때에 있는 '구경의 지혜를 구족한 기능[具知根, aññātā-vindriya]'813) 인가?

그때에 있는 구경의 지혜로 안 분들814)의 법들에 대한 구경의 지혜,815) 통찰지, 통찰함, 간택, 꿰뚫어 간택함, 법의 간택[擇法], 주시함, 응시함, 차별화함, 영민함, 능숙함, 숙달됨, 분석함, 사색, 자세히 관찰함, 광대함, 현명함, 주도면밀함, 위빳사나, 알아차림, 몰이 막대, 통찰지, 통

---

813) "네 번째 과의 해설에서, '구경의 지혜를 구족한 기능[具知根, aññātāv-indriya]'은 구경의 지혜를 구족하고(aññātāvi) 네 가지 진리에 대해서 해야 할 바를 다 해 마친 지혜를 가진(niṭṭhita-ñāṇa-kicca) [성자]의 기능(indriya)이라는 뜻이다. 혹은 구경의 지혜를 구족하고 네 가지 진리에서 해야 할 바를 다 해 마친 [성자들]이 네 가지 진리를 알고 꿰뚫은 뒤에 확립되어 있는 법들의 바로 안에 있는 지배를 성취한다고 해서 기능이다."(DhsA.291~292)

814) "[법의] 해설에 관한 부문에서도 역시 '구경의 지혜로 안 분들(aññātāvī)'이란 구경의 지혜를 가지고 있는 자들이다. '법들에 대한(dhammānaṁ)'이란 결합된 법들의 바로 안에서라는 말이다. '구경의 지혜(aññā)'란 완전하게 앎이다."(DhsA.292)

815) "그때에 있는 구경의 지혜로 안 분들의 법들에 대한 구경의 지혜, 통찰지, 통찰함 …"은 "yā tesaṁ aññātāvīnaṁ dhammānaṁ aññā paññā pajānanā …"를 옮긴 것이다.
그런데 『위방가』에 나타나는 구경의 지혜를 구족한 기능[具知根,]의 정형구에는 이 구절이 "yā tesaṁ dhammānaṁ aññātāvīnaṁ diṭṭhānaṁ pattānaṁ viditānaṁ sacchikatānaṁ sacchikiriyāya paññā pajānanā …"(Vbh. §220)로 본서와는 다르게 나타난다. 『위방가』의 이 부분을 옮기면 "구경의 지혜로 알아졌고 보아졌고 증득되었고 체득되었고 실현된 법들을 실현하기 위한 통찰지, 통찰함 …"이 된다.

리스 데이비즈 여사는 『담마상가니』 영역에서 전자를 "*The perfected knowledge, the science, the understanding of the doctrines of those whose konwledge is made perfect,* …"(리스 데이비즈, 150쪽)로 옮겼고, 『위방가』를 옮긴 띳띨라 스님은 후자를 "*That which for the realiza-tion of those states that are known fully, comprehended, attained, discrerned, realized, is wisdom, understanding,* …"(띳띨라 스님, 163쪽)로 옮겼다.

찰지의 기능, 통찰지의 힘, 통찰지의 칼, 통찰지의 궁전, 통찰지의 광명, 통찰지의 빛, 통찰지의 광휘로움, 통찰지의 보배, 어리석음 없음, 법의 간택, 바른 견해, 법을 간택하는 깨달음의 구성요소, 도의 구성요소, 도에 포함됨816) — 이것이 그때에 있는 구경의 지혜를 구족한 기능[具知根]이다. … pe(§§297~360) …

그 밖에 그때에 조건 따라 일어난[緣而生], 비물질인 다른 법들도 있다. — 이것이 결정할 수 없는[無記] 법들이다.

두 번째 도부터 네 번째 도의 과보로 나타난 마음이 [끝났다.]

출세간의 과보의 마음이 [끝났다.]817)

---

816) "'도의 구성요소, 도에 포함됨(maggaṅgaṁ magga-pariyāpannaṁ)'은 과를 가져오는 도의 구성요소이고 과를 가져오는 도에 포함된다는 뜻이다." (DhsA.292)
'과를 가져오는 도'는 phala-magga를 옮긴 것이다. 이 단어는 주석서 문헌에서도 아주 드물게 나타난다. 이것은 "원인의 뜻에서 도라 한다는 것은 과를 가져오는 도의 상태에 의해서 그러하다(hetuṭṭhena maggoti phala-magga-bhāveneva)."(PsA.i.287)라는 구절을 참조하여 이렇게 옮겼다.

817) "이제 일반적인 항목을 설명한다. 하나의 기능은 하나의 장소(ṭhāna)로 가고, 하나는 여섯 장소로 가고, 하나는 하나의 장소로 간다.

[이 뜻은 이러하다.] 하나인 구경의 지혜를 가지려는 기능[未知當知根, §338]은 하나인 예류도의 장소로 간다. 하나인 구경의 지혜의 기능[已知根]은 앞의 세 가지 과와 그 위의 세 가지 도로 모두 여섯 장소로 간다. 하나인 구경의 지혜를 구족한 기능[具知根, §555 참조]은 아라한과라는 하나의 장소로 간다. 모든 도와 과들에서 뜻으로는 여덟 가지씩 여덟 가지씩의 기능들이 있다고 해서 64가지 출세간의 기능들이 설해졌다. 그런데 성전(본서)에서는 각각을 아홉 가지씩으로 만들어서 72가지가 된다.

도에 [있기 때문에] 도의 구성요소라고 설하셨고 과에도 도의 구성요소가 있다. 도에 [있기 때문에] 깨달음의 구성요소라고 설하셨고 과에도 깨달음의 구성요소가 있다. 도의 순간에 억제함(ārati)과 절제함(virati)을 설하셨고 과의 순간에도 억제함과 절제함이 있다.
도는 도의 상태에 의해서 도이지만 과는 도를 의지하여 과라고 한다. 과의 구성요소는 과에 포함됨이라고 말해도 된다. 도에서 깨닫는 자의 구성요소라고

2. 해로운 과보로 나타난 결정할 수 없는 마음818)

① 해로운 과보로 나타난 다섯 가지 알음알이들[前五識]819)

556. 무엇이 결정할 수 없는[無記] 법들인가?

해로운 업을 지었고 쌓았기 때문에,820) ① 형색을 대상으로 하여 평

해서 깨달음의 구성요소이고 과에서 깨달은 자의 구성요소라고 해서 깨달음의 구성요소이다. 도에서는 억제를 [실천하고] 절제를 [실천하는] 것을 통해서 억제함과 절제함이라 불린다. 그러나 과에서는 억제함과 절제함을 통해서 [이렇게 불린다.]"(DhsA.292)

818) §431의 제1장 과보로 나타난 결정할 수 없는[無記] 마음의 첫 번째인 제1절 유익한 과보로 나타난 결정할 수 없는 마음(kusala-vipāka-abyākata)의 짝이 되어서 여기 §556에서부터 해로운 업의 과보로 나타난 결정할 수 없는 마음(akusala-vipāka-abyākata)이 시작된다.

819) 이것은 §431의 ① 유익한 과보로 나타난 다섯 가지 알음알이들[前五識]과 짝이 되는 것이다. 주석서는 다음과 같이 설명한다.
"여기서부터는 해로운 과보로 나타난 마음들이다. 이들은 눈과 귀와 코와 혀와 몸의 알음알이 다섯 가지, 마노의 요소 한 가지(§562), 마노의 알음알이의 요소 한 가지(§564)가 되어 이들은 일곱 가지 마음들이다.
성전(본서)에 나타나는 것과 그 뜻으로 보면 이들은 앞에서 설한 유익한 과보로 나타난 마음들(§§431~497)과 닮았다. 단지 저들은 유익한 업들을 조건으로 한 것이고, 이들은 해로운 업들을 조건으로 한 것이다. 그리고 저들은 원하거나 중간쯤으로 원하는 대상들에서 일어나고, 이들은 원하지 않거나 중간쯤으로 원하지 않는 대상들에서 일어난다. 그리고 거기서는 즐거움이 함께한 몸의 알음알이이고, 여기서는 괴로움이 함께한 몸의 알음알이이다.
그리고 거기서는 평온이 함께하는 마노의 알음알이의 요소가 인간들에게서 선천적인 맹인 등의 재생연결 등 다섯 가지 장소에서 과보로 나타난다. 그러나 여기서는 11가지의 해로운 마음을 통해서 업을 쌓을 때 업이나 업의 표상이나 태어날 곳의 표상 가운데 어떤 것을 대상으로 하여 ① 네 가지 악처에 [태어나는] 재생연결[식]이 되어서 과보로 나타난다. ② [한 생의] 두 번째 마음부터 시작하여 수명이 지속될 때까지 바왕가가 되어서 ③ 원하지 않거나 중간쯤으로 원하지 않는 대상에 대해서는 다섯 가지 알음알이의 인식과정(오문 인식과정)에서 조사하는 마음이 되고, ④ 강한 대상에 대해서는 여섯 문에서 등록하는 마음이 되고, ⑤ 죽을 때에는 죽음의 마음이 되어서 이와 같이 다섯 곳에서 과보로 나타난다."(DhsA.292~293)

온이 함께하는 과보로 나타난 눈의 알음알이가 일어날 때 … ② 소리를 대상으로 하여 평온이 함께하는 과보로 나타난 귀의 알음알이가 일어날 때 … ③ 냄새를 대상으로 하여 평온이 함께하는 과보로 나타난 코의 알음알이가 일어날 때 … ④ 맛을 대상으로 하여 평온이 함께하는 과보로 나타난 혀의 알음알이가 일어날 때 … [118] ⑤ 감촉을 대상으로 하여 괴로움이 함께하는 과보로 나타난 몸의 알음알이가 일어날 때, 그때에 감각접촉이 있고 느낌이 있고 인식이 있고 의도가 있고 마음이 있고 괴로움이 있고 마음이 한끝으로 [집중]됨이 있고 마노의 기능이 있고 괴로움의 기능이 있고 생명기능이 있다.

그 밖에 그때에 조건 따라 일어난[緣而生], 비물질인 다른 법들도 있다. — 이것이 결정할 수 없는[無記] 법들이다.

557. 무엇이 그때에 있는 '감각접촉'인가?

그때에 있는 감각접촉, 접촉함, 맞닿음, 맞닿은 상태 — 이것이 그때에 있는 감각접촉이다.

558. 무엇이 그때에 있는 '느낌'인가?

그때에 있는 그것에 적합한 몸의 알음알이의 요소의 감각접촉에서 생긴 육체적인 불만족감, 육체적인 괴로움, 몸의 감각접촉에서 생긴 만족하지 못하고 괴롭게 느껴지는 것, 몸의 감각접촉에서 생긴 만족하지 못하고 괴로운 느낌 — 이것이 그때에 있는 느낌이다.

---

820) 앞의 §431 등에서 유익한 과보로 나타난 다섯 가지 알음알이들을 설명하면서는 '욕계의 유익한 업을 지었고 쌓았기 때문에'라고 하여 '욕계'라는 단어를 넣어서 언급하였지만 여기 해로운 과보로 나타난 다섯 가지 알음알이들[前五識]을 설명하면서는 '욕계'라는 단어를 빼고 '해로운 업을 지었고 쌓았기 때문에'라고만 언급하고 있다. 유익한 마음은 욕계에 속하는 것도 있고 색계나 무색계나 출세간에 속하는 것도 있기 때문에 이를 구분하기 위해서 '욕계'라고 언급하였지만 해로운 마음은 욕계에서만 일어나기 때문에 여기서는 '욕계'라는 단어를 언급하지 않은 것이다.

… pe(§§434～436) …

559. 무엇이 그때에 있는 '괴로움'인가?

그때에 있는 육체적인 불만족감, 육체적인 괴로움, 몸의 감각접촉에서 생긴 만족하지 못하고 괴롭게 느껴지는 것, 몸의 감각접촉에서 생긴 만족하지 못하고 괴로운 느낌 — 이것이 그때에 있는 괴로움이다.

… pe(§§438～439) …

560. 무엇이 그때에 있는 '괴로움의 기능'인가?

그때에 있는 육체적인 불만족감, 육체적인 괴로움, 몸의 감각접촉에서 생긴 만족하지 못하고 괴롭게 느껴지는 것, 몸의 감각접촉에서 생긴 만족하지 못하고 괴로운 느낌 — 이것이 그때에 있는 괴로움의 기능이다. … pe(§§441) …

그 밖에 그때에 조건 따라 일어난[緣而生], 비물질인 다른 법들도 있다. — 이것이 결정할 수 없는[無記] 법들이다.

[항목의 부문]

그리고 그때에는 네 가지 무더기가 있고 두 가지 감각장소가 있고 두 가지 요소가 있고 세 가지 음식이 있고 세 가지 기능이 있고 한 가지 감각접촉이 있고 … 한 가지 몸의 알음알이의 요소가 있고 한 가지 법의 감각장소가 있고 한 가지 법의 요소가 있다.

그 밖에 그때에 조건 따라 일어난[緣而生], 비물질인 다른 법들도 있다. — 이것이 결정할 수 없는[無記] 법들이다.

… pe(*cf.* §§59～61) …

561. 무엇이 그때에 있는 '심리현상들의 무더기'인가?

감각접촉, 의도, 마음이 한끝으로 [집중]됨, 생명기능, 그 밖에 그때에 조건 따라 일어난[緣而生], 느낌의 무더기를 제외하고 인식의 무더기를 제외하고 알음알이의 무더기를 제외한 비물질인 다른 법들 — 이것이 [119] 그때에 있는 심리현상들의 무더기이다. … pe(*cf.* §§63~145) … — 이것이 결정할 수 없는[無記] 법들이다.

해로운 과보로 나타난 다섯 가지 알음알이[前五識]가 [끝났다.]

② 해로운 과보로 나타난 마노의 요소

562. 무엇이 결정할 수 없는[無記] 법들인가?

해로운 업을 지었고 쌓았기 때문에, 형색을 대상으로 하거나 … 감촉을 대상으로 하거나 그 어떤 것을 대상으로 하여 평온이 함께하는 과보로 나타난 마노의 요소가 일어날 때, 그때에 감각접촉이 있고 느낌이 있고 인식이 있고 의도가 있고 마음이 있고 일으킨 생각이 있고 지속적 고찰이 있고 평온이 있고 마음이 한끝으로 [집중]됨이 있고 마노의 기능이 있고 평온의 기능이 있고 생명기능이 있다.[821)]

그 밖에 그때에 조건 따라 일어난[緣而生], 비물질인 다른 법들도 있다. — 이것이 결정할 수 없는[無記] 법들이다.

… pe(§§456~467) …

[항목의 부문](§467)

그리고 그때에는 네 가지 무더기가 있고 두 가지 감각장소가 있고 두 가지 요소가 있고 세 가지 음식이 있고 세 가지 기능이 있고 한 가지 감각접촉이 있고 … 한 가지 마노의 요소가 있고 한 가지 법의 감각장소가 있고 한 가지 법의 요소가 있다.

그 밖에 그때에 조건 따라 일어난[緣而生], 비물질인 다른 법들도 있다. — 이것이 결정할 수 없는[無記] 법들이다.

821) 여기서는 §455에서처럼 모두 12가지 법들이 나열되고 있다.

··· pe(*cf* §§59~61) ···

563. 무엇이 그때에 있는 '심리현상들의 무더기'인가?

감각접촉, 의도, 일으킨 생각, 지속적 고찰, 마음이 한끝으로 [집중]됨, 생명기능, 그 밖에 그때에 조건 따라 일어난[緣而生], 느낌의 무더기를 제외하고 인식의 무더기를 제외하고 알음알이의 무더기를 제외한 비물질인 다른 법들 — 이것이 그때에 있는 심리현상들의 무더기이다. ··· pe(*cf* §§63~145) ··· — 이것이 결정할 수 없는[無記] 법들이다.

해로운 과보로 나타난 마노의 요소가 [끝났다.]

③ 해로운 과보로 나타난 마노의 알음알이의 요소

564. 무엇이 결정할 수 없는[無記] 법들인가?

해로운 업을 지었고 쌓았기 때문에, 형색을 대상으로 하거나 ··· 법을 대상으로 하거나 그 어떤 것을 대상으로 하여 평온이 함께하는 과보로 나타난 마노의 알음알이의 요소가 일어날 때, 그때에 감각접촉이 있고 느낌이 있고 인식이 있고 의도가 있고 마음이 있고 일으킨 생각이 있고 지속적 고찰이 있고 평온이 있고 마음이 한끝으로 [집중]됨이 있고 마노의 기능이 있고 평온의 기능이 있고 생명기능이 있다.

그 밖에 그때에 조건 따라 일어난[緣而生], 비물질인 다른 법들도 있다. — 이것이 결정할 수 없는[無記] 법들이다.

··· pe(§§470~482-1) ···

[항목의 부문]

그리고 그때에는 네 가지 무더기가 있고 두 가지 감각장소가 있고 두 가지 요소가 있고 세 가지 음식이 있고 세 가지 기능이 있고 한 가지 감각접촉이 있고 ··· 한 가지 마노의 알음알이의 요소가 있고 [120] 한 가지 법의 감각장소가 있고 한 가지 법의 요소가 있다.

그 밖에 그때에 조건 따라 일어난[緣而生], 비물질인 다른 법들도 있다. — 이것이 결정할 수 없는[無記] 법들이다. … pe(*cf* §§59~61) …

565. 무엇이 그때에 있는 '심리현상들의 무더기'인가?

감각접촉, 의도, 일으킨 생각, 지속적 고찰, 마음이 한끝으로 [집중]됨, 생명기능, 그 밖에 그때에 조건 따라 일어난[緣而生], 느낌의 무더기를 제외하고 인식의 무더기를 제외하고 알음알이의 무더기를 제외한 비물질인 다른 법들 — 이것이 그때에 있는 심리현상들의 무더기이다. … pe(*cf* §§63~145) … — 이것이 결정할 수 없는[無記] 법들이다.

해로운 과보로 나타난 마노의 알음알이의 요소가 [끝났다.]

과보로 나타난 결정할 수 없는[無記] 마음이 [끝났다.]

제2장 작용만 하는 결정할 수 없는[無記] 마음822)

kiriyā-abyākata

1. 욕계의 작용만 하는 마음

(1) 원인 없는 작용만 하는 마음

① 작용만 하는 마노의 요소823)

566. 무엇이 결정할 수 없는[無記] 법들인가?824)

형색을 대상으로 하거나 … 감촉을 대상으로 하거나 그 어떤 것을 대상으로 하여, 유익한 것도 아니고 해로운 것도 아니고825) 업의 과보로

---

822) §431의 제1장 과보로 나타난 결정할 수 없는[無記] 마음(vipāka-abyākata)과 짝이 된다.

823) 작용만 하는 마노의 요소(kiriyā-manodhātu)는 주석서 문헌에서 오문전향(五門轉向)의 마음(pañca-dvāra-āvajjana-citta)이라 불린다. 여기에 대해서는 『아비담마 길라잡이』 제1장 §10의 해설을 참조하기 바란다.

824) "이제 작용만 하는 결정할 수 없는 [無記] 마음(kiriyā-abyākata)을 분류하여 보여주시기 위해서 다시 '무엇이 결정할 수 없는 법들인가?'라는 등을 시작하셨다. 여기서 '작용만 하는(kiriyā)'이라는 것은 단지 행하는 것만(karaṇa-matta)이라는 말이다. 모든 작용만 하는 마음들 가운데 자와나의 상태에 이르지 못한 것은 바람에 날린 꽃과 같다. 자와나의 상태에 이른 것은 뿌리가 뽑힌 나무의 꽃과 같아서 열매를 맺지 못한다. 이런저런 역할을 성취하는 것을 통해서 일어나지만 단지 행하는 것만 있을 뿐이다. 그래서 '작용만 하는 것'이라고 한다."(DhsA.293)

825) "'유익한 것도 아니고 해로운 것도 아니고(nevakusalā-nākusalā)' 등에서, 유익함의 뿌리(kusala-mūla)라 불리는 유익한 원인(kusala-hetu)이 존재하지 않는 것이 유익함이 아닌 것이고 해로움의 뿌리라고 불리는 해로운 원인이 존재하지 않는 것이 해로움이 아닌 것이다. 이치에 맞게 마음에 잡도리함과 이치에 어긋나게 마음에 잡도리함이라 불리는 유익하고 해로운 조건들이 존재하지 않는 것이 유익한 것도 아니고 해로운 것도 아닌 것이다."(DhsA.293)

나타난 것도 아닌[826] 평온이 함께하는 작용만 하는 마노의 요소가 일어날 때, 그때에 감각접촉이 있고 느낌이 있고 인식이 있고 의도가 있고 마음이 있고 일으킨 생각이 있고 지속적 고찰이 있고 평온이 있고 마음이 한끝으로 [집중]됨[827]이 있고 마노의 기능이 있고 평온의 기능이 있고 생명기능이 있다.

그 밖에 그때에 조건 따라 일어난[緣而生], 비물질인 다른 법들도 있다. — 이것이 결정할 수 없는[無記] 법들이다.[828]

… pe(§§470～482-1) …

[항목의 부문]

그리고 그때에는 네 가지 무더기가 있고 두 가지 감각장소가 있고 두

---

kusala-mūla 등을 '유익함의 뿌리' 등으로 옮기는 것이 좋은지 '유익한 뿌리' 등으로 옮기는 것이 좋은지에 대해서는 본서 제2권 §1059의 주해를 참조할 것.

826) "유익함과 해로움이라 불리는 생산하는 원인(janaka-hetu)이 존재하지 않는 것이 '업의 과보로 나타난 것도 아닌 것(nevakamma-vipākā)'이다." (DhsA.293)

827) "여기 '마음이 한끝으로 [집중]됨'의 해설에서도 일어나고 머무는 것만이 얻어진다. 그리고 한 쌍의 전오식들, 세 가지 마노의 요소들, 세 가지 마노의 알음알이의 요소들, 의심이 함께한 마음이라는 이들 17가지 마음들은 그 힘이 약하기 때문에 이들의 [해설]에는 '잘 머묾, 확고함(saṇṭhiti avaṭṭhiti)' 등은 얻어지지 않는다.(§438의 주해 참조)
[작용만 하는 마노의 요소인] 이 마음은 다섯 가지 알음알이[前五識] 바로 다음에 일어난다. 이 일어나는 곳을 제외한 나머지 모든 것은 앞의 과보로 나타난 마노의 요소의 해설(§455의 주해들을 참조할 것.)에서 설명한 방법대로 알아야 한다."(DhsA.293～294)

828) "그런데 이것이 다섯 문[五門, pañca-dvāra]을 의지하여 일어날 때에는 모든 것의 앞에 일어난다. 어떻게? 눈의 문에서는 원하거나 중간쯤으로 원하거나 원하지 않거나 중간쯤으로 원하지 않는 형색이라는 대상들 가운데서 어떤 것이라도 감성에 부딪히면 그것을 대상으로 취한 뒤에 전향함(āvajjana)을 통해서 앞에서 움직이는 것이 되어 바왕가를 활성화시키면서 일어난다." (DhsA.294)

가지 요소가 있고 세 가지 음식이 있고 세 가지 기능이 있고 한 가지 감각접촉이 있고 … 한 가지 마노의 요소가 있고 한 가지 법의 감각장소가 있고 한 가지 법의 요소가 있다.

그 밖에 그때에 조건 따라 일어난[緣而生], 비물질인 다른 법들도 있다. — 이것이 결정할 수 없는[無記] 법들이다. … pe(*cf.* §§59~61) …

567. 무엇이 그때에 있는 '심리현상들의 무더기'인가?

감각접촉, 의도, 일으킨 생각, 지속적 고찰, 마음이 한끝으로 [집중]됨, 생명기능, 그 밖에 그때에 조건 따라 일어난[緣而生], 느낌의 무더기를 제외하고 인식의 무더기를 제외하고 알음알이의 무더기를 제외한 비물질인 다른 법들 — 이것이 그때에 있는 심리현상들의 무더기이다. … pe(*cf.* §§63~145) … — 이것이 결정할 수 없는[無記] 법들이다.

작용만 하는 마노의 요소가 [끝났다.]

② 기쁨이 함께하는 작용만 하는 마노의 알음알이의 요소[829)]

568. 무엇이 결정할 수 없는[無記] 법들인가?

형색을 대상으로 하거나 … 법을 대상으로 하거나 그 어떤 것을 대상으로 하여, 유익한 것도 아니고 해로운 것도 아니고 업의 과보로 나타난 것도 아닌 [121] 작용만 하는 기쁨이 함께하는 마노의 알음알이의 요소가 일어날 때,[830)] 그때에 감각접촉이 있고 느낌이 있고 인식이 있고 의

---

829) 기쁨이 함께하는 작용만 하는 마노의 알음알이의 요소(kiriyā-manoviññāṇa-dhātu-somanassasahagatā)는 주석서와 『아비담마 길라잡이』 등에서 언급하는 미소 짓는 마음(hasituppāda-citta)이다. 본서 제2권 §1434의 주해와 『아비담마 길라잡이』 제1장 §10 [해설] 4를 참조할 것.

830) "'기쁨이 함께하는 마노의 알음알이의 요소가 일어날 때(mano-viññāṇa-dhātu uppannā hoti somanassa-sahagatā)'라고 했다. 이 마음은 다른 마음들과 공통되지 않는 것으로 번뇌가 다한 개인에게 속하는 것이고 여섯

도가 있고 마음이 있고 일으킨 생각이 있고 지속적 고찰이 있고 희열이 있고 행복이 있고 마음이 한끝으로 [집중]됨이 있고 정진의 기능이 있고 삼매의 기능이 있고 마노의 기능이 있고 기쁨의 기능이 있고 생명기능이 있다.

그 밖에 그때에 조건 따라 일어난[緣而生], 비물질인 다른 법들도 있다. — 이것이 결정할 수 없는[無記] 법들이다.

569. 무엇이 그때에 있는 '감각접촉'인가?

그때에 있는 감각접촉, 접촉함, 맞닿음, 맞닿은 상태 — 이것이 그때에 있는 감각접촉이다.

… pe(§§471~478) …

570. 무엇이 그때에 있는 '마음이 한끝으로 [집중]됨'인가?[831]

가지 문들 가운데서 얻어진다.

눈의 문을 통해서는 노력에 어울리는 장소를 보고 번뇌 다한 분은 이 마음으로 기뻐한다. 귀의 문을 통해서는 물건을 사고파는 곳에서 고래고래 소리를 지르면서 탐욕에 허우적대는 무리들 사이에서 '나는 참으로 이러한 엄청난 갈애를 버렸다.'라는 이러한 마음으로 기뻐한다. … 이와 같이 다섯 가지 문들에서 얻어진다.

마노의 문에서는 ① 과거와 ② 미래를 의지하여 일어난다. ① 조띠빨라 바라문 학도(Jotipāla-māṇava)와 막가데와 왕(Magghadeva-rāja)과 고행자 깐하(Kaṇha-tāpasa) 등의 시대에 있었던 원인(kāraṇa)으로 전향하여 여래께서 미소를 지으셨다. 이것은 숙명통과 일체지의 지혜(pubbenivāsa-ñāṇa-sabbaññutaññāṇā)의 역할이다. 이들 두 가지 지혜를 실행한 결과로 이 마음은 미소를 띠면서 일어난다. ② '미래에 딴띠사라와 무딩가사라라는 벽지불이 있을 것이다.'라면서 미소를 지으셨다. 이것은 미래에 대한 지혜와 일체지의 지혜(anāgataṁsañāṇa-sabbaññutaññāṇā)의 역할이다. 이들 두 가지 지혜를 실행한 결과로 이 마음은 미소를 띠면서 일어난다."(DhsA.294~295)

831) "해설에 관한 부문에서, 나머지 원인이 없는 마음들보다 이것이 더 힘이 강하기 때문에 '마음이 한끝으로 [집중]됨'과 '삼매의 힘(samādhi-bala)'을 가져와서 넣었다. 정진에서도 '정진의 힘(vīriya-bala)'을 가져와서 넣었다.

그때에 있는 마음의 머묾, 잘 머묾, 확고함, 산만하지 않음, 산란하지 않음, 산만하지 않은 마음 상태, 사마타, 삼매의 기능, 삼매의 힘 — 이것이 그때에 있는 마음이 한끝으로 [집중]됨이다.

571. 무엇이 그때에 있는 '정진의 기능(vīriyindriya)'인가?

그때에 있는 정신적인 정진을 시작함, 부지런함, 노력, 애씀, 힘씀, 전력, 분발, 강인함, 강건함, 해이하지 않고 애씀, 열의를 내려놓지 않음, 용감함을 내려놓지 않음, 용감함을 움켜쥠, 정진, 정진의 기능, 정진의 힘 — 이것이 그때에 있는 정진의 기능이다.

572. 무엇이 그때에 있는 '삼매의 기능'인가?

그때에 있는 마음의 머묾, 잘 머묾, 확고함, 산만하지 않음, 산란하지 않음, 산만하지 않은 마음 상태, 사마타, 삼매의 기능, 삼매의 힘 — 이것이 그때에 있는 삼매의 기능이다. … pe(§§480~482) …

그 밖에 그때에 조건 따라 일어난[緣而生], 비물질인 다른 법들도 있다. — 이것이 결정할 수 없는[無記] 법들이다.

[항목의 부문]

그리고 그때에는 네 가지 무더기가 있고 두 가지 감각장소가 있고 두 가지 요소가 있고 세 가지 음식이 있고 다섯 가지 기능이 있고 한 가지 감각접촉이 있고 … 한 가지 마노의 알음알이의 요소가 있고 한 가지 법

그런데 개요에 관한 부문에서는 '삼매의 힘이 있고 정진의 힘이 있고'라고 나타나지 않기 때문에 이 둘은 완전한 형태의 힘이라는 뜻에서는 힘이라고 하지 않는다.(빼 마웅 틴, 387쪽 띠까 인용 주해 참조) 그러나 이 [마음은] 유익한 것도 아니고 해로운 것도 아니기 때문에 힘이라고 설한 뒤에 넣었다. 그리고 이것은 비방편에 의해서 힘이 아니기 때문에 길라잡이의 부문(항목의 부문)에서도 '두 가지 힘이 있다.'라고 설하지 않으셨다. 나머지 모든 것은 기쁨이 함께하고 원인 없는 마노의 알음알이의 요소의 해설에서 설명한 방법대로 알아야 한다."(DhsA.295)

의 감각장소가 있고 한 가지 법의 요소가 있다.

그 밖에 그때에 조건 따라 일어난[緣而生], 비물질인 다른 법들도 있다. — 이것이 결정할 수 없는[無記] 법들이다.

… pe(*cf.* §§59~61) …

573. 무엇이 그때에 있는 '심리현상들의 무더기'인가?

감각접촉, 의도, 일으킨 생각, 지속적 고찰, 희열, 마음이 한끝으로 [집중]됨, 정진의 기능, 삼매의 기능, 생명기능, 그 밖에 그때에 조건 따라 일어난[緣而生], 느낌의 무더기를 제외하고 [122] 인식의 무더기를 제외하고 알음알이의 무더기를 제외한 비물질인 다른 법들 — 이것이 그때에 있는 심리현상들의 무더기이다. … pe(*cf.* §§63~145) … — 이것이 결정할 수 없는[無記] 법들이다.

기쁨이 함께하는 작용만 하는 마노의 알음알이의 요소가 [끝났다.]

③ 평온이 함께하는 작용만 하는 마노의 알음알이의 요소[832)]

574. 무엇이 결정할 수 없는[無記] 법들인가?

형색을 대상으로 하거나 … 법을 대상으로 하거나 그 어떤 것을 대상으로 하여, 유익한 것도 아니고 해로운 것도 아니고 업의 과보로 나타난 것도 아닌 평온이 함께하는 작용만 하는 마노의 알음알이의 요소가 일어날 때, 그때에 감각접촉이 있고 느낌이 있고 인식이 있고 의도가 있고 마음이 있고 일으킨 생각이 있고 지속적 고찰이 있고 평온이 있고 마음이 한끝으로 [집중]됨이 있고[833)] 정진의 기능이 있고 삼매의 기능이 있

---

832) 평온이 함께하는 작용만 하는 마노의 알음알이의 요소(kiriyā-manoviññāṇa-dhātūpekkhāsahagatā)는 주석서 문헌에서 의문전향(意門轉向)의 마음(manodvāra-āvajjana-citta)이라 불린다. 여기에 대해서는 『아비담마 길라잡이』 제1장 §10의 해설을 참조하기 바란다.

833) 여기서 나머지는 바로 앞의 마음에서 설명한 방법대로 알아야 한다. 다만 거

고 마노의 기능이 있고 평온의 기능이 있고 생명기능이 있다.

그 밖에 그때에 조건 따라 일어난[緣而生], 비물질인 다른 법들도 있다. — 이것이 결정할 수 없는[無記] 법들이다.

… pe(*cf* §§470~482-1) …

[항목의 부문]

그리고 그때에는 네 가지 무더기가 있고 두 가지 감각장소가 있고 두 가지 요소가 있고 세 가지 음식이 있고 다섯 가지 기능이 있고 한 가지 감각접촉이 있고 … 한 가지 마노의 알음알이의 요소가 있고 한 가지 법의 감각장소가 있고 한 가지 법의 요소가 있다.

그 밖에 그때에 조건 따라 일어난[緣而生], 비물질인 다른 법들도 있다. — 이것이 결정할 수 없는[無記] 법들이다.

… pe(*cf* §§59~61) …

575. 무엇이 그때에 있는 '심리현상들의 무더기'인가?

감각접촉, 의도, 일으킨 생각, 지속적 고찰, 마음이 한끝으로[집중]됨, 정진의 기능, 삼매의 기능, 생명기능, 그 밖에 그때에 조건 따라 일어난[緣而生], 느낌의 무더기를 제외하고 인식의 무더기를 제외하고 알음알이의 무더기를 제외한 비물질인 다른 법들 — 이것이 그때에 있는 심리현상들의 무더기이다. … pe(*cf* §§63~145) … — 이것이 결정할 수 없는[無記] 법들이다.

평온이 함께하는 작용만 하는 마노의 알음알이의 요소가 [끝났다.]

원인 없는 작용만 하는 결정할 수 없는[無記] 마음이 [끝났다.]

기서는 희열이 있기 때문에 아홉 가지 구성요소를 가진 형성된 것들의 무더기이고, 여기서는 희열이 없기 때문에 여덟 가지 구성요소를 가진 것이다." (DhsA.295)

(2) 원인을 가진 욕계의 작용만 하는 마음[834]

576. 무엇이 결정할 수 없는[無記] 법들인가?

형색을 대상으로 하거나 … 법을 대상으로 하거나 그 어떤 것을 대상으로 하여, 유익한 것도 아니고 해로운 것도 아니고 업의 과보로 나타난 것도 아닌 작용만 하는,[835)]

① 기쁨이 함께하고 지혜와 결합되고 [자극을 받지 않은] …

② 기쁨이 함께하고 지혜와 결합되고 자극을 받은 …

③ 기쁨이 함께하고 지혜와 결합되지 않고 [자극을 받지 않은] …

④ 기쁨이 함께하고 지혜와 결합되지 않고 자극을 받은 …

⑤ 평온이 함께하고 지혜와 결합되고 [자극을 받지 않은] …

⑥ 평온이 함께하고 지혜와 결합되고 자극을 받은 …

⑦ 평온이 함께하고 지혜와 결합되지 않고 [자극을 받지 않은] …

⑧ 평온이 함께하고 지혜와 결합되지 않고 자극을 받은 마노의 알음알이의 요소가 일어난다. 그때에 [123] 감각접촉이 있고 … pe(§277-2 / §1-2) … 산란하지 않음이 있다. … pe(§§278~360 / §§2~145) … — 이것이 결정할 수 없는[無記] 법들이다.

무엇이 그때에 있는 '감각접촉'인가?… pe(§§2~31) … 탐욕 없음이라는 결정할 수 없음[無記]의 뿌리 … pe … 성냄 없음이라는 결정할 수 없음[無記]의 뿌리 … pe(*cf.* §§33~145) … — 이것이 결정할 수 없는[無記] 법들이다.[836)]

---

834) 원인을 가진 욕계의 작용만 하는 마음(sahetuka-kāmāvacara-kiriyā)은 아라한에게 있는 마음들이다. 여기에 대해서는 『아비담마 길라잡이』 제1장 §15의 [해설]과 『청정도론』 XIV.109를 참조할 것.

835) "[앞에서 나타난] 유익한 [마음들] 가운데 여덟 가지 큰마음들(§§1~159 참조)이 번뇌가 다한 분에게 일어나면 작용만 하는 것들이 되기 때문에 이들은 앞의 유익함의 해설(§§1~159)에서 설한 방법대로 알아야 한다."(DhsA.295)

2. 색계의 작용만 하는 마음837)

577. 무엇이 결정할 수 없는[無記] 법들인가?

유익한 것도 아니고 해로운 것도 아니고 업의 과보로 나타난 것도 아닌 작용만 하는 것으로 지금 · 여기에서 행복하게 머묾인838) 색계의 禪을 닦아서, 감각적 쾌락들을 완전히 떨쳐버리고 해로운 법[不善法]들을 떨쳐버린 뒤, 일으킨 생각[尋]과 지속적 고찰[伺]이 있고, 떨쳐버렸음에

---

836) "이것과 연결하여 미소 짓게 하는 마음들(hasanaka-cittāni)을 살펴보면 다음과 같다. 이들은 몇 가지가 있는가? 대답한다. 13가지가 있다. 범부들은 유익한 마음으로부터 네 가지 기쁨이 함께하는 것들과 해로운 마음으로부터 네 가지가 되어 여덟 가지 마음들에 의해서 미소를 짓는다. 유학들은 유익한 마음으로부터 네 가지 기쁨이 함께하는 것들과 해로운 마음으로부터 사견에 빠짐과 결합되지 않고 기쁨이 함께하는 것의 두 가지가 되어 여섯 가지 마음들에 의해서 미소를 짓는다. 번뇌 다한 분들은 작용만 하는 것으로부터 다섯 가지 기쁨이 함께하는 것들에 의해서 미소를 짓는다."(DhsA.295)

여기에 대한 『아비담마 길라잡이』 제6장 §11 (34)의 해설을 인용하면 다음과 같다.

"13가지 기쁨이 함께하는 속행은 미소를 일으킨다: 보통의 범부들은 탐욕에 뿌리하고 기쁨이 함께하는 네 가지 해로운 마음이거나 혹은 기쁨이 함께하는 네 가지 유익한 큰마음으로 미소짓거나 웃는다. 유학들은 이 마음들 가운데서 두 가지 사견이 함께하는 마음을 제외한 여섯 가지 마음으로 웃는다. 아라한들은 네 가지 기쁨이 함께하는 작용만 하는 큰마음이나 원인 없는 미소 짓는 마음 가운데 하나로 웃는다."

837) 이들도 아라한에게만 있는 마음이다. 『아비담마 길라잡이』 제1장 §20을 참조할 것.

838) "'지금 · 여기에서 행복하게 머묾인(diṭṭhadhamma-sukhavihāra)'이라는 것은 보아지는 법에서(diṭṭha-dhamme), 즉 바로 이 자기 존재(자기 자신)에서 행복하게 머무는 것만을 말한다. 여기서 번뇌 다한 분의 범부였던 때에 생겨난 증득(본삼매, samāpatti)은 그가 그 [번뇌 다함]을 증득하지 않았을 때는 다만 유익한 것이고 [번뇌 다함을] 증득한 때에는 작용만 하는 것이다. 번뇌가 다한 때에 그에게 생겨난 증득(본삼매)은 오직 작용만 하는 것이다. 나머지는 모두 그것과 닮았기 때문에 유익함의 해설에서 설명한 방법대로 알아야 한다."(DhsA.295)

서 생긴 희열[喜]과 행복[樂]이 있는, 땅의 까시나를 가진 초선을 구족하여 머물 때, 그때에 감각접촉이 있고 … pe(§160/ §1-2) … 산란하지 않음이 있다. … pe(§§278~360 / §§2~145) … — 이것이 결정할 수 없는[無記] 법들이다.

578. 무엇이 결정할 수 없는[無記] 법들인가?

유익한 것도 아니고 해로운 것도 아니고 업의 과보로 나타난 것도 아닌 작용만 하는 것으로 지금・여기에서 행복하게 머묾인 색계의 禪을 닦아서, 일으킨 생각과 지속적 고찰을 가라앉혔기 때문에 [더 이상 존재하지 않으며], 자기 내면의 것이고, 확신이 있으며, 마음의 단일한 상태이고, 일으킨 생각과 지속적 고찰은 없고, 삼매에서 생긴 희열과 행복이 있는, 땅의 까시나를 가진 제2선(二禪)을 … 제3선(三禪)을 … 제4선(四禪)을 … 초선(初禪)을 … 제5선(五禪)을 구족하여 머물 때, 그때에 감각접촉이 있고 … pe(§1-2) … 산란하지 않음이 있다. … pe(§§175~264) … — 이것이 결정할 수 없는[無記] 법들이다.

색계의 작용만 하는 마음이 [끝났다.]

3. 무색계의 작용만 하는 마음[839)]

579. 무엇이 결정할 수 없는[無記] 법들인가?

유익한 것도 아니고 해로운 것도 아니고 업의 과보로 나타난 것도 아닌 작용만 하는 것으로 지금・여기에서 행복하게 머묾인 무색계禪을 닦아서, 물질에 대한 인식을 완전히 초월하고, 부딪힘의 인식을 소멸하고, 갖가지 인식을 마음에 잡도리하지 않기 때문에 '무한한 허공'이라고 하면서 공무변처(空無邊處)의 인식이 함께하였으며, 행복도 버리고 괴로

---

839) 이들도 아라한에게만 있는 마음이다. 『아비담마 길라잡이』 제1장 §24를 참조할 것.

움도 버리고, 아울러 그 이전에 이미 기쁨과 불만족이 소멸되었으므로 괴롭지도 즐겁지도 않으며, 평온으로 인해 마음챙김이 청정한[捨念清淨] 제4선(四禪)을 구족하여 머물 때, 그때에 감각접촉이 있고 … pe(§1-2) … 산란하지 않음이 있다. … pe(§§2~145) … — 이것이 결정할 수 없는[無記] 법들이다.

580. 무엇이 결정할 수 없는[無記] 법들인가?

유익한 것도 아니고 해로운 것도 아니고 [124] 업의 과보로 나타난 것도 아닌 작용만 하는 것으로 지금 · 여기에서 행복하게 머묾인 무색계禪을 닦아서, 공무변처를 완전히 초월하여 '무한한 알음알이[識]'라고 하면서 식무변처(識無邊處)의 인식이 함께하였으며, 행복도 버리고 괴로움도 버리고, 아울러 그 이전에 이미 기쁨과 불만족이 소멸되었으므로 괴롭지도 즐겁지도 않으며, 평온으로 인해 마음챙김이 청정한[捨念清淨] 제4선(四禪)을 구족하여 머물 때, 그때에 감각접촉이 있고 … pe(§1-2) … 산란하지 않음이 있다. … pe(§§2~145) … — 이것이 결정할 수 없는[無記] 법들이다.

581. 무엇이 결정할 수 없는[無記] 법들인가?

유익한 것도 아니고 해로운 것도 아니고 업의 과보로 나타난 것도 아닌 작용만 하는 것으로 지금 · 여기에서 행복하게 머묾인 무색계禪을 닦아서, 식무변처를 완전히 초월하여 '아무것도 없다.'라고 하면서 무소유처(無所有處)의 인식이 함께하였으며, 행복도 버리고 괴로움도 버리고, 아울러 그 이전에 이미 기쁨과 불만족이 소멸되었으므로 괴롭지도 즐겁지도 않으며, 평온으로 인해 마음챙김이 청정한[捨念清淨] 제4선(四禪)을 구족하여 머물 때, 그때에 감각접촉이 있고 … pe(§1-2) … 산란하지 않음이 있다. … pe(§§2~145) … — 이것이 결정할 수 없는[無記] 법들이다.

582. 무엇이 결정할 수 없는[無記] 법들인가?

유익한 것도 아니고 해로운 것도 아니고 업의 과보로 나타난 것도 아닌 작용만 하는 것으로 지금·여기에서 행복하게 머묾인 무색계禪을 닦아서, 무소유처를 완전히 초월하여 비상비비상처(非想非非想處)의 인식이 함께하였으며, 행복도 버리고 괴로움도 버리고, 아울러 그 이전에 이미 기쁨과 불만족이 소멸되었으므로 괴롭지도 즐겁지도 않으며, 평온으로 인해 마음챙김이 청정한[捨念清淨] 제4선(四禪)을 구족하여 머물 때, 그때에 감각접촉이 있고 … pe(§1-2) … 산란하지 않음이 있다. … pe(§§2~145) … — 이것이 결정할 수 없는[無記] 법들이다.

… pe(§§2~31) … 탐욕 없음이라는 결정할 수 없음[無記]의 뿌리 … pe … 성냄 없음이라는 결정할 수 없음[無記]의 뿌리 … pe(§§33) … 어리석음 없음이라는 결정할 수 없음[無記]의 뿌리이다.840) … pe(*cf* §§34~145) … — 이것이 결정할 수 없는[無記] 법들이다.

무색계의 작용만 하는 마음이 [끝났다.]

작용만 하는 결정할 수 없는[無記] 마음이 [끝났다.]

제1편 마음의 일어남 편이 [끝났다.]

---

840) 여기에 대해서는 본서 §498의 주해들을 참조할 것.

<부록>

VRI(Be)본과 PTS(Ee)본의 문단 번호 대조표

VRI	PTS	VRI	PTS	VRI	PTS	VRI	PTS
1~338	1~338*	365~583	365~583	609	610	637	638
				610	611	638	639
339	340	584	584	611	612	639	640
340	341		585	612	613	640	641
341	342	585	586	613	614	641	642
342	343	586	587	614	615	642	643
343	344	587	588	615	616	643	644
344	345	588	589	616	617	644	645
345	346	589	590	617	618	645	646
346	347	590	591	618	619	646	647
347	348	591	592	619	620	647	648
348	349	592	593	620	621	648	649
349	350	593	594	621	622	649	650
350	351	594	595	622	623	650	651
351	352	595	596	623	624	651	652
352	353	596	597	624	625	652	653
353	354	597	598	625	626	653	654
354	355	598	599	626	627	654	655
355	356	599	600	627	628	655	656
356	357	600	601	628	629	656	657
357	358	601	602	629	630	657	658
358	359	602	603	630	631	658	659
359	360	603	604	631	632	659	660
360	361	604	605	632	633	660	661
361	362	605	606	633	634	661	662
362	363	606	607	634	635	662	663
363	364	607	608	635	636	663	664
364		608	609	636	637	664	665

VRI	PTS	VRI	PTS	VRI	PTS	VRI	PTS
665	666	697	698	729	727	761	759
666	667	698	699	730	728	762	760
667	668	699	700	731	729	763	761
668	669	700	701	732	730	764	762
669	670	701	702	733	731	765	763
670	671	702	703	734	732	766	764
671	672	703	704	735	733	767	765
672	673	704	누락	736	734	768	766
673	674	705	누락	737	735	769	767
674	675	706	705	738	736	770	768
675	676	707	706	739	737	771	769
676	677	708	707	740	738	772	770
677	678	709	708	741	739	773	771
678	679	710	709	742	740	774	772
679	680	711	710	743	741	775	773
680	681	712	711	744	742	776	774
681	682	713	712	745	743	777	775
682	683	714	713	746	744	778	776
683	684	715	713	747	745	779	777
684	685	716	714	748	746	780	778
685	686	717	715	749	747	781	779
686	687	718	716	750	748	782	780
687	688	719	717	751	749	783	781
688	689	720	718	752	750	784	782
689	690	721	719	753	751	785	783
690	691	722	720	754	752	786	784
691	692	723	721	755	753	787	785
692	693	724	722	756	754	788	786
693	694	725	723	757	755	789	787
694	695	726	724	758	756	790	788
695	696	727	725	759	757	791	789
696	697	728	726	760	758	792	790

VRI	PTS	VRI	PTS	VRI	PTS	VRI	PTS
793	791	825	823	857	854	889	884
794	792	826	824	858	855	890	885
795	793	827	825	859	856	891	886
796	794	828	826	860	857	892	887
797	795	829	827	861	858	893	888
798	796	830	828	862	859	894	889
799	797	831	829	863	860	895	890
800	798	832	830	864	861	896	891
801	799	833	831	865	862	897	892
802	800	834	832	866	863	898	893
803	801	835	833	867	864~865	899	894
804	802	836	834	868		900	895
805	803	837	835	869		901	896
806	804	838	836	870	866~867	902	897
807	805	839	837	871		903	898
808	806	840	838	872		904	899
809	807	841	839	873	868	905	900
810	808	842	840	874	869	906	901
811	809	843	841	875	870	907	902
812	810	844	842	876	871	908	903
813	811	845	843	877	872	909	904
814	812	846	844	878	873	910	905
815	813	847	845	879	874	911	906
816	814	848	846	880	875	912	907
817	815	849	847	881	876	913	908
818	816	850	848	882	877	914	909
819	817	851	849	883	878	915	910
820	818	852	850	884	879	916	911
821	819	853	851	885	880	917	912
822	820	854		886	881	918	913
823	821	855	852	887	882	919	914
824	822	856	853	888	883	920	915

VRI	PTS	VRI	PTS	VRI	PTS	VRI	PTS
921	916	953	948	984	980	1016	1010
922	917	954	949	985	981	1017	
923	918	955	950	986	982	1018	1011
924	919	956	951	987	983	1019	1012
925	920	957	952	988	984	1020	1013
926	921	958	953	989	985	1021	1014
927	922	959	954	990	986	1022	1015
928	923	960	955	991	987	1023	1016
929	924	961	956	992	988	1024	1017
930	925	962	957	993	989	1025	1018
931	926	963	958	994	990	1026	1019
932	927	964	959	995	991	1027	1020
933	928	965	960	996	992	1028	1021
934	929	966	961	997	993	1029	1022
935	930	967	962	998	994	1030	1023
936	931	968	963	999	995	1031	1024
937	932	969	964	1000	996	1032	1025
938	933	970	965	1001	997	1033	1026
939	934	971	966	1002	998	1034	1027
940	935	972	967	1003	999	1035	1028
941	936	973	968	1004	1000	1036	1029
942	937		969	1005	1001	1037	1030
943	938	974	970	1006	1002	1038	1031
944	939	975	971	1007	1003	1039	1032
945	940	976	972	1008	1004		1033
946	941	977	973	1009	1005	1040	1034
947	942	978	974	1010	1006	1041	1035
948	943	979	975	1011	1007	1042	1036
949	944	980	976	1012	1008	1043	1037
950	945	981	977	1013	1009	1044	1038
951	946	982	978	1014	1010	1045	1039
952	947	983	979	1015		1046	1040

VRI	PTS	VRI	PTS	VRI	PTS	VRI	PTS
1047	1041	1079	1073	1111	1106	1143	1138
1048	1042	1080	1074	1112	1107	1144	1139
1049	1043	1081	1075	1113	1108	1145	1140
1050	1044	1082	1076	1114	1109	1146	1141
1051	1045	1083	1077	1115	1110	1147	1142
1052	1046	1084	1078	1116	1111	1148	1143
1053	1047	1085	1079	1117	1112	1149	1144
1054	1048	1086	1080	1118	1113	1150	1145
1055	1049	1087	1081	1119	1114	1151	1146
1056	1050	1088	1082	1120	1115	1152	1147
1057	1051	1089	1083	1121	1116	1153	1148
1058	1052	1090	1084	1122	1117	1154	1149
1059	1053	1091	1085	1123	1118	1155	1150
1060	1054	1092	1086	1124	1119	1156	1151
1061	1055	1093	1087	1125	1120	1157	1151
1062	1056	1094	1088	1126	1121	1158	1152
1063	1057	1095	1089	1127	1122	1159	1153
1064	1058	1096	1090	1128	1123	1160	1154
1065	1059	1097	1091	1129	1124	1161	1155
1066	1060	1098	1092	1130	1125	1162	1156
1067	1061	1099	1093	1131	1126	1163	1157
1068	1062	1100	1094	1132	1127	1164	1158
1069	1063	1101	1095	1133	1128	1165	1159
1070	1064	1102	1096	1134	1129	1166	1160
1071	1065	1103	1097	1135	1130	1167	1161
1072	1066	1104	1098	1136	1131	1168	1162
1073	1067	1105	1099	1137	1132	1169	1163
1074	1068	1106	1100*	1138	1133	1170	1164
1075	1069	1107	1102	1139	1134	1171	1165
1076	1070	1108	1103	1140	1135	1172	1166
1077	1071	1109	1104	1141	1136	1173	1167
1078	1072	1110	1105	1142	1137	1174	1168

VRI	PTS	VRI	PTS	VRI	PTS	VRI	PTS
1175	1169	1207	1201	1239	1233	1271	1264
1176	1170	1208	1202	1240	1234	1272	1265
1177	1171	1209	1203	1241	1235	1273	1266
1178	1172	1210	1204	1242	1236	1274	1267
1179	1173	1211	1205	1243	1237	1275	1268
1180	1174	1212	1206	1244	1238	1276	1269
1181	1175	1213	1207	1245	1239	1277	1270
1182	1176	1214	1208	1246	1240	1278	1271
1183	1177	1215	1209	1247	1241	1279	1272
1184	1178	1216	1210	1248	1242	1280	1273
1185	1179	1217	1211	1249	1243	1281	1274
1186	1180	1218	1212	1250	누락	1282	1275
1187	1181	1219	1213	1251	1244	1283	1276
1188	1182	1220	1214	1252	1245	1284	1277
1189	1183	1221	1215	1253	1246	1285	1278
1190	1184	1222	1216	1254	1247	1286	1279
1191	1185	1223	1217	1255	1248	1287	1280
1192	1186	1224	1218	1256	1249	1288	1281
1193	1187	1225	1219	1257	1250	1289	1282
1194	1188	1226	1220	1258	1251	1290	1283
1195	1189	1227	1221	1259	1252	1291	1284
1196	1190	1228	1222	1260	1253	1292	1285
1197	1191	1229	1223	1261	1254	1293	1286
1198	1192	1230	1224	1262	1255	1294	1287
1199	1193	1231	1225	1263	1256	1295	1288
1200	1194	1232	1226	1264	1257	1296	1289
1201	1195	1233	1227	1265	1258	1297	1290
1202	1196	1234	1228	1266	1259	1298	1291
1203	1197	1235	1229	1267	1260	1299	1292
1204	1198	1236	1230	1268	1261	1300	1293
1205	1199	1237	1231	1269	1262	1301	1294
1206	1200	1238	1232	1270	1263	1302	1295

VRI	PTS	VRI	PTS	VRI	PTS	VRI	PTS
1303	1296	1335	1328	1367	1360	1399	1383
1304	1297	1336	1329	1368	1361	1400	1384
1305	1298	1337	1330	1369	1362	1401	1385
1306	1299	1338	1331	1370	1363		1386
1307	1300	1339	1332	1371	1364	1402	1387
1308	1301	1340	1333	1372	1365	1403	1388
1309	1302	1341	1334	1373	1366	1404	1389
1310	1303	1342	1335	1374		1405	1390
1311	1304	1343	1336	1375		1406	1391
1312	1305	1344	1337	1376			1392
1313	1306	1345	1338	1377		1407	1393
1314	1307	1346	1339	1378	1367	1408	1394
1315	1308	1347	1340	1379		1409	1395
1316	1309	1348	1341	1380		1410	1396
1317	1310	1349	1342	1381		1411	1397
1318	1311	1350	1343	1382		1412	1398
1319	1312	1351	1344	1383		1413	1399
1320	1313	1352	1345	1384	1368	1414	1400
1321	1314	1353	1346	1385	1369	1415	1401
1322	1315	1354	1347	1386	1370	1416	1402
1323	1316	1355	1348	1387	1371	1417	1403
1324	1317	1356	1349	1388	1372	1418	1404
1325	1318	1357	1350	1389	1373	1419	1405
1326	1319	1358	1351	1390	1374	1420	1406
1327	1320	1359	1352	1391	1375	1421	1407
1328	1321	1360	1353	1392	1376	1422	1408
1329	1322	1361	1354	1393	1377	1423	1409
1330	1323	1362	1355	1394	1378	1424	1410
1331	1324	1363	1356	1395	1379	1425	1411
1332	1325	1364	1357	1396	1380	1426	1412
1333	1326	1365	1358	1397	1381	1427	1413
1334	1327	1366	1359	1398	1382	1428	1414

VRI	PTS	VRI	PTS	VRI	PTS	VRI	PTS
1429	1415	1461	1444	1493	1476	1525	1508
1430	1416	1462	1445	1494	1477	1526	1509
1431		1463	1446	1495	1478	1527	1510
1432	1417	1464	1447	1496	1479	1528	1511
1433		1465	1448	1497	1480	1529	1512
1434	1418	1466	1449	1498	1481	1530	1513
1435		1467	1450	1499	1482	1531	1514
1436	1419	1468	1451	1500	1483	1532	1515
1437	1420	1469	1452	1501	1484	1533	1516
1438	1421	1470	1453	1502	1485	1534	1517
1439	1422	1471	1454	1503	1486	1535	1518
1440	1423	1472	1455	1504	1487	1536	1519
1441	1424	1473	1456	1505	1488	1537	1520
1442	1425	1474	1457	1506	1489	1538	1521
1443	1426	1475	1458	1507	1490	1539	1522
1444	1427	1476	1459	1508	1491	1540	1523
1445	1428	1477	1460	1509	1492	1541	1524
1446	1429	1478	1461	1510	1493	1542	1525
1447	1430	1479	1462	1511	1494	1543	1526
1448	1431	1480	1463	1512	1495	1544	1527
1449	1432	1481	1464	1513	1496	1545	1528
1450	1433	1482	1465	1514	1497	1546	1529
1451	1434	1483	1466	1515	1498	1547	1530
1452	1435	1484	1467	1516	1499	1548	1531
1453	1436	1485	1468	1517	1500	1549	1532
1454	1437	1486	1469	1518	1501	1550	1533
1455	1438	1487	1470	1519	1502	1551	1534
1456	1439	1488	1471	1520	1503	1552	1535
1457	1440	1489	1472	1521	1504	1553	1536
1458	1441	1490	1473	1522	1505	1554	1537
1459	1442	1491	1474	1523	1506	1555	1538
1460	1443	1492	1475	1524	1507	1556	1539

VRI	PTS	VRI	PTS	VRI	PTS	VRI	PTS
1557	1540	1572	1555	1587	1570	1602	1585
1558	1541	1573	1556	1588	1571	1603	1586
1559	1542	1574	1557	1589	1572	1604	1587
1560	1543	1575	1558	1590	1573	1605	1588
1561	1544	1576	1559	1591	1574	1606	1589
1562	1545	1577	1560	1592	1575	1607	1590
1563	1546	1578	1561	1593	1576	1608	1591
1564	1547	1579	1562	1594	1577	1609	1592
1565	1548	1580	1563	1595	1578	1610	1593
1566	1549	1581	1564	1596	1579	1611	1594
1567	1550	1582	1565	1597	1580	1612	1595
1568	1551	1583	1566	1598	1581	1613	1596
1569	1552	1584	1567	1599	1582	1614	1597
1570	1553	1585	1568	1600	1583	1615	1598
1571	1554	1586	1569	1601	1584	1616	1599

‡ PTS본 339와 1101은 전적으로 잘못 편집된 문단이라서 언급을 하지 않았음.

* 두 판본에 대한 비교는 본서 제2권 해제 <8. PTS본의 편집이 잘못된 것 몇 가지>를 참조할 것.

역자· 각묵스님

1957년생. 1979년 화엄사 도광 스님을 은사로 사미계 수지. 1982년 범어사에서 자운 스님을 계사로 비구계 수지. 7년간 제방 선원에서 안거 후 인도로 유학, 인도 뿌나 대학교(Pune University)에서 10여 년간 산스끄리뜨, 빠알리, 쁘라끄리뜨 수학. 현재 실상사 한주, 대한불교조계종 교육아사리, 초기불전연구원 지도법사.

역·저서로『금강경 역해』(2001, 8쇄 2014),『아비담마 길라잡이』(전2권, 대림 스님과 공역, 2002, 12쇄 2016),『네 가지 마음챙기는 공부』(2003, 개정판 4쇄 2013),『디가 니까야』(전3권, 2006, 4쇄 2014),『상윳따 니까야』(전6권, 2009, 3쇄 2014),『초기불교이해』(2010, 4쇄 2014),『니까야 강독』(I/II, 2013),『초기불교 입문』(2014),「간화선과 위빳사나 무엇이 같고 다른가」(『선우도량』제3호, 2003) 외 다수의 논문과 글이 있음.

담마상가니 제1권

2016년 5월 13일 초판 1쇄 발행

옮긴 이 | 각묵 스님
펴낸 이 | 대림 스님
펴낸 곳 | 초기불전연구원
울산시 남구 달동 1365-7 (2층)
전화: (052) 271-8579
홈페이지 | http://cafe.daum.net/chobul
이메일 | kevala@hanmail.net
등록번호 | 제13-790호(2002.10.9)
계좌번호 | 국민은행 604801-04-141966 차명희
외환은행 147-22-00676-4 차명희
농협 053-12-113756 차명희
우체국 010579-02-062911 차명희

ISBN 978-89-91743-31-1
ISBN 978-89-91743-30-4 (세트)

값 | 30,000원